奔向新时代

——新中国70年百姓生活变迁录

李 军 吕之望 辛 贤 主 编

马 铃 肖亦天 蔡海龙 副主编

人 民 出 版 社

序　言

　　1949 年，中国共产党领导中国人民建立了伟大的中华人民共和国，中国历史从此开辟了新纪元。新中国成立之后，随即展开了国家工业化和社会主义现代化建设，在农业、工业、国防、科技等方面取得了一系列辉煌成就，奠定了经济高速增长的坚实根基。特别是 1978 年以来，党的十一届三中全会开启了改革开放的伟大时代，中国经济迸发出全新的生机与活力，实现了持续四十余年的高速增长，被世界誉为"中国奇迹"。

　　栉风沐雨，兢兢业业。2019 年 10 月，伟大的祖国即将迎来七十周年华诞。回首峥嵘岁月，新中国成立以来的 70 年，是国家历经艰险走向繁荣昌盛的 70 年，是从站起来、富起来走向强起来的 70 年，是自力更生、艰苦奋斗、开创中国特色社会主义的 70 年。70 年的沧桑巨变，70 年的峥嵘岁月，一个充满无限生机和活力的新中国正巍然屹立在世界的东方。

　　新中国成立 70 年来，我们披荆斩棘，解散思想，实事求是，闯出了一片新天地。我们从实行家庭联产承包责任制解放农村生产力、乡镇企业异军突起、取消农业税到农村承包地"三权"分置、打赢脱贫攻坚战、实施乡村振兴战略；从兴办深圳等经济特区、沿海沿边沿江沿线和内陆中心城市对外开放到加入世界贸易组织，从共建"一带一路"、设立自由贸易试验区到谋划中国特色自由贸易港；从"引进来"

到"走出去";从传统的计划经济体制到前无古人的社会主义市场经济体制再到使市场在资源配置中起决定性作用和更好发挥政府作用等等一系列重大改革扎实推进。70 年来,我们经历了三大改造完成、大庆油田开发、高考制度恢复、经济特区创造奇迹、香港回归、北京申奥成功、上海世博会成功举办、雄安新区的设立;我们看到了第一颗原子弹爆炸成功、"东方红 1 号"成功发射、秦始皇兵马俑发现、许海峰的奥运首金、杂交水稻研究推广;我们为"蛟龙"下水、"嫦娥"奔月、"北斗"升空、"辽宁"舰航母试航、C919 大飞机试飞感到激动和自豪……这些都是 70 年来中国发展的壮丽篇章中的美妙乐符。我们用几十年时间走完了发达国家几百年走过的工业化历程。在中国人民手中,不可能成为可能,我们还将继续创造人间奇迹!

何物最先知,虚庭草争出。70 年中发生的一桩桩一件件重大事件,是反映新中国 70 年变迁著述的重要内容。见微而知著,百姓的生活与国家的发展休戚与共、息息相关。国家的富强与进步,国家的政策与方针都可以从百姓生活的变迁中直接或者间接表现出来。70 年来,义务教育、全民医保、社会保障、文化习俗、婚姻生育等惠及民生的各项社会事业也不断推进,成果丰硕。今天的中国,百姓生活有了质的飞跃,经济发展繁荣稳定,国家和人民欣欣向荣、朝气蓬勃,社会文化多元发展,包容共通,充满了新气象、新风尚、正能量。

历史是过去的现实,现实是未来的历史,70 年弹指一挥间,老百姓平常生活中的许多往事如烟而过,衣着、饮食、居住、出行、教育、文体、医疗、社保、文化、婚育等百姓常常挂在嘴边的方方面面,正是每个人生活并参与的现实史。或许我们将这些反映百姓生活变迁的珍珠一一串联起来,可以形成了一部反映新中国 70 年来百姓生活变迁的著作,当您重温这段距离不那么遥远的往事,一定会有不一样的感受吧。

在喜迎中华人民共和国成立七十周年华诞之际,中国农业大学国家农业农村发展研究院组织编写了该书,旨在翔实梳理、展现新中国成立 70 年来人民群众日常生活方面的巨大变迁;深入分析、论证引致人民生活巨大变化的政治、经济、思想、文化、科技、社会等方面原因；系统阐释、总结 70 年来新中国提升人民生活水平的光辉成绩、政策沿革和改革经验。

越开放，越发展；越发展，越需要进一步开放。回顾历史，汉唐、宋元、明清时期，中国展开了规模宏大的对外经济文化交流，不仅引进了国外丰富多彩的作物种子，还引入了不同文明灿烂辉煌的思想文化；这些作物的抑或思想文化的种子，已经在中华大地生根发芽，融入中华文明的血脉，极大地影响、改善了人民群众的日常生活。而在改革开放新时期的今天，我们更应认清开放融通的历史潮流，遵循对外开放的轨迹，把握世界发展趋势；从而豪迈地迈出扩大对外开放合作的步伐，打开改革开放的全新局面，努力奋斗迎来拥有更加美好生活的灿烂明天。

目　录

第一章　衣着——颜色单调到五彩斑斓

40年来，国人衣着变化之大超乎想象

　　高饱和度的拼接色块，显眼的品牌 logo，一顶渔夫帽，一双运动鞋——这样的潮牌正成为中国年轻人时尚消费的新宠。美国的 Supreme，日本的 Y-3，中国香港的 izzue 等潮牌品牌，以其简约大胆的设计风格，吸引到越来越多消费者的关注。对潮牌的偏好反映了当下年轻人群追求个性化以及新鲜感的心态。有调查显示，95后和00后对潮牌的偏好尤其显著，他们既是时尚的消费者也是时尚的输出者，从而在社会语境中让小众的潮牌走向大众视野。潮流从来不会止步。回顾历史，服装作为人类文明与进步的象征，就是这样一次又一次引领社会风潮，改变了国人的精神面貌，成为不同时代重要的美学象征。1979年，法国著名时装设计师皮尔·卡丹在北京文化官举行了一场服装表演，当时，羊剪绒帽子、拉毛围巾、军大衣、进口蛤蟆镜一度是青年的最爱。台上的多姿多彩与台下的"灰""黑""蓝"形成鲜明对比。此后几十年，关于服装的每一个动态都能"一石激起千层浪"。

　　　　　　　　　　——《人民日报海外版》2018年10月12日。

在衣、食、住、行等人类基本物质生活中，衣着作为首位，体现

了其在百姓生活中的重要地位。正如马克思所讲："一个很明显的而以前完全被人忽略的事实，即人们首先必须吃、喝、住、穿，就是说首先必须劳动，然后才能争取统治，从事政治、宗教和哲学等等"[1]，马克思的名言表明了服饰对人类的重要性。法国著名历史学家费尔南·布罗代尔也认为："社会各层次的衣、食、住方式绝不是无关紧要的。这些镜头同时显示不同社会的差别和对立，而这些差别和对立并非无关宏旨。……整理、重视这些场景是饶有兴趣的事。"[2]

关于服饰，目前使用较多的定义为：第一是衣服，有主服遮覆躯干、首服、足服等；第二是佩饰，指全身起装饰作用而不具遮覆功能的饰品；第三是化妆，既指带有原始性的文身、割痕等，也指令当今的美容；第四是随件，如包、伞、佩刀等。[3]本书主要关注的是第一类释义。衣着是人类文化的表征，是时代发展的直观体现，它不仅仅是一种简单的百姓社会生活现象，也承载着政治、经济、民俗、宗教、伦理、价值观和社会心理等方面的内涵，它是百姓不同时期生活方式的反映，是百姓消费习惯和审美情趣的风向标，引领着不断变化的社会潮流。

新中国成立以来，我国百姓衣着经历了漫长的变迁，发生了翻天覆地的变化。新中国成立后，服饰的发展朝向革命化和素朴化方向演进，中山装与列宁装象征革命和进步，是这一时期的主流服饰。"文革"时期，服饰沦为纯粹的政治符号，传统的长袍、马褂和西式服装，被列入"四旧"范畴，受到激烈批判，代表无产阶级革命立场的绿军装在服饰舞台上"一统天下"。改革开放以来，服饰发展走出"文革"的禁锢，呈现出多姿多彩、变化万千的风貌，伴随服饰的西化与全球化，传统服饰有所复兴，中国服饰文化开始走向自觉。

随着我国经济发展水平的不断提高，百姓衣着消费也不断升级。

---

[1]　中共中央马克思恩格斯列宁斯大林著作编译局：《马克思恩格斯选集》（第三卷），人民出版社 2012 年版，第 723 页。

[2]　[法] 费尔南·布罗代尔著，顾良、施康强译：《15 至 18 世纪的物质文明、经济和资本主义》（第一卷），上海三联书店 2002 年版，第 27 页。

[3]　华梅：《服装美学》，中国纺织出版社 2003 年版，第 239 页。

新中国成立初，政府为应对百姓缺衣少穿的情况，提倡大家崇尚节俭、艰苦并朴素，形成了特有的"补丁文化"。"文革"期间，政治活动不断深入并占据了个人衣着消费的全部空间，军装成为革命和先进的标志。改革开放之初，票证制度结束，百姓衣着需求逐步释放，不再受政治干预影响，衣着消费逐渐向多样化、中高档化转变，成衣消费不断增加。进入20世纪90年代，我国服装现代化进程不断加快，百姓穿着越来越国际化，款式多变、颜色鲜艳。进入新世纪以后，我国衣着消费进入了个性化的时代，消费支出不断增加，以往被视为"奇装异服"的服饰也逐渐为人们所接受。2010年后，国内消费市场呈现年轻化态势，80后、90后成为消费主流，人们更加注重衣着的舒适健康。

新中国成立以来，我国纺织工业与进出口贸易实现了巨大发展。1978年，纤维加工量达到276万吨，纺织工业产值达到720亿元，利税达到110.4亿元，纺织品服装出口额达到24.31亿美元。改革开放后的二十年实现了高速增长，1993年，我国纺织工业总产值突破5000亿元，1994年纺织品服装进出口贸易额为355.48亿美元，占世界纺织品服装出口额的8.6%，标志着我国成为世界纺织品服装第一出口大国。进入新世纪以后，我国纺织工业实现了跨越式发展，产业结构不断升级，深加工产品出口不断增加，纺织品服装出口额占世界比重从2000年的14.71%增加到2017年的35.77%，稳坐世界第一宝座。

伴随我国纺织工业的不断发展，纺织厂的数量也不断增加，1957年纺织工业企业已经达到5000多家，至1992年增长至50133家，2010年规模以上企业达到55391家。改革开放以前，我国服装产业的品牌概念较弱，经过多年发展，当前国产服装品牌已经有了巨大飞跃，但与国际品牌相比仍有一定差距，相信通过创新提升企业竞争力，我国服装品牌一定会成为世界品牌。

第一节　1949—2019年百姓衣着变迁历程

1949—2019年，我国百姓衣着经历了剧烈变迁的过程。新中国成立初期，经济落后、缺衣少穿，整体上简约朴素；"文革"期间，衣着时代特征明显，百姓多穿着绿军装；改革开放初期，百姓衣着需求得到释放，服装呈现出万紫千红的态势；20 世纪 90 年代，百姓服装多元化发展，人们开始紧跟潮流、追求品牌；进入新世纪，人们追求个性在衣着上得到很好的体现；2010 年后，人们穿着自由、随意搭配、注重健康舒适。70 年中，我国百姓衣着阶段性特征明显，由传统向现代转变，逐渐形成了城乡一体化发展，主要是受传统观念的转变、国家政策、经济发展水平等因素的影响。

一、新中国成立初期的简约朴素（1949—1965）

（一）民国时期的服饰潮流

悠悠历史长河中，中华民族创造了炫丽缤纷的服饰文化。据考证，中国服饰文化可追溯至原始社会旧石器时代晚期。[①] 先秦至明清时期为中国服饰发展的古典时期，总体上呈现出保守性、封闭性、等级性的特征。民国时期，中国服饰发展由古典时期开始转入现代化时期，此时西风东渐，民主革命风起云涌，封建社会衣冠之制逐渐解体，轻便合体的西式服装逐渐替代了传统的宽袍大袖。此时中国服饰总体特征为中西结合、新旧并存，男子服饰既有传统的长袍、马褂、布鞋，也有西装革履、礼帽以及学生装和中山装等新式男装，女子服饰既有洋装、高跟皮鞋、长筒丝袜，又有新式旗袍，也有传统的上袄下裙。

辛亥革命推翻了清朝近三百年的统治，结束了在中国延续了两千多年的封建帝制，民主、平等、自由的思想理念深入人心，体现在服饰规范制度上主要为剪辫、放足、易服。民国初即发布《剪辫通令》，并废除缠足陋习。民国政府颁布的《服制》，规定官员不分级别，都以西式大氅或燕尾服作为大礼服（后被废止），裤为西式长裤。中国服饰发展开始迈进自由化、平等化、个性化时期，中山装与旗袍以其中西合璧的特色成为流行风尚。

---

① 沈从文：《中国古代服饰研究》，上海书店出版社 2002 年版，第 2 页。

　　中山装因孙中山先生授意设计并率先穿着而得名，自南京国民政府后，逐渐成为当时党政要员的首选服式，并通令定为礼服。从诞生之日起，中山装便具有政治内涵，尤其政界中人，相互效法，民间穿者较少。中山装吸取了中式传统服装和西式基型服装的特色，整体廓形均衡对称，垫肩收腰造型稳重，穿着方便活动自如。中山装样式为立翻领，对襟，前襟五粒扣，四个贴袋，袖口三粒扣，后片不破缝。前身四个口袋象征国之四维——礼义廉耻；袋盖为倒笔架，寓意以文治国；门襟五粒纽扣表示区别于西方的三权分立的五权分立——行政、立法、司法、考试、监察；袖口三粒纽扣代表三民主义——民族、民权、民生；后片不破缝，表示国家和平统一大义；衣领为翻领封闭式，显示严谨治国的理念。一般中山装用料要求不高，国产棉布即可，较合乎战时国情。之后，中共苏区领导人也穿着中山装，使得中山装能够跨越政治歧见，长久地存在于中国的社会生活中。[①]

　　旗袍原是满族女子的袍服，其基本样式是立领，右大襟，全身较宽松，长袖，上下直线剪裁，下摆宽大，不开衩。清代汉族女子一般不穿旗袍，而是沿袭明制着上袄下裙。与清代相比，民国时期的旗袍在整体形象上有明显的改变，受欧美女装的影响，造型更为贴体，样式较为简洁，既突显了女性婀娜多姿的体态，又保留了东方女性的含蓄和优美，因此在 20 世纪 20 年代迅速盛行起来。30 年代以后，旗袍样式更为简便，变化也更为丰富，如旗袍摆宽或收或展，长度或长或短，领子有圆立领和方立领，并且侧开衩位置也在不断调整，此时处于旗袍的鼎盛期，改良后的旗袍融入了更多的西式服饰元素，更能体现女性的曲线美。40 年代的都市女装仍以旗袍为主，但受抗战因素影响，其样式变化趋缓，变得更为简朴实用。[②]

（二）中山装与干部服

　　连年战争致使我国经济遭到严重破坏，新中国成立初期我国百废待兴，百姓生活困苦不堪，因此政府首要任务是恢复经济发展。1950 年

---

① 廖军、许星:《中国服饰百年》,上海文化出版社 2009 年版,第 87 页。
② 廖军、许星:《中国服饰百年》,上海文化出版社 2009 年版,第 97 页。

6 月，中国共产党七届三中全会把争取国家财政经济状况的基本好转作为国民经济恢复时期的中心任务，集中精力进行大规模的经济建设。至 1952 年，国民经济已逐步恢复，随后 1953—1956 年，借鉴苏联模式向社会主义过渡，基本完成了三大改造，社会主义计划经济体制逐渐形成。1956—1965 年，我国经历了十年艰苦的探索。1958 年，毛泽东提出"鼓足干劲，力争上游，多快好省地建设社会主义"的总路线，发动了国民经济建设"大跃进"，片面追求经济发展高速度，对我国社会与经济造成了巨大破坏。1961 年，中共八届九中全会确定了"八字方针"，标志着中国经济由"大跃进"转向了全面整顿，至 1965 年，我国工农业发展已逐步恢复。

由于经济落后和物资匮乏，新中国成立初政府大力提倡艰苦奋斗、勤俭节约的作风，由领导干部带头，在全国范围内逐渐形成了具有特殊政治意味的服饰风尚。当时百姓衣着体现出简约朴素的特点，男性以中山装、军装、中式棉袄、工装等为主要服饰，女性则以列宁装、布拉吉等为时髦装束，颜色单调，以灰、黑、蓝为主。这一时期崇尚革命、以苏联为榜样，所以许多服装均是从苏联学习过来的，人们的审美标准具有浓烈的政治色彩，一切所谓资本主义的东西均被摒弃，造成服饰的单一化发展。

1949 年开国大典上，毛泽东主席身着呢质地中山装，为新中国服饰树立了崭新的形象，新式中山装成为领导人参加国事活动的正式服装。中山装造型美观大方、款型端正、线条分明，因孙中山先生得名，既体现了革命的一面，也适应了新中国成立初节约简朴的倡议，新中国成立初政府曾将中山装定为"国服"，可以说中山装是 20 世纪五六十年代中国男人的标志，神州大地随处可见。直到 20 世纪 80 年代中期，国家领导人在出访外国和接见外宾时还身着中山装。

新中国成立初期，人们在中山装的基础上进行了改良，形成了干部服、人民装等深受广大百姓欢迎的款式。干部服四只口袋均为平贴袋，比中山装厚度减少，通常为深蓝、浅灰，面料多为卡其布，因其革命象征性流行广泛，农村青年甚至妇女、孩子也都逐渐穿着，形成了一股热潮。人民装也是中山装的一种改良，其领角由圆角改为尖角，领围加大并向下延伸，衣身加宽，略收腰部，后片稍长于前片。[①] 因其深受毛泽东的喜爱，被西方国家称为"毛式服装"。在此基础上还演化出青年装、学生装、军便服、女士两用衫等。军便服将中山装的明袋改为暗袋有暗纽扣或明纽扣；青年装将中山装的右上袋去掉，将余下的三袋改为暗袋，对襟由明襟改为暗襟。中山装及其改良服装体现了中国人含蓄、端庄、文雅、谦和的气质，符合中国人的审美观念，因此成为经久不衰的时髦服装。

（三）列宁装和布拉吉

与男士的中山装家族一致，顺应简朴节约的社会风尚，列宁装、布拉吉等苏式服装在女性中间十分流行。新中国成立初，受国家政治与革命思潮的影响，我国一切以苏联老大哥为榜样，将服装的与苏联领袖名字结合在一起。列宁装以列宁常穿的服装为蓝本，仿照坦克兵的样式设计而成，其衣长及臀，多为大翻领、双排扣、双襟，中下方均有斜插式口袋，并配有腰带，整体上干净利落，充满革命气息。列宁装能够凸显女性柔美的身体线条，是展现女性美的难得机会，本为男性服装的列宁装在中国演变成女装，成为与中山装齐名的革命时装，深受广大女性的喜爱。早在新中国成立以前，列宁装在广大解放区的女同志中就已十分流行，新中国成立后，由于其样式新颖又兼具革命气息，女干部与女学生等群体多穿用，逐渐流入社会成为时尚服饰。"做套列宁装，留着结婚穿"是当时年轻人的流行说法。[②]

除列宁装外，一种名为"布拉吉"（俄语连衣裙音译）的连衣裙也曾风靡一时，有人甚至将这一时期誉为"旋转的布拉吉"。1956年，政府提出"人人穿花衣裳"的口号，女装自此有了新色彩，布拉吉也因此盛行一时。布拉吉的特点为：宽松的短袖、有褶皱、简单的圆领、碎花、格子的条纹，腰间有一条布带。布拉吉本为苏联女子的日常服装，因苏联女英雄卓娅着此就义而成为进步与革命的象征。各界妇女干部带头穿着引导，使其家喻户晓，上至社会名流，下至基层女工，

---

① 廖军、许星：《中国服饰百年》，上海文化出版社2009年版，第131页。
② 王鸣：《中国服装史》，上海交通大学出版社2013年版，第216页。

都曾穿过布拉吉，几乎是人手一件，全国上下飘舞着布拉吉，充分展现了女性的柔美线条。

布拉吉是由苏联大花布制成的，在国家倡导下，男性也穿起了由此制成的花衬衣，当时以能穿上这样一件衣服为荣。实际上，穿着布拉吉和花衬衣并非为了赶时髦，当时苏联和东欧援助的花布大量进入中国，为响应政府号召，适应对华贸易中布匹的倾销，布拉吉、花衣花裙迅速成为当时的潮流服饰。除了政治原因外，还因为这种衣服打破了当时中国百姓衣服白灰蓝的单调局面，给服装增添了新意，青年们穿上后显得活泼可爱，精神抖擞。

在 1958 年后，随着中苏联盟关系破裂，一度流行的苏式服装也逐渐消失，布拉吉改名为连衣裙，流行范围缩小，但其影响深远，花棉布连衣裙和翻领外套至今仍受很多人的青睐。1956—1957 年，在经历了短暂的服饰多样化之后，随着中苏交恶、"大跃进"和人民公社化运动的开展，加之三年自然灾害造成的困难，服饰又归于简约朴素、经济实用。中苏交恶后，国家提出"自力更生""艰苦创业"，甚至还要"勒紧裤腰带还债"；1959 年反右倾之后，政治上越发向"左"，衣着讲究就等同于资产阶级生活方式，也等同于革命的对象。在经济上与政治上均不具备服饰多样化发展的土壤，服装的"破"和"旧"成为特殊年代的革命符号。

与城市相比，农村服饰的变化较少，新式服装与旧式服装并存，衫袄和中式裤子是农民的日常服装。解放的农民阶级不必刻意改换衣着证明什么，他们的衣装也被赋予了革命性，与旧时期相同的服装有了新的内涵，因此许多农民仍穿着对襟和大襟衣。基于避寒需要，冬天穿长棉袍依旧十分普遍。棉袄主要分对襟和大襟两种，男式为对襟，形如夹袄，表里之间填棉絮，老年人习惯穿大襟棉袄，衣襟开在右边，比较肥大，多为黑色，一般还用布带扎腰，这样既可防寒保暖，还可在腰带上插烟袋、放手巾等；女式棉袄为大襟，比较紧身严实，一般用蓝布或花布做袄表，有大、小袄之分。

二、"文革"时期的"绿"统天下（1966—1978）

（一）政治化的服装

自 1966 年起，我国进入了长达十年的"文化大革命"时期，"左"倾思想严重，给国家发展和人民生活造成了破坏和损失。"文化大革命"从改造人们思想意识形态开始，表现出了思想僵化、缺乏思考、盲目崇拜等典型特征。这一阶段我国经济基本处于瘫痪状态，人民的思想观念和生活方式都受到严厉禁锢。在极端政治化的生活影响下，服饰作为历史发展的见证和体现，反映出极左思想的影子，由于政治左右人们的审美观念，服饰成为政治附属品，失去了其装饰性，人们的穿着打扮明显地表现出一种非常强烈的特定的政治色彩，可以说，此时的服饰是一种政治态度的表达，成为一种单纯的政治符号。

"文革"期间，服饰的等级意识彻底取消，取而代之的是阶级意识。在原来朴素、节俭的基础上又加入了强烈的意识形态化、革命化、军事化的色彩，服装在造型上更加呆板，不求变化。女装造型是直线型，只求合体。衣料的品种有些单一，当时的服装面料只有棉细布、棉咔叽、涤棉混纺织物、府绸、回纺布等为数不多的几种。在色彩上也趋向于单调，绿色成为主流色。作为时尚主体的女装，在用色上"也只能以蓝色、灰色、白色和绿色为主，在女装中使用艳丽色彩和花型在这段时间是极为忌讳的"[1]。

在"横扫一切牛鬼蛇神"等口号的指导下，红卫兵开始了大规模的"破四旧"（旧思想、旧文化、旧风俗、旧习惯）运动，社会秩序处于空前混乱的状态，大批干部、知识分子、无辜群众遭受批斗和打击迫害，同时也使我国服饰发展走入误区。服饰的审美化、个性化受到严重压抑，许多城市街头设立了"破旧立新"站，专门检查来往行人的穿着打扮。一切代表资本主义的服饰受到鞭挞和批判，长袍、马褂、西服、旗袍、男式花衬衣、女士烫发、化妆品都是革命的对象，红卫兵在大街上拿着剪刀强制剪掉头发、撕烂衣服。

---

[1]　张竞琼、蔡毅:《中外服装史对览》，中国纺织大学出版社 2000 年版，第 114 页。

　　1966 年，毛泽东在接见红卫兵时身穿一套草绿色军装，臂上佩戴红卫兵的袖标，对领袖的崇拜导致了人们竞相追随和仿效，因此代表无产阶级革命立场的绿军装迅速流行起来。一大批狂热的红卫兵穿上从父兄或亲友那里弄来的旧军装，绿军装成为革命造反的象征，在原有的艰苦朴素、勤俭节约思想中，又增添了浓烈的革命化、军事化色彩。绿军装分为真正的军装和军便服，广大百姓穿的都是军便服，是当时人民解放军现役军人的服装样式，不佩戴领章和帽徽。

　　20 世纪 60 年代末，军队涌现出以雷锋、谢臣、王杰为代表的英雄模范，解放军的地位得到了提升，毛泽东号召"全国人民学解放军"，全国人民掀起了学习先进人物的热潮，这些模范人物的衣着也受到大家的追逐，因此军便服开始在全国广泛流行开来。1968 年，知识青年上山下乡运动大规模开展，由于生产建设兵团军事化生活，知识青年统一配发军便服，这进一步推动了军服热。除了军便服外，女知青热衷于格子、碎花衬衣、工装裤等。她们的穿着相对于当地老百姓来说显得时髦。

　　在红卫兵运动中形成了"红卫兵服"，典型"红卫兵服"的基本配置是：旧军装、旧军帽、武装皮带、解放鞋、红袖章、军挎包，挎包盖上绣有鲜红的"为人民服务"字样，胸前佩挂毛泽东像章，这样的行头成为最受年轻人青睐的"时装"。除绿军装外这一时期基本服饰还有中山装、青年装、工装、衬衣及普通裤等，但大多造型呆板，色彩单调，性别色彩趋于淡化。

（二）不爱红装爱武装

　　1961 年 2 月，毛泽东写了著名的《为女民兵题照》："飒爽英姿五尺枪，曙光初照演兵场。中华儿女多奇志，不爱红装爱武装"，充分赞扬了女民兵的衣着朴素。这首诗很快被谱成曲子，随着红卫兵运动传遍大江南北。在个人崇拜盛行时期，全国的年轻女性纷纷响应领袖的号召，脱下红装，穿上军装样式的蓝灰制服，将大辫子剪成短发或羊角辫。女民兵服饰受到吹捧，素色或简朴的中式上衣，胸佩毛主席像章，腰间缠绕子弹袋，手握钢枪，配合齐耳短发，成为当时的一种革命且英气干练的美。

男女同装作为中国服饰史中的特殊现象，在"文革"期间体现得淋漓尽致。在"妇女能顶半边天"的口号下，女人不惜放弃女性化的特征，爱武装的新女性形象成为当时的榜样，美丽女性已经被"铁姑娘""娘子军"等名词替代。此时的女性服饰呈现男性化趋向，女性穿上和男性一样的绿军装，拥有一套绿军装成了许多女青年的向往，单调统一的款式颜色将女性身姿与个性覆盖。

"文革"初期，普通女青年所穿军装式样为西装式尖角翻领，衣身较为宽松，袖多是大小两片，衣服前片两侧各有一只平开袋。裤子前面开门襟，臀部宽松，裤腿和裤脚边肥大，色彩以藏蓝和军绿为主，俗称大管裤。"文革"中后期，许多女性将军装的三围尺寸进行修改，收腰紧身并缩小裤腿，使军装更为符合女性身材。此时女性服装在样式与色彩上均有较大程度的丰富，两用衫、罩衫和一些花式衬衫开始流行。

两用衫也叫春秋衫，分为直身式和收腰式，衣身宽大，领有关驳领、小翻领、大翻领和连驳领，领角有圆角尖角等多种，袖有装袖、连肩袖、插肩袖等，两用衫多是通过分割衣片或在腰、领、袋等部位进行变化，样式颜色较多，面料是较为厚实的卡其布、涤卡或斜纹布等。罩衫是穿在棉衣外的衣服，通常为中式立领，西式装袖，直腰身廓型，纽扣有中式一字盘扣、包布扣、塑料扣和装饰扣。20世纪70年代，城市女性开始着花式衬衫，比如长方领衬衫、领围大而张开的花边衬衫、大翻领衬衫等。[①]

"文革"后期，许多女性比较喜欢编织毛衣穿着，包括上衣、毛裤、背心、手套、围巾、袜子等，款式和颜色多样，如领子分为圆领、立领、立翻领、V字领等，毛衣材质分为全毛绒线和混纺毛线等，受经济条件限制，许多女性将旧衣服拆洗后重新编织。20世纪70年代后期开始流行蝙蝠衫和脚踏裤，女性服饰在经历了"不爱红装爱武装"的过程后，开始逐渐向时尚优美的方向发展。蝙蝠衫领型宽大，袖与身为一体、袖隆无缝合线，下摆紧瘦，双臂展开形似蝙蝠。脚踏裤是

---

① 廖军、许星：《中国服饰百年》，上海文化出版社2009年版，第168页。

一种黑色弹力面料做成的，类似于后来的健美裤，外形简单，裤脚用松紧带缝上环状，踩在脚底下穿，充分展示了女性的腿部线条。

（三）的确良的流行

值得庆幸的是，"文革"后期我国石油逐渐增产，化学工业不断发展，使老百姓穿上了的确良衣服。的确良是一种聚酯纤维，是由美国杜邦公司开发研制的，自20世纪50年代在国际上开始流行。20世纪60年代初，的确良开始在京津沪小批量试制，当时我国还无法生产化纤，的确良的制造只能依靠进口涤纶纤维，或是进口聚酯切片来制造涤纶纤维，生产的产品多为出口创汇，普通百姓基本上买不到。直到20世纪70年代，国家决心引进石化装备，发展化纤工业全产业链，自此的确良才逐渐普及。

由于化纤织物的出现，丰富了面料的品种，缓解了"文革"期间服饰面料、色彩等方面的单调。的确良面料不容易起皱且结实耐磨，洗后不缩水不褪色，受到广大百姓的追捧，自20世纪70年代中期一直流行至80年代中期，我国服装也进入了一个繁荣的时期。

的确良的流行还有一个重要的原因就是它解决了当时多数百姓受布票的限制，的确良不按实收布票，而是打折收取，着实方便了布票不够用的百姓。因为实在是太耐穿了，尽管不吸汗、不透气，可挺括滑爽、易洗快干，还比棉布结实，一件顶三件，因此深受广大百姓的喜爱。

的确良以白、蓝和烟灰色为主，主要用来制作衬衣衬裤，后来出现了各种花色的面料，与此相应的服装品种也越来越多。在当时清一色粗布衣服的年代，的确良的流行给我国服饰发展带来了更多的色彩。20世纪70年代中后期，随着的确良普及，姑娘们纷纷穿上小碎花裙子、带里衬的白裙子，走起路来裙角飞扬，男士们则热衷雪白的的确良衬衫，形成了较为强烈的视觉冲击。

三、改革开放的满园春色（1979—1989）

1978年，中共十一届三中全会从根本上纠正了思想上的"左"倾错误，将工作重心转移到社会主义现代化建设上来，拉开了中国改革开放的序幕。1983 年，在农村推行家庭联产承包责任制，取消人民公社制度，活跃了农村商品经济。农村改革的成功也推动了城市的改革，1984 年，中共十二届三中全会制定了中国经济体制改革的纲领性文件，提出"社会主义经济是在公有制基础上的有计划的商品经济"，明确了改革的方向、性质和任务，发展多种所有制经济和多种经营方式，搞活企业经济、改革流通体制和价格体系等一系列措施的实施，城市经济改革成果显著。通过几年的改革，我国经济发展呈现出勃勃生机。

改革开放令国门大开，中国逐步加入到了全球化格局中。随着我国经济的逐渐好转，人们的消费能力得以增强，服装消费的欲望逐渐被唤醒。加之在 1983 年 12 月 1 日，国家商业部发出通告，全国临时免收布票、絮棉票，对棉布、絮棉全面敞开供应，终结了自 1954 年以来的布票制度。同时，改革开放也迎来了媒体的迅速发展，拓展了人们的视野，丰富了百姓的文化生活。自此，中国的服饰发展冲出了"文革"的禁锢，迈向自由化、个性化、审美化，多姿多彩的服装时代终于来临。

这一时期的男装从款式单一的军装逐渐走向由西装、风衣、大衣、夹克衫、猎装、背心、牛仔服、T 恤衫、针织装等组成的多彩时代，凸显了更为个性化的曲线造型与更为大胆的用色。女装款式更是千变万化，有各式裙装、套装、大衣、风衣、牛仔服、T 恤衫、针织装等，每种款式都随时尚趋势而不断变化，比如裙子来说，可分为长裙、短裙、半长裙，裙摆形式来分又包括一步裙、蜻蜓裙、鱼尾裙、喇叭裙、百褶裙、牛仔裙、直筒裙、西服裙、超短裙等各种类型。此时的服装面料也有了很大的变化，各种涤纶纤维、毛涤混纺、毛混纺呢绒、丝绸纷纷进入市场。20 世纪 80 年代中后期，随着国外服饰的大量涌入，人们的思想观念也不断开放，女性内衣出现了三围的概念，开始从健康层面关注内衣对女性身体的塑造作用，是我国女性服饰发展的重大进步。

（一）模仿影视剧服装

20 世纪 80 年代初期，香港是时装传入内地的源头，当时欧美正在流行宽肩女装，随即通过香港经广东流行了全国各地。尽管有些服装花哨艳俗，但人们早已厌倦了单一色调，极度需要新款服饰的出现。许多人抓住机会，从中国香港、日本收集工厂的尾货产品和旧货市场上的二手衣服，以及各种零头纺织品，大量地运到国内，以填补内地对服装、纺织品的大量需求。当时的服装市场可谓空前繁荣，从沿海到内地，从城市到乡村，各行各业都卖服装。在改革开放不断推进的过程中，国人也逐渐开始注重自己的审美意识，但强烈的装扮欲望也常常催生莫名其妙的穿戴。

这一时期，影视剧中的服装成为人们争相模仿的参照，影视剧成为大众时尚的风向标。20 世纪 80 年代初，喇叭裤成为国内最早流行的新鲜服饰之一，首先由美国歌星"猫王"穿着，后传向日本和港台，随着日本和港台影视在内地的流行，喇叭裤逐渐风靡内地。喇叭裤上宽下细、臀围紧小，拉链开在正前方，款式不分男女。美国科幻电视剧《大西洋底来的人》和《加里森敢死队》的热播，给年轻人带来了新鲜感，使"蛤蟆镜"成为抢手的时髦物品，青年人身穿花格衬衣、下穿喇叭裤、头戴大而夸张并贴有商标的"蛤蟆镜"成为最新时尚。国产电影《庐山恋》中女演员总共换了 43 套服装，成为观众心目中的"梦中情人"，她在电影中的装扮也受到年轻人的追捧。1982 年，日本电视剧《血疑》在国内热播，山口百惠和三浦友和成为当时最有名的演员，一时间满大街都是"幸子衫""幸子头""光夫衫""大岛茂风衣"。《瓦尔特保卫萨拉热窝》和《桥》是对中国影响较大的两部南斯拉夫电影，小伙子们在看完影片之后，穿上了南斯拉夫游击队员式的夹克外套，冠名为"瓦尔特衫"。1984 年拍摄的电影《街上流行红裙子》是第一部直接以服装为题材的电影，记录了当时人们思维方式的变化，电影的热播也使红色裙子率先在女青年中间流行起来。当时连衣裙是年轻女子常备的时髦服饰，通常配穿长筒袜和高跟鞋，此时的连衣裙多是无领式，造型简单。

对于影视剧的模仿是改革开放初一种较为广泛的群体行为，改革开放使人们的视野投向整个世界，审美摆脱了政治的束缚，人们迫切需要改变自己原来单调的服饰，而影视剧成为人们穿着时尚的主要来源。

西方文化向人们传递着时尚信息，中国人也通过影视剧迅速追赶世界服装潮流，尽管有些模仿不伦不类，但切实满足了中国人民被压抑的服装消费欲望，加之政府和主流媒体的不断推动，鼓励大家解放思想穿着更多样式的服装，逐渐形成了改革开放初期"满园春色关不住"的服装发展态势。

（二）全国范围西装热

改革开放的明显服饰标志当属西装热，1983 年 6 月 2 日，中央书记处书记郝建秀提出要"提倡穿西装、两用衫、裙子、旗袍"。同年，中共中央总书记胡耀邦在多次会议上强调："要抓好服装问题，让城乡人民穿得干净一点、整齐一点、漂亮一点。"国家领导人身体力行，带头穿起了西装。穿西装扎领带似乎成了改革开放的标志，广大百姓纷纷效仿，随即在全国范围内掀起了西装热。限于当时国内西装生产水平，1984 年西装市场出现了供不应求的局面。此时在中国流行的西装样式先是单排扣、平驳领，后来是双排扣、枪驳领，常见款式是缺嘴偏低的翻驳领、两粒纽样式或正规的枪驳领、双排纽样式，颜色以藏青色、黑色和灰色为主。

但是这一阶段普通群众不熟悉西装穿着规范，出现外穿西装内套毛衣或者不打领带的怪象，并不讲究在何种场合穿着西装，皱巴巴的不成型。因为成品服装较少，大家一般都是到裁缝店里去做，所以出现了各种各样的西装。当时的男士喜欢把双排扣解开，裤子上挂上一串钥匙。这一时期的西装流行与半个世纪前有明显的不同，民国时期的西装流行主要局限在大城市的社会中上阶层，这一次的西装却在不同年龄层、不同社会阶层之间流行，影响到最广大的消费层面，到 20 世纪 80 年代中后期连农村都普及了西装。西装不仅可以作为正装，也可当作便服。

此时，不光男士喜欢穿西装，许多女性也穿起了西装，显得十分时尚。男女西装基本风格相同，但在外形轮廓和细节上有显著的差异，男式基本款式为直摆收腰造型，背后中缝线，下端开叉，女式则为曲线收腰设计，下端不开叉。在欧美流行半个多世纪的职业女性套装，终于成为中国白领女性青睐的服装样式。西装套裙，逐渐约定俗成地成为职业女性的典型服装，于是，也被称作"职业女装"。

（三）各种时髦裤子

改革开放以来，青年人开始追求时尚，各种各样的时髦裤子成为青年人的首选。最先进入国内的是喇叭裤，代表了青年人的洒脱和不羁，但是也受到了传统的反对和抵制，随着人们思想的不断开放，喇叭裤最终风靡大街小巷。喇叭裤之后，随后还出现了筒裤、萝卜裤、老板裤等各种裤子。

20 世纪 80 年代，源自美国西部淘金者穿用的工装裤开始流行，因耐穿耐脏、潇洒大方、款式多变，可以宽松也紧身，用石磨、水洗技术加工的牛仔裤被认为是时尚。风靡全球的牛仔裤在迅速占领了中国市场，开始在男青年中流行，后扩至女青年，颜色也由单一化向多色调转换。穿上牛仔裤，可显露出一种朴素、淳厚、自然、粗犷的气质，这些美感与快节奏的生活结合起来，体现出当代人的一种简洁明快的审美意识，男性穿上富有阳刚之气，女性穿上富有曲线美。

随着国外新潮服饰的流入，人们开始关注更加凸显个性的服装，健美裤就是一个很好的例子，它是中国 20 世纪 80 年代最为流行的裤型，唤醒了中国女性的审美与独立意识。健美裤是脚踏裤的进一步发展，上宽下窄，色彩以黑白灰为主，面料选用优质的氨纶，可以显示出女性苗条的身材以及修长的腿部曲线。作为时髦的象征，从幼儿园的小女孩到公园里晨练的老太太，无一例外，人人都穿，流行风头之劲超乎想象。

改革开放以后，我国体育事业迅速发展，1984 年中国女排在奥运会上实现了"三连冠"，受此影响，运动装成为人们日常生活中的时髦便服，运动装给人宽松、舒适、健康的感觉，甚至成为学生校服和工人工装。当时较为有特点的运动服是三道杠，基本以蓝色为主，其中运动裤的侧面带有三条白道，穿上后运动感十足，时至今日，广大中小学生的校服仍以此为主。

四、20 世纪 90 年代的多元发展（1990—1999）

（一）紧跟国际潮流

进入 20 世纪的最后十年，人们的生活向小康过渡，思想观念更为开放，服饰也在急剧发生变化，人们紧跟国际潮流，很难用一种款式或色彩来概括时尚潮流，新闻媒介、交通工具、自然人体、文学艺术、服饰配件等各种因素开始进入服饰的时尚潮流中，为 21 世纪的服装发展奠定了坚实的基础。在市场经济的冲击下，中国社会文化价值结构开始充分体现出"经济—商业"的利益主导性，中国大众现实活动的基本目标开始落实到物质生活积累和占有的过程中，落实到直接具体的日常享受之上。

20 世纪 80 年代，中国人渴望时髦，但是还没有完全找到方向。90 年代之后，开始紧跟国际潮流。90 年代初期国际上退潮的大宽垫肩、泡袖、腰带束身的服装，却成了国内流行。这种女性的时装常见形式有大宽肩（加肩垫）或肩线下垂于上臂，蝙蝠袖或披肩袖，正装风格的西装外套或风衣、衬衫，都会加上厚厚的垫肩而显得硬朗，在夸张宽肩的同时，用宽腰带紧收腰部突出女性纤细的腰身。此时的职业女装更加广泛普及，白领女性都把职业女装视为时装，时装店里也以此类女装居多，西式翻领上装和西式套裙，通常色彩素雅、款式简洁、裁剪讲究，许多其他职业的女性将其当作时装穿着，当作成功女性的标志。对于男士来说，此时的西服无论在板型还是款式上都处于初级阶段，穿着者也常有不合礼仪的穿戴或搭配，白领男士大多数时间里穿着西装、白衬衫，系领带，是当时西服和高档服装消费的主力。90 年代中期以后，男式西装外形也逐渐跟上潮流，由宽松过渡到合体，垫肩变薄、袖笼变小、臀围变小、立裆变短、裤腿变窄，讲究轻、薄、挺、翘，变为三粒扣或四粒扣西装为主。

20 世纪 90 年代服装面料出现返璞归真的现象，棉、麻、丝、毛等天然面料及其混纺织物受到大家的喜欢。时髦的休闲服也逐渐发展起来，成为日常男装中的一大流行，高档 T 恤、牛仔裤、套衫、格子绒布衬衫、灯芯绒裤、纯棉白袜、旅游鞋等，受到广大男士的青睐。20

世纪末，受韩国、日本等地文化输入的影响，出现了哈韩、哈日族，服饰也变得五彩缤纷，都市青少年在装束上紧跟国际化潮流，表现为反戴棒球帽、宽松的T恤衫、富运动感觉的马甲、宽腿裤、造型夸张色彩明丽的球鞋。

女装的潮流变化越来越快，1993—1996年，从之前的宽松、厚垫肩、蝙蝠袖、锥形裤等流行元素，逐渐向贴体风格的露脐装、无袖装、吊带裙等性感装束转变，女装风格在很短的时间内就发生了翻天覆地的变化。在20世纪90年代末，贴体风格的"小而紧"是女性服装的主要时尚风向，几乎对所有的服装式样产生巨大影响，衬衣、裤子、裙子、外套，肩越削越窄、腰越吸越细、袖笼越收越小、臀部越绷越紧，相应的各种弹力布面料也十分畅销，充分凸显出女性优美的身体曲线。同样，贴体服装也使得露和透的性感风格以惊人的速度流行开来，"内衣外穿"成为热门话题，裸露的肩膀和后背标志着东方传统的含蓄封闭成为过去。

（二）追求品牌效应

经过多年的发展，20世纪90年代，中国服装产业有了长足的进步，中外合资品牌流水线、服装品牌的运作与经营都是以前无法比拟的。城市里遍布各种品牌专卖店，大都市的服装营销模式与国际运作基本同步。新型消费观念和模式在中国都市逐渐形成，此时文化成了消费的要素，甚至消费行为从本质上也变成了文化行为，各种商品已承担起广泛的文化联系和传播的功能，人们不仅仅消费物质产品，还消费商品品牌所象征所代表的某种社会文化意义。人们追逐服装品牌的意识逐渐加强，购买服装已经有了明确的方向，人们逐渐进入品牌装卖店。

专卖店在大城市流行始于20世纪90年代中后期，国产服装品牌也开始逐渐崛起，如雅戈尔、杉杉、李宁等，就连学生们也开始追求品牌服饰，一些挂靠国外名头的休闲服饰开始占据各大城市的商业中心地段。作为主导家庭消费的女性群体成为服装消费的主力，昂贵的专卖店和便宜的外贸店成为当时女性选购服装的主要途径。受环境影响，时装市场前所未有地充满了洋文字码构成的名牌渴求，很多人通过品牌符号解读别人的衣着风格和品位，造成了追求品牌的穿衣趋势。此时国外服装品牌可以通过合法贸易进入中国商场和服装店，在广告和媒体的宣传下，中国消费者的品牌意识也越来越强。

五、新世纪的个性十足（2000—2009）

（一）追求个性的装扮

进入新千年，经过了改革开放二十多年的发展，我国社会经济水平不断提高，百姓生活水平已初步达到小康水平，尤其是加入世界贸易组织（WTO）以后，我国与世界的经济联系越来越紧密，经济进入高速发展时期。随着各国间的文化交流不断推进，人民思想也逐渐趋于成熟，对于服装时尚的理解和认识与世界接轨，人们不再盲目跟风，自我意识在衣着上得到了充分的体现。在21世纪的最初几年中，服装风格变成了多元化的时尚，前卫、个性、流行是人们追求的目标，大街小巷中出现了宽松、肥大、中性等各种个性十足的装扮。

随着人们思想不断开放，服饰多样化的趋势也为大家所接受。拥有名牌服装已不再是新鲜事，太过大众化的名牌服装已经不能满足人们日益提高的个性化需求，此时的衣着已不是用来遮体避寒，而是一种独特个性的展示。比如铆钉服和砍袖服装的流行，都强烈地显示了年轻人追求前卫、展现个性的趋势。铆钉元素具有百搭的特点，外形抢眼、颜色独特使铆钉服成为多元风格最具有代表性的服装之一。砍袖服装因时尚个性，迅速占领了年轻人的市场，砍袖上衣、砍袖连衣裙、砍袖外套风靡一时。北京的秀水街和上海的襄阳路曾经作为时尚地标名噪一时，成为年轻人购买服装的重要场所。

随着我国互联网不断发展，电子游戏与网络文化悄然在年轻人中流行开来，比如QQ空间、劲舞团网游、火星文、大头贴等，由此产生了非主流群体，多为80后、90后，源于自我个性的彰显，外化成与传统主流服饰装扮具有较大差异的行为，2008年后又演变成了杀马特家族。这一群体穿着夸张、十分另类，为大众难以接受，尤其随着我国城镇化进程不断加快，城乡接合部或是乡镇青少年为追逐潮流与个性，纷纷加入到非主流行列中。

（二）中国元素的流行

与此同时，中国元素也在世界服装艺术中有了更加广泛的体现，唐装和旗袍的流行标志着中国服装作为一种文化潮流和商业主流备受世界瞩目。在 2001 年上海亚太经合组织（APEC）峰会上，各国领导人统一身着红色或蓝色的中式对襟唐装，通过电视网络等媒体迅速传向世界各地，唐装也因此迅速走红。旗袍一直是我国女性喜爱的服饰，2000 年的香港电影《花样年华》中，女主角展示的多款旗袍，雍容华贵温婉动人，将这一特有的中国元素淋漓尽致地展示给全世界，旗袍也因此重新成为潮流。2004 年以后，在大学生中出现了"汉服热"，身穿汉代人的深衣或者袍子举行活动，他们认为这是中华民族最具特色的典型服装。2008 年刮起了一阵复古风，人们开始热衷于经典的老物件，从网络到街头，很多人开始重新穿起流行于 20 世纪 80 年代的梅花牌运动衫、回力胶鞋、飞跃胶鞋等服装。加之许多娱乐圈明星的示范，复古的服装成为新鲜时尚的载体。

新世纪的第一个十年是我国娱乐圈发展的黄金十年，随着各类传播媒体的深入推进，明星偶像如雨后春笋般出现。此时我国时尚行业初见端倪，娱乐产业因选秀节目蓬勃发展，我们开始制造自己的明星偶像，《超级女声》《快乐男声》《快乐大本营》等节目中的非主流造型，影响了一代青少年的审美观念。我国服饰品牌抓住契机实现高速发展，出现了美特斯邦威、森马、以纯、真维斯、特步、匹克等众多品牌，受到城镇青少年的热烈追捧。

六、近十年间的百花齐放（2010—2019）

（一）服饰多元化发展

2010 年以后，我国人民生活更加富裕，随着"精准扶贫"等政策的提出，许多贫困农户也已经完全摆脱了过去缺衣少穿的困窘局面，此时人们更加注重衣服舒适健康的特性，走在大街上很难再找到统一的流行风格，每个人都有自己喜欢的穿搭风格，中国人民活出了真正的自我。百姓穿着已经无法具象到某种款式了，种类不断细化，花色不断增多，出现了正装、晚装、商务装、休闲装、家居服等诸多门类，缤纷繁复，异彩纷呈，迎合了不同身份、年龄、性格的人的喜好。随着个性化需求不断提高，消费者的选择也更为多元化，有的注重品质和品牌，有的中意舒适和轻松，有的崇尚自然和简约，有的倾心唐装和旗袍。2010年后，美邦、森马等曾经的热销品牌退居三线城市和超市卖场，取而代之的是欧美和日本的H&M、ZARA和优衣库品牌，很大程度上影响着人们的穿着。

比如由不同款式、颜色与面料等搭配一体的混搭风，颠覆了传统的着装理念，体现了人们的创造和个性，深受年轻一族的喜爱。男女平等的概念深入人心，进一步推动了中性风的流行，无明显性别差异、男女皆适的中性服饰成为时尚，极大冲击了"男女有别"的旧观念，尤其是女性的穿着更加体现了中性风的流行。为追求舒适，时尚运动风格的服饰受到大家的欢迎，运动服超越了以往那种款式单一、色彩单调的旧风格，推陈出新，花样百出，迅速成了城乡居民的日常生活必备品。除了日常穿着，功能性服装也逐渐出现，借助新技术和材料，设计出满足人们需求的防电磁辐射、防紫外线、防风防雨等衣服。

（二）新兴业态的推动

2010年后，我国百度、阿里巴巴、腾讯互联网三大巨头迅速崛起，华为、小米、OPPO、vivo等国产智能手机品牌也不断占领国际市场，电商、手机支付、微信聊天、网红直播等新兴业态，极大地改变了人们生活方式，也影响着人们的穿衣打扮。非主流、杀马特已成为过去式，年轻人开始追美剧，听流行的欧美日韩音乐，并不断从中汲取时尚元素。智能时代的到来伴随着铺天盖地的信息，新媒体的出现也使人们获取信息更加便捷快速，人们可以在第一时间穿上具有国际流行元素的服装，越来越多的年轻人青睐大牌服装，比如在北京的三里屯，随处可见的美女帅哥身着当下的火爆大牌单品。

新兴业态的不断发展，也使消费者拥有了更多的选择，从实体店铺到网络电商，各种时下流行服饰随处可见，尤其对于年轻消费者来说，网购成了一种主要的服装消费途径，比如在淘宝上，韩版、原单、高仿、爆款又带动出另一套审美体系。快手、抖音等直播平台的快速发展，造就了许多出自民间的网红，他们的衣着也深深影响着年轻人的审美观念，受到年轻一代的追捧，由此也出现了许多网红爆款。

另外，随着人们的思想更加开放和理性，更多的中国元素开始引领国际时尚。2019 年米兰时装周，中国风元素再次登上万人关注的国际秀场，并掀起了时尚新狂潮。尤其是刺绣这一国风文化，每每出现在时尚盛典，总会引起众多关注，它的精致、美观、优雅与韵味，被运用于多种时尚单品的格调之中，其格调也变得越发高贵、典雅。

七、七十年衣着变化特征及原因

（一）衣着变迁主要特征

1. 阶段性特征明显

新中国成立以来，我国百姓衣着变化呈现出较为明显的阶段性特征。改革开放以前，百姓服饰款式缺乏、颜色单调，改革开放以后，随着经济高速发展与思想不断解放，百姓服饰呈现出百花齐放、五彩缤纷的特点。新中国成立初期经济落后，人们生活艰苦，缺衣少穿，服装的款式及色调难有变化，粗布衣衫成为百姓的主要穿着；"文革"期间流行统一的军装成为政治符号，禁锢了人们的衣着审美，款式趋同、颜色单调，以蓝、灰、黑为主，我国一度被国外称为"蓝蚂蚁"国度，"文革"给我国经济发展造成了巨大损失，也阻碍了我国服饰的多样化发展；改革开放后十年，摆脱禁锢的服饰在颜色、款式、面料上，都有了巨大的变化，国外大量的服饰涌入国内，各种涤纶纤维、毛涤混纺、毛混纺呢绒、丝绸纷纷进入市场，出现了各种各样的时装，令人眼花缭乱，随着人们思想的不断变化，女性内衣出现三围概念，极大地促进了女性服饰的进步；进入 20 世纪 90 年代，我国服饰进一步发展，呈现出多元化的特征，人们的生活水平向小康过渡，人们紧跟国际潮流，很难用一种款式或色彩来概括，尤其是女装的潮流变化越来越快，我国服装产业快速发展，专卖店开始在大城市流行，国产服装品牌开始逐渐崛起，唤醒了人们的服装品牌意识。进入新世纪，人们不再盲目跟风，在服装穿着上有了自我意识，大街小巷中出现了宽松、肥大、中性等各种个性十足的装扮，同时出现了一股复古风尚，具有中国元素的唐装与旗袍成为人们喜爱的服装。2010年后，人们穿着自由、随意搭配，新、旧、土、洋服饰杂陈，已很难发现穿同样衣服的人，女性服饰更为多元，紧身、宽松、古典、前卫、中性、超短、加长等各种样式应有尽有，新兴业态的出现改变了人们对服饰的选择以及对时尚的理解。

2. 由传统转向现代

随着社会发展，我国百姓衣着在继承传统的同时，出现了不断现代的趋势。改革开放以前，我国服饰的现代化进程十分缓慢，远远落后于国际服装的发展潮流。新中国成立初的服饰保持了传统的样式，农村男子穿着以蓝、黑、白为主的对襟衣和大裆裤，女子穿大襟褂和肥裆裤，城市中男性的中山装与干部服，女性的列宁装和布拉吉，都成为当时流行时尚，但随着我国与苏联的决裂，苏式服装也逐渐退出大众视线。"文革"时期的中山服和军装，给传统单调的服饰世界增添了现代气息，但传统服饰仍占重要地位，尤其是贫困的农村地区，存在着传统与现代并存的现象。改革开放后，我国服装业与国际接轨，服饰现代化进程急剧加速，人民生活水平日益提高，在衣着上紧跟国际潮流，追求品牌效应，新颖、美观、个性成为服饰主旋律，百姓衣着呈现多元化发展，服饰日趋现代化。

3. 城乡一体化转变

新中国成立初期至20世纪70年代，我国确立了城乡分割的二元结构，百姓衣着的差距非常明显，国家意志对城市的控制和渗透比农村深入彻底，新潮流行服饰主要出现在城市。新中国成立以后，中山装、干部服、列宁装、布拉吉首先在城市中流行，很快成为城市居民的主要服装，苏联对华倾销的大量布匹，也使得苏联大花布成为当时的时尚元素。而在农村，受传统思想和经济落后的影响，传统服饰依然占据了主要位置，在缺衣少穿的年代，政府采取了统购统销的制度，自1954年9月起，全国城乡开始凭布票供应棉布，开始了长达30年的票证时代。"文革"期间，由城市中的红卫兵首先掀起军装热，由于农村相对封闭落后，尽管从没停止过对城市服装趋势的模仿，但其速度十分缓慢，布拉吉、列宁装等几乎没在农村流行开来，百姓仍主要穿传统粗布衣，服饰现代化程度低，城乡二元分化明显。改革开放以后，城乡一体化思想逐渐受到重视，城镇化进程不断加快，大量农民工进城务工，年轻一代的衣着与城市服装趋同，农村服饰逐渐走向现代化、城市化，实现了服饰的城乡一体化。

（二）衣着变迁主要原因

随着时代的发展，百姓服饰也逐渐演变，服饰变迁深刻地反映了社会发展变化。新中国成立以来，我国服饰的变迁遵循服饰自身发展演变的规律，服饰是一定时期物质文明、精神文明和政治文明的物化和外显，主要受到服饰观念、审美追求、社会心理等内部动因的驱动，同时也受到政治、经济、社会思潮、文化交流、民俗传统等外部因素的影响。服饰不仅具有保护和装饰人们身体的功能，还以非文本形式记录着社会生活变化，承载着丰富的社会内涵。

1. 传统观念的转变

中国自古就存在服饰等级制度，统治阶级为维护自身权威，对服装进行严格的限制，早在西周就已形成了完备的冠服制度，以后的各朝都对衣冠服饰的等级差异做了明确规定。[①] 这种制度标示和提醒人们的身份认同和等级存在，固化和加强了社会等级秩序和不平等观念。20世纪初，孙中山领导了旧民主主义革命，各地纷纷掀起"剪辫""放足"热潮，新的衣着观念随之产生，几千年来的封建衣冠制度迅速解体。新中国成立后，作为一个社会主义国家，国家领导人在衣着上与人民群众无异，"文革"期间领导人的军装也成为人们争相模仿的对象，这增强了人们的平等观念，强化了无产阶级专政思想。由于传统思想的长期束缚，改革开放初期，人们还不太容易接受新潮服饰，尤其是老年人，认为年轻人的短裤、短裙等性感风格"有伤风化"，认为穿喇叭裤是"流氓习气"。随着思想的进一步开放，人们的服饰观念和审美情趣也在不断更新，对应接不暇的怪异时装越来越宽容和理解，趋新观念不断增强，传统的女子"束胸""衣不露肤"等封建观念彻底改变。

---

① 王鸣：《中国服装史》，上海交通大学出版社 2013 年版，第 5 页。

农村服饰的城市化、国际化，也使城乡不平等及"崇洋媚外"等观念得以扭转。

2. 国家政策

国家政治与政策对服饰变迁具有重大的影响，服饰不可能超然于政治。改革开放以前，尤其是"文化大革命"时期，国家政治强力渗透，服饰成为政治附属品，失去了其装饰性，人们的穿着打扮明显地表现出一种非常强烈的特定的政治色彩。"文革"时期的服饰加入了强烈的意识形态化、革命化、军事化的色彩，造型呆板、色彩单调，"破四旧运动"使得服饰的审美化、个性化受到严重压抑，一切与"封资修"相关的服饰都受到批判取缔，在抗美反苏的政治氛围下，西方流行时装被挡在国门之外。对新中国成立后服饰发展影响最大的政策莫过于统购统销政策，1954年，国家开始实行棉布计划收购和计划供应、棉花统购政策，规定自1954年9月15日起，个人零星用布每人每年配给15尺，凭票供应，农民所产棉花除按国家规定每人留用3斤外，一律按国家收购牌价，全部售予国家。①票证时代的人们很难满足服饰需求，很多人一年只能做一件新衣服，严重阻碍了服饰的健康发展。改革开放后，我国服饰逐渐融入国际潮流，人民生活水平不断提高，我国纺织业也有了巨大发展。1983年12月1日起，全国实行棉布敞开供应，免收布票。1999年，国家定价、统一收购、关闭市场的棉花统购制度终于废除。自此，我国服饰呈现时装化、多元化、个性化发展，服饰发展进入日新月异的阶段。

3. 经济发展水平

经济发展水平是影响人们衣着选择的主要因素，新中国成立初期经济发展落后，百姓缺衣少穿，国家因此提倡艰苦朴素的穿着，据统计，1949年我国人均国民收入为仅为66元，至1965年也只增长到194元，随后我国进入了长达十年的"文化大革命"，对我国经济产生了严重的阻碍，至1968年，人均国民收入降为183元，大街小巷随处可见

---

① 徐建青：《棉花统购、棉布统购统销政策与手工棉纺织业》，《当代中国史研究》2010年第2期。

补丁服装。改革开放打开了我国的经济和文化大门，人民收入快速增加，对于服饰的需求不断增加，消费水平和审美观念有了较大的提升，传统服装已无法满足人们日益增加的个性化需求，人们开始追求潮流和时尚，追求品牌服饰。20 世纪 90 年代，随着国产服装品牌的崛起，新的款式和品牌不断涌现，服装业也由卖方市场变为买方市场，人们不再盲目跟风，自我意识凸显，宽松、肥大、中性等各种个性十足的装扮随处可见。2010 年后，我国经济发展进入提质增效的新阶段，互联网等新兴业态不断出现，衣着已经成为人们表达态度的一种方式，很难再看到统一的着装，人们可以根据自己需要自由选择服装。

第二节　我国居民衣着消费变迁

一、缝缝补补又三年（1949—1965）

新中国成立初期，经历了长期的战乱，我国经济十分困难，1952 年 GDP 总量为 679 亿元，人均 GDP 为 119 元。1959—1961 年，由于"大跃进"运动以及牺牲农业发展工业的政策，加之严重自然灾害，导致了全国性的粮食和副食品短缺危机，GDP 在 1961—1962 年出现两年下降，人均 GDP 也随之下降，1961 年分别下降 16.27% 和 15.14%，1962 年分别下降 5.80% 和 6.49%，详见图 1.1。

因此，新中国成立初的服饰发展出现停滞现象，政府为应对百姓缺衣少穿的情况，提倡大家崇尚节俭、艰苦朴素，从国家领导人带头做起。据李银桥回忆，毛泽东穿衣非常简朴，"没有他的亲口允许，是不能为他添置新衣服的。从年头到年底，毛泽东没做过一件新衣服"。[1] 又据王鹤滨说，"毛主席的衣着十分简单，只有两套衣服经常替换"。[2] 在国家领导人的影响下，普通百姓服饰也很简朴，甚至穿破衣烂衫，

---

[1] 李银桥：《在毛泽东身边十五年》，河北人民出版社 1991 年版，第 173 页。

[2] 郭思敏：《我眼中的毛泽东》，河北人民出版社 1990 年版，第 11 页。

仅能蔽体御寒。1954 年进入票证时代后，实行定量供应，布票十分紧俏，即使有布票也没钱买布做衣服。为解决用布困难，人们充分利用旧衣服、旧棉絮，发扬"拆旧翻新打补丁"的艰苦朴素精神，采取"新的不多旧的凑"办法，大力节约用布。

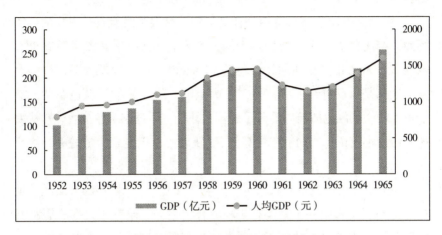

图 1.1　1952—1965 年我国 GDP 与人均 GDP

资料来源：《中国统计年鉴》。

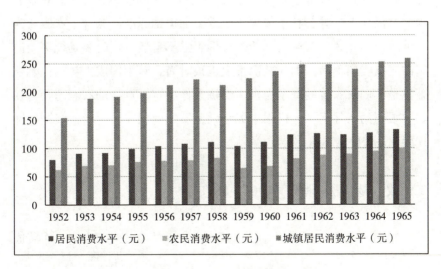

图 1.2　1952—1965 年我国居民消费水平

资料来源：《中国统计年鉴》。

1952—1965 年，我国居民消费水平由 80 元增加到 133 元，14 年中仅增加了 66.25%，城镇居民消费水平自 154 元增加到 259 元，农村居民消费水平较城镇居民低，仅为城镇居民的 30%—40%，尤其是 1959—1960 年，不足 30%，详见图 1.2。1954 年的农村居民家庭衣着消费支出为 7.79 元 / 人，至 1965 年，这一数字变为 10 元 / 人。

"新三年、旧三年，缝缝补补又三年"是艰苦时代百姓衣着的真实写照，当时的衣服总是要做得大些，为了能穿久一点，既可单穿也可罩棉衣。由于相当长期的经济落后，衣着消费处于较低水平，许多人家一般都是自己缝制衣服，做工较为粗糙，款式简单、颜色单调，裤子短了就一截截地加长，磨破了就补上补丁。一身衣服像接力一样从大孩子传给小孩子，当时有句顺口溜："新老大、旧老二，缝缝补补给老三。"[①]

在那个艰苦朴素的年代形成了"补丁文化"，人们穿的衣服经常是补丁摞补丁。衣服补丁有暗补丁和明补丁之分，暗补丁是在衣服将要磨破时补在衣服里面的补丁，明补丁是衣服磨破后补在衣服外面的补丁。补补丁成了当时农村妇女的常务，不同部位、五花八门的补丁应有尽有，双膝、屁股、衣领、衣肘到处可见不同颜色的补丁。在政府的大力倡导下，艰苦朴素成为一个重要的道德标准，穿补丁衣服成为一种时尚和光荣，有时穿件新衣反倒感觉不自然。当时要是能穿上商店的成衣实属不易，即使破旧不堪也很时尚。新中国成立初期，御寒蔽体是人们对衣着的基本需求，经济条件决定了百姓的衣着消费，在如此艰苦的条件下，人们根本无法顾及服饰的创新与时尚，我国服饰现代化进程停滞不前。

二、政治影响服装消费（1966—1978）

"文革"期间，政治活动占据了个人衣着消费的大部空间，军装成

---

① 董传岭：《建国 60 年华北农村社会生活变迁——以山东省梁山县为个案》，南开大学 2010 年博士学位论文。

为革命和先进的标志。人民群众失去了选择服饰的自由，一切不同的衣着都可能被冠以"封资修"的帽子，注重打扮被斥之为剥削阶级的思想，西装革履成为资产阶级服饰的代名词。朴素、破旧、暗淡、忽视性别的审美标准，被认为是思想进步，因此全国上下普遍身着军便服，开始了"十亿人民十亿兵"的时代，这极大地抹杀了人们的个性，将人们的审美标准同化在政治运动中。

"文化大革命"使国民经济几近崩溃，人民群众的消费也到了难以为继的地步。据统计，1966—1978 年，我国居民消费水平由 139 元增长至 184 元，增长了 32.37%，其中城镇居民消费水平由 262 元增长至 405 元，增长了 54.58%，农村居民增长极低，由 106 元增长至 132 元，仅增长了 24.53%，详见表 1.1。衣着消费方面，1965 年农村居民家庭人均衣着消费支出为 10 元，至 1978 年仅增长到 14.74 元；城镇居民 1957—1978 年期间城镇居民人均衣着支出从 26.64 元上升到 42.24 元，

表 1.1　1966—1978 年我国居民消费水平（元）

年份	居民消费水平	农民消费水平	城镇居民消费水平
1966	139	106	262
1967	143	110	268
1968	139	106	266
1969	142	108	272
1970	147	114	281
1971	150	116	287
1972	155	116	315
1973	162	123	325
1974	163	123	334
1975	167	124	349
1976	171	125	365
1977	175	125	390
1978	184	132	405

资料来源：《中国统计年鉴》。

扣除物价因素，实际上升仅 8 元，衣着支出比例从 12% 上升到 13.58%，仅上升 1.58 个百分点。[①]

在当时的背景下，"不爱红装爱武装"成为当时广大女性追求的革命热情，"左"倾政策严重剥夺了女性着装的独特风格，女性无法穿着颜色鲜艳的衣服，花布的生产一度受到破坏，销量极大下降，相应地，随着军便服的流行，军绿色布的销量直线上升。当时的衣着色调以蓝、绿、黑为主，国家政治左右着人民群众穿着的统一化，当时男女老少的衣着颜色款式相同，性别不分、老少不辨。女性只要穿着颜色鲜艳的服装就会受到批判，就连当时国家主席刘少奇的夫人王光美都未能幸免，因随夫访问印尼期间穿过旗袍，就被认为是腐朽的资产阶级作风，因此受到批判和羞辱。

延续了新中国成立初期艰苦朴素的消费观念，"文革"期间的消费观念具有更激烈的政治性和革命性。在政治对大众生活的引导下，艰苦朴素得到了广大居民的彻底践行。"左"倾思想片面夸大了工农兵的形象，将艰苦朴素的概念异化，不允许人们在有能力的前提下装扮自己，只有简朴的着装才能体现无产阶级的革命纯洁性。人们虽然有对美的渴望，但政治上要时刻提醒自己保持无产阶级劳动人民的本色，防止被糖衣炮弹侵蚀。勤俭节约成为一种时代精神，在此影响下，人们不愿意穿新衣服，甚至将自己的衣服故意做旧，打上各种补丁。

三、衣着消费初步释放（1979—1989）

中共十一届三中全会以来，我国实行改革开放，结束了以阶级斗争为纲的思想路线，重新回到以经济建设为中心上来，我国的现代化进程大大加快。国家推行农村家庭联产承包责任制，开展城市国有企业自主权改革试点，极大地刺激了经济的快速发展。尤其是自 1983 年 12 月 1 日，全国临时免收布票、絮棉票，对棉布、絮棉敞开供应，

---

① 朱高林:《中国城镇居民衣着消费的基本趋势：1957—2004》,《东北财经大学学报》2007 年第 3 期。

1984年后，国家再未发行布票等限制消费的凭证，宣告了我国计划经济时期的票证制度的终结。此时的百姓衣着需求逐步释放，不再受政治干预的影响，可以根据自身条件进行服装消费。

随着纺织业的不断发展，我国服装业逐渐与国家接轨，服饰快速现代化，款式趋新、花色增多、个性鲜明。在经历了"文革"时期的停滞不前，人们被压抑的衣着消费得到释放，随着人们收入不断增加，对服装的需求迅速增长，人民群众获得了自由打扮的权利。由于人民群众衣着消费热情高涨，我国纺织业发展在短时间很难满足这种爆发式的需求，所以1984年我国掀起了一股经商热潮，活跃了市场经济，满足了人们日益增长的消费需求。

此时的衣着消费逐渐向多样化、中高档化转变，成衣消费不断增加，衣着选择自由化，出现盲目跟风的现象。过去流行的中山装、军装逐渐退出服装市场，四季都有新款服装上市，喇叭裤、牛仔裤等是这一时期的时尚标志，深受年轻人的喜爱，西装也重新受到人民群众的追捧。摆脱了服装限制让大家一时间不知如何打扮，影视剧中的装扮成了大家争相模仿的对象，出现了盲目跟风的现象。改革开放后，随着纺织技术的发展，我国百姓衣着在材质上也有了很大的进步，新颖的人造棉、的确良、涤卡等化纤布流行，农村棉布消费逐渐减少，化纤、呢绒、毛线等消费大增，其中化纤、呢绒的消费量最大。

1979—1989年，我国经济实现了快速发展，GDP由4100.5亿元增长到17179.7亿元，年均增速为15.40%。居民消费水平也随之提高，由1979年的208元增长到1989年的785元，城镇居民消费水平由425元增长到1345元，增长了2.16倍，农民消费水平从152元增长到518元，增长了2.41倍。其中衣着消费水平大幅度上升，城镇居民人均衣着消费支出从1978年的42.24元上升到1990年的170.9元，增长3.05倍，人们的衣着消费发生了根本的变化；农村居民家庭人均衣着消费支出从1979年的17.64元增长到1989年的44.5元，增长了2.02倍，详见图1.3。

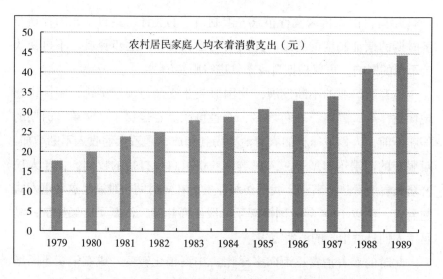

图 1.3　1979—1989 年我国农村居民家庭人均衣着消费支出

资料来源：《中国统计年鉴》。

四、潮流品牌消费（1990—1999）

进入 20 世纪 90 年代，市场经济对我国社会的影响越来越明显，中国人民群众的基本目标开始落实到对物质生活的积累和占有过程中，开始享受日常生活质量。经历了衣着消费的初步释放，人们在十年多的衣着选择中逐渐找到了自己的方向，潮流服饰和品牌服装成为人们青睐的对象。随着信息的大量涌入，我国服饰紧跟国际时尚潮流，人们在消费过程中也开始讲究品牌、追求高档，许多国际大牌服装进入中国，尽管价格不菲，销量却不断上涨。国产品牌的专卖店也越来越多地出现在大城市中，我国消费者的服装品牌意识逐渐增强。

在服装潮流的驱动下，我国服装现代化进程不断加快，许多年轻人受到欧美日韩文化的影响，穿着越来越国际化，穿着款式多变，颜色更加鲜艳。尤其是女性服装变得更为性感，短裙、短裤、吊带、夹克、羽绒服等广泛流行。在追求美观的同时，也更加注重舒适和健康，棉布等天然材料制成的服装重新受到青睐。此时人民生活水平进一步提高，衣着材料支出进一步降低，服装支出不断上市，成衣消费已成为趋势。据统计，1998 年北京市的成衣率达到 70% 以上[①]，1992 年城镇居民家庭人均衣着材料消费为 41.07 元，至 1999 年下降到 28.17 元，价格指数也随之呈现下降趋势，详见图 1.4。

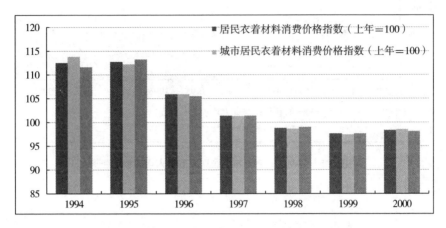

图 1.4　1994—2000 年我国居民衣着材料消费价格指数

资料来源：中国物价年鉴。

据统计，1990—1999 年，我国居民家庭人均衣着消费支出总体呈现上升趋势，具体来说先上涨后下降，1990 年，城镇和农村居民家庭人均衣着消费支出分别为 170.9 元和 45.44 元，至 1996 年分别增长至 527.95 元和 113.8 元，分别增长了 2.09 倍和 1.5 倍，随后开始下降，至 1999 年分别下降至 482.4 元和 92.04 元，分别下降了 8.63% 和 19.12%，详见图 1.5。另外，我国居民衣着消费比重逐渐下降，城镇居民家庭人均消费性支出中衣着消费支出所占比重由 13.36% 下降到 10.45%，下降了 2.91 个百分点，农村居民家庭人均衣着消费现金支出占生活消费现金支出比重由 11.75% 下降为 7.99%，下降了 3.76 个百分点。总体来看，衣着消费支出的增加与消费比重的下降，说明我国人民生活更为富裕，消费水平有了更大的提高，人们衣着外的消费不断增加。

———————

① 《9.2% 的钱：置装》，《北京晚报》1999 年 2 月 25 日。

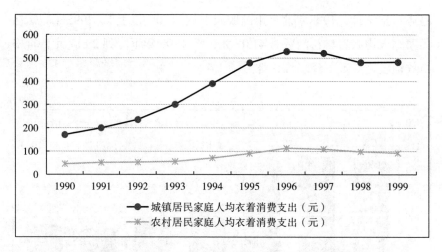

图 1.5　1990—1999 年我国居民家庭人均衣着消费支出

资料来源：《中国统计年鉴》。

五、个性化消费（2000—2009）

进入新世纪以后，我国衣着消费进入了个性化的时代，服饰出现后现代化趋向，反常规化、裸露化、怪诞化、中性化、儿童化的服装不断出现。人们的衣着变换更为频繁，由"一季多衣"向"一日多衣"转变。衣着不再只是人们遮体御寒的物件，更具备了展示自我个性的功能，人们在选择服装时更为理性，将追求个性、穿着舒适放在首位，追逐潮流的从众思想不再是主流，人们更加注重展现个人生活品位和精神追求，穿着符合自身气质的服装。大街小巷充斥着不同个性与气质的衣着，牛仔裤、直筒裤、夹克衫、西装、休闲服、唐装、连衣裙、一步裙等随处可见，尤其是年轻人的衣着更为前卫，性感风、中性风、复古风应有尽有。人们的衣着也会随着场合的不同而变化，上班、开会、健身、逛街、聚会等活动的穿着各不相同。据统计，2000—2009年我国居民消费水平不断提高，自 3721 元增加到 9514 元，年均增长率为 10.99，其中城镇居民消费水平自 6999 元增加到 15127 元，增加了1.16 倍，农村居民消费水平自 1917 元增加到 4402 元，增加了 1.30 倍，详见图 1.6。

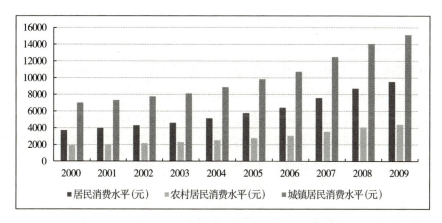

图 1.6　2000—2009 年我国居民消费水平

资料来源：《中国统计年鉴》。

与 1978 年相比，2000—2009 年居民消费水平有了巨大的提高，2000 年居民消费水平是 1978 年的 20.22 倍，其中农村居民消费水平为13.89 倍，城镇居民消费水平为 17.28 倍。2009 年居民消费水平是 1978年的 51.71 倍，其中农村居民消费水平为 31.90 倍，城镇居民消费水平为 37.35 倍，详见表 1.2。

表 1.2　2000—2009 年我国居民消费水平与 1978 年相比倍数

	居民消费水平	农村居民消费水平	城镇居民消费水平
2000	20.22	13.89	17.28
2001	21.67	14.72	18.08
2002	23.38	15.63	19.12
2003	25.03	16.61	20.01
2004	27.92	18.27	21.93
2005	31.36	20.17	24.28
2006	34.87	22.22	26.52
2007	41.15	25.64	30.81
2008	47.32	29.46	34.72
2009	51.71	31.90	37.35

资料来源：《中国统计年鉴》。

随着人们生活水平不断提高，消费支出也越来越大，2000—2009年，我国城镇居民家庭人均衣着消费支出由 500.46 元增长至 1284.2 元，年均增长率为 11.04%，农村居民家庭人均衣着消费支出由 96 元增长到232.5 元，年均增长率为 10.33%，城镇居民是农村居民的 5—6 倍，详见图 1.7。衣着消费支出的提高，也决定了人们衣着消费档次的提高，在生活水平达到一定程度后，崇尚品牌、追求时尚、注重品位就成为人们的内心需要，尤其是城镇居民，品牌意识较强。

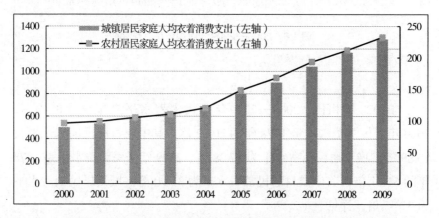

图 1.7　2000—2009 年我国居民家庭人均衣着消费支出（元）

资料来源：《中国统计年鉴》。

随着社会宽容度的提高，不断变化的奇装异服也逐渐为人们所接受，对于怪诞、顽皮、前卫的后现代服饰，人们也都见怪不怪。在城市打工的年轻人，学习城市人的穿衣打扮，追逐当下的流行服饰，引领着农村服饰的后现代潮流。这一时期，人们虽然追求个性化的衣着，但是也较为关注服装的健康和舒适。此时纯棉布料取代化学纤维，人造丝、弹性纤维、人造纤维等非自然材质遭受冷遇。2005 年 1 月美国国际棉花协会的调查报告显示，64.9% 的中国消费者认为其所购买的衣服是否由天然材质棉花、羊毛等制成是非常重要，82% 的人愿意多花钱购买天然纯棉制品及天然纯毛制品。此时的休闲装日益受到欢迎，变为成衣消费的主流。休闲装注重宽松、彰显活力，具有舒适耐用、免熨、弹性好、无静电等功能，逐渐代替了传统的正装。调查显示，2004 年全国重点大型零售企业服装类销售总额为 334.6 亿元，其中休闲服装销售额占 20% 左右。

六、多样化消费（2010—2019）

2010 年以后，我国经济发展进入了新的阶段。2009 年，我国超过日本成为世界第二大经济体，2010 年又超过德国，成为世界第一出口国，2013 年我国贸易总量超过美国，成为世界第一贸易大国。由此，我国成为当之无愧的世界经济大国。2015 年，为调整经济结构，使要素实现最优配置，提升经济增长的质量和数量，政府提出供给侧结构性改革，我国经济发展进入了提质增效新阶段。同时，人民的生活质量有了质的飞跃，中共十八大报告提出，我国国内的主要矛盾是人民日益增长的物质文化需要同落后的社会生产之间的矛盾，中共十九大报告指出，中国特色社会主义进入新时代，我国社会主要矛盾已经转化为人民日益增长的美好生活需要和不平衡不充分的发展之间的矛盾。

随着我国互联网不断发展，服装行业面临前所未有的挑战，电商的兴起改变了人们的服装消费模式。国内消费市场最明显的变化是消费年轻化，80 后、90 后成为消费主流，2018 年以后这种趋势更加明显。尤其是被称为"Z 世代"的 95 后，他们崇尚个性、追求自我，消费观念大为不同，品牌忠实度不高，不愿为品牌过多溢价埋单，但由自己的时尚主张，紧跟当下时尚潮流，愿意为品牌背后的故事和文化买单。

《2018 服装消费人群洞察白皮书》显示：70 后买得"精"，90 后换得"勤"，衣着存在过度消费现象，男性在衣着消费上比以往大为增加。70 后更加注重质量，在衣着消费上更为谨慎，往往会精挑细选，对于服装的选择也逐渐趋向于年轻化。90 后更为看重衣着的设计时尚，而且衣服更换较为频繁，衣着消费支出比重更大。由于衣着消费渠道的增加，衣着不再只是刚需，各种电商平台推出的购物节狂欢，实体商店的打折促销，都引导消费者囤积服装，与农村相比，大城市存在过度消费的现象。随着衣着消费的升级，男性服装消费也逐渐增加，成为休闲服饰的主要消费人群。随着社会的发展，服装渠道间的竞争更加激烈。除阿里、京东等传统强势平台，网红、直播主播和抖音、快手、小红书等 APP 有了更大的市场空间，新零售技术的出现使一些传统品牌线上发展迅速，并凭借自身对时尚的认知度和知名度，增强了线上体验。

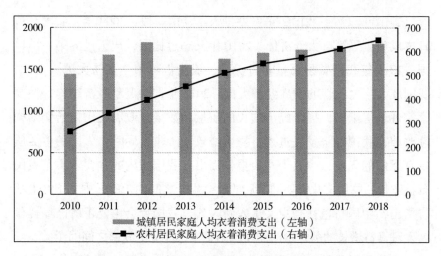

图 1.8　2010—2018 年我国居民家庭人均衣着消费支出（元）

资料来源：《中国统计年鉴》。

　　2010—2018 年，我国居民人均衣着消费支出继续上涨，城镇居民家庭人均衣着消费支出由 1444.3 元增加到 1808 元，增长了 25.18%，其中 2012 年达到最高，为 1823.4 元；农村居民家庭人均衣着消费支出增长较快，由 264.03 元增长至 648 元，增长了 1.45 倍。随着人们收入的提高，衣着消费占消费支出的比重呈现下降趋势，2010—2018 年，城镇居民衣着消费比重由 10.72% 下降为 6.92%，2011 年最高，为 11.05%，农村居民衣着消费比重由 2010 年的 6.02% 上升至 2012 年的 6.71%，随后又下降至 2018 年的 5.34%。

第三节　我国纺织业成就及进出口贸易发展

纺织工业作为我国最大的传统产业，也是我国国民经济的支柱产业，为我国经济发展作出了巨大贡献。自新中国成立以来，我国纺织服装工业不断壮大，取得了巨大的成就。新中国成立之初，我国纺织工业的棉纺锭为513万锭，在全球占比仅为5%，棉纱年产量43.7万吨，在全球占比仅为7.8%。随着纺织业的不断发展，纤维加工量从1978年的276万吨、全球占比10%，逐步发展到2000年的1360万吨、全球占比25%，2010年为4130万吨、全球占比51%，2015年为5300万吨、全球占比55%以上，我国已成为当之无愧的世界第一纺织大国。

进出口贸易也随之快速增长，1950年我国出口贸易总额仅为5.5亿美元，至1978年，仅纺织品服装出口额就增长到24.31亿美元，此后一路高歌猛进，1989年为151.38亿美元，1994年为355.48亿美元，占世界纺织品服装出口额的8.6%，标志着我国成为世界纺织品服装第一出口大国。2005年突破1000亿美元，达到1175.35亿美元，2010年突破2000亿美元，达到2120.01亿美元，2014年突破3000亿美元，出口额为3069.58亿美元。

一、改革开放前的艰难前行（1949—1978）

新中国成立至改革开放这一时段，是我国纺织工业的起步阶段，也是纺织品服装贸易的全面建设阶段。新中国成立之初，我国工业基础较为薄弱，而且面对以美国为首的西方的经济封锁，由于纺织业装备系数低、投资少、建设周期短、资金效益高、投资回收期短，成为我国工业化过程中的先导型产业。政府提出立足于国内资源，尤其是依靠农业提供的天然原材料重点发展棉纺织工业，同时兼顾毛、麻、丝织工业及化纤工业的发展战略方针。这一时期经历了"大跃进""反右""文化大革命"等政治运动，也经历了三年困难时期的经济困难，纺织业在我国经济的跌宕起伏中艰难前行。受经济萧条的影响，1962年全国纺织业相关化工企业减少42%。通过不懈的努力，至20世纪

70 年代后期，我国纺织业已经发展成为品种丰富、工业门类齐全的产业，初步发展成效显现。生产企业由 1949 年的 58 家增长至 70 年代末的 250 家，产品总量将近 200 亿件，是新中国成立初期的 50 倍，出口换汇 1000 多万美元。

1952—1978 年，我国纺织工业总产值逐渐增加，占全国比重逐渐降低，纺织工业利税总额不断增加，占全国比重均在 10% 以上。1952 年，纺织工业总产值为 94 亿元，占全国比重为 27.4%，至 1978 年总产值为 720 亿元，占全国比重 17.0%；纺织工业利税总额从 7.2 亿元增长到 110.4 亿元，增长了 14.33 倍，1978 年占全国比重为 14.0%，详见表 1.3。

表 1.3   1952—1978 年我国纺织工业产值、利税及其占全国比重

	纺织工业总产值(亿元)	产值比重(%)	纺织工业利税总额(亿元)	利税比重(%)
1952	94	27.4	7.2	19.3
1957	174	22.2	11.9	10.3
1962	154	18.1	22.2	16.4
1965	257	18.4	49.1	15.9
1970	324	13.4	70.5	14.9
1975	469	14.6	78.7	13.5
1978	720	17.0	110.4	14.0

资料来源：《中国统计年鉴》《海关统计》《中国纺织工业年鉴》。

此时我国对外贸易规模较小，且 29 年中有 12 年处于入超。1950 年我国出口贸易为 5.5 亿美元，进口贸易为 5.8 亿美元，至 1978 年分别增长至 97.5 亿美元和 108.9 亿美元，分别增长了 16.73 倍和 17.78 倍；进口贸易增长速度较出口快，1950—1978 年，进口贸易年均增长率为 10.81%，出口贸易年增长率为 11.04%，详见图 1.9。我国的纺织产业发展属于典型的自给自足模式，纺织品服装的出口很少，主要是一些初级产品，用于换取外汇。1978 年我国纺织品服装出口额仅为 24.3 亿美元，在世界纺织品服装出口总额中的比重极小。其中棉纱 12.9 万件、棉布 11 亿米、棉涤纶布 13344 万米、呢绒 639.4 万米、绸缎 12352 万

米、厂丝 8739 吨、毛毯 226 万条、人造棉纱 4.34 万件、人造棉布 1.02
亿米、毛针织品 6436 万美元等。

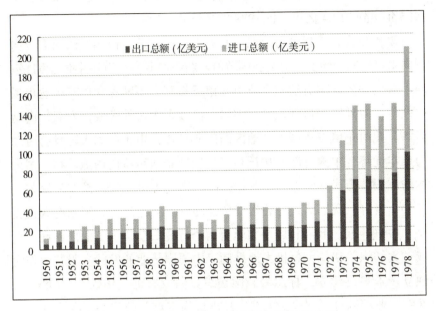

图 1.9　1950—1978 年我国进出口贸易总额

资料来源:《中国统计年鉴》。

二、服装出口快速增长（1979—1989）

自 1979 年起，我国的改革开放政策逐渐得到实施，对外贸易规模
也逐渐扩大。1979—1989 年，我国对外贸易总额从 293.3 亿美元增长
到 1116.8 亿美元，增长了 2.81 倍，年均增长率为 14.31%，较改革开放
之前明显加快，其中出口贸易总额增长了 2.85 倍，进口贸易总额增长
了 2.77 倍。计划经济体制下，布票按计划分配，国内衣着消费市场长
期处于供应不足的状况。1978 年 1 月 1 日，国务院决定将原轻工部分
为纺织工业部和轻工部两个部门，标志着纺织工业作为一个独立的产
业，成为我国国民经济的重要工业部门。改革开放初期，政府大力发
展纺织工业，各类纺织原料与服装成品快速增长，出口量也不断提高。

尤其是 1983 年取消了布票，各种纺织品敞开供应，我国衣着消费需求迅速得到释放，国内服装消费需求十分旺盛。据统计，1978 年衣着类商品零售额为 278.5 亿元，1983 年达到 491.5 亿元，增长了 70.96%，至1985 年达到 717.4 亿元，较 1978 年增长了 1.5 倍。

改革开放后，我国纺织工业发展进入快车道，由初期的内需导向型向出口导向型转变，此时我国政府对纺织产业实行内外并举的发展策略，对内率先在国有纺织企业引入市场机制，不断深化国有企业市场化改革，对外以出口创汇为突破口，继续扩大对外开放，发展外向型经济。此时正值发达国家与地区的产业转移，由于中国大陆具有劳动力成本优势，中国香港、中国台湾的服装企业纷纷向内地转移，国内的纺织服装市场逐渐饱和，开始向国外市场挺进，我国纺织品服装出口势头良好。我国纺织服装出口贸易的发展，也离不开国家的政策支持。1986 年底，政府将服装和丝绸两个行业归口纺织工业部管理，形成"大纺织"格局，这极大地推动了中国服装业的发展，服装业作为独立产业最终建立，标志着我国纺织业向成衣工业化延伸。1986 年，纺织工业部制订了"以扩大纺织品出口为重点"的战略，在北京、天津、大连等沿海 12 个重点出口城市设立出口基地，同年底提出了"以扩大出口为突破口，带动纺织工业全面振兴"的战略决策。1987 年，我国纺织工业进行战略调整，从以国内市场为主转为保证国内市场供给的同时，着重抓出口创汇，纺织品服装出口贸易得到快速的发展。

1980—1989 年，我国纺织生产能力大大提高，纺织工业总产值快速增长，从 871 亿元增长至 2138 亿元，年均增长率为 10.49%。随着我国工业经济不断发展，纺织工业产值所占比重逐渐下降，1981 年为19.4%，1989 年已降至 16.5%，详见图 1.10。纺织工业职工人数也随之增加，由 1980 年的 501.51 万人增加到 1193.41 万人，年均增长率为10.11%，职工人数所占比重也逐渐增大，由 10.53% 增加到 15.82%。

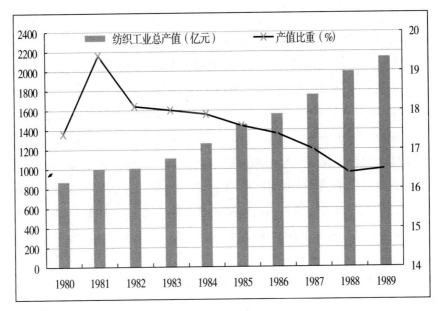

图 1.10　1980—1989 年纺织工业总产值及比重

资料来源：《中国统计年鉴》《海关统计》《中国纺织工业年鉴》。

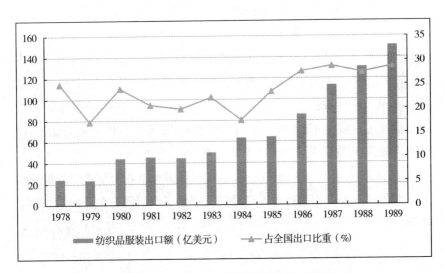

图 1.11　1978—1989 年纺织品服装出口额及比重

资料来源：《中国统计年鉴》《海关统计》《中国纺织工业年鉴》。

随着我国工业基础极大提高，纺织产业外贸出口能力也持续增强。1978 年我国纺织品服装出口额仅为 24.31 亿美元，1989 年增长为 151.38 亿美元，增长了 5.23 倍，年均增长率为 18.09%，纺织品服装出口真正实现了高速发展。其中 1983 年较 1978 年翻了一番多，1989 年较 1983 年翻了两番多。纺织品服装出口额占全国比重维持在 25% 左右，1979 年最低，为 17.2%，1987 年和 1989 年最高，为 28.8%，详见图 1.11。同时，我国纺织品服装出口贸易结构得到巨大改善，改革开放以前以纺织原料和纤维出口为主，1978 年纺织品占比 70.9%，随着我国纺织业的发展，服装出口比重逐渐上升，至 1989 年服装出口占比为 46.7%，已经快要和纺织品比肩了。

三、跃居世界第一大出口国（1990—1999）

纺织工业总产值在 1990—1995 年继续增长，自 3325 亿元增长到 7035 亿元，增长了一倍多，产值所占比重基本在 15% 以上，1996—1999 年有所起伏，所占比重不断下降，1999 年增长幅度较大，总产值为 7425 亿元，但其比重下降为 11.6%，详见图 1.12。纺织工业利税波动较大，1990 年为 219.3 亿元，1994 年增长为 353 亿元，1996 年又下降为 219 亿元，1999 年又增长为 399 亿元，1999 年较上年增加了 64%；利税比重从 1990 年的 11.3% 下降为 1999 年的 2.7%。1990—1995 年，纺织工业职工人数由 1203.75 万人增长至 1283.72 万人，1996 年开始下降，1999 年职工人数暴跌至 777.18 万人，较 1995 年减少了 39.46%，人数比重也由 16.09% 下降至 13.39%。这一时期是国有企业改革重组的重要时期，为提高企业效率进行了大量裁员，引发了我国国有企业的第一轮下岗潮。

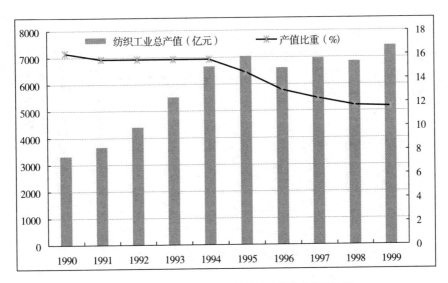

图 1.12　1990—1999 年纺织工业总产值及比重

资料来源：《中国统计年鉴》《海关统计》《中国纺织工业年鉴》。

　　延续上一时期的快速发展，1990—1999 年，我国纺织品服装出口额增速较快，1990 年出口额达到 167.86 亿美元，较 1978 年增长了 5.9 倍，出口额居各类商品之首。1994 年出口额增加到 355.48 亿美元，较 1990 年增加了 1.12 倍，占世界纺织品服装出口额的 8.6%，意味着我国成为世界纺织品服装第一出口大国。随后继续增长，至 1997 年增长到 455.77 亿美元，占世界出口额的 13.73%，受 1997 年亚洲金融危机影响，1998—1999 年略有下降，详见图 1.13。此时我国的出口产品也逐渐由初级加工向深加工转变，1990 年服装类出口额占比为 49.5%，基本与纺织品类持平，自 1991 年起服装类超过纺织品类，1992 年服装类比重达到 66.1%。

　　为深化外贸管理体制改革，1994 年我国建立起以法律管理手段为基础、经济调节手段为主、辅之以必要行政管理手段的外贸宏观管理体制。1995 年 1 月 1 日，世界贸易组织（WTO）成立，《纺织品与服装协定》（ATC）也随即生效，长达 30 多年的进口配额制在 10 年内逐

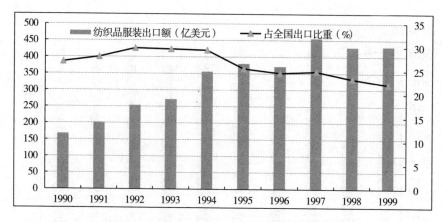

图 1.13　1990—1999 年纺织品服装出口额及比重

资料来源：《中国统计年鉴》《海关统计》《中国纺织工业年鉴》。

步取消，全球纺织品服装贸易进入一体化发展阶段。这为中国纺织品服装出口提供了前所未有的发展机遇，特别是美欧发达国家市场的逐渐开放，有利于我国纺织品服装的出口。1986 年，我国提出"复关"要求，中美双方经过多次艰苦谈判，终于在 1999 年 11 月 15 日达成关于中国加入世贸组织的协议。随着我国纺织业出口能力不断增强，摩擦和贸易纠纷也接踵而至，尤其是中美贸易摩擦，1978—1999 年，中美贸易摩擦时有发生，使我国在国际市场上明显处于劣势地位，但基于两国互利互补的条件，中美双方贸易额还是以增长为主。

四、贸易结构调整优化（2000—2009）

2000—2009 年是我国纺织品服装贸易结构调整优化的重要阶段，2001 年中国"入世"，为我国出口贸易带来了历史性机遇，2005 年 WTO ATC 终止，配额取消使中国纺织品服装产能得到充分释放。2000 年我国纺织纤维加工总量为 1360 万吨，占全球加工总量的 25%，至 2005 年增加至 2690 万吨，五年内接近翻了一番，我国纺织工业制造能力实现了跨越式发展。这同时刺激了我国纺织业服装的出口贸易，2000 年出口额为 530.44 亿美元，至 2005 年突破 1000 亿美元，达到 1175.35

亿美元，其后的 2006—2007 年均以年均 300 亿美元的速度递增，至 2008 年达到 1896.24 亿美元，受国际金融危机影响，2009 年有所下降，为 1713.32 亿美元，详见图 1.14。

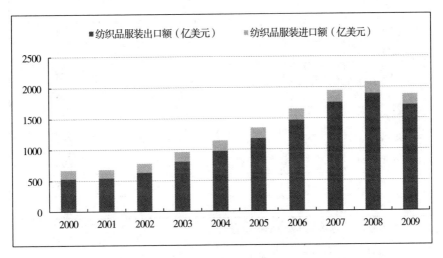

图 1.14　2000—2009 年纺织品服装进出口额

资料来源：《中国统计年鉴》《海关统计》《中国纺织工业发展报告》。

1990 年，我国纺织品服装出口额仅占世界出口总额的 7.95%，至 2000 年这一比重达到 14.71%，2009 年继续增长至 31.72%，我国逐渐从贸易大国向贸易强国转变。2007 年世界贸易组织的研究报告显示，2005 年全球纺织品服装配额取消之后，中国为最大受益者。2000—2019 年是我国对外贸易结构调整的重要时期，服装出口额度逐渐增加，自 2000 年的 360.7 亿美元增加到 2008 年的 1204 亿美元，增长了 2.34 倍，所占比重逐渐稳定在 65% 左右。我国纺织品服装进口额占世界的比重逐渐增加，但在国内进出口贸易中的比重逐渐降低。2000 年纺织品服装进出口总额占全国贸易总额的 14.11%，其中进口额占全国的 6.17%，出口额占全国的 21.28%；2009 年纺织品服装进出口总额占全国贸易总额的 8.53%，下降了近 5 个百分点，其中进口占全国比重为 1.68%，下降了 4.5 个百分点，出口占全国比重为 14.26%，下降了 7 个百分点，详见表 1.4。

表 1.4　2000—2009 年纺织品服装进出口额占全国比重

年度	进出口（%）	出口（%）	进口（%）
2000	14.11	21.28	6.17
2001	13.35	20.41	5.63
2002	12.47	19.36	4.87
2003	11.29	18.36	3.78
2004	9.89	16.41	2.99
2005	9.47	15.42	2.59
2006	9.38	15.18	2.28
2007	8.94	14.42	1.96
2008	8.13	13.27	1.65
2009	8.53	14.26	1.68

资料来源：《中国统计年鉴》《海关统计》《中国纺织工业发展报告》。

五、新时期的转型升级（2010—2019）

2010 年中国纺织业的纤维加工总量为 4130 万吨，占世界总量的 52%—54%，2016 年我国纺织纤维加工量增长至 5420 万吨，成为当之无愧的纺织大国，中国纺织工业发展成为世界工厂。这一时期服装消费市场经过洗牌及结构升级，需求端改善趋势显现，同时基于产业链延伸、打造全新增长点的外延扩张效果逐渐显现，我国纺织品服装出口贸易逐渐转型升级，总体形势稳中向好。"一带一路"倡议的提出，给我国进出口贸易带来了更大的市场需求，消费全球化的到来和民营企业的活跃表现，使其逐渐在服装进出口贸易中成为主力军。

2010 年，我国纺织品服装出口总额为 2120.01 亿美元，突破 2000 亿美元大关，进口额为 203.2 亿美元，突破了 200 亿美元大关。2014 年出口额为 3069.58 亿美元，突破 3000 亿美元大关，之后开始下降，2018 年为 2767.3 亿美元。2010—2013 年进口额逐渐增长，2013 年为 275.45 亿美元，2014—2016 年持续下降，2016 年为 241.79 亿美元，

2017—2018 年又有所回升，2018 年为 261.4 亿美元，详见图 1.15。

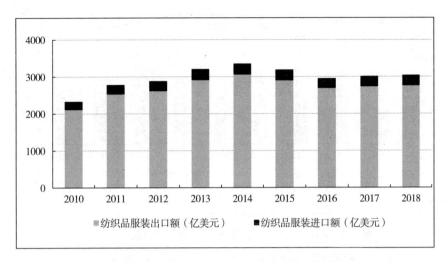

图 1.15　2010—2018 年纺织品服装进出口额

资料来源：《中国统计年鉴》《海关统计》《中国纺织工业发展报告》。

2010 年，我国纺织品出口额为 768.7 亿美元，至 2015 年增长至 1152.62 亿美元，2016 年下降为 1060 亿美元，2018 年又增长至 1190.98 亿美元；服装出口额从 2010 年的 1298.2 亿美元增长至 2014 年的 1866.1 亿美元，随后开始下降，至 2018 年下降为 1576.33 亿美元。2010—2017 年，我国纺织品出口额占全球的比重总体上逐渐上升，从 30.4% 上升为 37.1%，服装出口额占全球比重自 2010 年的 36.6% 上升至 2015 年的 39.3%，随后开始下降，2017 年为 34.9%，详见图 1.16。从两者所占比重来看，纺织品占纺织品服装出口额的比重有所上升，自 2010 年的 37.19% 上升至 2018 年的 43.04%，服装所占比重自 2010 年的 62.81% 下降至 2018 年的 56.96%。

中国是世界上最大的纺织品和服装出口国，纺织品和服装出口也是我国贸易出口的重要组成部分，在我国对外贸易总额中的占比维持在 13% 左右的水平。2018 年，我国服装行业面对着复杂的发展环境，国

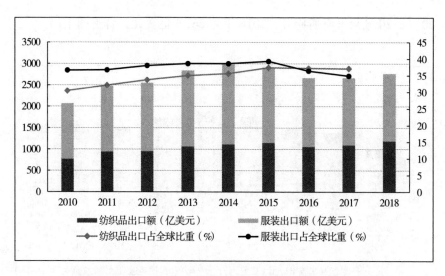

图 1.16　2010—2018 年我国纺织品和服装出口额及其占世界比重

资料来源:《中国统计年鉴》《海关统计》《中国纺织工业发展报告》。

际市场需求持续低迷,内销市场消费变革提速,服装企业积极转型调整,创新升级,行业在压力和挑战中实现了良性发展。当前世界经济增长动能有所削弱,不确定性不稳定性因素增多,下行风险加大,加之美国贸易保护主义的不断升级,我国纺织服装企业年面临的全球贸易形势将更加复杂严峻。中美贸易争端将导致订单外移,对服装业极为不利。2018 年下半年我对美国出现了"抢出口"现象,对美出口呈现了一个小高潮,但随着美国加征关税的正式实施,自 10 月起对美出口出现纺织品、服装出口增速双降,2019 年出口压力仍然较大。当前,面对美国贸易保护主义的巨大挑战,我国纺织服装仍存在很多机遇,如工厂企业开拓新兴市场,转型跨境电商等新的尝试,"一带一路"倡议带来的巨大市场也是我国服装贸易的强大后盾。我国服装加工企业应加快自主研发,提高产品及自身竞争力,服装设计要紧贴海外趋势潮流,满足顾客的多样化需求,相信在我们的努力下,中国纺织贸易第一大国的地位将无可撼动。

第四节 纺织品服装厂商与品牌的变迁

一、纺织品服装加工企业的发展变迁

中国纺织工业的发展已有 100 多年历史，作为中国近代工业的先导产业，其早期（1880—1949）创业历程真可谓举步维艰，历尽磨难，"实业救国"激发着一批有识之士投身纺织工业建设，洋务运动时创办的第一批纺织工厂，没有一家超过十年，中国纺织业出现了恢复发展和困难重重的复杂局面，但这却又是涌现许多"成功企业"、名牌产品的时代。新中国成立之前，全国有几万台纺织机与 500 万锭棉纺设备，仅为美国棉纺织业的 1/4，始终未形成生产体系，多数原材料和设备依赖进口。至 1949 年新中国成立前夕，我国仅剩下 58 个纺织厂和生产点。20 世纪 50 年代，我国纺织工业算是有了一定的基础，不过也仅是 100 余家大中型纺织厂。1953 年"一五"计划提出，纺织工业扩大棉纺生产能力 180 万—250 万锭，经过反复研究，毛泽东将此目标定为 300 万锭，后来基本达到了这一宏伟目标。1957 年，据纺织部系统统计，我国纺织工业企业数为 5000 多个，占全国工业企业数的 2.95%。[①]

新中国成立初期，在国家百废待兴而财政十分困难的情况下，中共中央就果断决策，集中财力物力安排一系列纺织工业新基地和大型纺织工厂的建设。大规模建设纺织工业，必须解决数量巨大的纺织机器供应问题；中共中央几位主要领导人，一致肯定纺织系统立足自力更生、自己造纺织机器的发展战略。至 1964 年，新中国的纺织器材生产达到了自给，从此扭转了器材长期依靠进口的局面。至 1965 年，我国纺织工业企业个数增加至 8400 多个，占全国工业企业数的 5.33%。1973 年，国家计委批准从国外引进先进技术，建设上海（金山）、辽阳、天津、四川长寿等四个大化纤企业，总投资概算 73 亿元，其中用外汇 7.43 亿美元。规模之大、技术之先进，为纺织工业建设史上前所未有。1978 年春，重新组建的纺织工业部提出，到 20 世纪末要建设

---

① 陈义方：《纺织大国崛起历程——中国纺织工业的 70 年》，《东方企业文化》2017 年第 1 期。

10 个大化纤厂，解决好全国人民的穿衣需要。10 个化纤项目在 20 世纪七八十年代先后建成，由此奠定了中国化纤制造业的雄厚基础，为中国社会衣被问题的大解决创造了原料前提。

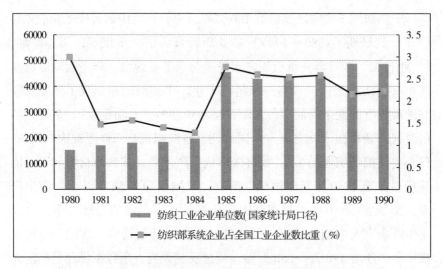

图 1.17   1980—1990 年我国纺织工业企业单位数及其比重

资料来源：《中国纺织工业发展报告》。

党的十一届三中全会后，纺织系统最先大胆地改革企业一系列旧的经营管理制度，出现了一些有全国影响力的企业。如浙江海盐衬衫厂，全厂 300 多职工在厂长步鑫生的带领下，学习农村联产承包责任制，采取了一系列改革措施，用了两年时间，跻身全国著名衬衫厂行列，实现利税 164 万元。《人民日报》在 1983 年 11 月 16 日发表了《一个有独创精神的厂长——步鑫生》的报道。纺织工业企业单位数（国家统计局口径）自 1980 年的 15287 个增加到 1990 年的 48661 个。据统计，1990 年全国有服装鞋帽企业约 3 万个，职工近 300 万人，产量 31.75 亿件，国内衣着类零售总额 1182.2 亿元，城乡服装市场日趋繁荣，款式品种日渐丰富，中国社会长期存在的缺衣少穿问题得到了解决。1990年的出口创汇达到 68.48 亿美元，首次超过我纺织品出口量，占到全世界服装出口总额的 6%，从 1994 年开始位居世界首位。

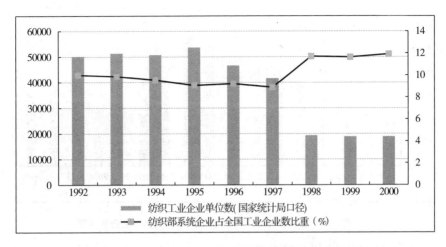

图 1.18　1992—2000 年我国纺织工业企业单位数及其比重

资料来源：《中国纺织工业发展报告》。

　　改革开放以来，中国纺织服装业就一直处于三大诸侯鼎立状态：以中国服装集团公司、上海纺织控股集团公司（上海纺控）、中国中丝集团公司等为龙头的国字辈企业；在市场经济之海中拼杀出来的民营企业；进入中国淘金的海外品牌。1992 年，我国纺织工业企业单位数为50133 个，占全国比重为10%，纺织工业企业单位数自 1995 年起开始下降，并在 1998 年急剧减少为 19332 个，2000 年更是下降为 18862 个。但占全国比重总体上维持在 10% 左右，2000 年达到 11.91%。进入新世纪，纺织行业积极实施"走出去"战略，取得了明显的成效。全球经济形势发生变化之后，为我国纺织企业"走出去"跨国配置资源带来了机遇，国家"一带一路"倡议为纺织企业"走出去"提供了有力的政策和制度保障。2005 年前，我国纺织企业对外投资超过 100 万美元的企业较少，近年来对外投资项目不断增加，如 2008 年，浙江天龙数码印染有限公司在越南投资 8000 万美元，成立天龙（越南）股份有限公司；2009 年，山东新光集团在南非投资 4545 万美元建立纺织工业园项目；2011 年，浙江富丽达股份有限公司以 2.53 亿美元并购加拿大纽西尔特种纤维素有限公司等。

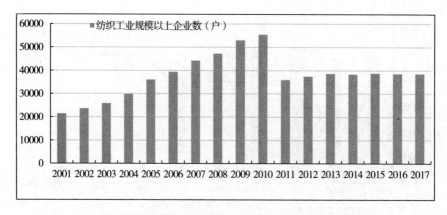

图 1.19　2001—2017 年我国纺织工业规模以上企业数量

资料来源:《中国纺织工业发展报告》。

2000—2010 年,我国纺织工业规模以上企业数量呈现逐渐上升的趋势,自 2000 年的 21412 户增长到 2010 年的 55391 户,增长了 159%,纺织企业的发展速度令人惊讶。2010 年后随着产业结构的调整,纺织工业规模以上企业数量开始下降,并逐渐稳定在 38000 多户,详见图 1.19。2001—2017 年,我国纺织工业规模以上企业亏损面总体上逐渐下降,2001 年又 4846 户企业出现亏损,占比 22.63%,之后两年持续下降,2004 年又增加到 22.67%,2005—2007 年维持在 16% 左右,受国际金融危机影响,2008—2009 年又处于较高的水平,2008 年为 20.44%,2009 年为 17.69%,2010 年后亏损面逐渐降到 11%—12%,2011 年和 2016 年降到了 10% 以下,详见表 1.5。

表 1.5　2001—2017 年我纺织工业规模以上企业亏损情况

年份	亏损企业数(户)	亏损面(%)
2001	4846	22.63
2002	4585	19.43
2003	4813	18.65
2004	6762	22.67
2005	6154	17.10
2006	5994	15.20

年份	亏损企业数(户)	亏损面(%)
2007	7506	16.97
2008	9654	20.44
2009	9367	17.69
2010	6970	12.58
2011	3504	9.76
2012	4685	12.52
2013	4447	11.52
2014	4412	11.51
2015	4411	11.38
2016	3816	9.90
2017	4242	11.01

资料来源：《中国纺织工业发展报告》。

由于国内棉花资源供给缺口扩大，国内棉价长期高位运行，在海外投资建立原料生产基地及原料收购渠道，成为我国纺织企业对外投资的另一种形式。我国纺织企业在巴基斯坦、印度等亚洲产棉国设立棉花收购渠道，在澳大利亚建立原料基地，甚至在美国等发达国家依托棉花原料基地发展棉纺加工。2013年，浙江科尔集团有限公司投资2.18亿美元，在美国南卡罗来纳州兰开斯特郡开设其第一家海外工厂，成为中国纺织企业在美设立的第一家制造工厂。自"一带一路"倡议提出以来，我国纺织企业"走出去"步伐明显加快，呈现出不少亮点。如意集团在澳大利亚收购卡比棉田，在日本收购瑞娜服装品牌，在重庆、银川和新疆建立纺织服装工厂，在英国、意大利、德国、印度等地全球产业链投资布局；申洲国际、即发集团、东渡集团、AB集团等大型企业都在柬埔寨、越南等国家进行绿地投资。另外，考虑到"跨太平洋伙伴关系协定"（TPP）生效将会对我国纺织带来的影响，天虹、百隆、华孚、新大东、裕纶等企业在越南的棉纺投资合计已超过200万锭，鲁泰也于2015年3月决定投资1.5亿美元在越南建设6万锭纺纱及年产3000万米色织面料生产线项目。此外，还有一些服装中小企业以订单转移为导向，在柬埔寨、孟加拉国、缅甸等国投资，产品加工后销往欧美等地区。[①]

二、我国服装品牌的发展

改革开放以前，我国服装产业的品牌概念较弱，此时的成衣消费较少，主要是手工缝制。但人们对于品牌的认知也是普遍存在的，瑞蚨祥、回力、飞跃等品牌，至今依然让人们耳熟能详。改革开放后，国外服装品牌不断进入，我国服装品牌意识开始觉醒，随着国企改革的深入，个体经济随之诞生，我国服装品牌如雨后春笋般地蓬勃发展，宁波的"雅戈尔"，福建晋江的"劲霸"，晋江的"九牧王"，还有"李宁""安踏"们就此诞生了。1998 年初，温州的报喜鸟集团聘请香港著名影星任达华出任"报喜鸟"形象大使，首开国内服装界聘请名人担任形象代言人的先河，1999 年该公司在央视投入的广告额近 1000 万元，企业品牌形象飞速提升，成为业界佳话。截至 2000 年，我国已注册的服装品牌达到 80000 余个，其中只有 0.3% 的品牌可称得上国内名牌，且大多不是强势品牌。

外资企业多以高傲的姿态进入中国，曾经受人仰慕。民营企业家白手起家，凭借着市场改革的东风，以向外资品牌学习的谦卑心态，成为市场的主导。随着本土品牌的成长，外资品牌早失去品牌优势。而今日这些民营企业已不可同日而语。从运动装的李宁、安踏；到鞋业的百丽；男装的利郎、七匹狼、庄吉；休闲业的报喜鸟、依文，几乎在每类市场定位，中国民营企业品牌都有深度的渗透。而中国本土女装品牌更是占据半壁江山，从大众市场定位的欧时力，到高端的之禾和玛丝菲尔，在中国的商场里，他们的业绩已完全可以匹敌欧美类似定位的品牌。据不完全统计，当前中国服装品牌数量已以万计，创造的国内市场业绩每年已达千亿元之巨。

但相比国际大牌服装，我国服装品牌实力较弱，Zara、H&M、优

---

① 居新宇：《产业转移的大战略与大布局》，《中国纺织》2016 年第 2 期。

衣库等服装快消品牌在中国热销，对我国服装品牌造成巨大冲击。1993年，首届中国国际服装服饰博览会在北京举行，各色各样服装纷纷涌现。从那时起，外国品牌陆续进入中国市场，皮尔·卡丹、鳄鱼、耐克、阿迪达斯等，留给国人深刻印象。2004 年 4 月，世界时装设计大师乔治·阿玛尼参加了在上海举办的 1100 平方米外滩旗舰店开幕活动，杰尼亚、卡地亚等品牌进驻中国，迪奥、LV 等高档服装品牌纷纷进入北京王府井大街、上海南京路，在中国掀起了奢华品牌消费的热潮。国外服装企业很早就完成了专业化分工，Zara、H&M、优衣库不是传统意义上的服装制造企业，它们主体集中在产品开发、市场运营领域，而中国的服装企业大多数以服装加工生产起步，且至今仍以服装制造为主体。2000 年后国外服装品牌越来越受到欢迎，随着全球经济一体化以及中国市场深度开放，中国品牌面临巨大的挑战，中国品牌要在学习借鉴的前提下，通过创新全面提升竞争能力，成为世界品牌。

第五节　大事回眸[①]

一、改革开放前（1949—1978）

1949 年

11 月 1 日，中国纺织工业部在北京正式挂牌成立。

1950 年

7 月 1 日，由苏联帮助设计和提供设备的哈尔滨亚麻纺织厂动工建设，填补了我国亚麻纺织工业的空白。

8 月 21 日—9 月 4 日，纺织工业部在全国棉花检验会议上，根据优棉优价政策，拟订了等级差价表，制定了全国统一的检验方法与标准。

---

① 本部分资料来自居新宇、梁龙《60 年经纬印记》,《中国纺织》2009 年第 10 期；梁龙《1978 ~ 2008 纺织行业 30 年大事记》,《中国纺织》2008 年第 9 期。

1951 年

1 月 19 日，纺织企业在近一年来已经初步进行了民主改革，大部分纺织厂已经废除了有损工人尊严和利益的相关制度。

4 月，上海安乐人造丝厂纺丝成功，这是中国第一次生产人造丝。中国自己设计、施工，用国产设备建设的第一批毛纺织厂——青海毛纺织厂、呼和浩特第二毛纺织厂、兰州第一毛纺织厂和陕西第一毛纺织厂等动工建设。

11 月 1—21 日，纺织工业部和全国纺织工会在天津联合召开全国织布工作法会议，总结出《951 织布工作法》。

1953 年

纺织工业开始第一个五年计划，规模得到极大扩大，建成了北京、石家庄、邯郸、郑州、西安 5 个棉纺织工业基地。

1954 年

9 月 14 日，政务院为了进一步取缔市场投机、巩固物价稳定，发布《关于实行棉布计划收购和计划供应的命令》，决定在全国范围内实行棉粮的统购和统销。

1956 年

12 月，湖南株洲苎麻纺织厂动工建设，于 1958 年 3 月建成投产，是中国第一座现代化的苎麻纺织厂。

1957 年

我国逐步恢复安东化纤厂（后为丹东化纤厂）和安乐人造丝厂（后为上海化纤四厂）。

1960 年

8 月 23 日，中共纺织工业部党组向中央作了《关于纺织工业发展方针的请示报告》。报告提出今后纺织工业发展方针：实行发展天然纤维与化学纤维同时并举、家生纤维与野杂纤维同时并举、专业生产与多种经营同时并举、原材料的开源与节流同时并举的方针。

1961 年

1 月，粘胶纤维长短丝设备系统全部试制成功，并在上海安达化纤厂安装试用。随后，用国产设备建设的第一批粘胶纤维厂——南京化纤厂、新乡化纤厂、杭州化纤厂、吉林化纤厂相继动工建设。

11月10日，纺织工业在"调整、巩固、充实、提高"的"八字方针"和《国营工业企业工作条例》（"工业七十条"）的指导下，进行了行业整顿，基本上形成了一套具有中国特色的使纺织工业体系。

1964年

国家把调整一线，建设三线，改善工业布局，加强国防，作为当时工业的发展重点。为此，纺织工业部迅速组织力量，从沿海部分纺织机械厂中分迁一部分人员、设备，在三线地区新建了6个纺织机械厂和专件厂，成为当地纺织的主要力量，带动了西北纺织工业的发展。

1969年

5月，由我国自己设计、施工，用国产设备建设的湖北化纤厂已动工，于1973年建成投产，是我国第一座专门生产强力粘胶帘子布的大型工厂。

1970年

1月7日，轻工业部、燃料化学工业部联合报告，要以综合利用石油资源为主，发展合成橡胶、合成纤维、合成塑料。

7月1日，原一轻部、二轻部、纺织工业部正式宣布合并为轻工业部。

1974年

7月15日，《人民日报》报道，实现生产自动化半自动化，减轻了工人的劳动强度，提高了看台能力，为大幅度提高劳动生产率开辟了广阔前景。

1976年

5月25日，《人民日报》报道：我国西北最大的毛纺织厂——兰州第三毛纺织厂建成投产。

1977年

轻工业部在河北省石家庄市召开棉纺织印染产品质量会议，基本上审定通过了22项有关标准的文件。

1978年

1月1日，原轻工业部分为纺织工业部、轻工业部。

11 月 7 日，香港企业家曹光彪在珠海建立第一家"三来一补"企业——香洲毛纺厂。

7 月 25 日，纺织工业部、商业部、外贸部联合发出《关于贯彻棉纱、棉布、印染布等 16 项国家标准的通知》，规定从 1978 年 10 月 1 日起按照规定检验、定等、考核，并对外销产品的质量检验附加了补充规定。

二、改革开放后（1979—2019）

1979 年

1 月 1 日，根据国家纪委、国家经委、国家统计局的通知，从今年开始，纱线计量单位由英制"件"改为公制"吨"，细度单位由英制"支"改为公制"号"，公定回潮率由 9.89% 改为 8.5%。织物计量单位由"米"改为"平方米"和"米"的复用单位。3 月，法国时装设计大师皮尔·卡丹应邀来华，在北京民族宫举办了一场法国时装表演，在中国刮起了时尚"旋风"。

7 月，我国与欧盟的前身——欧洲经济共同体双方达成纺织品贸易协定，对相互间纺织品贸易及其管理制度作出安排。

10 月 4 日，纺织工业部、国家劳动总局联合向各省、市、自治区纺织工业局劳动局发出《关于纺织企业实行"四班三运转"的意见》。

1980 年

1 月 8 日，国家决定对轻纺工业实行"六个优先"的原则。

3 月 14 日，国务院批转国务院财贸小组《关于成立丝绸公司的意见》，同意成立全国性丝绸公司，实行产供销一体化。

7 月 8 日，国家经委和财政部批准上海纺织工业局试行的以局为单位的全额利润留成。

1981 年

7 月 28 日，国务院批转全国供销合作总社关于当前农副产品收购几个问题的报告。报告提出：对棉花继续实行统购统销；棉花、土纱、土布一律不准上市；任何部门不能以纱和布换购棉花；对农民自留棉，供销社要积极做好换购工作；棉花超购加价和奖售的办法继续执行，地方留成的比例不变；各地应按照国家计划完成调拨任务。

1982 年

7 月 11 日，纺织工业部与机械工业部商定，纺织机械的生产由纺织工业部归口管理。

1983 年

2 月 2 日，纺织工业部财务司转发财政部《关于棉纱减税和改进纺织品征税办法的通知》。

4 月 14 日，国家计委、国家经委、纺织工业部、商业部联合发出《关于调整 1983 年纯棉布和涤纶混纺布产量计划的通知》，决定增加涤纶混纺布产量 6 亿米，相应减少纯棉布产量 6 亿米。

5 月 19 日，我国第一个以天然气为原料的大型化工化纤联合企业——四川维尼纶厂，由国家正式进行验收。

6 月，我国自行研究、设计和制造的 2210 孔大型涤纶短纤维纺丝机在无锡第二合纤厂投料试车成功。

7 月 8 日，年产 1000 吨丙纶丝生产车间，在广东省新会合成纤维纺织厂建成投产。

12 月 5 日，国际纺织品委员会一致通过我国要求加入国际纺织品贸易协议及其 1981 年底延长议定书的申请。

1984 年

3 月 1 日，财政部决定对苎麻纺织品减征工商税。

3 月 23 日，国家物价局、纺织工业部、商业部联合下达《关于进一步贯彻纺织品按质论价政策的暂行规定》的通知。

7 月 5 日，《经济日报》刊登《我国纺织工业形成布局合理全面发展完整体系》的综述文章。

7 月 27 日，新华社报道，历史悠久的我国纺织工业，伴随着新中国的成长，获得了一连串的"世界第一"。

8 月 21 日，纺织工业部发出《关于进一步下放七项权限的通知》。

9 月 2 日，纺织工业部物资局改为中国纺织原材料公司，实行独立核算，自负盈亏。

9 月 28 日，纺织工业部纺织科学研究院实行由事业费开支改为有偿合同制改革试点，要求 1987 年实行经济自立。

10 月 7 日，北京服装协会成立。

12 月 1 日，商业部发出通告，全国临时免收布票、絮棉票，对棉布、絮棉敞开供应。

12 月 7 日，国家重点科技攻关项目——年产 1.5 万吨涤纶短纤维成套设备组成的生产线，制造任务已全部完成。

12 月 8 日，我国第一条年产 4000 吨腈纶转向纺丝生产线在山东淄博合成纤维厂通过鉴定，正式投入生产。

1985 年

1 月 8 日，《国务院关于纺织品进出口若干问题的规定》指出，出口纺织品要积极搞工贸结合，结合的形式可以多种多样，"青纺联"是一种形式，企业也可以采取其他自由联合形式。

3 月 16 日，纺织工业部重申减征调节税的政策是：减征对象是实现利润在 500 万元以上，调节税率在 30% 以上，人均留利不足 600 元，三个条件同时具备的先进骨干企业。

3 月 22 日，纺织工业部决定暂时对化纤浆粕和粘胶短纤维试行最高限价，从 4 月 1 日起执行。

7 月 26 日，国家经委、纺织工业部、商业部印发经国务院领导同志批示的《关于工业部门开展选购棉花工作意见的报告》。

1986 年

1 月 4 日，国家物价局、纺织工业部、商业部联合发出《关于进一步贯彻纺织品按质论价政策的暂行规定的补充通知》。

4 月 2 日，年产 1.5 万吨大型涤纶短纤维成套设备研制成功，我国进入了用国产大型、成套化纤设备装备化纤工业的新时期。

7 月，经纺织工业部批准，中国纺织机械工业总公司所属的 19 个纺织厂、所，全部下放到各省市。

8 月 16 日，纺织工业部决定成立中国纺织化纤工程公司。

1987 年

1 月 18 日，中国第一条从德国莱芬豪舍引进的纺粘法非织造布生产线在广东从化正式投产。

9月20日，纺织工业部中国服装工业总公司在北京农业展览馆举办全国服装鞋帽时新产品展销会。

1988年

1月，28个省区市（不含西藏、海南）的省级纺织产品质量监督检验测试中心建成，3个国家级检测中心通过国家检验，纺织行业基本形成了从国家到省级、直辖市级全国性产品质量监督网。

3月，商业部、国家计委、国家经委联合发出《关于加强棉花、棉短绒计划管理的通知》。

5月10日，我国第一所全国性的新型的服装教育高等学府——北京服装学院在北京成立。

6月23日，我国纺织机械工业规模最大的企业——北京宏大纺织机械制造（集团）公司在北京成立。

10月21日，海关总署印发《关于丝绸开征出口税的通知》。

1989年

10月7日，中国服装研究设计中心在上海发布中国1990年春夏服装流行趋势，我国服装开始与流行接轨。

12月2日，中国首届最佳时装模特表演艺术大赛在广州落下帷幕，是国内第一次具有权威性的大规模时装模特比赛。

1990年

3月8日，纺织工业部批准成立中国丝绸工业总公司，负责全国丝绸工业行业管理。

11月12日，纺织工业部直属企业仪征化纤工业联合公司全面建成投产，形成年产50万吨聚酯生产能力，为特大型化纤骨干企业。

12月15日，纺织工业部召开新闻发布会，介绍了"七五"期间我国纺织工业取得的举世瞩目的成就。

1991年

9月1日至4日，国务院在京召开全国清理"三角债"工作会议，决定为纺织工业投入15.2亿元资金，用于清理棉花欠款。

9月20日至22日，第二届中国国际丝绸会议在苏州举行。

12 月 10 日，中国服装协会在京成立。

12 月 25 日，纺织工业部发出《关于下达压缩淘汰落后棉纺锭计划的通知》，决定 1992 年压缩淘汰 100 万枚，1993 年、1994 年两年每年将继续压缩淘汰 100 万枚。

1992 年

2 月 26 日，中国丝绸博物馆在杭州落成开馆。

3 月 12 日，国家税务局发出通知，1992 年对单色织行业、毛纺织行业中部分产品，继续实行优惠税收政策。

7 月 18 日，由纺织工业部牵头督办的中国华源实业有限公司在上海正式成立。

11 月 6 日，以纺织工业部所属的华诚财务公司为核心的华诚集团公司在京成立。

1993 年

5 月 14，中国国际服装服饰博览会在京举行。

6 月 21 日，中国纺织总会成立，全国纺织行业工作会议在京举行。

8 月 3 日，经国务院正式批准，国务院办公厅发出关于中国纺织总会机构组建方案的通知。

1994 年

2 月 5 日，新中国现代纺织工业的主要奠基人钱之光在北京逝世。

2 月 26 日，国务院批转国家经贸委、国家计委、中国纺织总会关于解决棉纺织行业存在问题意见的通知（国发〔1994〕13 号）。

10 月 10 日，中国纺织总会和国家经贸委根据《国务院关于搞好纺织工业生产和调整工作的通知》（国发〔1994〕57 号）的要求，向各地纺织部门发出《关于做好棉纱限产和淘汰落后棉纺锭工作的通知》，提出 1994 年棉纱限产和到 1998 年淘汰落后棉纺锭上作的具体要求。

截至 12 月底，我国全年服装出口世界第一。

1995 年

我国全年纺织品、服装出口双列世界第一。

1996 年

8 月，国务院决定把纺织行业作为 1997 年重点支持行业，加大国有纺织企业改革力度，在 58 个优化资本结构试点城市，破产纺织企业 131 户，兼并 280 户，组建集团 105 家，资产重组规模达 387 亿元，分流人员近 20 万人。

11 月，国务院决定棉花省际调拨改为产销见面、合同订购，允许纺织企业与县棉麻公司直接见面，6 日至 9 日，全国首届棉花订货会在郑州召开。

1997 年

3 月，国务院发出〔1997〕10 号文件，国家在 1997 年度《全国企业兼并破产和再就业工作》中安排 300 亿元可核销呆坏账规模，棉花流通体制改革取得重大突破，棉花国家定价进一步向市场价格靠拢。

12 月 26 日，全国纺织行业工作会议由国家经贸委和纺织总会联合召开。

1998 年

1 月 23 日，全国压缩落后棉纺锭锤声在上海响起。

4 月 16 日，国家纺织工业局正式挂牌。

7 月 31 日，国家纺织工业局召开了机构改革工作会议，宣布局机关人员分流完成，机构改革就位，新机构开始运行。

9 月 30 日，中国纺织工业协会宣告成立。

11 月 23 日，全国共完成压缩落后棉纺锭 480.8 万枚，提前 38 天完成"三大任务"中的压锭任务。

1999 年

1 月 1 日，我国部分商品的出口退税率上调。

2 月 1 日，国家经贸委公布的《淘汰落后生产能力、工艺和产品目录》开始试施行。

12 月 31 日，纺织行业国有企业改革脱困三大目标基本实现，比预期计划提前整一年，截至 1999 年底，已压缩落后棉纺锭 906 万锭，全行业实现利润 8 亿元，分流下岗职工 116 万人。

2000 年

12 月，据统计，2000 年我国纺织品和服装出口达 520.8 亿美元，占外贸总出口的 20.9%，同比增长 20.9%，其中：纺织品出口 160.62

亿美元，同比增长 23.5%，服装出口 360.2 亿美元，同比增长 19.83%。纺织品和服装是仅次于机电产品的第二大出口商品，2000 年实现顺差 381.9 亿美元，占当年全部贸易顺差的 158.5%。

2001 年

2 月 19 日，撤销国家纺织工业局、国家国内贸易局、国家煤炭工业局、国家机械工业局、国家冶金工业局、国家石油和化学工业局、国家轻工业局、国家建筑材料工业局、国家有色金属工业局等 9 个委管局。

3 月 28 日，第九届中国国际服装服饰博览会（CHIC）及第七届中国国际纺织面料、家用纺织品及辅料（春夏）博览会（CITE）在京开幕。

3 月，国家经贸委发出《关于严格控制新增棉纺生产能力有关问题的通知》，重申对禁止棉纺行业低水平重复建设的有关规定。

4 月 9 日，中国纺织工业协会在北京举行《2001—2002 中国纺织工业发展报告》发布会。

7 月，全国棉花工作会议在北京举行。

8 月 25 日，"WTO 和中国纺织企业"高峰论坛在北京举行。

9 月，国家经贸委发布纺织工业"十五"规划，确定发展是主题，调整是主线，科技是动力。

10 月 21 日，参加亚太经济合作组织（APEC）第九次领导人非正式会议的各成员领导人身穿对襟中式立领休闲服合影留念，中式服装尽显华夏丰韵，受到世人瞩目。

2002 年

2 月 1 日，在国家科学技术奖励大会上，我国化纤仿毛技术世界领先并获得国家科技进步一等奖。

6 月 5 日至 7 日，中国纺织品服装贸易展览会于在美国纽约贾维茨中心成功举行，来自中国 18 个省份的 170 多家企业参展。

10 月 15 日，第八届中国国际纺机展在京开幕。

10 月 22 日，外经贸部宣布对原产于韩国的涤纶短纤维进行反倾销调查的初裁决定，并决定自 2002 年 10 月 22 日起对该调查产品采取临时反倾销措施。

2003 年

2 月，受伊拉克战争影响，世界原油价格暴涨，化纤原料价格大幅上涨，导致我国化纤生产企业成本大幅上升，同时也给下游纺织企业带来极大风险。

3 月 28 日，由国务院批准组建的中国储备棉管理总公司在北京正式成立。

4 月 1 日，常熟市江河天绒丝纤维有限公司首期 9000 吨的生产线建成投产，是我国在应用纤维领域唯一原创技术大豆蛋白纤维万吨级项目，标志着我国以植物蛋白丝作纤维材料的工业产业化进程已走在世界前列。

9 月 28 日，中国棉花协会在京成立。

10 月 13 日，国务院发布了关于改革现行出口退税机制的决议，多数纺织品退税率由 17% 降为 13%，平均下降 4 个百分点。

2004 年

2 月 23 日，美国开始对中国胸翠、针织物及晨衣等纺织品的进口实施 7.5% 的配额限制，限制将维持一年时间。

3 月 17 日，由长沙拜尔科技有限公司正式推出的被称为"纺织基因革命"的生态拟真热能技术，首次应用于新型家居用品中。

3 月 29 日，由中国纺织工业协会主办的首届"全球纺织经济论坛"在北京举行。

5 月 24 日，第八十三届世界纺织大会在上海世贸商城举行。

2005 年

3 月 28 日，第二届全球纺织经济论坛在京举行。

11 月 28 日，2005 年度中国纺织工业协会科技奖励表彰大会在北京举行。

12 月 19 日，波司登股份有限公司、雅戈尔集团股份有限公司等 10 家纺织企业"2005 中国纺织十大品牌"荣誉称号。

2006 年

1 月 9 日，全国科学技术大会在北京人民大会堂开幕，4 个纺织项目荣获国家科技进步二等奖。

3 月 27 日，第三届全球纺织经济论坛在北京举行。

6 月 26 日，国家发展改革与中国纺织工业协会在京联合发布了《纺织工业"十一五"发展纲要》。

9 月 22 日，中国纺织工业协会第二届会员代表大会在京召开。

12 月 18 日，PTA 期货合约在郑州商品交易所正式挂牌上市。

2007 年

1 月 29 日，《纺织辞典》首发式在北京举行。

2 月 27 日，国家科学技术奖励大会在京隆重举行，纺织行业有 5 个项目荣获 2006 年度国家科学技术奖。

3 月 23 日，第四届全球纺织经济论坛在北京举行。

9 月 11 日，中国名牌产品暨中国世界名牌产品表彰大会在京举行。

10 月 30 日，中国纺织工业协会及下属 10 余个相关机构在上海共同组织了"时尚创意空间"活动。

2008 年

7 月 2 日，纺织之光科技教育基金会在北京成立。

7 月 28 日，中国纺织工业协会正式加入国际纺织制造商联合会，成为该组织在中国大陆及台港澳地区的唯一正式成员，并履行国家代表职责。

7 月 31 日，财政部、国家税务总局发出《关于调整纺织品服装等部分商品出口退税率的通知》。

8 月 11 日，全国服装标准技术委员会羽绒服装分技术委员会在波司登股份有限公司成立。

2009 年

4 月 24 日，国务院公布了《纺织工业调整和振兴规划》，提出了要按照保增长、扩内需、调结构的总体要求，稳定纺织工业国际市场份额，扩大国内市场消费需求，推动纺织工业结构调整和产业升级，推进我国纺织工业实现由大到强的转变。

2012 年

5 月，中国纺织工业联合会发布《建设纺织强国纲要（2011—2020

年）》（简称《强国纲要》），成为中国纺织工业首个 10 年中长期发展规划纲要，明确提出了到 2020 年建成纺织强国的宏伟目标。

2015 年

国务院印发了《中国制造 2025》，部署全面推进实施制造强国战略，工信部从 2015 年到 2017 年，每年设立智能制造综合标准化与新模式应用专项，评选智能制造试点示范企业，山东康平纳集团、青岛红领、宁波慈星公司、报喜鸟集团、江苏大生集团、安徽华茂等十几家纺织企业相继入选。

2018 年

4 月 27 日，新疆维吾尔自治区发布《关于加强棉纺在建项目管理推进产业高质量发展的通知》。

5 月 1 日，深化增值税改革利好纺织服装企业。

7 月 1 日，我国调整印度等 5 国进口纺织品关税。

7 月 2 日，22 个纺织项目落户衡阳市，可创年产值 20 多亿元。

第二章 饮食变迁——更多样更营养更安全

新中国七十年饮食消费变化的背后，折射出新中国社会经济的巨大变化。

1949 年，年人均国民收入只有 69.29 元，年人均社会商品零售额只有 25.94 元，年人均布只有 3.49 米，年人均糖只有 0.37 公斤，年人均粮食只有 209 公斤，年人均棉花只有 0.82 公斤，年人均油料只有 4.7 公斤；年人均水产品只有 0.83 公斤。粮食收成较少的年份，家庭人均一年小麦消费量不足三斤……

"放开肚皮吃饭，鼓足干劲生产"成为传遍大江南北的口号……1960 年春，粮荒问题日见严重，为了用有限的粮食作出更多饭，人们想了很多办法，如广西大力推广"双蒸法"：即将米干蒸半小时后加上凉水，1 斤米加 4 斤水，用猛火蒸 1 小时，能使每斤米出饭 5 斤，比原来增加 40% 以上。由于口粮和副食品严重短缺，不少群众患了浮肿、肝炎等疾病。

1980 年全国每人平均消费粮食 428 公斤……进入新千年，百姓衣食住行更加突出个性化，信用卡改变了人们的消费方式，互联网改变了人们的联系方式。

——摘自《新中国 60 年民生往事》，中国网，2009 年 8 月 25 日。

　　饮食是百姓生活的最基本需求，古今中外典籍都肯定了饮食在人们生活中的重要性，《汉书》中曰："民以食为天"，恩格斯也认为："正像达尔文发现有机界的发展规律一样，马克思发现了人类历史的发展规律，即历来为繁茂芜杂的意识形态所掩盖的一个简单事实：人们首先必须吃、喝、住、穿，然后才能从事政治、科学、艺术、宗教等等"。新中国成立70年来，中国经济社会发生了翻天覆地的变化，人们的饮食也随之变迁，饮食消费的数量、结构、食品加工企业、食品质量安全与监管政策都发生了显著的变化。70年的饮食变迁不仅反映了社会经济的贫富盛衰，还体现着百姓生活翻天覆地的巨变。饮食的含义分广义和狭义两种，狭义的饮食指的是满足口腹之欲的食品或食物，广义的饮食除了包括物质层面含义，还包括隐藏在物质之下的饮食文化。主要饮食通常可分为日常饮食、节日饮食、礼仪饮食、宗教饮食，由于日常饮食是饮食研究中的最具代表性和最主要的内容，所以，这里的饮食消费研究侧重日常饮食的变迁。居民日常食品主要包括粮食、食用油、蔬菜、肉类、禽类、水产、蛋类、奶类、瓜果类、食糖等食物。近70年来百姓的饮食从满足于吃得饱到吃得好吃得健康：餐桌上的食物数量更加多，饮食结构更加多元，百姓的食物更加追求营养健康，更加方便化、安全化。

第一节　消费数量变化趋势

　　改革开放后，中国经济发展取得了举世瞩目的成绩，人民生活水平不断提高，居民食物消费随着收入的增加发生了显著的变化，主要表现为由主食消费为主向主副食品替代转变，由以植物性食物为主向动植物性食物并重的食物消费与营养模式转变。居民消费经历了极度缺乏期、贫困期、温饱过渡期、结构调整期、营养健康期等阶段。

（一）1949—1978 年

　　新中国成立到改革开放这一时段，中国整体经济发展水平较低，农业经济水平也较低，粮食平均产量较低。而且，粮食生产受自然灾害的影响较大，农户对自然灾害的抵御能力较低，因此，粮食产量低的年份，农户家庭缺粮断炊。这一时期百姓过着勉强温饱的生活，饮食粗糙清淡。1958—1961 年三年困难时期，粮食产量减产普遍超过七成或几乎绝收，因缺少食物而饿毙的现象不少见，而且，这一时期处于第一个五年计划时段，在此期间，农业作为工业的附属产业，发展很不均衡，农业年均增长率仅为 3.8%，粮食短缺，生活贫困，人民食不果腹，温饱问题是当时最大的民生问题。

从整体看，新中国成立初期全国人均食物消费量和支出虽逐年增长，但增长速度开始减缓，占居民生活消费支出的比重较低，且呈快速下降趋势。具体来看，1954—1978 年农村居民粮食人均消费先下降后上升，在 1962 年人均粮食消费量最低，仅有 189.3 千克，这受三年自然灾害的影响较大，这一时期粮食减产，粮食供给量降低。1954—1978 年农村居民蔬菜人均消费量呈现波动上升趋势，由 1954 年的人均 70.7 千克增长到 1978 年人均 141.5 千克，这一时期蔬菜人均消费量翻了一番。肉类、蛋类、水产品、食糖、酒精等食品消费量变化量较为平稳。

表 2.1　1954—1978 年不同类别食物农村居民人均消费量（千克）

类别	粮食	蔬菜	肉类	禽类	蛋类	水产品	食糖	酒精
1954	221.7	70.7	4.6	0.0	0.8	1.4	0.4	0.8
1956	246.5	91	4.2	0.0	0.7	1.2	0.5	0.5
1957	227	102.3	4.5	0.0	0.8	1.1	0.5	0.5
1962	189.3	199.7	2.7	0.0	0.5	1.4	0.6	0.6
1963	208	134.9	4.2	0.0	0.8	1.4	0.4	0.5
1964	212.7	126.4	4.4	0.0	0.9	1.3	0.7	0.6
1965	226.5	130	4.8	0.0	0.9	1.3	0.7	0.6
1977	234.7	134	5.3	0.2	0.7	0.8	0.7	1.2
1978	247.8	141.5	5.8	0.3	0.8	0.8	0.7	1.2

资料来源：《中国农村统计年鉴》。

这一时期由于物资的缺乏，加上当时中国实行的是计划经济，于是出现了"大锅饭"和粮票。"大跃进"让几亿中国人过上了集体公社的生活，大家一起干活，一起吃饭，大锅饭、集体灶又是那个时代的特色。1959年至1961年的全国性大饥荒再次让中国人在"吃"上饱受煎熬，这个时段是中华民族的大灾难，草根树皮竟然也都"供不应求"。粮票是计划经济的产物。20世纪50年代初，我国粮食短缺。因为生产力水平不高，物资供应紧张，需要用票证限制人们的购买力。政务院于1953年10月发布命令：全国实行粮食计划供应，采取凭证定量售粮办法，粮票出现了。北京从1960年8月起全市饮食业实行凭票用餐，食油、禽、蛋、肉、豆制品、蔬菜也实行限量供应。这一时期票据种类繁多，除了粮、油、布票，还增发了补助豆票、糕点票、高级脑力劳动者补助油票、节日补助油票，有些地方还发放过煤球票、冰棍票、烟酒糖票、豆腐票。票证盛行的年代，也是物资短缺的时代，只有在逢年过节的时候，人们才能凭票购买一些糕点糖果、干货果品，而且分量都极少，白面白米就更是奢望了。1958—1962年为中国第二个五年计划时段，受前一个五年计划的影响，农业发展的长期落后使得这一时期人均粮食消费的增长不足3%。

图2.1　新中国成立初期食品票证

（二）1979—1989年

1978年中共十一届三中全会召开后，中国进入改革开放时代。人们餐桌上的菜样丰富了起来，街上的饭馆也多了起来。这时的城市居民摆脱了计划经济统销统购束缚，从初期的粮油、副食品敞开供应开始，所有的票证都被逐出历史舞台时，也预示着一个新"饮食"时代的到来。随着生活的富裕，中国菜已经难以满足人们的口味。俄罗斯菜、法国大菜、意大利比萨、日本料理、韩国烧烤、美国快餐等纷纷进军中国，中国人不出国门便能吃遍世界。20 世纪 80 年代居民食物消费数量快速增长，饮食消费发生了很大的变化。20 世纪 80 年代初期，由于联产承包责任制的推行和生产经营方式的转变，工资稍微上涨，市场上的鸡鸭鱼肉供应量慢慢加大。

1979—1989 年中国农村居民人均粮食和蔬菜类食物消费量波动下降，其他肉类、禽类、蛋类、水产品、食糖和酒精灯食物消费量平稳增长，增长速度较为缓慢。具体来看，1979—1989 年农村居民粮食整体呈现下降趋势，人均消费量由 1979 年的 64.42 千克降低到 1986 年的 62.26 千克再小幅增加到 1989 年的 62.45 千克，蔬菜人均消费量呈现规律和粮食基本一致，由 1979 年人均消费量 32.92 千克下降到 1981 年的 31.35 千克，再小幅增长到 1989 年的 31.76 千克，这一时期粮食和蔬菜人均消费量整体上下降，原因可能是其他肉蛋禽水产品等食物消费量增长，这表明这一时期居民食物消费在粮食蔬菜和其他类食物中发生了替代消费。从居民食物消费增量和增幅变化来看，1979—1989 年酒精人均消费量增量最大，人均消费量增加了 1.08 千克，增幅也最大，人均消费量增加了 3.1 倍。

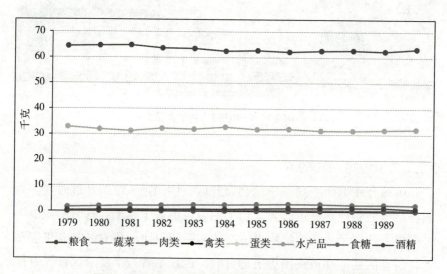

图 2.2　1979—1989 年不同类别食物农村居民人均消费量

（三）1990—2000 年

20 世纪 90 世纪末，居民食物消费量变化特征较为明显。1990—2000 年中国农村居民人均粮食和蔬菜类食物消费量波动下降，其他肉类、禽类、蛋类、水产品、食糖和酒精等食物消费量平稳增长，增长速度较为缓慢。具体来看，1990—2000 年这一时段相对改革开放初期人均粮食消费量显著增加，从上一阶段的人均粮食消费量 63.31 千克增加到 253.38 千克，原因可能是改革开放后国家发展中心转移到经济上来，重视农业生产和粮食增产，农业生产水平进一步提高，国家这一时期也不断出台惠农政策，提高了农民种粮积极性。然而，从这一时期内变化趋势来看，农村居民粮食整体呈现波动下降趋势，人均粮食消费量由 1990 年的 262.1 千克降低到 2000 年的 250.2 千克，蔬菜人均消费量直线下降，由 1990 年的人均消费量 134 千克下降到 2000 年的 106.7 千克，人均消费量减少了 27.3 千克，这一时期蔬菜人均消费量的显著减少原因可能是其他肉蛋禽水产品等食物消费量增长。除了粮食和蔬菜消费，其他类食物消费量持续逐年增加，从居民食物消费增量和增幅变化来看，1990—2000 年肉类人均消费量增量最大，人均消费量增加了 3.1千克，禽类人均消费量增幅最大，其人均消费量增加了 1.2 倍。

表 2.2　1990—2000 年不同类别食物农村居民人均消费量（千克）

年份	粮食	蔬菜	肉类	禽类	蛋类	水产品	食糖	酒精
1990	262.1	134	11.3	1.3	2.4	2.1	1.5	6.1
1991	255.6	127	12.2	1.3	2.7	2.2	1.4	6.4
1992	250.5	129.1	11.8	1.5	2.9	2.3	1.5	6.6
1993	251.8	107.4	11.7	1.6	2.9	2.8	1.4	6.5
1994	257.6	107.9	11	1.6	3	3	1.3	6
1995	256.1	104.6	11.3	1.8	3.2	3.4	1.3	6.5
1996	256.2	106.3	12.9	1.9	3.4	3.7	1.4	7.1
1997	250.7	107.2	12.7	2.4	4.1	3.8	1.4	7.1
1998	248.9	109	13.2	2.3	4.1	3.7	1.4	7
1999	247.5	108.9	13.9	2.5	4.3	3.8	1.5	7
2000	250.2	106.7	14.4	2.8	4.8	3.9	1.3	7
平均	253.4	113.5	12.4	1.9	3.4	3.2	1.4	6.7

资料来源：《中国农村统计年鉴》。

（四）2000—2010 年

　　进入新世纪，中国农村居民饮食消费量发生了翻天覆地的变化，人均粮食消费量显著减少，蔬菜类消费量缓慢下降，其他肉类、禽类、蛋类、水产品、食糖、酒精、卷烟等消费量显著增长。具体来看，2000—2010 年这一时段和新世纪初期人均粮食消费量基本一致，从这一时期内变化趋势来看，农村居民粮食整体呈现大幅下降趋势，人均粮食消费量由 2000 年的 250.2 千克降低到 2010 年的 181.4 千克，人均消费量减少了 69 千克，蔬菜人均消费量直线下降，由 2000 年的人均消费量 106.7 千克下降到 2010 年的 93.3 千克，人均消费量减少了 13.4 千克，2000—2010 年粮食和蔬菜人均消费量的显著减少原因依然是受其他食物消费替代效应影响。除了粮食和蔬菜消费，其他类食物消费量持续逐年增加，从居民食物消费增量和增幅变化来看，2000—2010 年酒精人均消费量增量最大，人均消费量增加了 2.7 千克，禽类人均消费量增幅最大，达到了 50%。

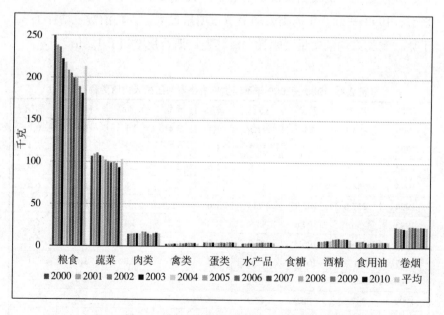

图 2.3　2000—2010 年不同类别食物农村居民人均消费量

（五）2011 年至今

2011 年至今中国居民更加注重不同类型食物消费的均衡搭配。不同类别食物消费量数据表明，人均粮食消费量逐年下降，由 2013 年的 148.7 千克下降到 2017 年的 130.1 千克，蔬菜类食物消费量波动上升，其他肉蛋奶类、禽类、干鲜瓜果消费量稳步上升，食用油、食糖等辅助类食物消费量变化较小。具体来看，2011 年至今这一时段相对 21 世纪初期，人均粮食消费量显著降低，年均粮食消费量约为上一时期年均粮食消费量的一半。而从这一时期内年际变化趋势来看，农村居民粮食消费量依然持续减少，人均粮食消费量由 2013 年的 148.7 千克降低到 2017 年的 130.1 千克。蔬菜人均消费量由 2013 年的 97.5 千克波动增长到 2017 年的 99.2 千克。肉蛋奶、水产品等食物消费量依然持续增长，干鲜瓜果增长幅度最大，由 2013 年的 40.8 千克增加到 2017 年的 50.1 千克，人均消费量增加了约 10 千克，食用油人均消费量维持在 10.5 千克，食糖人均消费量保持在 1.3 千克。禽类人均消费量依然是增幅最大的食物，其人均消费量增加了 50%。

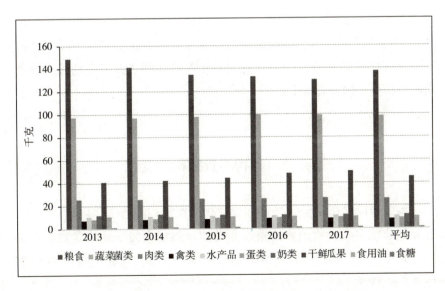

图 2.4　2013—2017 年不同类别食物全国居民人均消费量

在居民食物消费中，粮食消费量虽然在减少，但其依然是所有食物中消费量最大的食物。从现今各类粮食消费量上来看，国内玉米每年消费 4095 亿斤，小麦消费 2154 亿斤，稻谷消费 3712 亿斤，大豆消费 2326 亿斤。未来粮食的消费需求量将持续刚性增长。人口总量、城镇化、居民收入、工业化是影响粮食需求总量的四大因素，将共同推动粮食需求总量持续增长。人口增长将拉动粮食消费增长，预计中国人口峰值在 2020 年左右出现，人口总规模在 14.5 亿左右。按照目前每人大约年均消费 400 公斤粮食测算，2020 年人口增长导致粮食消费需求总量增加 600 亿斤左右。城镇化发展将进一步促进粮食消费增长，2017 年我国城镇化率为 58.52%，城镇化率还有很近 20% 的增长空间。城镇居民的口粮消费低于农村居民，但对动物性脂肪和蛋白类食品的消费量高于农村居民，城镇居民对粮食的直接和间接消费高于农村居民。2017 年中国农民供数量为 2.8 亿人，这个群体中很大一部分人长期在城市生活。同时，预计未来一个时期将还有大约 2.7 亿农村居民转移到城市，这都将进一步提高粮食消费需求总量。此外，城乡居民收入水平的提高将促进食物消费结构快速升级，城乡居民对肉蛋奶 / 水产品等动物脂肪和蛋白食物消费增加，将导致饲料用粮大幅增长，比照与我国膳食结构相近的日本、韩国人均收入水平与食物消费结构变动关系的历史情况，大约人均国内生产总量在 1 万美元到 2 万美元期间，食物消费结构处于快速升级期。

第二节　食物消费结构的变化

新中国成立初期至今，百姓的食物消费结构经历了从以粮食为主，过渡到非粮食类食物消费比重逐渐增加，到如今的多元化食物消费结构，到如今的注重营养、饮食均衡。中国网刊登的《新中国 60 年民生往事》这样说：

　　　　新中国成立初期，天天盼着吃饱饭。这一时期物质条件差，而且家家户户子女多，大家都勒紧裤腰带过日子。在解放之初，吃饱是百姓最大的愿望。为了吃饱，粗糠、青草、野菜、树皮等非常规食物都吃过。

改革开放前，食物匮乏，天天盼过年。饮食以粮食为主，肉、水果、水产品等食物在人们饮食中比重小。粮食供应如此紧张，更不要说一些副食品了，当时人们还不知道什么叫做"零食"。那个时候虽然吃得饱饭，但肉却很难吃到。过年才有肉吃，所以天天盼过年。当时，家里的菜翻来覆去就是土豆、萝卜和白菜。过年时，大人才会用肉票和糖票买点肉和水果糖给孩子吃。

20世纪饮食生活好，天天像过年。进入新世纪，多元化的饮食结构促使人们崇尚健康、科学的饮食生活。从吃多吃好到吃少吃精，从细粮为主到粗细搭配，维生素、蛋白质、低脂高钙一系列营养指标充实着居民的生活。

这里将新中国成立初期至今70年细分为新中国成立初期（1949—1978年）、改革开放初期（1979—1989年）、20世纪末（1990—2000年）、新世纪初（2001—2010）、近期（2011年至今）五个时段，对居民食物消费结构变化做一讲述。

（一）1949—1978年

新中国成立初期至改革开放时期，农业生产力水平低，百姓以追求温饱为饮食目标，百姓食物消费结构上特征表现为高质量食物比重非常低，主食比重高、副食比重低，稀食比重高、稠食比重低，粗粮为主、精细加工食物较少。从一日三餐具体食物上看，早饭较为简单，主要特征是以稀食为主，稀食主要是食用玉米或高粱制成的面汤，主食以面食或米糊为主，副食偶尔有咸菜。午餐以稠食或干食为主要特征，主食通常是地瓜、高粱、玉米做成的窝窝头或饼，副食为当季蔬菜或咸菜，具体副食因家庭富裕程度不同而有所差异。晚餐以稀食为主，稀食品种有面汤、疙瘩汤和面条等。百姓主食具体种类很大程度上受区域种植作物类型的影响，对应的北方地区大多吃的是窝窝头、玉米面馍馍，南方吃的大多是糙米粗粮，居民吃的都是些杂粮粗面。

这一时期吃白馒头或面条的想法只能是妄想，家庭中主要食物是红薯，因此，饮食结构以用红薯面制品为主食，红薯面可以做馒头和面条，偶尔也可能用白玉米面做一回以假乱真的"白馒头"。

俗话说"民以食为天"，其中，"为天"的"食"首先是粮食，粮食是基础的基础。温饱与否的关键在粮食，温饱前食物消费增长首先表现为粮食消费增长，消费结构具有明显的单一性；温饱后，食物消费增长则表现为副食品与动物性食品的增长，消费结构模式向多元化方向发展。这一时期食物消费以粮食消费为主，以 1952 年为例，人均粮食消费量达 197.67 公斤，食用油仅 2.1 公斤、猪肉 5.92 公斤、牛羊肉 0.92 公斤、禽肉 0.43 公斤、蛋类 1.02 公斤、水产品 2.67 公斤、食糖 0.91kg。

表2.3　1954—1978 年农村居民每年人均饮食消费结构（%）

年份	粮食	蔬菜	肉类	禽类	蛋类	水产品	食糖	酒精
1954	73.80	23.54	1.53	0.00	0.27	0.47	0.13	0.27
1956	71.53	26.41	1.22	0.20	0.35	0.15	0.15	0.15
1957	67.42	30.38	1.34	0.00	0.24	0.33	0.15	0.15
1962	47.95	50.58	0.68	0.00	0.13	0.35	0.15	0.15
1963	59.39	38.52	1.20	0.00	0.23	0.40	0.11	0.14
1964	61.30	36.43	1.27	0.00	0.26	0.37	0.20	0.17
1965	62.09	35.64	1.32	0.00	0.25	0.36	0.19	0.16
1977	62.16	35.49	1.40	0.05	0.19	0.21	0.19	0.32
1978	62.12	35.47	1.45	0.08	0.20	0.20	0.18	0.30

资料来源：《中国农村统计年鉴》。

三年困难时期，主食红薯不够吃时，大多由各种野菜和树叶及树花补充。可以食用的野菜除灰灰菜、猪毛菜、黄花苗、刺角芽等野菜外，还有杨树叶、榆树叶、杨槐树花、桐树花，甚至还有蓖麻叶，不过最终因蓖麻叶吃多后人眼会变红而作罢；野菜大多是做稀饭时放在锅里吃，两三种野菜、加点萝卜块和黄豆，再放一点点面和盐；而各种树叶和树花则多为炒菜吃，刚出芽的嫩杨树叶摘下来后，经热水淖一下，反复浸过好几次清水，就不怎么苦了，炒出来也还挺好吃的；榆树叶用水淖过后与面和在一起，做成的面条显得绿绿的，看着就有食欲，吃到口中别有一番滋味；杨槐花是春天来临时我们的最爱，那季节，空气中到处充溢着槐花的清香气味，随手从树上捋一把放在嘴中就能吃，后味有一丝丝的甜，大人们则把杨槐花和嫩叶一起摘下来，新鲜时煮着吃，吃不完的就晒干，留下来慢慢炒着吃。

　　鉴于农村严重缺粮的紧张形势，1960 年 8 月 10 日，中共中央发出指示，要求各地降低口粮标准，"同时，大搞瓜菜，大搞副食品，大搞代食品和代用品"，正式提出了"低标准、瓜菜代"（"代"即代食品）的要求。11 月 14 日，党中央发出紧急指示，要求立即开展大规模采集和制造代食品的群众运动，以渡困难。所谓代食品，是指人们用于充饥，但在正常年成不作为食品的植物、动物、微生物、化学合成物等。三年困难时期的代食品主要分为四类：第一类为农作物类代食品，它包括各种非灾难年份人们不曾食用的农作物的秸秆、根、叶及壳类，如水稻、小麦、大麦、玉米、高粱等的叶、秆、根及玉米皮、玉米芯、稻谷壳等，以及薯类作物的叶、茎、根等。第二类为野生代食品，是指野生植物的秸秆、根、叶、皮、果实等，如榆树叶、树皮、橡子、芭蕉芋、魔芋、石蒜、土茯苓、大百合、野苋菜、洋槐叶、沙枣、鸭跖草之类。第三类为小球藻、红萍等浮游植物。小球藻是一种球形藻类，直径仅数微米，体内有一绿色杯状或板状色素体，种类繁多，生长于淡水中。小球藻最初是用来当猪饲料的，1960 年 7 月 6 日，《人民日报》的社论《大量生产小球藻》明确提出，小球藻不仅是很好的精饲料，而且具有很高的食用价值。该社论还举例说有些地方用小球藻试制糕点、面包、糖果、菜肴、藻粥、藻酱等食品，清香可口；有人用小球藻粉哺育婴儿，效果跟奶粉不相上下。第四类指合成类代食品，如"人造肉精"、"人造肉"、叶蛋白等，它们相对于前三类有较高的营养价值，而且有一定的技术含量，因此也被称作精细代食品。利用麦秸、油菜秸秆、谷壳、豆秆、豆壳、玉米根、玉米秆、玉米包皮、玉米芯、高粱秆等制作淀粉。在各种农作物中，玉米从"饲料之王"，提到"杂粮首要地位"，一直到"主粮地位"。以甘薯的茎叶、木薯的块根、芭蕉芋的根作为代食品，也被推广，而南方的广西等地大种"费工少、成本低"的木薯，用它的块根和叶做成食品。在粮食极度匮乏的情况下，采集和生产各种代食品成为帮助百姓渡过食物短缺难关的办法。然而，当时的代食品营养成分普遍比较低，因此，人们因饿而生的浮肿病和非正常死亡的现象并未得到解决。

1978 年改革开放前，国民饮食较新中国成立初期有改善，但食物匮乏单调、票证盛行，人们营养不足，有些农村没有解决基本的温饱问题。

（二）1979—1989 年

中共十一届三中全会吹响了改革开放的号角，人们餐桌上的菜样也逐渐丰富了起来，街上的饭馆也多了起来。这时的城市居民摆脱了计划经济统购统销的束缚，从初期的粮油、副食品敞开供应开始，所有的票证都被逐出历史舞台时，也预示着一个新"饮食"时代的到来：以往逢年过节才端上餐桌的红烧肉，已经慢慢开始增多。过去闻所未闻的三文鱼和其他鱼类，也成为人们餐桌上的佳肴。国民不仅对肉食、蛋白质的摄入增多，而且日渐对饮食多样化的要求也促进了餐饮业的繁荣发展。改革开放吸引了大量的外资，同时，也带来了西方饮食进入中国。西餐厅开始重返中国的历程，人们以一种包容的态度欢迎着西餐厅在周围的出现。

1979 年至 1989 年居民食物消费结构的主要特点是，随着中国由传统计划经济向市场经济转轨、食物供给能力全面增强的基础上，各种食物的消费结构逐渐多样，消费结构模式向多元化方向发展。1979 年至 1989 年农村居民食物消费以粮食消费、蔬菜消费为主体，此外，肉类消费比重也开始增加（图 2.5）。

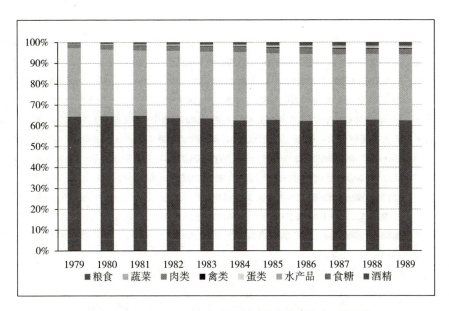

图 2.5　1979—1989 年农村居民每年人均饮食消费结构

　　20 世纪 80 年代国家开始实行联产承包责任制，为了缓解副食品供应偏紧的矛盾，农业部于 1988 年提出了"菜篮子工程"，建立了中央和地方的肉、蛋、奶、水产和蔬菜生产基地及良种繁育、饲料加工等服务体系，以确保居民不同季节有时令菜可以吃，即食物供给结构发生较大变化，也因此，百姓食物消费结构更加多样化。同时，粗粮食品逐渐从老百姓的餐桌上退出，细粮成为餐桌上的主角。20 世纪 90 年代以来，粮食供求走向市场，粮票消亡成为历史的必然。1993 年 5 月，北京最后停止使用粮票，粮票全面退出历史舞台。一些象征短缺经济的布票、油票、肉票、豆腐票，也相继退出了人们的日常生活。

（三）1990—2000 年

　　1990 年至 2000 年居民食物消费结构的主要特点是，随着中国由传统计划经济向市场经济转轨、食物供给能力全面增强的基础上，各种食物的消费结构逐渐多样，消费结构模式向多元化方向发展。1990 年至 2000 年农村居民食物消费以粮食消费、蔬菜消费为主体，此外，肉类消费比重也开始增加（图 2.6）。

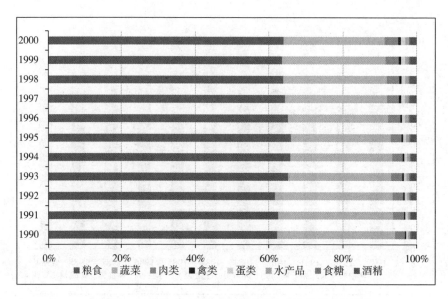

图 2.6   1990—2000 年农村居民每年人均饮食消费结构

　　1990—2000 年居民粗粮消费比重相对上一时期有所提高，奶制品出现在饮食消费清单中，饮食消费的区域性逐渐多元化，饮食健康问题开始被人们关注。已经消失的粗粮意外地受到食客青睐，再次回到餐桌，重新成为中国人饭桌上的新宠。与此同时，国人把牛奶从特种营养品的位置摆上了普通的餐桌，中国乳业开始高歌猛进，进入一个超常规发展时期。20 世纪 90 年代，市区餐馆多得像雨后春笋，大街小巷各种档次和风味的餐馆随处可见，饮食消费从以前的居家消费为主开始转向在外消费逐渐增多。而且，这一时期在外饮食消费具有很强的地域性，以城市的饭馆来看，以前中国的饮食区域特征很明显，每一个地方有着自己的饮食特色，如湘菜、川菜、粤菜等，后来随着经济的发展，中国饮食业也迅速发展，那些具有地方特色的菜及小吃不断扩张自己的"地盘"，最典型的就是川菜，几乎每个大小城市都可以见到川菜馆和成都小吃店。俄罗斯菜、法国大菜、意大利比萨、日本料理、韩国烧烤、美国麦当劳和肯德基等纷纷进军中国，中国人不出国门便能吃遍世界。这个时代的你无论走到何方，大街小巷各种档次和风味的餐厅与酒肆都随处可见——随之而来的健康恶果是：不良的饮食习惯导致心血管、肿瘤、糖尿病、肥胖症持续攀升，已成为死亡率较高的疾病。于是，人们开始热衷于减肥。

这一时期食用油、猪肉、蛋类、禽肉、酒类的消费增长幅度较大，食物呈现多元化发展。以2003年为例，粮食人均年消费增长12.53%，食用油增长198.57%、猪肉增长132.77%、牛羊肉增长36.96%、禽肉增长644.19%、蛋类增长371.57%、水产品增长74.16%、食糖增长36.26%、酒类增长572.8%。

（四）2000—2010年

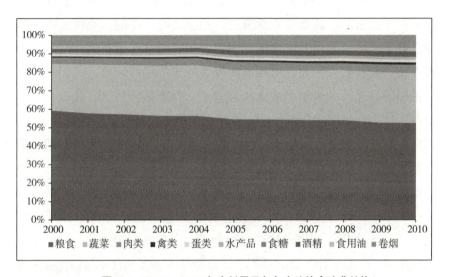

图2.7　2000—2010年农村居民每年人均饮食消费结构

进入21世纪，人们的物质生活已经极大地丰富了，食物的供给方和场所也多样化，饮食业越来越丰富。菜市场、超市、大卖场，琳琅满目的食品应有尽有。人们对于吃的要求也越来越高，不仅要吃好，还要吃得健康，科学卫生观念深入人心。在此时期，人们饮食结构中健康营养安全食物比重大幅提高。2000年之后，肯德基、麦当劳等西餐在中国大量出现。居民的饮食习惯已发生了质的变化，多元化的饮食结构促使人们崇尚健康、科学的饮食生活。从吃多吃好到吃少吃精，从细粮为主到粗细搭配，维生素、蛋白质、低脂高钙一系列营养指标充实着居民的生活，饮食的变化演绎出居民生活步步高、节节甜。麻辣小龙虾、香辣蟹、水煮鱼，都是这个时代的餐桌文化。但在世纪初突如其来的一场 SARS，以及层出不穷的诸多"黑幕"曝光，让很多都市人群的腹中馋虫都被杀死。人们开始呼应健康主题，对回归自然的"水果蔬菜"重新重视。调查显示，当今一半以上的都市人都把水果纳入每日健康必备品。大批商家针对市场及时推出各种"自然绿色系列食品"，理由是清新健康，当然最重要的是，卡路里含量低。牛奶产业的发展进入巅峰时期，纯牛奶、脱脂牛奶、加钙牛奶应有尽有。过去人们喜欢买冷冻室大的电冰箱储存鸡鸭鱼肉，现在也开始讲究食用富于营养的鲜活食品。蔬菜要吃新鲜的，粮食要吃当年的，鸡鸭要吃一秒钟之前宰杀的，鱼肉要吃欢蹦乱跳的。带着露水的嫩黄瓜，空运来的鲜荔枝，放在餐桌上还在甩尾的活虾，叶子翠绿的鲜桃，人们在市场上挑剔的目光，越来越多地落在鲜货上，而不是价格上。什么食品有营养，什么食品能防衰老，什么食品搭配能够保持身体的酸碱度平衡，成为人们津津乐道的话题——中国人的健康观念在 21 世纪的初期"清醒而及时地"迈上了一个崭新的台阶。但从科学的眼光来看，似乎做得还是不够。

2000—2010 年居民对饮食营养健康方面的追求出现下面几种形式：（1）荤素搭配，以植物性食物为主，动物性食物为辅。植物中心的纤维素可降低消化系统的患病率，这种荤少素多的食品结构能够平衡人体营养素。（2）五谷杂食，不拘一格。如《黄帝内经》中食物搭配原则为"五谷为养，五果为助，五畜为益，五菜为充，气味合服，充益精气"，提出了科学的饮食原则和特色，食物的多样性是生命的调味品。（3）药食同源，药补不如食补，长期营养不均可造成身体一些疾病。人体在新陈代谢的过程中需要各种各样的营养素，如果说食物中能够获得均衡的营养素及人体所需的微量元素，可以从营养学的角度来预防各种疾病，增强人体免疫力。所以古人说"圣医治未病"，就是从食品结构的角度来达到提供营养、防病、治病的目的。（4）讲究调味，喜好复合味。许多用餐佐料如蒜、姜、葱、醋等本身不仅有丰富的营养，同时还具有杀菌、消脂、增香、开胃、助消化等功能，如四川卤水，中草药就多达 35 味，可谓五味纷呈，独具一格。（5）提倡新鲜食品，现做现食。未来饮食结构人们将更加注重于新鲜，无论是肉食还是素食，人们将远离各种防腐剂、抗氧化剂等添加剂。新鲜的食品含大量的汁液、丰富的矿物质和维生素。（6）传统的饮食文化将更受欢迎，清凉的消闲食品如茶、瓜果比冰淇淋等甜食更受青睐。现在人们讲的是要吃好、吃出文化和健康。

（五）2011 年至今

与改革开放初期相比，中国居民的饮食消费结构正在发生巨大的变化，人均口粮消费量下降了 40%（图 2.8），肉蛋奶的消费量增加了 2 倍，食用植物油的消费量增加了 3 倍，中国的公众饮食消费已经从保障数量安全为主转向更加注重营养和健康，中国市场也成为全球最大的营养健康类食品的消费市场。

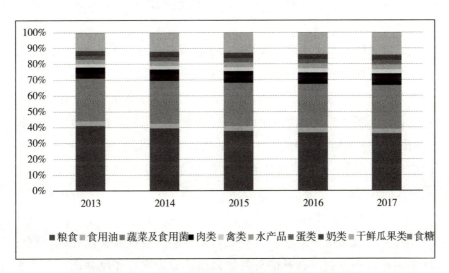

图 2.8　2013—2017 年全国居民年均食物消费结构

饮食的变化，还体现在健康绿色观念深入人心。每年春节，百姓家里餐桌上的鸡鸭鱼肉在渐渐减少，取而代之的是新鲜的蔬菜、海鲜和素食。过去鸡、鸭、鱼、肉是好菜、大菜，但现在因为脂肪含量高已经逐渐被居民家庭的餐桌淘汰了。如今讲究吃出文化和健康。一日三餐要讲究营养搭配，肥肉最好少吃，多喝酸奶易消化吸收，鸡蛋一天不要超过一个，早晚吃点水果可抗衰老……

这些都反映了如今居民饮食消费对健康的重视。

新中国成立七十年，经济的迅速发展正逐步改变着人们的饮食习惯，由原来的饱餐型向营养型、新鲜型、简便型转变。近几年，高粱、玉米等杂粮再度走红，它反映了老百姓对杂粮中微量元素的重视，对传统膳食的重新认识。与餐饮形式更加多样化相匹配，人们对就餐环境的要求也越来越高，花园式餐饮、园林式餐饮、野外餐饮以及露天餐饮都非常受欢迎。另外，社区餐饮也有了很大发展，今后家庭送餐将成为一种新的时尚。

第三节　饮食文化变迁

饮食文化是无比复杂的人类社会生活现象，它几乎同人类文化的任何门类都有程度不同的关系。可以说任何一个民族的文化在一定意义上讲都是一种饮食文化，全面地了解了一个民族的饮食文化，也就从一定意义上了解了那个民族的历史；反过来说，只有全面了解了一个民族的历史才可能全面了解那个民族的饮食文化（赵荣光，1990）。新中国成立 70 年来，伴随着饮食消费的变迁，蕴藏其中的饮食文化也经历着巨大的转变。

（一）1949—1978 年

新中国成立初期至今，百姓们饮食延续先秦饮食文化传统，饮食规律为一日三餐制。百姓的日常饮食通常分为主食和副食两类，主食一般指粮食做成的食物，副食指的是除主食之外的鱼、肉、蛋、奶、蔬菜，受农业生产水平限制，百姓食物消费数量上特征表现为重视食物数量。除了主食和副食，还有零食，而在那个时期，由于收入水平较低，百姓们很少食用零食。

"大跃进"让几亿中国人过上了集体公社的生活，大家一起干活，一起吃饭，大锅饭、集体灶又是那个时代的特色。所有的社员围在一起吃"一锅饭"也是中国人素来提倡集体生活的反映。1959 年至 1961年的全国性大饥荒再次让中国人在"吃"上饱受煎熬，这个时段是中华民族的大灾难，草根树皮竟然也都"供不应求"。

对于城市居民来讲，由统购统销带来的饮食消费模式的改变是他们对新中国成立初期计划经济的最深体会。不仅粮、油需要凭票购买，连棉布和日常用品也开始变为凭票供应。于是一股朴素的饮食之风逐渐在各阶层城市居民饮食生活中发展开来。新中国成立前已经介入城市居民饮食生活中的西式饮食突然戛然而止了：各大城市的西餐饮开始败落直至消失，国民对西餐的否定情绪也慢慢滋长，如果说在新中国成立的最初几年里，还有一些城市的西式餐饮在勉强维持的话，那么到了20 世纪 50 年代中期以后，西餐、西餐馆只存留于一些城市居民的记忆中了。一些有名气的大饭店也顺应这一餐饮界朴素之风改革起来，由原来以名贵菜为特色的饭店转为提供大众菜、大锅菜的饭馆。

中共十一届三中全会吹响了改革开放的号角，随之，各行各业也都迎来巨变，餐饮业也不甘落后，瞅准了人民生活水平逐渐改善的契机，努力弥补着这些年来的荒歉。人们餐桌上的菜样丰富了起来，街上的饭馆也多了起来。传统的八大菜系在沉寂许久之后也复苏繁荣起来，中国人开始有精力来讲究"吃"了，随之而来，饮食文化也越来越多样化。

（二）1979—1989 年

经历了缺衣少食的计划经济时代，改革开放逐渐让"老广"口袋里的余钱多了起来，而最具有代表性的饮茶文化在这个时候开始重返历史舞台。早晨在茶楼叫上一盅两件，倒上一壶普洱，慢慢啜上一个上午成为不少"老广"假日的指定行程，"饮咗茶未"也逐渐成为"老广"的碰面的口头禅。许多茶楼、大排档更逐渐开设夜茶、下午茶，甚至从早到晚茶市不断，兼午、晚两餐。茶楼打烊从一天多次变成一次了。这就有了"饮茶直落"的诞生。

（三）1990—2000 年

20 世纪 90 年代饮食文化开始多元化，其中多了面子因素。随着生活的不断改善和互联网的发展，我国老百姓食品消费的场所、形式发生了变化，饮食消费领域不断扩展。90 年代，经济的高速发展带来了饮食文化的革命。进餐馆尝尝鲜再不是遥不可及的事情，谁家有喜庆事，都愿意在饭店摆一桌，既省事又有面子。外出就餐已成为日常社交、谈生意或联络感情的一种方式。川菜馆刚刚进入人们视线时，很低调，小店居多，装修纯朴古拙，甚至开始阶段还稍显简陋，但装修多用串红辣椒、茅草、绿竹等极富四川地域特色的材料和元素，具有较强的感染力与亲和力。菜品定价又经济实惠，深受务实的大众消费者的喜爱和认同。人们吃上了四川火锅，知道了什么是"麻辣烫"，什么是鸭血，什么是毛肚，什么是黄喉，什么是火辣辣的四川风情……还有那所谓的鸳鸯火锅，必须成双成对。圆圆的锅子中央，那 S 形的挡板将普普通通的火锅呈现出了奇妙的太极世界，锅底汤被分成了乾坤、阴阳，一分为二，一红一白，一辣一淡，一文一武。红如残阳白似雪，火辣辣伴着清香。吃过鸳鸯火锅的"老外"们说得更加形象："红汤如同迪斯科，白汤好似华尔兹"。

（四）2000 年至今

进入 21 世纪，伴随着生活节奏的加快和网络的发展，都市白领的繁忙生活和"宅"一族的出现，消费者的生活方式和习惯正在逐渐转变，而新的"食"代也已经到来：便捷、高效的外送服务已逐渐进入消费者的视野，特别是工作用餐、家庭聚会、节日聚餐……外送需求越来越大，更多市民选择专业餐饮外送服务，这也将成为专业外送品牌在中国发展的契机。这其中有代表性的品牌包括国外的知名品牌必胜、宅急送等，打个电话就有美食送上门的便捷用餐方式得到了越来越多的消费者认可，新的生活方式迎来了新的"食"代。

第四节　食品加工企业的变化

从粮油加工企业的经济状况、粮油加工企业数量、加工业年生产能力和粮油加工产品产量等是新中国成立 70 年以来中国食品加工企业发展壮大的主要因素。

（一）粮油加工企业发展概况

粮食加工企业的工业总产值、工业增加值、产品销售收入、主营业成本、利润总额等方面是衡量粮油加工企业的主要标准。从图 2.9 中可以看出，2008—2015 年粮油加工企业总产值、增加值、销售收入等经济指标都呈现上升趋势，其中，总产值显著增加，7 年内增长了 1.5 倍，增加值增长了 2.5 倍，销售收入增加了 14527 亿元，主营业务成本增加了近 1 倍，利润总额增加了 2.7 倍。但要注意的是中国粮油加工企业相对非农加工业来看，其加工增值比重较低，利润相对较薄。

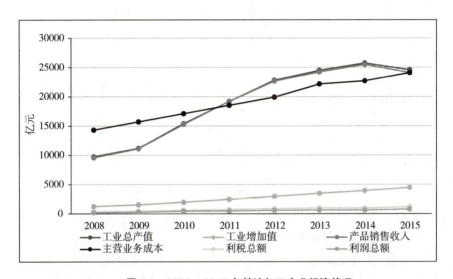

图 2.9　2008—2015 年粮油加工企业经济状况

注：因 2008 年之前的数据缺失较多暂未统计，2008—2015 年部分年份缺失数据采用线性插值法补全。

（二）粮油加工企业数量

从稻谷加工业、小麦加工业、食用植物油加工业、玉米加工业、粮食品加工业、杂粮及薯类加工业、饲料加工业、粮机设备制造业等企业数量变化可反映中国粮食加工企业整体数量上的变迁。图 2.10 是2008—2015 年中国粮油加工企业数量变化情况，从图中可以看出，各食品加工企业数量呈现波动上升的趋势，其中，粮食品加工业、饲料

加工业企业的数量变化幅度最大，粮食品加工业企业数量由 2008 年的
546 家增长到 2015 年的 1738 家，这两类企业数量增加幅度均为 2.2 倍
左右。

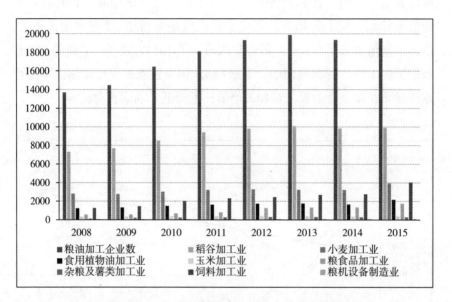

图 2.10　2008—2015 年中国粮油加工企业数量变化

（三）加工业年生产能力

　　表 2.4 是中国粮油加工企业年生产能力情况，从企业处理稻谷小麦
油料，油脂类产品加工，生产馒头、挂面、方便面、米饭、米粥、米
粉等主食等方面可以反映中国粮油加工企业加工业生产能力。从表中
可以看出，处理稻谷、杂粮的生产能力持续增加，尤其是处理稻谷的
能力显著提高，由 2008 年的 16047 万吨增加到 2015 年的 30738 万吨，
处理能力增加了 14691 万吨。2008—2015 年食品加工企业处理小麦和
油料、大豆浓缩蛋白的能力呈现先上升后下降的趋势，大豆分离蛋白
的处理能力呈现持续上升的规律，生产主食的能力呈现直线上升趋势，
其中，生产馒头和方便面的能力显著提高，2008—2015 年生产能力分
别增加了 2 倍、1.5 倍。

表 2.4 2008—2015 年中国食品加工企业年生产能力（万吨）

加工	2008	2009	2010	2011	2012	2013	2014	2015
处理稻谷	16047	19424	24339	28391	30716	33234	33716	30738
处理小麦	11600	12145	15954	17786	20303	21726	21655	19400
处理油料	7866	10979	13064	15037	16076	17257	17217	15584
处理玉米	4530	4594	5598	7089	7592	7789	7645	10758
处理杂粮	509	671	928	1006	1156	1318	1479	1641
油脂精炼	2729	3386	3973	4495	5101	5144	5037	4902
小包装油脂	100	477	853	962	1606	1983	2359	2736
大豆分离蛋白	3509	3509	123400	65400	102655	97152	120562	143973
大豆浓缩蛋白	23067	23067	99103	157834	91863	114795	137727	160659
生产馒头	26	26	26	26	78	130	182	234
生产挂面	308	358	442	513	691	787	883	978
生产方便面	151	258	309	371	386	445	504	562
生产方便米饭	3	3	3	3	4	5	6	7
生产米粥	33	33	33	33	49	65	81	97
生产米粉/米线	176	106	96	109	178	202	226	250
生产速冻米面	78	78	72	106	168	198	228	258

（四）粮油加工产品产量

图 2.11 是中国粮油加工产品产量变化情况，基于大米、小麦粉、食用植物油、玉米加工品、粮食食品、杂粮及薯类、饲料等粮油加工产品进行产品产量的细分，从图中可以看出，大米、小麦粉、食用植物油等产品产量呈现先上升后下降趋势，玉米加工品产量呈现平稳发展趋势，粮食食品、杂粮及薯类、饲料等粮油加工产品产量呈现直线上升趋势。

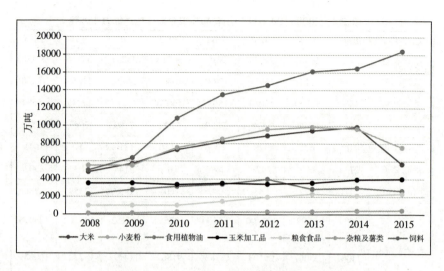

图 2.11　2008—2015 年中国粮油加工产品产量

　　新中国成立 70 年以来，中国食品加工企业快速发展，经过不懈的努力也取得了一定的成效，但是相伴而生的问题也较多，问题主要体现在以下方面：

　　首先，食品加工企业的技术含量较低，同时技术创新缺乏人才支撑。具体来说，相对西方发达国家，中国食品加工技术水平仍然存在很大差距，更为严峻的是相应的人才较为缺乏。统计数据显示，在 54000 个乡及以上的食品加工企业中，企业达到二级技术标准的企业数量较少，在食品加工企业的从业人员中，大中专以上学历的人员不足 1.6%，科技人员比重不足 1%。食品加工企业技术水平的落后以及相应人才的配备不足，阻碍着中国食品加工业的健康发展。

　　其次，食品加工企业缺乏财力支持。新中国成立以来，食品加工企业的资金不足问题一直是影响该产业稳定发展的绊脚石，也是未来需要继续着力解决的问题。食品加工企业资金不足的主要原因来自两方面：一是食品加工企业的利润较薄，同时，该产业资金的周转周期较长；二是食品加工企业的融资渠道来源少。食品加工企业资金不足的问题导致企业在完善企业生产设备配备，规模化经营上一直处于进退两难境地。

最后，食品加工企业存在食品安全隐患。食品加工中的操作不规范和生产管理上的不完善对食品加工企业安全产生了隐患。中国中小型食品加工企业在整个食品加工企业中所占比重较大，这类企业由于生产规模较小，往往在生产中存在生产原料归置不妥当，例如，生产过程中的成品、半成品、加工原料等产品随意放着，这对加工的食品造成交叉污染，进一步影响食品的安全。此外，由于财力受限，导致在生产中涉及安全生产的设备偷工减料或不重视，常见食品加工企业生产车间消火栓、消防通道被遮挡，这对食品加工企业安全生产构成一定的威胁。

第五节　粮食和食品安全与监管政策的演变

2004 年以来，中央出台了一系列着力解决粮食安全的重大政策措施，有效调动了地方政府重视农业和粮食安全以及农民种粮的积极性，粮食产量不断增加。粮食和食品安全政策体系经历了三个主要阶段，第一阶段是 1978—1992 年的以促进生产发展、搞活农产品流通为主，第二阶段是 1993—2012 年启动实施的粮食安全战略和提出食品安全，第三阶段是 2013 年至今的粮食安全战略转型和食品安全战略推进阶段。

（一）粮食和食品安全政策

以下将详细阐述粮食和食品安全政策体系三个阶段的演变过程。

1.1978—1992 年：促进生产发展、搞活农产品流通

改革开放之初，针对我国农业存在的生产滞后、粮食等主要农产品供给短缺等矛盾和问题，1978 年以来我国开始实行家庭联产承包责任制，并于 1983 年在全国范围内推广，同时大幅度提高粮食等农产品的收购价格，调动广大农民的生产积极性，此外，优良品种的推广和化肥、农药等生产要素的大量投入，使得农业生产的能力进一步增强。1978—1984 年，我国农业产出保持了平均每年 7.7% 的增长速度，以不变价格计算，1984 年的农业总产值比 1978 年的农业总产值增加了 42.23%。

随着农业生产的快速发展和粮食产量的大幅提高，我国农产品供求紧张的状况得到了明显缓解，但同时也出现了一些新的矛盾和问题，一方面是一些地区出现了早籼稻和棉花等农产品"卖难"，政府收购"打白条"，农产品流通的销售销售渠道不通畅。另一方面是粳稻、经济作物、畜产品等供求依然比较紧张。针对上述矛盾和问题，中央提出了"决不放松粮食生产，积极发展多种经营"的方针，推进农业生产结构调整，并同步改革农产品购销体制，从 1985 年开始取消已经实行了 30 多年的粮食统购派购制度，实行合同定购，给农民更多的生产经营自主权，激活了农产品流通。为缓解我国副食品供应偏紧的矛盾，进一步改善粮食和其他农产品的供求状况，1988 年农业部提出建设"菜篮子工程"，明确实行"菜篮了"市长负责制，加强中央和地方的肉、蛋、奶、水产品和蔬菜，水果生产基地、良种繁育、饲料加工等服务体系建设，根据农业部的部署和要求，各大城市将其列入重要工作日程，采取一系列政策措施，从根本上扭转了我国副食品供应长期短缺的局面。到 1993 年底，全国已拥有农副食品批发市场 2080 个、城乡集贸 8.3 万个，其中，农副产品转移市场 8220 个，初步形成全国大市场、大流通的新格局。

2.1993—2012 年：启动实施粮食安全战略和提出食品安全

粮食安全问题是关系国计民生的根本性问题，也是关系中国经济社会发展全局的重大战略性问题。进入 20 世纪 90 年代后，我国粮食生产稳定增长，粮食贸易环境发生较大变化，开始从强调生产转向强调供求平衡，努力保障国家粮食安全。1996 年中国发表了《中国的粮食安全问题白皮书》，提出立足国内资源、实现粮食基本自给的方针，向国际社会承诺："中国将努力促进国内粮食增产，在正常情况，粮食自给率不低于 95%，净进口量不超过国内消费不超过国内消费量的 5%。"2008 年我国在《国家粮食安全中长期规划纲要（2008—2020）》中再次重申了这一点。

随着城乡居民收入水平的提高，人们对农产品质量和食品安全的问题越来越关注，加入 WTO 以后，扩大农产品出口对我国农产品质量又提出了新的要求。从 1995 年开始，我国颁布了《中华人民共和国食品卫生法》等法律、法规，全面推行以无公害、绿色食品、有机食品和农产品地理标志为主要内容的"三品一标"认证制度，加强农产品质量和食品安全工作。

3.2013 年至今：粮食安全战略转型和食品安全战略推进

随着经济发展和国际环境的变化，我国的粮食安全形势也出现了一些新的矛盾和问题：人多、地少、水缺的矛盾加剧，人增、地减、水紧的问题突出，粮食生产面临的资源环境约束增强，具体来说，农业生产大量使用化肥、农药、农膜等化学投入品，此外，工业排污和生活排污，带来了较严重的面源污染，农业生态环境和生产条件受到较大的破坏，农产品质量和食品安全受到严重威胁。截至 2017 年底，中国有 2 亿多户小农，经营规模较小，组织化程度较低；另外，食品生产企业有 40 多万家，食品经营主体有 300 多万个，还有零零碎碎的小作坊、小摊贩。由此来看，如此多样的生产主体和经营方式，对农产品质量和粮食安全构成了严峻的挑战。粮食需求总量刚性增长，消费结构转型升级，供求结构性矛盾突出，国际粮食供求波动大，对外依存度明显提高。进口对国内粮食生产冲击加大。为适应形势的变化和提出的新要求，中央对国家粮食安全战略进行了调整。2012 年党的十八大提出，要加快发展现代农业，确保国家粮食安全和重要农产品有效供给。2013 年的中央经济工作会议提出，要把切实保障国家粮食品全和重要农产品有效供给。2013 年的中央经济工作会议提出，要把切实保障国家粮食安全作为经济工作的首要任务。2014 年的中央 1 号文件提出，要借鉴国际经验，实施新形势下的国家粮食安全战略。新形势下的国家粮食安全战略，其主要目标是确保谷物基本自给、口粮绝对安全；总体要求是以自我为主、立足国内、确保产能、适度进口、科技支撑。

（二）提高农产品质量和食品安全政策

基于以上现存问题，国家发布了一系列有关农产品质量和食品安全的法律法规。自 2001 年提出加强农产品质量和食品安全工作，2006 年 4 月通过了《中华人民共和国农产品质量安全法》，同年 11 月施行；2009 年 2 月通过了《中华人民共和国食品安全法》，同年 6 月施行。

2013 年的中央农村工作会议强调，要把住生产环境安全关，划定食用农产品生产禁止区域，形成田间到餐桌全过程的监管制度。2016 年国务院食品安全办公室等部门制定的《"十三五"国家食品安全规划》提出以预防为主、风险管理、全程控制、社会共治的基本原则，明确了 2020 年的食品安全发展目标。

为了实现粮食生产稳定发展、保障供给有效和粮食安全的目标，中国在粮食生产、供给、投入等方面采取了一系列措施。首先通过推进适度规模经营，鼓励高产创建、强化农业科技服务等措施，提高国内粮食总种植面积和生产能力。推进绿色农业生产，保护农业生态环境，促进农业可持续发展，加强农田水利基础设施建设，一是通过测土配方施肥，土壤有机质提升，推行因地制宜的耕作制度，发展循环农业等措施，提高耕地质量和水平，进行水土田林路综合治理，进行农田水利设施建设，不断完善农田水利管护机制。加强农业科研和技术推广，实现农业科研攻关，通过保护和开发农作物品种资源、推进粮食生产机械化、支持发展农机合作社等合作组织，发展现代种业和生产机械化，支持发展有机合作社等有机组织，发展现代农业和农业机械化，不断完善农业技术推广服务体系。强化粮食生产发展支持政策。不断调减农业税收和调整完善农业补贴制度，完善粮食收储制度，建立利益补偿机制，不断提高农业金融支持水平和加大农业保险支持力度。完善粮食价格形成机制，健全粮食市场调节制度，合理利用国际资源和粮食市场。通过这些措施来完善粮食价格形成机制和市场调控体系。

1978 年之后，为了提高农产品质量、保障食品安全，我国制定和实施了一系列的政策措施。这些政策措施对提高我国城乡居民生活水平、改善城乡居民生活质量、全面建成小康社会具有重要意义。党和政府对提高农产品质量给予了高度重视，2004—2017 年的中央 1 号文件都对提高农产品质量提出了更高的要求。以 2017 年的中央 1 号文件为例，该文件将提高农业供给质量作为核心内容，明确指出我国农业农村发展已经进入新的历史时期，新阶段农业的主要矛盾由总量不足转变为结构性矛盾，以提高农产品质量为主攻方向，推动农业农村发展由过度依赖资源消耗，主要满足量的需求，向追求绿色生态可持续、更加注重满足质的需求转变。为了提高农产品质量，实行对农业投入品限量使用、农业废弃物资源化利用、"三品一标"认证管理等政策措施。

1. 农业化学投入品减量

为深入贯彻落实科学发展观，落实《"十二五"节能减排综合性工作方案》，治理农业面源污染，加强农村环境整治，2011 年农业部发布了《农业部关于进步加强农业和农村节能减排工作的意见》，提出"力争到 2015 年，农业源化学需氧量排放总量比 2010 年降低 8%，氨氮排放总量比 2010 年降低 10%；测土配方施肥覆盖率达到 60%，化肥利用率提高 3 个百分点"的目标。从国家统计局的数据来看，在这之后，化肥、农药投入的增长速度有所下降，但依然逐年递增。为进一步提高管控效果，继续推进化肥减量提效、农药减量控害，2015 年，农业部制订了《到 2020 年化肥使用量零增长行动方案》和《到 2020 年农药使用量零增长行动方案》，目标是：2015—2019 年，将化肥使用量年增长率控制在 1% 以内，到 2020 年，主要农作物化肥使用量实现零增长；到 2020 年，农药使用总量实现零增长。这两个行动方案执行力度较强，进展顺利，化肥和农药的使用量得到了有效遏制。2015 年我国农药使用量为 178.3 万吨，比 2014 年减少了 2.4 万吨；2016 年我国化肥施用折纯量为 5984.10 万吨，比 2015 年减少了 38.5 万吨。

2. 农业废弃物资源化利用

农业废弃物资源化利用主要措施是进行秸秆综合治理、畜禽粪便资源化利用。20 世纪 90 年代，随着"菜篮子工程"的有序推进，我国畜牧业持续发展，2001 年肉、蛋、奶等主要畜产品有效供给不断增加，但饲料粮短缺成为制约产业发展的重养难要因素之一。为了提高秸秆利用率，1995 年农业部发布了《关于 1996—2000 年全要国秸秆养畜过腹还田项目发展纲要》，提出到 20 世纪末，建设全国秸秆养牛示范县通250 个，示范县秸秆饲用率平均达到 60%—80% 的目标。进入 21 世纪以来，秸秆焚烧引发的环境问题也受到越来越多的关注。为保护生态环境，防止秸秆焚烧污染，1999 年国家环境保护总局、农业部、财政部、铁道部、交通部、国家民航总局联合制定了《秸秆禁烧和综合利用管理办法》，提出"到 2002 年，各直辖市省会城市和副省级城市等重要城市的秸秆综合利用率达到 60%；到 2005 年，各省、自治区的秸秆综合利用率达到 85%"的发展目标。《秸秆禁烧和综合利用管理办法》的实施在一定程度上缓解了秸秆焚烧问题，但农村地区焚烧农作物秸秆的现象依旧比较普遍。为加快推进秸秆综合利用，实现秸秆的资源化利用，2008 年国务院办公厅发布《国务院办公厅关于加快推进农作物秸秆综合利用的意见》，提出大力推进产业化、加强技术研发和推广应用、加大政策扶持力度等一系列措施。在此基础上，2011 年国家发展改革委、农业部、财政部联合制订了《"十二五"农作物秸秆综合利用实施方案》，明确了秸秆资源化利用的五个重点领域和六个重点工程。五个重点领域即肥料化、饲料化、基料化、原料化、燃料化，六个重点工程即秸秆循环型农业示范工程、秸秆原料化示范工程、能源化利用示范工程、秸秆综合利用专项工程、秸秆收储运体系工程、产学研技术体系工程。2008 年《国务院办公厅关于加快推进农作物秸综合利用的意见》出台和 2011 年《"十二五"农作物秸秆综合利用实施方案》实施以后，各地区、各部门积极采取有效措施，农作物秸秆综合利用和禁止露天焚烧工作取得明显进展，2015 年我国秸秆综合利用率达到 80.1%，基本实现了预期目标。

3. 畜禽粪便资源化利用

随着我国化肥施用数量的增长和畜禽养殖数量的增加，粪污排放带来的污染问题越来越严重。第一次全国污染源普查显示，2007 年我国畜禽养殖业 COD、总氮、总磷在农业源排放量中的占比分别达到 96%、38%、65%。为防治畜禽养殖污染持续发展，2001 年国家环境保护总局发布实施《畜禽养殖污染防治管理办法》，明确规定畜禽发展的重养殖业污染物的排放标准，提出无害化处理、综合利用优先的总原则。但该办法主要还是以污染防治为主，对综合利用的方法和途径都没有涉及。2013 年，国务院通过了《畜禽规模养殖污染防治条例》，对畜禽产业的布局选址、环评审批、配套、秸秆治理、粪污的利用途径、相关奖励等都作了规定，为我国畜禽粪污的资源化利用提供了有力的制度保障。2017 年农业部发出《农业部关于实施农业绿色发展五大行动的通知》，提出到 2020 年基本解决大规模畜禽养殖场粪污处理和资源化的目标。同时，该通知还进一步提出畜禽粪污资源化利用的多项措施，主要包括：一是在畜牧大县开展畜禽粪污资源化利用试点；二是组织实施种养结合一体化项目；三是支持养殖场和第三方市场主体改造升级处理设施；四是建设畜禽规模化问题，养殖场信息直联直报平台；五是完善绩效评价考核制度。

4."三品一标"认证管理

"三品一标"是无公害农产品、绿色食品、有机农产品和农产品地理标志的统一称呼，是政府主导的安全优质农产品公共品牌。随着生活水平的提出，百姓对高质量农产品的需求日益提高标准，农业生产亟待转型升级。在此背景下，无公害、绿色食品、有机农产品和农产品地理标志随之被提高，为了确保农产品的高质量发展，相继出台类相关的政策。

1993 年农业部印发了《绿色食品标志管理办法》，规定绿色食品的认证由各省级绿色食品管理部门初审，而中国绿色食品发展中心负责综合审核，该管理办法明确了绿色食品申请认证的程序。2001 年国家环保局发布了《有机食品技术规范》，并于次年实施。2002 年国家认证认可监督管理委员会发布《无公害农产品管理办法》，2002 年修改的《中华人民共和国农业法》第二十三条指出："符合规定产地及生产规范要求的农产品可以依照有关法律或者行政法规的规定申请使用农产品地理标志。"2004 年国家质监总局发布了《有机产品认证管理办法》，并于2005 年实施。"三品一标"认证体系的建立及完善，为我国农业标准化生产、农业品牌建设提供了发展机遇。但政策实践中问题也频频出现，例如，商贩乱贴认证标签、农产品溯源难、指标体系过时等现象较多。为了解决该类问题，2012 年农业部实行新的《绿色食品标志管理办法》，提高绿色食品准入门槛，建立绿色食品年检、产品抽检、风险防范、应急处理等认证后监督检查制度。2014 年国家质检总局实施了《有机产品认证管理办法》，设立认证标志统一编号制度、档案记录制度、有机产品认证目录制度，推动了农产品可追溯建设。

　　新中国成立初期到如今即将全面建成小康社会的 70 年，中国社会在饮食消费数量、饮食消费结构、饮食文化、食品加工业及食品安全政策等方面也发生了翻天覆地的变化。中国居民饮食消费数量已从以粮食为主的温饱消费到肉蛋奶、水产品、瓜果蔬菜等多样饮食消费转变，居民饮食消费已从保障数量安全为主转向更加注重营养健康，与 70 年前相比，中国居民饮食消费结构正在发生巨大的变化，人均口粮消费量下降了 40%，肉蛋奶的消费量增加了 2 倍，食用植物油的消费量增加了 3 倍。饮食文化上，西餐的引入给居民饮食消费带来了较大的改变，居民生活中更加注重饮食的卫生，传统的饮食制作方法逐步改良。食品加工企业数量不断增加，生产能力快速提高，满足居民多元化、个性化、营养化的饮食消费需求能力不断提升。粮食和食品安全保障能力不断提高，居民饮食消费安全性得到大大改善。

第六节　　大事回眸

1950 年

1950 年 1 月发行的西南区粮秣票，是现今见到的新中国第一枚粮票。全套票共 3 枚，面值分别为半斤、拾贰两和壹市斤。

1952 年

1952 年，中国出版了第一版《食物成分表》，自此现代营养科学开始普及和发展。

1953 年

10 月 16 日，中共中央发出了《关于实行粮食的计划收购与计划供应的决议》。统购统销制度是为了解决粮食收购困难，保证国家掌握物资资源进而加快工业化而采取的重要措施。粮食统购统销的政策体系包括四个方面内容：计划收购、计划供应、市场管理、中央统一管理。在对粮食实行统购统销以后，还对生猪、鸡蛋、糖料、桑丝、蚕茧、黄红麻、烤烟、水产品实行派购，品种多达 132 种。

1958 年

8 月 17 日至 30 日，中共中央政治局在北戴河召开扩大会议，中心议题是当年的钢铁生产和建立人民公社问题，最终实现毛泽东提出的战略目标：在 15 年左右时间内在钢铁等主要工业品的产量方面赶上和超过英国，50 年赶上美国。这一时期被称为"大跃进"，百姓过着"吃大锅饭"的生活。

1967 年

7 月 7 日，全国夏粮丰收，比上年增长一成。这是"文革"开始后粮食产量首次增长。

1973 年

8 月 1 日，新华社报道，夏粮丰收，这是新中国成立以来第二个大丰收年。

11 月 8 日，西藏军区在海拔 3800 米高寒地区大规模种植冬小麦丰收，这是西藏历史上农业发展的重要变革。

1983 年

中国第一家超级市场在海淀区开业，它只出售蔬菜和肉食，菜价比普通市场要贵 5% 左右。

1984 年

1984 年，在经过两年多的物价体制改革试验后，深圳市在全国率先取消一切票证，粮食、猪肉、棉布、食油等商品敞开供应，价格放开。

1985 年

1985 年 1 月，中共中央、国务院发出《关于进一步活跃农村经济的十项政策》，取消了 30 多年来农副产品统购派购的制度，极大激发了农民的生产积极性，丰富了城市居民的"米袋子""菜篮子"。城市居民的饮食结构也发生了变化，一日三餐，副食增多，主食减少。

1987 年

肯德基在北京开了在中国的第一家餐厅，这标志着平民化西餐的到来。

1989 年

中国正式提出了第一个居民膳食指南。

2000 年

科技部启动了"农产品深加工技术与设备研究开发"国家重大科技专项，这是中国首次在国家层面上对食品领域给予重大专项资助，也是科技部成立以来的第一个国家重大科技专项。

2005 年

2005 年，从"孔雀石绿"事件开始，我们经过苏丹红鸭蛋、三鹿三聚氰胺毒奶、地沟油、瘦肉精、塑化剂、镉大米、毒豆芽、福喜问题肉……主食副食、鱼肉蔬菜，吃喝涉及的方方面面，都被爆出各种安全问题。

2006 年

1 月 1 日，中国全面取消农业税，俗称"粮食税"。标志着在我国延续了 2600 年的农业税从此退出历史舞台，是具有划时代意义的一件大事。

《中华人民共和国农产品质量安全法》由中华人民共和国第十届全国人民代表大会常务委员会第二十一次会议于 2006 年 4 月 29 日通过，自 2006 年 11 月 1 日起施行。这是为保障农产品质量安全、维护公众健康、促进农业和农村经济发展而制定的法律。

2008 年

2008 年中国人均 GDP 超过 3000 美元，当年尽管有国际金融危机的影响，但中国食品工业还逆市上扬，年增速达到 29.97%，食品工业产值与农业产值之比达到 0.7：1。

2009 年

全国人民代表大会常务委员会于 2009 年 2 月 28 日发布《中华人民共和国食品安全法》，该法律是为了保证食品安全，保障公众身体健康和生命安全而制定。

2010 年

"地沟油"事件曝光，3 月 19 日，地沟油调查负责人武汉工业学院教授何东平召开新闻发布会，建议政府相关部门加紧规范废弃油脂收集工作，再次引起了人们对食品安全的担忧，引发社会震荡。

2011 年

3 月 15 日双汇"瘦肉精"事件被曝光，导致当年公众对肉制品的需求大幅降低。

2013 年

习近平总书记在中央农村工作会议上提出做好食品安全工作，坚持最严谨的标准、最严格的监督、最严厉的处罚、最严肃的问责。

2016 年

10 月 25 日，中共中央、国务院印发《"健康中国 2030"规划纲要》，《纲要》明确提出，完善食品安全标准体系，实现食品安全标准与国际标准基本接轨。加强食品安全风险监测评估，到 2030 年，食品安全风险监测与食源性疾病报告网络实现全覆盖。

2017 年

1 月，农业部、国家发展改革委、工业和信息化部、商务部和食品药品监管总局联合印发《全国奶业发展规划（2016—2020 年）》，首次明确奶业发展的战略地位。

2018 年

4 月 2 日，阿里巴巴联合蚂蚁金服，以 95 亿美元，全资收购"饿了么"。面对新消费新需求，餐饮外卖市场越做越大，外卖电商平台迅速扩张。

9 月 10 日，中国烹饪协会首次向世界发布"中国菜"——全国省籍地域经典名菜、主题名宴，包括两岸三地 34 个省籍地域的 340 道经典名菜、273 席主题名宴及 837 家代表品牌企业上榜。

参考文献

［1］赵荣光：《中国饮食文化史》，上海人民出版社 2006 年版

［2］赵荣光：《中国饮食史论·后记》，黑龙江科学技术出版社 1990 年版

［3］杨坚白、李学曾、杨圣明：《我国经济建设成就的综合考察——庆祝中华人民共和国成立三十五周年》，《学习与思考》1984 年第 5 期。

［4］宋洪远：《大国根基——中国农村改革 40 年》，广东经济出版社 2017 年版。

［5］陈锡文、赵阳、陈剑波等：《中国农村制度变迁 60 年》，人民出版社 2009 年版。

［6］J.A.G 罗伯茨：《东食西渐——西方人眼中的中国饮食文化》，杨东平译，当代中国出版社 2008 年版。

［7］毕竞悦：《1978—2018：中国四十年社会变迁》，清华大学出版社 2018 年版。

［8］韩俊等：《中国农村改革（2002—2012）》，上海远东出版社 2012 年版。

第三章 居住——安得广厦千万间，大庇天下寒士俱欢颜

房子大了，日子美了

"一个屋子半边炕，三代人挤一间房。""雨天满地水，屋里能养鱼，院里能养鸭。"……这些都曾是上世纪六七十年代以前百姓生活的真实写照。从土坯房到砖瓦房、再到如今的精品小区，老百姓的住房功能从防风避雨到舒适温馨，发生了翻天覆地的变化。

"我想有个家，一个不需要多大的地方……"这首曾经流行一时的歌曲唱出了那个年代许多人的心声。市民严先生家的搬迁经历，是准格尔旗百姓住房改善的缩影。65岁的严先生是一名退休教师。上世纪五六十年代，严先生跟随父母、兄弟姐妹一家8口人挤在40平方米的土坯房里，"我们家穷，住的是全村最破旧的房子，夏天漏雨，冬天漏风，年年都要修补，房子的四周用几根木桩子支撑着，防止坍塌。遇上下大暴雨时全家人开始担心房子倒塌，常常是外面下大雨，屋里下小雨，院子里常常会积很深的雨水，如不及时排出去房子就有倒塌的危险。"严先生对小时候的居住环境仍记忆犹新，家里人口多，父亲就在房子南北角打了两面土

炕，炕和锅台相连，烧火做饭，被褥上全是柴灰和油烟味，烟熏火燎的很难闻。

"屋漏偏遭连阴雨"，1970年一场大暴雨殃及严先生家房子，3间土房子被雨水冲倒了半间，全家人住宿变得更加紧张，2个妹妹夜里只得借宿在邻居家里。1978年国家实行土地承包责任制，百姓开始有些余粮，生活比以前宽裕了些，严先生的父亲决定新盖间房子，"父亲一下工就不顾劳累，到场院里拉土，和泥，脱坯，打墼。用榆木搭建房梁，拌有碎草的黄泥做成泥坯，用来作墙体，当时人们盖房子用的材料大都是就地取材。"严先生回忆道，盖成的3间新房子依旧是土坯房、新房子上的老式木板门每次开关门依旧会发出刺耳的声音，全家人一年四季依旧能闻到鸡、羊牲畜粪便的恶臭味，但全家人总算住上了相对来讲宽敞一点的新房。

此后，严先生一家又经历2次搬迁，一次平房，一次楼房。现在，严先生和80多岁的父母一家居住在迎泽街道湖西社区移民小区里，80平方米的房子包含有卧室、客厅、厨房、餐厅、卫生间基本功能空间，各类家用电器一应俱全，严先生十分满足现在的生活，"现在家家户户都住上了楼房，楼前楼后都添了绿化，每天出门感觉就像住在'小花园'里。平日里做饭都用电或煤气，不用受过去烧柴做饭烟熏火燎的罪，偶尔亲戚来串门，也不用面对无处下脚的尴尬局面，这是我们几辈人没有享受的福。"说起居住条件的变化，严先生笑着说，国家政策越来越好，从以前要求房子宽敞，到现在要求房子结构合理、物业服务周到、小区环境舒适，人们的房子越住越大，日子是越过越美了。

双休日，65岁的严先生带着一家人走进楼盘售楼部，合计着购买一套140平方米大三居作为儿子结婚的新房。提起40年前和妻子结婚的新房，严先生感慨万千，"1979年，我师范毕业后被分配到离家30里地的一所小学任教，学校就是几排破烂不堪的平房，我居住的职工宿舍不足30平方米，墙壁是用大白粉粉刷出来的，人不小心靠上去，蹭一身白，冬天没有暖气，做饭取暖全靠土炉子，这间简陋的职工宿舍后来成了我和妻子的婚房，回想以前的日子真是艰苦啊。"严先生无限往事涌上心头，虽然房子简陋，但在当时，有这样的房子住，也很"奢侈"，好多人都羡慕他。

现如今，全旗各地的面貌早已大不相同——市区高楼林立，小区绿化、健身设施一应俱全；农村，白墙青砖红瓦，菜园青青篱笆，绿树水塘野花，随处可见。水、电、网、路等基础设施也日渐完善，农村再也不是"晴天一身土，雨天两腿泥"。老百姓的住房变化，正从"居者有其屋"到"居者乐其屋"，回首百姓的住房史，发生变化的不仅仅房屋的面积，更多的是百姓生活幸福感。（贾静）

——人民网，2018 年 9 月 6 日。

"居者有其屋"是中华民族上千年的梦想。大诗人杜甫就有"安得广厦千万间，大庇天下寒士俱欢颜"的诗句。房子之于中国人，许久以来有着不同寻常的意义，房子是安宁、幸福、避风港的象征。住房，是人们生活最基本的保障。有人说："终其一生，终于拿到属于自己的一把房屋钥匙。"

中国住房的变革可能是中国历史上最为复杂、变化最快的一场变革。从 20 世纪 50 年代到 21 世纪的今天，房子的演变史犹如长长的一幅历史画卷，伴随了几代人的成长记忆。从 50 年代简陋的小草屋到 60 年代的小土房，从 70 年代的筒子楼到 80 年代的福利房。在经历了 1980 年住房商品化的雏形之后，人们"家"的面貌发生了日新月异的改变。从此，房子便朝着越来越专业的方向发展，从几代人共居一室的"必需品"，成为今天享受生活的"奢侈品"。

新中国成立以来，百姓的生活越来越好，居住环境也越来越舒适。从土房到砖房再到如今的别墅小区。70 年的变迁，老百姓的住房发生了翻天覆地的变化。

导演王家卫曾说：念念不忘，必有回响！随着住宅由配给制到市场化，在时光的滤镜中，住宅究竟发生了怎样的历史演变？从"小土屋"到"科技宅"，人们对住宅的需求发生了怎样的变化？如今的 50 后到 90 后这五代人的买房侧重点又有什么不同？

第一节　我国居民住房概况

新中国成立 70 年来，人民生活发生了翻天覆地的变化，不断推进的住房制度改革，带给中国人民居住空间和生活方式上的巨大变迁。70 年来，房地产行业从无到有、从小到大，发展壮大成为国民经济的支柱产业，在促进经济发展、增加就业、促进居住环境改善、促进城乡人口流动等方面发挥了重要作用。

一、人均居住面积

新中国成立初期，在"先生产，后生活"思想的指导下，住房建设严重滞后。1949 年人均居住面积为 4.5 平方米。随着城市化进程加速，人口增多，基础建设缺失，住宅建设发展缓慢，在 1978 年，人均居住面积下降到 3.6 平方米。改革开放后，随着住宅制度的改变，经济快速发展，住宅建设也随之加速，20 世纪 80 年代中期，全国城镇人均居住面积增加到 6 平方米。到 1998 年，国家全面停止住房实物分配之前，我国城镇人均居住面积为 9.3 平方米。2004 年，人均居住面积 26.4 平方米。2012 年底，我国城镇人均居住面积已经达到 32.9 平方米。

根据测算，至少需要居住面积人均 2.9 平方米才能达到基本的空气、阳光和睡眠空间；只有达到人均 5 平方米，才能满足存放食物、衣物和其他生活必需品，进行吃穿等简单形式的活动。考虑性别、年龄、健康差异，人均居住面积生理标准下限为 7 平方米，能满足人民的基本生活需求。当要满足发展需求时，即工作、学习、娱乐、交往等，需要人均居住面积达到 15 平方米。当要满足住宅的适应性需求则要求人均居住面积达到 15 平方米以上 [1]。

---

[1]　刘燕辉:《中国住房 60 年（1949—2009）往事回眸》，中国建筑工业出版社 2009 年版，第 62 页。

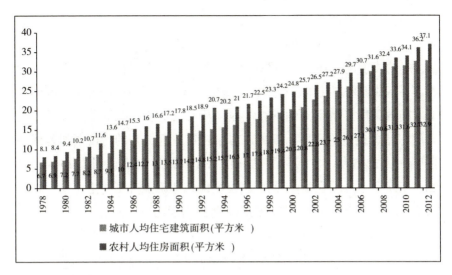

图 3.1　1978—2012 年我国城镇人均住宅建筑面积、农村人均居住面积

资料来源：《中国统计年鉴》。

从上面的数据可以看出，我国在改革开放之前的居住条件相当差，在改革开放之后，我国的居住水平得到进一步提高，已经远远超越了人均居住面积生理标准下限 7 平方米。到了 21 世纪初期，我国的居住已经达到了小康水平，能满足居民的发展需求，即工作、学习、娱乐、交往等需求，另外，适应性的需求初步得到满足，并且居民能根据各户情况进行改造调整。

二、房屋建筑面积

从表 3.1 可以看出，自能追溯到数据的 1982 年起，我国房屋建筑施工面积每年都处于增长状态，尤其是 2009 年以后，我国的房屋建筑施工面积的增长率进一步提高，这与我国现有的大量加大城镇化建设进程的总体政策有关。但是从 2015 年起，开始出现回落情况。

房屋竣工面积自 1981 年起，持续增长到 1986 年，1987 年开始出现下滑，至 1990 年后，开始波动上升，自 2015 年起，连续三年下降。由于每年新增房屋建筑施工面积数目的不断增加，但是建设房屋所需的人员以及机械等资源是有限的，因此我国房屋建筑竣工率是逐年下降的，且下降速率较大。从 2005 年 32.2% 的房屋建筑竣工率下降到了 2014 年 14.8% 的竣工率，在 10 年间我国房屋建筑竣工率下降了 1 半多，因此很容易造成旧房屋还未建设完成，新房屋建筑建设就已经开工的情形。

随着我国经济实力的不断增强以及人民生活水准的不断提升，我国的房屋建筑造价也不断提高，房屋建筑造价提升的速度近似是线性速度，从 2005 年 1451 元 / 平方米的房屋建筑造价增长到了 2014 年的 2816 元 / 平方米，在 10 年间我国房屋建筑造价上升了将近 1 倍，这是因为对于房屋建筑功能性要求的不断提升引起的。

表 3.1　房屋建筑面积发展概况（万平方米）

年份	施工面积		竣工面积	
	全部	住宅	全部	住宅
1981	—		86325.00	69444.00
1982	109510.30	—	90289.00	71459.00
1983	129187.90		111610.00	86540.00
1984	126407.20		106587.00	75820.00
1985	148858.90		122084.00	90972.00
1986	188183.70		154621.00	120516.00
1987	174597.30	—	145425.00	110641.00
1988	168951.00	—	140190.00	108418.00
1989	131788.00	—	110557.00	87267.00
1990	137171.00	—	107952.00	86425.00
1991	152813.08		120093.00	94685.00
1992	172173.10	—	116153.00	85880.00
1993	183449.00	98844.00	124949.00	78965.00
1994	200830.00	126486.00	136550.00	97510.00
1995	215084.62	140451.91	145600.12	107433.09
1996	235258.57	155508.90	161965.70	121913.40
1997	230490.98	149658.07	166057.13	121100.96
1998	245755.73	167600.83	170904.75	127571.61

续表

年份	施工面积		竣工面积	
	全部	住宅	全部	住宅
1999	263294.25	181236.44	187357.07	139305.93
2000	265293.53	180634.32	181974.44	134528.83
2001	276025.40	182767.05	182437.05	130419.64
2002	304428.15	193730.96	196737.87	134002.10
2003	343741.65	205286.68	202643.73	130160.75
2004	376495.06	217580.48	207019.08	124881.12
2005	431123.04	239769.60	227588.65	132835.95
2006	462677.05	265565.31	212542.15	131408.19
2007	548542.04	315629.80	238425.31	146282.71
2008	632260.99	364354.38	260306.98	159404.62
2009	754189.40	431463.18	302116.53	184209.52
2010	844056.90	480772.89	278564.54	174603.86
2011	1035518.88	574909.86	329073.26	197452.24
2012	1167238.00	614991.00	335504.00	195103.00
2013	1336287.60	673163.29	349895.79	193328.47
2014	1355559.65	689041.18	355068.39	192545.05
2015	1292371.73	669297.10	350973.05	179737.82
2016	1264395.25	660662.06	312119.03	171471.26
2017	1175248.82	652234.26	286336.03	155111.82

资料来源：《中国统计年鉴》。

三、房地产市场发展情况

与欧美房地产市场的发展相比，中国房地产业的发展有着起步晚、发展快、转折多等特点。

1978 年改革开放后，中国房地产业逐步成长，但市场开发行为尚处于统一范式中。邓小平在 1978 年提出住房商品化的理念，得到各方的认同和支持，并且同期就在全国范围内进行试点开放。20 世纪 80 年代后期，中国房地产市场开始向多元化发展，在房改试点工作经验总结的基础上，国务院在 1986 年 2 月成立了"住房制度改革领导小组"，主要负责协调和落实全国房改工作的进行。

1990—1998 年是房地产业综合配套服务改革时期，由于在前期的改革之中存在着诸多问题，如：消费者的需求和偏好未被考虑、房产依然没有实现完全的商品化、价格体系未明确建立、土地资源浪费严重和规划不合理等。其中，最突出的问题是住房资源不足和分配不均。因此，当时中国住房制度改革并不仅仅在于旧房出售或租金改革，而是在致力于建设新住宅上，这也是中国各级政府 20 世纪 90 年代时的工作重点之一。其次是国有土地收益流失对中国经济增长造成了严重的制约。所以后续的深化改革是非常必要的，特别是针对房改的配套服务需要进一步加强。

1998 年至 2003 年间，中国房地产业稳步增长，一边抵御亚洲金融危机所带来的经济下滑，一边建设适合中国社会主义特色的房地产业发展模式。房地产市场的发展保持在高速增长的状态下，年平均增速高达 20%，远远高于我国国民经济增长的速度。同时，人均住房面积显著提高，基础设施建设也是突飞猛进。福利分房在 21 世纪来临之时正式退出人民群众的视线，城市化进程的推进和高速的人口流动刺激了商品房市场的增长，使得 2003 年后我国商品房价格一路高升。

在 2003 年到 2007 年间，中国房地产市场首度呈现过热局面，房价高涨，房地产投资企业纷纷涌现，房地产投资数额再创新高。在这个时期，我国房地产市场出现供需两热的局面，房地产投资不断增加，商品房的销售也是异常火爆，房地产业的增长速度依然超过国民经济的增速，更加确立了房地产业在国民经济中的重要地位。

2003 年后房地产投资过热的势头引起了政府的关注，中国政府开始采取措施来抑制房地产投资过热的问题。宏观调控政策先后出台，政府明文规定开发商必须要在两年以内对其商业项目用地实施开发，否则土地将被无偿收回，暂停农业用地转为建设用地的审批，这一措施严格控制了土地的供给量，房地产开发项目的最低本金比例由原来的 20% 提高到 35%，进一步增加了房地产开发投资的难度。

房地产投资在 2005 年出现小幅度回落，但这并没有影响房地产市场的高涨，房价依然处于上涨趋势，特别是在一线城市，商品房供给已经脱离了消费者居住需求转向以投资需求、投机需求为导向的市场，中国房价脱离本质供需关系，进入虚高时期。

2007 年至 2009 年是我国房地产市场进入繁荣过后的衰退时期，政府试图扭转房价下跌、经济下滑的局面。在全球经济萎靡的大背景下，中国的房地产开发投资呈现低迷，部分中小房地产企业倒闭。

2009 年中国政府为了抵御国际金融危机的影响，出台了一系列刺激房地产业回暖的组合政策，包括税收优惠、信贷宽松等，寄希望于通过拉动内需来扭转美国次贷危机所带来的冲击，这些鼓励政策与 2005 年以来持续的压制性调控政策呈现出明显的差异。在多管齐下的政策调控下，中国房地产市场在 2009 年下半年迎来了新一轮的热潮，房价和成交量双双创造历史新高。

2009 年后，政府已然意识到中国经济的短期快速增长是在依靠房地产市场的短期刺激，而这种增长是"非常态"的，并不具有长期效果。后金融危机的冲击迫使中国房地产市场开始逐步向理性层面回归，政府的住房调控政策也愈加明确和理性。中央和各级地方政府陆续出台了一系列的房地产市场调控政策，如：建立公开规范的住房公积金制度和符合国情的住房保障体系；抑制投资投机等现象，维护信贷限制和购房限制的具体实施，并且短期内不会取消限购政策；加快推进房地产税立法并适时推进改革；提高首付比例等。这些调控政策一方面是为了驱使房价回归合理区间，另一方面则是要抑制投机需求、满足居民刚性需求，使中国房地产市场发展成为一个能够满足不同消费者需求的理性市场，而不是一个获取投机收益的投机市场。

2014 年末，虽然在各种房产政策调控下我国多地住房市场依然热销，但房地产投资始终没有回暖迹象，我国房地产开发投资增速也以每年 10% 的速度回落，房地产开发投资额在我国固定资产投资额中的占比下滑至 17.4%。2015 年，中国房地产开发投资增速创历史新低，跌至历史低点；房屋新开工面积同比下降 14%、房屋竣工面积同比下降 6.9%、土地成交价款下降达 23.9%、土地购置面积下降最多达 31.7%，这样四个房地产开发投资的重要前端指标同时出现负增长的情况是极其罕见的，其根本原因就在于房地产市场的库存过高。因此，中央经济工作会议将"去库存"作为 2016 年中国重要的结构性改革任务之一，以期改善我国房地产市场开发投资低迷的现状。可以说，中国房地产市场发展至今，历经起落，在向理性层面回归的同时其发展不确定性也日益增大，房价走势不甚明朗。

综上所述，可以说中国房地产市场从 1998 年至 2007 年经历了十年的迅速崛起，但自 2007 年以来中国政府对于房价的管控更加严格，对于房价的宏观调控政策纷纷出台，但房价的宏观调控始终处于被动状态，每一次政策的出台都带来短期波动的不良影响，甚至出现"越管越乱""越控越涨"的怪圈模式，经济增长过于依赖房地产行业也成为新的课题，2009 年后国家加大了对房地产行业整顿的力度，保持房地产市场调控的持续性和稳定性，不断优化结构，减小城镇差距，深化住房改革，增加保障性住房，缩短贫富差距，同时加强金融监管，近两年来宏观调控组合政策效果显著，房价得到一定的控制，趋向理性化发展。

对于处于新常态的中国经济，房地产市场的降温和房地产投资的收控与我国经济发展现状相呼应，房地产业作为中国经济增长的动能机出现明显的疲软状态，供给侧结构性改革势在必行，产业结构优化和货币稳定将是未来的政府工作重点，在新出台的国务院文件中，房地产业平稳发展成为重中之重，中国房地产业在未来的发展将以价格的平稳和理性为核心，以提高住房质量、居住环境以及完善配套设施为目标，才能使得房地产业发展与国民经济增长的发展更加趋于平稳化。

四、房地产开发情况

现代意义上的房地产开发是在 1978 年以后逐步发展起来的。1980 年 9 月，北京市城市开发总公司成立，房地产综合开发的大幕拉开。1984 年 9 月，国务院决定"建立城乡综合开发公司。对城市土地、房屋实行综合开发"。这之后，各地房地产公司如雨后春笋般涌现。

　　1998 年住房货币化改革后，房地开发企业发展迅猛，总体上呈现出：房企数量不断增多、规模持续壮大、房地产行业集中度加速提升等特点。

表 3.2　房地产开发投资情况（亿元）

年份	本年完成投资(亿元)	住宅(亿元)
1993	1323.08	
1994	1881.38	
1995	3149.02	
1996	3216.44	
1997	3178.37	
1998	3614.23	
1999	4103.20	
2000	4984.05	
2001	6344.11	
2002	7790.92	
2003	10153.80	
2004	13158.3	
2005	15909.2	
2006	19422.9	
2007	25288.8	
2008	31203.19	
2009	36241.81	
2010	48259.40	34026.23
2011	61796.89	44319.50
2012	71803.79	49374.21
2013	86013.38	58950.76
2014	95035.61	64352.15
2015	95978.85	64595.24
2016	102580.61	68703.87
2017	109798.53	75147.88

资料来源：《中国统计年鉴》。

从表 3.2 可以看出，中国房地产开发在进入初级市场化后，年增速保持在 25%—30% 之间，可以说是在平稳快速发展的阶段，在 2000 年以前，房地产开发投资的发展也非常迅猛，但是由于不具备市场化的有利条件，所以，在 2000 年前，房地产开发投资的增速波动幅度较大，这恰恰反映出我国房地产业正在转型的特征，由于转型期的房地产业由原始的公有分配制转为可投资的有价商品，住房需求居高不下，所以房地产市场在 2000 年前的发展可以说是一波三折，在 2000 年以前，房地产开发投资的资金源主要是由政府主导，大型企业集资建房，资金来源单一，并且政策色彩严重。伴随着国家政策的改善和住房供需关系的市场化进程，房地产市场在 2000 年之后正式迈入货币化时代。2000 年后，房地产的增速明显放缓，并且在 2008 年前，一直处在平稳增长阶段，2009 年中国受到美国次贷危机的影响，房地产市场和国民经济都受到冲击，在 2009 年房地产投资的增长率有明显回落，增长率下降到 16.15%，为 10 年来最低值。但经过房地产市场的自我调整与宏观政策配合作用下 2010 年的增长率再度攀升至 33.16%，达到自 2000 年后的最高增速，较 2009 年增长率高出 17.1 个百分点。这样高效的房市回暖主要是因为国家出台"四万亿"刺激计划，同时放宽货币和信贷政策，及时减缓了美国次贷危机所带来的经济下滑。2010 年后房地产开发投资增速不断减缓，这主要与国家住房政策相关，先后出台的限购令和住房面积征税有效增长的态势，需求下降和成本增长的双向控制下，房地产市场走出过热的态势，进入缓慢增长阶段。[2]

第二节　新中国成立以来住房的变化

1949 年新中国成立之后，走过了一段坎坷曲折的强国富民之路，回顾 70 年来老百姓的住房变化，让人感慨万千。

眼下，各地居民在住房改善上有差异，一部分人的居住条件还不理想，但是随着国家的进一步发展，全国人民的住房条件一定会得到逐步改善。唐朝大诗人杜甫有"安得广厦千万家，大庇天下寒士俱欢颜"的著名诗句。虽然现在还不能说"俱欢颜"，但新中国成立70年来，广大人民群众住房得到极大的改善却是不争的事实。

一、1949—1969 年：住房只为遮风挡雨

1. 20 世纪 50 年代住宅关键词：有啥住啥

新中国成立初期，百废待兴。人民刚刚从"三座大山"的压迫下解放出来，因此对住房的要求也十分简单：只要能遮风挡雨的，什么都能改造成房子住人。无论是摇摇欲坠的草屋抑或是红砖砌成的小平房，都只能用简陋二字形容，室内就更无美观可言。20 世纪 50 年代出现了房荒，主要是历史原因造成，先是抗日战争，之后是解放战争，战火摧毁了不计其数的城市私有住宅，也使处于战争年代中的人们很少有投资盖房的意愿。物质资的匮乏是 50 年代社会典型特点。因此，当时民间流传着这样一句话：什么都能住，只要有的住。50 年代的住宅，用一句话可以形容：只要能够遮风避雨，就满足了居住的条件。

在农村，没有完全由砖瓦砌成的房子。在那个时代，农民多住的是茅草毡盖屋顶的草房。简单的木窗木门，加上碎石堆砌的墙，凸显了新中国刚一成立时的"一穷二白"。

即便是在大城市，人们的住宅也显示出一片经济衰败的景象。这其中的代表便是当时遍地开花的上海弄堂和北京的排子房、四合院。

生于 20 世纪 50 年代的中国人，他们的童年历程是在 20 世纪的 50 到 60 年代初度过的。50 年代的人们被称为共和国同龄人，红旗下长大的他们经历过上山下乡的磨炼，沐浴过改革开放的春风。其中一部分人成就了事业，也有一部分人成为每一轮社会变革带来阵痛的首批承受者。如今的 50 后早已进入花甲之年，对于 50 年代的人来说，拥有一套住房供自己或家人共享天伦是他们最理想的需求。

2. 20 世纪 60 年代住宅关键词：小土房、条件和环境差

20 世纪 60 年代，中国人民经历了生活的苦难——饥饿，生活必需品的极度匮乏，"文化大革命"爆发，整个民族都为此付出了代价。这

个年代典型的是小土房，面积特别小，每户人家也就是二十几平方米，两家人共用一个厨房。一进门就是一铺火炕，炕上铺着一领芦苇席子，几床破被褥。土房的出现改善了农村的生活环境。农民不再居住"四面透风，冬冷夏热"的草房了。但是这样的土房仍然无法摆脱面积小、取暖困难等问题，居住环境仍然十分艰苦。

央视新闻网收录网友"忆网情深"的回忆：

> 60 年代，我家住的是对面屋。那时候，我家住在辽源市一个叫土建的地方，是煤矿工人住的小土房，房屋低矮，破旧不堪。面积贼拉地小，每户人家也就是二十几个平方米，两家人共用一个厨房，也就是俗称的对面屋。一进门就是一铺火炕，炕上铺着一领芦苇席子，炕稍摆着几床破被褥。地面是黄土的地面，坑洼不平。家里没有一件像样的家具。当时我们家有俺爹，俺妈，还有三个弟弟和一个妹妹，一家七口人住在一铺炕上，一个挨着一个，下晚睡觉连翻身都十分困难。①

60 后在购房经历上却见证了整个中国住宅的变迁史。从刚参加工作时住单位集体宿舍，到参加福利分房拥有小小的独立空间，再到买套大点的商品房，现在又盘算着是不是该把旧房卖了换套排屋或者买幢别墅，这是标准的 60 年后的现实购房写照。对于 20 世纪 60 年代出生的人来说，房产品的品质，地段、景观、环境、开发商的口碑和户型等，都是他们重点关注的因素。这些人群最青睐两类产品——市区高档公寓、带有庭院的排屋或者别墅。

二、1970—1989 年：企事业单位分配住房

1. 20 世纪 70 年代住宅关键词：筒子楼

20 世纪 70 年代，是一个转变的时代。70 年代最重要的事，是"文

---

① 央视网，http://news.cctv.com/special/baixingshenghuo/01/index.shtml。

化大革命"的结束，中共十一届三中全会的召开，中国进入了改革开放新时期。70年代，一些企事业单位住房分配，仍然以筒子楼为主，其前身大多是单位的办公室或者单身职工宿舍。

"筒子楼"建筑又称为兵营式建筑，一条长走廊串连着许多个单间。因为长长的走廊两端通风，状如筒子，故名"筒子楼"。曾有无数人在这样的筒子楼里结婚生子。上班面对面的同事，下班门对门的邻居，一到吃饭时间楼道里就油盐飞溅、人声鼎沸，这样的场景和生活方式都成了一代人永远的记忆：①

同在一个单位上班又在一栋楼里生活，他们已然由一个个小家庭组成了一个互帮互助的大家庭。楼道里一同做饭，互相尝尝味道如何；你家缺煤，到我家来拿一块吧；孩子中午一个人在家让他去你家蹭顿饭；哎呀！你家的煤气瓶没拧好，我已经帮着拧好了。

70后是生于或成长于中国改革开放以来最早的一代人，是国家建设的主力军和社会的中坚力量。在上两代人排队享受实物分房时，70后也能争取到一些现在看来是"福利"的住房。直到1998年后，这种福利被取消了，此后踏上行政事业单位工作岗位的年轻人与分房"绝缘"。

20世纪70年代出生的购房者已经开始从以地段为首要选择标准向住宅郊区化转变。由于亲身经历了房地产发展的最迅速阶段，他们对房产品的一些基本技术要素如户型、小区环境、配套设施、物业管理等有比较成熟的认识。由于普遍接受良好的教育，有着比较高的文化素养，因此对楼盘的品位、风格、情调与文化特征有着比较高的敏感和接受能力，对楼盘的社区环境、景观设计、自然条件、绿化程度、建筑密度等问题有着比较高的要求。

2. 20世纪80年代住宅关键词：福利房、单元房

20世纪80年代初，居民解决住房主要是"等国家建房，靠组织分房，向单位要房"，盼望着分房尽快轮到自己。其实，分房也不是一件容易的事。分房小组要调查申请人的住房状况，还要根据申请人的各类情况和领导的意见、建议制定"住房分配细则"等。那时候，房子

---

① 央视网，http://news.cctv.com/special/baixingshenghuo/01/index.shtml。

还不算是商品，也就不存在交易。因此，当时的房交会叫作调房大会，真正的房交会 1986 年悄悄登上了历史的舞台。

20 世纪 80 年代中期，城市里许多人住进了单元房，单元房是指设施相对完备，自成体系的独立房子，居住条件上升了一个大台阶。单元房一般是由厨房卫生间和房间连成的整体，卫生间和房间的数量不限，但必须在同一整体之内。单元楼，与筒子楼和团结户相对，相当于西方的公寓（Apartment），住户除了出入自己的单元之外，无须和别人共用空间。单元楼对住户的生活隐私保护较好，但也有人称这种户型不鼓励邻里交往，因而促进了城市社区人际关系的冷漠。

80 后是经历了改革最年轻的一代，出生于 20 世纪 80 年代初的人已开始步入结婚生子的人生旅程，80 年代末期出生的也进入社会成长，目睹了"从分房到无房"，尝到了从"一无所有"到"买房"的奋斗史。拥有一套自己的房子，这一愿望离 80 后越来遥远。在这个房价飞涨的时代，年轻一代的 80 后备受煎熬。

在房子总价没有太多浮动而使得父母资助超支的情况下，80 后在房子的地段、楼层、户型等关键因素上发挥了很强的自主意识。在选择区域上，80 后会把家选在次市中心或者更远些的近郊，那里价格相对较低。

三、1990—1999 年：商品房高速发展

20 世纪 90 年代开始了商品房时代，许多年轻人结婚为房子发愁，但当时装修不贵，1.5 万元就能把新家搞得像模像样。1998 年福利分房制度宣告终结，朱镕基总理提出住房制度改革的一整套想法，房改取得了突破性的进展。1998 年成为中国房改进入实质性阶段的一年，人们在哭、笑、怒、骂之余现实起来，房屋、楼价上升到人们日常生活中最关心的层面。至此，新的住房时代开始了。

但是 20 世纪 90 年代的商品房也有着那个时代明显的特点，粗糙，隔音效果不好，布局也不是很合理。这个时候正好是取消福利分房的年代，商品房刚刚起建，这些都是因为经验不足造成的。

"领完毕业证就拿房产证"，这就是 90 后的霸气。曾经被认为个性张扬、追求前卫的新一代也开始走向楼市，也许很多人还缓不过神来，但这股 90 后购房潮却真切地开始袭来。

90 后的张扬和个性并未过多地体现在他们的购房理念上。90 后购房以实用为原则，不会刻意去追求独特的装修和创意，只要交通方便、配套设施齐全就行，不一定非得在市中心买房。另外，90 后对精装房情有独钟，不愿自己费力去忙装修的事。

四、2000 年至今：追求高质量房产

21 世纪的住宅，追求"高端大气上档次"，人们对房子的追求已经不局限于宽敞、实用，而是进一步要求居住环境的，不光要住得舒服，还要住得漂亮，有面子。开发商新建的住宅，名字也开始透着国际范儿，在宜昌，就涌现出一大批名字"高大上"的楼盘，比如"龙盘湖世纪山水""宜化巴黎香颂""星湖湾""恒大帝景"等。

21 世纪以后，人们居住的选择更多了，有高层住宅区、复式楼、花园小区，甚至还有单门独院的特色别墅。随着人们生活水平的提高，装修也成为热点，在追求宽敞的同时，还在追求着居住环境的各种配套设施，住得舒服，住得开心才是最重要的。

进入 21 世纪，随着商品房的不断发展，中国房地产产业的不断完善。人们在居住的选择越来越多，高层住宅区、复式楼、花园小区甚至还有单门独院的特色别墅。在追求房屋宽敞的同时，还能追求着美观舒适、节能、防风防震、环保等，住得舒服，玩得开心。但有时也可能是很多居住在大城市的年轻人一段心酸的回忆[①]：

> 朋友说我是一个幸运儿，刚毕业一年就买到房子了，避开了现在的房价暴涨，我不说的话，有谁知道我为了房子连婚礼都没了？
> 2005 年家里就催着我们结婚，我跟老公就开始看房子。最后

---

① 央视网，http：//news.cctv.com/special/baixingshenghuo/01/index.shtml。

看中的那个，是别人买了没住的，装修了一大半，面积不大，60多平，总价 30 万，隔了两个房间，还可以看到"一线江景"。我们都很喜欢，想着 30 万刚好是能承受的价格，就下定了。

就在这个时候，中介跟我们说了，那房子的业主是要"实收"。因为他买那房子还没"住"满五年，营业税是要收全部的，比之前三四千的税多了上万！我们两边家里都不算特有钱的，这次买房，30 万要一次性付款，已经动用了两边家庭能用上的钱。我跟老公都是勤俭的人，可是刚出来工作没多久，两个人的积蓄加起来也就只有一两万，原本是打算拿来摆酒的。要为了房子牺牲婚礼吗？我跟老公都很踌躇。

老公那边一一开始不敢做决定，怕我没有婚礼会伤心。可是老爸跟我说你看新闻，总是说国几条又出台了要控制房价，可是谁知道能不能控制？结婚能等别人控制好再结吗？

我最后还是答应先买房。登记之后，房产证有了两个并排的名字。那是我用婚礼换回的房子。

五、小结

1. 城镇居民从无房、租房向有房、住好房转变

新中国成立前，城镇居民每一间瓦房或土房住 3—5 人的户占到总户数的 70% 多，而且房租贵得惊人。新中国成立后，绝大部分城镇居民的住房是租赁单位或房屋管理部门的房屋，居住条件有所改善，但只有少数居民拥有自己的住房，1956 年，城镇居民人均居住面积仅 4.3 平方米。改革开放后，党和国家注重改善城镇居民的生活条件，加大了民用住宅建设的投资力度，近年来更是通过建设廉租房和经济适用房来千方百计解决居民住房难的问题。大量住宅建成使用，使许多居民家庭告别设施简陋的住房，迁入宽敞明亮、设施齐全的楼房，居住条件明显改善。统计调查资料显示，2008 年城镇人均使用面积增加到 23 平方米，比 1985 年的 8.6 平方米增长 1.7 倍。

与此同时，住房市场化改革使得城镇居民自有住房拥有率大幅提

高，2008 年自有住房拥有率达 87.8%，比 1983 年提高了 78.4 个百分点。城镇居民的居住条件大幅改善，截至 2008 年末，有 4.5% 的城镇居民家庭住上了单栋住宅；83% 的城镇居民家庭住在单元房中；仅有 12.5% 的家庭还住在筒子楼及平房中。住房设施的改善更为明显，2008 年，住房内有独用自来水的家庭达 98.4%，比 1983 年提高 35 个百分点；有厕所浴室的家庭为 79.1%，比 1983 年提高 72.3 个百分点；有空调设备或暖气的家庭为 62.9%，比 1983 年提高 46.8 个百分点。大部分居民家庭的厨房摆脱了烟熏火燎，用上了快捷清洁的炊用燃料。改革开放之初，58.7% 的家庭以煤为主要燃料；到了 2008 年，87.3% 的家庭使用管道煤气和液化石油气，以煤为主要燃料的家庭比重降到了 8.3%。广大城镇居民的居住环境得到长足改善。

2. 农村居民居住条件和居住环境极大改善

改革开放以来，农村居民居住状况变化极大，居住条件和居住环境明显改善。2008 年，农村居民人均居住支出为 678.8 元，比 1978 年增加 666.9 元，增长 55.8 倍，年均增长 14.4%。人均住房使用面积由 1978 年的 8.1 平方米增加到 2008 年的 32.4 平方米，增长 3.0 倍。其中，砖木结构和钢筋混凝土结构住房占 87.3%，比 1981 年的 48.6% 提高了 38.7 个百分点。

在农村居民住房面积增加的同时，居住条件也有了极大改善。2008 年使用水冲式卫生厕所的农户占 17.5%，比 2000 年提高 10.5 个百分点，无厕所的农户占 7.4%，比 2000 年减少 6.3 个百分点；使用清洁燃油、燃气、电和沼气等的农户占 28.6%，比 2000 年提高 21.2 个百分点；饮用自来水的农户占 43.2%，比 2000 年提高 5 个百分点，而饮用浅井水、江河湖泊塘等非卫生水的农户占 24.4%，比 2000 年减少 10.9 个百分点；有 42.4% 的农户住宅外有水泥或柏油状路面，比 2004 年提高了 15.3 个百分点，住宅外为土路等非硬质路面的农户占 34.5%，比 2004 年减少了 9 个百分点。[①]

---

① 资料来源：国家统计局。

第三节　住房政策的演变

住房常常被视为一种战略性的政策领域[①]。改革开放以来，我国住房制度发生了翻天覆地的变化，单一的实物分配福利体系逐渐终止。1998 年以来的以市场化为导向的住房制度改革，在成功改善居民基本住房条件的同时，也衍生了住房政策公共性缺失、社会收益急剧下滑、中低收入家庭住房短缺等问题。为此，2007 年，国务院发布了《关于解决城市低收入家庭住房困难的若干意见》，这标志着政府住房调控的思路开始由"主调房地产市场"转向"市场与保障并重"。2011 年，各级政府进一步加大保障房建设力度，至"十二五"末期，各地符合保障条件的本地户籍居民已经基本实现应保尽保，以政府为主提供基本保障、以市场为主满足多层次需求的住房供应体系基本建立。[②]2017 年，党的十九大报告指出："加快建立多主体供给、多渠道保障、租购并举的住房制度，让全体人民住有所居。"由此可见，随着经济社会发展水平和政府理念的变化，我国住房调控的重心发生了从"住房福利化"到"重市场"再到"市场与保障并重"的转变。

一、第一阶段（1949—1957 年）

1949 年到 1957 年是国民经济恢复和发展的第一个五年计划时期。这个时期是新中国城市住宅发展相对稳定和正常的时期，住宅建设投资维持在国家基本建设投资的 10% 左右的水平。这一时期逐步发展起来的住房制度、设计与技术规范等都为以后三十年中国城市住宅的发展奠定了基础。

1948 年 12 月，《关于城市中公共房产问题的决定》颁布，设立城市公共房屋管理委员会，下设公房管理处，统一管理分配城市中的一切公有房屋。

---

① 吉姆·凯梅尼：《从公共住房到社会市场：租赁住房政策的比较研究》，王韬译，中国建筑工业出版社 2010 年版，第 23 页。

② 秦虹：《进一步深化住房制度改革》，《学习时报》2017 年 12 月 27 日。

1952 年初，毛泽东主席作出了"今后数年内，要解决大城市工人住宅问题"的指示，随后各地政府开始大规模进行职工住宅建设。

1956 年 5 月，国务院颁布了《关于加强新工业区和新工业城市建设工作几个问题的决定》，提出"为了使新工业城市和工人镇的住宅和商店、学校、邮电支局、托儿所、门诊所、影剧院等文化福利设施建设的经济合理，克服某些混乱现象，应该逐步地实行统一规划、统一投资、统一设计、统一施工、统一分配和统一管理的方针"。依此建立了住房建设投资体制中的"条块分割"状态：地方政府投资建设公共使用的基础设施、道路以及服务设施，各个单位则负责建设以包含一整套基本生活福利设施的居住区为主要形式的职工住宅。同时，中央成立了城市服务部，下设主管城市住宅工作的房地产管理局。

二、第二阶段（1958—1976 年）

1958 年到 1965 年为"大跃进"和国民经济波动、调整、整顿时期。曲折的政治经济发展使得这一时期的住宅政策发展产生剧烈波动。1958 年至 1960 年开展的"大跃进"和人民公社运动使国民经济结构严重失衡，导致住宅投资急剧下降，住宅建筑标准也下降到了新中国成立以来的最低水平，节约成为住宅规划设计中压倒一切的原则。虽然 1961 年开始的国民经济调整、整顿，试图使城市住宅回归到理性的轨道。但是随着"左"倾思想的抬头，"节约就是革命"的思想在"文化大革命"前夕再次统治整个住宅规划设计建设领域。

1966 年至 1976 年为"文化大革命"时期。在这十年，住房建设基本陷入停滞时期，进入 20 世纪 70 年代以后才得到一定的恢复。

1958 年 1 月，中共中央、国务院发布《中华人民共和国户口登记条例》，将居民的户口分为农业户口和非农业户口两大类，规定在一般情况下农业户口不可以改变其身份成为拥有非农业户口的城镇居民。这导致在居住层面，城镇居民不仅享有获得公有住房分配的权利，还能获得工资中的住房补贴。乡村居民则需要自己负担解决居所。

1959 年 5 月，建筑工程部和中国建筑学会在上海联合召开了"住宅标准及建筑艺术座谈会"。会上对于过去执行的全国整齐划一的标准设计进行反思。

1963 年 9 月，中共中央政治局在北京召开会议，决定从本年起，再用三年时间，继续进行"调整、巩固、提高"的工作，作为第二个五年计划（1958—1962）到第三个五年计划（1966—1970）之间发展国民经济的过渡阶段。

三、第三阶段（1978—1991 年）

1978 年至 1991 年为改革开放政策的确立到社会主义市场经济体制的社会转型初期。这一时期各种住房制度改革举措迭出，但因为将住宅当成福利品的意识仍然普遍存在。从整体来看，这一时期人们对住房认识的改变促进了住房建设的快速推进，使人民的整体居住状况较之前有明显的改观。

1978 年 10 月，国务院转发国家建委《关于加快城市住宅建设的报告》，要求到 1985 年实现城市人均居住 5 平方米的奋斗目标。

1978 年 12 月，党的十一届三中全会作出了"对内改革、对外开放"的伟大决策，住房也随之成为实施改革的重点领域。

1980 年 1 月，《红旗》杂志发表苏星的《怎样使住宅问题解决得快些》一文，指出住宅是个人消费品的重要组成部分，应该走商品化道路。4 月 2 日，邓小平同志就尽快解决当时普遍存在的住房难问题作了重要指示："关于住宅问题……要考虑城市建筑住宅、分配房屋的一系列政策。城镇居民个人可以购买房屋，也可以自己盖。不但新房可以出售，老房子也可以出售。可以一次付款，也可以分期付款，十年、十五年付清。住宅出售以后，房租恐怕要调整。要联系房价调整房租，使人们考虑到买房合算。因此要研究逐步提高房租。房租太低，人们就不买房子了。繁华的市中心和偏僻地方的房子，交通方便地区和不方便地区的房子，城区和郊区的房子，租金应该有所不同。将来房租提高了，对低工资的职工要给予补贴。这些政策要联系起来考虑。建房还可以鼓励公私合营或民建公助，也可以私人自己想办法。农村盖房要有新设计，不要老是小四合院，要发展楼房。平房改楼房，能节约耕地。盖什么样的楼房，要适合不同的地区、不同居民的需要。"小平同志的谈话，虽寥寥300余字，但从根本上打破了城镇住房公有制的思想禁锢，要求对城镇住房制度实施一系列的、全面的改革，总目标便是走住房商品化、社会化道路。自此，我国商品房开发开始起步，并逐步在各地星火燎原。

经过理论与实际工作者反复研究酝酿及开展试点，社会各界对于实施住房制度改革逐步形成了共识，将"加快住宅建设，不断地提高人民的居住水平"作为房改的根本目的，并把提高公房租金和出售公房作为房改的切入点。

国务院在1984年批准试点城市实行"公有住房补贴出售"的基础上，于1985年成立了全国住房租金改革领导小组。1986年1月，国务院召开城镇住房制度改革问题座谈会，决定成立国务院住房制度改革领导小组。同时开始对暗贴和明贴结合的房租改革设想进行调研测算并试点。

1987年8月，国家计委等三部委局颁布《关于加强商品房屋建设计划管理的暂行规定》，要求自1987年起将各地商品房建设纳入国家计划，采取计划管理手段对刚刚兴起的商品房开发进行"退烧"，这也是中国房地产宏观调控的萌芽。

1988年1月，第一次全国住房制度改革工作会议召开，宣布将房改正式纳入中央和地方的改革计划，分期分批在全国启动实施。

1991年11月，国务院住房制度改革领导小组发布了《关于全面推进城镇住房和制度改革的意见》，明确了住房体制改革要立足于机制转换，确定了城镇住房制度改革的根本目的和住宅商品化的目标。

四、第四阶段（1992—2003 年）

1992年至1997年是福利分房制度向住房全面市场化的过渡时期。初期，在改革开放新高潮的大环境下，房地产价格放开，许多政府审批权力下放，金融机构大量发放贷款，导致房地产市场过热，之后开始落实各项宏观调控政策并大力推进城镇住房制度深化改革，促进住房商品化和住房建设发展。但由于整体社会经济处于"通货紧缩"的大环境，住房市场化并没有得到长足的发展，住房供应仍以国家和单位建设为主。1998 年至 2003 年是福利分房制度向住房商品化的全面过渡时期。在这一时期，虽然整体而言，经济适用房和廉租房的建设得到了迅速发展，但是在实际的执行中出现了诸多问题，这导致到 2003 年实际形成了商品房成为住房供应的绝对主力，住房供给极端市场化。

1994 年 7 月，国务院颁布《国务院关于深化城镇住房制度改革的决定》，明确提出把住房实物福利分配的方式改变为按劳分配为主的货币工资分配的方式，总结了自 1991 年以来在上海、北京、天津、南京、武汉等城市建立的公积金制度试点的经验，循序渐进地推行了公房出售，全面推行住房公积金制度。

1995 年 1 月颁布《国家安居工程实施方案》，其中这样写道："国家安居工程从 1985 年开始实施，在原有住房建设规模基础上，新增安居工程建筑面积 1.5 亿平方米，用 5 年左右的时间完成。"

1998 年 7 月，国务院颁布《关于进一步深化住房制度改革，加快住房建设的通知》，要求从 1998 年下半年开始停止住房实物分配，逐步实行住房分配货币化；建立和完善以经济适用住房为主的多层次城镇住房供应体系；发展住房金融，培育和规范住房交易市场。该通知构思了对不同收入家庭实行不同的住房供应政策；最低收入家庭租赁由政府或单位提供廉租住房。并提出调整住房投资结构，重点发展经济适用住房（安居工程），加快解决城镇困难居民的住房问题，而且该通知明确提出"促进住宅业成为新的经济增长点"。

2000 年 2 月，时任建设部部长在国务院新闻办举办的记者招待会上宣布："住房实物分配在全国已停止"，宣告了中国住房福利分配制度的终结。

2003 年 8 月，国务院发出《关于促进房地产市场持续健康发展的通知》，将经济适用房由"住房供应主体"修改成"具有保障性质的政策性商品住房"。这标志着 1998 年政策规划中作为城镇住房供应主体的经济适用房地位被取代，普通商品房替代经济适用房被当成城镇住房供应体系的主体。同时明确提出"房地产业关联度高，带动力强，已经成为国民经济的支柱产业"，要保持房地产的持续健康发展。

五、第五阶段（2004 年至今）

自 2004 年开始，房地产投资快速增长，商品住房价格大幅上涨。虽然自 2005 年"新老国八条"颁布开始，政府就明确提出要切实把过高的房价降下来，并且出台了许多政策措施对房地产市场进行调控，但是商品住宅价格依然一路上涨。从 2007 年下半年开始，在主要宏观调控土地和信贷之外，又加入了建立健全城市廉租房制度，改进和规范经济适用房制度作为调控重点。但整体而言，在将住宅产业作为经济增长点的主基调下，地方政府基于财政税收的原因，住房消费和房地产开发是被鼓励的。尤其是 2008 年开始执行"救危机"宏观经济政策，导致商品住宅价格出现失控性的增长。

2005 年 3 月，国务院办公厅发布《关于切实稳定住房价格的通知》（"老国八条"），要求控制非住宅和高价位商品住宅建设，着力增加普通商品住房、经济适用住房和廉租住房供给，提高其在市场供应中的比例。提出切实地把过高的房价降下来，稳房价不力要问责地方政府。

同年 5 月，国务院通过由建设部、国家发展改革委、财政部、国土资源部、人民银行、国家税务总局、银监会等七部门提出的《关于做好稳定住房价格工作的意见》（"新国八条"），再次强调要把解决房地产规模过大、价格上涨幅度过快等问题，作为当前加强宏观调控的一项重要任务。决心遏制投机性炒房，控制投资性购房，鼓励普通商品住房和经济适用住房建设，合理引导住房消费，促进住房价格基本稳定。

2006 年 5 月，建设部、国家发展改革委、监察部、财政部、国土资源部、人民银行、国家税务总局、统计局、银监会发布《关于调整住房供应结构稳定住房价格的意见》（"国十五条"），详细规定新审批、新开工的商品住房建设，套型建筑面积 90 平方米以下的住房（含经济适用房）面积所占比重，必须达到开发建设总面积的 70% 以上；购房不足 5 年转手交易征收营业税；严格房地产开发信贷条件，对空置 3 年以上的商品房，商业银行不得接受其作为贷款的抵押物；对于购买非自住住房且套型面积大于 90 平方米的个人住房贷款首付比例不得低于 30%；居住用地供应量 70% 需用于中低价位、中小套型普通商品住房（含经济适用房）和廉租住房的土地供应；对超出合同约定动工开发日期满一年未动工开发的闲置土地征收土地闲置费，并责令限期开工、竣工；对满两年未动工开发的土地，无偿收回土地使用权；要求各地政府需年内建立廉租住房制度。

2010 年 1 月，国务院办公厅发布《关于促进房地产市场平稳健康发展的通知》（"国十一条"）。重申增加保障性住房和普通商品住房有效供给；增加住房建设用地有效供应，提高土地供应和开发利用效率；重新严格二套住房购房贷款管理，将首付比例提至 40%。

同年 4 月，国务院发布《关于坚决遏制部分城市房价过快上涨的通知》（"新国十条"），对住房信用贷款提出更严格的要求。

2011 年 1 月，国务院常务会议发出《国务院办公厅关于进一步做好房地产市场调控工作有关问题的通知》（"新国八条"）。对贷款购买第二套住房的家庭，首付款比例提高至 60%。并要求各城市人民政府要根据当地经济发展目标、人均可支配收入增长速度和居民住房支付能力，合理确定本地区年度新建住房价格控制目标，并于一季度向社会公布。

同年 9 月，国务院发布《关于保障性安居工程建设和管理的指导意见》，提出保障性安居工程建设的总体要求是到"十二五"末，全国保障性住房覆盖面达到 20% 左右。

自 2011 年起，中央政府加大保障房建设力度，保障房供给呈"井喷"态势。至"十二五"末，城镇住房保障覆盖率达到 20%，中低收入家庭的住房基本实现"应保尽保"。为解决经济适用房在建设、销售和管理上出现的问题，中央与地方政府在减少"经适房"供给的同时，加大了公共租赁房的建设力度，并将廉租住房与"公租房"并轨推进。同时，带有救助性质的城镇棚户区改造与农村的危房改造也受到中央政府的关注。

据统计，截至 2015 年底，我国仍有约 1 亿人口居住在城镇棚户区；截至 2016 年 4 月，仍有 1600 多万贫困农户居住在危房中。"居者有其屋"

的住房制度改革目标仍未实现。

2016 年中央经济工作会议明确提出，坚持"房子是用来住的、不是用来炒的"的定位，综合运用金融、土地、财税、投资、立法等手段，加快研究建立符合国情、适应市场规律的基础性制度和长效机制，既抑制房地产泡沫，又防止大起大落等。党的十九大报告提出，加快建立多主体供给、多渠道保障、租购并举的住房制度，让全体人民住有所居。新的调控政策的指向，是回归住房的基本功能，建设有序发展的住房市场。[4]

第四节　结语

居住是人类的一项基本需求，是人们生活最基本的保障，新中国成立 70 年来，中国百姓的住房条件逐渐改善，特别是改革开放以后，随着经济的发展，百姓住房发生质的变化。

当下，70 多年前的宗族主导的乡村血缘社会正在消失，具有传统风貌的乡村也大部分消失，经过改革开放 40 多年的高速发展，乡村的产业结构与社会形态呈现多元的态势，社会和经济的大转型引发居住与生活方式的巨大变化。目前中国正处在新型城镇化发展的关键时期，近年来城市面貌发生了巨大的改变，乡村的风貌也正在振兴之中，这迫切需要逐步建立与此背景相一致的现代乡村社会治理与服务模式，以重塑乡村地方的精神和文化，振兴乡村经济，这也是当下"乡村振兴"建设的任务和目标。面对新时代背景下，乡村未来如何发展，如何建设更加和谐的城乡关系，对于眼前的中国而言，依然任重道远。

当下，与属性单纯的乡村住宅相比，中国城市住宅要复杂得多。一方面，住宅可以看作是商品；另一方面，住宅为人们提供居住的场所，因此它又是一种特殊的社会物品。随着社会的发展，人们对住房的需求也日益变化，不仅对宜人的住区外部环境以及适宜的住宅内部环境需求等可量化的物理环境有需求，同时也对和谐的居住氛围和良好的邻里关系以及居所安全感等有着相对个体化的心理需求。眼下城市居民已经普遍建立起了"住宅是商品，已购得的商品住宅为私人物品"的物权意识。自 2005 年第一个遏制房价上涨的政策《关于切实稳定住房价格的通知》出台以来，"调房价"一直是中央乃至地方的一个中心主题，虽然各类调控手段层出不穷，但房价上涨偏离了城市普通居民的承受能力，导致大量城市居民买不起房子已经成为一个不争的事实。习近平总书记说"房子是用来住的，不是用来炒的"，在持续了 20 多年的房地产投资过热中，如何让房屋持有者们乃至全社会的人们意识到，商品房不应该仅仅是私人投资的投资品，也应该成为其他城市居民温暖的住家。

第五节　大事回眸

1952 年

重庆市第一批工人住宅的兴建工程动工。这批工人住宅分别建筑在市内和郊区的嘉陵江边。市内修建十幢四层大楼，供市内搬运、建筑等工人居住。市郊修建 40 幢大楼，供工厂区工人居住。这批工程完成后，可以解决 1360 户工人家庭和 2500 多名单身工人的居住问题。这批工人住宅将有完备的水电设备和卫生设备。郊区工人住宅区除计划兴修花园、公路和联络道外，还留下了地基准备以后兴建菜市场、学校、合作社和幼儿园等。建筑这批工人住宅的工人们的劳动热情很高，市区工地已开始推广苏长有砌砖法和杨德重抹灰法等先进经验。推行苏长有砌砖法的小组的砌砖效率已提高了四五倍。

1964 年

12 月 25 日，我国援助蒙古兴建住宅首期工程竣工，中国援助蒙古兴建的乌兰巴托市 22 万平方米住宅第一期工程的交接仪式，中国政府代表团团长、中国驻蒙古大使张灿明，蒙古政府代表团团长、乌兰巴托市市长鲁布桑乔英布勒，分别代表两国政府在交接证书上签了字。

1978 年

9 月 7 日至 13 日，国际基本建设委员会召开城市住宅建设会议。

这是新中国成立以来召开的第一次住宅建设会议。会议指出，29 年来，全国 3400 个城镇新建住宅的建筑面积有 4.93 亿平方米。群众的居住条件得到了一定改善。但全国城市住房仍然十分紧张，平均居住水平很低。特别是人口集中、工业发展较快的大、中城市，住宅紧张状况更突出，群众要解决"房荒"问题的呼声很高。

1980 年

1 月 23 日，新华社记者从有关方面获悉：1979 年是新中国成立以来，城镇和工矿区职工住宅建设最多的一年。这一年全国职工住宅建设的竣工面积达 5640 万平方米，比 1978 年增长 50%，相当于新中国成立 30 年来新建住宅总和的十分之一。大约有 400 多万人搬进新居。在全国各省、市、自治区中，1979 年新建住宅竣工面积最多的是河北省，其次是辽宁省和四川省，竣工面积都在 400 万平方米以上。竣工面积在 300 万—400 万平方米的有湖北、江苏和山东省。200 万—300 万平方米的有广东、黑龙江、湖南、北京、河南等省市。西藏建成的住宅，按每个城市职工平均计算，可达 1.1 平方米，占全国首位。

1991 年

深圳、广州推出令人陶醉的复式住宅。同样的建筑民面积，只要把传统结构变一下，就可多出 60% 的实用面积。深圳、广州人数百套复式住宅一经推出，马上被一抢而空。这种由香港建筑师李鸿仁先生设计的复式住宅，奥妙之处就在于它摒弃了传统住宅按平面分配生活区的老框框，尽可能做到向空间要面积、向结构要面积。以同样的造价，50 平方米建筑面积的旧结构住宅，一般只能取得 32 平方米的实用面积；而若采用复式结构，同样的建筑面积，却可获得 53 平方米的实用面积。

1994 年

河南省扶沟县包屯镇董岗村 337 户新建住宅的农户，大多为自己的子女设立了书房。该村农民在搞塑料大棚种植瓜菜生产实践中，吃尽了没文化或文化水平低的苦头。为了让孩子们成为懂科学的一代新人，许多农民在建住宅时，专门为子女盖上一间宽敞明亮的书房。该村村干部介绍，全村 90% 以上农户为在校的中小学生设立了书房。

1996 年

商品房开始冲击房产市场。房屋这个最大的不动产终于成为商品，并且开始冲击房产市场。这是国人认识的一大突破。

1997 年

来自上海房地产交易中心的统计数字显示，1997 年上半年上海私人购房平均每天超过 100 套。据统计，1997 年上半年上海共销售商品房 190 万平方米，其中私人购房 150 万平方米，较上年同期增加了一倍以上。

1998 年

国务院决定，党政机关停止实行 40 多年的实物分配福利房的做法，推行住房分配货币化。原定截止于 6 月底，一时机关单位抢购住房风起。

2001 年

京城楼市迈入作品时代。改革开放以来，随着经济的迅猛发展，一切都在发生巨变。北京城里的建筑像雨后春笋般地成长起来，不断满足着人们对于居住的渴望，有越来越多的多结束了婚后无房或三代同堂的烦恼，连搬家公司也成为前所未有的新兴行业，大街上每日奔跑的印有搬家公司标识的大货车，见证着人们搬迁新居的喜悦。商家们将住宅产品上升到了作品的层次，典型实例如：东晶国际、银泰中心、财富中心、北京印象等。这些项目都将设计师作为了产品最大的卖点。北京印象的设计者德国的奥托，银泰中心的设计者美国的波特曼和"东晶国际"的设计者日本的六角鬼丈等都是在国际建筑领域享有盛誉的建筑设计师。这些高举"作品"旗帜的项目几乎无一例外地取得了上佳的社会影响和实际效果，有敏感的业内人士断言：京城楼市将从此开始进入"作品时代"。

2006 年

我国加快廉租住房制度建设。全国城市住房工作会议 8 月 24 日至 25 日召开。中共中央政治局委员、国务院副总理曾培炎出席会议并讲话。他指出，住房问题是重要的民生问题。要积极采取措施，加强廉租住房制度的建设，解决好城市低收入家庭住房困难。继续调整住房结构，稳定住房价格，促进房地产市场健康发展。

2009 年

中央投入 330 亿元建设廉租房。住房和城乡建设部副部长齐骥 3 月 11 日表示，今年中央加大对财政困难地区廉租住房制度假设的资金投入。用于各地廉租住房建设的资金投入将达 330 亿元。此外，中央代地方增发的国债资金也作为地方配套资金，补充用于廉租住房建设和保障性安居工程。

附录：家庭居住变迁实录

　　衣食住行，民生之根本。为更加生动具体地展现新中国成立 70 年来家庭居住的变迁，笔者专访了两户家庭，一户来自农村，一户来自城镇，分别位于祖国南方的江西省贵溪市和西北的甘肃省张掖市。虽然采访户数较少，但从地域上和户籍上都有一定的代表性，经过这些家庭居住变迁故事的挖掘和整理，呈现出一幅生动的画面，可以从一定程度上将这 70 年来农村和城市的居住变迁比较生动地展现，这种居住生活的状态与变化大抵是中国社会在过去几十年发展的一个缩影。

（一）江西省贵溪市志光镇胡州村

家庭基本信息①

常住人口及职业：父亲 | 经商，母亲 | 经商，笔者 | 在读本科生

家庭户籍属性：农业户籍

1949 年以来的家庭变迁

　　○ 1949—1998 年：江西省贵溪市志光镇胡州村 | 第一代住宅——我出生前的老房子 | 外公、外婆、妈妈、舅舅等

　　○ 1998—2014 年：江西省贵溪市志光镇胡州村 | 第二代住宅——在外婆家的成长 | 外公、外婆、笔者

　　○ 2014—2017 年江西省贵溪市志光镇 | 第三代住宅——小镇上的家 | 爷爷、奶奶、笔者

　　○ 2017—2018 年江西省贵溪市志光镇 | 第四代住宅——乡村"小洋楼" | 爸爸、妈妈、笔者

当下住宅基本信息

权属性质：自建房

建成时间：2018

宅基地面积：140 平方米

---

① 资料来源于徐泽宇整理。徐泽宇，江西贵溪市人，中国农业大学在读大三学生。

住宅建筑面积：180 平方米

建造费用：40 万元

结构体系：框架结构

第一代住宅——我出生前的老房子

那个时候村落边上还有七个小水塘，那是我的妈妈他们孩童时期和玩伴们钓鱼钓小虾的乐土，夏天有小塘会长满荷叶荷花，下塘采莲是孩子们的日常活动。那个时候外公有七个子女，四个舅舅，大姨和小姨和我的妈妈，可以说是人丁兴旺了，然而那个年代不像现在这样不愁吃穿，改革开放的春风并没有立刻温暖内陆省份的生活，各个家庭家生活依然很拮据。这是我的妈妈家所在的村庄"胡州村"，小村离小镇志光镇不到一公里，所以平时买点东西也不会不方便，事实上除了逢年过节大家也很少能有时间和多余的钱去街上买东西。顾名思义小村人都姓胡，只有 40 余户人，在村的南面有着祖辈们赖以生存的水稻田，老宅的室内布局简单来说是中间一个大厅用以吃饭会客等日常活动，再通往四个房间和一个储藏室用以储藏一些粮食和放置一些杂物，而客厅偏左的地方放了我们的餐桌，偏右的地方是放置农具的地方，正对大门的墙前放了一个桌子，叫作"香"桌，用来放置碗碟、供奉香火和待客的果子。

正对客厅门的墙前放了"香"桌

客厅右边堆放农具的地方，左边是吃饭的桌子，可以看见房间的门

　　而老宅的外观，屋顶是用红黑色的瓦（方言称"土瓦"）正反交替覆盖起来的，每当下雨的时候，雨水滴落打到瓦上的声音总让我想起《琵琶行》里的"大珠小珠落玉盘"来，雨水顺着瓦流落排水沟再流到外面。房外面砌墙用的红石材料区别于其他省份用的砖头或者黄泥，红石也是江西独有的"特产"。那个时候我的妈妈和大姨小姨正值花样年华，她们三个睡在一个房间，大舅舅当兵去了，外公外婆住一个房间，几个舅舅住一个房间，还有一个房间留作客房，招待偶尔来的客人。直到舅舅们各自都结了婚，老宅备显拥挤了，于是三个舅舅都建了新房，妈妈和大姨小姨长大成年后只有大姨留在老家帮助外公外婆做农活，妈妈和小姨都去了浙江温州打工，从此老宅也忽然变得不那么热闹了。这些都是我妈妈记忆中的老宅，而我记忆开始的地方是第二代住宅。直到 2017 年，因为建设新农村，老宅因为位置离农田太近被彻底推倒改作耕田，不过村里仍然留下几座差不多的老宅，我拍下留作纪念。

"土瓦"的屋顶和红石砌的墙

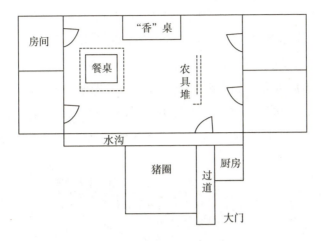

第一代老宅的简要布局

第二代住宅——在外婆家的成长

　　因为爸爸妈妈去温州打工的缘故，我就在外婆家附近的小学珍田小学读书，那个时候我差不多十岁，记忆像一座座零零星星的小岛开始浮现在海面，慢慢地增加和扩大，最后逐渐连成巨大的一片。我的小学、初中、高中基本上都是在外婆家住的，实际上外婆住的房子也就是我的三舅结婚时的房子，他们很早就出去做生意了，房子空了也就顺便把外公外婆接上来住好照顾，不过那个时候外公外婆身体还是很健康，于是原先打算的照顾老人，变成了老人在七旬高龄的时候仍然顺带照顾着三个孙子，其中就包括最小的我。第二代住宅相较第一代的老房子，改变最大的应该是外观了，原先的一层小土房变成了二层的水泥房，外墙不再是单纯的红石的颜色，而是刷了点白色的涂料，外观上显得进步了很多，十年多过去了，当初的纯白墙壁也受到了岁月的侵蚀，当然有些更富裕的人家在外墙用水泥固化之后又在外墙上贴上瓷砖，第二代住宅的房顶，则是用红色的瓷瓦（方言叫"洋瓦"）代替了原来的红黑色的"土瓦"，在那个时候是富贵人家用的，不过慢慢地越来越多的人都用了。住宅的内部也只是简单的分了几个房间，一楼的客厅左右分别通往两个房间，房子大门离客厅的大门则有一段走廊，在刚进房子大门的左边是米仓和厨房，厨房里是那种大大的土灶台，烧柴火煮饭的那种；右边是依次是猪圈鸡圈和牛圈并列的 。再往前走几步是上二楼的楼梯，正对大门的外面则是矩形的大庭院，外婆经常在庭院里种植丝瓜，我读小学那会儿在土里埋的几个桃子籽也长成了大桃树 ，可惜后来因为长太高影响了大厅的采光被外公砍倒了，虽然我有些时候因为没能好好地吃到它结的桃子而感到有点遗憾，可是事实上没有它之后夏天蚊子确实少了不少，于是忽然觉得早就应该砍倒了。

外墙上刷了点白色涂料看起来比单纯的红色看起来好了点

贴瓷砖更显美观的那时的富贵人家

第三代住宅——小镇上的家

小镇上的家实际上才是真正的我自己的家，虽然这么说，因为是爸爸妈妈用打工加上后来做生意慢慢挣的钱盖起的这座房子，时间在2006年左右，我也不是某个时间之后就一直住在小镇上的家，而是小镇上的家和外婆家一起住的，所以时间是并不明显区分。小家有三层楼，旁边有个水塔可以说是镇上最高的建筑之一了，它负责全镇的自来水供应，初中的时候和几个臭味相投的朋友约爬水塔，在青春期的小叛逆和死要面子不说屎话的驱使下，踩着年久失修生锈的铁楼梯往上爬，脚下就是40多米高的悬空，我现在想想都后怕得不行，那个时候怎么就敢呢！再对比第二代住宅，外观设计变得更鲜艳，那是那几年流行的彩色的喷砂，红色的"洋瓦"现在变得普遍。一层给爷爷奶奶住，二层我们一家住，室内设计其实和外婆家差不多，进门右首边是旧式的厨房，左首边有个大的储物间，放置各种杂物，再往里走房间的设计，仍然是一层有两个大房间，大厅位于中央，有两道门分别通往东西两个房间，房间里只有简单的一张床壁挂电视，写字桌和大大的衣柜。外面是走廊，走廊的尽头也是一个大房间，房间里面一角是厕所，三层设计都是一样的。因为爸爸妈妈只有过年才回来，这个房间本该是用作厨房的。虽说这个房子才是我真正名义上的家，我也只是高中每个月回来住一晚上和过年在这里住，我对它的感情，远没有对外婆家那么深感情，那里是我真正慢慢长大的地方，让我心安的地方，吾心安处即吾家。2000年左右盖的房子实际上差不多都是这样简单宽大的款式，单调得有点空旷。2018年初，或许是因为这样的设计款式的房子住着太不舒服，爸爸决定拆土动工重新建房子，于是第三代住宅再次被夷为平地了。

小镇上的家——2018 年爸爸决定拆掉原来的房子重新盖

第四代住宅——小洋楼

2018 年爸爸把小镇上的家给重新推倒重盖，花费一年的时间一座新房拔地而起，一改之前的"乡村气息"，多了几分新时代城里的"洋气"。而且房屋里面的设计也是按照专门从网上买的图纸来设计的。虽然外观看起来确实是不错，但是我有时总是会想有没有必要盖这么大的房子，可是乡下就是这个习俗，喜欢把房子盖大，以前的老看风水的师傅会说房子里房间住不完才是人丁兴旺的表现，事实上希望人丁兴旺和儿子传宗接代的思想在乡下人的脑海里一直是存在而且是被默认的。"小洋楼"的外观其实也是彩色的喷砂，和第三代住宅其实只有颜色的不同。不过设计却更加的合理和区域化了，专门在一楼侧边设计了车库，而且一楼不再设立卧室，仅仅是吃饭和娱乐的地方，所以走进大门最先看到的是一个麻将机和上楼的设计成了螺旋状的楼梯，右边落地窗代替了墙壁，那里是吃饭的地方。仍然是有专门的放杂物的房间，不管现在过年期间放的更多的是亲戚来拜年送的"果子"奶饮料之类。再上楼，就是主要起居的地方了，卧室、小书房、沙发和看电视的地方都分割了区域，和现在城里的三室一厅设计差不多，只不过是更大了点。现在"小样楼"只有二楼装修了，三、四楼房留作以后再进行装修。

"小洋楼"外表是黄色的喷砂，亲戚们在打麻将，也可以看见螺旋状的楼梯

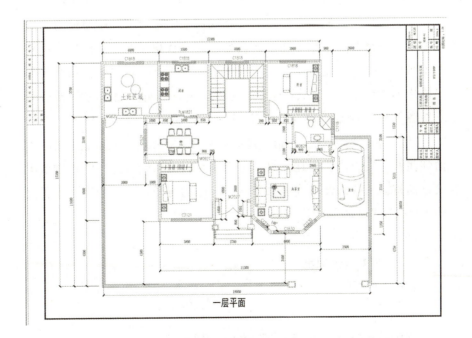

一层平面

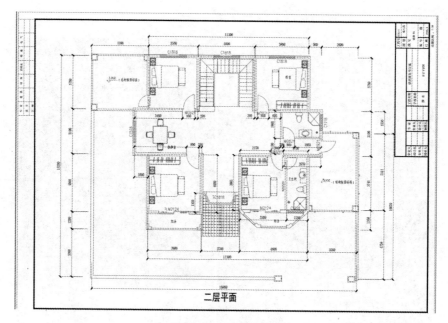

小洋楼一二层的设计图

　　慢慢长大的这么多年以来，从第一代的老房子一家人风雨同舟地住在一起，那个时候所有的精力都在如何吃饱穿暖上，哪里还有精力去考虑住得是否舒服是否拥挤；到第二、三代房子时，生活慢慢地富裕了起来，房子却变空了，因为人都出去打工做生意去了，只有老人小孩儿留守乡村，造房子的理念还是和20世纪一样是简单的分隔房间，吃饭睡觉看电视都可以在一个房间里；到2015年前后，目睹乡下的"小洋楼"如雨后春笋般拔地而起，又因为早年外出去城里做生意的人挣到些钱，又或许是根在乡村，习惯了乡村的广阔天地，觉得城市里太过拥挤，一些人便回到老家盖起了自己的房子。住宅的变迁也正反映了祖国这些年来的变化。

（二）甘肃省张掖市
家庭基本信息①

---

① 资料来源张海晶整理。张海晶，甘肃张掖市人，在读研究生。

常住人口及职业：

奶奶｜退休，父亲｜公务员，母亲｜事业单位编制，弟弟｜公安消防干部，笔者｜在读研究生

家庭户籍属性：城镇户籍

1949 年以来的家庭变迁

○ 1949—1996 年：甘肃省张掖市山丹县｜第一代住宅——我出生时的老房子｜爷爷、奶奶、爸爸、叔叔姑姑等

○ 1996—2006 年：甘肃省张掖市山丹县｜第二代住宅——在爷爷奶奶家的成长｜爷爷、奶奶、弟弟、笔者

○ 1999 年至今：甘肃省张掖市山丹县｜第三代住宅——单位家属楼｜爸爸、妈妈、弟弟、笔者

○ 2009 年至今：甘肃省张掖市甘州区｜第四代住宅——小区商品住宅｜奶奶、弟弟、笔者

当下住宅基本信息

权属性质：自有房产

建筑类型：砖混结构

建成时间：2006 年

住宅建筑面积：118 平方米

购买费用：22 万元

结构体系：砖混结构

第一代住宅——我出生时的老房子

1993 年的夏天，老房子又添了两口人——我和弟弟。据爸爸妈妈讲，我俩在老房子里仅仅过了 3 年就随爷爷奶奶搬上了楼房。因此，现在对老房子的印象都来自于长辈们的回忆和自己年少时的记忆。老房子位于一条巷子的深处，是奶奶的妈妈，也就是我的太奶奶那一辈人建的。最开始的老房子是泥木结构，外层刷上一层白灰就完工了。听奶奶回忆，那时的条件很是艰苦，能有这样的一院房子也算是不错。

再后来，爷爷奶奶结婚后，孩子们渐渐多了起来，又添了爸爸他们兄弟姐妹四口人，老房子显得有点拥挤。爷爷奶奶经过努力，家里已经小有积蓄，所以在我爸爸叔叔他们年少的时候重建了整个房子，从最初的泥木结构变成了砖瓦房，房子变得更结实，更宽敞，我记忆里的老房子便是重建后的砖瓦房（老房子的布局如图 1 所示）。一进大门是一个大花池，里面不仅有各色的小花，还有苹果梨树，春夏之交的时候最好看，待到秋天的时，还有香甜可口的苹果梨。花池的正对面是上房，里面有一间正厅和卧室，正厅平时一般用来招待客人。左右厢房的结构也同上房一样，都有正厅和卧室。那时候卧室里睡得不是床，而是炕，天冷的时候把炕烧得热热的，睡在上面舒服极了，这也是我和弟弟小时候的主要活动场所之一。平房的后院一般有厕所，也是养殖和堆放杂物的场所。听爷爷奶奶讲，那时候家里还养了两只大白鹅，看家护院很是厉害，可惜在我和弟弟出生前就没了，现在想想没有见到传说中的大白鹅很是遗憾。虽然老房子没有楼房那样高大，但同样留下了美好的回忆。

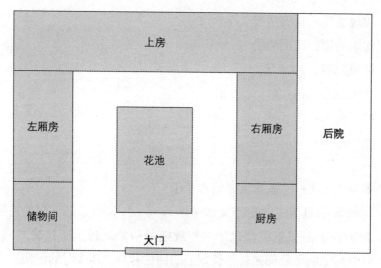

图 1　老房子的简要布局

第二代住宅——在爷爷奶奶家的成长

随着20世纪90年代我国住房领域的改革，小县城里开始不断出现住宅楼。爷爷作为单位的老员工有幸得到一套公寓家属楼的购买资格，价格也比市场低了不少，算是单位的一种福利了，这也是那个年代事业单位人员被大家羡慕的一个原因。第二代住宅——楼房，相较第一代的老房子，里里外外都变了。从原先只有一层的平房搬进了共有六层高的楼房，外墙不再是单纯的水泥白灰的颜色，而是一块块贴起来的瓷砖。房子里的装修也完全不一样，水泥地变成了亮锃锃的地板砖，墙不再是单独的白色了，也有了装饰，而且在家里就能洗热水澡，厨房也有了油烟机，做饭再也不是烟熏火燎。总体来说，进步了很多，生活变得越来越方便。如图2是房子的简单布局，图3里的背景则是客厅和卧室的真实样子。我和弟弟的童年便是在这栋房子里度过的，那时的欢声笑语都留在了这里，所以对这栋房子的记忆最是深刻。那时最喜欢的地方就是阳台，在阳台上感受阳光洒进来，最是温暖。看着奶奶精心照料的各种花花草草，满天星、绣球花、文竹、吊兰、令箭花等，感觉整个房子都充满了生机。最令我深刻的就是在阳台的水桶里，成功把从公园里捞来的小蝌蚪养成了小青蛙，那一刻真是好开心。客厅是楼房里最大的地方，也是我最喜欢的地方之一，不仅是因为可以看动画片和电视剧，还能够打乒乓球。我和弟弟在客厅茶几中间放

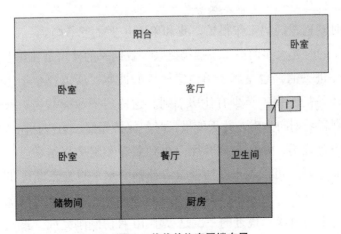

图2 爷爷单位家属楼布局

图 3　爷爷奶奶家度过的童年

上我自制的球网，茶几立马变身乒乓球台，随时随地，不出家门也能练起球来。我还清楚记得 1999 年国庆节，一家人坐在客厅的沙发上收看国庆大阅兵，我当时坐在两组沙发中间的扶手上，爸爸在另一旁给我讲解出现在电视里的各种先进武器，给我留下难以磨灭的印象。现在回忆起这栋房子都是满满的幸福。

第三代住宅——单位家属楼

小时候爸爸妈妈工作很忙，我和弟弟几乎是爷爷奶奶一手带大的，所以童年的时光大多留在了爷爷奶奶家。我们家的楼房是在我上学前班的时候住进去的，也是属于单位家属楼的性质，所以那个年代的公务员待遇还是挺不错，至少有住房福利。这栋房子和爷爷奶奶家房子的最大区别就是朝向为南，每天能最长时间保持光照，可以从图 4 看出整个房子设计通透，从阳台到客厅，再到餐厅和厨房都是联通的，通风和采光非常好，可以看出基层建筑设计师的水平也在不断进步。如今这栋楼房也有整整 20 年的时间了，在这期间又重新装修过两次，一次是我上初中的时候，最近的一次是去年 10 月份刚刚完成。最初装修的时候用的是墙纸，现在已经是乳胶涂料层，具有良好的耐水、耐碱和耐洗刷的特性。先前的地板砖也换成了保温效果更好的木质地板，铝合金窗户也换成了密封性能更好的双层真空玻璃，早先的暖气片也被供暖效果更好的地暖所取代。由于现在在外读书，每年也就过年回去住不到一个月的时间，所以今年过年来到家里时，都快认不出这是整整20年的房子了。现在回想起来，不由感慨技术进步给我们生活带来更多更好的享受和满足感。

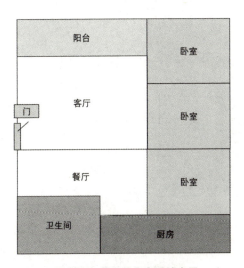

图4 爸爸单位家属楼布局

第四代住宅——小区商品住宅

我和弟弟小学毕业后，来到市里读初高中，爷爷奶奶为了照顾我俩，就从县城搬到了市里。最开始的初中三年，一家人在甘州区南环路租了一套比较老的楼房住。上高中后，为了上学的方便，就在甘州区金安苑小区里买下了一套商品住宅楼。这是我国住房改革后我们家第一套商品住宅房，图5是房子的简要布局。可以看出房子的布局设计也很不错，整个房子从南面的阳台到北面的厨房都是通透的，进入房子里能够给人一种非常敞亮的感觉，住着也很舒心。奶奶特别喜欢这栋房子的布局，阳台上依旧养了各种各样的花花草草，为家里增添许多绿色，也能弥补楼房与平房在自然环境方面的差距。房子建造时就是地暖的取暖方式，冬天时屋内的温度比以前住的楼房高出了不少，奶奶住着很暖和，也没有被冻感冒的情形。每次回家的第一站都是这里，陪奶奶住几天，一年也就只有这几天的时间，很是珍惜。小区里的绿化做得也不错，两幢楼房间都有绿化带和花池，道路两边也种满了柳树、杨树以及槐树。小区还建有中心广场和活动中心，健身设施也很齐全，这些都是之前的老宅子、家属楼不曾有的。

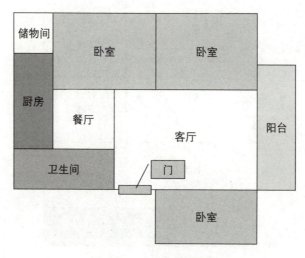

图 5　小区商品楼布局

参考文献

[1]张跃：《我国房屋建筑面积及造价发展趋势分析》，《山西建筑》2016 年第 21 期。

[2]鲁君四：《中国房地产业发展对经济增长的影响研究》，2017年。

[3]徐爽爽：《中国房地产开发业发展回顾——以万科、恒大、万

达为例》，《财经界》2018 年第 4 期。

[4]王振霞:《中国住房制度改革 40 年：回顾与反思》，《财经智库》2018 年第 2 期。

[5]曹雪丹:《1949 年以来我国城市居住行为与居住空间研究》，苏州大学，2007 年。

[6]秦玲:《新中国成立以来杭州居住小区变迁浅析》，浙江大学，2015 年。

[7]吕俊华、彼得·罗、张杰:《中国现代城市住宅：1840—2000》，清华大学出版社 2003 年版。

[8]刘燕辉:《中国住房 60 年（1949—2009）往事回眸》，中国建筑工业出版社 2009 年版。

[9]罗德胤、万君哲:《宅记：二十年中国住房变迁之民间观察》，同济大学出版社 2010 年版。

[10]贺勇、谢晓萍:《居住在中国——1949 年以来中国家庭居住变迁实录》，东南大学出版社 2017 年版。

第四章　出行——更远更快更便捷

（20世纪）70年代初，物质条件还极度匮乏，人们的生活水平也普遍较低，那时，母亲出行还基本要依靠步行……她小时候要步行1个多小时到附近的相对比较繁华的区域去赶集……十几里的路走下来，往往脚上踩出几个大血泡……偶尔会坐一次公交车，但由于当时道路建设状况较差，公交线路少，车厢经常拥挤不堪，各种交通工具的运用在我国还没有大力发展起来，所以出行是一件奢侈的事情……

乘着改革开放的春风……出行方式也发生了一定的变化……母亲犹记得她拥有第一辆自行车是在1981年……那是一辆藏蓝色的上海永久牌自行车，粗重的车杠使它显得有些笨拙……那时的技术还不甚发达，自行车产量较小，所以买车和买粮油副食一样，都要凭票供应；而每个工厂每年也只有十几张买车的票，只有表现较好的工人才能得到，能有幸分到票的人自然不多……

（20世纪）80年代末，摩托车作为一种时髦的代步工具，飞入寻常百姓家，由于它的方便、高效、省力等优点风靡中国一段时间……

到了（20世纪）90年代，母亲大学毕业后便被分到北京来工作……（19）95年，母亲第一次坐地铁……它的方便与快捷却让母亲感到无比兴奋。也是这年，母亲第一次打出租车。黄色的车身上印有 TAXI 的标志，令人耳目一新……

刚工作的几年……每次回家的头天晚上，她都要去火车站排队买票。由于买票的人多极了，很多人便会自己准备小马扎，累了就坐着歇一会……那时火车还是绿皮的，一出发便会发出"咣当咣当"的噪声。与现在相比，火车的速度很慢，且中途停靠站多，从北京到哈尔滨竟要 20 多个小时的车程……后来，母亲和父亲也曾一起回过父亲的老家……从北京到县城总共需要两天两夜，先是坐火车用去一天一夜，接着又是一天一夜的客运大巴……落后的交通让回乡之旅变得如此坎坷，它使在外打拼的游子之心漂浮不定。不过如今好了，中国进入了高铁时代。高铁和高速公路已通，母亲回老家只需要七八个小时即可，想要回父亲的家乡也只需 11 个小时。高铁的舒适、安全和准时，正成为越来越多的人在出行选择方面的不二选择。从此也让当年春节回家过年时候的艰难旅程成为历史……

千禧年之后，中国的 GDP 连年增长，科技水平也不断提高。曾经在路上罕见的小轿车，如今也逐渐多了起来。从红旗到一汽再到大众、丰田、现代；从国产到进口，小轿车的种类、数量不断增多……随着绿色出行理念逐渐深入人心，自行车重新成为人们的宠儿。现下，共享经济流行，"共享单车"这一新模式，既是创新，也是回归，它解决了人们常说的"最后一公里"的问题。我们出行时经常会选择共享单车，母亲说，仿佛又找回了儿时的感觉……随着中国人走出去的步伐愈发频繁和中国对外开放程度越来越高，机场也变得忙碌起来……

——人民网公益频道，2018 年 10 月 10 日。

出行事关亿万中国人民群众的幸福生活。新中国成立 70 年来，人民出行生活水平提升可谓甚大：水陆空交通网络越发密集，各式交通工具日新月异，由慢到快、由近距离到远距离、由人工操纵到智能化操纵、从高污染出行到节能出行……交通基础设施建设翻天覆地，人民出行越发便捷舒适；技术变革、管理体制、经营方式等各方面的变化让人们对出行的美好向往不断得到满足。而在未来社会主义现代化建设进程中，更多引人惊叹的进步成就也必将出现。回顾七十载出行变迁，一起感受变化之剧，一起对未来出行充满期待。

第一节 交通建设翻天覆地

"要想富，先修路"如民谚般将交通基础设施的重要性简明表达清楚，中华人民共和国的成立拉开了为人民富足而进行交通基础设施建设的序幕，七十年的交通建设改变了规模小、条件差、运能低、管理水平不足的状况，铁路、公路、水运、航空在内的综合交通运输网络不断发展，人民不断体验着由此带来的便捷舒适生活。从一些数字不难看出交通建设七十载风雨兼程中的辉煌成就：铁路营业里程由 1949 年的 2.18 万公里增至 2018 年的 13.1 万公里，且 2017 年高速铁路占铁路营业里程比重就达到 19.8%、占铁路客运量比重达 56.8%、占铁路客运周转量比重达 43.7%，国产"复兴号"动车组连接起祖国东南西北中；2018 年，公路里程由 1949 年的 8.08 万公里增至 484.65 万公里（含农村公路），其中高速公路由 1988 年的 0.01 万公里增至 14.26 万公里、等级公路占公路里程比重从 1979 年的 57.82% 上升至 2017 年的 90.89%，路况明显改善；到 2018 年底，我国私人载客汽车拥有量达 18930.29 万辆，是 1985 年 1.93 万辆的近万倍；民用航空建设也得到长足发展，2018 年，我国民用航班飞行机场数 233 个、是 1984 年 88 个的近 2.65 倍，航线 4945 条、是 1979 年 174 条的近 28.42 倍，定期航班航线里程 837.98 万公里、是 1949 年 1.14 万公里的 735 倍有余；内河航道里程由 1949 年的 7.36 万公里增加至 2018 年的 12.71 万公里。这些数字背后的就是我国铁路、公路、民航、水运、城市交通建设等的奋斗历史。

（一）中国铁路发展概况

旅客列车承载着工作差旅、外出求学、返乡探亲等生活内容，每年春运期间各地火车站和每列旅客列车更是承载着每个离家人的乡愁。

七十年取得的铁路建设成就，使更密集的铁路网、更快速的列车让祖国各地彼此更加贴近，让经济发展成果辐射更远，让人才流动更为充分……

胶济铁路嬗变——见证中国铁路和社会70年发展的样本

1949年，胶济铁路列车运行15小时16分，平均时速25.8公里，乘客从青岛出去发去北京要用一天一夜的时间。如今，列车运行速度提升了10倍。青岛至北京间开行一站直达"复兴号"高铁，运行时间仅2小时58分。2018年，济南铁路局集团公司发送旅客1.43亿人，是1949年1503.5万人的近10倍。历经艰辛的胶济铁路在与时代同发展，让出行更为便捷，让"同城效应"拉近城市的距离，把以前的"出远门"变成了"串串门"。刷脸进站、在线选座、无人餐厅等让旅客享受到智能化服务带来的便利，使越来越多的人青睐高铁出行。

——人民网，2019年4月27日。

1.看数字感受铁路之巨变

新中国成立后，中国铁路建设迅速重建发展。从图4.1的统计数据来看，2018年末我国铁路营业里程已达31.1万公里，是新中国成立初的6倍多，其中1949—1978年，铁路建设在恢复旧线的基础上开始新线建设和既有线改造，建成一批干线铁路，增加铁路里程2万多公里，初步形成全国铁路网基础框架，其中在"文化大革命"前建成的11288公里铁路仅用投资88.81亿元。① 改革开放后，我国铁路建设历经20世纪80和90年代两次建设大会战、大规模电气化改造、高速铁路建设等，至今已构建起了横贯南北、贯通东西的高速铁路交通网络。载客机车也经历了蒸汽机车到电力机车再到高速动车组的历史性变化，国产高铁"复兴号"也已在祖国大地驰骋，人民群众的远途出行依靠更快

---

① 张静如:《中国当代社会史：1978—1992》，湖南人民出版社2011年版。

更安全的列车已变得越发快捷舒适。

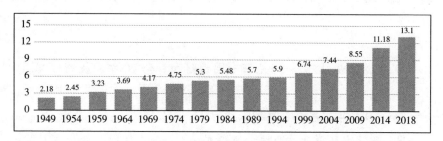

图 4.1　铁路营业里程（万公里）[①]

从高速铁路建设而言，经 2008 年到 2017 年短短十年的建设，我国高速铁路营业里程、运输旅客数量、旅客周转量及各自占总体铁路比重均取得长足进步（表 4.1），我国高铁已占世界高铁里程的 66.3%，居世界第一位，覆盖百万人口以上城市比例达 65%，"四纵四横"高铁主通道基本贯通，以高速铁路为骨架、以城际铁路为补充的快速客运网络初步建成。

表 4.1　高速铁路发展概况[②]

年份	营业里程（公里）	占铁路营业里程比重（%）	客运量（万人）	占铁路客运量比重（%）	旅客周转量（亿人公里）	占铁路运周转量比重（%）
2008	672	0.8	734	0.5	15.6	0.2
2009	2699	3.2	4651	3.1	162.2	2.1
2010	5133	5.6	13323	8.0	463.2	5.3
2011	6601	7.1	28552	15.8	1058.4	11.0
2012	9356	9.6	38815	20.5	1446.1	14.7
2013	11028	10.7	52962	25.1	2141.1	20.2
2014	16456	14.7	70378	30.5	2825.0	25.1
2015	19838	16.4	96139	37.9	3863.4	32.3
2016	22980	18.5	122128	43.4	4641.0	36.9
2017	25164	19.8	175216	56.8	5875.6	43.7

① 本章所有统计图表所用数据除特别说明外，均来自国家统计局网站，特此说明。
② 数据来源于 2018 年《中国统计年鉴》。

2. 1949—1959 年，铁路修复和干线建设初步构建铁路网

新中国成立前，铁路线路集中于沿海地区和东北地区，且经战火摧残亟待修复。1950 年 1 月，全国铁路工程计划联席会议上制定了铁路复旧工程实施计划，明确铁路复旧工程的重点为京汉、粤汉两线，其次为陇海、北同蒲等线。此后津浦铁路蚌埠淮河大桥、湘桂铁路湘江大桥等修复通车……成渝、宝成、天兰、丰沙、集二、黎湛、包兰、鹰厦、兰青等铁路先后建成，累计修建新线 8475 公里，其中 1952 年 6 月 13 日建成通车的成渝铁路是新中国成立后建成的第一条铁路。1957 年我国还建成通车了全长 1670 米的万里长江第一座桥梁——武汉长江大桥。1959 年 9 月 15 日，新北京站落成，成为庆祝新中国成立十周年而建设的北京十大建筑之一。在新中国的第一个十年，横贯西北的中国第一条沙漠铁路（包兰铁路）、横亘黄海之滨与西北内陆间的陇海铁路、通向"世界屋脊"青藏高原的兰青铁路、沟通天山南北的南疆铁路纷纷建成，祖国大地东南西北中的旧铁路线得到修复延伸，新铁路建设如火如荼，保证了辽阔祖国大地上跨区域的要素资源流动。与此同时，新中国还在敌对国经济封锁下于 1952 年制造出第一台蒸汽机车、1958 年研制出出中国第一列内燃动车组和第一台电力机车。

3. 1959—1979 年，铁路建设规模进一步扩大

20 世纪 60—70 年代，中国铁路重点在中东部地区一些繁忙干线增建二线、集中力量加速西部地区铁路建设，并组织 30 万铁路职工和铁道兵开展西南铁路大会战，建成了一批重要干线和枢纽，此外电气化铁路和路网结构均有巨大进步。

由京汉和粤汉铁路构成的全长 2300 公里的京广铁路于 1969 年开通武昌至衡阳二线、1971 年开通北京至武昌二线，京沪铁路中津浦、沪宁铁路铁路二线分别于 1977 年和 1978 年开通运营。中国第一条一次建成的电气化铁路阳安铁路于 1976 年 9 月开通运营，此外石太铁路二线、太焦铁路等线路均建成，宝成铁路等也实现全线电气化贯通。至 1978 年，全国铁路营业里程达到了 51707 公里，路网框架基本形成，铁路年客运量达到 8.1 亿人，是 1949 年的 7.9 倍。

20 世纪 60—70 年代，我国对西南、西北等内陆地区开展被称为三线建设的大规模重工业建设，成昆铁路、川黔铁路、贵昆铁路、湘黔铁路、襄渝铁路和焦柳铁路等铁路线的修建成为这次大规模后方建设的重要组成部分。

武汉和南京两座长江大桥

作为新中国成立后在长江上修建的第一座公铁两用桥，武汉长江大桥被称为"万里长江第一桥"，是苏联援华 156 项工程之一，于 1955 年 9 月动工、1957 年 10 月正式通车，将京汉铁路和粤汉铁路连为一体，从而形成了完整的京广铁路。

作为长江上第一座中国自行设计建造的公铁两用桥，南京长江大桥 1960 年开工，1968 年 12 月建成通车，连接津浦铁路与沪宁铁路干线形成京沪铁路，是当时世界上最长的双线公铁两用特大桥，由中国自行设计建造，采用一系列新技术，在中国建桥史上具有里程碑意义，有"争气桥"之称。

4. 1979—1999 年的铁路建设大会战和试建高速铁路

20 世纪 80—90 年代，我国分别组织开展了"南攻衡广、北战大秦、中取华东"为主要内容的铁路建设大会战，和以"强攻京九、兰新，速战宝中、侯月，再取华东、西南，配套完善大秦"为主要内容的铁路建设大会战，建成了第一条双线电气化重载铁路——大秦铁路；20 世纪 90 年代还实施了大战西南、强攻煤运、打通限制口、配置大干线战略，进行了南疆、西安安康、内昆、渝怀、宁西（西合段）等新线建设和株六、新菏兖日的二线建设，一次建成里程最长的铁路干线——京九铁路。1997 年香港回归祖国后，北京、上海至香港九龙开行直通旅客列车。

这一阶段，我国铁路牵引动力构成发生根本性变化，跨入内燃和电力牵引为主的时代，改变了改革开放初期蒸汽机车占机车比重近 80% 的状况；微波、卫星、光纤、程控等先进通信技术和计算机技术在铁路运行中得到运用；主干线旅客列车推广扩编成套技术，相当于多开通数十辆旅客列车。[①]

20 世纪 90 年代我国开始试建高速铁路，其中第一条准高速铁路广深铁路于 1994 年 12 月建成投入运营后的最高运行时速达到 160 公里，之后原铁道部于 1995—1996 年在沪宁、京秦、沈山、郑武线等繁忙干线组织了客车时速 160 公里大规模提速试验，并在 1997 年和 1998 年于北京铁道环形试验、郑武线旅客列车提速试验中获得 212 公里、240 公里的最高试验时速。

5. 进入 21 世纪，高速铁路时代逐渐开启

我国规模建设高速铁路，使动车高铁有了奔驰的舞台。中国是第一个人均 GDP 低于 7000 美元但已经投资开发综合高铁网络的国家，高铁使中国城市之间时间距离变得更短[②]（毕竞悦，2018），带动了资源要素更加便捷充分地跨地区配置，为中国经济发展、人民生活水平提升不断发挥了重要作用。

在规划方面，2004 年 1 月国务院常务会议讨论通过了《中长期铁路网规划》，2008 年国家批准了《中长期铁路网规划（2008 年调整）》，提出了建设以“四纵四横”为主骨架的高速铁路网。2016 年 7 月 13 日，结合发展新形势新要求制定的《中长期铁路网规划》又提出构筑以“八纵八横”主通道为骨架、区域连接线衔接、城际铁路补充的高速铁路网。根据规划不断建设的高速铁路使得我国高铁版图不断扩充、密集的高铁网络连接祖国各地。

在高速铁路建设方面，2002 年 12 月 31 日建成的秦沈客运专线（秦皇岛—沈阳），是中国自己研究、设计、施工的，达到开通时速达 200 公里、基础设施预留 250 公里 / 小时高速列车条件的第一条铁路客运专线，为大规模建设高速铁路奠定了基础。此后，中国铁路建设不断在高速铁路建设和高速动车组运行时速上创造中国奇迹：第一条设计时速 350 公里的高速铁路——北京至天津城际铁路；世界上第一条高寒高

---

① 张静如：《中国当代社会史：1978—1992》，湖南人民出版社 2011 年版。

② 毕竞悦：《1978—2018 中国四十年社会变迁》，清华大学出版社 2018 年版。

速铁路——哈尔滨至大连高速铁路；世界上首条热带地区环岛高速铁路——海南环岛高速铁路等纷纷建成。2017 年 7 月宝兰高铁正式开通运营后，与郑徐高铁、郑西高铁、西宝高铁以及兰新高铁连通，使徐州至乌鲁木齐段全线贯通，将西北地区全面融入全国高速铁路网，形成横贯东中西地区、长达 3000 多公里的高铁"丝绸之路"。

在列车速度方面，2002 年 11 月 27 日"中华之星号"动车组在秦沈客运专线试验段的最高时速达到了 321.5 公里，创造了当时中国铁路第一速度。2006 年 7 月胶济线提速试验中旅客列车最高试验速度达到 252.9 公里每小时。京沪高铁在 2010 年 12 月 3 日创造了超过客机起飞速度的 486.1 公里 / 小时运营列车试验新纪录。

除高速铁路建设外，我国这一时期还以中西部和贫困地区铁路建设为重点，加强新线建设和投资，为促进国土开发、扶贫开发和边疆建设，实现区域协调发展和新型城镇化战略发挥了重要作用，拉日铁路、大同至西安铁路太原至西安段、包西铁路通道、太中银铁路、贵广铁路、向莆铁路、湘桂铁路、南广铁路、云桂铁路南宁至百色段和昆明至百色段等纷纷建成，青藏铁路的全面运营更是标志着我国省级行政单位全部远离不通铁路的时代。

（二）中国民航发展概况

自"两航起义"和"八一开航"，新中国民航发展同新中国经济社会发展息息相关。七十年来，中国民航建设让机场遍布全国，航线密布国内外……人民群众正切实感受着航空业发展成就给出行生活带来的种种便捷。

1. 看数字感受民航之巨变

新中国成立后，我国航空工业亟待恢复和发展。而在特定历史环境下为保证军事力量壮大，民航在新中国成立后很长时间内并没有太明显的发展。从图 4.2 呈现的民航航线里程变化情况来看，自 1950 年至 1979 年，全国民航航线仅增加不足 15 万公里，而经过 40 年改革开放，我国民航航线里程在 2018 年已达 837.98 万公里，是 1950 年的 735 倍有余、是 1978 年的 56.28 倍，若按重复距离计算的航线里程更高达 1219.06 万公里。

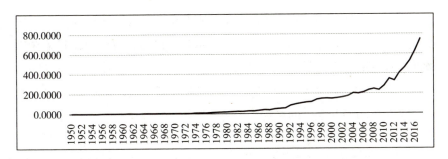

图4.2 民航航线里程（2011年后改为定期航班航线里程，单位：万公里）

从如图4.3所示的航线和飞机数量来看，我国民航航线自1979年后迅速增加，由1979年的174条增加至2018年的4945条，增加了27倍多。国际民航航线数量日益增加，人民群众乘民航出国数量和增速逐渐增加；我国民航国际航线从1979年的15条，在1992年增至58条，1997年突破百条达109条，2004年突破200条，2017年已达849条。民用飞机架数从1981年的396架增加至2018年的6134架，增加了14.49倍。

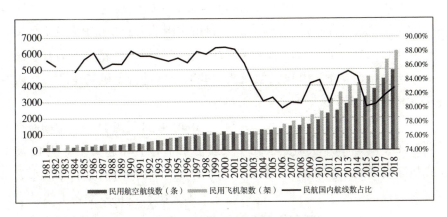

图4.3 民航航线数量和飞机架数

如图4.4所示，我国定期航班通航民用机场数量由1984年的88个增加至2018年的233个，而2018年我国境内民用航空（颁证）机场已达235个（不含香港、澳门和台湾地区），定期航班通航城市230

个。①快速增加的机场数量改变了个别城市拥有机场的局面，大量中小城市也有了自己的机场。截至 2017 年底，民用机场服务已覆盖全国 88.5% 的地市、76.5% 的县，初步形成了以北京、上海、广州等国际枢纽机场为中心，省会城市和重点城市区域枢纽机场为骨干，以及其他干支线机场相互配合的格局②。

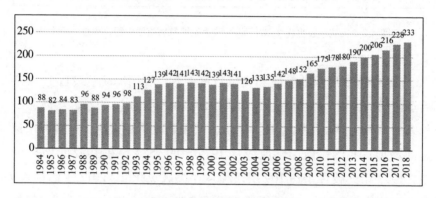

图 4.4　民用航班飞行机场数（个）

2. 1949—1978 年，新中国民航事业奠基起步

新中国成立后，原国民党政权控制的中国航空公司和中央航空公司一众飞行员自香港起义，驾机飞回社会主义祖国，让新中国拥有了民航飞机，帮助新中国开设民航航线。此后我国进行了机场建设、飞机引进和研制建造等。

（1）"两航起义"与"八一开航"。1949 年 11 月 9 日，原中国航空公司（中航）和中央航空公司（央航）在香港宣布起义，总计 12 架飞机陆续飞抵北京和天津，史称"两航起义"。1950 年 3 月，中央军委民航局根据"小飞"方针，提出业务上不大搞、飞机不准备大飞，为战争损坏的地面设备进行必要修补，机构设置以维持工作为原则。1950 年 8 月 1 日，新中国正式开飞天津—北京—汉口—广州航线和天津—北京—汉口—重庆航线，新中国民航最早的国内航线由此正式开通，史

---

① 数据来源于中国民航局 2019 年 3 月 5 日发布的《2018 年民航机场生产统计公报》。
② 张毓书：《改革开放 40 年交通运输取得辉煌成就》，《人民交通》2019 年第 1 期。

称"八一开航"。此后多条国内国际航线开辟，其中 1956 年北京至拉萨航线试航成功、北京—莫斯科—布拉格直达航线开航，北京逐渐成为全国民航事业枢纽。

（2）民用机场建设。1953—1957 年"一五"计划期间我国重点建设了天津张贵庄机场、太原亲贤机场、武汉南湖机场和北京首都机场，其中新建北京首都机场是新中国成立以来兴建的第一个大型民用机场，新中国民航从此有了功能较为完备、条件较好的民用机场和基地。20 世纪 50—60 年代重建和扩建的上海虹桥机场和广州白云机场相继启用，进一步改善了国内民航运输条件。但整体而言，从 20 世纪 50 年代到 1978 年，我国民航的发展比较缓慢，基本建设投资仅 24 亿元左右（年平均投资不足 1 亿元），先后新建、扩建了北京、上海、广州、天津、西安、太原、哈尔滨、乌鲁木齐、兰州、成都、南宁、武汉等 20 多个机场，使航班运行机场达到了 70 多个（其中军民合用机场 36 个）（蒋作舟等，2003）。

3. 1978—2000 年，机场建设蓬勃发展，先进飞机持续引进

（1）改革开放以后，机场建设蓬勃发展。1984 年首都机场二次扩建工程结束使我国拥有了两条跑道的民用机场。"七五""八五""九五"期间，各地集中力量抓重点机场建设：省会等城市机场得到建造和改扩建，一些小型机场的建设也改善着各地民航条件；"八五""九五"期间民航基本建设投资和技术改造投资分别高达 122.07 亿元、60.87 亿元和 680 亿元、126 亿元；1999 年建成并通航的上海浦东机场更是使我国第一次出现了"一市两场"的格局。总体来看，这一阶段机场建设技术水平不断提高；航站区作用日渐明显；与机场相关的设施开始逐步完善；机场建设和发展更注重统筹规划；机场建设发展融资由国家包揽逐步转变为中央、地方及利用外资等多种渠道，推动了民用机场建设体制的改变[①]。

（2）飞机设备取得长足进步。改革开放初期，"运十""运七""运

---

① 蒋作舟、高金华、宿百岩:《航空百年民用机场的建设和发展》,《中国民用航空》2003 年第 3 期。

十二""新舟 60"等国产干线和支线客机研制取得成功的同时，我国还同美国麦道公司等合作生产民用飞机，并购买引进或以融资租赁等方式引入美国波音、空客等大型中、远程宽体式喷气式飞机来为航线的增加和运能的提升提供保障。

4. 21 世纪以来机场建设和飞机研制取得新成就

（1）机场建设质量和规模不断提升扩大。截至 2017 年底，我国年旅客吞吐量 1000 万人次以上的运输机场已达 32 个、2000 万人次以上机场 19 个、3000 万人次以上机场 10 个，2019 年国庆前将通航的北京大兴国际机场更是将达到年吞吐量 4500 万人次以上，2017 年我国大陆境内运输机场航站楼总面积达近 1239 万平方米。沥青玛蹄脂碎石混合料、机场场道辅助设计系统、建筑信息化模型、机场仿真运行模拟技术、自融雪等先进技术也已应用到我国机场建设和管理中。我国机场建设和管理理念更是由"重数量、争规模、求速度、轻管理"逐步转变为"重质量、求实际、争效益、重管理"，机场的准公共基础设施属性更为突出，布局更合理，整体安全管理水平更高。

（2）国产飞机研制制造取得重大成就，喷气式支线干线飞机纷纷试飞成功。2007 年 12 月，中国首架自主知识产权的新支线喷气客机 ARJ21-700 总装下线，并于 2015 年作为国产喷气支线客机首次投入中国民航服役；2010 年 3 月 18 日，中国首架大型民用直升机 AC313 首飞成功；2017 年 5 月，国产大飞机 C919 在万众瞩目之下，于上海浦东机场完成首飞。

（三）中国公路发展概况

公路运输机动灵活，替代性强，串联起各省、各地市、各县、各乡镇乃至各村，在推动各地区间要素流动、促进地区间经济发展等方面发挥着积极作用。新中国七十载历史，中国公路逐步形成以国道主干线为骨架、省道与经济干线公路为主干、县乡道路为基础的纵横交织的公路网，公路等级水平大幅提升，特别是高速公路发展尤为迅速。

1. 看数字感受公路之巨变

通过图 4.5 可直观感受到我国公路建设的巨大变化：1949 年全国公路总里程仅 8.08 万公里，且有路面的公路更是仅 3.2 万公里，1979

年刚刚改革开放后的公路里程也仅为 87.58 万公里，但也基本上实现了"社社通公路"的目标。2004 年公路里程已增加至 187.07 万公里，是 1949 年的 23 倍多，是 1979 年的 2 倍多。2005 年开始将村道纳入统计后，2018 年全国公路里程已达 484.65 万公里，较 2005 年的 334.52 万公里增加 150.13 万公里。

《中华人民共和国公路法》将公路按其在公路路网中的地位分为国道、省道、县道和乡道，并按技术等级分为高速公路、一级公路、二级公路、三级公路和四级公路。1979 年开始统计等级公路后，等级公路占公路里程的比重总体递增，我国等级公路至 2017 年已达 433.86 万公里，占公路总里程的 90.89%，远高于 1979 年的 57.82%。自 2005 年开始将村道计入统计数据后，等级公路比重有所下降，但是随着公路建设的高标准，包含村道的公路中的等级公路比重也越来越高，意味着公路建设标准和质量越发提升，公路出行的基础设施越发优异。

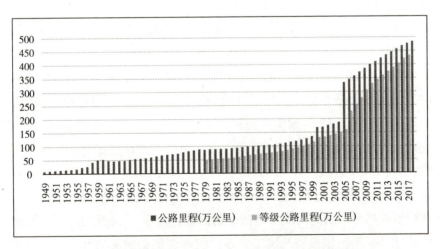

图 4.5　中国公里里程发展情况（2005 年起公路里程包括村道）

自 1988 年我国拥有第一条高速公路沪嘉高速开始，高速公路建设稳步推进，用十一年时间在 1999 年突破 1 万公里大关达 1.16 万公里，2002 年则破 2 万公里大关达 2.51 万公里、2004 年突破 3 万公里、2005 年突破 4 万公里，至 2018 年已快速增加至 14.26 万公里，2011 年、

2012 年和 2015 年均比前一年增加 1 万余公里，建设速度之快世界罕见。

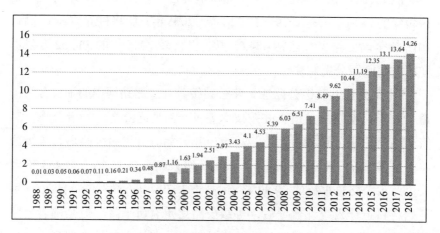

图 4.6　高速等级路公路里程（万公里）

2.1949—1978 年，恢复到快速发展

新中国之初，面对遭受战争损坏的 7.5 万公里公路，新成立的公路管理机构发动群众抢修战争破坏的公路、桥梁和渡口，在 1949—1952 年全国即修复公路 2.3 万余公里，并在西南和西北新建一系列公路，改善了全国公路布局，三年间将公路里程从 8.08 万公里增至 12.67 万公里；1953—1957 年则实现公路通车里程增加一倍，其中于 1957 年建成世界海拔最高公路——新藏公路。随后我国在西部地区和跨越大山川方面取得进展，包括 1968 年 12 月通车的南京长江大桥公路桥、付出 2000 多名军民生命于 1969 年全部建成通车的川藏公路、1976 年建成的跨越金沙澜沧两江和横断山的滇藏公路等。"文化大革命"期间公路建设采用国家投资与民工建勤、民办公助相结合的办法，加快了公路建设，十年时间增加公路近 31 万公里主要通往边境、交通闭塞和经济欠发达地区的公路。[1] 我国公路里程经近三十年建设已达 89 万公里，但其中 41.3% 是等外路，而等级公路中单车道的三、四级公路占

---

① 《中国经济发展史》编写组：《中国经济发展史（1949—2010）》（套装 1—6 卷），上海财经大学出版社 2014 年版。

97.5%，国道平均行车时速不到30公里，公路运输严重制约着经济运行和百姓出行。

3. 1979—2000 年，快速发展的公路运输

改革开放后，我国公路建设规模逐渐扩大，等级也逐步提升。1982 年从四川省眉山县传出"要想富，先修路"的说法，也反映着将道路基础设施建设作为发展经济的首要考量（毕竞悦，2018）。经济社会快速发展的大环境下，为保证公路基础设施建设，我国在改革开放指出采用了包括提高养路费率、征收车辆购置附加费作为公路建设专项基金、允许集资贷款修建的路桥隧收取车辆过路费、"以工代赈"修县乡公路、争取世界银行贷款等措施。"小路小富，大路大富，高速公路先富"成为民谚广为流传（张静如，2011）。到 1990 年底，除西藏墨脱县外的全国全部 2200 多个县（市）和 90% 以上的乡镇都通了公路；2000 年末全国高速公路里程已达世界第三位。

公路建设，规划先行。1981 年原国家计划委员会、国家经济委员会和交通部印发《国家干线公路网（试行方案）》，明确国道由"12 射（以北京为中心的放射线国道）、28 纵（南北纵线国道）、30 横（东西走向横线国道）"共 70 条路线组成，总规模约 11 万公里。随着改革开放的推进和经济社会的发展，社会对交通的需求迅速增加，大多数干线公路、城市出入口和沿海发达地区堵车、压港现象严重，交通部于 20 世纪 80 年代末又提出"五纵七横"12 条路线（含支线）的规划布局方案。

4. 进入 21 世纪以来，公路建设增量提质

（1）公路网络规模和等级不断扩大提升。经过近 15 年的建设，总规模约 3.5 万公里的"五纵七横"国道主干线于 2007 年底贯通，且高速公路占 76%、一级公路占 4.5%、二级公路占 19.5%，连接起首都、各省省会、直辖市、经济特区、主要交通枢纽和重要对外开放口岸，覆盖了全国所有人口在 100 万以上的特大城市和 93% 的人口在 50 万以上的大城市。2004 年底印发的《国家高速公路网规划》更进一步明确国家高速公路网由"7 射、9 纵、18 横"等路线组成（简称为"7918"网），服务对象进一步扩展到所有 20 万人以上城市、国家 4A 级旅游景

区城市等，规划技术等级全部为高速公路。2013 年 5 月印发的《国家公路网规划（2013—2030 年）》作为今后公路交通基础设施的中长期布局规划，更是提出实现"首都辐射省会、省际多路连通，地市高速通达、县县国道覆盖"，其中普通国道网由"12 射、47 纵、60 横、81 联络线"组成；国家高速公路网由"7 射、11 纵、18 横"组成。

（2）农村公路建设取得历史性突破。"十五"期间（2001—2005年），我国启动了规模宏大的农村公路建设工程，其中 2003 年交通部提出"修好农村路，服务城镇化，让农民兄弟走上沥青路和水泥路"的发展目标。之后，我国对农村公路建设和养护给予了充分保障。

在过去的五年，我国通过实施西部通县油路工，共建成通县油路 2.6 万公里，惠及 17 个西部和中部省份、133 个地州市、1100个县市区，西部地区目前基本实现县县通油路。全国乡镇、建制村通公路率分别达到 99.8% 和 94.5%，10 个省实现乡乡通油路，3个省基本实现村村通油路。

——《"十五"期间全国农村公路建设完成投资 4178 亿元》，中央政府门户网站，2006 年 1 月 17 日（来源：《光明日报》）。

全国乡镇、建制村通公路率分别达到 99.8% 和 94.5%；乡镇客车通达率达 98%，建制村通车率达 81%……加快革命老区、民族地区、边疆地区、贫困地区以及粮食主产区农村公路建设，加强农村公路渡口、渡船改造，大力发展农村客运……全国 290 万公里农村公路中，能保证常年养护的只有 30%，绝大部分只能维持简单的季节性养护和临时突击养护。

——《我国全面推进新时期农村公路建设》，载《人民日报》2006 年 2 月 23 日第 4 版。

十年来，交通运输部党组按照党中央、国务院的部署要求，提出"让农民兄弟走上油路和水泥路"的目标，集中力量加快推进农村公路发展，相继组织实施了乡镇、建制村通达、通畅工程，以及商品粮基地公路、革命圣地公路、扶贫公路、红色旅游公路、农村渡改桥、危桥改造、安保工程、乡村客运站点建设等专项工

程，推动农村公路建设实现了跨越式发展……农村公路基本实现了
"有路必养"，全国平均优良路比例达到 58%，中等路以上比例达到
76%……农村公路总里程达到了 377 万公里，乡镇和建制村通沥青
（水泥）路率分别达到 97% 和 88%……全国乡镇和建制村通客车率
分别达到 98% 和 91%。

　　——《推进农村公路建设　更好保障民生》，载《人民日报》
2014 年 5 月 19 日第 15 版。

　　党的十八大以来，全国新改建农村公路 159.7 万公里，农村公
路总里程达 405 万公里，通硬化路乡镇和建制村分别达到 99.64%
和 99.47%，建制村通客车率达到 96.5%，农民群众的获得感显著增
强……截至 2018 年底，405 万公里的农村公路总里程中，硬化率
都已经达到 99% 以上

　　——《为农民群众脱贫致富奔小康提供更好保障》，载《人民
政协报》2019 年 3 月 30 日第 2 版。

　　到 2005 年在全国乡镇间织造起的庞大密集的网络，使乡镇层面再
无出行障碍。2014 年农村公路总里程就达到了 377 万公里，2005 年提
出的到 2020 年建成 370 万公里农村公路的目标至少提前 6 年即实现。
乡镇和建制村的客车通达率不断接近 100%，公共交通惠及村镇。在实
现道路通镇、通村后，农村公路养护也逐渐得到重视，从 2006 年仅
30% 保证常年养护到 2014 年农村公路基本实现"有路必养"，且道路
质量不断提升，到 2018 年底，基本所有农村公路均以实现道路硬化。
2015 年发布的《关于推进"四好农村路"建设的意见》进一步要求把
农村公路建好、管好、护好、运营好，着力从"会战式"建设向集中
攻坚转变、从注重连通向提升质量安全水平转变、从以建设为主向建
管养运协调发展转变、从适应发展向引领发展转变。
　　（3）公路基础设施建设管理技术创新不断取得进展。我国在公路
建设和管理养护方面克服一个个技术难题，在特殊地质路基、重载路
面、隧道、桥梁等领域，在世界公路建设史上留下一个个光辉记录：
润扬长江大桥、南京长江三桥、杭州湾大桥、港珠澳大桥、北盘江大

桥等等桥梁建设技术水平均跻身世界前列，甚至引领世界相关技术发展；地理信息系统、遥感、全球定位系统、建筑信息模型、全断面隧道掘进机、盾构技术等的应用帮助我国公路隧道建设不断取得突破；我国还客服冻土、沙漠、膨胀土等特殊地质条件，建设了包括贯穿天山的赛果高速公路，被誉为云端上的高速公路、世界环境最恶劣、工程难度最大、科技含量最高的山区高速公路之一的雅西高速公路，拉林高等级公路等等地处崇山峻岭、跨越无人区的多条公路等。

（四）中国水上客运发展概况

我国境内水路运输主要集中于南方长江、珠江和淮河等水系，长江干线已成为世界水运最为繁忙和运量最大的河流之一。我国水路运输主要承担运量大、运距长、时间性要求不高的货物运输，在客运方面，主要作用发挥于轮渡等短途旅客运输、旅游景点观光和远洋邮轮等方面。新中国成立七十年来，我国水路交通在疏浚河道、开通航线、下水客轮等方面取得一些重要成就。

1. 看数字感受水路客运之巨变

新中国成立前夕，我国内河通航线路集中于长江中下游 6 省和广东、广西等省区，内河航道里程仅 7.36 万公里，占全国河道总长不过17.8%。经过十年多建设，我国内河航道里程在 1960 年达 17.4 万公里，随后由于水资源利用侧重点偏向于水利水电，在河道建设起众多闸坝，通航里程有所缩短，到 1979 年仅 10.78 万公里通航里程。改革开放后，随着对航道的整治和水利枢纽船闸的建设，我国内河通航里程得到恢复发展，到 1994 年达到 11.02 万公里，在稳步发展中，我国内河航道里程在 21 世纪后保持稳步增长，到 2018 年底已实现通航里程 12.71万公里，但 2017 年 12.7 万公里通航里程中，一级航道和二级航道仅5500 余公里，六级航道和七级航道达 3.5 万公里、等外航道为 6.09 万公里。

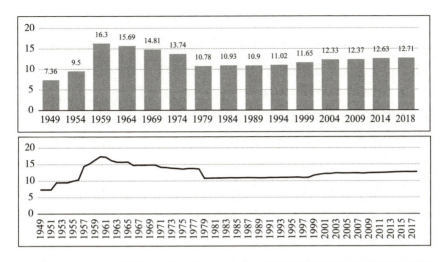

图 4.7　内河航道里程（万公里）（2004 年起内河航道里程为内河航道通航里程数）

2. 1949—1979 年，恢复后的初步发展

新中国成立后，我国对长江干线、京杭运河苏北段、珠江、松花江、湘江、赣江等重要通航河流进行疏浚整顿，清理淤积和沉船。20 世纪 50 年代对川江航道进行的治理实现了夜间通航，1958 年后对京杭运河苏北段的整治实现了全部渠化通行，改变只能通航 30 吨轮船的状况。同时，通过在河运干线设置内河航务电台，改善了航道通信联络，强化了指挥调度。"二五"时期我国内河航道建设贯彻"全面规划、综合利用、远近结合、洋土并举、逐步提高、先通后畅、由线到网、四通八达"的方针，掀起以京杭运河扩建工程为重点的内河航道建设高潮，在长江、珠江、松花江、汉江、湘江等主要航道河流敷设了电气灯标、炸毁其中险滩，内河通航里程在 1960—1961 年达到历史最好水平。随后由于水资源综合利用重水电轻航运，碍航闸坝纷纷修筑，加之"文化大革命"的冲击，我国内河航道里程减少，通航条件恶化[1]。

新中国成立初期，我国对造船业实行修旧利废、改造旧船的同时，也开始自行设计建造客货船，并引进国外远洋客轮。1954 年设计建造

---

[1] 《中国经济发展史》编写组：《中国经济发展史（1949—2010）》（套装 1—6 卷），上海财经大学出版社 2014 年版。

的川江客货船"民众"号首次使用我国设计的电动液压舵机，20 世纪 50 年代末"江蓉"型客货船建成，终年航行于川江；上海船舶修造厂建造的长江下游大型客货船首制船"东方红 11"号于 1975 年元月首航汉口港。1955 年 11 月我国独立设计制造的新式小港海轮"民主十号"下海，两个月后其姊妹轮"民主十一号"也建成下水，更大型的沿海客货船"民主十四号""民主十八号"也陆续下水。而 20 世纪 60 年代至 70 年代建造的"工农兵 2 号"和"长征"型大型海洋客货船则帮助实现了跨海湾旅客运输。远洋客轮方面，20 世纪 60 年代从国外买进后来的"光华"轮，于 1961 年 4 月从黄浦江畔开启处女航，远洋豪华客轮"耀华""明华"等也陆续交付我国使用。

3. 改革开放后稳步发展的水运交通

（1）航道建设稳步推进。改革开放后，我国对长江干线、京杭大运河、西江和一些支流进行了整治。20 世纪 90 年代对长江沿线重庆、芜湖等客运码头、客运站以及水运通信系统的完善改造进一步提升了水运管理和航运基础设施水平。2007 年发布的《全国内河航道与港口布局规划》规划在水资源较为丰富的长江水系、珠江水系、京杭运河与淮河水系、黑龙江和松辽水系及其他水系，形成长江干线、西江航运干线、京杭运河、长江三角洲高等级航道网、珠江三角洲高等级航道网、18 条主要干支流高等级航道（两横一纵两网十八线、简称 2—1—2—18）和 28 个主要港口布局，规划内河高等级航道约 1.9 万公里（约占全国内河航道里程的 15%），其中三级及以上航道 14300 公里，四级航道 4800 公里，分别占 75% 和 25%。截至 2017 年底，我国已初步建成了以"两横一纵两网十八线"为主体的内河航道体系。

（2）我国水路运输与陆路运输相衔接。在 21 世纪后，我国通行铁路轮渡，实现跨渤海湾和跨琼州海峡的铁路运输，其中 2004 年 12 月，中国首条跨海铁路——粤海铁路通道正式开通客运，在此之前，"粤海铁 1 号"火车渡轮作为中国第一艘自行设计、自行建造的跨海火车渡船已正式投入运营；我国目前最长跨海铁路轮渡，北通旅顺支线连接哈大铁路、南通蓝烟铁路与山东铁路衔接，于 2006 年 11 月开始试运营。在重庆、上海、南京、武汉、青岛等跨河流和海湾城市中，轮渡依然是连接水域两侧的重要客运工具，但由于过江、过河、跨海湾的隧道桥梁建成通车，轮渡的作用也日渐弱化。

（3）水路运输旅游用途日益凸显。内河航线的旅游线路逐渐增多，长江、珠江等主要河流上游船往来，也带动了沿线旅游市场发展。海洋客运方面，自 2006 年歌诗达邮轮公司"爱兰歌娜"（Costa Allegra）号邮轮从上海启航，开通从上海至日韩真正意义上的中国沿海现代邮轮的始发港航线，我国邮轮产业迎来十年多的快速发展期。

中小型邮轮将实现"中国造"

近年来，中国邮轮旅游市场呈现爆发式的增长，十年间乘客人数从不足 1 万人猛增至去年的 212 万人，年均增速超过 40%，目前已成为亚洲最大的邮轮旅游市场。

——载《人民日报海外版》2017 年 4 月 4 日第 1 版。

2017 年全年，中国邮轮港口接待邮轮总量达到 5807 艘次，接待出入境游客量达到 1813.54 万人次，其中接待母港邮轮 3720 艘次、出入境游客量 1482.82 万人次（约 741.41 万人次客源量），访问港邮轮到 2087 艘次、游客 330.72 万人次（约接待国外游客 125.36 万人）。[①]并且我国沿海积极建设现代化邮轮港口，为邮轮产业发展提供基础设施支持。2018 年 9 月发布的《关于促进我国邮轮经济发展的若干意见》进一步提出把我国邮轮市场建设成为全球最具活力市场之一。

（五）城市交通发展概况

新中国成立七十载，城市交通在道路建设、公共交通工具发展等多方面取得明显成就，道路数量和质量快速提升，公共交通线路不断充实。

---

① 数据来源于 2017—2018 中国邮轮港口发展年度报告，https：//www.sohu.com/a/222119807_100002900。

1. 1949—1978 年，交通状况初步改善

新中国成立前，城市道路交通设施极其落后，1949 年有公共交通设施的城市仅有 27 个，拥有公共汽（电）车 2299 辆、全年客运总量 5.08 亿人次[①]，平均每天每辆车需运载 600 多人次。全国城市道路长度也只有 1.1 万公里、面积 8431.6 万平方米，路面狭窄且质量较低。1965 年全国城市道路长度首次突破 2 万公里（2.4 万公里），但到 1976 年仅增至 2.65 万公里；城市道路面积同城市道路长度基本保持相同幅度变化，道路仍然较窄。

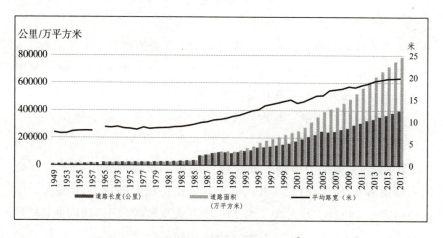

图 4.8　城市道路建设情况[②]

新中国成立后，在大力恢复和发展总体交通事业的浪潮中，城市公共交通得到一定程度恢复和发展。从图 4.9 来看，作为城市主要非人力交通工具，城市公共汽（电）车数量不断增加，由 1949 年末的 2292 辆增至 1978 年末的 25839 辆，增长了 10 倍多，其中北京市公交职工在 1949 年 10 月修复百余辆有轨电车机车，保证了首都公共交通的

---

① 数据来源于国家统计局庆祝新中国成立 60 周年专题分析《系列报告之十：城市社会经济发展日新月异》。

② 2017 年数据来源于国家统计局网站；1978—2016 年数据来源于《中国城乡建设统计年鉴》（2016）；1978 年以前数据来源于中国经济与社会发展统计数据库；平均路宽为计算（道路面积／道路长度）得到。

畅通；为解决有轨电车诸多弊端，北京市大力发展无轨电车，并在石油短缺情况下开发出以木炭和煤气为燃料的公交车，公交车顶驮气包成为那个时期的街头一景。我国还尝试进行地铁建设：毛泽东于20世纪50年代意识到从战备和民用角度都要倡导北京要搞城市地下铁道，并且指出"不仅北京要搞，很多大城市也要搞"，之后北京地铁一期工程于1965年7月开工、1969年10月1日完工，使北京早于香港、首尔、新加坡、旧金山、华盛顿等城市拥有了地铁线路，但仅可凭单位介绍信在各车站购内部票；天津地铁1号线作为天津最早地铁线路，也于1970年6月动工、1976年1月试通车。

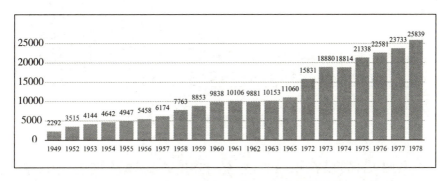

图4.9 1949—1978年末公共汽（电）车运营数（辆）①

2. 1978—2000年，城市交通建设蓬勃发展

随着改革开放的不断深入和城镇居民家庭生活水平的提高，从20世纪80年代开始，城市居民出行可更加多元化地选择公交、地铁、出租车甚至私家车，公共交通工具的增加让城市居民日常出行更为便捷。此外，城市交通设施进一步改善，城市道路等交通基础设施建设持续改善，城市主次干道、快慢车道、城市环行线和立交桥等现代化道路交通网络体系逐步建设，城市交通功能迅速提升。如图4.10所示，改革开放后我国城市道路建设速度明显加快，1978年底全国城市道路长度到1979年末增加1425公里，增加量超过前三年的总和，并在1993

---

① 数据来源于《新中国六十年统计资料汇编》。

年首次超过 10 万公里，达 10.49 万公里；至 2000 年全国城市道路达
159617 公里，已是 1949 年的 14.3 倍、1978 年的 5.9 倍。人均城市道
路面积则从 1978 年的 2.93 平方米，增加至 2000 年的 6.13 平方米。城
市道路建设不断推进中，城市交通基础设施不断得到优化，城市立交
桥、高架桥的建成使用让城市交通变得立体，城市交通空间得到更为
充分地利用。

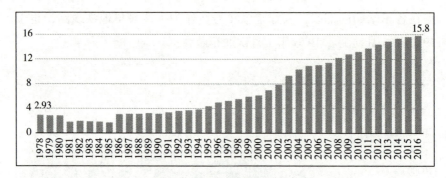

图 4.10　人均城市道路面积（平方米）[①]

　　从图 4.11 可以看出，1988 年全国公共交通运营车辆达 51718 辆，
已是 1978 年的两倍，十年间增加数量超过改革开放前 30 年的增长数量，
公共交通运营车辆正在不断方便城市人口出行。1999 年全国公共交通
运营车辆突破 20 万，达 20.99 万辆，其中轨道交通运营车辆已有 725
辆。城市出租车更是从 1978 年的 1628 辆，猛增至 2000 年的 82.57 万
辆，增加了 506 倍，特别是在社会主义市场经济体制改革后的 1993—
1997 年，年均增长量达 10 万辆左右。改革开放后，地铁为代表的城市
轨道交通建设渐次推开。除港台外，北京、天津、上海、广州四座大
城市也都拥有了自己的地铁线路。城市公共交通工具日渐多元且丰富，
人民出行方式选择也逐渐多元化、便捷化。

---

① 数据来源于中国经济与社会发展统计数据库；自 2006 年起，人均城市道路面积按城区人口
和城区暂住人口合计为分母计算。

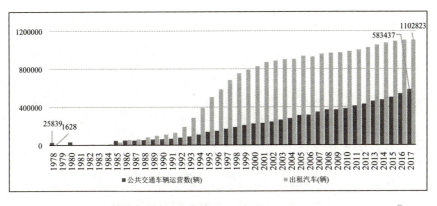

图 4.11 城市公共交通运营车辆和出租汽车数量（1978—2017 年）①

3. 21 世纪后，缓解城市道路的拥挤

新中国成立初期，甚至改革开放初期的人们很难想象城市道路会拥挤到车龙绵延数公里、快速路成停车场。21 世纪后，随着私家车数量不断攀升，城市道路即使越来越长、越来越宽，也难以承载越来越多的机动车保有量：2001 年全国城市道路已有 17.6 万公里，2011 年和 2017 年更是达 30.89 万公里和 39.8 万公里，而近 40 万公里的城市道路，面对 2018 年全国 61 个城市汽车保有量超过百万、26 个城市超 200 万、8 个城市超 300 万的现状也显然力不从心。因此发展城市公共交通已是必要选择：2017 年城市公共交通车辆运营数已有 58.34 万辆、出租汽车 110.28 万辆，公共交通客运总量达到 847 亿人次，分别是 2000 年的 2.58 倍、1.34 倍和 2.48 倍；各城市也针对自身实际进行城市交通规划，充分借助先进科学技术和管理方式，形成地面公交车、出租车、地铁轻轨相结合的公共交通体系网络。

---

① 1978—1984 年、1989 年、1991—1995 年数据来源于中国经济与社会发展统计数据库；其余年份数据来源为历年中国统计年鉴。

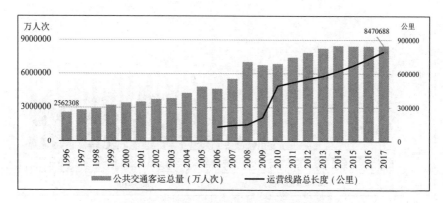

图 4.12　城市公共交通客运量及运营线路情况

　　在路面交通拥挤压力较大，而公交汽（电）车和出租车运载能力有限的情况下，城市轨道交通虽运营收入难抵建造和运营成本，但以速度快、载客量大等优势不断为大中城市拓展着城市交通空间。1996 年全国轨道交通运营车辆仅 518 辆、轨道交通运营线路总长度仅 57 公里，而到 2006 年，这一数字增加至 2764 辆和 621 公里，2017 年更达 28617 辆和 4570 公里。[①] 轨道交通运营线路占公共交通运营线路总长比重虽然仅从 2006 年的 0.49% 增至 0.57%，但是客运量占比却从 3.9% 快速增加至 21.76%，轨道交通日益成为城市客运主力军。在 20 世纪末中国大陆有四个城市拥有了地铁线路后，武汉、深圳、南京、成都、沈阳、佛山、重庆、西安、苏州、昆明、杭州、哈尔滨、郑州……纷纷建设起轨道交通和地铁线路。到 2019 年 4 月，已有东北至哈尔滨、西北至乌鲁木齐、东南到香港台北、西南到昆明成都等近 40 个城市开通了地铁线路，其中北京已运营 22 条地铁和快轨、上海已运营 17 条轨道（含磁悬浮）交通线路、广州运营 15 条轨道交通线路……城市内部和城市之间的轨道交通网络越发密布、联通。

---

① 数据源于国家统计局网站。

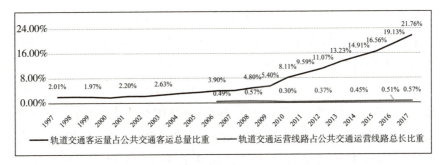

图 4.13　城市轨道交通在城市公共交通中作用

第二节　出行选择更多元

出行生活的多姿多彩的另一面，是人民群众出行的选择越发多元。铁路、公路、民航、水运四大交通方式的旅客运力和运量均发生着巨大变化：国家远途客运从依靠铁路，到依靠公路，到现在公路、铁路、航空基本三分天下，更彰显着经济社会发展给人民群众出行选择带来的正面效果。汽车工业发展和对外开放带来的私家车普及、客运车辆的革命式发展，蒸汽机车、内燃机车、电力机车、高速动车组接棒奔驰于绵延铁轨，民用航空真情服务越来越多的旅客……人民群众多元的出行选择更伴随着自主、快速、便利、舒适。

（一）各种交通方式旅客运量运力变化

新中国七十年的奋斗历程离不开铁路、民航、公路和水运交通建设所取得的巨大成就，我国旅客运输数量和结构发生着显著变化：民航对旅客运输贡献不断增加；铁路，特别是高速铁路的运输能力不断增大；水路运输能力波动中贡献逐渐缩小；公路运输在长期增加后对旅客运输贡献日渐缩小。

1. 旅客输送能力变化

从旅客运数量来看，1949 年各种交通方式总运输 1.37 亿人次，至 1978 年则达到 25.40 亿人次；改革开放后之后随着人口流动加速和交通事业发展，快速增加至 1989 年、1999 年、2009 年和 2018 年的 79.14

亿人次、139.44 亿人次、297.69 亿人次和 179.2 亿人次。区分交通方式来看：（1）民航变化最为突出，从 1950 年的 1.04 万人发展到 1978 年的 231 万人，再经过改革开放四十年发展，于 1988 年、1998 年、2008 年和 2018 年分别达到 1442 万人、5755 万人、1.925 亿人次和 6.1 亿人次。[①]（2）铁路运输客运量从 1949 年的 1.03 亿人次到 1978 年的 8.15 亿人次，之后逐渐增加至 1989 年的 11.38 亿人次、2004 年的 11.18 亿人次、2009 年的 15.25 亿人次和 2018 年的 33.7 亿人次，其中 20 世纪 90 年代较 80 年代末有明显下降，21 世纪随着铁路提速和高速铁路的运营发展，铁路旅客列车数量增加、发车频率提高、地区间列车联系增多，铁路运输客运量出现快速增加。（3）水运客运量在 1949 年为 1562 万人次，1962 年达到 16397 万人次，因内河航道建设让步于水利水电建设，水运客运量有所下降，在 1972 年重新超过 1962 年水平，达 17297 万人次；之后十五年的发展整体保持增长趋势，到 1978 年达到 23042 万人次，并在 1987 年达到历年最高的 38951 万人次；随后客运量再次下降，至 2003 年仅 17142 万人次；呈波动上升的水运客运量在 2018 年则达到 28000 万人次。（4）我国公路客运量在 2012 年前整体呈现快速增长的态势，此后出现明显下降，考虑我国公路统计出现几次口径变动，因此我国公路客运量出现几次"断点式"变化。从 1949 年 1809 万人次的客运量，到 2017 年 136.5 亿人次的客运量，我国公路运输客运量总体增加，但是自 2012 年我国公路运输客运量逐年减少，公路在旅客运输方面的作用出现下降。

从既反映客运量又反映运输距离的旅客周转量角度来看，1949 年全国旅客周转量仅 154.99 亿人公里，1959 年即达 711.70 亿人公里、1969 年"破千"达 1070.69 亿人公里；改革开放后，1979 年、1989 年、1999 年、2009 年和 2018 年全国旅客周转量分别达到 1968 亿人公里、

[①] 根据中国民用航空局《2018 年民航机场生产统计公报》，2018 年我国机场（不含香港、澳门和台湾地区）全年旅客吞吐量完成超过 12.64 亿人次，其中国内航线完成 11.38 亿人次（其中内地至香港、澳门和台湾地区航线完成 2872.7 万人次）、国际航线完成 1.26 亿人次；年旅客吞吐量 1000 万人次以上的机场达到 37 个，完成旅客吞吐量占全部境内机场旅客吞吐量的 83.6%，首都机场旅客吞吐量突破 1 亿人次，北京、上海和广州三大城市机场旅客吞吐量占全部境内机场旅客吞吐量的 23.3%。

6074.56亿人公里、11299.7亿人公里、27894.26亿人公里和34213.5亿人公里。旅客周转量经七十年发展取得明显增加，多种交通方式运输旅客的数量和距离都得到增加，运输时间不断缩短，人民出行也受益于运输能力的不断提升。（1）民航旅客周转量自新中国成立后呈现最为明显的增长趋势，改革开放前，民航旅客周转量仅从1950年的0.10亿人公里增加至1978年的27.91亿人公里，而随着改革开放不断深入，国内外航线不断扩展、航司业务不断深化，因客运量和运输距离飞速增长，2018年民航旅客周转量达10711.6亿人公里。（2）稳步增加和高铁普及的加速度，铁路旅客周转量在1949年仅130.01亿人公里，经铁路修复和建设，1953年翻倍达281.68亿人公里。1959年、1969年和1977年分别达517.21亿人公里、772.06亿人公里和1022.73亿人公里。改革开放后经几次铁路大会战和21世纪高速铁路建设，铁路长度和运行速度显著增加，我国铁路旅客周转量从1978年的1093.22亿人公里不断增加至1984年的2046.38亿人公里、1989年的3037.41亿人公里、1999年的4135.9亿人公里，并在2009年实现十年增加近一倍达7878.89亿人公里，2018年则高达14146.6亿人公里。（3）水运受航道建设维护存在波动，在20世纪80年代末90年代初之前，水运旅客周转量波动中上升，但是相较于其他三种交通方式的周转量而言，规模较小：1949年15.17亿人公里的周转量高于公路和民航，至1954年被公路超过，1959年、1969年和1978年达53.35亿人公里、74.71亿人公里和100.63亿人公里。改革开放后经十年发展到1988年达历史最高水平203.92亿人公里，此后整体下降，至1999年和2009年分别仅107.28亿人公里和69.38亿人公里，近十年稳定中稍显增加，2018年达到79.8亿人公里。（4）公路增加后出现递减，公路旅客周转量在2012年统计口径变化前基本呈单调增加态势，随后则缓慢递减。1949年7.96亿人公里的周转量仅高于民航，随着公路建设在祖国大地铺开，1959年、1969年和1979年已分别增加至139.71亿人公里、222.21亿人公里和603.29亿人公里。改革开放后随着高速公路建设、公路等级提升以及公路运输管理体制机制改革，1989年、1999年和2009年公路旅客周转量分别达2662.11亿人公里、6199.24亿人公里和13511.44亿人公里，并于 2012 年达历史高点 18467.55 亿人公里，此后逐年下降至 2018 年的 9275.5 亿人公里。

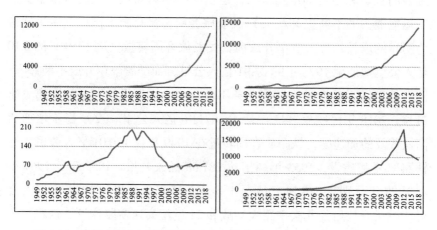

图 4.14　民航（左上）、铁路（右上）、水运（左下）、公路（右下）旅客周转量 （亿人公里）情况（1949—2018 年）①

2. 旅客运输结构的变化

铁路、公路、民航、水运四大交通方式建设取得巨大成就，推动了人民群众水陆空三维立体出行方式的进步，人们可以更加多元地选择以何种形式出行。图 4.15 是四种交通方式在旅客周转量结构的变化情况。铁路、公路、水运和民航四种交通方式的旅客周转量结构在 1949 年为 83.88∶5.14∶9.79∶1.19，1950 年为 88.51∶5.31∶6.14∶0.04，1978 年为 62.72∶29.91∶5.77∶1.6，公路占比上升明显，铁路水运下降，但铁路旅客运输直到 1990 年才下降至 50% 以下，结合铁路客运量变化，铁路相对公路在旅客运距和载客量等方面具有较为明显的优势。其后，在 1990 年到 2012 年，公路运输旅客周转量占比持续占主导地位，2012 年后则让位于铁路和民航，至今随着民航和高速铁路发展，2018 年铁路、公路、水运和民航四种交通方式的旅客周转量结构

---

① 从 1979 年起，公路运输包括社会车辆完成数量，从 1984 年起，还包括私营运输完成的数量，从 2008 年起公路运输量统计范围原则上为营运车辆；水路运输量统计范围为在交通运输主管部门审批、备案、从事营业性旅客和货物运输生产的船舶。

为 41.35：27.11：0.23：31.31，旅客周转量基本实现铁路、民航和公路"三分天下"的局面，水运旅客周转量占比已非常低。相比较可见，民航在客运量占比增加幅度不高而旅客周转率占比出现明显增加，其在长途运输方面实现旅客流动的作用日益明显。

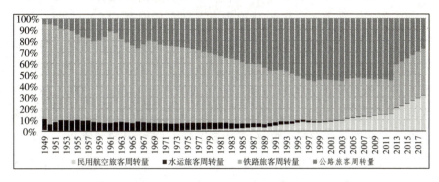

图 4.15　各种交通方式旅客周转量占比情况（1949—2018 年）

（二）日新月异的交通工具让距离不再遥远

七十年间，我国交通基础设施条件发生巨变的同时，交通工具的普及多元更让出行不再费神：民用汽车不断普及、列车不断提速提升舒适度、民航服务更加周到、公路运输工具越发先进安全，舟车劳顿之苦大大减小。

1. 民用汽车数量的增加

新中国成立到改革开放前的计划经济时期，由于商品统购统销和物资短缺等多方面因素制约，我国民用汽车数量长期较少，且变化不甚明显。1949 年全国民用汽车拥有量仅 5.09 万辆，其中载客汽车仅 1.71 万辆。随着新中国成立后开始着手筹建新中国的汽车工业，中国汽车行业开始步入初始阶段，第一汽车制造厂 1956 年 7 月生产了我国第一辆汽车、1958 年制造出新中国第一辆东风牌小轿车和第一辆红旗牌高级轿车，1966 年至 1970 年第三个五年计划期间为加快三线建设，第二汽车制造厂（十堰）、陕西汽车制造厂（西安）等汽车厂纷纷建成。汽车产量、车辆类型和民用汽车数量在改革开放前一段时间增加较快。

但载客汽车在 1959 年也仅 4.41 万辆，1969 年和 1978 年民用汽车拥有量达到了 37.16 万辆和 135.84 万辆后、载客汽车拥有量达 6.8 万辆和 25.9 万辆。人民群众依靠汽车出行略显困难。

改革开放后，我国汽车工业取得快速增长，合资生产、进口、自产了一批民用汽车，特别是载客汽车，大量家庭在拥有了一定经济基础后，购置了私家车。1989 年民用汽车拥有量增至 511.32 万辆，载客汽车达到 146.43 万辆，已分别是 1978 年的 3.76 倍和 5.65 倍，而且私家车数量也已达到 73.12 万辆，私人载客汽车达 20.28 万辆。到 1999 年，私人载客汽车增至 304.09 万辆，十年间增加近 14 倍；2009 年私人载客汽车更是达到 3808.33 万辆，十年间又增加了近 12 倍；2014 年私人载客汽车拥有量破亿后，2018 年达到 1.89 亿辆。民用载客汽车，特别是私有载客汽车数量增加的同时，越来越多不同类型车辆可供消费者进行选择，无论是国产还是进口，无论是自动挡、手动挡还是手自一体，无论是三厢还是两厢，无论是越野车、运动型实用汽车和超级跑车，无论是汽油、柴油、天然气还是电池驱动……越来越多元化的载客车辆选择让人民自驾出行成为可能，自驾出行带动了汽车产业的发展，但也造成道路拥堵和环境污染等问题。

图 4.16　民用汽车拥有情况（1985—2018 年）

2. 从蒸汽机车到电力机车，从绿皮车到高铁飞驰

从蒸汽机车到电力机车，再到动车组编组运行，新中国火车的发展见证着人民远途出行的便捷与舒适。新中国成立初期的火车机车以蒸

汽机车为主，标志性的长头和浓烟是人们对蒸汽机车的直观感受。1952年中国第一台蒸汽机车在四方铁路工厂诞生，到1988年12月大同机车厂停止生产蒸汽机车为止，共制造各种型号蒸汽机车9787台。目前蒸汽机车除个别在旅游线路和货物运输线继续运营外，已基本退出历史舞台。

从内燃机车、电力机车到电动车组是铁路机车进步的剪影。自1958年9月底试制出2台巨龙型干线客货运内燃机车、1958年12月底研制第一台电力机车起，以东风系列内燃机车和韶山系列电力机车为代表的中国铁路机车建造的重要代表奔腾在万里铁轨之上。不同于"火车跑得快全靠车头带"的动力集中式铁路车辆，电力动车将驾驶室、集电弓、马达等动力设备分散在各车厢，相对有更好的加减速性能、重量分布平均、对路轨损耗较低。自1988年我国研制出第一列最高设计时速140公里的KDZ1型电动车组，"神舟号"内燃动车组、"蓝箭号"电动车组、"新曙光号"动车组、"中华之星"动力集中式交流电动车组（2002年11月以短编组在秦沈客专进行高速试验时以每小时321.5公里创造了当时"中国铁路第一速"）、"先锋号"电动车组等不断研制成功。21世纪后，原铁道部通过向外国企业购买相关高速车辆技术，并对技术加以引进吸收之后研制生产的动力分布式高速电力动车组CRH系列，也陆续下线投入运营。2015年6月，由中国铁路总公司组织、由我国自主设计的具有自主知识产权的中国标准动车组（2017年6月25日被命名为"复兴号"）下线，并于2016年7月15日在郑徐高铁试验段以420公里时速进行交会试验和重联运行试验，是世界首次利用运营动车组在运营线路环境中进行时速400公里以上的交会和重联运行试验。

从蒸汽机车到电力动车组，意味着火车速度越来越快，也意味着旅客乘坐环境越发舒适：东风4D型内燃客运机车最高时速145公里、韶山9型电力机车最高设计时速170公里、"神州号"动车组最高设计时速180公里、"先锋号"电动车组最高试验速度达292.8公里、CRH380系列的多个型号动车组列车可达时速350公里……从舒适度方面来看，20世纪80年代之前。基本为硬座席位，且没有调温设备，速

度慢、站点多、没空调。火车随着旅客列车的更新和几次提速，旅客
列车席位也从硬座扩展出软座、硬卧、软卧、高级软卧等，空调列车
也越发普及，动车组时代到来后，二等座、一等座、商务座等座席更
加舒适，可调节的座位、座位下的充电插座、宽敞无障碍厕所……让
远途出行变得不再过度劳累。2019 年 2 月公开亮相的我国首列可变编
组动车组如同"变形金刚"，更可以根据线路需求搭配不同车厢组成动
车编组运行，包括双层二等座车、座卧式 VIP 车、座卧转换软卧车等。

　　3. 秉承"真情服务"理念的民航

　　20 世纪 90 年代及之前，买机票一般需要凭借单位介绍信现场预定，
程序烦琐且机票全靠人工手写，手写机票类似手工开具发票，且需当
场付现。航空公司售票系统与机场值机系统未联网时，机场值机部门
还需电话确定机票售出情况。2000 年 3 月，国内首次正式推出电子客
票后，旅客购票后只需持身份证就可在机场值机柜台兑换登机牌，其
后自助值机、电子登机牌、电子发票等纷纷落地，民航出行程序不断
简化。

　　飞机餐食服务从简单到丰富。20 世纪 50 年代的民航考虑到乘客在
当时的客机起降过程中会有明显的头晕感，特意配备糖块帮助旅客缓
解，而煮鸡蛋和蛋糕基本构成当时简单的飞机餐食服务。到改革开放
前，飞机餐一般由各民航管理局下属配餐间负责将饭菜水果送上飞机，
由于能乘坐民航乘客有限，配餐水准相对较高，但饭菜供应和贮藏水
平较国外存在明显差距。改革开放后，中美通航前美国航司考察认为
首都机场没有达标航空餐饮供应单位，建议航班从北京起飞后经停东京
补给餐食，中方考虑经停达不到直航意义，因此联合港资成立北京航
空食品有限公司，自 1981 年 5 月开始为国际航班提供配餐，此后国内
航班飞机餐也不断丰富，西式饮料和零食出现在飞机上。20 世纪 90 年
代，随着乘机限制放松，越来越多的人可乘飞机出行，航司除降低票
价外也实现飞机餐标准化，21 世纪后，国内各航司参考国外做法实现
飞机餐标准化、冷链运输、机上电加热等程序保证着飞机餐的食品
安全；在民航市场竞争程度提升后，各家航空公司也结合地域特色纷
纷推出各有特色的餐食，乘客有了更多选择。近年也有航司逐渐减少

或取消免费餐食供应。

4."改头换面"更先进的客车

货车底盘上产出大客车。1950年北京制造出以煤气为燃料的公交车，同年上海推出新中国第一辆采用卡车底盘的改装公交车，同样采用煤气燃料，但是需自生煤气，操作较为复杂。1956年新中国第一辆汽车"解放"牌卡车下线后，客车生产企业纷纷使用"解放"底盘开发各型客车。20世纪60—70年代，我国利用卡车底盘生产出多型号客车，极大缓解了客车客运车辆不足问题。

客车底盘上的多类型客车。改革开放后，各省基本均设有客车制造企业，这些企业在客车生产方面取得诸多成就，研制生产出了我国第一辆空调旅游客车、国产客车专用底盘的客车、国内第一款卧铺客车等，不断满足人们中长途公路出行需求。1990年整车配件国产化客车问世，空气悬挂底盘、整体双色前风挡玻璃、上下两层侧窗、可调节坐椅、座席上方读书灯的配置成为那个时代的豪华客车。1993年后铰链式两节车厢的大型客车问世，大大增加了客车运力。1997年后国内有了低地板豪华城市公交。无论是从国外进口，还是国内引入技术生产和自行设计制造的客车，噪声不断减弱、外形更加美观、座席更加舒适，乘客乘车体验不断改善。

第三节　出行生活更多彩

以怎样的"行"充实生活，以怎样的生活方式满足"行"之需求，贯穿着新中国七十年间的人民群众日常生活。人民群众出行从畜力车到电动车、从自行车到私家车，从挤公交到乘地铁，从窗口抢车票到网络预约订票……对于人民群众个人而言，行之选择越发多元多彩，行之感受越发便捷舒适。

（一）1949—1978年：简单的动力，简单的工具

新中国成立之初，生活物资相对匮乏，人民群众出行方式较为简单。短途基本靠走，而人力的自行车带来巨大出行便利，虽然火车飞机似乎还很遥远、城市中出租车行业有所衰落，但公交车和自行车逐渐多了起来。

1."自行车王国"里的骑手

如果时钟倒拨四五十年，彼时的自行车应该能够算得上"高端、大气、上档次"的物件。当年曾有一位外国记者报道说，在中国拥有一辆名牌自行车，犹如在主要以汽车代步的国家拥有一辆凯迪拉克或奔驰车。后来，我们很快成为了"自行车王国"。再后来，人们把拥有汽车作为追求的目标……

——《找回自行车文化的荣光》，《人民日报》2014 年 3 月 14 日第 5 版

在生活物资相对短缺的年代里，"三转一响"（手表、自行车、缝纫机和收音机）是 20 世纪 50 年代中国家庭梦寐以求的"高配"。其中自行车作为当时出行的重要代步工具，既是家庭富裕程度的标志，也是代表了中国一个时代的标志。新中国在改革开放前一段时间甚至被称作"自行车王国"，上下班的交通高峰，浩浩荡荡的自行车大军成为中国城市的一大独特景观，北京长安街上拥挤的自行车大军更是被相机抓拍成为历史的经典定格。"永久""飞鸽""凤凰""大金鹿"等自行车品牌也成了 80 年代以前大多数人的奢侈品，如同当今豪车般为人热捧，而国外进口的"钻石"牌自行车更是现今要价不菲的收藏品，其中天津自行车厂独立研制出的"二八大杠"（轮子的直径为 28 英寸 ≈ 71.1186 厘米）自行车更是成为一大传奇车型，但因为物资缺乏和统购统销政策，一个家庭能够拥有一辆自行车也是值得骄傲的事情。一辆自行车承载着那个年代奋斗者的通勤重任，也是家庭生活品的搬运工具，也方便于人们出行而沟通起个体间联系，"铃铃铃"的车铃声奏响那一时代的出行颂歌。

2.公交车撑起城市公共交通

上世纪 50 年代末 60 年代初，由于资源匮乏，杭州乃至全国，

都出现了沼气燃料公交车。沼气燃料公交车，因为车背上驮着灌满沼气的袋子，俗称"甲虫"……基本上路程过半，贮气袋里的气基本就用完了，剩下的半程还是得用汽油。不方便、不环保、效率低，就是那个时代的公交的特点。

　　　　——《滚滚车轮里的公交变迁》，载《人民日报海外版》2018年10月11日第5版。

　　新中国刚刚成立之时，各城市市内公共汽车数量稀少，且主要在主要道路运行。没有公共汽车的地方，还是马车、三轮车、人力车的地盘。随着经济的发展，公共汽车、无轨电车线路陆续增多，主要地段都有公交车开通。

　　客运出租临时隐退，公交车"独领风骚"。1951年北京为解决外事活动车辆接待问题，成立首都汽车公司这一全国第一家国营出租汽车公司，制订了第一份租车暂行办法；1956年全国出租车全行业实行公私合营后，上海市出租汽车公司统一经营全市出租汽车业务；20世纪70年代初也开始有少量出租车出现在武汉、广州等城市的街头，但经营方式在广州局限于定点候客，即乘客到停车站找车乘坐，司机完成一趟后必须空车赶回服务点等候出车指示。在人口快速增加的背景下，由于公共汽（电）车数量相对于需要满足的运载量而言仍显薄弱，我国城市公共交通乘车拥挤问题突出。而面对燃料短缺，各地公共汽车只能使用木炭、瓦斯等作为燃料提供动力，特别是20世纪60年代初石油短缺困难时期，城市街头可见公共汽车背着大大的黑色煤气包满街跑，还有一些公交车在车后设置煤气制造设备以便于煤气输送，20世纪70年代后国产柴油车底盘和发动机装配的柴油公共汽车经不断完善改进，使我国汽油和柴油两大系列公共汽车同时承担起城市公共交通运输重任。

　　公交运力有限也突出了其在这一时期对城市居民的重要意义，乘坐公交车上下班构成工人劳动者的日常出行方式，坐公交去人民公园似乎也是儿童所享受的出行方式。公交车帅气的司机师傅和和蔼的售票员组成了公交车为人民服务的最佳拍档，公交车上的售票员更是熟记每站到其他各站的价钱。售票员一手接过乘客递过来的第一第二第三版人民币、一手递回手撕乘车小票，就完成了乘客乘坐公交的交易过程。这样的乘车生活，构成了新中国成立后很长一段时间内人民公共出行的集体记忆。

3. 坐小汽车代表着地位

新中国成立初期由于工业基础尚弱、生产原材料有限，汽车工业产品主要还是运输用卡车和农用车等非载客车辆，少量进口和生产的轿车基本用于单位公务用车，极少有人能够乘坐小汽车出行，各单位和部队外出的集体活动往往都靠解放敞篷卡车和用卡车底盘生产的大客车等，出门能坐小汽车都被视为有地位、有能力的人，也因此把小型载客汽车称作了"轿车"——像轿子一样的车。载客小型汽车数量、品牌和型号都很少，华沙轿车、嘎斯吉普车、伏尔加轿车和拉达轿车等社会主义国家生产的轿车构成了进口汽车的主力军；20 世纪六七十年代汽车工业发展起来后，我国逐步改变依靠国外老款轿车，国产公务用车不断增加，红旗轿车成为中国汽车制造业的一张名片，上海牌汽车以规模生产保证了轿车慢慢开进千家万户，国产吉普车也驰骋于城市和乡间道路。

4. 农村出行基本靠走

1969 年，一首笛子独奏曲《扬鞭催马运粮忙》向人们描述了农民驾满载粮食的大车向国家交售公粮的情景，以及农村交通运输仍依赖于畜力的现实。改革开放之前的农村，大多数人没有乘过公共汽车，自行车也是寥寥家庭所有，畜力车和牲畜仍被广泛应用为代步工具，牛车马车架子车，甚至毛驴骡马构成我国广大农村地区主要代步工具；一些地方称作"地跑"的步行仍是最主要出行方式。农村道路也很多为土路，少见水泥路沥青路。新中国成立之后随着人民公社运动的兴起发展，有条件的人民公社有了拖拉机和卡车，人们偶尔能够搭车出行，但人力畜力带动的各种代步车辆，为新中国成立初期的农村提供了最为主要的出行、娱乐甚至婚丧嫁娶活动的保障。

（二）1979—1989 年：放心大胆地走出去

改革开放让新中国重新拥有了活力，人民出行生活因为这份活力而更加多彩。背井离乡的奋斗者们创造着春运人潮；城市居民能够乘坐便利的公共交通，但线路不足、换乘不便依然普遍；众多自行车、些许公交车、少量私家车、奔腾的摩托车，构成当时城市街头的交通素描。

1. 不断壮大的春运大军

"改革开放开启了城乡之间、区域之间人口流动的大门，也造就了后来的春运。"……资料显示，1979年，我国春运历史性突破1亿人次。

——《春运 见证中国飞速发展》，载《中国纪检监察报》2019年1月28日第6版。

虽然"春运"一次很早就出现在1953年2月8日《人民日报》刊登的《政务院财经委员会发布通知，保证春节铁路装卸工作；铁道部指示各局做好春节客运》为题的消息中，但是现代意义上的"春运"一词一般认为出现在1980年1月11日《人民日报》转发《人民铁道》的一篇报道中提到的"铁道部决定全路在春运期间增开临时长途客车24对"。现代意义的"春运"不同于改革开放前人口流动限制下短时人少的春节客运高峰，而是劳动力自由流动后从务工地于春节期间返乡产生的客流高峰。1984年，春运成为"全国性、大交通春运"，铁路、公路、水路、航空等各种方式运送的旅客都纳入春运客流，使得客流量猛增到5亿多人次。

由于改革开放初期我国交通基础设施建设尚未进入"快车道"，各种交通方式的运载能力和速度相较于集中客流明显力不从心。为解决好每年不断增加的春运大军，增加运输动力，铁路部门临时将货车改为客车使用，推出"棚改客"列车缓解旅客运输压力，乘客拥挤在货车车厢改装的列车车厢中，浑浊的空气和昏暗的空间使得旅途感受难以言道；春运时期的公路客车中大包小包的行李与人同挤在一个车厢，本身狭小的空间加之存在的超载问题，既让旅客仅仅是满足出行需求而无舒适之感，更增加了不安全因素。但是经改革不断进步的出行工具和公共交通建设正让春运客流需求得到满足。改革开放初期的离家奋斗和外出差旅的人们，不会忘记那绿皮火车、那长途客车和那远行本身带来的心灵冲击与感动。

2. 摩托车成新宠

20 世纪 80 年代，摩托车逐步走进百姓生活，成为出行新宠。摩托车最早出现在百姓生活时，拥有一辆自己的摩托车可谓家庭富裕之象征，骑摩托车穿梭在大街小巷、城乡道路无疑会引来不少羡慕的眼光。众多的摩托车品牌让普通百姓借骑行"解放"双脚，一脚油门的轰鸣声，让摩托骑手体验着速度带来的出行体验。由于摩托车数量在 20 世纪 80 年代仍显稀缺，要购买一辆摩托车甚至需要花钱托关系。摩托车的普及为私家车走进百姓生活拉开了序幕。虽然摩托车给人们的出行带来诸多便捷，但不容否定其存在的不安全性和污染问题，因此 1985 年北京市出台了"限摩令"，让摩托车发展有了一定理性的方向。

3. 旧时少见小轿车，进入寻常百姓家

改革开放后，我国汽车产业进入飞速发展时期，中国汽车产业尝试引进先进的管理模式推动本产业发展，也改变国家控制为核心的单一监督管理模式，1983 年开始允许汽车生产企业有一定比例汽车产品自销权后，1987 年国务院北戴河会议确定了加快发展轿车工业的战略，并确定了一批轿车生产基地。在经济全球化浪潮冲击下，廉价的劳动力和广阔的消费市场使得中国受到许多国际汽车厂商的青睐，在市场中我国更是掀起中外合资造车浪潮，意、德、日、法、美多国与中国合资建厂生产的汽车品牌进入市场，成为消费者的消费选择。小汽车再也不是可望而不可即的梦想，大量中国家庭实现收入增加后购入了属于自己的小汽车，成为"有车一族"。

4. 出租车迎来"春天"

1979 年由港商创办的广州第一家民营出租车公司将所属 300 辆出租车喷装香港"的士"一般色彩，"招手即停"的出租车经营模式自此风靡广州并逐渐席卷全国。北京市 1984 年推出的小公共汽车不同于一般公共汽车，其车站间隔大、车速快、可按乘客要求灵活停车，之后陆续在其他城市也发展起来，成为城市公共交通的一员；同年，天津出租车市场迎来被称作"天津大发"或"黄虫"的黄色涂装小型面包车（车辆前后无突出发动机舱和行李仓的形似面包一样的小型车辆），实现着出租车平民化。之后随着经济增长和人民生活水平提高，出租车经营公司开通电话叫车和预约，帮助旅客叫到出租车，出租车司机则在马路上"扫街"拉客来为百姓出行提供方便。出租车补充着城市交通工具运力的不足，但是其路费相对不菲，也不是经常被使用的出行方式。在车辆未配空调的时代，乘车需夏天易着酷热、冬天易着寒冷，司机座位底下安置的发动机更让"的哥"在夏天运营过程中如洗桑拿。

（三）1989—1999 年：出行原来可以更便利

在物质生产取得巨大进步、对外开放和联系逐渐密切的时候，汽车越来越普及、出租车和公交车越来越多，人们更加希望代步出行。

1. 越来越挤的春运

1992 年，有位记者在广州火车站拍下这样一幅场景：因车站承载力严重不足，一半旅客不得不被安排在站前广场露天候车，但即便如此，如潮的人群仿佛等着更大的机会，等着改革的再出发。

——《回望春运四十年，改革列车再向前》，载《人民日报》2018 年 2 月 13 日第 5 版。

到了 1994 年，春运旅客发送量已突破 10 亿人次。也是从那时开始，大规模、高压力、全国性交通运输高峰——"春运"，逐渐成为社会生活中被频频提及的一个词。

——《春运 见证中国飞速发展》，载《中国纪检监察报》2019 年 1 月 28 日第 6 版。

20 世纪末，我国铁路运输开启了大提速，特快、快速和普通旅客列车让铁路客运更加快捷，民航在运输旅客方面发挥的作用也日益突出，人民群众的远途出行正逐渐便捷。春运高峰特设老弱病残孕母子候车区等便民措施也保障着旅客出行的便利。

同时，伴随着市场经济快速发展，沿海地区劳动力密集型产业吸引来自全国各地规模庞大的流动人口。每逢春节前后，大批流动人口组成的返乡人流让春运成为人口流动一大"奇观"。自己先挤上火车、甚至从列车窗户挤入车厢，再由送行亲友把行李从车窗塞进去的情景经常出现；且全国的火车大多数还是"绿皮车"，车次少、客流大，车内异常拥挤已成常态，火车座椅下、行李架上、厕所中、洗漱台……只要能待人的地方，就挤着急切返乡团圆的劳动者们，正所谓"车厢人挤人，两脚放不平，一站十小时，两腿涨又酸"；各地火车站、汽车站候车厅和广场上更是人山人海，乘客被挤哭、挤丢东西似乎已不是新闻。从统计来看，1993 年春运期间输送旅客人次突破 10 亿大关，1998年则破 18 亿人次，每年平均每个中国人都参与了不止一次春运。

2. 乘车刷卡不用自备零钱

从 20 世纪 90 年代开始，我国很多城市的公交车取消售票员，开始实行无人售票，如 1992 年深圳巴士集团开通了全国第一条无人售票线路，上海次年亦开通无人售票公交线路，南京自 1995 年开通无人售票公交线路后至 1998 年在市区结束持续 70 年的有人售票车历史。

在无人售票的同时，更为便捷的乘车支付手段也得到应用。1994年 9 月，杭州公交与科技企业成功开发国内第一张接触式公交 IC 卡，并于 1995 年 2 月起试用。在这期间，广州公交与研发机构共同开发的公交 IC 卡于 1994 年 12 月 26 日首发，并开始实施 IC 卡自动收费系统的试行运作，成为国内最早在运行线路上使用的公交 IC 卡。1996 年 11月，深圳公交在全国首次成功在全市所有无人售票公共大巴线上推行非接触式 IC 卡储值票系统。人们乘坐公交车可以不用自备零钱而只需记得带卡，乘车便捷体验得到提升。此外，大城市开通地铁线路，各城市公交的线路数量和运营距离、发车密度等均有所增加，城市居民公共交通出行越发便利。

3. 千家万户开起私家车

1992 年社会主义市场经济体制改革步入轨道后，挂靠单位、凭票限量购车的措施有所松动，财政部 1993 年决定取消购买轿车的控购审批，之后旅行车、越野车和工具车也不再办理控购审批手续，汽车成为七种专控商品（国家控制机关事业单位购买的消费品）中最先不再需要审批的。市场经济环境下，1994年《汽车产业发展政策》出台进一步刺激了我国汽车产业发展，更为人民群众购买私家车提供了基础，人们为满足出行需求能够自由进行多种选择，私家车购买数量不断增加，我国私家车保有量从1990年的81.6万辆增加到1999年的534万辆，年均增长23.2%，远高于全国汽车保有量的增长速度，个人汽车保有量占全国汽车保有量的比重从15%左右上升到40%左右。

20世纪90年代，摩托车、面包车和小轿车也越来越多出现在广大农村地区，出行便捷也逐渐实现城乡一体。一种外表粗犷的"双体摩托车"在20世纪90年代也是街头道路上的一道风景，这种外挎一个边斗的摩托车被称作"侧三轮摩托车""边三轮摩托车"或"挂斗摩托车"，无论是警用还是民用，飞驰在城市和乡间道路上的侧三轮摩托车往往都会吸引路人目光，成为那一时期民用代步工具的一大代表。

4. 出租车街头穿梭

出租车在城市中的发展越发明显。单从首都来看：北京市1992年提出"一招手能停5辆出租车"的奋斗目标，允许民间资本进入，第二年长长的"面的"（微型面包的士）队伍如同十多年前的自行车一般成为街头一景。为加大尾气排放治理力度，1998年北京市政府大规模清除"面的"，次年完成北京出租车第一次全面更新，"夏利"开始成为出租车主力军，轿车悬挂和车内空调的设置让普通百姓也能感受坐舒适轿车的感觉。

（四）1999—2009年：快速发展下的道路拥挤

进入崭新的21世纪后，人民出行生活又迎来更高水平的发展。在民用汽车数量增加的同时也产生了拥堵问题和环境问题，地铁公交等公共交通出行方式得到快速发展，节假日旅客出行人次屡创新高……

1. 机动车限号，城市禁摩，电动车初露头角

单双号限行　奥运后还"行不行"

2006年11月中非合作论坛北京峰会和2007年"好运北京"赛事期间，北京开始实行"单双号限行"、错峰上下班等交通管制

措施，取得良好效果。之后环保专家预测，通过限行，北京在奥运期间能削减近12万吨污染物，相当于限行前北京机动车污染物排放总量的63%。

从2008年7月20日起，北京正式开始实行为期两个月的限行政策，23日北京市政府交出的"答卷"中，成绩之一就是过去的16天里空气质量全部达标。而道路交通状况更是明显改善，市区的主要道路车流量比限行前下降了21%，车速比限行前大约提高27%。

——《人民日报》2008年8月27日第5版。

经济的发展和人民生活水平的不断提高，我国私人轿车生产厂家通过与国外知名企业合作、联营以及自主创新，已经能够生产多种与国际接轨的品牌汽车，2007年全国轿车保有量达1958万辆，私人轿车达1522万辆，相当于每百人拥有1.5辆轿车。如此大量的汽车保有量在城市中带来了明显的交通问题。单双号限行即为缓解城市交通压力而催生的一种交通措施——单号日期只允许车号末尾数是单号的私家车上路；双号日期只允许车号末尾数是双号的私家车上路。2007年"好运北京"测试赛和2008年奥运会后，北京等城市机动车限行措施基本常态化。

除机动车限行，针对摩托车给城市交通安全、社会治安、城市管理和环境带来的不利影响，北京、天津、上海、广州等城市纷纷出台限摩禁摩措施。轰鸣而过一股黑烟的摩托车渐渐淡出人们视线，而轻巧易骑的电动自行车、电动摩托车、电动三轮车等则广受青睐，城乡道路上越来越多的出现头戴头盔、装载些许货物的"电驴"骑手。"电动车"来到农村后，其不需加油保养且充电即能跑能载货的便利性广受喜爱，也迅速得到推广。

2. 城市公共交通不断拓展空间

城市交通问题的解决离不开对公共交通的发展，城市交通问题也造成了公共交通的发展障碍。在绝大多数城市以公共汽车和无轨电车作为公共交通工具的情况下，一旦城市道路基础设施建设较汽车保有量而言速度较慢，就极易出现公共交通运行缓慢和公共交通服务质量下降，特别是在城市早晚上下班高峰时间，车上乘客密度极高、候车时间长、车上秩序差。在公共交通满足不了出行需求时，私家汽车和电动车的购置上路进一步导致城市道路拥堵严重，城市公共交通供需矛盾似乎陷入恶性循环。为缓解城市交通问题，我国多个城市自20世纪90年代后即设置公交专用车道，并在21世纪后广泛采用；同时纷纷规划建设城市轨道交通等公共交通系统，其中既包括2005年北京开通的采用固定线路封闭式系统的BRT运营系统，也包括武汉、深圳、南京等地建设运营的地铁系统。城市居民的出行需求不仅在地面为公交和出租车等满足，也由"上天入地"的轨道交通所满足，人民出行方式更加多样，也更为环保便捷。

3. 春运压力大考验

回望春运四十年，改革列车再向前

就在2009年，日本NHK电视台拍过一部名为《返乡潮：2009年春节广州站纪实》的纪录片。彼时，国内首条高铁京津城际刚通车不久，在绝大多数地方，春运仍是车票、座位、行李架"争夺战"的代名词。

——《人民日报》2018年2月13日第5版。

进入新世纪后，劳动力要素在交通基础设施日趋完善下得到更加充分的配置，人口流动程度也因此大大提高。每年春节前后的短时高密度返乡回程客流让春运不断成为旅客和交通服务管理部门的考验。2008年临近春节的南方冰冻雨雪灾害给当年春运带来极大压力，大量旅客滞留火车站、机车、汽车站，拥堵在高速路上……在冰雪压垮铁路干线供电接触网后，电力机车通行受阻让原本担当疏解返乡客流重任的铁路部门也难堪重任，中央和地方均纷纷采取行动确保旅客出行，创造了在特大自然灾害面前解决高密度旅客运输问题的记录。以此为代表的紧张春运更是让每位经历过回乡旅程的奋斗者们保留着属于自己的春运回忆。

随着高速铁路的建设和铁路公路网络的形成发展，民航飞速发展，我国应对春运高峰人流压力的能力不断提升，旅客春运出行的舒适程度也得到提高，"棚改客"列车在 21 世纪初彻底退出历史舞台，座位松软、空调开启的动车组列车成为旅客出行的选择；也有越来越多的人选择自驾返乡或出游，高速公路越来越多出现假期拥堵。

（五）2009—2019 年：高科技、新技术，带来出行新体验

新兴科技和技术更加广泛的运用，让人民群众出行更为便捷，更富科幻力。一部手机几乎就可以实现任意交通方式的乘坐出行，人工智能、网络化等服务实现着高水平满足人民群众的出行需求。

1. 自行车开始被"共享"

给共享单车画好"规则停放区"

共享单车优点突出，解决了出行最后一公里问题，提高了资源的利用效率，还能减少拥堵、能耗和排放。难怪共享单车问世后，大家叫好、爱用。

然而，当资本纷纷相中这块热土，一股脑儿涌入，共享单车也就火过了头，以致乱象丛生：企业跑马圈地，无限度投放，造成了"单车围城"；单车数量骤增，管理却跟不上，难以约束用户，也无力调度和维护，这又加剧了堆积和毁弃问题。

——《人民日报》2018 年 11 月 26 日第 10 版。

2015 年 5 月共享单车在北京高校初露头角后，在共享经济浪潮下，以网络技术评价信用和定位租赁品、实现随借随还的新形式租赁业务关系让共享单车开始走进人们生活，为人们短途出行服务，并被认为是解决上班到单位和下班回家等大众出行"最后一公里"问题的解决方案。在资金推动下，大量不同品牌的共享单车被投入市场。共享单车被推广至世界各地后，与高铁、网购和移动支付一道被评为中国贡献世界的"新四大发明"。

2016 年后机动车也实现了"共享"使用，2017 年《关于促进小微型客车租赁健康发展的指导意见》中提出"鼓励分时租赁发展"，其中"分时租赁"即俗称的"汽车共享"，明确其以时间为计价单位，利用移动互联网、全球定位等信息技术构建网络服务平台，为用户提供自助式车辆预定、车辆取还、费用结算为主要方式的小微型客车租赁服务，为城市出行提供了一种新的选择，一定程度上缓解了城市私人小汽车保有量快速增长趋势以及对道路和停车资源的占用。

但是共享单车的快速普及推广也给城市管理和交通秩序带来巨大挑战，更造成该市场爆发式增长后，大量品牌倒闭破产情况的发生。2017年5月全国共有互联网租赁自行车运营企业30多家，累计投放车辆超过1000万辆，注册用户超1亿人次，累计服务超过10亿人次。不到一年后的2018年2月，已经有77家共享单车企业（有20余家倒闭或者停止运营）已经投入了2300万辆共享单车，累计运送了170亿人次，最高日达到7000万人次。共享单车市场陷入疯狂扩张和竞争中，造成市场日趋饱和，个别城市出现大量无人使用和管理的共享单车被扔于"共享单车坟场"，挤占公共用地。面对共享单车近乎盲目的发展，《关于鼓励和规范互联网租赁自行车发展的指导意见》于2017年8月出台，此后市场也渐趋理性。经过一年多的发展，2018年12月和2019年2月共享单车日均使用量大约是1000万人次[①]，共享单车行业总体运行平稳，需求保持旺盛的态势。

2. 刷手机坐公交地铁，乘定制公交车

IC卡的普及让人们不必准备零钱即可乘公交地铁，而手机近场通信（NFC，即 Near Field Communication，可使应用该技术的设备在靠近的情况下进行数据交换）功能和二维码大范围应用的技术条件下，乘客直接刷手机也可以乘公交地铁。2013年下半年在14个城市推广的移动支付产品让刷手机坐公交的直接技术支持不断进入生活。当前，全国各大城市基本可以实现手机在手、公交任乘。

定制公交的出现，使得乘客可通过公交公司网站提出出行需求，公交公司结合乘客需求、调度、客流等设计出新的公交线路，方便乘

---

① 本段数据均源于交通运输部历次新闻发布会。

客出行。定制公交模式近年在全国得到推广，其中北京 2013 年 9 月上线定制公交线路，帮助缓解交通拥堵、提倡公交绿色出行、促进节能减排、改善首都空气质量、满足市民多样化的出行需求[①]，此后天津、成都、福州、武汉、深圳、青岛、济南等地的定制公交也纷纷推出定制公交服务，方便群众出行。

今后，城市公共交通出行将更加智能化，科技的影子在公共交通中越发明显。乘客乘车前可通过手机 APP 等查询最近一趟公交车的运行情况决定出行安排；2017 年 12 月深圳无人公交"阿尔法巴智能驾驶公交"试运行上路，向人们展示了无人公交系统的可能；而 2017 年 12 月 30 日开通主线工程的北京地铁燕房线，成为中国首条自主研发的全自动运行地铁线路。北京机场快轨、上海 APM 浦江轨交线、上海地铁 10 号线、广州 APM 线等全国多个城市的轨道交通也都具备无人驾驶技术装备，2019 年 9 月开通的新机场线也会是北京第二条全自动驾驶线路。在可预见的未来，我国城市公共交通出行的科技含量将越来越多，对人工的需求也将越来越少，我们应当对此报以高度期待。

3. 新能源汽车的推广普及

让新能源汽车"大行其道"

在交通领域，以新能源替代传统能源，也是人类应对气候变化的必然选择。虽然伴有挑战，但只要聚精会神把质量搞上去，新能源汽车总有一天会"大行其道"。

——《人民日报》2017 年 9 月 14 日第 5 版

新能源汽车作为七大战略性新兴产业被纳入《"十二五"国家战略性新兴产业发展规划》。以纯电动汽车为代表的新能源汽车在百姓汽车购置中的比重不断增加，清洁低噪的新能源汽车，让出行更环保更简单。2015 年以来，我国新能源汽车连续三年销量全球第一，在全

---

① 北京定制公交网站，http://dingzhi.bjbus.com/article。

球累计销量中超过一半，且增速均超过 50%；随着补贴退坡、销量基数增大，新能源汽车增速逐渐回落，但 2017 年新能源乘用车销量中个人消费仍是主力；纯电动汽车在其中比重不断增加，2017 年占比达83.9%，高于 2016 年的 80.7% 和 2015 年的 74.6%。2017 年底，我国已建成保有量位居全球首位的公共充电桩（21 万个，其中交直流一体桩6.6 万个），城际高速快充站建成 1400 多个，涉及 19 个省区市、服务3.1 万公里的高速公路，随着居民居住地建桩问题的逐步解决，私人电动汽车充电问题也将更加简单。

4. 从出租车到网约车

2010 年我国成为全球最早设立网约车平台的国家之一。之后多年，多方资本力量推动形成了我国网约车平台的竞争市场，多款在线叫车服务 APP 被广泛下载至个人手机，不需路边挥手拦车、向出租车公司或城市服务热线提前叫车，只需打开手机定位输入目的地就可联系出租车来实现出行的需要。而且，私家车主也被吸引进入网约车服务供给主体，大量私家车主将自己的爱车打造成"顺风车"，一定程度上帮助提高了车辆利用效率，疏解了出租汽车营运压力和高峰时段打车压力。但是正如《人民日报》评论所指出：服务质量是网约车的看家宝；用户体验是网约车的生命线。粗放发展和盲目扩张给网约车的发展带来不确定因素，平台监管和监管部门监督机制的不健全，接单账号与实际驾驶人不符，网约车平台对司机背景信息筛查不严、对车辆质量管理不足，缺少严格管理制度和规范等，让网约车安全和管理问题经常被提及，个别极端案件多次成为热点话题，相关平台在准入机制和安全措施上存在漏洞。如何管住安全底线、保障乘客合法权益、促进网约车市场健康发展的思考。除出租车和网约车使用因技术手段而越发便捷外，出租车乘坐体验也不断改善，比如 2014 年"上海英伦"无障碍出租车在上海投入运营，让残障人士出租汽车出行需求以更高水平得到满足。

5. "互联网 +"时代的春运，实现从一票难求到快速进站

2019 年春运全国旅客发送量近 30 亿人次，平均每个中国人在这个春运期间远途出行两次以上，实现如此大客流量的集中运输离不开科技

进步给人们出行带来的巨大便利。四十年前火车和长途汽车可谓一票难求，平常农村地区能挤上一天一趟进城的客车都可谓运气极佳，而在春运期间能买到一张回家的车票或船票也是不易，更催生出倒票"黄牛"大行其道的乱象。

在网络技术普及的时代下，使用户能够实现在线购票成为各交通方式的服务倾向。铁路 12306 网站于 2010 年春运首日 1 月 30 日开通试运行，2011 年 6 月京津城际铁路率先实行网络售票，并在当年 12 月兑现在年底前网络售票覆盖所有车次的承诺，此后 12306 网站和电话购票等成为旅客购票的首选渠道，在车站排队购票逐渐减少，且实名认证的新式火车票加印二维码和乘车旅客姓名及部分身份证号信息，以此实现的实名购票压制了"黄牛"倒票力量；购票网站不断更新图片验证功能，同刷票抢票不断较量；进站乘车也不再需要人工核验，从通过验票闸机验证车票，到持身份证和车票"刷脸"认证进站，进站乘火车时间得到大大节省；12306 手机客户端、网购车票快递服务、在线选座、在线订餐、接续换乘、站车接送、旅游指南等也逐步走进百姓铁路出行生活。除此之外，越来越多的网站平台能够实现民航机票的订购、长途客运车票的在线查询和购买等。

省却了通宵排队，仅需动动手指就可手机购票；省却了排队核验，仅需要"刷脸"进站；不再担心换乘接续，民航铁路与公交地铁专车实现对接；不再担心旅途饮食，高铁动车可接订餐外卖；严格安检和实名购票确保旅程安全……人民群众目前和未来的远途出行，随着交通运载能力和服务便捷程度的不断提升，正不断变得越来越省事省时省神。

6. 农村出行的便捷让城乡联系更为紧密

让农民致富奔小康的道路越走越宽广

公路通，百业兴。"晴天一身土、雨天一身泥"正成为历史，6 亿农民"出门硬化路、抬脚上客车"逐渐变为现实。实施乡村振兴战略、打赢脱贫攻坚战，"四好农村路"让农村更强、农民更富、乡村更美。

——《人民日报》2018年2月5日1版。

为乡村振兴铺就"四好农村路"

建好、管好、护好、运营好农村公路——5年来，交通运输部等部门和各级党委政府扎实推进"四好农村路"建设，取得明显成效。

——《光明日报》2017年12月26日第2版。

2003年国家启动了新中国成立以来规模最大的农村公路建设后，经过十数年的发展，为实现"小康路上绝不让任何一个地方因农村交通而掉队"，农村交通面貌发生了根本性变化，到2018年99.24%的乡镇和98.34%的建制村通上了沥青路、水泥路，让农村地区不再封闭，让农村地区出行不再困难，广大农民群众"出行难"问题得到有效缓解。

在城乡发展一体化建设和城乡融合发展进程中，农村居民越来越富裕，也越来越对美好生活充满向往，更多的农村居民购买了私家车来满足代步需求，2016年农村居民每百户家用汽车拥有量即达17.4辆，虽较之于全国居民每百户家用汽车27.7辆的拥有量仍显较少，且广大农村居民出行很多还是依靠安全标准低的三轮汽车等，但其31.3%的增长程度凸显着农村居民对私家车消费的潜能和对出行生活的巨大需求，农村地区也出现了越来越多的电动自行车、电动三轮车、新能源汽车等绿色环保、便捷可靠的出行工具选择。

农村公共交通也为农村群众提供了更加实惠、舒适、便捷的出行条件。不是每家每户都有私家车，开摩托车和电动自行车等在山路存在一定危险，对于一些偏僻、人流量较少的乡村地区，离不开公共财政兜底确保公交开运行。因此各地在进行社会主义新农村建设和乡村振兴战略中，都密切关注农村公交道路通行能力、班次密度、站台配置、维护管理等问题，以真正满足群众需求。随着连接各城各县与村镇间的公交线路逐渐增多，公交频率逐渐增加，农村居民日常出行更为便捷，更给自身生活提升带来了机会。学生校车的大量配置更帮助中小学生解决了上学路途遥远问题，家长更为安心，学生也更为安全。

（六）接下来会怎样？

新中国成立初期，岂敢想象火车"插上翅膀就能起飞"之速度，岂敢想象无人驾驶汽车驰骋高速公路……电子信息技术、新型材料、先进设备制造等技术的飞速发展为未来出行方式和工具的发展提供了物质和技术基础，创新创造带来的理念思维转变进一步让未来出行充满可能性。在"百年未有之大变局"的当下想象未来，难免落入惯性思维，实难预测人民出行还会发生哪些令人意想不到的变化。但是通过些许潮流和技术概念，不妨简单对未来美好生活设置些许期待。

出行正在步入无人时代

近年来，无人化技术的发展持续加速，自动运行的私家汽车已不足为奇，无人驾驶的公共交通工具逐渐进入众多传统巨擘与科技新贵的竞争领域……在这个技术大爆炸的时代，无人驾驶技术开拓了崭新局面，无人化的公共交通工具正距离我们越来越近。
——《人民日报海外版》2017 年 8 月 5 日第 6 版。

国外很多地区已经有无人驾驶汽车行驶在了公路上，人工智能学习能力提升更保证了无人驾驶的安全性和可靠性。随着技术交流与自我研发，我国无人驾驶技术除在地铁的应用外，也将逐渐应用于民用汽车等多领域。新能源汽车目前的发展虽然仍依靠补贴站稳脚跟，但是随着快速充电、非接触式充电技术以及新材料、新电子技术带来的电池革命将大大提升电动汽车的使用感受。目前城市街头越来越多的人选择乘电动平衡车（或称体感车、思维车、摄位车）出行，靠着身体倾斜即可控制前进方向和速度的科技产品让出行更具"科幻感"。国外可飞行摩托车 Hoverbike 亮相街头的时候，我们也应当期待，不依靠立交桥和隧道，通过私人交通工具也可以实现立体交通空间的充分利用。水氢能源汽车等也预示着更多"黑科技"将运用于人们出行工具中。未来的我们将乘坐目前难以想象的更环保、更便捷、更安全的交通工具实现行之任性。

春运 见证中国飞速发展

未来，随着"十纵十横"综合运输大通道布局不断完善，边远山区道路交通"最后一公里"逐步打通，以及航空平民化、高铁一体化、私家车普及化，春运运输结构还会继续优化。

——《中国纪检监察报》2019 年 1 月 28 日第 6 版。

作为"基建狂魔"，我国交通网络建设的基础让人们出行障碍越来越少，边疆、深山、海峡、河谷……沟沟坎坎、起起伏伏的地形地貌也阻挡不了桥隧施工和公路铁路建造，农村道路的大规模兴建维修，城市道路和公共交通基础设施的建设，让一条条便民路、致富路通向千家万户，让人们出行只有舒畅大道，再无坎坷小径。

公共交通方式推出的种种便捷查验方式，让人们出行中等待时间不断缩短。2019 年民航"无纸化"服务将提质升级，也将鼓励人脸识别、自助值机、自助托运，探索人工智能、生物特征识别，推广旅客"差异化安检"和"诚信安检"试点经验等，着力打造以"平安、绿色、智慧、人文"为特征的未来机场体系。以民航和铁路验票为代表，互联网、大数据、图像识别等多种技术的结合让"刷脸"购物不再是笑话，更让"刷脸"进站减少旅客等候。公交车出租车乘车支付方式或许也将更加多元，目前已经有在使用的"刷脸"乘车似乎将逐渐普遍。

不断充实完备的道路等交通基础设施建设，更多解放人们双手双脚的智能化交通工具，更完善的交通规划和制度规范，更便捷亲民的出行服务……所有的一切出行变迁将主要着眼于人民群众生活的实际需求，纵然难以预料未来的出行生活究竟会变成怎样难以想象的样子，但是这种以人为本、注重经济社会文化生态等多方面利益的出行生活发展方向永远不会改变。

第四节　交通政策健全完善

新中国成立以来，我国交通政策从多方面发挥着积极作用，管理体制逐渐从一家独大的管理与运营集中，向市场化运作、政府引领监管发展；城市交通需求政策向以更高水平满足出行需求方向发展。

（一）管理体制沿革

1. 铁路管理体制变革

铁路作为国民经济的大动脉，在新中国成立初期被认为是高度集中的企业，铁路运输、基建、工业生产计划都应在中央领导下，由铁道部统一编制并贯彻执行。1954 年 9 月原中央人民政府铁道部改为中华人民共和国铁道部并作为国务院组成部门后，以其为核心主体的铁路管理体制保障了新中国成立初期铁路建设和铁路运输工作的高效开展。1970 年 6 月铁道部与交通部、邮电部所属邮政部分合并成立新的交通部，1975 年 1 月国务院机构调整后铁道部重新组建。改革开放后，随着社会主义市场经济体制改革的展开，铁路改革按照政企分开的方向，加快职能转变和机制转换，实现铁路管理体制和机制创新，从 2000 年开始，原由铁道部管理的企业、高等院校、中小学、医院等逐步从铁道部分离，铁路局法院和检察院也于 2012 年 7 月前全部移交属地管理；2005 年 3 月实施铁路局直接管理站段体制改革，撤销铁路分局，变四级管理为三级管理。在此基础上，2013 年正式实行铁路政企分开，组建中国铁路总公司、国家铁路局，不再保留铁道部。

2. 民航体制

1949 年民航局成立时归属中央军委、行动上由空军司令部指挥、业务上归中央财政经济委员会领导，后于 1952 年 4 月改制归属中国空军、1954 年 7 月改为国务院直属局后由空军和国务院第六办公室分工领导、1958 年 2 月改为交通部部属局后由空军和交通部分工领导、1962 年 4 月改回国务院直属局后由空军和国务院有关部委分工领导、1969 年 11 月成为空军组成部分。我国民航部门在 1980 年前总体实行以军队领导为主的政企合一管理体制，集政府部门、空中交通管制、航空公司和机场于一身，既是主管民用航空事业的政府部门，又是直接经营民用航空业务的全国性企业。1980年3月中国民航脱离军队建制后，中国民航管理体制进行了根本性改革：实行政企分开，走企业化道路：民航不再由空军代管，改由国务院直接领导；相关部门进行企业改组，成立器材公司、维修基地等企业，改革用人制度；对民航全行业实行财务包干，改革投资体制，增强民航自主发展能力，民航局对地区管理局也扩大自主经营权。1992年民航系统进一步改革，使政企彻底分开，实施大集团战略，进行行业结构调整，组建了中国国际、中国东方和中国南方航空公司为核心的企业集团，原先的西北、西南、北方等公司分别并入三大集团。但中国航司面对市场竞争在20世纪90年代中后期仍出现一定亏损，为此1998年民航实施了新一轮管理体制改革，实现政企彻底分开、政资彻底分开、民航总局与所属企业彻底"脱钩"，使企业真正成为市场主体。2002年1月国务院通过中国民航改革重组方案，组建起中国航空集团公司、中国东方航空集团公司、中国南方航空集团公司、中国民航信息集团公司、中国航空油料集团公司和中国航空器材进出口集团公司，并使之与民航总局脱钩；民航政府监管机构改革中，民航总局下属7个地区管理局和26个省级安全监督管理办公室对民航事务实施监管；机场管理按照政企分开、属地管理的原则，将民航总局直接管理的机场资产、人员和管理权区别下放至机场所在省级行政区。

　　3. 公路交通管理体制

　　新中国成立后至改革开放之前我国公路运输取消了个体经营，并实现了集体所有制向全民所有制的过渡，运输由交通部门直属的国有运输企业独家经营。交通部1950年1月以华北公路运输总局为基础成立公路总局，4月成立国营汽车运输总公司、9月改称中国汽车运输总公司，作为政企合一机构，既负责全国公路运输业务的指导工作，又直接经营华北地区公路运输业务。1951年8月，中国汽车运输总公司改组为交通部运输局，主管全国公路运输工作，原总公司直属的运输公司划归华北区运输公司管理。改革开放后，公路管理实行政企分开，清理行政性公司，交通部和省厅所属公路运输企业逐步下放给中心城市，并下放经营管理权，人财物方面权力也下放给公路运输企业，管理机构也得到调整。除管理体制外，公路运输所有制结构在 1983 年全国交通工作会议提出"有路大家行车"的指导思想，采取了"各部门、各地区、各行业一起干，国营、集体、个体和各种交通工具一起上"等政策后，形成了多种经济成分、多种经营层次、多条经营渠道的公路运输新格局；公路运输企业推行起承包经营责任制，公路建设投资体制改变国家投资为主，主要依靠地方政府投资，多渠道、多元化集资建设公路基础设施。

4. 水运管理体制

新中国成立后，在"三大改造"过程中，我国通过和平赎买对私营水路运输企业进行了全行业社会主义改造，私有船舶转归国有或公私合营。1957 年，公私合营运输企业全部并入国有水路运输企业，同时建立起了集中统一、分级管理、政企合一的水运管理体制。1978 年改革开放后，水路运输传统计划管理模式得到改革，扩大了指导性计划和市场调节范围，港口管理权限被下放、实行地方管理为主的管理体制、扩大港口企业经营自主权，水路运输企业经营自主权得到提升。1984 年后，政府水路运输管理部门职能集中到规划、协调和监督，利用行政、法律加强对水路运输市场管理；国家允许各部门、各地区、各行业经营水路客货运输，积极发展江海直达、干支直达运输；水路运输坚持公有制为主体基础上，积极发展包含多种经济成分的运输力量。进入 21 世纪，水上安全监督管理体制改革完成，建立了 14 个交通部直属海事局和 27 个省级地方海事局，内河航运和海上运输实现政企分开；2006 年后，初步形成权责一致、分工合理、决策科学、执行顺畅的水路运输行政管理体制，通过水监体制改革、引航管理体制改革、融资体制机制改革等，我国水路运输管理体制日趋科学合理。

（二）城市轨道交通发展政策

城市轨道交通以其大运力和快速度等优势，成为大中城市期望拥有的公共交通方式。但是轨道交通的建设成本和运营成本极高，盲目举债建设也非持久之计，因此轨道交通政策基于不同发展阶段和经济社会发展大环境，围绕城市公共交通建设需求、经济发展水平和财力状况等多方面不断进行着调整，以更好引导城市轨道交通建设。

20 世纪 90 年代上海和广州地铁项目建设如火如荼，沈阳、南京、重庆、武汉、深圳、成都、青岛等也希望地铁项目得到国家审批，但是不容忽视地铁的建设造价和设备引进制造难题，因此 1995 年 12 月《关于暂停审批城市地下快速轨道交通项目的通知》（国办发〔1995〕60号）发出，城市快速轨道交通发展受到严格控制，至 20 世纪 90 年代末，新建完成的地铁只有北京地铁复八线、上海地铁 1 号线和广州地铁 1 号线 3 条线路，长约 54 公里。

2003 年 9 月，《关于加强城市快速轨道交通建设管理的通知》（国办发〔2003〕81 号）的发布使城市轨道建设审批一定程度放开，该文件提出发展城市轨道交通应当坚持"量力而行、规范管理、稳步发展"的方针，提出建设规模和速度要与城市经济发展水平相适应的规模和速度，此后并陆续有 15 个城市（14 个获批）上报快速轨道交通建设规划。随着 2013 年城市轨道交通项目的核准权限下放至省级投资主管部门，城市轨道交通建设审批整体进一步放宽，并提出"量力而行、有序发展"的原则，之后于 2015 年国务院同意进一步下放建设规划审批。

随着轨道交通建设陆续被各城市提上日程，部分城市对城市轨道交通发展的客观规律认识不足，存在规划过度超前、建设规模过于集中、资金落实不到位等问题。为此 2017 年 7 月国家发改委要求各已批复城市轨道交通建设规划的城市就规划实施执行情况开展中期评估，2018年为坚决打好防范化解重大风险攻坚战，防范地方债务风险，国务院出台《关于进一步加强城市轨道交通规划建设管理的意见》，要求申报建设地铁和轻轨的城市一般公共财政预算收入、地区生产总值、市区常住人口需达一定限度；并对项目总投资中财政资金投入比重作出要求，强调政府对轨道交通全生命周期的财政承受能力；同时严格了建设规划报批和审核程序，加强宏观调控力度规范城市轨道交通建设速度。

（三）交通需求管理政策

私家车亦是出行生活的重要部分，交通需求管理政策从起步到完善，在停车管理、限行调流等方面为缓解交通拥堵等问题而作出努力，包括 1998 年元月开始实施停车泊位证制度，要求车辆上牌和年检时需提供停车泊位证明，该政策于 2001 年取消，由 2004 年实施的《中华人民共和国道路交通安全法》替代；北京等城市也不断调整着停车收费标准，如北京市从 2002 年对所有经营性停车位根据时段、区位、停车场类型制定差异化按小时计费停车收费标准，2004 年将收费计时单位缩短至半小时，2011 年后根据中心高于外围、路内高于路外、地上高于地下、白天高于夜间、长时高于短时等调整停车收费标准；为保障城市交通基本顺畅、减少空气污染，北京等城市在 2008 年后还实施全天停驶 30% 公务用车、机动车高峰时段区域限行、单双号限行等政策；为控制车辆拥有量，北京市等近十年对需要取得本市小客车配置指标的个体采取摇号、轮候等方式提供车辆上牌。

为解决私家车集中出行带来的交通拥堵问题，特别是解决节假日期间高速公路收费站车辆拥堵问题，2012 年 9 月 5 日，我国实施了节假日高速公路免费政策。在春节假期和"五一""十一"小长假，以及之后成为法定节假日的元旦、清明节、端午节、中秋节期间，也是人们返乡、外出的集中时间段，无论是自驾还是乘坐长途客车往往都要经历上下高速公路时的排队交费，大量车辆集中在高速公路收费站造成了严重车辆拥堵，高速公路常被抱怨为"高速停车场"，这一政策的实施有力减轻了高速公路的严重车辆拥堵现象。

而随着网络技术带来的自行车和汽车共享，网约车服务兴起等，我国相关配套政策也及时到位，为引导和监管工作的落实做好保障。近年来，针对我国互联网租赁自行车（俗称"共享单车"）快速发展下车辆乱停乱放、车辆运营维护不到位、企业竞争无序、企业主体责任不落实、用户资金和信息安全风险等问题，2017 年《关于鼓励和规范互联网租赁自行车发展的指导意见》发布，明确"鼓励和规范发展"的总体方向，并实施包容审慎监管，对运营企业的发展定位、有序投放车辆、完善交通网络、推进停车点位设置和建设等提出相应政策措施，鼓励新技术推广加强所属车辆经营管理，鼓励创新经营不断提高用户体验、提高服务水平。2018 年后各部门亦出台规范明确网约车行业事中事后联合监管工作流程。

第五节 大事回眸

1949 年

11 月 9 日，"两航起义"。新中国民航由此拥有了第一架飞机。

1950 年

7 月 5 日，"飞鸽"品牌在天津自行车厂诞生。是为中华人民共和国自行设计、生产的第一个自行车品牌。

8 月 1 日，"八一开航"。新中国民航开辟了最早的国内航线。

1952 年

6 月 13 日，成渝铁路提前三个月竣工，是为新中国成立后建成的第一条铁路。成渝铁路最早自 1937 年 6 月即开始断续建造，但到 1949 年 12 月仅完成原预算工程量的 9%、未铺设一根钢轨。1950 年 6 月 15 日成渝铁路开工后，在"就地取材"修建原则下，3 万多解放军和 10 万多民工利用两年不到的时间修成成渝铁路。

1954 年

12 月 25 日，康藏、青藏公路正式通车，将世界之巅纳入祖国交通网。青藏公路起于青海西宁、止于西藏拉萨，是世界上海拔最高的柏油公路，于 1950 年动工；康藏公路，又称川藏公路，连接四川成都和西藏拉萨，于 1950 年 4 月开工，经过 11 万军民艰苦修建、2000 多军民付出生命，北线此时正式通车，南线则于 1969 年全面建成。

1957 年

10 月 15 日，隆重举行了新建武汉长江大桥落成通车典礼，万里长江天堑变通途。武汉长江大桥是新中国成立后在长江上修建的第一座公铁两用桥。

1958 年

3 月 1 日，北京首都机场建成并投入使用，是为新中国建成的第一个投入运营的民用机场。

5 月 5 日，中国第一辆自己制造的轿车在长春第一汽车制造厂诞生，开启我国民族轿车工业起点。

1969 年

10 月 1 日，北京地铁 1 号线建成通车，是为中国建成的第一条城市地铁线路。

1975 年

7 月 1 日，宝成铁路电气化全部完成，是为新中国第一条电气化铁路。宝成铁路穿越秦岭连接陕西宝鸡和四川成都，1952 年 7 月开工，1958 年 1 月 1 日正式通车。

1979 年

9 月，广州市白云小汽车出租公司正式营业。作为中国第一家出租车公司，该公司还开启"扬手即停、计程收费、电话约车、24 小时服务"的新型运营方式。

1980 年

3 月 5 日，国务院、中央军委发出《关于民航总局不再由空军代管的通知》，正式进行民航第一轮体制改革，明确除航行管制仍按《中华人民共和国飞行基本规则》执行外，其他工作均向国务院请示报告。随后，国务院发文确定了相关具体事项，包括终止义务工役制等。

1984 年

6 月 27 日，沈大高速（沈阳—大连）开工建设，是为新中国第一条开工建设的高速公路。经过 6 年多的努力后，沈大高速公路于 1990 年 8 月 20 日全线建成并开放试通车。

1987 年

9 月，广州市人民路上建起的高架桥落成通车。该桥高 5.5 米、长 4500 米、双向车道，是新中国内地第一座城市高架桥。

1988 年

10 月 31 日，沪嘉高速公路全线通车并举行了通车典礼，成为中国第一条全线通车的高速公路。沪嘉高速公路于 1984 年 12 月动工建设，南起上海市区祁连山路、北至嘉定南门，加上两段入城连接线共 20.5 公里。

1993 年

12 月 23 日，财政部发布《关于取消购买轿车控购审批的通知》，决定取消购买轿车的控购审批，旅行车、越野车和工具车也不再办理控购审批手续。

1996 年

9 月 1 日，京九铁路全线开通运营。京九铁路北起北京西站，跨越京、津、冀、鲁、豫、皖、鄂、赣、粤九省市的 98 个市县，南至深圳，连接香港九龙，连两条联络线在内全长 2553 公里，是当时一次性修建最长的铁路干线，经三年艰苦努力建设而成。

1997 年

4 月 1 日零时，我国开始进行第一次铁路大提速。本次提速在京广、京沪、京哈三大干线实现最高时速 140 公里 / 小时，并首次开行了快速列车和夕发朝至列车。此后 1998 年 10 月 1 日、2000 年 10 月 21 日、2001 年 10 月 21 日、2004 年 4 月 18 日和 2007 年 4 月 18 日，我国又进行了五次铁路大提速。

2005 年

10 月，青藏铁路全线铺通。2006 年 6 月青藏铁路具备全线通车运营条件；2006 年 7 月 1 日北京至拉萨首列旅客列车从北京西站出发，行驶 4064 公里连接起首都与拉萨人民。青藏铁路是人类工程史上一大壮举，并且在高寒高原的冻土地带，兼顾了经济社会发展、人民生活需求与生态环境保护的统一。

2008 年

5 月 1 日，杭州湾跨海大桥全线通车。杭州湾跨海大桥跨越杭州湾海域，连接嘉兴海盐郑家埭和宁波慈溪水路湾，全长 36 公里，是当时我国自行设计、建造和管理的世界最长跨海大桥。

8 月 1 日，京津城际铁路正式通车运营，是为我国第一条具有世界一流水平的高速铁路，全长 200 千米的京津城际铁路连接北京南站至天津站，设计时速达 350 公里。

2009 年

3 月 20 日，《汽车产业调整和振兴规划》公布，为我国新能源汽车的发展作出了指导。

2013 年

3 月，铁路政企分开，铁道部不再保留：组建国家铁路局，由交通运输部管理，承担铁道部的其他行政职责；组建中国铁路总公司，承担铁道部的企业职责。2019 年 6 月 18 日，经国务院批准同意，中国铁路总公司又改制成立中国国家铁路集团有限公司。

2017 年

5 月 5 日，国产大飞机 C919 首飞成功。客机机型代号 2009 年 1 月正式发布后，历经多年研制试验，我国正式拥有了自主生产干线民用飞机的能力，预计最早在 2021 年首架 C919 单通道客机将交付使用。

6 月 26 日，"复兴号"在京沪高铁正式双向首发。具有完全自主知识产权、达到世界先进水平的高铁动车组成为中国对外的一张闪亮名片。

2018 年

10 月 23 日上午，中共中央总书记、国家主席、中央军委主席习近平宣布港珠澳大桥正式开通。港珠澳大桥于 2009 年 12 月动工，跨越伶仃洋，东接香港、西接广东珠海和澳门，总长约 55 公里，海底隧道与跨海大桥相接，是目前世界上最长的跨海大桥，其建筑规模、施工难度、建造技术、建设要求及标准在中国及世界交通建设史上罕见。

2019 年

5 月 16 日，国务院办公厅印发《深化收费公路制度改革取消高速公路省界收费站实施方案》，提出进一步深化收费公路制度改革，加快取消全国高速公路省界收费站，实现不停车快捷收费。

参考文献

［1］《中国经济发展史》编写组：《中国经济发展史（1949—2010）》（套装 1—6 卷），上海财经大学出版社 2014 年版。

［2］毕竞悦：《1978—2018：中国四十年社会变迁》，清华大学出版社 2018 年版。

［3］蒋作舟、高金华、宿百岩：《航空百年民用机场的建设和发展》，《中国民用航空》2003 年第 11 期。

［4］董增刚：《百年中国社会图谱：从老式车马舟桥到新式交通工具》，四川人民出版社 2003 年版。

［5］颜光明、钱蕾、王从军：《中国汽车四十年》，上海交通大学出版社 2018 年版。

［6］张静如：《中国当代社会史：1966—1978》第三卷，湖南人民出版社 2011 年版。

［7］张静如：《中国当代社会史：1978—1992》第四卷，湖南人民出版社 2011 年版。

［8］张毓书：《改革开放 40 年 交通运输取得辉煌成就》，《人民交通》2019 年第 1 期。

［9］中国公路交通史编审委员会：《中国公路运输史》（第二册），人民交通出版社 1997 年版。

第五章　教育——应试教育到素质教育

一线教师眼中的教育变迁

"乡村教育和城市教育，其实差距最大的是教师。因为硬件设施在国家的投入下，差距逐年在缩小。要把一些好老师留在农村，主要有三条：事业留人、感情留人、待遇留人。"江苏省苏州市吴江区盛泽实验小学教育集团总校长薛法根说。

在第34个教师节到来前夕，中国国务院新闻办公室5日就"与教育改革发展同行"这一主题举行中外记者见面会。五位来自不同教育阶段的老师从三尺讲台走到聚光灯下，讲述他们眼中的中国教育变化。

薛法根1988年参加工作，1998年30岁时成为江苏省当时最年轻的小学语文特级教师。在农村基层从教30年的经历让他对如何留住青年人才深有感触。他解释事业留人，是指要给教师一个广阔的空间，让教师能够成就一番事业；感情留人，是要给老师更多的关心和关怀，真正倾听老师内心的声音和需要；待遇留人，是对农村教师提高工资，在其他的福利待遇方面也尽可能给予较好的待遇。

薛法根所在的盛泽实验小学从1998年出现第一个特级教师到现在共有5个特级教师。他说，这些老师和在大城市一样有广阔平台，这是他们能在农村留得下的重要原因。

和薛法根一样，来自江西省宜春市奉新县澡下镇白洋教学点的乡村教师支月英从教也已 30 多年。她说，乡村教师是教师里的一支特殊队伍，她的从教生涯和改革开放的时间差不多，她是农村教育变化的亲历者，也是农村社会发展的见证者。

支月英带来了一张图，她任教的学校从前是漏风漏雨的泥巴房，现在变成了全封闭的校园，有了现代化的教学设备，是当地最好的建筑。教师这几年也一年比一年多了，因为生活条件、学校环境等各方面都好了。

陈立群 2015 年从杭州学军中学校长岗位上退下来后，前往贵州支教，现在担任贵州省黔东南苗族侗族自治州台江县民族中学的校长。从东到西，从教这么多年，他感觉最大的变化是没有完成 12 年教育的孩子越来越少，教师的低效劳动时间也越来越少了。与此同时，现代化的校园、现代化的教学设施、高学历的教师越来越多，重视孩子教育的家长也越来越多。

薛法根则认为，最大的变化还是在课堂里。他讲了一个故事，小学语文课本中有一则寓言叫《狐狸和葡萄》。他在 1992 年讲这篇课文时，孩子讲不出这个寓言的道理；到了 2002 年，老师刚刚提出问题，孩子就七嘴八舌地抢着回答；到了 2017 年再上这篇课文，已经有孩子能说出"放弃也是一种智慧"的哲理，还知道"酸葡萄疗法"。网络时代，孩子的学习能力、学习意识，远远超过了教师的想象。

80 岁的西安交通大学能源与动力工程学院教授、中国科学院院士陶文铨也发现了不同时代学生的变化。"现在的学生眼光宽、视野宽、脑子灵活、性格活泼，相对的缺点是静下来做学问不如上世纪 80 年代那批学生。"

这也让陶文铨联想到中青年教师的变化。他认为，现在的青年教师条件比过去好多了，国家各种津贴配套、机会很多，但需要教师静下心来，能坐冷板凳做学问，不要被浮躁的社会所干扰。

时代在变，学生在变，教育在变，好老师的标准不变。好老师最重要的品质是什么？几位一线教师不约而同给出的答案都是：要对学生有爱、要有专业水平。

——中国新闻网，2018 年 9 月 6 日。

"教育"这一主题，与中国人民的生活息息相关。新中国成立 70 年来，教育方面的变化可谓之大：教育方式逐渐多样，家庭教育逐渐受到重视，应试教育的观念逐步转变为素质教育的观念、由人工授课到智能化授课、多样化的年龄群对教育具有多种选择性……在教育不断受到重视和发展的现在人们的素质以及观念不断得到提升；技术变革、管理体制、观念变迁等各方面的变化让人们从教育中受益匪浅。而未来的教育行业，也将会不断出现新的选择和新的气象。

在新中国成立之初，中国适龄儿童小学入学率不到 20%，初中入学率仅为 6%，80% 以上的人口是文盲。农村的文盲率更是高达 95% 以上。党中央迅速作出决策部署，推行识字教育，逐步减少文盲。新中国 70 年的教育发展成就，归结起来可以概括为："两个跨越"——即全面普及九年义务教育和实现高等教育大众化，这是中国教育发展史上的两次历史性跨越；"一个突破"——职业教育不断发展，教育宏观结构调整取得重要突破；"一个重大步伐"——实现教育公平迈出重大步伐；"一个确立"——确立中国特色社会主义教育体制的基本框架，走出了一条有中国特色的社会主义教育发展道路。2008 年 9 月 1 日，城市务工人员子女或低保户子女，上学都不再成为家里的沉重负担。从这一天起，全国城乡义务教育阶段的 1.6 亿学生都不必再缴纳学杂费。2009 年 1 月，中国正式启动《国家中长期教育改革和发展规划纲要》第一轮公开征求意见。这是进入 21 世纪以来，党和政府基于国家长远发展的现实需求，应对全球化竞争的时代要求，制订的第一个教育规划纲要，是指导未来 12 年教育改革和发展的纲领性文件。2007 年以来至今，中国在全面普及九年义务教育、高等教育连续扩招的基础上，在义务教育阶段实施免费，在非义务教育阶段实施成本分担，同时大力推进教育公平，建立起覆盖 400 万高校学生和 1600 万中等职业学校学生的资助体系。同时，中国还建立起覆盖 40 多万所农村和边远地区学校的远程教育网络，使全国城乡儿童、青少年和人民群众享有了更加平等的教育机会、更加优质的教育资源。

第一节　教育投入的变化

随着基础教育、职业教育、成人教育和高等教育各项相关改革的不断深化，以及对各地成功经验与做法的总结与消化，教育部门和计划、财政部门对解决教育投入的思路有了质的突破和发展，逐步完成了由一元的政府投资，向由国家、社会、学校、集体与个人多元投资方向的转变。

公共教育投入的变化

"一工交，二财贸，剩多剩少给文教"，当时国家财政分配上遵循着这一情况。二战后，世界经济迎来了一个发展黄金期，在这一大背景下，中国建立了以重工业发展为核心、以公有制占绝对地位、注重国家统一管理的计划经济体制，重生产和积累、轻消费、低工资，深深影响了家庭收入与教育投入。计划经济时期，教育依附于政治和经济建设，无法保障正常且充足的教育投入，教育投入分担机制也并不合理。例如，高等教育实行"福利制""统包统分、免费入学、毕业分配"的制度，经费基本上依赖于国家财政投入，学生不仅可以免费入学，还可根据家庭条件申请人民助学金，但主要倾向于城市家庭。

在农村，实行以集体经济为基础、低层次的福利制度，如"五保"制度等，侧重于对弱势群体的基本救助，家庭基本上处于极度贫困线水平的自给性生产与消费，与市场分裂，教育严重缺失。在城市，实行"高就业、低工资、高福利"的生活模式，保障范围"从'摇篮'到'坟墓'"。例如，为职工提供幼儿入托，中小学仅收极少杂费，高等教育不收学费且享受免费的医疗服务等，甚至还提供生活、粮食、交通等各种补助。相比于农村，城镇较全面的福利制度有力保障了居民的基本生活水平、子女的受教育机会和质量，减轻了家庭的教育投入负担。

1. 教育投入多元化发展

新中国成立以来国家的经济运行体制发生了重大变化，中央与地方财政的收入支出格局也与以往有了很大的不同。这种变化客观上要求必须调整教育发展的"重心"，改变教育经费投入的来源结构，建立新的教育经费分担机制，以适应教育发展的需要。在这种大背景下，1985年，中共中央颁布了《关于教育体制改革的决定》，确定了"低重心"的教育发展战略，改革了教育管理体制，特别是对基础教育开始实行"分级办学、分级管理"，地方各级政府成为筹措基础教育经费的直接责任者。这种办学体制的改革，调动了地方政府办教育的积极性，为实行多渠道筹措教育经费的路子迈出了关键的一步。

基础教育"分级办学、分级管理"体制实行后，地方各级政府充分调动广大群众办教育的积极性，广泛开展了各种形式的捐资、集资办学活动，陆续出台了一系列增加教育经费投入的具体政策与措施。与此同时，随着宏观教育结构的调整，各项教育改革的深化，在高等教育、职业技术教育、成人教育等领域，围绕着解决经费投入不足的问题，各地先后创造出了许多成功的经验。在国务院的领导下，原国家教委及时总结推广了各地的成功做法，并在此基础上逐步形成了我国教育经费的六条主要来源渠道，即以财政拨款为主，辅之以征收用于教育的税（费）、对非义务教育阶段学生收取学费和对义务教育阶段学生收取杂费、发展校办产业、支持集资办学和捐资助学、建立教育基金（简称为"财""税""费""产""社""基"）的多渠道筹措教育经费的新路子。新路子使我国教育经费投入总量有了迅速的增加，大大改善了办教育的物质条件。

2. 教育投入的法制化与规范化

市场经济体制建立以后的重点是进一步健全完善多渠道筹措教育经费、保证教育经费稳步增长的机制，并把这种机制用法律的形式确定下来。我国的教育投入虽在实践中逐步形成了多渠道筹措的新路子，但各渠道经费来源并不稳定，多渠道的相关政策也不规范，各地在具体执行方面也并不统一和平衡。1993 年中共中央、国务院印发的《中国教育改革和发展纲要》、1995 年颁布的《中华人民共和国教育法》均对保证教育经费六条来源渠道的支出、增长与管理，作出了明确的规定。至此，我国的教育经费筹措和管理初步迈上了规范化、法制化的轨道。

3. 教育经费投入的核算

长期以来，我国的教育发展计划只有数量规模，而没有相应的条件和投入保障机制，极大影响了教育发展计划的实现。针对这一情况，在 20 世纪 80 年代末，国务院委托原国家教委成立了专门的"教育经费研讨小组"，着手研究我国教育经费的投入机制与指标问题。经过研讨小组和有关专家的反复研究论证，参照国际通用的把公共教育支出（相当于我国的财政预算内教育拨款）占国民生产总值的比例作为衡量一国政府对教育经费投入水平的主要指标的惯例，考虑到 20 世纪 90 年代初我国财政性教育经费已接近国民生产总值 3%，以及世界发展中国家在 80 年代中期平均已达 4% 的实际情况，并根据当前和今后一个时期支撑我国教育事业改革发展的基本需要，提出了"我国财政预算内教育拨款在国民生产总值内应有一个比例，这个比例在九十年代中期或到 2000 年应达到发展中国家 4% 的水平"的建议。党中央、国务院反复研究并采纳了这个建议。根据国务院有关部门的意见，将我国公共教育支出的计算口径扩大为国家财政性教育经费支出（与国际口径相比增加了三项计算支出：城乡教育费附加、企业办学支出和校办产业减免税部分用于教育的支出）。此指标正式列入《中国教育改革和发展纲要》之后在《教育法》中又作出了相应规定。

第二节　家庭教育投入的变化

（一）家庭教育观念的变化

家庭的教育投入是整个教育投入的重要组成部分，也是衡量家庭生活质量、教育现代化发展水平、社会精神文化状态与需求的一个重要指标，与收入密切相关。新中国成立以来，伴随经济体制改革，中国家庭收入与教育投入经历了四个阶段的发展演变，城乡二元分界始终贯穿其中。随着市场经济体制的逐步确立，一些新的思想和观念逐渐深入人心，从而为当代家庭教育的发展与变迁提供了思想背景。整个社会开始以人为价值出发点和核心的价值追求，必然包含着对人的发展的终极关怀。为了最大限度地实现人的价值及满足人的各种需要，就必须解放思想，使人从传统的对人的依赖与束缚中解脱出来，实现人的独立性与个性自由。家庭开始关注儿童个体的意愿以及未来的发展，政策上国家也开始不断鼓励家庭教育。

中国政府在国民经济和社会发展"八五"计划和十年规划中，提出了学校教育、家庭教育、社会教育是一个整体，把三种教育摆在同等重要的位置上，使之有机结合，互为补充、互相促进，形成整体的观念。1992 年，国务院颁布第一部儿童工作纲领——《九十年代中国儿童发展规划纲要》，其中十大目标之一是：到本世纪末，让 90% 以上的儿童家长不同程度地掌握科学育儿知识。全国人大常委会相继颁布了《未成年人保护法》《义务教育法》《母婴保护法》等重要法规，以法律的形式明确家庭、家长的责任和义务。1993 年颁布的《中国教育改革和发展纲要》中强调："全社会都要关心和保护青少年的成长，形成社会教育、家庭教育同学校教育密切结合的局面。"并对家长提出具体要求："家长应当对社会负责，对后代负责，讲究教育方法，培养子女具有良好的品德和行为习惯。"此后国家教委、全国妇联联合制定《全国家庭教育工作"九五"计划》《家长教育行为规范》和《家长学校指导意见》等文件，使全国家庭教育指导工作走向有序发展的新阶段。并提出"建立起学校（托幼园所）教育、社会教育、家庭教育相结合的育人机制，创造有利于儿童身心健康、和谐发展的社会和家庭环境。"

进入新世纪后，《中国儿童发展纲要（2001—2010 年）》提出了家庭教育的目标：提高家庭教育质量，提高科学教子的水平和能力，使家庭教育与学校教育、社会教育紧密配合，形成合力，培养"四有"新人。《全国家庭教育工作"十五"计划》提出："要进一步提高家长的科学教子水平和能力，拓宽家庭教育知识传播渠道，广泛宣传'优生、优育、优教'的科学知识和教育子女的科学方法；构建家庭教育工作指导体系，加强家长学校、家庭教育指导队伍、家庭教育理论研究及家庭教育教材等基础建设；进一步推进家庭教育工作的科学化、社会化、法制化。"

（二）家庭教育支出的类型

个人教育投入是指家庭为其子女接受学历教育而支付的各种费用，涵盖的范围包括基本教育支出、扩展教育支出、选择性教育支出三类。一般来说，基本教育支出是受教育者应支付的起码的教育支出，包括学费、杂费、托幼费，学校指定的教材及参考资料费、校服费、文具费、为求学而支出的食宿费及其他相关费用。扩展教育支出则指基本教育之外的家教支出、补课费、各种开发智力的培训班支出、课外书籍费用、各种有关的辅导班费用等。选择性教育支出是指为学生择校而支付的费用。基本教育支出是家庭必须承担的消费支出，是不可或缺的。

（三）家庭教育支出的资金来源与其分配

教育支出的资金来源主要有：家庭收入、储蓄和借贷。家庭收入主要包括城镇居民可支配收入和农民纯收入。改革开放以来，我国国民收入分配的格局发生了显著变化，突出表现为向个人倾斜。国内生产总值最终分配给个人的比例由 1979 年的 64.4% 上升到 1998 年 68.5%，1988 年曾一度达到 77.5%。城镇居民收入水平显著提高，1981—1999 年的近 20 年间城镇居民收入以年均 12.9% 的速度递增，收入水平增长了近 12 倍。农村居民收入也以年以 12.4% 的速度递增。家庭收入的增加是教育投资负担向个人倾斜的经济基础。在总体上，家庭收入的高低制约了家庭教育支出的多寡，家庭教育支出与家庭收入呈正比例关系。高收入家庭花大量金钱送子女进重点学校、"贵族学校"甚至出国留学，而普通收入家庭子女大多数则就读于一般公立学校。调查表明，年收入 20 万元以上的家庭，教育花费是 5000 元以下家庭花费的 8 倍。家庭收入越高，为其子女交纳的学杂费也越多，在 20% 最高收入家庭中，学杂费占家庭全部消费性支出的 5%—6%；在 20% 最低收入家庭中，学杂费占家庭全部消费性支出的 8.5% 左右。20% 最高收入户在学生补习兴趣费、家教支出上明显高于 20% 最低收入户家庭。全城镇学生平均择校费 2921 元，中等收入户及以下家庭低于这个水平，而高收入及最高收入家庭分别比这个水平高出 13.8% 和 50%。

当即期的家庭收入不足以应对择校、上大学等大额家庭教育支出时，就必须动用家庭储蓄。到 2001 年 8 月，我国城乡居民储蓄余额达到 62861 亿元，是 1990 年 7034.2 亿元的 8.94 倍。据 2000 年中国经济景气监测中心公布的调查表明，居民储蓄中有 10% 是作为教育消费预留。而国家计委宏观经济研究院课题组的研究表明，"为子女上学准备"的储蓄所占的比重达 44%。另据调查，在我国的家庭消费倾向中，教育消费已占据第一、第二的地位。我国 10% 的低收入家庭中有 61.7% 的家庭准备将家庭储蓄的大部分用于子女的教育消费，在 80% 的中等及中等偏低收入家庭中绝大多数家庭准备将家庭储蓄的近一半用于子女的教育消费。从上述调查中可以看出，一方面家庭储蓄已成为大多数家庭最主要的教育支出基金，另一方面家庭教育支出又成为家庭储蓄最重要的动机。随着教育"重心"的不断上移和高等教育规模的继续扩大，储蓄承担家庭教育基金的功能将更加明显而重要。

据 2003 年国务院妇女儿童工作委员会和全国妇联通过调查，有 60% 的城市居民曾经为孩子上学举过债。在有子女上大学的家庭中有 37% 在子女就学期间向亲朋好友借过钱，其中 19% 的家庭主要靠举债来维持子女上大学。目前，高校中有 20% 的贫困生上学、生活有困难，其中有 10% 的极度贫困生根本就交不起学费，还有相当高比例的学生对助学贷款有需求。

从宏观上来看，1992 年以来，我国由个人承担的教育经费总额的增长幅度是惊人的。从 1992 年的 138.3 亿元迅猛增长到 1995 年的 566.8 亿元，三年间增长了 4 倍，即使扣除通货膨胀的影响，增长率也相当高。2000 年达到了 1286.47 亿元，较之 1995 年又增长了 2.27 倍。1992—2000 年间，我国个人承担的教育经费总额年均增长 28.12%，远远高于 GDP 的增长速度，也大大高于居民收入的增长速度。据国家经济景气监测中心公布的调查，我国城市消费中增长最快的教育消费，年均增速为 20%。农村居民的家庭教育支出与城市相似。调查资料显示，人均教育支出占消费性支出的比重明显上升，其中城镇居民家庭由 1985 年的 8.17% 增至 1990 年的 8.78%，到 1999 年已高达 12.28%，在消费支出中居第二位。农村家庭这一支出的增长速度略快于城镇家庭，从 1985 年各项消费中居第五位的 3.8%，增至 1990 年的 5.36%，进而到 1999 年的 10.67%，在各项消费支出中居第三位。1998 年我国城镇人均教育支出递增达 30%，发达地区达 45%，其占全年总支出的比重也连年上升，上海居民家庭的这一比例已达 25%。

全国中小学生家庭教育支出一学期近二万亿元 天价育儿账单不容轻视

"你娃报了几个班？""你娃在哪里补课？""哪个机构里有好的数学、英语老师？"……春节走亲访友，家有中小学生的父母，相谈最起劲的话题无疑就是"激娃"了。

2 月 12 日，还在正月里，一条网文忽然蹿红《养一名初中生一年要花 8.8 万元　其中补习班费用是大头》，说的是杭州观成中学今年寒假的一项家庭调查。这份"2018 年育儿账单"显示，家长在孩子初中阶段最大的一笔育儿投入就是培训班，平均每年 2.2 万元，最高的达每年 6.25 万元。据老师们反映这还不是最多的，一个班级里上培训班费用超过 5 万元的学生不会少于 10 个。

巧的是，"王诗龄的课程表"在这个春节里也成为坊间的热议话题。王诗龄，主持人李湘的女儿，9 岁娃，除了规定的语数外等文化课程，她还要在课外学习钢琴、大提琴、书法、油画、瑜伽、国际象棋和织毛衣，天天都排得满满的。

"成长是钱堆出来的""生得起养不起啊""谁还敢生二娃啊"……面对令人惊诧的"育儿账单"和"富家子弟课表"，各种吐槽也随之而起。有家长以调侃的口吻发帖文："亲爱的未来亲家，我女儿有房有保险会游泳，年满十八会配车，过年随便去哪家，可以不要彩礼，结婚嫁妆配好，送车送房，包办酒席，礼金全给孩子，唯一的要求：能不能现在就接走，谁家的媳妇谁养！"随即，有"男方"家长也连忙跟帖："亲爱的未来亲家您好，我儿子有房有车有保险会游泳（好几种姿势都会），会绘画玩音乐，年满十八岁会配车，结婚给房给车给彩礼，礼金全都给孩子，过年去哪家过都行。唯一要求，能不能现在就把你姑爷接走，把作业辅导好，毕竟您姑爷出息了，享福的是你闺女。"

据北京大学中国教育财政科学研究所公布的中国教育财政家庭调查数据，2017 年上学期，全国基础教育阶段家庭教育支出总体规模约 19042.6 亿元，占 2016 年 GDP 比重达 2.48%，超过全国财政性经费的一半（2016 年全国财政性教育经费为 31396 亿元），表明我国家庭高度重视教育投入，舍得为教育花钱。

——《新民晚报》2019 年 2 月 15 日。

第三节　国家教育政策的变化

（一）改革开放前的国家教育政策

新中国成立前，半殖民地半封建教育是旧中国教育的主体。全国人口 80% 以上是文盲，学龄儿童入学率为 20%，教育事业十分落后。中华人民共和成立后，革故鼎新，逐步对全国 30 余所大、中、小学校进行一系列改造，使之纳入社会主义轨道。

1949 年 12 月在北京举行的第一次全国教育工作会议，确定中华人民共和国教育是新民主主义教育。中央人民政府政务院于 1951 年 10 月公布了《关于改革学制的决定》，规定小学的修业年限为 5 年，入学以 7 岁为标准；中等教育修业年限为 6 年，分为初高两级，年限各为 3 年……专门学校与大学修业年限 3—5 年。新学制的实施，对改革旧学校，促进新中国教育事业发展起了重要作用。

1952 年 9 月教育部发出《关于人民教师应算为革命工作人员的通报》，规定人民教师应称为职员，是工人阶级的一部分。为了建立新中国的教育体制，根据《关于改革学制的规定》，从 1952 年 6 月起，对全国高等学校进行了院系调整。调整是以培养工业建设人才和师资为重点，发展专门学院，整顿和加强综合性大学为总方针。以华北、华东、东北行政区为重点。经过院系调整，使绝大多数省都有一所综合性大学和工、农、医、师范院校。

　　1953 年中国开始执行发展国民经济的第一个五年计划。为了完成"一五"计划发展生产力的任务，必须依靠先进的科学技术，大力发展教育事业。在充分调查研究的基础上，1956 年 1 月，中共中央召开了知识分子问题会议。周恩来在会议上作《关于知识分子问题的报告》。《报告》指出，为了实现社会主义工业化，必须依靠体力劳动和脑力劳动的密切合作，依靠工人、农民、知识分子的兄弟联盟。明确提出了知识分子中间的绝大部分已经是工人阶级的一部分重要论断。知识分子问题会议和中共中央指示精神的贯彻，极大地鼓舞了全国的知识分子，全国出现了"向科学进军"的新气象，有力地促进了我国科学文化事业的发展。

　　1956 年，全国高校在校学生 40.8 万人，坚持全国统一招生制度，提高教学质量。改变过去高校建设过分集中于北京、上海等几个大城市的状况，许多新的高校在内地和边疆建立起来。1956 年，全国中专在校学生 81.2 万人，比 1952 年增加 28%，普通中学在校学生 516.5 万人，比 1952 年增加 1 倍多，普通小学在校生 6346.4 万人，比 1952 年增加 24%。学校教育的重大变化不仅是学生及学校数量的增加，还表现在学校中，劳动人民出身的学生比重超过了半数，少数民族的学生也有较大增加。

　　可以说，从新中国成立到 1956 年底，通过改革和调整，已经确立了社会主义教育事业发展的基础。

　　1957 年 2 月，毛泽东在《关于正确处理人民内部矛盾的问题》重要讲话里指出："我们的教育方针，应该使受教育者在德育、体育、智育几个方面都得到发展，成为有社会主义觉悟的有文化的劳动者"。1958 年 9 月，中共中央指示，一切教育行政机关的一切学校应该受党委领导，在一切高等学校中，实行党委领导下的以校长为首的校务委员会负责制度。

　　1959 年至 1961 年的经济困难，使教育事业持续发展已不可能，而且维持正常教学也遇到了困难。中央监察批评了文教战线上的"共产风、浮夸风、强迫命令风、干部特殊风和瞎指挥风"。教育工作全面贯彻执行"调整、巩固、充实、提高"方针。1961 年对在"大跃进"中猛增的高等学校专业种类，采取了"定、缩、并、迁、放、停"等不同方式的整顿，1961 年 9 月，《教育部直属高等学校暂行工作条例（草案）》即"高教六十条"颁布试行。1963 年 3 月，中共中央又颁发了《全日制中学暂行工作条例（草案）》（共 50 条）和《全日制小学暂行工作条例（草案）》（共 40 条）在全国试行。《条例》分别规定了全日制小学、中学教育的任务、培养目标和领导体制等。全国各级各类学校经过调整，到 1963 年，高等学校由 1960 年的 1289 所调整合并为 407 所（其中本科学校 359 所），在校学生由 1960 年的 96 万人，压缩到 75 万人；中等专业学校由 1960 年的 6225 所，裁并为 1355 所，在校学生由 1960 年的 222.6 万人，压缩到 45.2 万人；对中小学也进行了必要的调整。并且安置了裁并的中等以上学校学生 45 万多人，精简教职工 43 万人。到 1965 年全国各级各类学校在校学生达 13138.4 万人，比 1957 年增长 80% 以上。随着国民经济情况全面好转，教育事业重新步入正常发展的道路。1957 年到"文化大革命"前夕这 10 年，是中国社会主义建设探索时期，是社会主义教育事业的重要发展阶段。我国教育事业在艰难曲折中前进，正确与错误、成功与挫折交织在一起，现代化建设很大一部分的物质与技术基础也是这 10 年间建立起来的。

"文化大革命"开始后，提出了"改革旧的教育制度，改革旧的教学方针和方法，是这场无产阶级文化大革命的一个极其重要的任务"。1966 年 6 月，"文化大革命"刚开始，国家教育部的工作就陷入了瘫痪停顿。直到 1975 年 1 月，历时八年半才重建教育部。全国高校停止招生工作长达 6 年之久，停止研究生招生达 12 年之久。

中共九大后，各级各类学校掀起以"斗、批、改"为主要内容的政治运动，破坏了学校的正常秩序。它破坏了长期以来行之有效的学校规章制度，冲垮了学校的组织机构、专业和课程设置，破坏了正常的教学秩序，改变了学校的招生制度。1966 年，全国高等学校停止了招生，直至 1972 年起大部分高校才恢复招生，但是仍规定招生对象为"选拔具有两年以上有实践经验的优秀工农兵入学"，"不招收应届高中毕业生"，而且不必经过文化考试由群众推荐升学。中等专业学校和中学的招生也采取了类似高校的办法，社会上"读书无用论"也因此盛行。1971 年 4 月全国教育工作会议上通过的《全国教育工作会议纪要》，提出了"两个估计"，全盘否定了"文化大革命"前的 17 年教育战线的成就，极大地挫伤了教育战线上干部和教师的积极性，给广大知识分子长期戴上沉重的精神枷锁，教育事业遭受到严重破坏，教育质量严重下降。在"再教育"的口号下，大量的教师、干部被下放到"五七干校"或农村劳动。1969 年 10 月国家教育部全体干部和工作人员，被下放到安徽省凤阳"五七"干校，教育部实际上被撤销了。到 1971 年，高校搬迁裁并，全国共裁撤大专院校 106 所。

（二）改革开放后的教育政策

中共十一届三中全会以后，我国的教育事业进入了一个新的历史时期。1977 年，全面恢复高考制度，把学校工作重点转移到教学上来，提高全民族的科学文化水平，更好地为社会主义现代化建设服务。教育事业在改革开放过程中不断取得新的进展。

党的十二大把教育列为经济发展的战略重点之一，教育事业的重要地位和作用，逐步为人们所认识。1985 年 5 月，全国教育工作会议在北京举行，作出了《关于教育体制改革的决定》，提出了教育必须为社会主义建设服务，社会主义建设必须依靠教育的指导思想。切实解决教育工作的重大问题，促进教育事业的发展。

根据《决定》精神，各级各类学校加快了改革的步伐。主要表现为：从中央到地方，教育经费逐年增加。1979 年至 1986 年 8 年间，国家财政用于教育事业的支出累计约 1063 亿元，平均每年增长 15.9%，教育事业费用占财政支出的比重由 1978 年的 5.9% 增加到 1986 年的 9.5%。1985 年 6 月，经全国人大常务委员会批准，确定每年 9 月 10 日为教师节。撤销教育部，成立国家教育委员会。"七五"期间，各类全日制中等职业技术学校毕业生比"六五"期间增长 1.1 倍，5 年内普通高等学校本科毕业生比"六五"期间增长了 70%，毕业研究生也增长了 3.5 倍，多种形式的高等成人教育也得到了发展。从 1986 年起开始实行全国成人高校入学统一考试。教师队伍不断扩大，教学质量也不断提升。

　　1985 年 5 月,《中共中央关于教育体制改革的决定》颁布, 提出 "把发展基础教育的责任交给地方, 有步骤地实行九年制义务教育", "实行基础教育由地方负责、分级管理的原则", 并根据经济发展状况将全国分为三类地区, 按照不同步骤普及义务教育, 揭开了教育体制改革的序幕。自此, 由具有 "计划性" 与 "集中性" 特征的教育体制, 逐步探索并建立起与市场经济体制相适应的从中央向地方分权、从政府一元管理向社会共治的新型教育体制。《中共中央关于教育体制改革的决定》打破了以往中央主管一切的管理体制, 规范了中央和地方的权力范围, 调动了地方的积极性。

　　到了 20 世纪 90 年代,《中国教育改革和发展纲要》《中共中央国务院关于深化教育改革、全面推进素质教育的决定》等文件提出进一步简政放权, 进一步确立中央与省（自治区、直辖市）分级管理、分级负责的教育管理体制, 并经国务院授权, 把发展高等职业教育和大部分高等专科教育的权力及责任交给省级人民政府, 其中招生计划、招生考试事宜由省级人民政府自行确定。进入 21 世纪后, 为实现政府治理体系和治理能力现代化的任务,《国务院关于基础教育改革与发展的决定》《国务院办公厅关于开展国家教育体制改革试点的通知》等文件进一步划分了中央政府、省级政府、地（市）级政府、县级政府和乡（镇）政府所要承担的具体责任; 在此基础上,《国家教育体制改革领导小组办公室关于进一步扩大省级政府教育统筹权的意见》《国家教育体制改革领导小组办公室关于进一步落实和扩大高校办学自主权、完善高校内部治理结构的意见》《教育部关于深入推进教育管办评分离、促进政府职能转变的若干意见》等文件的出台明确了省级政府教育统筹权的具体内容, 为规范同级政府教育职责提供了政策依据。

　　2003 年起, 随着科学发展观的提出, 教育变革的重心也由对教育发展数量、规模、速度的追求转向对教育公平的关注。针对 20 世纪 90 年代由于法制不健全造成的公办中小学改制行为不规范、收费过高、公共教育资源流失等问题, 2005 年起, 国家开始调整公办中小学办学体制改革政策, 依法规范办学行为, 颁布了《教育部关于进一步推行义务教育均衡发展的若干意见》《国家发展改革委、教育部〈关于做好清理整顿改制学校收费准备工作〉的通知》等文件，全面停止审批新的改制学校和新的改制学校收费标准。同时推进义务教育均衡发展，2005 年，教育部发布《关于进一步推进义务教育均衡发展的若干意见》，要求贯彻落实"巩固、深化、提高、发展"的方针。2007 年春，全国农村全部免除义务教育阶段学杂费；第二年秋季，全部免除城市义务教育学杂费。

2010 年，《教育规划纲要》发布，提出"到 2020 年基本实现教育现代化"的战略目标和一系列改革措施，明确"均衡发展"是"义务教育的战略性任务"。党的十八大强调"均衡发展九年义务教育"，2016 年国务院发布《关于统筹推进县域内城乡义务教育一体化改革发展的若干意见》，实现了向"统筹推进县域内城乡义务教育一体化改革发展"转变，逐步建立农村义务教育经费保障机制，建立和完善了中央和地方分项目、按比例分担的保障义务教育均衡发展的公共财政体制，落实教育经费"三个增长"，实施"两免一补"政策。

第四节　教育结构的变化

（一）基础教育结构的变化

从八成以上人口是文盲，到九年义务教育入学率接近 100%，新中国成立 70 年来，我国教育事业取得了举世瞩目的历史成就。在新中国成立之初，中国适龄儿童小学入学率不到 20%，初中入学率仅为 6%，80% 以上的人口是文盲。农村的文盲率更是高达 95% 以上，有的地方甚至十里八村都找不出一个识字的人。

改革开放前的基础教育主要以农村教育为载体，在示范教育的帮助下逐步实现义务教育的普及。进入 21 世纪，随着科技日新月异的发展，国际竞争的日趋激烈，人才的培养变得尤为重要，"科教兴国"成为重要的教育发展战略。1996 年 6 月，第三次全国教育会议召开，提出要"深化教育改革，全面推进素质教育"，这为之后的课改奠定了基础。2001 年 6 月，教育部颁布《基础教育课程改革纲要（试行）》，义务教育阶段新课程开始试行，紧接着《普通高中课程方案（试验）》也于 2003 年推出并于 2004 年试行。课程改革建立了合理的课程结构，使学生的创新精神和实践能力得到了一定发展，同时重视学生思想品德的培养，并根据不同地方、学校和学生的差异性制定课程内容，促进了学生差异化培养，适应了社会需要，极大地推动了素质教育的发展。

1.基础教育阶段教学学制变迁

我国教学学制在 70 年来的不同时期有着符合当时背景的变化。新中国成立初期我国实行五年一贯制的小学教育。1951 年 10 月政务院发布《关于改革学制的决定》，对我国学制进行了基本规定：将幼儿教育列入学制范畴，小学阶段实行五年一贯制，中等学校阶段包括普通中学（初中 3 年、高中 3 年）、工农速成学校（3 年到 4 年）、业余中学（3 年到年）和中等专业学校（2 年到 4 年）。由于 1951 年学制在实施过程中存在一些问题，于是 1953 年颁布《关于整顿和改进小学教育的指示》，明确表示小学停止推行五年一贯制。

1958 年颁布《关于教育工作的指示》，随即便开展了大规模的缩短学制的实验。这些实验主要包括：小学、中学实行五年一贯制，中学实行四年制、三二制、二二制等。1960 年又提出了四项学制改革原则，在 27 个省份进行大规模的实验。由于学制改革前期试验规模过大且科学性和有效性不足，直到 1964 年，在中央的大力支持下，慢慢形成了两种教育制度、三类（全日制、半工半读制、业余制）主要学校，多种形式办学的学制系统。这一时期我国基础教育的学制进入了全面建设的时期。

1971 年，中央颁布《全国教育工作会议纪要》，明确提出要缩短学制。到了 1973 年，14 个地区实行中小学九年一贯制，7 个地区实行中小学十年一贯制，9 个地区的农村学校实行九年制，而城市学校则实行十年一贯制。

1980 年发布的《关于普及小学教育若干问题的决定》中明确提出，小学的学制可以采取五年制与六年制并存的方式进行，六年制先在城市中的小学进行推广。1981 年教育部下发《关于在城市试行六年制小学问题的通知》，要求基础教育全部推行"六三三"学制。从此，

"六三三"学制一直延续到今天。随着社会的不断发展进步，人们对教育的诉求越来越多，对"六三三"学制也存在诸多不满，要求进行学制改革的呼声越来越高。

2. 九年义务教育的普及

（1）城乡有别的教育政策

1986 年 4 月，《中华人民共和国义务教育法》提出普及九年义务教育。随后 20 余年，普及义务教育成为重要任务。尽管党中央、国务院高度重视发展农村教育，但我国幅员辽阔，在当时经济发展水平较低，社会财富较匮乏，国家暂时无力均衡发展城乡基础教育，普及教育城乡亦有差别，表现为：

一是对学校支持力度城乡有别。其一，集中力量办好一批城市学校。1978 年全国教育工作会议决定集中力量办好一批重点学校。同年 1 月，教育部颁布《关于办好一批重点中小学试行方案》；1980 年 10月，教育部印发《关于分期分批办好重点中学的决定》，各省份依据此决定确定首批办好的重点中学；1982 年 1 月，教育部发布《关于当前中学教育的几个问题的通知》，要求继续办好重点中学。168 首批全国重点中学城乡分布状况研究分析：全国 695 所重点中学，地处城市 418所，占重点中学总数的 60.14%；地处乡镇 277 所，占所有重点中学总数 39.86%。其二，教育经费向城市倾斜。1993—2000 年义务教育生均经费城乡差距较大，城乡义务教育经费比值基本在 1.5 以上，且预算内教育事业费中公用经费城乡差距十分显著。可见，国家对地处城乡不同区域的学校支持力度存在明显差别。

1985 年 5 月，《中共中央关于教育体制改革的决定》提出有步骤地实行九年制义务教育：约占全国人口 1/4 的城市、沿海各省中的经济发达地区和内地少数发达地区，相当一部分已经普及初级中学，其余部分应该抓紧按质按量普及初级中学，在 1990 年左右完成；约占全国人口一半的中等发展程度的镇和农村，首先抓紧按质按量普及小学教育，同时积极准备条件。

二是普及标准城乡有别。1983 年 8 月，《关于普及初等教育基本要求的暂行规定》对城乡普及初等教育应达到的水平提出不同要求：城

市、沿海各省中的经济发达地区和内地少数发达地区学龄儿童入学率
达到 95% 以上，经济、教育基础较弱的农村地区可以低一点、宽一点。
同时，《中国教育改革和发展纲要》《关于大力改革与发展贫困地区教
育，促进经济开发，加快脱贫致富步伐的意见》和《关于下发〈普及
九年义务教育评估验收办法〉等三个文件的通知》等相关文件，对城
乡基础教育的普及进度、程度、目标等均提出不同要求。

城乡有别的义务教育发展政策使得我国城乡义务教育得到快速发
展，基本实现城乡所有适龄儿童"有学上"：普通中小学教育经费显著
增长，到 2000 年达 1695.70 亿元，其中农村 919.98 亿元；从升学率看，
初中毕业生升学率由 1978 年的 40.9% 上升到 2000 年的 51.1%，增长
9.2 个百分点，小学毕业生升学率从 1978 年的 87.7% 增长到 2000 年的
94.9%，增长 7.2 个百分点；小学学龄儿童入学率由 1978 年的 95.5% 上
升到 2000 年的 99.1%。

（2）城乡教育均衡发展

随着经济发展、农村义务教育经费保障机制改革的推进，国家逐
渐将目光转向城乡义务教育均衡发展。2001 年 7 月，《全国教育事业第
十个五年计划》颁布，提出教育事业"均衡发展"的概念。为实现义
务教育均衡发展，国家主要采取"撤点并校"方式。"撤点并校"即我
国农村义务教育学校布局调整政策的简称，是以撤并小规模学校为主要
手段，旨在促进教育资源均衡配置的一项重大教育政策。其包括撤教
学点合并中心校和撤村小并入城镇校的两种形式。农村义务学校布局调
整有利于优化教育资源配置，通过整合、统筹城乡教育资源，让农村
学生与城市学生一起享受优质教育，实现义务教育均衡发展。

2001 年《国务院关于基础教育改革与发展的决定》标志着"撤点
并校"行动正式开始。《决定》要求"按照小学就近入学、初中相对集
中、优化教育资源配置的原则，合理规划和调整学校布局。"2002 年
2 月，《教育部关于加强基础教育办学管理若干问题的通知》要求：城
市地区要结合城区改造和学校布局调整，加快薄弱学校改造，努力扩
大义务教育阶段优质学校的规模，满足人民群众对高质量教育的需求，
"推进义务教育阶段学校均衡发展"。2001—2003 年，为保障农村义

务教育学校布局调整的经费需求，落实撤点并校政策，财政部相继印发《中小学布局调整专项资金及项目管理暂行办法》和《中小学布局调整专项资金管理办法》（以下简称《办法》）。《办法》称设立"布局调整专项资金"以"促进和引导全国基础教育事业的改革和发展，推动、支持和鼓励中学布局调整，加快中小学规范化、标准化建设，改善地方基础教育办学条件，提高办学质量和效益"。2003年，《国务院关于进一步加强农村教育工作的决定》要求：继续推进中小学布局结构调整，努力改善办学条件；加大城市对农村教育的支持和服务，促进城市和农村教育协调发展。"撤点并校"工作的深入推进促使村小和农村的办学点日益集中到城镇，但我国经济社会发展较不平衡，城乡二元结构矛盾较突出，城乡之间、地区之间、学校之间的差距依然存在。为此，2005年5月，教育部印发《关于进一步推进义务教育均衡发展的若干意见》，要求：继续要求加大学校布局调整，制订或完善本地区义务教育阶段学校办学条件，保障推进义务教育均衡发展所需资金，调整经费支出结构，向农村地区、贫困地区和少数民族地区倾斜，坚持义务教育阶段公办学校免试就近入学，加强农村学校和城镇薄弱学校师资队伍建设等，推进义务教育均衡发展。

（3）基础教育阶段学杂费的减免

为强化政府对农村义务教育的保障责任，推进城乡义务教育均衡发展，2005年，国务院发布《关于深化农村义务教育经费保障机制改革的通知》，要求：深化农村义务教育经费保障机制改革，全部免除农村义务教育阶段学生学杂费，对贫困家庭学生免费提供教科书并补助寄宿生生活费。2008年，《国务院关于做好免除城市义务教育阶段学生学杂费工作的通知》决定：从2008年秋季学期开始，全部免除城市义务教育阶段公办学校学生学杂费。实施城乡免费义务教育为实现城乡义务教育均衡发展奠定了坚实的物质基础。2001年以来，农村中小学布局调整工作取得显著成效，农村中小学的办学条件、办学效益和教育质量有了进一步提高，促进了城乡义务教育均衡发展，但有些地方工作中存在简单化和"一刀切"情况，并引发系列问题。国家对农村中小学布局调整工作进行了反思与调整。2010年1月，教育部发布的《关于贯彻落实科学发展观进一步推进义务教育均衡发展的意见》要求：在调整中小学布局时，要科学规划，避免盲目调整和简单化操作。2012年国务院发布的《关于规范农村义务教育学校布局调整的意见》进一步要求：规范农村义务教育学校布局调整，办好村小学和教学点，提高村小学和教学点教学质量。自此，义务教育均衡发展向内涵性均衡迈进。

（4）城乡教育一体化的推进

随着推进义务教育均衡发展政策的实施，特别是全面普及城乡免费义务教育，从根本上实现了适龄儿童少年"有学上"。2011年底，全国所有县（市、区）和其他县级行政区划单位、所有省级行政区全部通过普及九年义务教育的国家验收。可是，在区域间、城乡间、学校间办学水平和教育质量仍存在明显差距，这要求深入推进义务教育均衡发展，着力提升农村学校和薄弱学校办学水平，实现城乡义务教育一体化发展，全面提高义务教育质量，努力实现所有适龄儿童少年"上好学"。故而，本阶段，城乡义务教育一体化发展以优质均衡为核心特点，重视教育公平。

《教育规划纲要》提出，巩固提高九年义务教育水平，深入推进义务教育均衡发展。为贯彻《教育规划纲要》，国务院出台的《关于开展国家教育体制改革试点的通知》和教育部发布的《国家教育事业发展第十二个五年规划》要求：推进义务教育学校标准化建设，探索城乡教育一体化发展的有效途径和发展机制，逐步统一城乡教育规划、建设标准、经费投入、师资配备和管理体制，探索城乡教育联动发展新模式，逐步实现城乡一体化。为统筹推进县域内城乡义务教育改革发展，2016年7月，国务院出台了《关于统筹推进县域内城乡义务教育一体化改革发展的若干意见》。《意见》指出：要加快推进县域内城乡义务教育学校建设标准统一、教师编制标准统一、生均公用经费基准定额统一、基本装备配置标准统一和"两免一补"政策城乡全覆盖，到2020年，城乡二元结构壁垒基本消除，义务教育与城镇化发展基本协调；城乡学校布局更加合理，大班额基本消除，乡村完全小学、初中或九年一贯制学校、寄宿制学校标准化建设取得显著进展，乡村小规模学校（含教学点）达到相应要求；城乡师资配置基本均衡，乡村教师待遇稳步提高，岗位吸引力大幅增强，乡村教育质量明显提升，教育脱贫任务全面完成。

为落实城乡义务教育一体化发展政策，国家要求完善城乡义务教育经费保障机制，统筹城乡义务教育资源均衡配置，推动义务教育事业持续健康发展。2015 年，国务院印发的《国务院关于进一步完善城乡义务教育经费保障机制的通知》要求，建立城乡统一、重在农村的义务教育经费保障机制，其内容包括：整合农村义务教育经费保障机制和城市义务教育奖补政策，建立统一的中央和地方分项目、按比例分担的城乡义务教育经费保障机制；2016 年，财政部和教育部联合印发《城乡义务教育补助经费管理办法》。此外，国务院和教育部还相继出台《国务院办公厅关于进一步加强控辍保学提高义务教育巩固水平的通知》《县域义务教育优质均衡发展督导评估办法》《义务教育学校管理标准》和《深度贫困地区教育脱贫攻坚实施方案（2018—2020 年）》等政策，保障城乡义务教育一体化发展改革的顺利推进。

（二）高中教育结构的变迁

《国家中长期教育改革和发展规划纲要》的制订，再次使中国的教育工作者意识到：经过 70 年的发展，中国教育进入了全面提高质量的新阶段、进入了让孩子们上好学的新阶段、进入了建设人力资源强国的新阶段，我们也从一个应试教育的国家逐步转变为素质教育的国家。

1. 改革开放前我国高中教育政策

1949 年，全国共有中等学校 5216 所，其中普通中学 4045 所，在校学生人数约 126 万人。1949 年 4 月 25 日，毛泽东、朱德签署了《中国人民解放军布告》，《布告》明确要求"保护原国民党统治区的一切公私学校、文化教育机关、医院等一切公益事业。凡是在这些机关供职的人员，一切照常供职，人民解放军一律予以保护，不受侵犯"[1]。人民政府对新解放区的学校及教育机关采取保护、维持现状和逐步改造

---

[1] 《毛泽东选集》第四卷，人民出版社 1991 年版，第 1458 页。

的方针政策，使接管后的旧公立中等学校日常工作得以顺利进行[①]。

（1）新中国成立初期私立学校的发展

党和政府对私立中等学校进行接办和管理。在新中国成立之初，我国私立中学在整个中等学校中所占的比例比较高。据相关资料统计，到 1949 年 12 月为止，在全国已解放的地区共有私立中等学校 1467 所，占整个中等学校总数的 48%[②]。私立中等学校在校学生人数为 36 万人，占整个中学生人数的 42%[③]。在新中国成立之初，国家对私立中等学校的基本政策是公私兼顾，积极扶持，加强领导，逐步改造，对城市私人办学予以奖励，鼓励农民群众农村办学，对那些办学困难者予以适当的补助。1952 年 9 月，教育部颁布了《关于接办私立中小学的指示》，指出要通过 1952 年下半年至 1954 年一年半的时间接办全国私立中小学，改为公立，并提出了具体接办的方法与程序。到 1952 年底，全国共有私立中等学校 1412 所，在校学生人数共 53 万余人，私立中等学校学生人数占全国中等学校学生人数的 26%。

（2）工农速成班的建立

在新中国成立初期，工农干部是国家建设的重要骨干力量。然而，由于在过去的战争环境导致他们很少有接受教育的机会，为了提高他们的文化水平以适应国家建设需要，国家通过举办速成中学的形式来帮助他们接受教育，培养他们成为新的知识分子。早在 1949 年 12 月召开的全国第一次教育工作会议就提出，广大学校要向工农子女和工农青年开门办学，要在全国范围内创办人民大学、工农速成中学以迅速培养人才。1950 年 12 月，中华人民共和国政务院颁布实施了《关于举办工农速成中学和工农干部文化补习学校的指示》，明确指出，要在全国范围内有计划、有步骤地举办工农速成中学和工农干部文化补习学校，使全国工农干部的文化程度能在若干年内提高到相当于中学的水平。[④]1950—1954 年间，工农速成中学得到了较快发展，五年期间共

---

① 杨明：《应试与素质：中国中等教育 60 年》，浙江大学出版社 2009 年版，第 100 页。
② 何东昌：《中华人民共和国中央教育文献（1949—1975）》，海南出版社 1998 年版，第 164 页。
③ 毛礼锐、沈雁群：《中国教育通史》（第 6 卷），山东教育出版社 1989 年版，第 25 页。
④ 何东昌：《中华人民共和国中央教育文献（1949—1975）》，海南出版社 1998 年版，第 165 页。

招收了 64700 余人，大部分毕业生都升入高等学校继续深造学习。尽管由于工学矛盾和教学质量等方面的问题导致最后工农速成中学停办，但是它在新中国成立初期培养工农干部和高级建设人才方面作出了巨大贡献。

（3）高中办学形式多样化发展

1958 年 9 月，中共中央、国务院颁布了《关于教育工作的指示》，明确指出："为更快地普及教育，为社会建设事业培养更多建设者，力图通过发展半工半读学校和业余学校来加快高中教育学校的发展。到 1958 年，全国范围内主要有全日制学校、半工半读学校和业余学校等三种形式，在一定程度上凸显了我国高中教育办学形式多样化基本指向"[①]。在这一段历史时期，国家通过大力创办集体所有制性质的民办学校，发展中等教育，为社会主义事业培养了不少人才。这一历史时期的民办学校与公办学校的主要区别只限于在资金来源上，在学校管理和课程教材等方面都无实质性的差异，二者都需要遵照党和国家法律、政策方针。

（4）重点中学办学的改革

1959 年 4 月，周恩来总理在第二届全国人大会议上所作的《政府工作报告》中也明确提出，"各级学校要在发展的基础上进行整顿、巩固和提高，要首先集中较大力量办好一批重点学校，以便为国家培养更高质量的专门人才，迅速促进我国科技文化发展"[②]。这也是我国基础教育领域中举办重点学校的最初源头。1962 年，中华人民共和国教育部颁布实施了《关于有重点地办好一批全日制中小学校的通知》，指出在全日制中小学中，必须首先集中力量切实办好一批基础好的中小学，以便尽可能快地提高教育质量，提高我国高等教育质量和科技水平。此后，1963 年教育部在上海、天津召开了中学办学经验座谈会，专门研究如何进一步办学一批全日制中学问题，会上提出在全面贯彻执行党的教育方针和国家教学计划的前提下，各中学要保持其特色。据相关

---

① 中国教育年鉴编辑部：《中国教育年鉴（1949—1981）》，中国大百科全书出版社 1984 年版，第 689 页。

② 中央文献编辑出版委员会编：《周恩来选集》，人民出版社 1984 年版，第 237 页。

统计，到 1963 年 9 月，全国共有重点中学 487 所，占整个中学总数的 3.1%。

2. 改革开放后我国高中教育政策

（1）民办教育的恢复发展

1982 年，全国人大五届五次会议审议通过了《中华人民共和国宪法》。《宪法》以最高法律形式对社会力量办学的合法地位予以明确规定，"国家鼓励集团经济组织、企事业单位和其他社会力量依照法律举办各种教育事业。"《宪法》对社会力量办学的法律规定使民办教育的地位得到国家法律层面上的承认，完成了民办教育自新中国成立以来由取消到恢复的重大历史转变。1985 年 5 月，中共中央颁布《中共中央关于教育体制改革的决定》，明确提出地方政府要鼓励、指导国营企业、社会团体和个人办学，在自愿的基础上鼓励单位、集体和个人捐资助学，但不得强迫[①]。这不仅为民办教育理论研究提供了指导思想和依据，而且也有力地推动了民办教育的实践。

为了加强对社会力量办学的管理，1987 年国家教委颁布了《关于社会力量办学的若干暂行规定》，指出了我国 20 世纪 80 年代社会力量办学存在诸如盲目性、脱离领导、学校管理不善、教育质量难以得到保证甚至以公办学校名义谋取私利等系列问题，提出社会力量办学要遵循教育发展规律，量力而行，注重质量和实效，要结合本地经济建设和社会发展现实需要。在党和国家的政策号召下，全国各地都根据本地实际情况制定了社会力量办学的管理办法和一系列鼓励政策，保证了民办学校的稳步健康发展。

（2）素质教育的推进

进入 21 世纪后，在党和国家的英明领导下，我国高中教育事业取得了辉煌成绩。然而，随着经济社会发展和人民生活水平提高，原有的教育发展水平已经难以满足广大人民群众的教育需求，也难以适应社会转型和经济结构调整对人才的要求，迫切需要对教育进行改革，以适应经济社会发展。2010 年 7 月，中共中央、国务院颁布了《国家中

---

① 国家教委政策研究室：《教育体制改革文献选编》，教育科学出版社 1985 年版，第 1—8 页。

长期教育改革和发展规划纲要（2010—2020 年）》（以下称《教育规划纲要》），《教育规划纲要》作为 21 世纪以来我国第一个关于教育改革和发展的宏伟蓝图，它对普通高中教育及其办学体制等问题予以了详细规定。在第五章"高中阶段教育"中，《教育规划纲要》明确指出要加快普及高中阶段教育，全面提高普通高中学生的综合素质，推动普通高中多样化发展；针对普通高中多样化发展问题，《教育规划纲要》也明确提出要促进办学体制、办学模式多样化，扩大优质教育资源，满足不同学生教育需求需要，也鼓励有条件的普通高中适当增加职业教育内容，为学生人生职业发展铺路。①在"办学体制改革"一章中，《教育规划纲要》明确提出要深化办学体制改革，大力支持民办教育；坚持教育公益性原则，健全政府主导、社会参与、办学主体多元、办学形式多样、充满生机活力的办学体制，形成以政府办学为主体、全社会积极参与、公办教育与民办教育共同发展的格局，调动全社会参与教育办学的积极性，进一步激发教育活力，满足人民群众多层次、个性化教育需求。深化公办学校办学体制改革，积极鼓励行业、企业等社会力量参与公办学校办学，扶持薄弱学校发展，扩大优质教育资源，增强办学活力，提高办学效益；探索多种形式，提高办学水平、改进非义务教育公共服务提供方式，完善优惠政策，鼓励公平竞争，引导社会资金以多种方式进入教育领域。在民办教育方面，《教育规划纲要》也明确规定，"民办教育是教育事业发展的重要增长点和促进教育改革的重要力量，各级政府要把发展民办教育作为重要工作职责，鼓励出资、捐资办学，促成社会力量以独立举办、共同举办等多种形式兴办教育；依法落实民办学校、学生、教师与公办学校、学生、教师平等的法律地位，保障民办学校办学自主权，清理并纠正对民办学校的各类歧视政策，制定完善促进民办教育发展的优惠政策，健全公共财政对民办教育的扶持"。

---

① 杨润勇：《国家中长期教育改革和发展规划纲要学习读本》，吉林大学出版社 2010 年版，第 139 页。

（三）高等教育结构变迁

1.“重点大学”的建设时期

新中国成立初期，在借鉴苏联经验的基础上，集中有限资源、有计划地建立一批高校以培养高级专门人才，从而补充人才缺口成为高等教育的发展方向。1953 年，中共中央确立了“整顿巩固、重点发展、提高质量、稳步前进”的指导方针，并在次年由高等教育部颁布了我国第一部高等教育重点建设政策——《关于重点高等学校和专家工作范围决议》，其中首次明确了重点大学的目标与任务：以学习苏联先进经验为目标，肩负起培养专门人才的任务。

1958 年，全国范围内掀起了“大跃进”的高潮，教育领域亦不例外。为摆脱苏联模式的影响、发展符合我国国情的社会主义教育道路，在同年 3 月我国发动了“教育革命”。在该时期，由于片面强调将教育与生产劳动相结合、对高级知识分子的作用进行否定以及教育事业管理权力的下放，致使高等教育陷入了办学质量下降、教学秩序混乱的状态，而重点高校更是沦为政治运动的工具。为重新调整并促进我国高等教育的发展，中共中央在 1959 年初再次提出了“调整、巩固、充实、提高”的指导方针，强调在保证推动重点大学发展的同时适当照顾一般学校，以发挥重点高校的带头示范作用，从而带动教育事业的发展。在此方针下，中共中央陆续发布了一系列重点建设政策，其中进一步明确了“重点大学”建设的主要任务是提升高校的教学质量，而为最终实现教学质量的全面提升，政府在重新分配重点大学身份的同时，也对重点高校的发展规模、发展方向、所承担的任务以及专业设置等均作出了明确的规定。不难发现，1958 年至 1966 年的重点建设政策已将提升教学质量作为首要任务。

在中共十一届三中全会明确经济建设在我国发展中的核心地位之后，高等教育在现代化建设过程中所发挥的重要作用得到凸显。1983 年 5 月，南京大学的匡亚明、浙江大学的刘丹、天津大学的李曙森和大连理工大学的屈伯川四位老校长联名向中央提出《关于将 50 所左右高等学校列为国家重大建设项目的建议》，建议中央以重点建设经济项目的方式重点建设一批高等学校，史称“835 建言”。在邓小平同志等中央领导的高度重视下，1984 年，国务院通过《关于将 10 所高等学校列入国家重点建设项目的请示报告》，决定安排专项资金以重点建设 10 所高等学校。1985 年，在《中共中央关于经济体制改革的决定》的指导下，我国继而制定了《中共中央关于教育体制改革的决定》用以推动我国教育事业发展的，其中明确提出了通过建设一批重点学科来促使高等学校形成教学与科学研究中心。随后，为推动重点学科建设的实施，国家教委陆续发布了一系列指导性文件，指导与组织重点学科的评选工作。

2. "211 工程"和"985 工程"建设时期

20 世纪末期，伴随着知识经济时代的来临，国际竞争越来越取决于以各国的科技与教育发展水平为基础的总体经济实力的竞争，在此国际环境下，我国进一步加快了高等教育的重点建设进程。随着第八个五年计划的开始，我国再次提出了重点办好一批大学和重点学科的目标，并制定了用以指导未来我国教育事业发展的《中国教育改革和发展纲要》。《中国教育改革和发展纲要》在确立教育优先发展的战略思想的同时，针对高等教育的发展也明确指出："要集中中央和地方等各方面的力量，办好 100 所左右的重点大学和一批重点学科专业"，由此"211 工程"正式提出。随后，国家教委陆续制定了《"211 工程"总体建设规划》《"211 工程"建设实施管理办法》等一系列指导性文件以促进"211 工程"的建设实施。

在 1995 年的全国科学大会上，时任国家主席的江泽民同志在讲话中提出："科教兴国，是指全面落实科学技术是第一生产力的思想，坚持教育为本，把科技和教育摆在经济、社会发展的重要位置"[1]，在大会中，党中央、国务院在教育优先发展战略的基础上进而确定了科教兴国的发展战略。之后，江泽民在北京大学百年校庆上所发表的讲话中再一次明确提出："为实现现代化，我国要有若干所具有世界先进水平的一流大学"。在上述重要讲话精神的指引下，《面向 21 世纪教育振兴

---

[1] 1995 年全国科学技术大会：《江泽民同志在全国科技大学上的讲话》，中华人民共和国科学技术部网（2017）。

行动计划》顺势而出，其中明确提出要以重点支持的方式促使我国少数高校及其学科达到世界一流水平，至此，"985 工程"正式启动。

3．"2011 计划"时期

知识经济时代对国家发展所提出的新要求，使得国家创新能力的提升成为促进我国经济社会发展的重要举措。2011 年 4 月 21 日，时任国家主席的胡锦涛同志在清华大学百年校庆上的讲话中提出，高校应该借助自身优势与科研机构和企业进行深入的合作，通过协同创新战略联盟的搭建以实现资源共享，从而联合攻取关键领域的重大科研成果。由此，"高等学校创新能力提升计划"（简称"2011 计划"）被正式提出。随后，为推动"2011 计划"的落实，教育部与财政部在 2012 年 5 月联合召开工作会议，针对计划的具体实施办法进行了研究，自此，以实现高等学校人才、学科、科研三位一体创新能力的显著提升为核心目标的"2011 计划"启动实施。

4．"双一流"建设时期

在中共十八大提出创新驱动发展战略之后，科技创新的发展逐渐成为增强我国综合国力的重要方式，由此提升科技创新能力成为国家发展中的核心内容。为此，实现从高等教育大国向高等教育强国的转型显得尤为重要。从 2014 年开始，"双一流"建设逐渐成为教育部工作要点中的重要内容，与此同时，习近平总书记也针对我国高等教育的发展提出了建设世界一流大学的总要求。2015 年，随着《统筹推进世界一流大学和一流学科建设总体方案》的发布，以建设高等教育强国为终极目标的"双一流"建设战略被正式提上日程。之后，教育部先后发布了用以指导"双一流"建设战略实施的具体办法，以及获得重点建设的高校名单，以贯彻落实"双一流"建设战略。

（四）职业教育结构变迁

1．以培养技术人才为主的职业教育

在新中国刚成立的时候，我国的经济水平很低，没有大量的专业技术人才。在以前的职业学校里，很多都没有一个清晰的培养目标，在专业设置方面也较为狭窄，学校里面的指导教育没有能适应国家经济的发展，很多都不具备较大的规模，设施十分落后，力量不够集中。

据 1950 年时的统计，中国当时一共有差不多五百所的中专学校，其中医学类的最多，超过了 1/3，第二就是农林类，差不多占据了 20%，接下来就是工业类，占据了 80%；工业类型的相关机构对电子技术的指导力量不够强大，尤其是对于地质知识等方面的专业指导，很多甚至是缺乏。相比较以前的学习安排，有很多的不足之处，里面最为关键的内容为：工人或者是农民参加的很多学校、夜校以及补习机构都没能够被社会赋予一个较高的地位，由于工业的持续发展，主要是在对于重工业以及国防事业的发展里，越来越需要具有较高水平的工作人员以及相关的管理骨干，不过那时候的学校还没有培养高素质人才的能力，无法满足国家对于高素质人员的要求，这不能跟上中国经济的良好发展进程。

我国在"一五""二五"计划期间，经过长期不断的发展进入到大规模的经济建设时期。但是我国职业教育基础仍呈现出较为薄弱的状态，缺乏专业性的技术力量给予强力的支撑，并且未能够全面满足经济建设方面的实际需求。我国在那个阶段中的产业工人还不到 300 万人，仅有 30 万名专业技术与管理者，我国在 1950 年到 1952 年这段时间内的高等工科院校毕业生数量为 19364 人、中等工科院校毕业生数量是 19623 人，两者之间的数据几乎相差不大，由于我国中等人才比例比较低，大力发展中职教育已成为当时教育体系极为重要且迫在眉睫的工程。

2. 职业教育的失衡

"文化大革命"对于教育领域十七年的工作全盘否决，引发了教育工作者在工作思想中存在混乱的情况，在这种形势下使得职业教育也受到严重性的负面影响。"两种教育制度"在此阶段中受到严厉的批判，诸多中等专业与技工学校在那个时期被强制性的停办，造成农业和职业两类中学遭受巨大的危害。职业教育在这个时期遭受严重的摧残。各类中等职业学校到"文革"结束的时候在校生总数量占据整个高中阶段的 1.16%，普通高中与中专、技校之间的比例是 94.2%：5.8%，这个数据信息表明中等教育结构在发展的过程中存在严重失调的情况。

3. 以中等职业技术教育为核心的政策

教育工作在"文化大革命"后不断步入正轨，然而在推行改革开放的前十余年，相较世界平均水平而言，客观存在的差距仍是难以逾越的鸿沟。当时的教育水平处于初级发展时期，教育结构存在严重性的问题，其中最为突出的就是薄弱的职业教育。1978 年，邓小平同志在教育工作会议中强调："教育事业需要采取科学的战略方针有效的满足国民经济发展的实际需求……全面性的对农业中学、每一类中等专业学校在发展中的比例进一步的扩充。"党和国家的工作重心在中共十一届三中全会之后转移到现代化建设上来，经济建设需要诸多专业性的人才，全面加强对职业教育长远的发展尤为必要，但那个时期的教育水平比较差，高等职业教育在专业领域中健康长远的发展需要中等职业技术教育给予强有力的支撑。

1978 年 4 月全国教育工作会首次提及了改革中等教育结构问题。邓小平同志在会议中明确强调，需要采取科学的方案将农业中学、中等专业学校在发展中的比例进一步的扩充。中等职业学校在校学生数量在 1978 年由占据高中阶段的 7.6% 到 1990 年历经十多年的发展中增长至 45.7%，从规模上对中等教育方面单一结构的情况进行改进。1985 年《关于教育体制改革的决定》中明确强调："进行职业技术教育发展过程中需要将中等职业技术教育为核心，对于高等职业技术方面全面性的推动，促使能够创建一套优质化的职业技术教育管理体系。"

4. 职业教育的全面发展

改革开放促使我国职业教育在质和量方面都取得显著性的突破，并在发展中已形成了科学健全的职业教育体系，但和普通高等教育进行对比发现，职业教育的质量不够理想，运营规模方面需要采取合理的方式进行提升。党中央于 1990 年下半年召开了十三届七中全会，此次会议中对于我国经济建设在发展中的战略目标进行全面的规划，明确在 20 世纪末使我国国民生产总值比 1980 年翻两番。为了实现这个新的战略目标，需要大量专业性人才的全面支撑。

国务院于在 1991 年颁布的《关于大力发展职业技术教育的决定》中强调：职业技术教育在发展中的实际情况对于产品质量、经济效益方面具有直接性的影响。大力推进职业技术教育全面的前行，能促使劳动者思想道德、社会主义现代化建设中的战略目前全面实现。由此可见，采取科学的策略发展职业教育事业尤为关键。1993年中共中央相关部门颁布的《中国教育改革和发展纲要》中，对于职业技术教育地位的认识上升到一个新的台阶，同时实施专业性的政策为办学体制提供一定的便捷条件，为了进一步推动我国职业院校中能够发挥出其实质性的作用，将办学条件与质量等方面进一步的优化，国家教委于1995年施行了《关于开展建设示范性职业大学工作的原则意见》，文件中明确把遴选部分符合条件的职业大学有效地进行示范性建设的试点，进而在实践中推动高等职业教育健康发展。1996年5月15日专门部门所颁发的《中华人民共和国职业教育法》中，将我国的职业学校按照具体需求划分为初等、中等、高等职业学校教育。《中华人民共和国高等教育法》强调要对高等职业教育在发展过程中的法律地位采取科学性的方式进行明确。这些专业性制度与政策的实施，对于我国高等职业教育在专业领域中大力的推进具有一定的促进作用。这一阶段的职业教育是为了促进社会主义市场经济的发展，利用中等职业教育培养社会主义市场经济人才。

5. 面向现代化的职业教育

到了21世纪之后，我国的职业教育得到了较为快速的发展，建立了以目标为导向的办学目标，在不断创新机制、创新制度的要求下开展相关工作。2001年12月，我国加入了世界贸易组织，面对复杂多变的国际市场竞争，企业对于人才的需求会更加迫切。经济全球化促使教育也逐步走向全球化，我国的职业教育也面对新的重要机遇，在推进劳动就业以及劳动者素质的提高方面提出了更加严格的要求。在2001年之后，我国各级政府部门开始大力推行中等职业教育，提出了中等职业教育需要和高等职业教育保持一致发展水平的目标。在2002年，我国恢复了中等职业教育的增长，并且逐步建立和健全了中等职业学校的学生进入到高等职业学校继续学习的机会，在2004年，我国的中等职业学校的学生升入到高等职业学校的比例已经超过50%，同时毕业生的就业情况在不断好转，中等职业教育的发展焕发出了新的动力和生机。

党的十七大明确提出了"人力资源强国"的建设目标，表明了国家优先发展教育的立场。2010 年，国家出台十年的《中长期教育改革和发展规划纲要》，要求各地方政府进行全面的教育改革，通过教育提升我国国民的综合素质，保证社会主义现代化的和谐发展。自 2010 年开始，教育部坚持将发展教育作为国家发展战略的重要抓手，认为教育应当与国家的发展长期并存，并要求各部门在发展教育时应当坚持"以人为本"的工作方针，同时强调了创新在教育改革中的重要作用。在教育改革中应当坚持公平性的原则，合理配置不同地区的教育资源，切实提高教育的质量《纲要》中提出，国家要在 2020 年初步确立现代职业教育体系，在建设过程中应当增强职业教育对学生的吸引力，加大力度培养各行业所需的技术性人才，通过教育和人才战略促进社会与竞技的发展。2014 年，教育部补充了新的《教育部关于推进中等和高等职业教育协调发展的指导意见》，将中高等职业教育的发展摆在了"十二五"发展的优先战略位置，认为国家想要从根本上改革教育体制，改善民生，实现经济的发展，必须加强职业化教育体系的建设。

（五）老年教育的变迁

我国老年人文化教育政策的变迁与国家每个阶段的发展息息相关，自中华人民共和国成立以来，我国的涉老政策在时代变迁中向前迈进。2000 年第五次全国人口普查数据显示，我国 60 岁以上人口已达 1.3 亿，占总人口的 10.3%，65 岁以上人口达 8811 万，占总人口的 7%，根据联合国的划分标准，我国于 2000 年正式步入老龄化社会。进入 21 世纪，我国的老龄化程度不断加剧，并且呈现出老年人口多、增长速度快、"未富先老"等涉及经济、社会各方面的显著特征。人口老龄化事关国家发展的全局、事关亿万百姓的福祉，经过几十年努力，我国在满足老年人的物质需求方面，取得一定的成效，老龄工作正在此基础上向满足老年人的精神文化生活需求方面扩展，进入"十三五"时期，国家将更加关注老年人文化教育的发展。

1. 新中国成立初期扫除文盲的决定

新中国成立之初，党和政府的首要任务是解放生产力、恢复经济，这需要大力发展工业，发展工业需要大量有技能的群众投入生产，基于这个大背景，1950 年，原政务院指示，把工农教育确定为国家教育工作的重点，同年 9 月，由于党和政府了解到当时国内有 80% 的文盲，情况严重，因此，中央人民政府号召全国各级单位"开展识字教育，逐步减少文盲"。1956 年《中国共产党中央委员会、国务院关于扫除文盲的决定》（以下简称《扫除文盲决定》）发布，《扫除文盲决定》要求各地"根据国家和当地的工业及农业情况，给工农群体提供识字教育"，同时"各地的文化馆（站）、图书馆（室）、俱乐部等文化机关应该积极为开展减少文盲工作，以及开展群众业余文化学习工作提供帮助"，对于较为年长者，该决定也提出"应欢迎 50 岁以上的文盲参与识字学习"。祖国建设的热情把广大人民群众带进了扫除文盲、学习技能的热潮中，在此时期建起的各项学习场馆与教育项目以及刮起的全民学习风潮为老年人文化教育政策的颁布、活动的开展提供了场地支持和思想动员。

2. 以工农业教育为主的老年教育

1949—1965 年间，涉及老年人学习活动的全民教育在社会主义建设曲折探索的过程中逐渐地起步和发展起来，但由于国家发展工农业的强烈目的性，此阶段的教育主要为工农业应用的相关知识，基本不涉及基础教育与社科类的知识。"文化大革命"令全民教育的开展暂时停滞，"文革"过后，教育受挫、经济水平下滑等现象尤为严重，基础知识和技能的教育亟须再次提上日程，在高等教育招生远不能满足人们需求的情况下，国务院于 1980 年批转并公布教育部《关于发展高校函授教育和夜大学的意见》，提出"应分阶段分情况开展函授及夜大学教育，办学形式灵活且多样化，同时应重点关注文科专业的发展"，这为后来老年大学的建立和教学活动的开展提供了诸多可借鉴之处。

3. 老年大学的成立

改革开放以来，国内政治经济形势向好，社会秩序恢复，我国的对外交流增多，在相互交流的过程中，教育界的视野得以开阔，20 世纪 80 年代，国内的学者和出版社先后翻译并出版了保罗·朗格朗所著的《终身教育引论》、持田荣一等编写的《终身教育大全》以及联合国教科文组织出版的《学会生存——教育世界的今天和明天》等终身教育领域的著名论著，在学术界引发讨论。随后，经过了教育界学者的努力推进，终身教育理念在我国的影响范围扩大，引起了政府的关注，进而影响了我国的基础教育和老年人教育的发展，1983 年 9 月，全国第一所老年大学在山东省济南市创建，1988 年 12 月 "全国老年大学协会" 成立，这是全国第一个民间老年教育组织。1993 年 2 月 "终身教育" 一词出现在国务院颁布的《中国教育改革和发展纲要》当中，这是终身教育这一概念首次在我国的政策中被提及。1995 年，终身教育被写入《中华人民共和国教育法》，这是我国政府第一次提出要建立和完善终身教育体系，构建终身教育体系被提升为我国的国家发展基本政策及国家性战略。至此，我国的终身教育正式从学术界的理论阶段发展为通过政府实施、立法保障的政策阶段，并深深地影响着老年人文化教育政策的发展。

随着改革开放的深入，我国的社会主义市场经济体制日趋完善，人民在经济水平提升的同时精神需求也在增长，对教育的要求不断提高。2002 年中共十六大强调，全面建设小康社会的重要目标和内容就是构建学习型社会，它是未来社会的文化、教育目标。2003 年在中共十六届三中全会上，胡锦涛同志提出了科学发展观，把实现人的全面发展作为目标，统筹兼顾，此后，终身教育得到了政府更强有力的支持。同时，自终身教育在 1995 年被写入《教育法》后，已然走在单独立法的路上，但由于中国人口基数大、国土辽阔、各地经济及文化发展水平差异较大，现阶段在国家层面出台终身教育法难度较大，因而终身教育的立法首先在地方实践。2005 年，全国第一部地方性终身教育法规《福建省终身教育条例》出台，随后，上海、河北等多个省市也相继出台并实施当地的终身教育条例，这为国家制定《终身教育法》提供了许多可借鉴的经验。现阶段，我国已进入终身教育体系构建阶段，在 2010 年发布的《国家中长期教育改革和发展规划纲要（2010—2020 年）》中明确把 "构建体系完备的终身教育" 作为我国发展教育事业的战略目标之一，我国的终身教育也在立法的道路上更进一步。

4. 老年文化教育事业的推进

党中央、国务院在我国人口老龄化加快的背景下，对加快发展老年人文化教育事业高度重视。2001年提出，"十五"期间"进一步丰富老年人的精神文化生活、提升老年人生活质量"是此阶段的总目标之一，在老年人的精神文化方面需要加强活动设施的建设，建立起老年教育网络并开展活动，以此来提高老年人精神文化生活质量，此后的"十一五""十二五""十三五"，我国的老年人文化教育事业也在国家政策的支持下不断地创新和发展。在21世纪之初，文化部也联合多部门发布了《关于做好老年教育工作的通知》，对我国各地的老年教育事业的目标、经费来源渠道、办学模式、办学主体等进行说明，这是我国首次就老年教育问题发布的文件，它的出现使得我国的老年人文化教育政策开始走向具体化。此外，在一些关于社区老年服务、文化建设、基层老龄工作、农村老龄工作、养老服务业、教育信息化的政策当中，也对各部门关于老年人文化教育工作的具体实施进行说明。在地方层面，天津市于2002年出台了全国第一部老年教育专门法规，对当地的老年人教育事业的地位、内容、经费筹集渠道、奖励措施等方面进行了部署。随后，在"十三五"规划之初的2016年，国务院办公厅正式发布《老年教育发展规划（2016—2020年）》（以下简称《老年教育规划》），首次明确指出，老年教育是我国教育事业和老龄事业不可或缺的部分，在今后的五年时间主要任务是为老年人提供更多的老年教育资源、拓宽老年教育的发展渠道、给予老年教育更多的支持服务，同时积极在老年教育的发展机制上创新，使得今后的老年教育可以走上可持续发展的道路，另外《老年教育规划》也对这五项任务给出了较为具体的措施，如提出了提升老年教育机构设施、师资、整合社会各方的学习资源、加快远程老年教育的建设等，并提供了相关的保障措施。

这是我国首个专门针对老年教育制定的规划纲要，其中内容的细化有利于我国老年教育工作的有效开展。从2001年开始至今，在多部门的共同努力下，我国老年人文化教育政策的目标变得更加明确、任务变得更加具体、措施变得更具可行性，而不仅仅局限于宏观层面，宏观层面与微观层面的老年人文化教育政策相结合，两者共同组成了我国的老年人文化教育政策系统。

5. 老年人群精神文化建设

党的十五大以来，我国开始关注社会精神文明建设，致力于文化工作的顺利开展，城市社区和乡镇的文化设施状况得到改善，但在城乡的基层文化建设方面还比较薄弱，由于城乡之间的差距较大，在一些农村地区的老年人群体中还充斥着"黄、赌、毒"以及封建迷信等不良现象。因此，各级政府为了进一步加强基层文化的建设，在之后出台的相关政策中，多次提及农村老年人的精神文化工作。在 2002 年文化部、国家计委、财政部等三部委首次专门就基层文化建设问题颁布的《关于进一步加强基层文化建设的指导意见》中，关于农村的文化建设占据了较大的篇幅，文中指出，农村要因地制宜地建设乡镇文化站、村文化室等适合老年人的老年文化活动场所，同时，普及农民的网络应用知识、发展网络终端、开展文化活动、建立文化队伍、保障投入，以此来丰富农村老年人的文化生活。而教育部也针对农村的成人教育工作提出了意见，强调农村成人教育是我国教育事业不可或缺的一部分，发展农村的成人教育有利于我国学习型社会的建设。除此之外，在老龄工作方面的意见和规划纲要中，也涉及了农村的老年人文化教育工作，推动当地政府向老年文化体育活动、老年教育等工作加大投入同时引导社会力量参与，增加举办基层文化体育活动的频率。广东省政府于 2008 年专门针对农村老年人颁布的《关于进一步加强我省农村老龄工作的实施意见》中把"充实农村老年人的精神文化生活"作为六大工作重点之一，要求各地县加紧农村老年教育网络的建设，同时开展活动向老年人普及健康、养老、保健等科学文化知识，培养一批老年文艺骨干，最大程度使农村老年人的文化需求得到满足。国务院办公厅 2016 年出台的《老年教育规划》更是明确指出，老年教育的增量重点应放在基层和农村，政策对于农村老年人精神文明建设的关注，使得我国的老年人文化教育政策变得更加全面，并渐成系统。

第四节　教育形式的变化

（一）远程教育的兴起

我国在互联网兴起之前一直以采用课堂教育的方式为主，但是远程教育也在不断发展。早在 20 世纪 50—60 年代中期，我国就建立了一、二代高等远程教育；随着时代的发展，1979 年电大成立，1980 年恢复高校函授和夜大，1981 年成立农业广播电视学校，1987 年建立中国电视师范学院和中国教育电视台，标志着中国远程教育进入了恢复、繁荣和调整期。

随着技术水平的不断提升和以计算机为主导的信息技术的迅速发展，基于互联网的现代远程教育迅速兴起。自 1988 年开始，教育部先后批准了 68 所高校开展现代远程教育试点工作，并相继制定了一系列政策支持试点高校进行探索与实践。随着我国社会经济的发展以及科教兴国战略的实施，大力开展高层次的岗位培训和继续教育已经成为人们终身学习的必然要求和社会发展的必然趋势。利用现代信息技术，充分发挥现代远程教育的优势，符合世界科技教育发展的趋势。1991 年1 月国务院转批教育部《面向 21 世纪教育振兴行动计划》，对现代远程教育的发展做了宏观上的规划，明确提出实施现代远程教育工程，提出要利用现代远程教育有效地发挥现有各种教育资源的优势，并将之作为在我国教育资源短缺的条件下办好教育的战略措施，以达到构建终身学习体系的目的。

（二）远程教育试点

20 世纪后期以来，随着国民经济持续快速发展，我国正处在社会主义市场经济体制和实现现代化建设战略目标的关键时期。深化教育改革，扩大高等教育的规模，拓宽人才成长的道路，逐步实现高等教育大众化已经成为社会发展的迫切需要。1999 年 6 月，《中共中央国务院关于深化教育改革全面推进素质教育的决定》中提出：通过多种形式积极发展高等教育，到 2010 年，我国同龄人口的高等教育入学率要从目前的 9% 提高到 15% 左右。而从我国传统高等教育教学效率来看，实现这一目标是比较困难的。远程教育的特性和优势决定了它必然成为实现高等教育这一跨越式发展的有效手段。在上述政策的指导下，我国现代远程高等教育试点工作正式开展起来。

（三）网络教育的实施

在教育部正式批准高校进行现代远程教育试点工作以前，部分高校就已经在成人继续教育领域探索实施网络教育的途径。1988 年，教育部批准了清华大学、浙江大学、北京邮电大学和湖南大学进行现代远程教育的前期试点工作；2000 年 7 月开始，教育部又先后批准了北京师范大学、上海交通大学、华中科技大学、华南理工大学等高校开展现代远程教育试点工作，从而拉开了全面实施现代远程教育试点工作的序幕。

试点工作开展初期，教育部现代远程高等教育政策的主要内容是大力支持，鼓励试点，广泛放权。此阶段代表性政策是 2000 年 7 月颁布的《关于支持若干所高等学校建设网络教育学院开展现代远程教育试点工作的几点意见》（教高厅〔2000〕10 号）文件。基于此文件提出的保证试点工作顺利进行的几点意见，确定了现代远程教育试点工作在全国范围内展开。此文件确立的基本政策是授予试点高校在现代远程教育发展过程中相当完整的办学自主权，这被誉为是我国实施《教育法》和《高等教育法》等法规后第一次赋予高等学校相当完整的办学自主权，是中国政府教育主管部门对高等学校办学自主权的一次大松绑。从办学性质上说，试点高校现代远程教育工作可以在普通高等教育领域以及成人继续教育领域开展最广泛的试点，从而使得现代远程高等教育具有了是普通高等教育抑或是成人高等教育性质的选择权。这既是对我国现行的普通高等教育体系与成人高等教育体系并列的格局的极大挑战，也是对处于探索阶段现代远程高等教育的教育形式、学习方式、教育内容、教育模式乃至教育管理制度的探索与挑战。

现代远程高等教育的性质定位为成人继续教育，强调规范管理，要求减少、停止招收普通全日制学生。2002 年 8 月，教高〔2002〕8 号文件《教育部关于加强高校网络教育学院管理提高教学质量的若干意见》（以下简称《若干意见》）下发，标志着现代远程高等教育政策有了重大调整。此文件的核心内容是明确了现代远程高等教育的主要任务，并强调对试点高校的办学行为进行规范管理。

文件明确了高校网络教育学院的主要任务是以在职人员的继续教育为主，要求试点高校减少并停止招收全日制高中起点普通本专科网络教育学生。同时文件要求试点高校统一管理网络教育招生计划，并报生源所在地的省级教育行政部门核准；省教育行政部门对各高校设立的校外学习中心进行核准和管理。《若干意见》中确定的政策，明确了现代远程高等教育的继续教育性质，并体现了现代远程高等教育以市场为导向的管理体制向教育部，各省级教育行政部门进行计划管理、试点高校有限自主办学的管理体制的转变。这是试点工作开展以来，现代远程高等教育政策第一次重大调整，同时也预示着第一阶段试点高校完全自主办学的试点政策没有得到较好的贯彻与实施，社会与市场对高校自主办学的监督与评价没有取得预期效果，高校自主办学出现了一放就乱的现象。之后国家通过行政管理措施对高校自主办学行为做了进一步规范。

第五节　媒体的记忆

（一）开门办学：学工，学农，学军

"文革"中有个词叫"开门办学"，即学生走出校门进行学工、学农、学军劳动。各校都有校办工厂和农场等"三学"基地，每学期一次，每次二到四周，学校正常的课程体系和教学秩序都受到干扰，无法正常办学。当然这种时候对于不想上学的"顽童"也算一件乐事，"三学"期间可以不用在教室里上课，不受课堂纪律的约束，没有沉重的课业负担以及考试要求，这段时期可以暂别校园到社会"闯荡"。因此，每到安排"三学"活动之时，大伙无不欢呼雀跃，兴奋至极。

有的学生被分到电机厂学习操作冲床，冲压电机配件和绕线，有的被分到机床厂学习车、钳、铣、刨、磨。学农支农，一群学生打着背包下生产队，插秧种田，与农民同吃、同住、同劳动；有的班到园艺场，学习果树嫁接、培育树苗；有的学开手扶拖拉机，犁、耙、

耕、种；有的是在学校农场，开畦整地、种菜施肥；还有被安排在学校饲养场喂养生猪。

一些人觉得，通过学工、学农、学军让学生掌握了生活技能，参与社会劳动，培养了吃苦耐劳的品格以及自立、自信、自强的意志品质，有着积极的影响。但还有更多的人认为，开门办学最终沦为了形式主义，这些学生荒废了学业。

（二）知识青年上山下乡

知识青年上山下乡运动简史

20 世纪中期，发生在中国的城镇知识青年上山下乡，是共和国历史上的一件大事，作为一场引发强烈震撼的大规模迁徙运动，它的产生有着深刻的历史原因和社会渊源。

——人民网《文史参考》第 18 期，2010 年 10 月 10 日。

知识青年上山下乡源于 20 世纪 50 年代中期。当时党和国家号召和鼓励城市青年"下乡上山"，目的是为了解决城市青年学生就业，加强农业生产。

1955 年 9 月，毛泽东一句"广阔天地，大有作为"的最高指示，标志着知识青年下乡上山在全国范围内启动，1956 年那一年，全国有近 20 万名城市青年或志愿或被动员加入了垦荒队伍。整个 20 世纪 50 年代，中央没有专门机构统筹管理，当时的城镇知识青年下乡上山，基本上由地方自行安排和组织进行。1962 年国家农垦部成立了安置办公室，才开始在全国范围内有组织有计划地动员城镇知青下乡上山。资料显示：至"文革"开始前，全国共有城镇知识青年和社会闲散劳动力 196.9 万人下乡上山。其中知识青年达到 129.28 万人，占全部下乡人数的 65.6%。

在 20 世纪 50 年代中后期和 60 年代前期的回乡、下乡知识青年中间，最有影响的当属河北的邢燕子、侯隽和江苏的董加耕。1964 年 12 月 26 日，董家耕、邢燕子受邀参加毛泽东在人民大会堂设的小型生日宴。他们的座位紧靠毛的左右两侧。席间，毛泽东问他俩的文化程度，并多次给他俩夹菜劝餐。侯隽的成长也得到周恩来的关注。他们是那一代下乡知青中的幸运儿。

"文革"开始后，学校停课"闹革命"，工人停产"夺权"，高校不招生，工厂不生产。1966年、1967年、1968年三届中学毕业生没了出路。"老三届"学生大体有1100万人左右，其中城镇户口的初、高中毕业生约400万。大量青年学生待在家里，在社会上游荡，既带来沉重的就业压力，又存在不安定隐患。1968年12月21日晚，中央人民广播电台播送了毛泽东的最新指示："知识青年到农村去，接受贫下中农再教育，很有必要。"其后几天，全国各大新闻媒体连续不断大量报道全国各地热烈响应"毛主席号召"组织知识青年上山下乡的情况。知识青年上山下乡与"文革"相结合，逐步演变成为一场知识青年"改造思想""接受贫下中农再教育"和"反修防修""培养千百万无产阶级革命事业接班人"的大规模群众运动。大批知识青年从城市涌向农村，全国掀起了知识青年上山下乡高潮。

知青被欢送踏上远去的列车的时候，是一身军绿色服装，有军帽但无帽徽、领章，胸前一朵鲜红的大花，垂下的绢条上印着"光荣"两个字。知青们自备军帽、军挎包，军挎包上还绣着"为人民服务"五个鲜红的大字。"文革"中上山下乡的知识青年总人数达到1600多万人，十分之一的城市人口来到了乡村。这是人类现代历史上罕见的从城市到乡村的人口大迁移。全国城市居民家庭中，几乎没有一家不和知青下乡联系在一起。

（三）恢复高考：报名费5毛

1977年恢复高考，这是国家唯一一次冬季的高考。1977年8月，刚刚复出的邓小平提议召开并主持了一个科学与教育工作座谈会，就是这次会议上，通过了恢复高考制度的决定。一纸试卷废除了"推荐上大学"，给当时众多渴望改变命运的人们一个公平竞争的机会。很多人借此叩开了另一个世界的大门，走上辉煌的人生道路。

当年10月12日国务院批转了教育部《关于1977年高等学校招生工作的意见》。文件规定：凡是工人、农民、上山下乡和回城知识青年、复员军人和应届毕业生，符合条件均可报考。考生要具备高中毕业或与之相当的文化水平。招生办法是自愿报名，统一考试。消息在中国飞快地传播，带给无数在文化黑暗中挣扎的青年，尤其给身在农村的青年们带来了巨大的希望。人们的命运再次和试卷联系在了一起，人们又可以通过公平竞争改变自己的命运。

据统计，当时报名参加高考的中国青年多达 1000 余万人，报名参加考试人的年龄也参差不齐，上至三十六七岁，下至十三四岁。当时国家为了不给群众增加负担，决定只征收 5 毛的报名费。由于准备的比较仓促，1977 年的高考由各省、自治区、直辖市命题，考试工作于年底进行，文理两科都考政治、语文、数学，文科加考史地，理科加考理化。1977 年冬天，关闭十年之久的高考考场大门终于重新打开，如果加上 1978 年夏季的考生，两季考生共有 1160 万人。迄今为止，这是世界上考试人数最多的一次。

（四）第一批中国留学生

至 2003 年年底，我国累计有 70.02 万留学人员在 100 多个国家和地区求学、深造。

——《中国教育报》2004 年 8 月 20 日第 1 版。

1978 年 12 月 26 日，正处在圣诞假期中的美国迎来了一批特殊客人——52 位来自大洋彼岸的中国留学生。在此之前，由于意识形态的对抗，中美长期对立，两国学者已经相互隔绝了近 30 年。1978 年，中国政府和民间教育代表团纷纷出访美国、日本、加拿大等国，同时也接待了各国访华代表团，商讨互派留学生之事，签订了一系列合作协定和执行计划。利用官方、民间、学术团体、友好人士等，开辟多种渠道增加派出留学人员。这一年，包括大学生、进修生、研究生在内的出国留学人员派出数量达到 3000 人。

（五）学位制的实施

1981 年 1 月 1 日，全国范围内开始实施学位制。国务院规定，我国设学士、硕士、博士 3 级学位，即大学本科毕业可授予学士，攻读硕士学位研究生毕业可授予硕士，硕士生继续攻读博士学位，毕业后授予博士。1983 年 5 月 27 日下午，新中国首届博士、硕士学位授予大会在北京人民大会堂举行。他们一共 18 位，时称"18 勇士"。

　　获得博士学位时，马中骐已经 43 岁。18 人中，40 岁以上的有 9 人，年纪最小的王建磐也有 34 岁了。

　　——郭少峰：《研究生复招：从"特权阶级"到"学术勇士"》，《新京报》2008 年 5 月 27 日。

那一天是马中骐第一次走进人民大会堂，作为学生代表的他在主席台进行发言。这时并没有博士服博士帽，在博士学位授予仪式上穿博士服戴博士帽是 20 世纪 80 年代中期的事，博士服是由中央工艺美院的老师设计的。

（六）"哈佛女孩"打动了望子成龙的父母

天才难"克隆" 5 岁孩子讨厌"哈佛女孩"
周春林

　　近日有报道说，青岛一位 5 岁的孩子因为不满母亲按照哈佛女孩刘亦婷的成长模式对她进行培养，强烈抗议："我讨厌刘亦婷，我再也不想听名著了。"

　　原来，母亲在读了《哈佛女孩刘亦婷》这本书之后，就开始在她身上"做实验"，结果原本开朗听话的孩子变得孤僻暴躁，不得不求助于医生。在纷繁复杂的图书市场，《哈佛女孩刘亦婷》《轻轻松松上哈佛》等类似书籍炙手可热，高居排行榜前列。望子成龙的父母们恨不得能把别人的成功经验在自己子女身上复制。

　　——《北京青年报》2001 年 10 月 18 日。

1999 年 4 月，一则被广泛转载的新闻报道引起了无数读者的关注——成都女孩刘亦婷被包括哈佛大学在内的四所美国名牌大学同时录取，并免收每年的学习和生活费用。2000 年 8 月出版的《哈佛女孩刘亦婷——素质培养纪实》，打动了全国中国望子成龙的父母。全书描写了妈妈刘卫华从孕期研读早期教育理论的心得体会写起，完整地记述了哈佛女孩刘亦婷 0—18 岁的成长过程。

后来还出现了"虎妈"和"狼爸"。"虎妈"，美国耶鲁大学的华裔教授，原名蔡美儿，出版了一本名叫《虎妈战歌》的书在美国引起轰动。该书介绍了她如何以中国式教育方法管教两个女儿，"虎妈"的教育方式轰动了美国的教育界，并引起中美教育方法的大讨论。"虎妈"的故事也登上了《时代》周刊封面。

第六节　大事回眸

新中国成立 70 年来，我国教育政策不断发生变化，有很多值得回顾的大事，以下大事回顾主要来自人民网和新华社。

1949 年

9 月，中国人民政治协商会议召开，通过了《中国人民政治协商会议共同纲领》，规定："中华人民共和国的文化教育为新民主主义的，即民族的、科学的、大众的文化教育"。

12 月，在北京召开的第一次全国教育工作会议，进一步明确了当前教育工作的建设方针是：教育为国家建设服务，教育向工农开门。

1950 年

8 月 1 日，教育部颁布新中国第一个《中学暂行教学计划（草案）》。

12 月 14 日，政务院发出《关于举办工农速成中学和工农干部文化补习学校的指示》。同日，政务院第六十五次会议通过《关于处理接受美国津贴的文化教育救济机构及宗教团体的方针的决定》。

1951 年

1 月 11 日教育部发出《关于处理接受美国津贴的教会学校及其他教育机关的指示》，确定了处理受外资津贴学校的原则、办法和接受工作中的具体政策、措施。至 1951 年末，按不同情况，对全部接收外资津贴的大中小学校，分别改为公办和中国人民自办，收回了教育主权。此前，教育部已明令接办辅仁大学。

10月1日，政务院公布实施《关于改革学制的决定》，这是新中国第一个学制。该决定内容涵盖幼儿教育、初等教育、中等教育、高等教育和各级政治学校和政治训练班五项，以法令形式确立和充分保障工农干部受教育的机会；明确规定了职业技术教育和业余教育在学制中的适当地位。

1952年

6月27日，政务院发出国家工作人员实行公费医疗的指示。指示规定，从本年季起，全国各级学校的教职员工实行公费医疗制度。从1953年春季起，高等学校的学生也开始享受公费医疗的待遇。

7月8日，政务院发出通知，决定在全国高、中等学校学生中实行人民助学金制。此前该制度已在一些地区公立学校实行。

1954年

5月24日，中共中央转发教育部党组《关于解决高小和初中毕业生学习与从事生产劳动问题的请示报告》，为此，5月29日《人民日报》发表中央宣传部《关于高小和初中毕业生从事劳动生产的宣传提纲》。此后，许多城镇高小、初中毕业生响应党的号召上山下乡，参加农业生产劳动，形成知识分子青年上山下乡第一次高潮。

1960年

4月9日，陆定一在二届全国人大二次会议上作《教学必须改革》的发言，提出在中小学教学改革中应"适应缩短年限，适当提高程度、适当控制学时，适当增加劳动"。此后，全国各地开始较大规模的学制改革试验。

1965年

3月，教育部召开全国农村半农半读教育会议，10月召开全国城市半工半读教育会议，12月召开全国半工（农）半读高等教育会议。由此，全国再次掀起试行两种教育制度，大办半工半读学校的热潮。

1966年

8月18日，毛泽东在天安门首次接见全国各地来北京进行串联的红卫兵和学校师生。至 11 月 26 日，共 8 次接见红卫兵和学生教师共 1100 万人。此时全国学校已完全停课，广大学校师生卷入全国大串联从而造成了社会大动乱。

1968 年

12 月 22 日，《人民日报》在一篇报道中引述毛泽东的指示："知识青年到农村去，接受贫下中农的再教育，很有必要。"从此，全国各地城镇出现了知识青年上山下乡的热潮。"文化大革命"期间，全国上山下乡的知识青年有 1600 多万人。

1969 年

6 月 27 日，中共中央转批《北京大学、清华大学关于招生（试点）的请示报告》。《报告》提出废除招生考试制度，实行"群众推荐，领导批准和学校复审相结合的办法"招收工农学员。从此高等学校开始招生复课。

1971 年

10 月 29 日，联合国教育科学文化组织执行局通过恢复中华人民共和国合法权利的决议。1978 年 10 月 4 日，经中共中央批准，中国联合国教科文组织全国委员会正式成立。

1975 年

5—10 月，教育部部长周荣鑫根据毛泽东、周恩来和邓小平等中央领导同志的指示精神，开始积极整顿工作，力争使教育战线上的混乱局面有所扭转。

1978 年

10 月 12 日，国务院批转教育部《关于 1977 年高等学校招生工作的意见》。从此恢复了高等学校招生统一考试的制度。11 月 3 日，教育部、中国科学院联合发出《关于 1977 年招收研究生的通知》。"文化大革命"期间长期中断的招收培养研究生的工作从此开始恢复。

1978 年

年初，根据邓小平指示，教育部成立巡视室，标志着我国督导制度的恢复。

8 月 26 日，教育部发出通知，决定从 9 月 1 日起在全国中小学执行《小学生守则》和《中学生守则》，以后又相继发布了《高等学校学生守则（试行草案）》《中等专业学校学生守则（试行草案）》和《中等师范学校学生守则（试行草案）》，成为新时期各级各类学校学生行为准则。

1980 年

2 月 12 日，五届人大常委会第十三次会议审议通过《中华人民共和国学位条例》，于 1981 年 1 月 1 日起施行，标志着我国学位制度正式建立。

1981 年

5 月 20 日，国务院批准了《中华人民共和国学位条例暂行实施办法》。国家教委据此制定了研究生培养和学位授予系列规章制度。此后，我国本科生和研究生的培养能力显著增强，规模不断扩大。

1986 年

4 月 12 日，六届人大四次会议通过《中华人民共和国义务教育法》。7 月 1 日起施行。其中规定，国家实行九年义务制教育，在国务院的领导下，实行地方负责，分级管理。

1998 年

建立终身教育体系，全面推进成人教育的改革和发展。

1999 年

2 月 24 日，教育部《面向 21 世纪教育振兴行动计划》正式颁布。这是跨世纪中国教育改革和发展的施工蓝图，明确提出了 2000 年至 2010 年我国教育发展的目标。

2001 年

教育部、财政部印发《关于对全国部分贫困地区农村中小学生试行免费提供教科书的意见》。

2005 年

3 月 29 日，教育部发布修订的《普通高等学校学生管理规定》。《规定》自当年 9 月 1 日起施行，依据《规定》，高校自主确定学生学习年限、自主决定学生调整专业；对考试作弊者可以开除学籍；学生能否结婚，根据《婚姻法》和《婚姻登记条例》执行。

2006 年

9 月 1 日，新修订的《义务教育法》正式施行，新法将义务教育的均衡发展纳入法制轨道；把实施素质教育作为义务教育的一项新的历史使命；确定了义务教育经费保障机制；规范了义务教育的办学行为。这是《义务教育法》1986 年颁布以来的一次重大修改，也是中国义务教育发展新的里程碑。

2008 年

秋季开始，城市义务教育阶段学生学杂费全部免除，这项政策惠及全国 2.59 万所城市中小学的 2821 万名学生。免除城市义务教育学杂费后，对城市低保家庭的义务教育阶段学生，继续免费提供教科书，并对确需寄宿的家庭经济困难学生补助生活费。

2009 年

国务院办公厅下发《关于加强普通高等学校毕业生就业工作的通知》，制定了促进高校毕业生就业的政策措施，基本形成了一整套高校毕业生政策体系。

2012 年

教育部等四部委下发《关于做好进城务工人员随迁子女接受义务教育后在当地参加升学考试工作的意见》。

2013 年

8 月 11 日，为规范中小学生学籍管理，提高新形势下基础教育科学管理水平，保障适龄儿童、少年受教育的权利，教育部印发《中小学生学籍管理办法》。这是我国首部全国性的中小学生学籍管理办法。

2014 年

9 月 3 日，国务院正式印发《关于深化考试招生制度改革的实施意见》，标志着新一轮考试招生制度改革全面启动。

参考文献

［1］中共中央文献编辑委员会：《毛泽东选集》第四卷，人民出版社 1991 年版。

〔2〕杨明：《应试与素质：中国中等教育60年》，浙江大学出版社2009年版。

〔3〕何东昌：《中华人民共和国中央教育文献（1949—1975）》，海南出版社1998年版。

〔4〕毛礼锐、沈雁群：《中国教育通史》（第6卷），山东教育出版社1989年版。

〔5〕中国教育年鉴编辑部：《中国教育年鉴（1949—1981）》，中国大百科全书出版社1984年版。

〔6〕中央文献编辑出版委员会编：《周恩来选集》，人民出版社1984年版。

〔7〕国家教委政策研究室：《教育体制改革文献选编》，教育科学出版社1985年版。

〔8〕杨润勇：《国家中长期教育改革和发展规划纲要学习读本》，吉林大学出版社2010年版。

第六章　文艺体育——样式单一到走向世界

第二十九届奥林匹克运动会在北京隆重开幕

　　灯光转暗，古琴声起，巨幅画轴缓缓展开，以"美丽的奥林匹克"为主题的大型文艺表演拉开帷幕……艺术家们历经3年多精心准备的这台演出，以新颖的创意、浓郁的中国风情、富有感染力的表现手法，向世界奉献了一部奥林匹克与中华文明交融交汇的华丽乐章。

　　清雅、悠远的古琴声中，黑色的身影在白纸上飞舞，如同一只无形的大手在挥毫泼墨，一幅中国水墨画随后在体育场中央缓缓升起；手持竹简的810名士子，齐诵"四海之内皆兄弟也""三人行必有我师焉"，897块活字印刷字盘变换出不同字体的"和"字与蜿蜒耸立的长城……"画卷""文字"等节目含蓄隽永、意境悠远，形象地表现了中国文化的源远流长和印刷术等古代"四大发明"的不朽魅力。移动的戏台上，在京胡、锣鼓伴奏下，4个京剧木偶和800名演员表演喜悦的凯旋场面；辽远无边的沙漠、波涛汹涌的海洋，陆上、海上"丝绸之路"的开拓者艰苦跋涉、破浪前行；优美的昆曲声远远飘来，5幅中国长卷画一一展开，身披彩衣的仙子婆娑起舞，32座龙柱缓缓升起……"戏曲""丝路""礼乐"等节目热烈奔放、辉煌壮观，生动展现了中华文化的博大精深。

钢琴声清亮、欢快，1000 名演员扮成群星在舞台上欢舞，如同浩瀚的银河在流动，搭建起星光闪闪的"鸟巢"，红衣少女放飞起美丽的风筝；太极表演刚柔相济、气势磅礴，天圆地方的太极阵里，天真烂漫的孩子唱着童谣，手持彩笔在水墨画上描绘出青山绿水和笑吟吟的太阳，五彩斑斓的鸟群展翅翱翔……这些空灵简约、韵味深长的艺术表现，深刻体现了中国人民喜迎奥运的激动之情和对和平、和谐的真诚追求。

宏大的音乐骤然响起，浩渺的宇宙中，群星闪耀，蓝色的地球缓缓旋转，58 名演员在地球上奔跑、翻跃。"我和你，心连心，同住地球村。为梦想，千里行，相会在北京……"英国女歌手莎拉·布莱曼和中国歌手刘欢深情地唱起北京第二十九届奥林匹克运动会主题歌《我和你》。体育场上展现出 2008 张世界各地儿童的笑脸，体育场上方的投影屏上也呈现出孩子们笑盈盈的脸庞。情真意切的主题歌和不同肤色儿童的笑脸，生动诠释了北京奥运会"同一个世界、同一个梦想"的主题。

——《人民日报》2008 年 8 月 9 日第 1、2 版。

第一节　文艺事业

（一）天翻地覆慨而慷

在旧中国，由于政治、经济和社会的全面落后，普通百姓的文化生活极其匮乏，极少有机会欣赏到有质量的文艺作品，文艺工作者的社会地位也比较低下，缺乏创作热情，我国文艺事业发展缓慢。新中国成立后，在"为人民服务、为社会主义服务"文艺创作导向指引下，广大文艺工作者的政治和社会地位获得了空前提高，中国的文艺事业也因此进入到了一个新的发展时期。

大众文艺工作者团结起来　迎接文化建设的高潮

本来我们大众文艺工作者在过去的半殖民地，半封建的中国旧社会里，大家没有一个不是受尽剥削，迫害，挣扎于生活线上的穷苦朋友。而我们走到旧社会的各个角落，更是到处受着轻视与侮辱，并不拿我们当人来看待。唱戏的既然被称为"戏子"，说评书，说相声的又被目为"吃格念的"，就是我们写章回体小说，卖稿为生的所谓作家，好象是在旧社会里与世无争，自命为清高了；可是，也被给了一个绰号，叫做"文丐"！总而言之："戏子"也罢，"吃格念的"也罢，"文丐"也罢，那都是拐弯抹角，离不开一个直截了当的名词，就是"要饭的"！不错，我们房无一间，地无一垄，大家都是指身为业的人，但是，我们要在今天无产阶级的先锋队——中国共产党领导下，人民解放战争业已奠定完全胜利的基础的新中国社会里，高喊一声："我们不再伺候'老爷'们，不再做'老爷'的消遣品了；我们这一群'要饭的'站起来了，我们翻身了！"

——《人民日报》1949 年 10 月 31 日第 6 版。

不过由于当时各项条件依然比较落后，在新中国成立之初，人民群众的文艺生活同今天相比仍显得十分单调。以北京新华广播电台在 1949 年 10 月 15 日、16 日、17 日的节目为例：

10 月 15 日——北京新华广播电台今晚十八点十五分青年节目，播送"中国青年"第二十二期社论："中华人民共和国万岁！"。十九点自然科学常识讲座，国立北京大学理学院物理系副教授薛琴访讲："摩擦怎么会有电？"。十八点三十分第一次文艺节目，由中国曲艺改进会主办：蔡金波演唱西河大鼓"解放军横渡小西天"。二十二点第二次文艺节目，播送江新容演唱新京剧：木兰从军。

又第二台十七时十五分妇女时间，播送本市妇联筹委会为响应救灾运动向全市妇女发出的紧急号召。十七时四十五分职工时间，本市职工总会筹委会宣教部副部长祖田工讲"北京市全体职工同志们动员起来，认真选举第一届职工代表大会代表"。十八时新歌练习，教唱新歌曲"我们作先锋"。二十时市政之声，北京电信局播送"介绍匪警电话用途"。二十时十五分听众服务，北京市立图书馆播讲"北京市立图书馆概况"。

10月16日——北京新华广播电台今晚十八点十五分职工节目，播送"莫斯科劳动保护技术安全设备展览室参观记"。十九点自然科学常识讲座，国立北京大学理学院物理系副教授薛琴访讲："电流发现的故事"。十九点三十分第一次文艺节目，由中国曲艺改进会主办：魏喜奎演唱奉调大鼓"人民大团结"。二十二点第二次文艺节目，播送江新容演唱的"宇宙锋"二段。

新华第二台：十七时十五分儿童时间：孙敬修先生继续讲"保尔的故事"。十七时四十五分青年时间：播送一篇通讯，题目是"先当学生再当先生"，副题是"一个宣教干部深入工厂的经过"。十八时音乐节目：播送"器乐演奏"。二十时市政之声：播送北京市人民政府颁发的"关于教育局与郊区文教科，城区中心小学领导关系之决定"。

10月17日——北京新华广播电台今晚十八点十五分妇女节目，介绍即将参加在北京召开的亚洲妇女代表会议的国家之一——暹逻妇女的生活情形。十九点自然科学常识讲座，国立北京研究院物理学研究所张济舟撰稿："太阳"。十八点三十分第一次文艺节目，由中国曲艺改进会主办，顾荣甫、尹福来演唱牌子戏"杨发贵摔子"。二十二点第二次文艺节目，由业余新国乐研究社播送国乐。

可以看出，当时的文艺即使是不缺乏优秀的作品，也会因传播渠道的单一和落后，很难满足广大人民群众对文艺生活的需要。再加之，由于特殊的时代背景而导致的富含政治性和革命性的文艺创作导向，又使文艺作品的丰富性也显得不足。

经过70年的艰苦奋斗，中国文艺事业已取得了长足发展。在1949年，全国仅有3个电影制片厂、646个电影放映单位、1000个艺术表演团体、896 个文化馆和 55 个公共图书馆。全国年制作故事影片仅为 6 部、纪录片也仅为 42 本。另外，由于当时广播电视业也十分落后，绝大多数人民尤其是农村居民很难接触到视听类的文艺节目，只能观看一些十分有限的民间艺术表演。随着经济条件和技术手段的改善，无论是硬件还是软件，无论是深度还是广度，无论是市场供给还是市场需求，中国的文艺事业发展状况早已今非昔比。截至 2018 年末，全国文化系统共有艺术表演团体 2075 个，博物馆 3331 个。全国共有公共图书馆 3173 个，总流通 84529 万人次；文化馆 3326 个。有线电视实际用户 2.14 亿户，其中有线数字电视实际用户 2.02 亿户。年末广播节目综合人口覆盖率为 98.9%，电视节目综合人口覆盖率为 99.3%。全年生产电视剧 323 部 13726 集，电视动画片 86257 分钟。全年生产故事影片 902 部，科教、纪录、动画和特种影片 180 部。出版各类报纸 340 亿份，各类期刊 24 亿册，图书 95 亿册（张），人均图书拥有量 6.85 册（张）。[①]中国文艺事业的天翻地覆的变化，不仅在人类文艺发展史上留下了浓墨重彩的一笔，更是对人民交出的一份满意答卷。

（二）文艺发展概述

中国文艺事业已经历了 70 年的发展历程。70 年前，由于时代原因，文艺创作强调要为无产阶级政治服务，为工农兵服务，文艺作品的丰富性难免就受到限制。加之经济基础薄弱、技术手段落后，文艺作品的制作质量和数量也均停留在较低水平。另外，由于文盲率较高，绝大多数群众仍难以欣赏到富有文学艺术性的作品，人民群众的文艺生活总体来讲仍十分匮乏和单调。

为繁荣中国文艺事业，满足人民群众对文艺的日益增长的需要，党和国家高度重视文艺事业的发展，在不同的历史时期出台多项支持文艺事业发展的政策举措，历届最高领导人也均对文艺事业的发展做过重要论述，不断完善和丰富社会主义文艺的理论和实践发展。在新中国成立初期，我国文艺事业发展的重要任务之一就是改造并清除资产阶级、小资产阶级的个人主义的文学艺术，以形成为人民服务的文学艺

---

① 国家统计局：《中华人民共和国 2018 年国民经济和社会发展统计公报》。

术。当然，在这一过程中也有一些文艺工作者受到了过激的对待。不过总体来讲，通过对文艺战线的改造，我国文艺发展事业的面貌开始焕然一新。但到了"文化大革命"时期，我国文艺事业发展开始受到了极大限制，文艺创作越来越多地带有政治和革命色彩，"红色文化事业"由此空前繁荣。改革开放后，中国文艺界开始进行全面深入的拨乱反正，文艺事业发展再次进入良性发展轨道，文艺作品的丰富性和质量均得到了明显提高。尤其是在加入 WTO 后，中国的文艺事业迎来了新的机遇和挑战，在党中央的正确指导和广大文艺工作者的共同努力下，中国文艺事业得到了进一步的发展，中国的文化竞争力也得到了极大提高。在世界文化交流的大浪潮中，越来越多的中国作品走向世界，在同国际同业的竞争中显得更加游刃有余。

70 年春华秋实，70 年砥砺奋进，中国文艺事业在党中央的坚强领导下，在一代又一代文艺工作者的共同努力下，最终向时代、向人民交出了满意的答卷。虽然在一些时期，中国文艺事业也经受过一定的挫折甚至倒退。而中国共产党之所以能永葆生机和活力，正是因为具备了自我完善和自我纠偏的优秀品质。在文艺事业发展遭受挫折之后，中国共产党往往能及时作出纠正，重新引导文艺事业向正确的方向发展。也正是因为这样一种实事求是的基本工作遵循，中国的文艺事业保持了平稳健康发展并取得了举世瞩目的成就。

（三）文艺政策演变

新中国成立前夕，具备临时宪法性质的《中国人民政治协商会议共同纲领》在第五章对文化教育政策进行了专门的规定。其中，第 41 条明确指明"中华人民共和国的文化教育为新民主主义的，即民族的、科学的、大众的文化教育。人民政府的文化教育工作，应以提高人民文化水平，培养国家建设人才，肃清封建的、买办的、法西斯主义的思想，发展为人民服务的思想为主要任务"；第 45 条强调"提倡文学艺术为人民服务，启发人民的政治觉悟，鼓励人民的劳动热情。奖励优秀的文学艺术作品。发展人民的戏剧电影事业"。可以看出，新中国的文化教育政策基本延续了毛泽东同志在延安文艺座谈会上的讲话精神。

　　新中国成立后，在毛泽东同志所指示的文艺为工农兵服务的方向指引下，党在文艺战线上的主要任务就是清除资产阶级、小资产阶级的个人主义的文学艺术，以形成新的人民的文学艺术。1953 年 9 月 24 日，周扬在中国文学艺术工作者第二次代表大会上的报告中提出："在艺术作品中表现政策，最根本地就是表现党和人民的血肉相连的关系以及党对群众的领导，表现人民中先进和落后力量的斗争，表现共产党员作为先锋队的模范作用，表现人民民主制度的优越性。因此，正确地表现政策和真实地描写生活两者必须完全统一起来。"①

　　随着我国生产资料的社会主义改造取得了决定性胜利，为进一步发展、繁荣文艺事业，1956 年 4 月 28 日，毛泽东同志在中共中央政治局扩大会议上提出，艺术问题上的"百花齐放"，学术问题上的"百家争鸣"，应该成为我国发展科学，繁荣文学艺术的方针。1957 年，毛泽东同志在《关于正确处理人民内部矛盾的问题》中再次强调："百花齐放、百家争鸣的方针，是促进艺术发展和科学进步的方针，是促进我国的社会主义文化繁荣的方针。"1962 年 4 月，中共中央批转文化部党组和全国文联党组《关于当前文学艺术工作若干问题的意见（草案）》，就进一步贯彻执行百花齐放、百家争鸣的方针；努力提高创作质量；批判地继承民族文化遗产和吸收外国文化；正确地开展文艺批评；保证创作时间，注意劳逸结合；培养优秀人才，奖励优秀创作；加强团结，继续改造；改进领导方法和领导作风等提出八条意见，又称"文艺八条"。

　　总的来看，在 1949 年至 1966 年的十七年间，虽然文艺战线也经历了"三大批判""反右运动"等重大事件，但文艺事业仍在反复曲折中取得了发展，很多艺术成就很高的文艺作品在此期间不断被创作出来。

　　1966 年 4 月，中共中央批准了《林彪同志委托江青同志召开的部队文艺工作座谈会纪要》，批评了新中国成立以来文艺界的表现，认为

---

① 周扬：《为创造更多的优秀的文学艺术作品而奋斗——一九五三年九月二十四日在中国文学艺术工作者第二次代表大会上的报告》，《人民日报》1953 年 10 月 9 日第 3 版。

文艺界在新中国成立以来"被一条与毛主席思想相对立的反党反社会主义的黑线专了我们的政"，这条黑线就是资产阶级的文艺思想、现代修正主义的文艺思想和所谓三十年代文艺的结合。因此，必须要坚决进行一场文化战线上的社会主义大革命，彻底搞掉这条黑线。1966年5月16日，中共中央政治局扩大会议在北京通过了《中国共产党中央委员会通知》（即"五一六通知"），号召全党"高举无产阶级文化革命的大旗，彻底揭露那批反党反社会主义的所谓'学术权威'的资产阶级反动立场，彻底批判学术界、教育界、新闻界、文艺界、出版界的资产阶级反动思想，夺取在这些文化领域中的领导权"，"文化大革命"由此正式爆发。

在整个"文化大革命"期间，文艺政策的制定、文艺事业的发展基本上遵循了《纪要》和《通知》的精神，文艺作品创作受到了意识形态的极大限制，作品的丰富性严重不足，取而代之的是"红色文化事业"的繁荣。

到1976年，"四人帮"倒台后，文艺界很快就开始批揭"文革"期间沉积的文艺顽疾，文艺创作限制开始松动。1978年3月5日，五届人大一次会议通过新宪法，将"双百"方针写入总纲第14条："国家坚持马克思主义、列宁主义、毛泽东思想在各个思想文化领域的领导地位。各项文化事业都必须为工农兵服务，为社会主义服务。国家实行'百花齐放、百家争鸣'的方针，以促进艺术发展和科学进步，促进社会主义文化繁荣。"

党的十一届三中全会后，中国共产党从根本上冲破了长期"左"倾错误的严重束缚，文艺界开始进行全面深入的拨乱反正。1979年10月30日，邓小平同志在中国文学艺术工作者第四次代表大会上的祝词中讲道："我们的社会主义文艺，要通过有血有肉、生动感人的艺术形象，真实地反映丰富的社会生活，反映人们在各种社会关系中的本质，表现时代前进的要求和历史发展的趋势，并且努力用社会主义思想教育人民，给他们以积极进取、奋发图强的精神。"1980年7月26日，人民日报发表题为《文艺为人民服务、为社会主义服务》的社论，纠正了前期"文艺为政治服务"的片面说法，认为"为政治服务诚然是文艺的一项重要职责，但并不是它的唯一职责。文艺既然是人类社会生活的反映，它当然就要反映经济、政治、军事、文化以及其他各个生活领域；文艺既然要对生活产生反作用，它当然就会影响到经济、政治、军事、文化以及其他各个生活领域。把为政治服务作为文艺工作的总口号，作为文艺的唯一任务，要求一切文艺作品都要反映一定的政治斗争，都要配合一定的政治任务，这显然是不合适的"，而"为人民服务、为社会主义服务"这个口号就既概括了文艺工作的总任务和根本目的，也包括了为政治服务，比孤立地提为政治服务更全面，更科学。社论同时号召"文艺工作者应当投身到社会主义现代化事业的伟大洪流中去，力求用马克思主义的科学世界观，用工人阶级的思想感情和审美观点，描写最广大人民群众的生活、斗争和理想，反映最广大人民群众的根本利益，永远紧密地和自己时代的群众相结合，作他们忠实的代言人"。随后，党和政府又在坚持"双百"方针，符合"两为"导向的基础上出台一系列繁荣文艺的政策举措。当然，政策的宽松在一段时间内也造成了资产阶级自由化思潮的出现，党和政府很快就对这种苗头进行了及时坚决的反击，保证了文艺事业的平稳发展。

1992 年，党的十四大报告提出把建立社会主义市场经济体制作为我国经济体制改革的目标，党的文艺政策开始注重协调在市场经济体制下文艺事业如何发展。1996 年 12 月 16 日，江泽民同志在中国文联第六次全国代表大会、中国作协第五次全国代表大会上的讲话中指出，深化改革，扩大开放，建立社会主义市场经济体制，推动着我国社会主义文艺的发展和繁荣，也为文艺家施展才华，提供了广大的舞台和很好的条件。1997 年 1 月，中共中央出台《中共中央关于进一步做好文艺工作的若干意见》，就文艺工作的形势和任务；文艺工作的指导思想和方针原则；大力繁荣文艺创作；深化文艺体制改革；加强文艺事业的管理；建设高素质的文艺队伍；加强和改善党对文艺工作的领导等七个方面提出了意见。2001 年 12 月 18 日，江泽民同志在全国文代会、作代会上发表重要讲话，提出"要坚持为人民服务、为社会主义服务的方向和百花齐放、百家争鸣的方针，弘扬主旋律，提倡多样化，积极宣传爱国主义、集体主义、社会主义思想，坚决抵制拜金主义、享乐主义、极端个人主义思想，积极倡导先进文化，努力改造落后文化，坚决抵制腐朽文化"。

随着中国加入 WTO，中国开始深度融入世界，世界各国和地区尤其是发达经济体的文艺产品越来越多地流向中国市场，中国的文艺事业迎来了新的机遇和挑战。2006 年 11 月，胡锦涛同志在中国文联第八次全国代表大会、中国作协第七次全国代表大会上的讲话首次提出"国家软实力"的概念，指出"如何找准我国文化发展的方位，创造民族文化的新辉煌，增强我国文化的国际竞争力，提升国家软实力，是摆在我们面前的一个重大现实课题"。次年，"文化软实力"的概念被正式写进党的十七大报告。此外，新世纪以来，区域和城乡之间发生复杂深刻变革，如何满足不同区域、不同人群的日益增长的文化艺术需要就成了一个必须直面的现实问题。党的十七大报告指出："要积极发展新闻出版、广播影视、文学艺术事业，坚持正确导向，弘扬社会正气。重视城乡、区域文化协调发展，着力丰富农村、偏远地区、进城务工人员的精神文化生活。"

党的十八大以来，党中央高度重视文艺事业的发展。2014 年 10 月 15 日，习近平总书记主持召开文艺工作座谈会，就实现中华民族伟大复兴需要中华文化繁荣兴盛；创作无愧于时代的优秀作品；坚持以人民为中心的创作导向；中国精神是社会主义文艺的灵魂；加强和改进党对文艺工作的领导等五个问题发表重要讲话，开启了中国文艺的新时代。2015 年 9 月 11 日，中共中央政治局审议通过了《关于繁荣发展社会主义文艺的意见》，就做好文艺工作的重大意义和指导思想；坚持以人民为中心的创作导向；让中国精神成为社会主义文艺的灵魂；创作无愧于时代的优秀作品；建设德艺双馨的文艺队伍；加强和改进党对文艺工作的领导等六大方面提出了 25 条具体意见。习近平总书记在文艺工作座谈会上的讲话和《意见》的出台有力地促进了文艺事业的发展，并构成了新时代文艺工作的基本政策框架。

（四）文艺发展历程及成就

1.1949—1966 年

新中国成立后，为无产阶级政治服务、为工农兵服务成为文艺创作的导向。在农村，中国共产党带领全国各族人民完成了轰轰烈烈的土改运动，彻底废除了我国两千多年的地主阶级封建剥削土地所有制，近三亿无地少地的农民，分到了七亿亩土地和大量的农具、牲畜和房屋等，广大农民的生产积极性得到了空前提高。随后，中国共产党又带领农民走向了合作化道路，完成了主要生产资料的农民个体所有制到社会主义集体所有制的转变。赵树理的《三里湾》、周立波的《山乡巨变》均是以此为背景而创作出来的优秀作品。此外，为了纪念尚未远去的战争，讴歌为国捐躯的人民英雄，不少战争题材的文艺作品开始流行，杨朔的《三千里江山》、杜鹏程的《保卫延安》等优秀文学作品均广受欢迎。《中华儿女》《赵一曼》《中国人民的胜利》等影片不仅在国内好评如潮，也走出了国门，向世界人民讲述着中国抵抗外来侵略、建立新中国的艰辛历程。纪录影片《抗美援朝》上映后，更是万人空巷，广大人民群众均被志愿军的英雄形象所鼓舞。同样，为反映新时期工人的精神风貌，工人题材的文学作品也开始出现，《原动力》《火车头》《百炼成钢》均属其中的优秀代表。作曲家王莘在路经天安门广场时，有感于新中国发生的翻天覆地变化，心潮澎湃，在很短时间内就创作出了明快雄壮的《歌唱祖国》，并传唱至今。

由于前期各项事业进展都很顺利，一些领导同志开始产生冒进情绪，全国上下很快就进入到"大跃进"的时期，文艺界也未能避免"大跃进"带来的影响，一些作品开始用夸张的笔调来描绘当时的状况。以新民歌为例，为反映"大跃进"的盛况，四川有民众在《铺天盖地不透风》写道："玉米稻子密又浓，铺天盖地不透风，就是卫星掉下来，也要弹回半空中。"安徽有民众在《稻堆》中写道："稻堆堆得圆又圆，社员堆稻上了天，撕片白云揩揩汗，凑上太阳吸袋烟。"为反映工人热火朝天的干劲，河北民众创作了《打铁汉》，写道："打铁汉，干得欢，指标插翅向上翻，革命热情红似火，一天打出一座山。打铁汉，意志坚，日夜战斗在锤边，鼓足干劲赶英国，跨起金龙飞上天。"

类似作品不一而足，反映了当时"大跃进"的热烈氛围。当然，在此期间也有不少经典的文艺作品问世，比如，柳青创作的长篇小说《创业史》第一部即是在1959年问世；上海美术电影制片厂创作的新中国第一部水墨动画《小蝌蚪找妈妈》也于1960年诞生。

随着经济的逐渐好转，小说、戏剧、电影等文艺作品又日趋丰富。1961年12月，反映共产党地下工作的重要作品《红岩》首版，在不到两年的时间里，发行量即达400万多册；1964年，长春电影制片厂制作并出品的战争片《英雄儿女》上映，广大观众观影后感动得为之落泪，尤其是志愿军英雄王成的一声"为了胜利，向我开炮"，给人留下了深刻的印象，成为流传至今的经典台词。到1965年，全国电影制片厂已达16个，年拍摄故事片52部、美术片21本、科学教育片240本、纪录片378本。

表6.1 1949—1966年摄影电影片产量

年份	电影制片厂(个)	故事片(部)	美术片(本)	科学教育片(本)	纪录片(本)
1949	3	6	—	—	42
1952	4	4	2	41	157
1957	11	40	5	84	272
1962	16	34	17	94	133
1965	16	52	21	240	378

资料来源：《中国统计年鉴（1983年）》。

总的来看，在新中国成立后的十七年间，虽然在执行政策的过程中也出现过过激行为和偏差，一些文艺工作者由于被认为是触及了敏感的现实问题而导致个人命运遭受不公正的待遇甚至毁灭性的打击。比如《海瑞罢官》《谢瑶环》《李慧娘》在当时就被认为是当代戏剧中的"三株大毒草"，创作者吴晗、孟超、田汉在后期也均受到猛烈的批斗，直到含恨离世。不过在此期间，依然有很多艺术成就很高的文艺作品先后问世。比如在文学领域，就诞生了《保卫延安》《红日》《林海雪原》《青春之歌》《创业史》《红岩》《山乡巨变》《太阳照在桑干河上》《三里湾》《新儿女英雄传》《苦菜花》《战斗的青春》《逐鹿中原》《艳阳天》

等多部优秀作品。这十七年在文学界也被称为"文学十七年"。当然，这十七年文艺界的发展也呈现出了非常鲜明的特点，作品主要是以批判旧社会、批判资本主义、回忆旧时期的战争岁月、讴歌新中国工农兵的精神风貌为主，表现出了鲜明的政治特性。

　　同样值得强调的是，在新中国成立后的十七年时间内，国家高度重视文化艺术事业单位建设。在 1949 年，全国仅有 646 个电影放映单位、1000 个艺术表演团体、896 个文化馆和 55 个公共图书馆。而到1966 年，全国电影放映单位、艺术表演团体、文化馆和公共图书馆数量就分别达到了 21819 个、3374 个、2529 个和 523 个，分别增加了几倍甚至十倍。

表 6.2　文化艺术事业单位数（个）

年份	电影放映单位	艺术表演团体	文化馆	公共图书馆
1949	646	1000	896	55
1950	1263	1676	1693	63
1951	1658	1855	2226	66
1952	2285	2084	2430	83
1953	3883	2267	2455	93
1954	4928	2424	2417	93
1955	5869	2414	2437	96
1956	8662	2720	2584	375
1957	9965	2884	2748	400
1958	12579	3181	2616	922
1959	14808	3504	2699	1011
1960	16849	3309	2480	1093
1961	18831	3233	2490	873
1962	18583	3320	2514	541
1963	18468	3428	2530	490
1964	18906	3478	2553	543
1965	20363	3458	2598	577
1966	21819	3374	2529	523

资料来源：《中国统计年鉴（1983 年）》。

2.1966—1976 年

"文化大革命"爆发后，文艺界受到了极大的影响，文艺创作越来越多地被要求以革命为主题，一些文艺创作者和知识青年很快就感受到了无比的迷茫、悲哀或者失望。食指[①]创作于 1968 年的朦胧诗《相信未来》就很好地反映了当时的情景。作者以其深刻的思想、凄美的意境写下"当蜘蛛网无情地查封了我的炉台，当灰烬的余烟叹息着贫困的悲哀，我依然固执地铺平失望的灰烬，用美丽的雪花写下：相信未来……"的诗作，让人们懂得了在逆境中如何生活并矢志不渝地恪守自己对明天的承诺。该诗曾以手抄本的形式在社会上广为流传，并迅速传诵于一代青年人口中，成为当时批判现实的代表作。不过，不容否定的是，在此期间，仍有很多优秀的红色作品源源不断地被创作出来，并广受欢迎，不少作品流传至今，历久弥新。交响音乐《沙家浜》，歌曲《东方红》《我爱北京天安门》《革命青年进行曲》《咱们的领袖毛泽东》《山丹丹开花红艳艳》，电影《智取威虎山》《红色娘子军》，京剧《智取威虎山》《海港》《红灯记》《沙家浜》《奇袭白虎团》《龙江颂》，芭蕾舞剧《红色娘子军》《白毛女》均是其中的典型代表。

此外，在整个"文革"期间，传媒业取得了很大的发展。截至 1976 年底，全国已建成县级有线广播站 2503 座，安装有线广播喇叭 11325 万只。97% 的人民公社、93% 的生产大队和 86% 的生产队都通了有线广播，60% 的农户安装了广播喇叭。电视广播的全国人口覆盖率也达到 36%。北京电视台的彩色节目已可通过微波电路到达全国绝大部分省、自治区、直辖市。大众化传媒的发展使得优秀的视音频文艺节目可以更及时便捷地传递到千家万户，极大地丰富了人民群众的精神生活。

不过总体上来看，在"文革"期间，文艺事业发展还是遭受了严重挫折。以电影为例，在 1975 年，全国电影制片厂共 15 个，拍摄故

---

① 食指（1948—　），本名郭路生，因母亲在行军途中分娩，所以起名路生。笔名食指，中国著名诗人。

事片 27 部、美术片 11 本、科学教育片 214 本、纪录片 313 本，全面低于 1965 年时的水平。在文化艺术事业单位中，除了电影放映单位大幅增加外，文艺表演团体、文化馆和公共图书馆数量均变化不大甚至有所减少。

表 6.3　文化艺术事业单位数（个）

年份	电影放映单位	艺术表演团体	文化馆	公共图书馆
1967	22404	3223	2513	470
1968	22708	3030	2452	448
1969	23923	2683	2315	400
1970	26569	2541	2303	382
1971	33836	2514	2378	392
1972	42300	2681	2507	460
1973	47351	2731	2549	523
1974	55470	2760	2585	583
1975	69661	2836	2589	629
1976	86088	2906	2609	768

资料来源：《中国统计年鉴（1983 年）》。

以革命样板戏为标志的文艺革命又一成果　二十五部新影片将在元旦上映

新华社一九七五年十二月三十日讯　反映电影战线新成果的一批故事片、纪录片、科教片最近摄制完成，将在一九七六年元旦和广大工农兵观众见面。

这批影片共二十五部。它们以阶级斗争为纲，努力反映社会主义革命和社会主义建设重大题材，取得了可喜的成绩。彩色故事片《决裂》，通过一所共产主义新型大学的成长、发展，描绘了教育战线上无产阶级反对资产阶级的一场激烈斗争。这部影片的上映，是对当前教育界那种刮右倾翻案风的奇谈怪论的有力批判。根据同名小说改编的彩色故事片《金光大道》，反映了农村互助合作化时期两个阶级、两条道路、两条路线的斗争，生动地说明了"只有社会主义能够救中国"这一伟大真理。此外，故事片还有以教育革命为题材的《小将》，歌颂无产阶级国际主义、爱国主义的《碧海红波》，描绘抗日小战士成长的《黄河少年》，以及反映少年儿童勇敢地同阶级敌人进行斗争的河北梆子《渡口》。

这次上映的纪录片、科教片，有《南海诸岛》、《昔阳红似火》、《海城人民多壮志》、《多面手——手扶拖拉机》、《育壮秧》等。

这批新影片的摄制完成，是以革命样板戏为标志的文艺革命的又一成果。批林批孔和学习无产阶级专政理论运动以来，广大电影工作者努力学习马列著作和毛主席著作，学习革命样板戏创作经验，批判修正主义文艺路线，积极深入工农兵生活，在电影创作、摄制上作出了新的贡献。《决裂》摄制组的工作人员，在创作过程中，深入到朝阳农学院、江西共产主义劳动大学，向战斗在教育革命第一线的师生学习，满怀激情地完成了影片的摄制工作。

——《人民日报》1975 年 12 月 31 日第 4 版。

3.1976—1992 年

随着"四人帮"的倒台，文艺工作者创作的枷锁开始被打开，不少文艺作品开始对"文革"进行批判和反思。作家刘心武在 1977 年第 11 期的《人民文学》上发表了短篇小说《班主任》，讲述了中学教师张俊石如何挽救一个在"四人帮"肆虐下不学无术的中学生的故事，引发了人们对"文革"的反思。次年，作家卢新华又在 1978 年 8 月 11 日的《文汇报》上发表了短篇小说《伤痕》，反映了"文革"造成的人们思想内伤的严重性，并发出了"疗治创伤"的呼吁。"伤痕文学"也由此正式进入了读者的视野，并很快形成了一股思潮。在 1982 年评选的第一届茅盾文学奖中，周克芹的《许茂和他的女儿们》、莫应丰的《将军吟》、古华的《芙蓉镇》均属于"伤痕文学"的优秀作品，占据了当年茅盾文学奖作品的半壁江山。巴金自 1978 年底在香港《大公报》开辟《随想录》专栏，从 1978 年 12 月 1 日写下第一篇《谈〈望乡〉》

到 1986 年 8 月 20 日写完最后一篇即第一百五十篇《怀念胡风》,历时八年,对"文化大革命"作出了深刻的反省,重新倡导了对"五四"精神的回归。朦胧派诗人顾城于 1979 年在北京写下仅有两句的《一代人》:"黑夜给了我黑色的眼睛,我却用它寻找光明",抒发了一代人在历经"黑夜"后对"光明"的顽强渴望和执着追求。

在整个 20 世纪 80 年代和 90 年代初,由于文艺创作氛围的宽松和传播渠道的日渐丰富,加之改革开放后,西方文化开始传入到大陆市场,文艺事业迎来了空前的繁荣。首先是文艺创作的氛围开始宽松,简单的"文艺从属于政治"的口号让位于"文艺为人民服务、为社会主义服务",于是一大批反映各领域人类社会生活的作品涌现出来了。由路遥创作的《平凡的世界》即是其中的代表作。《平凡的世界》在展示普通小人物艰难生存境遇的同时,极力书写了他们克服重重困难的美好心灵与坚韧不拔的奋斗精神。作品中的主人公孙少安、孙少平的故事构成了中国社会普通人人生奋斗的两极经验,感动了几代读者。

另外,随着文艺市场的逐渐开放,从 20 世纪 80 年代开始,一些在过去看来所谓"不正经"的东西也逐渐走进市场。比如,1980 年,新中国第一本时尚类杂志《时装》创刊,很快就成为十分流行的刊物;以《在悬崖上》《红豆》《寒夜的别离》等为代表的爱情题材小说不断涌现,并受到了读者的热情欢迎;讽刺漫画、小人书甚至是"迪斯科"都受到了极大的欢迎,蔚为大观。

在这一时期,图书、期刊和报纸出版开始出现空前繁荣。在 1978 年,全国图书共出版 14987 种,其中新出版 11888 种,总印数 37.7 亿册 / 张;全国期刊共出版 930 种,总印数 7.6 亿册;全国报纸共出版 186 种,总印数 127.8 亿份。到 1992 年,全国图书共出版 92148 种,其中新出版 58169 种,总印数 63.4 亿册 / 张;全国期刊共出版 6486 种,总印数 23.6 亿册;全国报纸共出版 1657 种,总印数 257.9 亿份。图书、期刊和报纸出版种类和出版量的大幅增加,极大地丰富了人民群众的文化生活。

表6.4 图书、期刊和报纸出版情况

年份	图书			期刊		报纸	
	种数(种)	新出版	总印数(亿册、亿张)	种数(种)	总印数(亿册)	种数(种)	总印数(亿份)
1978	14987	11888	37.7	930	7.6	186	127.8
1980	21621	17660	45.9	2191	11.3	188	140.4
1985	45603	33743	66.7	4705	25.6	1445	246.8
1986	51798	39426	52.0	5248	24.0	1574	242.7
1987	60213	42854	62.5	5687	25.9	1611	264.5
1988	65962	46774	62.3	5865	25.5	1537	267.8
1989	74973	55475	58.6	6078	18.4	1576	207.0
1990	80224	55245	56.4	5751	17.9	1444	211.3
1991	89615	58467	61.4	6056	20.6	1524	236.5
1992	92148	58169	63.4	6486	23.6	1657	257.9

资料来源:《中国统计年鉴（2000年）》。

此外，以电视为代表的大众传媒在20世纪80年代继续快速发展。到1983年底，全国电视机拥有量即达3500万台，其中，农村拥有近800万台，职工家庭户普及率达83%。彩色电视机的年产量也由1978年的7300台增加到1983年的50.6万台。电视的普及使得百姓更易于获取丰富多元的文艺节目，以春节联欢晚会为代表的优秀文艺节目也因此而获得了广大的群众基础。另外，在此期间拍摄完成的《西游记》《红楼梦》《梁山伯与祝英台》等优秀电视剧不仅在国内大受欢迎，也出口到十几个国家和地区，有力地促进了中国文化在世界的传播。

尤为值得称道的是，随着改革开放的深入推进，中国文艺作品开始越来越多地走向世界。1982年，由张鑫炎执导，李连杰、于海、丁岚、计春华联袂主演的电影《少林寺》开始上映，很快就大获成功，不仅在内地也在香港，甚至在日本、韩国、菲律宾等十几个国家均斩获超高票房，世界上许多国家也由此掀起了"中国功夫热"。1987年，由张艺谋执导，姜文、巩俐、滕汝骏等主演的电影《红高粱》上映后好评如潮，并在次年获得第38届柏林国际电影节金熊奖，成为首部获得此奖的亚洲电影。生产故事影片的数量也由 1978 年的 46 部增加至 1992 年的 170 部。

表 6.5　1978—1992 年影片生产情况

年份	电影故事片厂（个）	生产故事影片（部）	生产动画影片（部）	生产科教影片（部）	生产纪录影片（部）
1978	12	46	26	289	202
1979	17	65	25	349	317
1980	17	82	32	337	242
1981	19	105	33	277	276
1982	19	112	33	284	259
1983	19	127	37	343	299
1984	20	144	37	387	337
1985	20	127	45	357	419
1986	20	134	46	383	417
1987	22	146	45	353	347
1988	22	158	38	344	350
1989	22	136	53	334	259
1990	22	134	51	326	296
1991	22	130	46	351	283
1992	22	170	56	354	307

资料来源：《中国统计年鉴（2018 年）》。

4.1992—2002 年

1992 年，党的十四大将建立社会主义市场经济体制作为我国经济体制改革的目标，文艺创作因此有了更鲜明的创作导向。首先是以中央电视台为代表的文化传播单位开始了大刀阔斧的改革，电视节目获得了突破性的发展。1993 年 5 月 1 日，中央电视台开办《东方时空》栏目，节目播出伊始就产生了广泛影响，改变了中国大陆观众早间不收看电视节目的习惯，被誉为是"开创了中国电视改革的先河"。1994 年 4 月 1 日，中央电视台推出晚间新闻评论类节目《焦点访谈》，节目坚持"用事实说话"，在发挥舆论监督上很快就起到立竿见影的效果，深受群众欢迎。1996 年 3 月 16 日，中央电视台推出《实话实说》栏目，节目形式为群体现场交谈，通过主持人、嘉宾、观众的共同参与，对社会某些热点话题进行直接讨论。节目播出后，得到广大电视观众的好评，主持人崔永元也以机智幽默的形象很快就成为了家喻户晓的人物。另外，社教类节目、体育类节目、综艺节目等也在改革和调整后更加贴近了百姓的生活，并获得了较高的收视率。

电视剧也在 20 世纪 90 年代迎来了发展的黄金时期。1994 年 10 月 23 日，由中央电视台制作的 84 集电视连续剧《三国演义》首播，收视率一度高达 46.7%。随后，该剧在日本、马来西亚、新加坡、泰国、韩国、印度尼西亚以及我国香港、台湾等国家和地区相继播出，掀起了"三国文化热"。改编自琼瑶同名小说的古装清宫剧《还珠格格》于 1998 年 10 月 28 日引进内地播出后，收视率最高突破 62.8%，成为中国电视剧收视神话。改编自二月河长篇小说的电视剧《雍正王朝》1999 年 1 月 3 日在中央一套播出后，很快创下当年央视收视高峰，并包揽了该年所有电视剧奖项的大奖。2001 年 4 月 15 日，由郭宝昌执导，斯琴高娃、陈宝国、刘佩琦、蒋雯丽、杜雨露等主演的家族剧《大宅门》在中央电视台首播，并以 17.74 点的收视率夺得 2001 年央视年度收视冠军。在电视节目制作数量上，中国电视节目制作时长也从 2000 年的 585007 小时猛增至 2001 年 989173 小时。

在电影领域，虽然电影故事片厂的数量有所增加，但生产影片数量却出现了下降。以故事影片为例，1993 年，全国共生产故事影片 154 部，而到 2002 年，这一数字却下降到 100 部。不过在电影数量下降的同时，电影的质量在此期间却得到了明显的提高，越来越多的优秀国产电影被生产出来并走向了国际市场。由张艺谋导演的剧情片《一个都不能少》于 1999 年上映。该片以农村、贫穷及文盲为主题，深刻地反映了中国农村的现实，引发了人们对贫瘠的农村的关注和思考，后获得数十项国际电影奖项。由李安执导，周润发、杨紫琼和章子怡等联袂主演的武侠动作电影《卧虎藏龙》于 2000 年上映后，不仅在内地也在国际市场大获成功，北美票房更是突破 1 亿美元的门槛，成为美国电影史上第一部超过 1 亿美元票房的外语片。同时，《卧虎藏龙》也斩获了包括奥斯卡最佳外语片等大奖在内的多项大奖，成为华语电影历史上第一部荣获奥斯卡金像奖最佳外语片的影片。

表 6.6　1993—2002 年影片生产情况

年份	电影故事片厂（个）	生产故事影片（部）	生产动画影片（部）	生产科教影片（部）	生产纪录影片（部）
1993	22	154	47	252	300
1994	22	148	32	182	22
1995	30	146	37	40	111
1996	30	110	58	33	39
1997	31	88	28	34	95
1998	31	82	9	30	54
1999	31	99	3	20	14
2000	31	91	1	49	10
2001	27	88	1	56	9
2002	31	100	2	60	7

资料来源：《中国统计年鉴（2018）》。

5.2002—2012 年

加入 WTO 后，我国的文艺事业迎来了新的发展机遇和挑战。以电影业为例，WTO 协议即要求中国在加入 WTO 后，将每年进口的影片由 10 部左右提高到 20 部，并在 3 年内达到 50 部；此外，中国将在 3 年内逐步放开电影放映业，允许外资进入中国的电影放映业，进行建设、改造和经营影院，并拥有不超过 49% 的股权。因此，如何提高"文化软实力"，在同世界各国激烈的文化竞争中立于不败之地就成了迫切的现实问题。

率先发力的是由张艺谋执导的武侠电影《英雄》。电影讲述了战国末期，为对抗秦国的吞并，六国各地侠客欲刺杀秦王的故事。该片在上映后以其宏大的历史背景、精美的画面制作很快就独占同期上映影片鳌头，不仅创下了国产片票房之最，也在海外市场创下了超 10 亿元的票房，其中在北美上映后更是连续两周获得北美票房冠军。该片在电影全球化和商业化的背景下脱颖而出，激励了万千电影从业者。国产故事影片数量呈直线上升趋势，由2003年的140部增加至2012年的745部。涌现出了《天下无贼》《集结号》《满城尽带黄金甲》《投名状》《建国大业》《唐山大地震》《让子弹飞》等一大批优质影片。另外，以《变形金刚》、3D大片《阿凡达》为代表的进口电影也在内地市场获得超高人气。中国电影的"走出去"与"引进来"都实现了历史性的飞跃，在直面国际同业竞争时，开始显得更加游刃有余。

表6.7 2003—2012年影片生产情况

年份	电影故事片厂（个）	生产故事影片（部）	生产动画影片（部）	生产科教影片（部）	生产纪录影片（部）
2003	31	140	2	53	6
2004	31	212	4	30	10
2005	32	260	7	33	2
2006	32	330	13	36	13
2007	32	402	6	34	9
2008	33	406	16	39	16
2009	31	456	27	52	19
2010	31	526	16	54	16
2011	31	558	24	76	26
2012	31	745	33	74	15

资料来源：《中国统计年鉴（2018）》。

在电视方面上，中国也比以往任何时期都更加出色。首先表现在从2004年开始，中国电视节目制作时长有了明显的增加，并在此后一直保持在较高水平上。同时，不少优秀的电视剧被制作出来。2005年9月12日，由陈健、张前执导，李幼斌等主演的战争题材剧《亮剑》在中央电视台首播，展示了革命军人李云龙的英雄本色。该剧播出后，收视率最高时达到14点，创下了2005年央视一套电视剧收视率的新纪录。2006年2月13日，由胡玫执导，陈建斌、蒋勤勤、马伊琍等主演的商战剧《乔家大院》在中央电视台一套首播，讲述了一代晋商乔致庸的传奇故事，成为当年中国内地电视剧的收视冠军。另外，讲述历史的《乾隆王朝》《走向共和》《汉武大帝》《大明王朝1566》《大秦帝国》等古装电视剧，反映中国近代人口迁徙的历史题材剧《闯关东》《走西口》《下南洋》等也接连走上荧屏，并广受观众欢迎。

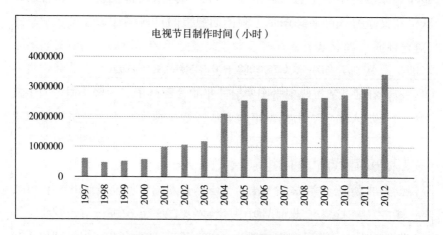

图 6.1　1997—2012 年电视节目制作时长

资料来源：《中国统计年鉴（2018）》。

此外，中国电视综艺节目在新世纪也开始大放异彩。以《非常6+1》《星光大道》《超级女声》为代表的选秀节目，造就了一大批至今仍活跃在一线的娱乐明星，以《非诚勿扰》为代表的生活服务类节目也大获成功，一些节目甚至多次夺得综艺栏目收视之冠。尤为值得称道的是，从刘心武讲《红楼梦》、易中天《品三国》、于丹说《论语》，再到王立群读《史记》，以《百家讲坛》为代表的"电视讲经"异军突起，成了文化热点，反映了百姓对国学的热爱。

6. 2012—2019 年

党的十八大以来，以习近平同志为核心的党中央高度重视文艺事业的发展。老百姓最直观的感受就是文艺作品无论是取材还是制作质量都有了巨大的提升。

在电视领域，自 2012 年以来，我国历年电视剧播出数均稳定在 23 万部左右，电视剧播出数均保持在 660 万集以上。为充分展现中央反腐败工作的坚定决心，以《脊梁》《人民的名义》为代表的反腐剧应运而生并深受观众欢迎。其中，《人民的名义》播出后，收视率一路高企，刷新了近十年省级卫视收视的最高纪录，成为全民热议的话题。《武媚娘传奇》《琅琊榜》《花千骨》《芈月传》《三生三世十里桃花》《延禧攻略》《如懿传》等优秀的古装剧更呈井喷的发展态势，在荧屏上接连播出，不仅征服了万千中国观众，也深受外国观众的喜爱。一些电视剧拍摄地甚至成为"网红"景点，吸引大量游客前来参观。另外，以《温州一家人》《平凡的世界》《白鹿原》《那年花开月正圆》《我的前半生》等为代表的现实主义题材电视剧，以《北平无战事》《历史转折中的邓小平》《彭德怀元帅》等为代表的历史题材电视剧在播出后也受到了广大观众的欢迎。到 2018 年，全年共生产电视剧 323 部 13726 集，电视动画片 86257 分钟。其中不少电视剧成功走出国门，世界其他国家观众也越来越多地被制作精良的中国电视剧所吸引，在电视机前感受着历史的兴衰沉浮、百姓的酸甜苦辣。此外，近年以《记住乡愁》《我在故宫修文物》《中国诗词大会》等为代表的一大批弘扬优秀传统文化的电视节目被创作播出并广受欢迎。

表 6.8 2012—2017 年电视剧播出情况

年份	电视剧播出数（万部）	电视剧播出数（万集）
2012	24.23	662.20
2013	24.10	661.42
2014	23.28	669.00
2015	23.31	686.36
2016	22.72	688.64
2017	23.14	698.74

资料来源：《中国统计年鉴（2018）》。

在电影领域，从 2012 年起，故事影片生产量就常年稳定在 600 部以上，其中 2017 年达到 798 部，2018 年更是达到 902 部，远超历史上任何时期。以《战狼》《战狼 2》《红海行动》《湄公河行动》等为代表的优秀影片越来越多地涌现出来，观众看后深受感动，口碑、票房双丰收。其中，《战狼 2》更是以 56.8 亿元的票房，轻松打破国产电影历史票房纪录。电影取材的背后也反映了国家对每一个中国公民的高度责任感。值得一提的是，由郭帆执导的科幻片《流浪地球》，以其优秀的剧本、宏大的场景、出色的制作获得了观众的普遍认可，仅在内地就斩获 46.55 亿元的票房，引发了公众对中国科幻电影的讨论，更点燃了中国电影人制作工业大片的自信和热情。到 2018 年底，当年全国电影总票房为 609.76 亿元，城市院线观影人次为 17.16 亿；其中国产电影总票房为 378.97 亿元，市场占比达到 62.15%，比 2017 年提高了8.31 个百分点。另外，在电影制作接连取得突破的同时，公共设施设备也得到了巨大的提高和改善。在 2012 年全国共有银幕 13118 块，而到 2018 年底，全国共拥有银幕数 60079 块。六年时间内，银幕数增长了 4 倍多，不仅见证了中国观众的成长，也见证了中国电影业的蓬勃发展。

表 6.9　2012—2018 年度中国电影票房情况（亿元）

年份	国产电影票房	进口电影票房	票房合计	国产电影票房占比
2012	82.73	88	170.73	48.46%
2013	127.67	90.02	217.69	58.65%
2014	161.55	134.84	296.39	54.51%
2015	271.36	169.33	440.69	61.58%
2016	287.47	205.36	492.83	58.33%
2017	301.04	258.07	559.11	53.84%
2018	378.97	230.79	609.76	62.15%

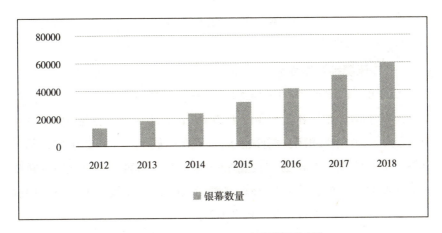

图6.2 2012—2018年银幕数量变化

资料来源：根据历年统计年鉴及新闻整理。

在其他文艺领域，我国也取得了不错的进展。截至2018年末，我国共出版各类报纸340亿份，各类期刊24亿册，图书95亿册（张），人均图书拥有量6.85册（张）。其中，2012年10月，中国作家莫言获得2012年诺贝尔文学奖；2014年5月，阎连科凭借捷克语版的《四书》获得卡夫卡文学奖，成为继村上春树之后第二个获得该奖项的亚洲作家；2015年8月，中国作家刘慈欣凭借《三体》获第73届世界科幻大会颁发的雨果奖最佳长篇小说奖，成为首次获得此奖的亚洲作家。另外，文化艺术表演也越来越多地走出国门，走向世界。其中，京剧名家张火丁在纽约林肯中心成功演出全本京剧《白蛇传》《锁麟囊》，现场座无虚席，反响热烈；上海昆剧团将汤显祖的《临川四梦》首次完整搬上舞台并进行世界巡演，同样大获成功。

总之，党的十八大以来，我国的文艺事业取得了巨大的成就，"无愧于我们这个伟大民族、伟大时代的优秀作品"被源源不断地创作出来，文艺作品的丰富性得到了极大的提升，不仅极大地满足了人民对美好文化生活的向往，也激发了世界各地人民对中国文化的认同与热爱。

第二节　体育事业

（一）天翻地覆慨而慷

1908 年，《天津青年》杂志刊登了一篇文章，提出了著名的"奥运三问"[1]。当时的中国积贫积弱，大部分中国人不知奥运会为何物，甚至在 20 年后，中国政府代表首次在现场观摩阿姆斯特丹奥运会时，仍反复将"奥林匹亚"翻译为"我能比呀"。"奥运三问"的提出，反映了中华儿女对奥运的渴望，而回答"奥运三问"的过程，更反映了中国体育事业发展的艰辛和成就的来之不易。

1932 年，中国东北被日本全面侵占。为代表中国参加奥运，刘长春历经万难，逃出在日本占领下的大连，后在张学良将军的资助下，搭乘邮轮，前往美国参加奥运会。长达 20 多天的海上漂泊，消耗了刘长春大量的体力。在后来的比赛中，刘长春并未取得理想的成绩。但刘长春仍然坚强地代表当时 4 亿中国人站到了奥运赛场上，为中国叩开了奥运之门。由于经费短缺，刘长春在赛事结束后甚至一度因为没有路费而无法回国，后在当地华侨的帮助下，才得以回国。几十年过去了，中国已不再是当年的中国，中国体育事业的发展也早已超越了以往任何时期。新中国不仅真正融入到了国际奥运大家庭中去，而且已将获得奥运金牌视为常态。更让人欣慰的是，在"奥运三问"被提出百年之际，中国终于如愿在自己家门口举办了奥运会，向时代、向人民交出了满意的答卷。在北京奥运会举办前夕，《人民日报》于 2008 年 8 月 7 日刊发了题为《两代人　奥运情——访刘长春之子、中国工程院院士刘鸿亮》的报道，以刘长春及其子两代人的视角，真切刻画了中国体育事业的沧桑巨变：

从 1932 年刘长春只身一人远渡重洋参加第十届洛杉矶奥运会，到 2008 年他的儿子、中国工程院院士刘鸿亮在雅典传递北京奥运

---

[1] "奥运三问"的确切提出时间、地点及内容仍有一定争议，本书以现在普遍被接受的提法为据。

会火炬，整整相隔了76年！

回首刘长春所处年代的破碎山河，再看今日中国之欣欣向荣、物阜民盛的图景，刘鸿亮感慨万端，"那时拥有4亿多人的中华民族，只有我父亲一位运动员能参加奥运会。父亲体会出深深的孤独，尤其是比赛过程之中，他感受到一种屈辱、一种遗憾。"

"我出生在父亲参加奥运会的前17天，似乎注定了我与奥运不解的缘分。我父亲那个年代由于国运不兴，体育得不到重视，他只能单刀赴会。而今天国富民强的中华民族终于站在了世界奥林匹克的大舞台之上，13亿中国人可以共同迎接奥运会。如果我父亲在天有灵，也定会兴奋不已！"刘鸿亮激动地说。

"父亲晚年的时候，梦想能重新回到奥运赛场，再次体验奥林匹克的激情。他的另一个心愿便是希望有生之年看到中国举办奥运会。我能在雅典传递奥运圣火，让我为父亲完成了一份未了的心愿。"刘鸿亮说。

在刘鸿亮的记忆中，父亲的一言一行不仅传达着对体育事业的热爱，更传达着对祖国的忠诚。"父亲的爱国情怀，成为引导我一生的动力之源。"刘鸿亮说。

"我青少年时代生活很艰难，但我坚持学习，最终考上清华大学。这份执着和毅力，来自于父亲的精神鼓励。高考时，由于过度劳累和东北冰冻的天气，我患上很严重的关节炎。大学期间我坚持长跑，一年以后病痛竟奇迹般地痊愈了。从此我坚持体育锻炼，直到心脏做了搭桥手术后，才改长跑为走路。"

刘鸿亮带着父亲的教诲和鼓励，为中国环境科学事业孜孜以求。"我的父亲曾告诉过我，作为炎黄子孙，要心系祖国和人民，更要为祖国的发展献出自己全部的力量。"刘鸿亮说。

"奥运不在于取得胜利，而在于参与比赛的过程，在于顽强拼搏的过程。"刘鸿亮这份体会和感悟同样源于父亲的经历。"虽然我父亲没有拿过什么奖牌，也没有在奥运会上取得过名次，但是他的拼搏精神却感动了亿万国人，燃起整个民族对奥运梦想的追求。"

为了承办奥运，中国向全世界作出了承诺，通过不懈的努力，如今承诺都兑现了。单就环境治理来说，现在北京污水处理基本完成，大气也达到了承诺的指标。刘鸿亮兴奋不已地说："中国能在短短的 7 年里，实现对世界的承诺，这是一个重大的成就。"

刘鸿亮作为中国工程院院士，一直从事着湖泊以及水资源环保研究工作。作为北京奥组委环保顾问，刘鸿亮认为每一个人对实践"绿色奥运"有着义不容辞的责任。他也身体力行，曾给北京奥组委写信，建议奥运会采用新能源环保快速充电电车。如今，奥运村地面上实行了人车分流，奥运村的汽车都进入地下停车场，奥运村内的交通工具全部使用电瓶车。

"中华民族百年的奥运梦想即将实现，终于等来了让中华儿女扬眉吐气的这一刻。"刘鸿亮无比自豪地说。

北京奥运会的成功举办，标志着"奥运三问"最终得到了圆满回答。但举办奥运会并不是中国体育事业的终点，相反更应是中国体育事业发展新的起点。在北京奥运会举办十周年之时，2018 年 8 月 8 日，《人民日报海外版》以《奥运十年　面向世界的改变》为题，报道了奥运会十年来给中国带来的巨大改变：

对中国体育而言，北京奥运会是中国从体育大国到体育强国跃进的起点。在那届奥运会上，中国代表团共获得 51 块金牌和 100 块奖牌，第一次登顶奥运会金牌榜。自此，中国竞技体育"多点开花"，不断勇攀高峰。中国运动员的强劲实力与个人魅力也得到了前所未有的张扬与释放。

更多的改变则体现在人们的生活之中。2001 年申奥成功时，北京投入运营的地铁线路只有两条；到 2008 年，地铁线路已经包围了中心城区。"鸟巢""水立方"成为北京乃至中国的新地标之一……

最为关键的是，中国人因奥运会的举办而更加自信，向世界敞开怀抱的态度更加明确。

"10 年时间，国力的提升、实力的增长、心态的变化、经验的增加，这都是经历奥运之后的收获。"汪涌回忆道，第一次举办奥运会，所有人都没有经验，于是大家"如饥似渴"地向国际奥委会和历届奥运主办城市求知、学习。经过北京奥运会以及随后的广州亚运会、南京青奥会等大赛历练，一大批人才成为了所在领域的专家。如今，在筹办北京冬奥会的过程中，有1/3的工作人员是参与过北京奥运会的优秀人才。

"中国人的眼界和境界发生了变化。从最初的学习、仰视，到后来的平视，如今我们已经能够在符合国际规则的情况下创新发展，创造出中国的模板和经验。"汪涌说。

北京奥运会之后，在国际体育舞台上的中国声音与智慧也越发响亮。2010年，短道速滑名将杨扬当选国际奥委会运动员委员会委员。今年期满卸任之后，速度滑冰奥运冠军张虹接棒当选。

"要让中国体育发出更响亮的声音。"杨扬说，"中国人能够为世界贡献智慧，这也是重要的话语权。而更重要的话语权不是结果出来后再去质疑，而是参与其中的规则制定。"

……

要说北京奥运会为中国留下的无形遗产，全民健身肯定首屈一指。奥运会改变了中国人的生活方式，让运动成为国人的"家常便饭"，并助推体育产业高速发展。北京奥运会后，8月8日成为中国的"全民健身日"，每逢此时，全国各地的健身活动都会竞相上演。

奥森公园正是在北京奥运会前竣工的。汪涌回忆说，为了让更多的老百姓参加锻炼，在公园里修建了一条10公里的塑胶跑道，当时还有很多人觉得"太超前"。没想到奥运会后，在跑者的热情之下，按照三到五年寿命设计的跑道，不到两年就使用过度了。

"奥森公园像一个催化剂，对全民健身起到了引领作用。在这里，你一定会被大家激励和感动，在不经意的参与中改变生活的轨迹和方式，这就是体育的力量。"朱希山说。

遍布全国的马拉松运动，成为中国人健身热情的如实写照。2017年，中国举办了1102场马拉松规模赛事，2011年这一数字仅为 22 场，7 年间增长了 50 倍。

"2001 年的北京马拉松比赛，还需要单位工会、高校组织和动员人参加。如今，北马已经一票难求了。"汪涌说。2017 年的北京马拉松比赛，有近 10 万名跑友报名，再次刷新了国内马拉松赛事的报名人数纪录。

从爱上运动，到带动更多人运动，许多昔日的奥运参与者如今已是全民健身的"排头兵"。汪涌成立了"首都媒体跑团"，利用媒体优势和资源宣传科学健身、推动跑步健康发展；朱希山则成为"北京医师跑团"的会长，发挥医生跑者的专业技能，宣传科学、安全、快乐奔跑的重要性。

抚今追昔，相信我们每一个人都可以真切地感受到中国体育事业发生的天翻地覆的变化。从旧中国到新中国，从首次参加奥运到在家门口举办奥运，从竞技体育取得突破到全民健身形成氛围，中国体育事业的发展成就值得我们所有中国人为之点赞、喝彩。

（二）体育发展概述

新中国体育事业已经历了 70 年的发展历程。70 年前，由于经济基础薄弱、体育锻炼意识缺乏，人民群众很少参与专门的体育运动，国民体质普遍较差。竞技体育不仅缺乏群众基础，也缺乏经费支撑，同世界先进水平相比，可谓望尘莫及。

为发展我国体育事业，新中国成立初期，我国的体育发展在结合自身实际情况的基础上开始借鉴苏联体育发展经验。由于当时群众参与体育运动的意识还很薄弱，因此普及体育运动就成了新中国成立初期我国体育工作的主线。随着国民经济的好转，我国体育发展方针逐渐转变到了"普及与提高相结合"上去，我国竞技体育的水平开始得到明显提升，人民群众参与体育运动的热情也日渐高涨。在"大跃进"期间，我国体育发展事业受到了一定的冲击，后经调整和恢复，体育发展再次进入良性发展轨道。但"文化大革命"爆发后，我国体育事业再次遭受严重挫折，直到 1971 年后，形势才有所好转。改革开放后，我国体育事业开始进入发展的快车道，不仅空前加深了同世界各国的体育交流，越来越多地在奥运会等重大国际体育赛事中展现出大国自信，而且也带动了群众体育的蓬勃发展。进入新世纪以来，我国体育工作一方面紧密围绕北京奥运会这条主线，另一方面继续加强群众体育事业发展。在全国上下的共同努力下，北京奥运会最终成功举办。这不仅是对我国体育发展事业的阶段性总结，更是我国体育发展事业发展的一个新的起点。北京奥运会后，我国竞技体育和群众体育继续保持良好发展态势。党的十八大以来，以习近平同志为核心的党中央高度重视体育事业的发展，全面深化体育改革，我国体育事业再次获得强大发展动能。

回望过去，党和国家在不同的历史时期，根据不同的现实状况，制定了不同的体育发展方针。在一以贯之的接力探索下，在坚持不懈的比拼赶超下，中国无论是竞技体育还是群众体育均取得了脱胎换骨般的变化。从刘长春远赴重洋首次参加奥运会，到新中国第一次出现在赫尔辛基奥运会的赛场，到频频站到奥运会的最高领奖台，再到在家门口举办北京奥运会，中国人民圆满地回答了"奥运三问"。从人民很少参与体育活动、自己动手制作简单的体育设施设备，到全民健身成为习惯、体育场馆场地多点开花、体育赛事如火如荼，再到体育产业作为推动经济社会持续发展的重要力量，群众体育也由星星之火终成燎原之势。从"另起炉灶""一边倒"，到全面参与世界体育运动、学习世界先进经验，再到独立承办世界顶级体育赛事，越来越自信地承担大国责任，中国体育最终厚积薄发，异军突起，成为世界体坛的重要力量。中国也实现了从体育弱国到体育大国的转变，并重整行装再出发，向体育强国进发。

（三）体育政策的演变

"提倡国民体育"是新中国体育事业发展的主线。1949 年 10 月 26 日，中华全国体育总会筹备会议在北京召开。会上，朱德副主席发表讲话，指出"体育是文化教育工作的一部分，也是卫生保健的一部分，我们中央人民政府对它是重视的"，同时强调："现在我们的体育事业，一定要为人民服务，要为国防和国民健康的利益服务。不但是学生，而且工人、农民、市民、军队、机关和团体都要搞体育。除去田径赛、打球等项以外，还要广泛地采用民间原有的许多体育形式和人民解放军所发展的体育形式，要学习苏联体育方面的好的经验。"在新中国成立后相当长的一段时间内，在人民群众中普及体育运动成为我国体育工作的重点。

1954 年，周恩来总理在政务院第 205 次政务会议上发表讲话，指出"当前体育运动的方针是要普及和经常化。在普及的基础上才能提高，经常化了才会出人才。只要体育运动做到普及和经常化并加以正确的指导，人民的体质一定会大大增强"，首次提出了"普及和经常化"的体育运动发展方针。随着体育运动的普及和发展，1956 年 9 月 16 日，周恩来总理在中共八大一次会议上作了《关于发展国民经济的第二个五年计划的建议的报告》，提出"我们应该在广大群众中进一步开展体育运动，有效地增强人民的体质，并且提高我国体育运动的水平"，标志着我国的体育发展开始由普及阶段向"普及与提高相结合"阶段的转变。1958 年 9 月 19 日，中共中央在批转国家体委党组《关于体育运动十年规划的报告》中进一步指出："体育运动的方针是：适应生产大跃进中广大劳动人民对增强体质的要求，大力开展群众性的体育运动，在体育运动广泛开展的基础上，提高技术水平，不断创造新纪录。"1959 年，中央在批转国家体委党组《关于 1959 年体育工作几个问题的报告》中更为明确地提出："开展群众性的业余体育运动和培养少数优秀运动队伍相结合，实行在普及基础上的提高和在提高指导下的普及，这是当前体育工作中的一项重要的原则。"

由于在"大跃进"期间，体育事业受到了严重影响，随后，国家体委依据中央"八字方针"的要求，开始对体育事业发展进行调整。1961 年 2 月 10 日，国家体委在《关于 1961 年体育工作的意见》中提出了"对现有事业进行调整、充实，巩固已有成就，着重提高质量"的指导思想，指出："目前要抓优秀运动队的整顿工作，根据全国一盘棋的精神，缩短战线，保证重点。"至此，"缩短战线，保证重点"的体育发展方针正式出台。经过两年的调整、充实，体育事业的发展得到了好转，群众体育和学校体育均得到了进一步的规范和发展。

在"文革"爆发后的前几年时间，各级体委的正常工作被迫停止，全国体育系统后被军队接管，不少体育战线领导干部、教练员和运动员开始遭受批斗，正常的体育运动也被贴上了"政治标签"，不少体育院校、体育刊物均被停办，中小学的体育课也被改为军事体育课，竞技体育的管理制度遭到废弃，体育事业发展一度遭受严重挫折。1971年后，党和国家最高领导层开始着手消除"文革"对体育事业带来的消极影响。以"乒乓外交"为契机，体育界开始对体育项目进行恢复和重建，尤其是在体委组织系统逐步得到恢复后，一大批教练员和运动员重新回到训练场，竞技体育开始重获发展。

"文革"结束后，体育界开始清除"四人帮"对整个体育战线造成的不良影响，拨乱反正。1978年1月22日至30日，全国体育工作会议在北京举行。会议明确了以下几个问题：要加强党对体育工作的领导；要促进青少年德智体全面发展；要坚持普及与提高相结合的方针；要大力开展体育运动竞赛；要解放思想，敢想敢干，努力攀登体育运动的高峰；要开展国际体育交往，增进人民友谊和了解，为毛主席的革命外交路线服务；要恢复和健全合理的规章制度；要加强政治思想工作，提高业务技术水平，严格训练，努力建设一支又红又专的体育队伍。

党的十一届三中全会以后，党将工作中心转移到经济建设上来。随着经济的逐渐好转，体育事业迎来了新的发展机遇。根据中央会议精神，1983年，国家体委向国务院作出《关于进一步开创体育新局面的请示》，提出"体育战线改革势在必行，必须抓紧，积极进行。改革应当有利于调动社会各方面力量办体育的积极性，有利于推动体育的普及和攀登世界体育高峰，有利于促进社会主义精神文明建设。要进一步搞活政策，走宽路子，讲求效益，提高效率"。1984年10月5日，中共中央下达了《关于进一步发展体育运动的通知》。《通知》在肯定新中国成立三十五年来我国体育事业取得的发展成就的同时，再次强调了我国体育事业的发展规模和发展水平同世界先进水平之间的差距。为了尽快地缩小这个差距，《通知》认为："必须坚持普及与提高相结合的方针，采取有力措施，使体育运动不断向新的广度和高度发展。要积极发展城乡体育活动，努力提高人民健康水平，重点抓好学校体育，从少年儿童抓起。在增强学生体质的同时，积极开展业余体育训练。要完善多渠道、多层次的体育人才梯队，改革训练和竞赛体制，积极发展体育科研、教育事业，及时掌握体育情报信息，采用国内外先进技术和设备，加强科学训练，不断革新技术。"到 1987 年，国家体委第一次提出"以青少年为重点的全民健身战略和以奥运会为最高层次的竞技战略协调发展"的体育战略发展方针。

党的十四大将建立社会主义市场经济体制作为我国经济体制改革的目标。为贯彻落实党的十四大精神，1993 年 6 月，国家体委下达了《关于深化体育改革的意见》，提出体育改革的总目标是："改变原来在计划经济体制下，单纯依赖国家和主要依靠行政手段办体育的高度集中的体育体制，建立与社会主义市场经济体制相适应，符合现代体育运动规律，国家调控，依托社会，有自我发展活力的体育体制和良性循环的运行机制，形成国家办与社会办相结合、集中与分散相结合的格局。力争在本世纪末初步建立具有中国特色的社会主义体育新体制。"为切实保证将"各类体育协调发展"的战略落到实处，国家进一步制定了"全民健身计划"和"奥运争光计划"等。其中，1995 年 6 月通过的《全民健身计划纲要》提出"到本世纪末，初步建立适应社会主义市场经济体制的全民健身管理体制，初步形成人民群众广泛参与、充满发展活力的运行机制，建立起社会化、科学化、产业化和法制化的全民健身体系的基本框架"。1995 年 7 月通过的《奥运争光计划纲要（1994—2000 年）》提出，到 20 世纪末，我国竞技体育体制和机制改革的具体目标是："逐步加大国家对竞技体育的投入，努力拓宽社会投入渠道，形成国家办与社会办相结合的新格局；实行运动项目分类管理，建立效益投资体系；强化运动项目的纵向管理，建立责权利相统一、若干项目综合管理与专项管理相结合的体制；建立公平、合理的竞争机制，形成集中与分散相结合的多强对抗的国家队体制；建立'体育振兴依靠科技进步，体育科技面向运动实践'的体育科技体制；改革人才管理体制，促进运动人才的合理流动；建立以提高质量和效益为核心的竞赛体制和与竞技体育发展相适应的法律、法规体系。"此外，为从根本上保证体育事业的平稳健康发展，1995 年 8 月 29 日，八届全国人大常委会第十五次会议通过了《中华人民共和国体育法》，就社会体育、学校体育、竞技体育、体育社会团体、保障条件、法律责任等方面进行了规定。其中第三条指出："国家坚持体育为经济建设、国防建设和社会发展服务。体育事业应当纳入国民经济和社会发展计划。国家推进体育管理体制改革。国家鼓励企业事业组织、社会团体和公民兴办和支持体育事业。"

2001 年，我国获得了 2008 年北京奥运会的举办权，国家加大了对体育工作的政策支持力度。2002 年 2 月 27 日，中共中央、国务院出台了《关于进一步加强和改进新时期体育工作的意见》，提出要"以举办 2008 年奥运会为契机，以满足广大人民群众日益增长的体育文化需求为出发点，把增强人民体质、提高全民族整体素质作为根本目标，积极开创体育工作新局面，为实现新世纪我国经济、社会发展的战略目标和中华民族的伟大复兴作出应有的贡献"。《意见》同时就大力推进全民健身计划，构建多元化体育服务体系；全面实施竞技体育发展战略，进一步提升我国竞技运动水平；继续深化体育体制改革，促进运行机制转换；切实加强对体育工作的组织领导作了要求。在举国体制之下，全国上下一盘棋，北京奥运会最终取得了圆满成功。通过备战北京奥运会，不仅我国竞技体育的水平得到了全面的提升，全民健身的热情也得到了极大的激发。

党的十八大以来，以习近平同志为核心的党中央高度重视体育事业的发展。党的十八届三中全会审议通过了《中共中央关于全面深化改革若干重大问题的决定》，包括体育事业在内的各行各业开始进入了全面深化改革的时期。党中央和国务院在体育领域陆续出台了《关于加快发展体育产业促进体育消费的若干意见》《中国足球改革发展总体方案》《"健康中国 2030"规划纲要》等多个文件，群众体育和竞技体育的全面协调发展有了更为坚实的制度保证，体育产业化发展有了更为明确的政策指向，中国的体育事业在新时代正焕发出新的生机活力。

（四）体育发展历程及成就

1.1949—1966 年

新中国成立后，为改造旧体育，推动新体育的普及和发展，宣传党的体育政策，加强体育学理论建设，从 1950 年起，党和政府先后创办了《新体育》《体育译丛》《中国体育》《体育文丛》《体育报》《体育科学运动技术资料》等刊物。此外，国家在接受和改造旧体育，继承和推广解放区体育的同时，有计划地开始学习苏联体育经验。1950 年，时任体总筹委会副主任的徐英超率体育代表团访问苏联，全面考察了苏联的体育运动。1952 年，新中国派代表团参加了在芬兰赫尔辛基举办的第 15 届奥运会。这也是新中国历史上第一次参加奥运会。由于种种原因，当中国代表团抵达赫尔辛基时，许多项目的比赛已经结束。仅有吴传玉参加了 100 米的仰泳比赛，成绩为 1 分 12 秒 3。这也是新中国运动员在奥运会上写下的第一个纪录。在回国途中，中国代表团途经苏联，再次参观考察了苏联的体育设施、管理机构等。此后，国家又多次派考察团赴苏联学习体育发展经验，一些苏联体育专家也被邀请来华讲学。通过一系列的改造、继承和学习，新中国逐步形成了体育事业的发展框架。

由于在新中国成立初期，体育运动在人民群众中的普及率还比较低，因此普及体育运动成为当时体育工作的主线。为提倡国民体育，促进国民健康，中央人民政府新闻总署广播事业局和中华全国体育总会筹备委员会联合决定在中央人民广播电台和各地人民广播电台举办广播体操节目，领导全国人民做体操。其中，中央人民广播电台的广播体操节目定在当年 12 月 1 日开播；各地人民广播电台的广播体操节目也将陆续开播。仅仅半年时间，广播体操推行就取得了巨大成就。各地有许多机关、工厂、企业、团体都先后建立了广播体操制度。随着广播收音网的不断发展，广播体操已逐渐扩展到县及农村。[①] 此外，在农村，随着土地改革的完成，广大农民获得了土地，生产生活水平日渐提高，逐渐萌生了对农村体育硬件设施设备的需求。农村的青年团、妇联和民兵组织开始组织农村青年开辟体育场地，增添体育设备，并有计划地组织青少年参加体育训练和体育比赛。一些地方更是将地方传统文化和体育运动进行结合，创造了独具地方特色的体育运动。1954

---

① 新华社：《广播体操在全国各地普遍推行》，《人民日报》1952 年 6 月 21 日第 3 版。

年3月，中央人民政府政务院专门针对政府机关发出了《关于在政府机关中开展工间操和其他体育运动的通知》。机关的工间操开展以后，机关干部参加体育活动的热情空前高涨，许多地方经常参加工间操的人数，已达到机关总人数的60%左右。1954年5月4日，中央人民政府体育运动委员会公布"准备劳动与卫国"体育制度暂行条例。条例根据体能、技术及我国体育运动的发展情况，将"劳卫"制分为预备级、第一级、第二级和第三级。其中，预备级的项目标准由各基层单位根据"劳卫"制的精神、结合具体情况因地制宜制定，第一级和第二级的项目标准由全国统一规定。凡参加"劳卫"制一、二级测验及格者，由中央人民政府体育运动委员会授权各级体委发给统一的证书和奖章。"劳卫制"的出台，有力推动了体育普及化工作的开展，成为中华人民共和国向劳动人民进行全面体育教育的基本制度。

为将体育事业引入到科学化发展轨道，培养体育专业人才，党和政府高度重视体育院校建设。1952年7月，中央体育学院筹备处在北京成立；同年11月8日，华东体育学院（现上海体育学院）在上海成立。1953年11月1日，中央体育学院（现北京体育大学）在北京正式成立；11月8日，中南体育学院（现武汉体育学院）在南昌成立。到1954年，又有西南体育学院（现成都体育学院）、西北体育学院（现西安体育学院）、东北体育学院（现沈阳体育学院）先后成立。广州体育学院、南京体育学院等体育院校也在随后的几年内相继成立。体育院校的成立和发展壮大，为新中国培养了大量的体育专业人才，也为竞技体育的发展奠定了坚实的基础。

随着体育运动的普及和发展，"普及与提高相结合"逐渐成了体育发展方针。1956年6月7日，中国人民解放军的最轻量级举重运动员陈镜开，在上海以133公斤的成绩，打破了美国运动员温奇保持的挺举132.5公斤的世界纪录，成为新中国第一次打破世界纪录的运动员。此后，越来越多的运动员开始向世界纪录和世界冠军发起冲击。1959年4月5日，中国选手容国团在世界乒乓球锦标赛中力克群雄，获得世界男子单打冠军，成为新中国第一个获得世界冠军的运动员。在1959年9月13日至10月3日举办的第一届全国运动会上，运动员们不断刷新全国纪录，有 664 人、844 次分别打破田径、游泳、举重、赛艇、射箭、飞机跳伞、射击等 106 单项全国纪录，更有 7 人分别打破了游泳、跳伞、射击、航空模型等 4 项世界纪录。竞技水平的普遍提高显示了新中国成立十年来，我国体育事业发展已取得了巨大进步。

但是在"大跃进"时期，体育事业也难以避免地受到消极影响。1958 年 9 月，中共中央批转了国家体委党组《关于体育运动十年规划的报告》，规划"十年内通过劳卫制标准的人数，第一本帐 1 亿 5 千万，第二本帐 2 亿；等级运动员第一本帐 5 千万，第二本帐 7 千万；运动健将第一本帐 10000 人，第二本帐 15000 人。"地方又在中央的基础上层层加码，学校停课，工厂停产以应付"劳卫制"测验、虚报参与体育锻炼人数和夸大通过"劳卫制"测验人数比例等现象开始在各地频繁上演。不少地方不顾实际情况动辄就组织数万人的体育大竞赛，大搞形式主义，严重影响了人民群众的生产生活。加之，由于自然灾害等原因导致的粮食短缺严重影响了运动人员的营养供给，群众体育和竞技体育在事实上已难以为继。在此情况下，国家体委在中央"八字方针"的指导下，确定了"缩短战线，保证重点"的体育发展方针。经过调整和恢复，体育发展再次进入良性发展轨道。在 1965 年举行的第二届全国运动会上，有 330 名运动员 469 次打破 130 项全国纪录，更有 24 名举重、射箭、射击、跳伞运动员 10 次打破 9 项世界纪录。

我参加奥林匹克运动会代表团抵赫尔辛基

【新华社赫尔辛基三十一日电】参加第十五届国际奥林匹克运动会的我国代表团二十九日乘飞机从莫斯科抵达赫尔辛基。在飞机着陆前很久，欢迎的人群就已在机场上等候。欢迎人士中有芬兰和平委员会书记鲍卡拉，芬中协会副主席巴尔穆格伦，芬苏协会代表劳里凯南，凯拉学会（文学团体）主席希涅尔伏，芬兰"劳动人民报"总编辑卢玛，芬兰奥林匹克运动会筹备委员会干事柯特加斯等人。在机场欢迎的还有以我国驻芬公使馆临时代办姚登山为首的使馆人员。

当代表团在团长、中华全国体育总会副主席荣高棠率领下走出飞机时，欢迎的人们热烈地鼓掌欢呼。苏联、波兰和捷克斯洛伐克运动员的代表们，并热烈地和我国代表们握手拥抱。

代表团乘专车到欧坦尼米（供参加奥林匹克运动会代表们居住的村庄）后，就在住所举行升旗仪式。芬兰奥林匹克运动会筹备委员会总干事马托拉代表该委员会致欢迎词。庄严的五星国旗在乐队演奏中国国歌声中冉冉升起。荣高棠代表全体团员发表演说，着重指出我国代表团参加国际奥林匹克运动会的意义和代表团带来的和平愿望与良好的友情。荣高棠说：中华人民共和国体育代表团应国际奥林匹克委员会的邀请赶来这里芬兰共和国的首都赫尔辛基参加第十五届奥林匹克运动会。虽然我们来迟了，但我们终究来到了。我们带来的是和平的愿望与良好的友情。我们将与各国运动员会见，我们深信这种会见将增强新中国运动员们与各国运动员们之间的相互了解与友谊。同住在欧坦尼米的苏联和各人民民主国家运动员的代表团也参加了升旗仪式。仪式结束时，我国代表团人员和筹备委员会的代表们互相握手，并和各国代表团互相热烈致贺。

芬兰"劳动人民报"二十九日在首页以四栏地位刊载欢迎我国代表团到达的欢迎词，欢迎中华人民共和国运动员来到赫尔辛基，并祝中国、芬兰和其他各国人民友好万岁。标题用的是中文，附有芬兰文说明。

——《人民日报》1952 年 8 月 2 日第 4 版。

2.1966—1976 年

"文化大革命"爆发后，我国体育管理组织很快就遭到了破坏，一大批领导干部、教练员和运动员被批斗、下放锻炼或者解散转业，《新体育》《体育报》等期刊先后被停刊，不少体育院校的教学、科研、训练和招生等工作均受到了极大干扰，群众体育运动也十分单调，体育事业一度遭受严重挫折。据统计，仅足球一项，各省、自治区、直辖市的足球队就解散了47 个，有1124 名优秀运动员和115 名专职足球教练员离开了球场。地、市级运动队几乎全部解散，没有解散的运动队也都停止了正常的训练。① 许多室外运动场地被挪作他用，甚至被夷为平地，开垦种田。

1971 年前后，体育事业的发展迎来了转机。体育管理机构开始被恢复，体育训练和竞赛、群众性的体育运动也逐渐被恢复。1973 年，国家体委又陆续出台《关于进一步开展农村体育活动的意见》《关于进一步开展职工体育活动的意见》等意见，并就学校体育工作，要求各地积极试行《国家体育锻炼标准》。这些工作的开展有力促进了当时体育运动的发展。就学校体育而言，在 1973 年，符合《国家体育锻炼标准》的及格人数不到 157 万，而到 1975 年，这一数字就达到了 473 万多。在竞技体育上，经过几年艰苦工作，我国的竞技水平也得到了一定程度的恢复和提高。1974 年 9 月，中国派出了一支由 269 人组成的代表团首次参加亚运会。这也是"文革"期间，我国唯一一次参加的亚运会。运动会期间，中国代表团共获得 33 金、46 银、27 铜，位列金牌榜第三，其中，中国女运动员李亚敏打破一项射击世界纪录，成为本届亚运会唯一破世界纪录的运动员。1975 年 9 月，第三届全国运动会在北京举行，包括台湾省在内的 31 个代表团共 12497 名运动员参加了比赛。运动会期间，又有 1 个队 4 人 6 次打破 3 项世界纪录，2 人 2 次平 2 项世界纪录；49 个队 83 人 197 次打破 62 项全国纪录，4 队 41 人 151 次打破 64 项青少年全国纪录。

3.1976—1992 年

1976 年，随着"文化大革命"的结束，体育战线开始逐步肃清"文化大革命"对体育事业造成的影响。1977 年 2 月，中央对体育战线主要领导同志进行了调整，此后，各级体育组织机构逐渐得到恢复。为进一步正本清源，拨乱反正，1978 年 1 月，1400 余名体育界代表在北京召开了全国体育工作会议，对体育战线在"文化大革命"前的十七年时间内取得的成绩给予了充分肯定，对"文化大革命"期间错误的体育路线进行了批判，并明确了将来体育事业的奋斗目标。

---

① 《中国经济发展史》编写组：《中国经济发展史（1949—2010）》（第五卷），上海财经大学出版社 2014 年版，第 2469 页。

党的十一届三中全会后，体育事业开始进入了发展的快车道。1979
年 11 月 26 日，国际奥林匹克委员会副主席穆罕默德·姆扎里在洛桑宣
布，经过全体委员的通信表决，国际奥林匹克委员会以 62 票赞成，17
票反对，批准了执行委员会 10 月在名古屋作出的关于中国代表权的决
议。中国奥委会在国际奥林匹克委员会的合法权利终于得到恢复，中
国奥委会同国际奥委会的关系进入了一个新的阶段。中国奥委会代表在
随后的讲话中对国际奥委会通信表决的结果表示欢迎，并表示中国体育
界负责人和运动员期待着参加 1980 年的冬季奥运会和夏季奥运会。但
由于种种原因，中国并未参加 1980 年在莫斯科举办的夏季奥运会，只
参加了在美国普莱西德湖举行的第 13 届冬季奥运会。这也是中国代表
团首次参加冬季奥运会。中国共派出了男女共 28 名运动员，参加了 5
个项目 18 个单项的比赛。但中国运动员在比赛中成绩并不理想，表明
我国在冰雪运动方面同世界先进水平相比仍存在着较大的差距。

随着体育形势的逐渐好转，国家体委于 1983 年在《关于进一步开
创体育新局面的请示》中首次提出"本世纪末要普及城乡体育运动，
运动技术达到世界第一流水平，拥有现代化的体育设施，建设一支又
红又专的体育队伍，成为世界体育强国之一"的奋斗目标。在群众体
育方面，《请示》提出要实现"全国半数左右的人经常参加体育活动。
青年一代的身体形态、素质、机能有明显提高"的目标；在竞技体育
方面，《请示》提出要实现"在奥林匹克运动会上名列前茅，大多数
项目达到和接近世界水平"的目标。1984 年，第 23 届奥运会在洛杉
矶举办。中国派出了由 353 人组成的体育代表团，其中运动员达 225
人，参加了除足球、曲棍球、拳击、马术、现代五项以外的其余 16
个大项的比赛。虽然这是中国代表团第一次在真正意义上全面参与奥
运会，中国体育健儿表现不俗，一鸣惊人，一举夺取了 15 金、8 银、
9 铜，位列金牌榜第 4 位、奖牌榜第 6 位。其中，中国射击选手许海
峰以 566 环的成绩获男子手枪 60 发慢射冠军，成为本届奥运会第一
枚金牌获得者，也是中国第一位奥运会金牌获得者；被誉为"体操王
子"的李宁，更是夺得了 3 枚金牌、2 枚银牌和 1 枚铜牌，是本届奥
运会获奖牌最多的选手。中国在洛杉矶奥运会上的精彩表现让世界为

之侧目，也在国内掀起了前所未有的体育热潮，有力地带动了群众体育的发展。在 1984 年，参加地市盟级运动会的运动员数量为 141 万余人次，而到 1985 年这一数字就猛增至 235 万余人次。从 1986 年底开始的"全国百万职工冬季长跑"活动，更是吸引了来自全国 2 万多个单位的 1000 多万职工参加。群众体育的蓬勃发展有力地增强了群众的身体素质。在 1985 年，《国家体育锻炼标准》达标人数为 4362 万人，而到 1990 年这一数字就增加至 7478 万人，到 1995 年，达标人数更是达到 10608 万人。随着群众参与体育活动的积极性空前高涨，公共体育运动设施就越发显得不足。1986 年，城乡建设环境保护部、国家体委联合颁布了《城市公共体育运动设施用地定额指标暂行规定》，对不同人口容量城市的公共体育场地建设进行了细致的规定，有力地促进了体育场地的建设。经过持续建设，到 1992 年底，我国体育场馆已数量已达到 53 万多个，总面积达 6 亿多平方米，人均占有面积达 0.5 平方米。

总之，在从 20 世纪 70 年代末到 90 年代初的十几年时间内，中国的体育事业发生了翻天覆地的变化。尤其是在此期间，政府加大了对体育事业的经费投入力度，中国的体育事业发展获得了根本性的物质保障。在 1977 年，中央、地方对体育事业的经费投入分别为 1474 万元和 16899 万元，而到 1992 年，中央、地方对体育事业的经费投入就分别达到了 14100 万元和 172400 万元，均增长了 10 倍左右。随着投入的不断增加，"举国体制"不断得到强化和完善，中国在一系列重大国际体育赛事中展现出了越来越多的自信和成熟。在 1978 年至 1992 年的 15 年时间内，中国共获得 620 项世界冠军，获得世界冠军的人数达到 762 人，个数达到 646 个。尤其是从 1981 年起，中国获得世界冠军的项数、人数和个数均远超以往。其中，中国在巴塞罗那奥运会上表现良好，尤其是金牌数量同汉城奥运会相比明显增多，再次证明了中国体育的综合实力。在亚洲，中国也从新德里亚运会起，取代了长期位居亚运会奖牌榜第一位的日本，成为亚运会奖牌榜新的领跑者。

表 6.10　1978—1992 年运动员获世界冠军情况

年份	项数（项）	人数（人）	个数（个）
1978	4	4	4
1979	12	20	12
1980	3	3	3
1981	25	53	25
1982	12	31	13
1983	37	50	39
1984	33	46	37
1985	42	70	46
1986	26	56	26
1987	64	72	69
1988	54	59	54
1989	80	83	82
1990	54	61	54
1991	88	86	93
1992	86	68	89

资料来源：《中国统计年鉴（2018）》。

表 6.11　1978—1992 年中国参加历届亚运会获奖情况

时间	届数	地点	金牌	银牌	铜牌	金牌榜	奖牌榜
1978	8	曼谷	51	54	46	2	2
1982	9	新德里	61	51	41	1	1
1986	10	汉城	94	82	46	1	1
1990	11	北京	183	107	51	1	1

资料来源：笔者整理。

表 6.12　1978—1992 年中国参加历届奥运会获奖情况

时间	届数	地点	金牌	银牌	铜牌	金牌榜	奖牌榜
1984	23	洛杉矶	15	8	9	4	6
1988	24	汉城	5	11	12	11	7
1992	25	巴塞罗那	16	22	16	4	4

资料来源：笔者整理。

奥运会上的第一枚金牌——记许海峰夺得男子手枪慢射冠军

29 日中午，随着雄壮的《义勇军进行曲》，鲜红的中华人民共和国国旗升起在奥运会射击比赛场上空。本届奥运会的第一枚金牌产生了，国际奥委会主席萨马兰奇亲自赶来向荣获男子手枪慢射桂冠的中国选手许海峰颁奖。

这是一个多么激动人心的时刻，六十一岁的中国体育代表团副团长陈先百感交集，流下了兴奋的眼泪。发奖前，他情不自禁地拥抱了许海峰，并仔细为小许整理好服装。他告诉记者，中国与奥运会金牌无缘的历史从此结束了，一想到这里，心情怎能不激动呢！萨马兰奇通过陈先副团长向中国人民表示祝贺。他说，今天是中国体育最伟大的一天。我很荣幸地在奥运会的第一天把第一块金牌发给中国选手。

男子手枪慢射比赛是 29 日上午 9 点 05 分开始的。参加比赛的有三十七个国家和地区的五十五名射手，强手林立，其中有好几位是世界名将，如前世界冠军、瑞典的斯卡纳克尔。这项比赛的距离是五十米，运动员要在两个半小时内打完 60 发子弹。

站在 40 号靶位上的中国选手许海峰，原是安徽和县农村供销社的营业员，今年二十七岁。小时候他喜欢用弹弓打麻雀。29 日这天，他穿着红色的运动衣，天蓝色运动裤，胸前印着"中国"两个大字。

裁判员宣布比赛开始后，许海峰没有象旁边的射手那样急于发射，而是反复举枪瞄准，心中默默复习着动作要领。直到自我感觉良好，他才沉着地射出第一组 10 发子弹。裁判员报靶：97 环。接着，许海峰第二组又打了 97 环，成绩总计超过瑞典的斯卡纳克尔 5 环。

这时，射击棚内观众越来越多，人声嘈杂，十分影响运动员集中精力。许海峰有些沉不住气，成绩下降，打了两组都是 93 环。而在 20 号靶位上，五十岁的斯卡纳克尔经验丰富，不慌不忙，接连打了 96 环和 95 环。中国射击队总教练张福走上前悄悄对临场指挥的另一位中国教练说："不要催小许快打，他是个慢性子，让他稳住。"

许海峰坐下静静休息了一会儿，把情绪稳定下来，然后重新走上靶位，以较好的成绩射完最后两组。经过对靶纸反复检验，核准，许海峰终于以一环优势战胜了瑞典的斯卡纳克尔，赢得冠军。另一名中国选手王义夫前几组成绩不理想，后来急起直追，荣获第三名。

许海峰领奖之后对记者说："能够为祖国夺得第一枚奥运会金牌，我感到自豪和高兴，这个荣誉归功于祖国和人民，我在比赛中开始打得好，后来有点紧张，这是需要认真总结和改进的。"

——《人民日报》1984 年 7 月 31 日第 3 版。

4.1992—2002 年

1992 年，党的十四大召开后，我国的社会主义现代化建设进入到了新的时期，体育事业也进入到了一个新的发展阶段。1992 年 11 月，国家体委在中山市展开了全国省、区、市体委主任工作座谈会，史称"中山会议"。会议明确了新时期的体育改革"要以改革体制为关键、转换机制为核心，加快体育改革步伐，以期逐步建立与社会主义市场经济相适应、符合现代体育运动规律的新格局"。

为探索体育职业化发展道路，体育系统选择了将足球作为改革的突破口。1992 年底至 1993 年 2 月，中国足球在冬训期间初步尝试了建立足球俱乐部体制，并在足球运动中引入市场机制。首先就是在 1992 年 12 月底，北京国安足球俱乐部正式注册成立，这也是中国大陆成立最早的一家职业俱乐部。此后，大连万达足球俱乐部、山东泰山足球俱乐部、上海申花足球俱乐部、河南建业足球俱乐部等先后成立。1994 年，中国正式推出主客场制的足球职业联赛。联赛推出后，很快就吸引了大量的观众到场观赛。在联赛推出的当年，到现场观看甲 A 足球联赛的观众就达 217.6 万人，场均观众近 2 万人，上座率一下子由过去的不足 30% 猛增至 60%。人气的爆棚也极大地繁荣了商业活动，门票、广告等收入的大幅增加很快就使足球项目摆脱了过去耗资大、效益差的尴尬处境，成了高投资、高收益的经营型体育运动。足球运动的蓬勃发展和足球人才培养又形成了良性循环，到 1995 年，全国注册的足球运动员就达到 6700 人，是足球改革前的数倍。足球职业化改革的成功，为中国体育职业化改革积累了丰富的经验，也为体育系统带来了改革的信心。1995 年，中国篮球协会开始推出跨年度主客场制篮球联赛，开启了中国篮球的职业化发展进程。1996 年 12 月，排球项目也开始了主客场制的全国排球联赛。至此，三大球的职业化发展道路均取得了突破和发展。与此同时，乒乓球、网球、拳击等运动项目也先后组建了职业俱乐部。从实践效果上来看，中国体育职业化改革是在建立社会主义市场经济体制的大目标下进行的有益尝试，并取得了良好的改革效果。在 2000—2001 赛季，全国男排联赛现场观众总数达到 17.43 万人，平均每场观众 3418 人，上座率达 66%；女排联赛现场观众总数达到 16.58 万人，平均每场观众 3200 人，上座率达 66%。2000—2001 赛季，全国乒乓球联赛仅观看第一阶段比赛的观众总数就达到 24.9 万。篮球 CBA 职业联赛在 2000—2001 赛季，现场观众达到 56.6 万人，平均上座率更是达到 85%，电视转播时长也达到了 1020.6 小时，较 1995—1996 赛季增加了 700 多个小时。中国体育职业化改革在调动群众参与体育活动积极性的同时，也为中国体育事业的可持续发展奠定了坚实基础。

　　在竞技体育方面，由于从 1993 年起到 20 世纪末，国家面临着 1994 年、1998 年夏季亚运会，1996 年、2000 年夏季奥运会和 1996 年、2000 年冬季亚运会，1994 年、1998 年冬季奥运会等一系列重大国际赛事，因此国家高度重视竞技体育的发展。1993 年 11 月，国家体委提出要制定实施《奥运争光计划》。在 1995 年 7 月通过的《奥运争光计划纲要（1994—2000 年）》中就夏季奥运会提出了具体的目标：1996 年 26 届奥运会团体名次力争保持第二集团领先地位；2000 年第 27 届奥运会团体名次保持第二集团领先地位，缩小与第一集团的差距。在国家的高度重视和大力支持下，中国竞技体育在 1993 年至 2002 年的十年间有了明显的提高，运动员获得世界冠军的项数、人数和个数较 20 世纪

80 年代均有了进一步的提高。其中，在 1996 年第 26 届亚特兰大奥运会上，中国共获得 16 枚金牌、22 枚银牌、12 枚铜牌，金牌榜和奖牌榜均位居第四；在 2000 年第 27 届悉尼奥运会上，中国共获得 28 枚金牌、16 枚银牌、15 枚铜牌，金牌榜和奖牌榜均位居第三。另外，冬季运动项目在此期间也取得了突破。1992 年，在法国阿尔贝维尔举行的第 16 届冬季奥运会上，中国选手叶乔波在女子速度滑冰 500 米比赛中以 40 秒 51 的成绩获得银牌。这也是中国第一次在冬季奥运会上取得奖牌，实现了冬季奥运会奖牌"零的突破"。2002 年，在美国盐湖城举办的第 19 届冬季奥运会上，中国选手杨扬在短道速滑女子 500 米决赛中夺得冠军，为中国获得了第一枚冬奥会金牌，实现了冬季奥运会金牌"零的突破"。

表 6.13　1993—2002 年运动员获得世界冠军情况

年份	项数(项)	人数(人)	个数(个)
1993	101	106	103
1994	79	86	79
1995	98	187	102
1996	72	58	75
1997	87	96	92
1998	75	89	83
1999	91	129	92
2000	92	109	110
2001	79	138	90
2002	99	123	110

资料来源：《中国统计年鉴（2018 年）》

　　竞技体育的发展进一步带动了群众体育的发展。1995 年 6 月，国务院正式发布《全民健身计划纲要》，就广泛开展群众性体育活动，增强人民体质提出切实的目标任务并出台相应支持举措。《纲要》采取整体规划，逐步实施的方式，从 1995 年起到 2010 年分为两期工程。其中，第一期工程为 1995—2000 年，分为三个阶段：1995—1996 年为第一阶段，进行宣传发动和改革试点，初步掀起一个全民健身活动热潮。1997—1998 年为第二阶段，通过重点实施、逐步推进，形成崇尚健身、参与健身的社会环境和社会风气。1999—2000 年为第三阶段，全面展开全民健身计划的各项工作并普遍取得成效，建立具有中国特色的全民健身体系的基本框架。2001 年 8 月，第二期工程正式启动，明确提出开展以青少年为重点的"五个亿万人群"（即亿万青少年儿童、亿万农民、亿万职工、亿万妇女、亿万老人）的健身活动。随着全民健身计划的顺利实施，到 2002 年，《国家体育锻炼标准》达标人数已达到 15001 万人，是 1990 年的两倍多。县以上体委举办运动会次数达到 25981 次，参加运动会的运动员人数也达到了 1148 万人。

此外，为加快体育事业发展，弥补体育经费不足，切实从资金上支持群众体育和竞技体育的发展，1994 年 4 月 5 日，国家体委正式成立了体育彩票管理中心。1994 年 7 月，时任国家体委主任伍绍祖签署国家体委"第 20 号令"，标志着我国体育彩票事业开始进入法制化、规范化的管理轨道。1998 年 9 月 1 日，国家体育总局、财政部、中国人民银行联合发布了《体育彩票公益金管理暂行办法》，对彩票公益金管理进行了更为细致的安排。《办法》规定公益金主要用于落实《全民健身计划纲要》和《奥运争光计划纲要》以下范围的开支：资助开展全民健身活动；弥补大型体育运动会比赛经费不足；修整和增建体育设施；体育扶贫工程专项支出。其中，用于落实《全民健身计划纲要》的资金为年度公益金收入总额的 60%，用于弥补落实《奥运争光计划纲要》经费不足的资金为 40%。体育彩票推出后，取得了良好效果，自 1994 年至 1999 年底，全国共销售体育彩票 102 亿元，筹集公益金 30.6 亿元，为我国体育事业的不断发展提供了有益的资金补充。

首都各界欢庆北京申办 2008 年奥运会成功　江泽民等党和国家领导人参加群众联欢活动

本报北京 7 月 13 日讯　记者温红彦、薛原报道：历史的瞬间变成了永恒的欢乐。当北京申奥成功的消息传来，聚集在中华世纪坛的各界群众爆发出排山倒海的欢呼。40万北京群众自发来到天安门广场,欢庆申奥成功。党和国家领导人江泽民、李鹏、朱镕基、李瑞环、胡锦涛、尉健行今晚在世纪坛和天安门广场,与各界群众共庆这一喜悦的时刻。江泽民同志在现场给远在莫斯科的李岚清打电话,热烈祝贺申奥成功。

今晚的中华世纪坛,成为亿万中国人民激情迸发的缩影。22时20分,江泽民同志在中共中央政治局委员、北京市委书记贾庆林的陪同下,来到中华世纪坛南端的圣火台前,与参加联欢活动的大学生、运动员、劳动模范及群众代表见面。此刻,世纪坛成为欢乐的海洋。人们欢呼着,跳跃着,泪花浸润着欢快的笑脸。在沸腾的现场,人们情不自禁地拿起护栏上的旗帜,尽情挥舞,一次又一次地将鲜花、彩旗抛向天空。

江泽民同志沿着世纪坛南端入口的台阶拾级而上,高兴地向尽情歌舞的人们频频挥手致意。总书记的出现,使现场的气氛愈加热烈,欣喜不已的群众用掌声和纵情的欢呼欢迎总书记的到来。人群中有不满10岁的儿童,也有年过花甲的老人,有身着鲜艳民族服装的学生,还有李素丽、谢军等劳动模范和体育健将。人们高喊"北京成功啦!""中国胜利啦!""祖国万岁!"在各族青年和天真活泼的儿童簇拥下,江泽民一边与群众亲切握手,一边用洪亮的声音向大家问候,共庆北京申奥成功。

绚丽的礼花映亮北京夜空,喧天的锣鼓响彻中华大地。站在被朵朵绽放的礼花围绕的主席台上,江泽民同志向全场群众发表讲话,他说,我代表党中央、国务院,对北京申奥成功表示热烈的祝贺!向全国人民为北京申奥所作的贡献表示感谢,向国际奥委会和各国朋友对北京申奥的支持表示感谢!全国人民将与首都人民一起奋发努力,扎实工作,把2008年奥运会办成功。江泽民欢迎世界各国朋友2008年光临北京,参加奥运会。

主持晚会的贾庆林同志表示,我们将不负众望,把北京建设得更美好,把2008年奥运会办成奥运史上最精彩、最辉煌的一届奥运盛会。

在全城的欢庆声中，江泽民、李鹏、朱镕基、李瑞环、胡锦涛、尉健行等党和国家领导人驱车来到天安门广场，向聚集在广场上的 40 万各界群众招手致意。广场上，人们载歌载舞，挥动彩旗，纵情欢呼。随后，江泽民等党和国家领导人高兴地登上天安门城楼，观看满城的灯火和群众欢庆的场面，与人们共度这个美好的夜晚。

出席今天庆祝活动的还有：丁关根、李铁映、吴邦国、迟浩田、张万年、罗干、姜春云、钱其琛、温家宝、曾庆红、吴仪、邹家华、布赫、王忠禹、胡启立、周铁农以及有关部门负责人。

歌声激荡在中华儿女的心中，欢乐的歌舞直至午夜。经过长久的期盼，北京周口店追寻文明的燧火将与奥林匹亚的圣火汇合；浓缩千年沧桑的中华世纪坛，再次留载了中华民族史册上光辉一页。从天安门广场到亚运村，从王府井、西单到北大、清华，京城大街小巷、校园社区，灯火辉煌，人流涌动，彩旗纷飞，歌声飞扬。这个美好的夜晚将在无数中国人心中定格。今夜属于北京，今夜属于中国。

——《人民日报》2001 年 7 月 14 日第 1 版。

5. 2002—2012 年

自改革开放以来至 2002 年，体育事业在经过了 20 多年的发展后已取得了巨大成就，尤其是在以奥运会为代表的世界顶级赛事中，中国已可驾轻就熟，跻身世界前列。但中国体育事业仍存在着发展不充分、不平衡的问题。根据第五次全国体育场地普查数据，截至 2003 年 12 月 31 日，我国各系统、各行业、各种所有制形式（不含港澳台地区）共有符合第五次全国体育场地普查要求的各类体育场地 850080 个，占地面积为 22.5 亿平方米，建筑面积为 7527.2 万平方米，场地面积为 13.3 亿平方米，其中分布在乡（镇）村的体育场地仅有 66446 个，占 8.18%。全国平均每万人拥有体育场地仅为 6.58 个，人均体育场地面积更是只有 1.03 平方米，其中农村地区的情况更不容可观。另外，自获得 2008 年北京奥运会举办权起，如何在自家门口举办一届有特色、高水平的奥运会就成了一件摆在全国人民面前的大事。群众体育和竞技体育同时面临的艰巨发展任务，决定了我国在新时期开展体育工作时仍不可有任何松懈，仍需付出艰难繁重、持之以恒的努力。

国家在新时期对体育工作的重视首先就体现在对体育事业经费的投入力度上。从 2002 年起，中央和地方均明显加大了对体育事业经费的投入力度。在 2002 年，中央对体育事业投入经费达 216197 万元，地方对体育事业投入经费达 1201949.9 万元，合计 1418146.9 万元，同比上一年度猛增 268%。在 2002—2006 年期间，中央平均每年对体育事业投入经费达 300013.66 万元，是 1997—2001 年平均水平的 3.65 倍，1992—1996 年平均水平的 9.52 倍；地方平均每年对体育事业投入经费达 1433474.22 万元，是 1997—2001 年平均水平的 7.51 倍，1992—1996 年平均水平的 10.75 倍。

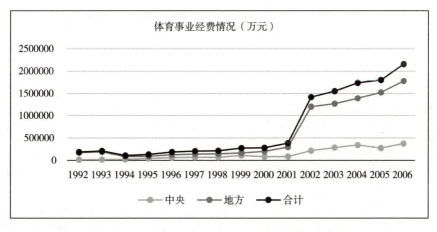

图 6.3　1992—2006 年中央、地方体育事业经费情况

资料来源：根据《中国经济发展史》编写组：《中国经济发展史（1949—2010）》（第五卷）整理。

随着国家不断加大对体育事业的投入力度，中国的竞技体育在新时期有了更出色的表现。在 2004 年的雅典奥运会上，中国代表团以 32 枚金牌、17 枚银牌和 14 枚铜牌的成绩位居金牌榜第二、奖牌榜第三，首次在金牌榜排名上超越俄罗斯。另外，在雅典奥运会上，也许最让中国人激动的就是在男子110米栏决赛中，中国运动员刘翔以12秒91的成绩打破了奥运会纪录，并平了沉寂11年之久的世界纪录，夺得了金牌，成为中国田径项目上的第一个男子奥运冠军。在2008年的北京奥运会上，中国代表团更是以51枚金牌、21枚银牌和28枚铜牌的成绩位居金牌榜第一，奖牌榜第二。我国也成为奥运历史上首个登上金牌榜首的亚洲国家。在2012年的伦敦奥运会上，中国代表团再次不负众望，以38枚金牌、27枚银牌和23枚铜牌的成绩位居金牌榜、奖牌榜第二。总之，在2003—2012年的十年间，中国运动员在世界各大体育赛事中频频夺冠，屡创新高。其中，在2009年，中国就共有223名运动员在30项体育项目中，获得142个世界冠军，达到了阶段性的高峰。

表6.14　2003—2012年运动员获得世界冠军情况

年份	项数(项)	人数(人)	个数(个)
2003	17	94	84
2004	27	175	101
2005	22	159	106
2006	24	169	141
2007	22	217	123
2008	24	151	120
2009	30	223	142
2010	22	180	108
2011	24	198	138
2012	24	140	107

资料来源：《中国统计年鉴（2018年）》。

在群众体育方面，为进一步满足人民日益增长的体育需求，增强人民体质，国家体育总局在《"十一五"群众体育事业发展规划》中明确了发展群众体育事业的主要任务，要求到2010年，经常参加体育活动的人数占总人口的比例达到40%，其中城市达到45%；力争人均体育设施场地面积达到 1.40 平方米，其中人均公共体育设施用地面积达到 0.18—0.20 平方米；社会体育指导员数量达到 65 万人，各地普遍建立社会体育指导员协会。此外，在《全民健身计划纲要》第二期工程即将结束之时，2009 年 8 月，国务院通过《全民健身条例》，重新明确了全民健身工作的目标、任务、措施、保障等内容。其中在第十二条中首次确定每年 8 月 8 日为全民健身日，并要求："县级以上人民政府及其有关部门应当在全民健身日加强全民健身宣传。国家机关、企业事业单位和其他组织应当在全民健身日结合自身条件组织本单位人员开展全民健身活动。县级以上人民政府体育主管部门应当在全民健身日组织开展免费健身指导服务。公共体育设施应当在全民健身日向公众免费开放；国家鼓励其他各类体育设施在全民健身日向公众免费开放。"在全民健身日的带动下，全民健身的氛围得到了进一步的巩固，全国各地不同地区很快就组织起了一大批独具地方特色的体育健身运动，一些地方更是创新性地将体育和休闲旅游、文化教育甚至是金融进行了产业融合，不仅发展了体育事业，也实现了和其他产业的深度融合发展。

另外，为加强全民健身路径、农民体育健身工程等群众性体育设施建设，完善政府公共体育服务职能，除了各级财政的持续投入外，国家体育总局也从本级体育彩票公益金中安排越来越多的经费用于发展群众体育，并在 2012 年首次实现了群众体育经费占比超过 80%。在政策和资金的切实支持下，群众体育事业取得了长足发展，尤其是体育硬件设施有了明显提高。根据第六次全国体育场地普查数据，截至 2013 年 12 月 31 日，全国共有体育场地 169.46 万个，用地面积 39.82 亿平方米，建筑面积 2.59 亿平方米，场地面积 19.92 亿平方米。其中，室内体育场地 16.91 万个，场地面积 0.62 亿平方米；室外体育场地 152.55 万个，场地面积 19.30 亿平方米。平均每万人拥有体育场地 12.45 个，人均体育场地面积 1.46 平方米。同第五次全国体育场地普查相比，全国体育场地数量增加 84.45 万个，用地面积增加 17.32 亿平方米，建筑面积增加 1.84 亿平方米，场地面积增加 6.62 亿平方米；人均场地面积增加 0.43 平方米，每万人拥有体育场地数增加 5.87 个。虽然两次普查的时间没有完全同 2003—2012 年这一时期相吻合，但很显然我们仍可对这一时期中国体育取得的成就作出基本的判断。

6.2012—2019 年

党的十八大以来，在以习近平同志为核心的党中央坚强领导下，体育事业在全面深化改革中实现了全面转型。2015 年 2 月，习近平总书记主持召开第十次深化改革会议，审议并通过了《中国足球改革发展总体方案》。《方案》从国家层面明确了足球改革的战略意义，拉开了体育管理体制改革的序幕。为推进体育领域的管办分离、简政放权，一批专业化专家型人士被安排到重要领导岗位。2017 年 2 月，姚明当选中国篮协主席。三个月后，郎平兼任中国排协副主席。2018 年 12 月，刘国梁被任命为中国乒协主席。专业的事情交由专业的人做，中国体育开始在新的领导管理体制下获得发展新动能。

在竞技体育上，党的十八大以来，中国延续了以往的优异表现。2014 年仁川亚运会，中国队斩获 151 金 108 银 83 铜，连续九次高居亚运会金牌榜首；2016 年里约奥运会，中国队斩获 26 金 18 银 26 铜，连续五届跻身奥运会金牌榜前三；2018 年雅加达亚运会，中国队斩获 132 金 92 银 65 铜，再次高居亚运会金牌榜首。

在群众体育上，经过前期长期不懈的努力，我国国民体质有了明显的提高。根据国家统计局的数据，2014 年全国达到《国民体质测定标准》"合格"等级以上的人数百分比为 89.6%。3—6 岁幼儿达到"合格"等级以上的百分比为 93.6%，20—39 岁成年人为 89.0%，40—59 岁成年人为 88.1%，60—69 岁老年人为 87.1%。男性达到"合格"等级以上的百分比为 88.2%，女性为 91.1%。城镇人群达到"合格"等级以上的百分比为 91.1%，乡村为 87.2%。为巩固前期在群众体育领域已取得的成果，并对后期群众体育工作进行指导，2016 年 6 月，国务院印发了《全民健身计划（2016—2020 年）》，提出了新时期全民健身计划的发展目标："到 2020 年，群众体育健身意识普遍增强，参加体育锻炼的人数明显增加，每周参加 1 次及以上体育锻炼的人数达到 7 亿，经常参加体育锻炼的人数达到 4.35 亿，群众身体素质稳步增强。全民健身的教育、经济和社会等功能充分发挥，与各项社会事业互促发展的局面基本形成，体育消费总规模达到 1.5 万亿元，全民健身成为促进体育产业发展、拉动内需和形成新的经济增长点的动力源。"在前期全民健身计划和新时期的全民健身计划的接力支持下，群众体育事业有了明显的发展。截至 2017 年底，我国体育场地已超过 195.7 万个，人均体育场地面积达到 1.66 平方米；体育健身组织网络不断健全，全国正式登记的体育社会组织年均增幅达到 10.86%，全国县级以上地区体育总会平均覆盖率达到 72%，全国全民健身站点平均已达到每万人 3 个；体育健身指导人员队伍日益壮大，社会体育指导员超过 200 万人；体育健身赛事活动广泛开展，每年参与活动总人数超过 1 亿人次。

另外，自北京获得第 24 届冬奥会举办权后，国家在进行赛事基础设施建设，加强竞技体育训练之外，高度重视冬季运动的群众基础培养。2016 年 11 月，国家体育总局等 23 部门联合印发《群众冬季运动推广普及计划（2016—2020 年）》，提出到 2020 年，基本形成"群众冬季运动开展地区广泛、场地设施供给充足、赛事活动丰富多彩、体育组织普遍建立、冰雪产业方兴未艾、社会各界广泛参与、冬季运动文化深入人心"的群众冬季运动推广普及格局，努力推动实现"三亿人参与冰雪运动"的目标。

同时，党的十八大以来，党和国家高度重视体育产业的发展。2014 年 10 月，国务院印发《关于加快发展体育产业促进体育消费的若干意见》，提出"到 2025 年，基本建立布局合理、功能完善、门类齐全的体育产业体系，体育产品和服务更加丰富，市场机制不断完善，消费需求愈加旺盛，对其他产业带动作用明显提升，体育产业总规模超过 5 万亿元，成为推动经济社会持续发展的重要力量"。《意见》的出台很快就起到了立竿见影的效果，体育产业的发展有了明显的提速。在 2014 年，全国体育及相关产业总规模为 1.35 万亿元，增加值为 4040 亿元，占同期 GDP 为 0.64%。而到了 2015 年，国家体育产业总产出（总规模）为 1.7 万亿元，增加值为 5494 亿元，占同期国内生产总值的比重更是达到了 0.8%。2015 年也因此被称为"体育产业元年"。2019 年 1 月，国家体育总局、国家发展改革委又联合发布了《进一步促进体育消费的行动计划（2019—2020 年）》，就丰富体育消费业态、培育体育消费观念等做了进一步的规划。随着《计划》的顺利实施，人民群众的体育消费观念将得到显著提升，并进而带动体育消费设施、体育产品和服务供给的极大发展。中国的体育事业也因此不再仅是简单的体育运动的综合，而是包括体育产业在内的各项事业协调发展的综合体。

第三节　大事回眸

※ 文艺大事回眸

1953 年

9 月 23 日至 10 月 6 日，中国文学艺术工作者第二次代表大会在北京召开。毛泽东、刘少奇、周恩来、朱德、陈云等党和国家领导人接见了会议代表。第二次文代会是新中国成立以来首次召开的全国文学艺术工作者代表大会，对新中国成立四年来的文艺工作作出了总结并确立了社会主义现实主义为未来中国文艺创作和文艺批评的最高准则。

1960 年

6 月，由中国作家柳青创作的长篇小说《创业史》（第一部）出版。《创业史》以梁生宝互助组的发展为线索，描绘了中国农业社会主义改造进程中的历史风貌和农民思想情感的转变。《创业史》是新中国十七年文学中农村题材的代表作，被誉为"经典性的史诗之作"。

1961 年

12 月，由罗广斌、杨益言所创作的反映共产党地下工作的重要作品《红岩》首版。《红岩》描写了在人民解放军进军大西南的形势下，重庆国民党当局疯狂镇压共产党领导的地下革命斗争的故事。小说一经面世，立即引起轰动，在不到两年的时间里，发行量即达 400 万多册。

1964 年

由长春电影制片厂制作并出品的战争片《英雄儿女》上映。电影以抗美援朝为主题，广大观众观影后感动得为之落泪，尤其是志愿军英雄王成的一声"向我开炮"，给人留下了深刻的印象，成为流传至今的经典台词。

1965 年

"革命样板戏"逐渐开始流行，后一直到 1967 年开始被大众广为接受。《人民日报》等权威报刊曾将《红灯记》《智取威虎山》《沙家浜》《海港》《奇袭白虎团》《红色娘子军》《白毛女》和《龙江颂》称为"八个革命样板戏"。"八大样板戏"由此在全国范围内广为传播。后随着新的样板戏被不断推出，样板戏的数量达到 20 多个。样板戏虽然是特殊时期下的文艺创作产物，但不少样板戏仍凭借其相当高的艺术水准而流传至今，成为经典。

1981 年

由中国电影家协会和中国文联主办的金鸡奖诞生，因当年属中国农历鸡年，故取名中国电影金鸡奖。《天云山传奇》和《巴山夜雨》荣获第一届金鸡奖最佳故事片。《刘少奇同志永垂不朽》等影片也荣获其他相关奖项。金鸡奖因其高水准的评选，已成为中国大陆电影界最权威、专业的电影奖之一，迄今已举办逾 30 届。

根据茅盾先生遗愿，将其 25 万元稿费捐献出来，设立了茅盾文学奖。茅盾文学奖是中国第一个以个人名字命名的文学奖，是中国长篇小说的最高奖项之一。《许茂和他的女儿们》《东方》等作品获得了第一届茅盾文学奖。

1982 年

由张鑫炎执导，李连杰、计春华、于承惠等联袂主演的动作电影《少林寺》上映。《少林寺》上映后，好评如潮，以 0.1—0.3 元每张的票价，取得了 1.4 亿元的票房，成了中国电影史上的一个神话。此外，《少林寺》在海外上映后，更是直接催生了"少林功夫热"，极大提高了少林寺在世界范围的名气。

1983 年

2 月 12 日，第一届春节联欢晚会在中央电视台直播。黄一鹤、邓在军担任本届春晚的总导演，赵忠祥致晚会开幕词，王景愚、刘晓庆、马季、姜昆等四位主持人主持晚会。本届春晚给人印象最深的节目就是歌曲《乡恋》。《乡恋》的演唱者李谷一也成为春晚正式登台的第一位歌手。第一届春晚在播出后，一炮打响，好评如潮。从此，中央电视台的春节联欢晚会成为电视观众欢度春节的一个重要形式，也成了全球华人的"年夜饭"。

1986 年

由中央电视台、中国电视剧制作中心出品的，改编自明代小说家吴承恩同名小说的古装神话剧《西游记》在央视首播。另外，在广大文艺工作者的共同努力下，《红楼梦》《三国演义》和《水浒传》也先后被制作成电视剧，并在中央电视台首播。"四大名著"播出后，受到了广大观众的喜爱，后被多次重播，至今仍被观众奉为"不可超越的经典"。

1987 年

由张艺谋执导，姜文、巩俐、滕汝骏等主演的战争文艺片《红高粱》上映。影片改编自莫言的同名小说，以抗战时期山东高密的一家高粱酒坊为背景，讲述了在日本侵华战争中，女主人公和酒坊伙计参与抵抗运动的故事。1988 年，该片获得第 38 届柏林国际电影节金熊奖，成为首部获得此奖的亚洲电影。

1993 年

9 月，由中国大百科全书总编辑委员会组织编纂，中国大百科全书出版社出版的图书《中国大百科全书》第一版出版。《中国大百科全书》第一版的内容包含 66 门学科和知识门类，8 万个条目，共计 1.264 亿汉字及 5 万余幅插图。全书共计 74 卷，包括哲学、社会科学、文学艺术、文化教育、自然科学、工程技术等各个学科和领域。全书出版后，深受学术界和广大读者推许，并于 1994 年获第一届国家图书奖荣誉奖。

1994 年

11 月，由中影集团公司进口，第一部与外商采用票房分账形式发行的美国华纳公司影片《亡命天涯》在上海、天津、北京等 6 个城市进行了为期一周的首轮放映，揭开了好莱坞进口大片抢滩中国内地市场的序幕。

20 世纪 80—90 年代，由著名作家二月河创作的《康熙大帝》《雍正皇帝》《乾隆皇帝》三部"帝王系列"长篇历史小说先后问世。小说问世后均引起巨大反响并相继被拍摄成电视剧。其中《雍正王朝》于1999年1月在中国大陆上映，创下了当年央视收视的高峰，后成为党政机关推荐收看的电视剧；《康熙王朝》于2001年12月在中国大陆播出后，不仅全面超过了《雍正王朝》和《大宅门》的收视率，而且在港台地区也取得了非常高的收视率；《乾隆王朝》于2003年1月在中国大陆播出后，收视情况虽然不如前两部，但依然受到了文艺界及广大群众的好评。"帝王三部曲"走进荧屏，极大地促进了清史的传播，也加深了人民对清史研究的兴趣。

2001年

7月9日，由中央电视台科教频道制作的讲座式栏目《百家讲坛》开播。栏目选材广泛，主要涉及中国历史、中国文化等，因其雅俗共赏的特性，深受观众喜爱。尤其是2006年、2007年前后，《百家讲坛》因成功推出刘心武的讲《红楼梦》、易中天的《品三国》、于丹的说《论语》、王立群的讲《史记》等一系列深受欢迎的讲座而红极一时，连续两年位居央视10套收视第一，成了人们街头巷尾热议的文化现象。随着网络资源的日益丰富，《百家讲坛》虽然已失去了往日的荣耀，但在向人民群众普及历史文化知识方面至今仍扮演着重要的角色，其"捧红"的一众学术明星也依然活跃在文化一线。

2004年

由湖南卫视主办的大众歌手选秀赛《超级女声》开始启动。节目播出后，大获成功，并很快引发全民热议，成为红极一时的电视选秀节目。与此同时，《超级女声》的出现也为大陆音乐圈输送了一大批音乐人才，像至今仍活跃在乐坛的李宇春、周笔畅、张靓颖、何洁、尚雯婕、谭维维等均是当时《超级女声》比赛中的佼佼者。

2008年

8月8日晚20时，举世瞩目的第二十九届奥林匹克运动会开幕式在国家体育场（鸟巢）隆重举行。开幕式现场共有91000多名观众以及多国元首政要参加，全球几十亿人将进行观看。如何将悠久古老的中国历史和博大精深的中国文化展现在世人面前就成了极为重大的问题，为此张艺谋团队和无数辛勤的工作人员精心准备了三年多时间。

开幕式最终取得了圆满成功，国内外媒体对开幕式均给予了高度评价，收视方面也创下了人类历史上节目收视率的最高纪录！

2017 年

3 月 28 日，由最高人民检察院影视中心、中央军委后勤保障部金盾影视中心出品的反腐题材剧《人民的名义》在湖南卫视"金鹰独播剧场"播出。该剧以百姓关心的反腐败斗争为题材，讲述了当代检察官维护公平正义和法制统一、查办贪腐案件的故事。电视播出后，引发了全民观剧的热情，也刷新了近十年省级卫视收视的最高纪录。

7 月 27 日，由吴京执导并主演的动作军事电影《战狼 2》在全国上映。影片讲述了退伍老兵冷锋在被卷入一场非洲国家的叛乱后，在本可以安全撤离的情况下，依然不忘军人使命，孤身一人带领身陷屠杀中的同胞和难民，展开生死逃亡的故事。《战狼 2》上映后，观众观影热情高涨，并最终以 56.8 亿元的成绩打破国产电影历史票房纪录。

2019 年

2 月 5 日，由郭帆执导，吴京特别出演，屈楚萧、吴孟达等领衔主演的科幻电影《流浪地球》在中国内地上映。该片以其优良的剧本、宏大的场面和厚重的情怀而征服了广大观众，并最终在中国内地斩获 46.55 亿元票房。

5 月 15 日，亚洲文明对话大会在北京隆重举行。5 月 15 日晚，亚洲文化嘉年华在北京举行，国家主席习近平出席并致辞。演出节目主要有交响互动大合唱《我们的亚细亚》、舞蹈《火之激情》、歌曲《风与花的边界》、打击乐《鼓舞飞扬，百舸竞渡》、手姿舞蹈《丝路绽放》、京剧表演《盛世梨园》、歌剧《图兰朵》选段《今夜无人入睡》、歌舞《亚洲风情》、武术《墨之韵》、舞蹈《吉祥吉祥》、大型时尚青年歌舞《青春亚洲》、乐曲《友谊地久天长》、歌舞《远方的客人请你留下来》和合唱《光耀亚洲》等。亚洲文化嘉年华活动是亚洲文明对话大会的重要组成部分。活动的成功举办有力促进了亚洲各国人民的文化交流。

※ 体育大事回眸

1952 年

7 月 19 日至 8 月 3 日，第 15 届奥运会在芬兰赫尔辛基举办。由于中国接到正式邀请的时间较晚，新中国代表团一行 40 人赶到赫尔辛基时，奥运会已进行了 10 天，离闭幕式也只有 5 天了，大多数比赛已经接近尾声，只有游泳比赛刚开始预赛。最终，吴传玉参加了男子游泳预赛，成绩第五，未能进入复赛，但这却是新中国选手在奥运会上获得的第一个比赛纪录。期间，中国运动员还同东道主芬兰运动员进行了 4 场友谊赛。8 月 3 日晚上，中国代表团参加了奥运会闭幕式，中国代表团旗手为篮球运动员张长禄和周宝恩。赫尔辛基奥运会是新中国第一次参加的奥运会。这次经历开阔了中国体育代表团的视野，也极大地推动了新中国体育事业的发展。

1953 年

5 月 4 日，中央人民政府体育运动委员会公布"准备劳动与卫国"体育制度的暂行条例、暂行项目标准及预备级暂行条例。"准备劳动与卫国"体育制度（简称"劳卫"制）是中华人民共和国向劳动人民进行全面体育教育的基本制度。"劳卫"制暂行条例中规定：根据体能、技术及我国体育运动的发展情况，"劳卫"制分为预备级、第一级、第二级等三级。又按照年龄、性别分：男子 15 岁到 17 岁为第一组、18 岁到 28 岁为第二组、29 岁以上为第三组；女子 14 岁到 15 岁为第一组、16 岁到 23 岁为第二组、24 岁以上为第三组。预备级的项目标准由各基层单位根据"劳卫"制的精神、结合具体情况因地制宜制定，第一级和第二级的项目标准由全国统一规定。凡参加"劳卫"制一、二级测验及格者，由中央人民政府体育运动委员会授权各级体委发给统一的证书和奖章。

8 月 4 日，第 4 届世界青年与学生和平友谊联欢节国际友谊体育比赛在罗马尼亚布加勒斯特体育场开幕。吴传玉作为中国代表团成员参加游泳比赛，并在当地时间 8 月 9 日进行的男子 100 米仰泳决赛中，以 1 分 8 秒 4 的优异成绩夺冠，成为新中国成立以来参加国际体育大赛的首枚金牌获得者。

1956 年

6 月 7 日，中国人民解放军的最轻量级举重运动员陈镜开，在上海以 133 公斤的成绩，打破了美国运动员温奇 1955 年在慕尼黑创造的最轻量级双手挺举 132.5 公斤的世界纪录。这是中国运动员第一次打破世界纪录。

1959 年

4 月 6 日，中国选手容国团在第 25 届世界乒乓球锦标赛上夺得男单冠军，为中国夺得世界体育比赛中第一个世界冠军。

9 月 13 日至 10 月 3 日，第一届全国运动会在北京举办。这是新中国成立以来第一次全国性的体育盛会。在运动会期间，共有 7 名运动员创造了 4 项世界纪录，有 600 多名运动员 800 多次突破了全国纪录，几千名运动员打破了省、市和自治区的最好成绩。第一届全国运动会的成功举办是对新中国成立十年来我国体育事业发展取得的巨大成就的检阅，也为将来进一步发展体育事业奠定了基础。

1974 年

9 月，第 7 届亚洲运动会在伊朗首都德黑兰举办。中华人民共和国派出了包括 260 多名运动员在内的代表团，第一次参加了亚运会。首次参加亚运会的中国最终取得了 33 金、46 银、27 铜，共 106 枚奖牌的成绩，金牌数排在日本和东道主伊朗之后位居第三，奖牌数则仅次于日本，排名第二。

1981 年

11 月 6 日至 16 日，第三届世界杯女子排球赛在日本举行。经过了 7 轮 28 场比赛，中国女排以 7 战全胜压倒卫冕的主办国日本，获得冠军，成为中国三大球（足球、篮球、排球）中的首个世界冠军。其后，中国女排又在 1985 年世界杯、1982 年和 1986 年世锦赛，1984 年洛杉矶奥运会上夺得冠军，成为世界上第一个"五连冠"队伍。

1982 年

11 月 19 日至 12 月 4 日，第 9 届亚运会在印度新德里举办。中国代表团以 61 枚金牌、51 枚银牌和 41 枚铜牌的成绩第一次位居亚运会金牌榜首位。

12月，第6届世界杯体操锦标赛在南斯拉夫萨格勒布举行。中国选手李宁一人夺得男子全部7枚金牌中的6枚，获单杠、自由体操、跳马、鞍马、吊环和全能6项冠军，创造了世界体操史上的神话，被誉为"体操王子"。在1984年第23届洛杉矶奥运会中，李宁在男子体操单项比赛中夺得男子自由体操、鞍马和吊环3项冠军，一举夺得3金2银1铜，接近中国代表团奖牌总数的1/5，成为该届奥运会中获奖牌最多的运动员。

1984年

7月28日，第23届夏季奥运会在洛杉矶开幕。7月29日，在男子手枪慢射比赛中，中国选手许海峰、瑞典选手罗格纳·斯卡纳克尔和王义夫分别以566环、565环和564环的成绩获得第一名、第二名和第三名。国际奥委会主席萨马兰奇亲自为许海峰、罗格纳·斯卡纳克尔和王义夫颁发奖牌。许海峰也因此获得了本届奥运会决出的第一枚金牌。这也是中国奥运历史上获得的第一枚金牌，打破了中国在奥运会金牌榜上"零"的纪录。

1985年至1987年

在前三届中日围棋擂台赛中，聂卫平连任数届中国队主将，力克群雄，终结了"日本围棋不可战胜"神话，为中国赢得擂台赛的胜利发挥了决定性的作用。为表彰聂卫平对围棋事业的杰出贡献，1988年3月22日，国家体委和中国围棋协会授予聂卫平"棋圣"称号。

1990年

9月22日至10月7日，第11届亚运会在北京举行。这是亚运会诞生40年来第一次由中国承办的亚洲体育盛会，也是中国举办的第一次综合性的国际体育大赛。来自亚奥理事会成员的37个国家和地区的体育代表团的6578人参加了本届亚运会。代表团数和运动员数都超过了前十届。其中，中国代表团636名运动员参加了全部27个项目和两个表演项目的比赛。在运动会期间，共有25个国家和地区的选手夺得本届亚运会的奖牌，其中15个国家和地区的选手获得了金牌。中国自行车女选手周玲美以1分13秒899的优异成绩创造了一公里计时赛的世界纪录；南朝鲜射箭运动员先后6次打破女子个人全能、男子个人全能和男子团体 3 项世界纪录。另有 52 人打破 42 项亚洲纪录；109 人打破 98 项亚运会纪录。其中，中国代表团斩获 183 枚金牌，占金牌总数的 3/5，奖牌总数达 341 枚，雄居亚洲第一。

2002 年

2 月，第 19 届冬季奥运会在美国盐湖城举行。在短道速滑女子 500 米决赛中，中国队的杨扬击败了保加利亚的叶夫根尼亚·拉达诺娃和队友王春露，夺取了冠军，为中国获得了第一枚冬奥会金牌。

6 月 26 日，NBA 选秀在纽约市麦迪逊广场花园举行。中国球员姚明以状元秀身份被 NBA 的休斯敦火箭队选中。在随后的岁月中，姚明先后在 2003 年至 2009 年的 6 个赛季（生涯共 8 次）入选 NBA 全明星阵容，2 次入选 NBA 最佳阵容二阵，3 次入选 NBA 最佳阵容三阵。

2004 年

8 月 28 日，雅典奥运会男子 110 米栏决赛上，刘翔以 12 秒 91 的成绩打破了奥运会纪录，并平了由英国选手科林·杰克逊创造的世界纪录，夺得了金牌，成为中国田径项目上的第一个男子奥运冠军，创造了中国人在男子 110 米栏项目上的神话。

2008 年

8 月 8 日至 8 月 24 日，第 29 届夏季奥运会在北京举行。来自 204 个国家和地区的 1 万余名运动员参加了比赛。在 16 天的比赛中，各国运动员勇攀高峰，刷新了 38 项世界纪录和 85 项奥运会纪录，多个国家和地区实现了奥运会金牌和奖牌零的突破。中国代表团取得了 51 枚金牌、100 枚奖牌的优异成绩，第一次名列奥运会金牌榜首位，创造了中国体育代表团参加奥运会以来的最好成绩，书写了中国体育事业发展的新篇章。中国也因此成为奥运历史上首个登上金牌榜首的亚洲国家。

9 月，第 13 届残奥会在北京举办。中国代表团共获得了 89 枚金牌、70 枚银牌、52 枚铜牌，位居金牌榜和奖牌榜首位。

2010 年

11 月，第 16 届亚洲运动会在中国广州举办。这是中国继 1990 年北京奥运会后第二次举办亚运会。中国代表团共获得了 199 枚金牌、119 枚银牌、98 枚铜牌，位居金牌榜和奖牌榜首位。

2013 年

11 月 9 日，2013 赛季亚洲足球俱乐部冠军联赛决赛第二回合在广州天河体育场举行。广州恒大队最终获得亚洲足球俱乐部冠军联赛冠军，这也是中国足球俱乐部第一次问鼎该项赛事的冠军。

2015 年

7 月 31 日，国际奥委会第 128 次全会在吉隆坡举行，投票选出 2022 年冬奥会举办城市。经过 85 位国际奥委会委员的投票，北京赢得 2022 年第 24 届冬季奥林匹克运动会的举办权。中国由此成为第九个既举办夏奥会也举办冬奥会的国家。北京则成为继 1952 年挪威的奥斯陆之后时隔整整 70 年后第二个举办冬奥会的首都城市，也成为全球首个荣获过冬、夏两季奥运会举办权的城市。

第七章 医疗卫生——疾病肆虐到全民医保

　　湖南是一个农业大省，农村人口比例远高于全国平均水平。如何惠及数量众多的农村人口成为湖南医改一个重要命题。2003 年，湖南启动新农合试点，2010 年，全省全面推进新农合，2011 年又加大了新农合的住院补偿金额。

　　吴小连，安乡县安丰乡西台委村村民。2005 年她被检查出患有尿毒症，此后两年多时间，她在全国各地求医问诊总共花去了十多万块钱，从前在南方做生意赚的一点钱被耗得一干二净，病不见好转不说，日子一天比一天难过。

　　吴小连说，自己都没有钱了，最后就是到处借的钱。原本自己家在农村还算是富裕的家庭，就因为这个病一下子被拖垮了。还好现在政策好，要不自己根本治不起这个病。

　　自从 2007 年安乡县开始实行新型农村合作医疗，吴小连似乎看到了希望。她说，通过农村合作医疗的时候，自己感觉好像有一点信心了，政府给她补贴那么多，她自己掏不了多少，这让她感觉有一点希望了。

　　2007 年，吴小连就开始在本地做透析治疗，那个时候，费用已经大大降低。开始的时候报销 65%，吴小连自己拿 100 多元。2009 年，安乡县开始加大重大疾病患者救助措施，也是在这一年，吴小连进行了肾移植手术。吴小连说，现在的政策是换肾补助 5 万元。从做手术到现在，手术费花了 18 万元，新农合报销了 103000 元。换肾手术后，每个月需要吃抗排斥药物，一年下来需要 4 万多块钱，现在可以报销 75%。一个月吃药大概要 3000—4000 块钱，自己掏 1000 块就可以了。

据了解，安乡县总人口 59.8 万，其中农村人口 47.6 万，农村人口占到了总人口的 80%。安乡县卫生局局长高荣华说，目前，在农村因病致贫、因病返贫的人群中，大多数是患有尿毒症、恶性肿瘤、器官移植和儿童先天性心脏病、白血病等重大疾病的家庭，为了让这一特殊患者群体得到及时有效的治疗，安乡县从 2009 年开始落实重大疾病救助措施。今年，他们又再次提高了重大疾病门诊报销比例。

——央视网 2011 年 9 月 23 日

"医"——这一以"治病救人"为主题的生命根基，不仅关乎每一个普通百姓的看病经历与感受，也影响整个国家长途发展的命脉。新中国成立 70 年来，医疗卫生事业的改革步伐从未停止，一直快速向前。新中国成立前后可谓天壤之别，每一个 10 年，都在发生翻天覆地的变化：从"人均不到 35 岁"到"预期寿命人均近 80 岁"、从"不知身体病状"到"普及预防体检"、从"大病难治"到"全民医保"、从"乡村赤脚医生"到"全科综合医院"、从"排队挂号难"到"手机预约挂号"……在医疗卫生事业基础设施不断提升和完善的同时，医学科技研究的高度不断被突破，个人及家庭的卫生医学常识也逐渐丰富。而在未来经济社会发展的长期进程中，更多制度与科技的创新和突破必定会引领人们走向更具幸福感的生活。回顾 70 年以来我国医疗卫生事业的变迁，一起感受城乡居民家庭生活和健康观念的巨变，见证祖国基础建设的蓬勃跃升，憧憬未来医学发展的宏伟蓝图。

第一节　医疗卫生保障体系改革

新中国成立前的中国饱受战争蹂躏，人民长期受帝国主义、封建主义和官僚资本主义的压迫和剥削，医疗卫生事业的内忧外患十分突出。在经济萧条和社会危机重重的背景下，人民生活环境脏乱差，传染病、寄生虫疾病、营养不良等疾病肆虐，平均寿命不到 35 岁。医疗机构少之又少，就是这些很少的卫生机构也大多集中在大城市，战乱带给广大人民的是缺医少药以至无医无药的状况。更严重的是，普通民众没有足够的收入负担医疗费用，出现了因疾病丧失劳动能力而带来的一系列民生问题，全国性的疾病预防计划和保障体系是不存在的。

为了保障人民得到有效的医疗服务，1950 年 8 月中央政府提出了新中国卫生"面向工农兵、预防为主、团结中西医、卫生工作与群众运动相结合"四大工作方针，充分利用新中国成立初期计划经济体制和政治状况动员能力强、社会组织结构紧凑的优势，通过政府控制医疗服务价格等手段建立起一个基本覆盖城乡居民，投入低、产出高的医疗卫生服务和卫生防疫体系。经过 70 年的医疗保障体系改革，全国医疗保障制度得到逐步完善，医疗卫生服务覆盖率发生了质的飞跃。整体来看，从低水平的医疗覆盖发展至今，基本实现了标准的全民医疗保障覆盖。

（一）城乡有别的医疗保障制度（1949—1978）

依据以上指导方针，在全国范围内逐渐推行公共医疗卫生保障事业。其中，1955 年至 20 世纪 70 年代末，为传统合作医疗兴起阶段。为了保证重工业优先发展的工业化战略顺利实施，我国实行了"城乡有别"的福利提供制度。

1. 城镇公共医疗保障制度

改革开放之前，我国的城镇公共医疗保障制度主要由对机关和事业单位的国家工作人员的公费医疗制度和对企业职工的劳保医疗制度两部分构成。

（1）劳保医疗制度。1951 年 2 月，中央人民政府政务院颁布了《中华人民共和国劳动保险条例》及其实施细则，对劳保医疗经费筹集和享受的对象、待遇标准作了明确的规定。国有企业和集体企业职工所需的医疗费用，按规定由企业的福利基金开支，建立国有企业和集体企业职工的公费医疗制度。工人与职员因工负伤，应在该企业医疗所、医院或特约医院治疗。工人与职员的疾病或非因公负伤，在该企业医疗所、医院、特约医院或特约中西医师处医治时所需诊疗费、药费、住院费、住院膳食费及普通药费均由企业负担。女工人与女职员怀孕，在该企业医疗所、医院或特约医院检查或分娩时，其检查费与接生费由企业负担。凡对企业有特殊贡献的劳动模范及在企业工作的战斗英雄，疾病或非因工负伤的贵重药费、就医路费、住院膳食费全部由企业负担。工人与职员供养的直系亲属患病时，在该企业医疗所、医院、特约医院或特约中西医师处免费医治，手术费及普通药费，由企业负担一半。这标志着以企业职工福利基金为支撑的劳保医疗制度的建立。1953 年 1 月，劳动部颁布了劳动保险条例实施细则修正草案，把劳保医疗制度惠及全民所有制企业职工的直系亲属。

（2）公费医疗制度。1952 年 6 月中央人民政府颁布了《关于全国各级人民政府、党派、团体及所属事业单位的国家工作人员实行公费医疗预防的批示》，随后又批转了卫生部制定的《国家工作人员公费医疗预防实施办法》，对享受公费医疗的对象、医疗服务范围、就医办法和经费来源渠道都作了明确的规定。全国各级人民政府、党派、工青妇等团体以及文化、教育、卫生、经济建设等事业单位国家工作人员和残疾军人可享受公费医疗预防的待遇。享受公费医疗待遇人员的住院所需的诊费、手术费、门诊费和住院中经医师处方的药费，均由公费医疗经费支付，经批准转地治疗或疗养院就医路费和膳食费，由本人负担，由单位给予补助，国家实行分级分工医疗，享受公费医疗者一般需在指定的门诊部或医院诊治；各级人民政府将公费医疗经费列入财政预算，专款专用；中央、大行政区和省市人民政府组成各级公费医疗实施管理委员会。决定自 1952 年 7 月开始实行以国家干部为主体、财政提供经费的公费医疗制度。

当时我国的公共医疗保障的覆盖比例非常高，几乎覆盖到了全体城镇居民。[①]公费医疗和劳保医疗制度建立之初运行平稳，但1955年后，国家工作人员由供给制改为工资制，企业就业人数不断增加，公费医疗和劳保医疗的支出急剧攀升，国家不得不陆续出台政策对建立不久的医疗保障制度进行修补。1957年6月国务院发布了关于取消随军家属公费医疗待遇的批复。9月，中共八届三中全会发布关于劳动工资和劳保福利问题的报告。1965年10月，财政部和卫生部共同发布了关于改进公费医疗管理问题的通知。

2. 农村合作医疗保障制度

农村居民在集体经济的支持下，采取了自愿和互助共济的形式来解决缺医少药的问题，农村合作医疗由此兴起。在农业互助合作运动推动下，一些地方出现由群众自发集资创办的具有公益性质的保健站和医疗站。1956年，一届全国人大三次会议通过的《高级农业生产合作社示范章程》规定，合作社对于因公负伤或因公致病的社员负责医疗，并且酌量给以劳动日作为补助，首次赋予集体介入农村社会成员疾病医疗的责任。

小病不出社大病不出县，长白山区遍布医疗保健网

吉林省通化专区已经在全山区建立了医疗保健网，基本上达到县县有医院，社社有卫生所，队队有三员（保健员、接生员、保育员），使山区人民"大病不出县"，"小病不出社"，哪里有劳动大军，哪里就有医有药。

解放后，党和政府大力发展医疗卫生事业，各市、县普遍建立综合医院，市县妇幼保健站和防疫站较新中国成立初期增长了九倍，区乡卫生所也增长了四倍多，形成了一个上下统一的医疗保健网。这种医疗保健网愈接近基层就愈严密，所起作用也特别显著。如柳河县孤山子乡（公社）拥有两个医院，院中设了简易病床，可以收容住院患者。公社所属十六个管理区，都建立了卫生所，各

---

① 陈如龙：《当代中国财政》，中国社会科学出版社1987年版。

生产队共有保健员、接生员一百九十二人。医疗保健网形成后，充分发挥了医疗机构的作用。在去年麻疹防治中，孤山子乡就完全控制了麻疹的流行。

运用这些广泛建立的医疗保健网，同时不断开展群众性的爱国卫生运动，已经使霍乱、天花、伤寒等传染病绝迹；克山病、疟疾等也被制服。各地对预防大骨节和甲状腺肿等地方病，采取了扩大蔬菜播种面积、增加生活营养、推广碘盐以及采取换粮换水等措施，大大减少了这些地方病的威胁。去年各市县又推广了河南治疗大骨节病的针、灸、药、理、体的综合性治疗方法，已经使二万多名接受治疗的大骨节病患者中一万二千多人，恢复了健康，投入生产战线。同时，山村中由于建立了四百多处农村产院和三百五十处接生站，采取了新法接生和新法育儿，产妇的产褥热和新生儿的破伤风也已基本消灭。

经过"除四害"和大搞环境卫生运动，长白山区的群众生活习惯也大为改观。临江县六道沟一带解放前年年流行瘟疫，解放后不仅瘟病早已绝迹，而且家家窗明几净，户户有菜园花园，很多人家都人人用毛巾洗脸，天天刷牙。他们心情舒畅，身体健康，因此劳动生产出勤率很高。

——《人民日报》1958 年 12 月 13 日

1959 年 11 月，卫生部在山西省稷山县召开全国农村卫生工作会议，正式肯定了农村合作医疗制度。此后，这一制度在广大农村逐步推广。1960 年中共中央转发卫生部《关于人民公社卫生工作几个问题的意见》的报告及其附件。从此，合作医疗成为政府在农村实施的医疗卫生制度。1962 年 8 月卫生部下发了关于调整农村基层卫生组织问题的意见（草案），批评过去几年在治病方面，一个时期有公社包下来的倾向。随着来自集体的投入急剧减少，全国除少数相对富裕的地区外，多数社队的合作医疗都陷入了停顿或半停顿状态，合作医疗的覆盖率也大幅下滑。

1965 年 6 月 26 日，毛泽东针对"四清"运动的形势和农村卫生医疗工作存在的问题，作出把医疗卫生工作重点放到农村去的指示。1965
年 8 月，卫生部工作队到麻城蹲点，帮助县委、县政府制定了《关
于加强合作医疗管理若干问题的规定和麻城县合作医疗暂行管理办法
（试行草案）》，对完善合作医疗制度起到了示范作用[①]。1968 年毛泽东了
解批发了湖北省长阳县乐园公社办合作医疗的经验，并发表了"合作
医疗好"的指示。此后，农村绝大多数地区的县、公社和生产大队建
立了医疗卫生机构，逐步形成了较为完善的合作医疗保障制度。在此
期间，国家虽然没有把城镇医疗保障制度延伸到农村，但积极从外部
干预农村医疗制度的建立，对农村合作医疗采取了"国家农村医疗制
度社区办"的形式，使得中国成为世界发展中国家解决农村医疗保障
较好的国家之一。

假如你生活在农村

　　在新中国成立初期，假如你没有参加初级农业合作社，你得自
费找村里的私人医生看病，花费不小。不过从五十年代中期开始，
随着农业合作化在全国的普及以及人民公社制度的建立，看病也成
为"集体化"的一部分，公社普遍建立了合作医疗制度，将原先
的私人医生"收编"，同时培养一大批"赤脚医生"组成基层卫生
组织，而公社福利基金和社员自筹则是两大资金来源。这时，你大
约只需缴出每年收入的 0.5% 到 2%，就可以享受到免费的基本医疗
服务。

　　农村医疗合作制度有不少好处：第一，你不需要长途跋涉到县
城去治疗一些小病。第二，村社的公共卫生、疾病预防工作得到
改善。因为公社为了减少对社员医疗费用的支付，往往对开展群众
性卫生运动极为热情，同时对社员进行卫生教育和密切的观察，以
免日后生病耗费公社资金。有趣的是，当时一些公社为了出于成本
考虑，还在自村的地上大规模种植中草药。第三，当然，这是至

---

① 制药站：http://www.zyzhan.com/news/Detail/58275.html。

今令很多人津津乐道的好处：那时看病基本不花钱。

假如你生活在城市

假如你生活在城市，那就有福了。根据当时的政策规定，在企业工作的人，可以享受劳保医疗制度，包括疾病、养老、生育、伤残、死亡。你不需要出一分钱，费用完全由企业包办。不过，这还要分情况来看，假如你是在全民所有制企业工作，则完全享受到免费服务；假如你是在城镇集体企业，那就只能"参照执行"；假如你不是任何企业职工，而是某个企业职工的亲戚，也可以享受劳保医疗制度，不过福利减半执行。

当然，最有福的还是政府公务人员、残疾军人、科研人员、学生，其医疗经费由各级财政在预算内安排，无论是门诊还是住院，都可以用公共医疗费用支出。有统计表明，在公费医疗保障制度建立之初，能享受到这项福利的，只占全国人口的2%。

—— 网 易 新 闻，http://news.163.com/special/0001209L/kanbing090803.html

合作医疗组织是中国农村为公社的农民提供预防性的服务、基础医疗和疾病治疗服务的筹措资金和支付系统。公社福利基金和公社成员缴费是合作医疗体系的两大资金来源。在大多数人民公社里，如果农民患严重一些的疾病，由于合作医疗体系不具备相应的技术设备条件而需要转到县医院进行治疗时，农民必须支付基本的挂号费和部分医疗费用。不论农民们的经济地位怎样贫困，合作医疗体系都提供给他们基本的医疗服务。这也为农民节省了不少时间。此外，合作医疗体系还加强了公社卫生所的地位，通过公社基金确保卫生所人员获得必要的培训。

1966—1977年间，城市医疗保障制度基本上没有大的改动，只是在控制医疗费用的使用上，采取了一些限制性的管理手段，如对转诊手续的规定、对报销药品的限制等①。另一方面，1976年全国实行合作医疗制度的农村生产大队的比重高达93%，覆盖了全国农村人口的85%。虽然这一期间农村合作医疗在全国发展很快，但它并没有真正从建立农村医疗保障制度的角度入手，没有从合作医疗基金筹集、管理、分配、使用，没有从供方、需方、第三方的权力责任等关键环节上去规范，基础相对比较脆弱。②

世界卫生组织（WHO）和联合国儿童基金会在1975年发表了《在发展中国家满足基本卫生服务需求的选择》，奠定了初级卫生保健的理论基础和实践依据。1978年，WHO和联合国儿童基金会在哈萨克斯坦的阿拉木图召开了国际初级卫生保健会议。会议发表的《阿拉木图宣言》(简称《宣言》)③中明确指出：初级卫生保健是实现"2000年人人享有卫生保健"目标的关键和基本途径。《宣言》曾重申"健康不仅是疾病与体虚的匿迹，而是身心健康社会幸福的总体状态，是基本人权，达到尽可能高的健康水平是世界范围的一项最重要的社会性目标"。明确指出"政府为其人民的健康负有责任"。"初级卫生保健是基于切实可行、学术上可靠而又为社会所接受的方式与技术之上的主要的卫生保健，通过群众个人及家庭的参与，并在本着自力更生精神而发展的各个阶段上群众及国家能以维持的费用而使之遍及所有人等。它既是国家卫生体制的一个组成部分，也是群众社会及经济总体发展的一个组成部分。它是个人、家庭、群众与国家保健系统接触的第一环，还是卫生保健持续进程的起始一级"。国际学者至今仍然认为，初级卫生保健的许多要素起源于中国的"赤脚医生"模式和其他以社区为基础的卫生运动经验。

3. **药品监督管理制度**

药品是防病治病、康复保健、计划免疫的特殊商品，其质量可靠，应用得当，就能起到保护人民健康、昌盛国家民族、促进社会发展的

---

① 制药站，http://www.zyzhan.com/news/Detail/58275.html。
② 制药站，http://www.zyzhan.com/news/Detail/58275.html。
③ 世界卫生组织:《阿拉木图宣言》，2017–11–05。http://www.who.int/topics/primary_health_care/alma_ata_declaration/zh/.

重要作用。药政管理是指国家政权为保障人民用药的安全和有效，而对药品的研制、生产、经营、使用实施监督管理的一种职能。它是人类在不断总结长期生产实践以及同疾病的斗争中发展起来的。因此，药政管理成为近代社会文明的重要标志之一，受到各国政府的重视，并得到不断发展和完善。

为加强药政管理工作，1953 年卫生部将药政处改为药政司，1957年又改为药政管理局，并在有条件的省、自治区、直辖市和一些地区相继建立药政药检机构。同时，政府授权卫生部组建国家药品食品检验所、生物制品检定所和三大口岸药品检验所；组建第一届国家药典编纂委员会，并于 1953 年制定颁布了《中华人民共和国药典》（1953年版）及《生物制品规程》；兴建北京、上海、武汉、兰州、长春、成都六大生物制品研究所；接管并调整各医药院校；协调药品生产、经营和使用各环节的管理，先后取缔了 1500 余种伪劣药品，新中国的药政管理事业从诞生之日起，肩负着繁重的历史使命，迈出了可喜的第一步。

十五种重要药品售价降低

商业部决定自今天起再降低十五种重要药品的销售价格。这是由于近年来我国药品工业有所发展，这些药品在国内试制成功，生产数量增加，成本降低的结果。

今年以来，商业部已经连续降低了两次药品销售价格，3 月份降低了一部分地方病专用药，4 月份降低了避孕药械价格，这次降低的十五种重要药品价格，是今年药品第三次降价。这次降低价格，并结合调整部分不合理的地区差价，按主要产地计算，金霉素粉降低 24%，合霉素胶丸降低 20%，葡萄糖粉降低 29%—33%，葡萄糖酸钙粉降低 36%，葡萄糖酸钙片降低 25%，异烟脐片降低 11%，异烟脐针降低 13%，盐酸氯肌片降低 15%，利血平片降低 30%，己烧雷琐辛片降低 20%，仙鹤草素片降低 37%。

——新华社 1957 年 6 月 1 日

1958—1965 年间是我国药政管理的调整巩固时期。这期间的药政管理、药品生产和经营的管理经历了反复的调整，使药政管理逐步适应药品生产、经营迅速发展，用药需求急剧增加的新形势。1958 年，许多地方兴起了办药厂"热潮"，医药市场空前活跃，药品质量问题不断出现，药政管理面临艰巨复杂的任务。为此，1959 年中共中央批转卫生部党组的报告，明确未经卫生行政部门批准，不得生产药品；未经检验合格的药品不准出厂进入流通市场。

山东栖霞县药材公司制药厂赶制冬季药品

山东省栖霞县药材公司制药厂，就地取材，加工赶制各种冬季药品，如生产治疗伤风、感冒、支气管炎等病用的梨膏、栖梨止咳片，妇女用药丹参膏和益母丸等药品十余种。同时，他们还为深冬生产药品备下了益母草、梨汁、丹参、远志、桔梗等十万余斤原料。

——《人民日报》1958 年 11 月 28 日

1961 年卫生部向 71 个大药厂派遣驻厂代表，负责质量的监督检查。1963 年，经中央批准，中国药材公司（1957 年归卫生部）和中国医药公司由卫生部、商业部共同领导；同年，卫生部、化工部、商业部联合发布《关于药政管理的若干规定》。这是新中国成立后，药政管理的第一个综合性行政法规。它明确了药政管理的性质、宗旨、任务、方针、政策。

医药工业继 1956 年划归化工部后，于 1964 年成立中国医药工业公司。卫生部先后在全国范围内总结专业检验与群众监督相结合、药品管理中的"管"和"帮"相结合的许多经验，及时加以推广，实现了药品监督管理、药品生产经营、药品合理使用诸方面同步发展。从而使我国药政管理进入一条健康发展的轨道。

自力更生制造药品

中部中区医药部门贯彻自力更生、勤俭建设精神，用当地原料，制造出防治疮疾、消毒等多种药品和补药。这些药品已在解放区各医院、医疗所中广泛使用。一些野战医院和医疗所还制造成功了生理盐水和葡萄糖溶液为战斗服务。

——《人民日报》1965 年 12 月 6 日

党的十一届三中全会以来，坚持四项基本原则，坚持改革开放，以建设社会主义经济为中心，带来了国家面貌的深刻变化，药政管理工作亦随着得以迅速恢复，并发生了深刻变革。1979 年，国务院批转卫生部、国家计委、国家经委、化工部、农业部、商业部、总后勤部、国家医药管理总局《关于在全国开展整顿药厂工作的报告》。对所有的药厂和生产的品种进行有计划有步骤的全面整顿。

（二）医疗事业改革起步（1979—1998）

20 世纪 70 年代的平均主义分配方式带来了医疗卫生领域供给不足与过度浪费并存的局面。1979 年，卫生部门以党的十一届三中全会提出的全党工作重点转移到现代化建设上来的指导思想为契机，开始加强对医疗卫生事业的管理。

改革开放后，我国卫生总费用进入一段快速增长的阶段，从 1978 年的 110.21 亿元增长至 1998 年的 3678.72 亿元，20 年的增幅达到 3237.9%（详见图 7.1[①]）。卫生费用亦称"卫生财力资源"，是指国家、社会和个人在一定时期内，为达到防病治病，提高人民健康水平，在卫生保健服务所投入的经济资源。一般包括：各种医疗服务；由医务人员实施的计划生育服务；体格检查和健康普查服务；妇幼保健服务；预防接种服务；卫生防疫服务；环境卫生服务；由医务人员指定的陪护服务；对易患病人群提供营养食品；人工器官的研制和接装；卫生

---

① 《中国统计年鉴》，中国统计出版社 2018 年版。

宣传教育；医学教育；卫生人员的专业培训和医学科学研究等等费用。凡在上述活动中消耗的经济资源，都是卫生费用的组成部分。从出资者角度来看，主要分为政府卫生投入、社会卫生投入和个人卫生投入。

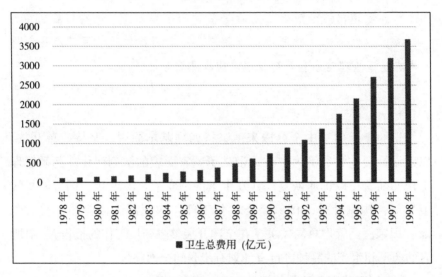

图 7.1　1978—1998 年卫生总费用

因此，激发活力、提高效率就成了改革开放之初医疗卫生决策的核心目标，预示着我国医疗卫生事业市场化改革的孕育阶段的开启。为了减轻国家财政和国有企业医疗费负担的压力，普遍实行了自负一定比例的医疗费的共担机制，以达到控制医疗卫生费用的快速增长。在医疗卫生方面，由于各种原因，减轻国家财政和企业负担成为公费医疗制度和职工劳保医疗制度改革的首要目标。

1985 年国务院批转《卫生部关于卫生工作改革若干政策问题的报告》，提出"必须进行改革，放宽政策，简政放权，多方集资，开阔发展卫生事业的路子，把卫生工作搞好"。1988 年卫生部、财政部、人事部等五部委发布了《关于扩大医疗卫生服务有关问题的意见》，提出了市场化具体措施："积极推行医疗机构各种形式的承包责任制"；"允许有条件的单位和医疗卫生人员从事有偿业余服务，有条件的项目也可进行有偿超额劳动"；允许"卫生防疫、妇幼保健、药品检验等单位根据国家有关规定，对各项卫生检验、监测和咨询工作实行有偿服务"；"医疗卫生事业单位实行'以副补主'，组织多余人员举办直接为医疗卫生工作服务的第三产业或小型工副业"。1992年，国务院下发《关于深化卫生改革的几点意见》提出，"我国卫生事业是公益性的福利事业"，"支持有条件的单位办成经济实体或实行企业化管理，做到自主经营、自负盈亏"。

1. 城镇公共医疗保障制度

1986—1993年，我国城镇医疗保险改革引入许多成本补偿方式（比如共付制起付线、封顶线、排除部分福利等）以鼓励患者节约成本。在此阶段，中央政府并没有制定改革的总体规划；面对日益增长的医疗费，企业和地方政府也仅仅是实行硬预算约束。

1994—1998年，为了应对公费医疗和劳保医疗的财务危机，1994年4月国家体改委、财政部、劳动部、卫生部联合制定发布了《关于职工医疗制度改革的试点意见》。开始了第二个阶段的改革，在此阶段，我国政府采取了在试点城市进行卫生综合改革的策略。

江苏省的镇江市和江西省的九江市（人口都是250万人）被挑选为不同模式的试点城市，从1995年1月1日起率先进行城镇职工医疗保障制度改革试点。同20世纪50年代到70年代职工可以享受单位（国企或政府）支付的治疗和住院待遇不同的是，这两个城市的居民被要求参加医疗保险，雇主和雇员都要缴费。保险费被分为两个账户：个人账户和社会统筹账户。参保人的医疗服务首先由个人账户支付，然后是现金直接支付，而统筹账户发挥大病保险的功能。个人账户和统筹账户制度的引入实际上消除了公费医疗和劳保医疗的差别，从而创造了一个统一的社会保险体制。

更重要的是，个人账户＋统筹账户制度在两个方面上扩大了保险的范围。首先，它要求所有职工（包括退休人员）参加，不管他们来自机关、国企、私企还是其他什么地方。其次，风险共担不再限于个人的工作单位，而是另外建立了覆盖制度内所有单位的全市范围的大病保险。同时，广泛的覆盖和城市范围内的统筹也会避免保险中存在的逆向选择，并能使得退休职工和困难企业职工的健康风险在全社会得到分散。

　　1996 年 3 月 5 日，第八届全国人民代表大会第八次会议在北京召开。在国民经济和社会发展"九五"计划和 2010 年远景目标纲要的报告中，对社会保障的发展作出规划："九五"期间，要加快养老保险、失业保险和医疗保险制度改革，城镇职工养老和医疗保险金要由国家、单位和个人共同负担，实行社会统筹和个人账户相结合。积极发展商业保险，发挥其对社会保障的补充作用。规划还提出"要实行预防为主方针，保健和医疗并重。积极发展卫生保健事业。'九五'期间基本做到人人享有初级卫生保健。重视农村医疗卫生工作，发展合作医疗，完善县、村三级医疗保健网"。同年，国家体改委、财政部、劳动部、卫生部联合制定发布了《关于职工医疗制度改革的试点意见》，决定由每个省（自治区、直辖市）再选择一两个中等城市进一步扩大试点。于是改革扩大到 27 个省的 57 个城市。1998 年末国务院颁布了《关于建立城镇职工基本医疗保险制度的决定》，中央政府开始在全国范围内推行新的医疗保险制度改革，并于 1999 年停止执行运行了长达 40 年之久的公费医疗和劳保制度。

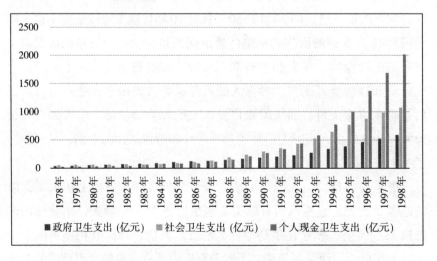

图 7.2　1978—1998 年卫生费用三项支出构成

自 80 年代中期医疗改革以来，我国卫生总费用支出份额中政府和社会支付比重下降很多（详见图 7.2[①]）。1992 年起，个人现金卫生支出的份额已经成为主力。这从根本上背离了社会医疗保障制度的基本目标。即便在患者成本共担机制下，医疗成本上涨仍然得不到有效控制。尤其在改革开放后，医疗供给机构由原本的社会福利事业部门逐渐成为盈利部门，结果便是卫生总费用持续增长（未扣除物价因素影响）。

另一方面，我国城镇公共医疗保障的覆盖范围在 1978—1998 年间不断缩小。改革开放初期，公共医疗保障几乎覆盖全体城镇居民，但改革开放后，拥有公共医疗保障的人口比例徒然下降，个人支付的卫生费用部分越来越多，已经使得许多人因为无钱治病而不能获得必需的卫生服务。中国卫生服务调查研究显示，在 1993 年收入水平还不是支配看病的决定因素，但 1998 年以后，低收入成为严重限制人们求医行为的重要因素；并且因收入差距造成的住院医疗服务不平等现象已经十分明显了。[②]根据卫生部的第一、二、三次卫生服务调查发现，1998 年时，疾病和残疾还不是导致城镇人口贫困的主要原因，但 2003 年，因病致贫的人口比例达到城镇贫困人口总数的 25%。因疾病或残疾所导致的社会贫困已成为一个严重的社会问题。

1997 年 1 月，中共中央出台关于卫生改革与发展的决定，明确提出了在医疗领域要改革城镇职工医疗保险制度、改革卫生管理体制、积极发展社区卫生服务、改革卫生机构运行机制等决策思路，并强调要重视医疗保障、医疗卫生服务和药品流通三大体制统筹协调的必要性[③]。1998 年，国务院颁布《关于建立城镇职工基本医疗保险制度的决定》，要求在全国建立覆盖全体城镇职工，社会统筹和个人账户相结合的基本医疗保险制度。这标志着全国城镇职工医保改革的开始，也是我国建立适应社会主义市场经济的社会医疗保障体系建设的开始。

---

① 《中国统计年鉴》，中国统计出版社 2018 年版。

② 卫生部统计信息中心：《第三次国家卫生服务调查分析报告》，2004 年。

③ 制药站，http://www.zyzhan.com/news/Detail/58275.html。

　　2. 农村合作医疗保障制度

　　1978 年 12 月，五届人大通过的《中华人民共和国宪法》把"合作医疗"列入进去。1979 年 12 月，卫生部、农业部、财政部、国家医药总局、全国供销合作总社根据宪法和当时的实际情况，联合发布了《农村合作医疗章程（试行草案）》，对合作医疗制度进行规范。该《章程》规定："农村合作医疗是人民公社社员依靠集体力量，在自愿互助的基础上建立起来的一种社会主义性质的医疗制度，是社员群众的集体福利事业"；"根据宪法的规定，国家积极支持、发展合作医疗事业，使医疗卫生工作更好地为保护人民公社社员身体健康，发展农业生产服务。对于经济困难的社队，国家给予必要的扶植"。在这一时期，农村合作医疗与城市的公费医疗和劳保医疗并列，被视为当时覆盖我国城乡不同目标人群的三大医疗保障制度，或者说我国医疗保障制度的三大支柱。

　　通过建立各种不同层次的医疗卫生保健机构，积极开展合作医疗，被世界银行认为促进了"中国卫生状况的显著改善和居民期望寿命的显著增加"，被誉为成功的"卫生革命"。合作医疗（制度）与合作社的保健站（机构）和数量庞大的赤脚医生队伍（人员）一起，被称为解决我国广大农村地区缺医少药的三大法宝。在过去的数十年间，正是这三大法宝使农村人口在收入普遍较低的情况下得以用较低的花费获得卫生防疫和流行病防治方面的服务，有效地减少了农村人口因小病不治而丧失健康和劳动能力的风险，对提高农民群众的健康与生活水平，避免出现较大的社会震荡发挥了重大作用。[①]

　　1983 年 10 月 26 日，中共中央、国务院发出《关于实行政社分开，建立乡政府的通知》，全国范围内陆续展开"人民公社政社分开，建立乡政府"的工作。以人民公社集体为依托的原合作医疗制度出现了问题，乡和村的医疗卫生系统失去了主要经济支柱，农村的县、乡和村三级医疗卫生网络系统的筹资来源渠道发生了重大变化。1985 年 6 月 4 日，据新华社报道：全国农村人民公社政社分开，建立乡政府的工作

---

　　① 宋士云：《新中国农村社会保障制度结构与变迁（1949—2002）》，中南财经政法大学 2005 年博士学位论文。

已经全部结束。与之同时的一项调查表明，全国继续坚持实行合作医疗的行政村由过去的 90% 猛降至 5%。1989 年，合作医疗覆盖率降至4.8%。这一时期仅存的农村合作医疗主要分布在上海郊区和当时以集体经济著称的苏南地区。[①]

20 世纪 90 年代初，中国政府曾承诺，到 2000 年中国将全面改善农村初级卫生保健工作，并提出了"恢复与重建"合作医疗制度的任务，但以失败告终。究其主要原因是农民医疗保障的资金来源缩减，难以"维持"农民医疗保障。经过政府 10 年的努力，农村合作医疗制度并未得到有效的恢复。根据卫生部 1998 年进行的"第二次国家卫生服务调查"，全国有 87.32% 的农村居民没有任何的社会医疗保障。从表 7.1[②] 可以看出，1990—1998 年间农村人均卫生费用从 39.31 元增长至 194.63 元，涨幅达到 395.1%。同期，农民人均收入年均增长率约为7.77%[③]，可见，农村人均卫生费用支出的增长速度远远高于同期农民人均纯收入增长率，从而反映出农村居民"看病贵"的状况。

表 7.1　1989—1998 年人均卫生费用（元）

年份	人均卫生费用	城市人均卫生费用	农村人均卫生费用
1989 年	54.61		
1990 年	65.37	158.82	39.31
1991 年	77.14	187.56	45.61
1992 年	93.61	222.01	55.34
1993 年	116.25	268.58	68.45
1994 年	146.95	332.56	85.49
1995 年	177.93	401.28	101.48
1996 年	221.38	467.43	134.34
1997 年	258.58	537.85	157.16
1998 年	294.86	625.94	194.63

---

① 课题组：《中国农村卫生服务筹资和农村医生报酬机制研究》，《中国初级卫生保健》2000 年第 7 期。
② 《中国统计年鉴》，中国统计出版社 2018 年版。
③ 《中国统计摘要》，中国统计出版社 2012 年版。

3. 药品监督管理制度

1978 年以来，国家层面的药品监管机构历经了多次变迁。1978 年
6 月 7 日，国家医药管理总局正式成立，把中西药品、医疗器械的生
产、供应、使用统一管理起来，结束了新中国成立以来我国医药"无
头"和多头管理的局面。1979 年，国务院批转卫生部、国家计委、国
家经委、化工部、农业部、商业部、总后勤部、国家医药管理总局
《关于在全国开展整顿药厂工作的报告》，对所有的药厂和生产的品种
进行有计划有步骤地全面整顿。

1980 年 8 月 2 日，我国第一个合资制药企业（中日合资）——中
国大冢制药有限公司成立签约，1984 年 5 月 17 日正式投产。天津中国
大冢制药的成立，是中国医药行业对外开放的分水岭，拉开了中国医
药行业对外开放的序幕，同时也带动了境外医药企业到中国投资的热
情。以此为起点，中国医药告别了"闭门锁国"的历史，开始走出国
门，走向世界。另外，最早进入中国大陆的 10 家"三资"企业，除中
国大冢制药之外，还有中美上海施贵宝制药、无锡华瑞制药、中美天
津史克制药、西安杨森制药、苏州胶囊公司、重庆葛兰素史克制药、
大连辉瑞制药、青岛华钟制药、杭州龙德医药器械公司。

　　1983 年阳春三月，安徽繁昌制药厂 34 岁的女助理工程师朱国
琼，面对企业连年亏损，和七个年轻人一合计，向县委递交了承包
繁昌制药厂的"责任状"，率先在我国医药行业喊出了"承包"的
时代最强音。承包仅仅 9 个月，该厂盈利就超过承包前 9 年盈利总
和的一倍。承包一年后的 4 月 14 日，《人民日报》以"八个年轻
人承包救活一个工厂"为题，头版头条报道了他们的事迹。
　　随后，1983 年 7 月，我国最大的制药企业华北制药厂开始建
立经济责任制，并配套试行一项新制度，即：厂职代会负责对厂长
逐月考核，决定奖罚。职工监督考评厂长，在当时可谓开行业之先
河。1984 年，常州市第三制药厂车间工人董舒拉、蒋金娣夫妻二
人，对"美西律"生产实行承包，实现产品年产量、利税超历史

最好水平。1987 年 12 月，全国 47 家中药饮片厂厂长签名，呼吁全国中药材二、三级站允许饮片厂经济独立核算，购销自主；呼吁实行多种形式经济承包。

　　——搜狐网 2009 年 9 月 29 日。

　　1982 年后，我国政府机构又进行多轮机制改革，国务院将国家医药管理局、国家中医药管理局和卫生部药政局原药品监管职能合并，重新组建了国家药品监管局。国家药品监管局直属国务院，省以下机构实行垂直管理。管理制度改革的同时，药品市场也悄然开启市场"责任制"改革之路。

　　1984 年 9 月 20 日，国家颁布了《中华人民共和国药品管理法》（以下简称《药品管理法》），并于 1985 年 7 月 1 日起正式实施。随后，国家在"第七个五年计划"中提出了建立健全药品监督保证体系的任务。从而，我国对药品的监督管理进入了一个新时期。为完善我国对药品的法制化管理，国务院相继颁布了《麻醉药品管理办法》《精神药品管理办法》《毒性药品管理办法》和《放射性药品管理办法》；1989 年 3 月，经国务院批准，卫生部颁布了《药品管理法实施办法》；1992 年，国务院颁布了《中药品种保护条例》。卫生部依据《药品管理法》规定，制定并颁布了一系列配套的单项法规，形成了初具规模的药品法规体系。

　　全国各地开展了声势浩大，不断深入学习、普及和贯彻执行《药品管理法》的宣传教育等活动，查处了晋江制售假药案、危险贩卖淘汰药品案、苍山县制售假哈士蟆油案、运城市制药厂非法销售安钠咖案、甘肃省医药公司和西北合成药厂乱产乱销安钠咖案、北京假牛黄清心丸和假度冷丁案、广西玉林市沙田乡南流村和丽良村制售假药案、广西玉林地区第二兽药厂制售假药案、辽宁假香案，以及山东、河南、湖北、四川 4 省假药致 8 人死亡案等案件。

　　因此，《药品管理法》日益深入人心，生产经营企业的质量意识普遍加强，违法犯罪分子受到了惩处。共查处假劣药案件 8 万多起，价值达 5 亿多元，引起了社会各界的广泛关注和重视。1992 年 11 月，卫生部举办了全国打击制售假劣药品专项斗争成果展览，李鹏总理为展览会题词"提高药品质量，保证人民健康和安全"。

根据《药品管理法》规定，对药品生产、经营企业和医疗单位配制制剂实行《许可证》制度。全国首次发证于 1985 年完成，1990 年完成第一轮换证工作，1994 年将完成第二轮换证工作。据统计，当时我国已有药品生产企业 3600 多家，药品经营企业 8 万多家，医疗单位制剂室 6000 多家。1988 年，卫生部颁布了《药品生产质量管理规范》；1992 年，在调查研究基础上，又重新进行了修订，颁布了《药品生产质量管理规范》（1992 年修订）。全国已有药政管理机构 1600 余个，药品检验所 1950 余个，专业人员 22380 多人，药品监督员 11200 多人。1993 年，卫生部任命了第二批国家药品监督员。从而，形成了对药品生产、经营和使用等环节质国量监督的初具规模的监督网络。1993 年 6 月，哈尔滨医药股份有限公司在上海证券交易所上市，这是全国医药行业首家上市公司。

1994 年 9 月 29 日，国务院下发《关于进一步加强药品管理工作的紧急通知》。该通知要求各级人民政府和有关部门要提高认识，切实加强对药品管理工作的领导；采取有力措施，增强执法力度，切实加强药品生产和经营的管理；深入开展打击制售假劣药品的犯罪活动，把依法查处制售假劣药品等违法违纪案件作为反腐败斗争的重点来抓；加强政府有关部门的配合协作，不断提高药品管理水平。

1997 年 7 月 3 日，国务院发布施行《国务院关于改革和加强医药储备管理工作的通知》，决定建立中央与地方两级医药储备制度。自 1997 年起，在中央统一政策、统一规划、统一组织实施的原则下，改革现行的国家医药储备体制，建立中央与地方两级医药储备制度，实行动态储备、有偿调用的体制，以保证灾情、疫情及突发事件发生后所需药品和医疗器械的及时、有效供应。1997 年 8 月 7 日，国家医药管理局颁布《医药行政处罚程序暂行规定》，指出，省、自治区、直辖市医药管理部门负责查处本行政辖区内违反有关医药法律、法规和规章的案件。上级医药行政机关有权对下级医药行政机关处理的案件进行监督检查。如发现其处理不当的，有权责令其及时纠正。医药行政机关之间对管辖权发生争议时，应当协商解决或者提请共同的上级医药行政机关指定管辖。医药行政机关对行政违法案件立案后，发现不属于本行政机关管辖的，应当及时将案件及有关材料移送有管辖权的行政机关。

1998年，国务院单独设立统一监管药品工作的部门，这标志着我国药品监管事业迈入新的历史阶段。随着改革开放的深入，企业体制创新、产权创新、制度创新、分配创新步步细化，用市场经济克服计划经济时代的弊端，同时也解决了单一承包中出现的诸多问题，使企业活力大增。

（三）多元化、多层次的全民医保（1999—2019）

作为市场经济体制配套制度的社会保障制度，自1998年开始搭建并逐渐完善。由于中国的体制特色，作为医疗服务主要供给者的公立医院是拥有行政垄断权的官办机构，医保中心是一个类似于商业保险公司的社会机构，根本无力约束制衡公立医院。因此，事实上医保中心和医保行政管理部门并未能真正做到管办分开，前者成为由后者加持行政权力的准行政部门。越来越严重的"看病贵、看病难"问题直接推动了新时期医疗保障制度的建立。

2003年1月16日，国务院办公厅转发了卫生部、财政部和农业部的关于建立新型农村合作医疗制度的意见，医疗卫生决策转向淡忘了20年的农民医疗保障。同时，随着百姓看病难看病贵问题的日益严峻，政府及社会各界对过去20多年的市场化改革功过的讨论也日益激烈。

1. 城镇公共医疗保障制度

1998年11月26—27日，国务院在北京召开全国城镇职工医疗保险制度改革工作会议，讨论和研究《国务院关于建立城镇职工基本医疗保险制度的决定》及有关政策措施，部署全国城镇职工医疗保险制度改革工作。

12月14日，国务院正式发布《国务院关于建立城镇职工基本医疗保险制度的决定》（国发〔1998〕14号），是党中央、国务院作出的重大决策，是医疗保险制度改革的基本依据和行动指南，标志着我国职工医疗保险制度改革进入一个新的历史阶段。根据《决定》确认，这次改革的任务是在全国范围内建立起适应社会主义市场经济体制要求，充分考虑财政、企业和个人承受能力，切实保障职工基本医疗需求的基本医疗保险制度。制度只为正规部门，包括政府公务员、国有和非国有企业职工和退休人员提供基本的医疗保障服务，但是不再覆盖职工的亲属。具体是以职工医保为基础，以大额医疗费用补助、公务员医疗补助、企业补充医疗保险、特困人员医疗救助和商业医疗保险为补充组成。个体从业者、非正式部门的职工和流动人口也没有纳入保险范围。职工医保确定了我国基本医疗保险制度社会保险的基本模式。

2000 年 7 月 24—26 日，全国城镇职工基本医疗保险制度改革和医药卫生体制改革工作会议在上海召开。会议的主要任务是贯彻《中共中央、国务院关于卫生改革与发展的决定》精神，进一步落实《国务院关于建立城镇职工基本医疗保险制度的决定》，全面推进我国城镇职工基本医疗保险制度的建立和医药卫生体制的改革，包括医疗机构和药品生产流通体制改革，用比较低廉的费用提供比较优质的医疗服务，努力满足广大人民群众的基本医疗服务需要。

由图 7-3[①] 可以看出，体制改革之后，个人卫生费用的占比逐渐缩小，从 1999 年的 55.85% 降低至 2017 年的 28.77%；相应的政府投入与社会投入的比重越来越大，分别从 15.84% 和 28.31% 增长至 28.91% 和 42.32%，在一定程度上有效地改善了城镇居民"看病贵"的情况。

2005 年，国务院发展研究中心报告称中国医疗卫生体制改革"从总体上讲是不成功的"，引起社会强烈反响。随后，2006 年 6 月 30 日国务院成立了深化医药体制改革部际协调工作小组，研究提出深化医药卫生体制改革的总体思路和政策措施；并在 8 月份召开了第一次会议。9 月，成立了由 11 个有关部委组成的医改协调小组，并在国家发展改革委员会官方网站上开通"我为医改建言献策"的栏目，公布热线电话，听取社会各界的建议和意见。在此后的 3 年间，社会各界对"医改"的目标与意义开展了广泛的讨论，最终确定"回归公益"的主题。

---

① 《中国统计年鉴》，中国统计出版社 2018 年版。

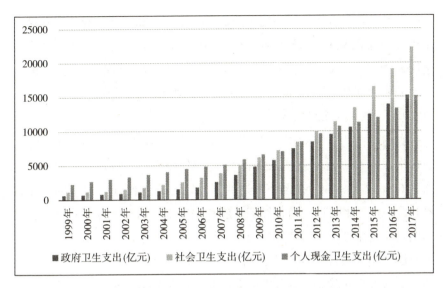

图 7-3　1999—2017 年卫生费用三项支出构成

为实现基本覆盖城乡全体居民的医疗保障体系的目标，2007 年 7 月 10 日国务院印发《关于开展城镇居民基本医疗保险试点的指导意见》，决定："2007 年在有条件的省份选择 2 至 3 个城市启动试点开展城镇居民基本医疗保险，2008 年扩大试点，争取 2009 年试点城市达到 80% 以上，2010 年在全国全面推开，逐步覆盖全体城镇非从业居民。特别是中小学生、少年儿童、老年人、残疾人等群体看病就医问题。"

2009 年 1 月 21 日，在国务院常务会议上，新医改方案获原则通过，并宣布今后 3 年内将为实施上述重大改革投入 8500 亿元，目标之一就是 3 年内使城镇职工和居民基本医疗保险及新型农村合作医疗参保率提高到 90% 以上。标志着新一轮医改方案正式出台，并提出建立健全医疗保障体系，基本公共卫生服务的均等化，实现"重治疗"向"重预防"转变的前提。2010 年 1 月，卫生部要求各地推行"先诊疗，后结算"模式。然而直至 2013 年，受医保报销水平等限制，仍然无法全面推行。

2. 农村合作医疗保障制度

伴随着集体经济的解体，原有的农村合作医疗失去了经济基础，备受世人称赞的合作医疗制度迅速衰落。虽然 1998 年到 2003 年农村合作医疗覆盖面从 6.6% 上升到 9.5%，但自费比例仍高达 79%。也就是说约 80% 的农村居民生病后仍是需要自己用现金支付医药费，结果是广大的农村居民一旦得病成了"小病撑，大病扛，重病等着见阎王"，"救护车一响，一头猪白养"。

农村医疗保障的缺位，使得不少农民"因病致贫""因病返贫"，农村中因病致（返）贫的农民占贫困户的 30% 至 40%，有的地方甚至高达 60% 以上。即使在经济发达的苏州地区，仍有 20% 以上的农民看不起病。[①] 与此同时，随着经济发展和生活水平的提高，一些地区农民的医疗卫生需求从"单层次、低需求"转向"多层次、高需求"，农民对健康更加关注，而轻视预防的合作医疗制度难以满足农民的需求。城镇地区医疗保障制度的逐渐完善，也不断推动着农村地区新的医疗保险制度的建立。

2002 年 10 月 19 日，中共中央、国务院颁布了《关于进一步加强农村卫生工作的决定》，要求"到 2010 年，在全国农村基本建立起适应社会主义市场经济体制要求和农村经济社会发展水平的农村卫生服务体系和农村合作医疗制度"，明确指出要"逐步建立以大病统筹为主的新型农村合作医疗制度"。

2003 年 1 月 16 日，国务院办公厅转发了卫生部、财政部和农业部《关于建立新型农村合作医疗制度的意见》，要求：

> 从 2003 年起，各省、自治区、直辖市至少要选择 2—3 个县（市）先行试点，取得经验后逐步推开。到 2010 年，实现全国建立基本覆盖农村居民的新型农村合作医疗制度的目标，减轻农民因疾病带来的经济负担，提高农民健康水平。
>
> 新型农村合作医疗制度一般采取以县（市）为单位进行统筹。
>
> 新型农村合作医疗制度实行个人缴费、集体扶持和政府资助相结合的筹资机制。农民个人每年的缴费标准不应低于 10 元，有条

---

① 郑秉文、和春雷：《社会保障分析导论》，法律出版社 2001 年版，第 260 页。

件的乡村集体经济组织应对本地新型农村合作医疗制度给予适当扶持，具体出资标准由县级人民政府确定，但集体出资部分不得向农民摊派。鼓励社会团体和个人资助新型农村合作医疗制度。

地方财政每年对参加新型农村合作医疗农民的资助不低于人均10元。从2003年起，中央财政每年对中西部地区参加新型农村合作医疗的农民按人均10元安排补助资金。

2003年3月1日，新修订的《中华人民共和国农业法》正式施行，规定："国家鼓励支持农民巩固和发展农村合作医疗和其他医疗保障形式，提高农民健康水平"，农村合作医疗制度的发展和完善从此有法可依。

2006年1月10日，卫生部、国家发展和改革委员会、民政部、财政部、农业部、国家食品药品监督管理局、国家中医药局等7部委局联合下发《关于加快推进新型农村合作医疗试点工作的通知》，对新型农村合作医疗制度作了充分肯定，认为"建立新型农村合作医疗制度，是从我国基本国情出发，解决农民看病难问题的一项重大举措，对于提高农民健康水平、缓解农民因病致贫、因病返贫、统筹城乡发展、实现全面建设小康社会目标具有重要作用"。提出"各省（区、市）要在认真总结试点经验的基础上，加大工作力度，完善相关政策，扩大新型农村合作医疗试点。2006年，使全国试点县（市、区）数量达到全国县（市、区）总数的40%左右；2007年扩大到60%左右；2008年在全国基本推行；2010年实现新型农村合作医疗制度基本覆盖农村居民的目标"。同时加大财政投入力度，"从2006年起，中央财政对中西部地区参加新型农村合作医疗的农民由每人每年补助10元提高到20元，地方财政也要相应增加10元。地方财政增加的合作医疗补助经费，应主要由省级财政承担，原则上不由省、市、县按比例平均分摊，不能增加困难县的财政负担"。对补偿方案也进行了调整，"新增中央和地方财政补助资金应主要用于大病统筹基金，也可适当用于小额医疗费用补助，提高合作医疗的补助水平。"

从2003年开始，新型农村合作医疗制度的覆盖地区迅速扩大。

2004 年，开展新型农村合作医疗制度的县（区、市）有 333 个，2013 年增长至 2468 个（详见表 7.2[①]）。

表 7.2　2004—2013 年开展新型农村合作医疗县数量

年份	开展新型农村合作医疗县(区、市)数(个)
2004 年	333
2005 年	678
2006 年	1451
2007 年	2451
2008 年	2729
2009 年	2716
2010 年	2678
2011 年	2637
2012 年	2566
2013 年	2489

经过 10 年的政策推广与实施，医保覆盖率显著提高。2014 年新型农村合作医疗基本全覆盖了农村居民，参加人数达到 7.36 亿，参合率达到 98.9%，补偿受益人次达到 16.52 亿（详见表 7.3[②]）。

2011 年以来，各级政府不断提高新农合的补助标准。2011 年 2 月 17 日中国政府网发布《医药卫生体制五项重点改革 2011 年度主要工作安排》，明确 2011 年政府对新农合和城镇居民医保补助标准均由上一年每人每年 120 元提高到 200 元；城镇居民医保、新农合政策范围内住院费用支付比例力争达到 70% 左右。2012 年，从每人每年 200 元提高到每人每年 240 元。其中，原有 200 元部分，中央财政继续按照原有补助标准给予补助，新增 40 元部分，中央财政对西部地区补助 80%，对中部地区补助 60%，对东部地区按一定比例补助。农民个人缴费原则上提高到每人每年 60 元，有困难的地区，个人缴费部分可分两年到位。个人筹资水平提高后，各地要加大医疗救助工作力度，资助符合

---

① 《2018 中国统计年鉴》，中国统计出版社 2019 年版。

② 《中国统计年鉴》，中国统计出版社 2018 年版。

条件的困难群众参合。新生儿出生当年，随父母自动获取参合资格并享受新农合待遇，自第二年起按规定缴纳参合费用。

表 7.3　2004—2014 年参加新农合的人数、参合率及受益人次

年份	参加新型农村合作医疗人数	新型农村合作医疗参合率（%）	新型农村合作医疗补偿受益人次
2004 年	0.8	75.2	0.76
2005 年	1.79	75.7	1.22
2006 年	4.1	80.7	2.72
2007 年	7.26	86.2	4.53
2008 年	8.15	91.5	5.85
2009 年	8.33	94.2	7.59
2010 年	8.36	96	10.87
2011 年	8.32	97.5	13.15
2012 年	8.05	98.3	17.45
2013 年	8.02	99	19.42
2014 年	7.36	98.9	16.52

自 2013 年起，各级财政对新农合的补助标准从每人每年 240 元提高到每人每年 280 元。政策范围内住院费用报销比例提高到 75% 左右，并全面推开儿童白血病、先天性心脏病、结肠癌、直肠癌等 20 个病种的重大疾病保障试点工作。2014 年 4 月 25 日发布《关于提高 2014 年新型农村合作医疗和城镇居民基本医疗保险筹资标准的通知》，2014 年新型农村合作医疗和城镇居民基本医疗保险筹资方法为：各级财政对新农合和居民医保人均补助标准在 2013 年的基础上提高 40 元，达到 320 元。其中：中央财政对原有 120 元的补助标准不变，对 200 元部分按照西部地区 80% 和中部地区 60% 的比例安排补助，对东部地区各省份分别按一定比例补助。农民和城镇居民个人缴费标准在 2013 年的基础上提高 20 元，全国平均个人缴费标准达到每人每年 90 元左右。个人缴费应在参保（合）时按年度一次性缴清。

从资金资助方面来看，2004—2014 年，新农合人均筹资额和当年

基金支出额持续快速增加，增长倍数分别达到 7.16 和 108.6（详见表 7.4[①]），增速惊人，可见新农合医疗保障模式得到了社会各界及民众的广泛支持与认可。

表 7.4　2004—2014 年新农合人均筹资额和当年基金支出额

年份	新型农村合作医疗人均筹资(元)	新型农村合作医疗当年基金支出(亿元)
2004 年	50.36	26.37
2005 年	42.09	61.75
2006 年	52.1	155.8
2007 年	58.95	346.63
2008 年	96.3	662.3
2009 年	113.4	922.9
2010 年	156.6	1187.8
2011 年	246.21	1710.19
2012 年	308.5	2408
2013 年	370.59	2908
2014 年	410.89	2890.4

　　2017 年，城镇居民医保和新农合医保合并整合后，城市、农村参保人员不再一分为二，公平享有同一医保制度。截至 2017 年，我国基本医保参保人数超过 13.5 亿，参保率稳定在 95% 以上。

　　上述城乡医疗保障制度安排在过去 20 年中有其合理性，但此局面只能是一个从行政化体制迈向社会治理机制的过渡形态，并不是和市场经济体制相适应的医疗保险管理体制。2018 年 3 月 13 日，国务院机构改革方案公布。根据该方案，与医药行业紧密相关的国家卫计委、食药监总局、医改办三大部门被撤销，组建国家卫生健康委员会、国家市场监督管理总局、国家医疗保障局。根据本轮国务院机构改革方案，新组建的国家医保局，作为国务院直属机构，将分散于原人社部的城镇职工和城镇居民基本医疗保险、生育保险职责，原国家卫计委的新

---

　　①　《中国统计年鉴》，中国统计出版社 2018 年版。

农合职责，原国家发改委的药品和医疗服务价格管理职责，原民政部的医疗救助职责，整合在一起，实现集中办公。

从国家治理现代化的要求来看，承担社会医疗保险服务这一公共服务职能的医保机构拥有三个职能：询价、购买和服务监管。国家医疗保障局的成立，为最终在医疗保障领域形成这一新格局奠定了基础。根据国务院机构改革方案所述，新成立的国家医疗保障局直属于国务院，是一家和其他涉医部门平行的专业部门。这为迈向社会医疗保险的"价值导向的医保战略性购买"职能，奠定了制度基础。

2019 年 5 月 10 日，国家医保局会同财政部制定并发布了《关于做好 2019 年城乡居民基本医疗保障工作的通知》，要求：大病保险政策范围内报销比例由 50% 提高至 60%。对贫困人口加大支付倾斜力度，在起付线降低 50%、支付比例提高 5 个百分点的基础上全面取消封顶线。建立防范和化解因病致贫、因病返贫的长效机制，切实落实医疗保障精准扶贫硬任务。2019 年城乡居民医保人均筹资标准整体提高 60 元，其中财政补助标准新增 30 元，达到每人每年不低于 520 元。

城镇居民医保和新农合年底前将并轨运行

《通知》要求，针对城镇居民医保和新农合尚未整合统一的地区，要求加快两项制度整合，于 2019 年底前实现两项制度并轨运行向统一的居民医保制度过渡，在制度政策"六统一"基础上，进一步统一经办服务和信息系统，提高运行质量和效率。城乡医保制度的整合，也是打破城乡居民待遇差别的重要一步。按照要求，各地要实现城乡医保覆盖范围、筹资政策、保障待遇、医保目录、定点管理、基金管理的"六统一"。

从目前已经统一的北京市来看，实现城乡制度统一后，参加医保不会再有农村居民和城镇居民的身份差异，农村居民参保、就医、支付有了更大的实惠。去年，北京市按照统一的政策，不论农村和城市，居民门诊最高报销比例达到 55%，比原来提高了 5 个百分点。不仅是待遇提高，北京市医保管理部门相关负责人介绍，统一城乡居民医保制度后，参保人员对定点医疗机构选择范围进一步扩大。此外，在两项制度整合后，一些地方还将为农村居民发放社保卡，农村居民持卡就医实时结算，无需个人再先行垫付医药费，这也进一步降低农村居民的就医经济负担。

国家医保局相关负责人介绍，按照中央要求，2019 年底前实现两项制度并轨运行向统一的城乡居民医保制度过渡。制度统一过程中，要巩固城乡居民医保覆盖面，确保参保率不低于现有水平，参保连续稳定，做到应保尽保；完善新生儿、儿童、学生以及农民工等人群参保登记及缴费办法，避免重复参保；已有其他医疗保障制度安排的，不纳入城乡居民医保覆盖范围；妥善处理特殊问题、特殊政策，做好制度统一前后政策衔接，稳定待遇预期，防止泛福利化倾向。

——《新京报》2019 年 5 月 12 日。

全国各级政府持续提高居民医保人均财政补助标准，从 2007 年人均补助 40 元，到 2018 年增至 490 元，对减轻参保群众缴费负担起到了重要作用。

3. 药品监督管理制度

医药行业的"基本法"——《药品管理法》的不断修订完善，为医疗改革、法制建设奠定了坚实的基础。1999 年 4 月 19 日，国家药品监督管理局、卫生部，国家中医药管理局、劳动和社会保障部、国家工商行政管理局联合颁布《关于我国实行处方药和非处方药分类管理若干意见的通知》(国药管字〔1991〕20 号)。通过实行处方药和非处方药分类管理，提高医疗保险的管理水平。

2001 年 10 月，我国印发《关于完善城镇医疗机构补偿机制落实补偿政策的若干意见》，提出坚持和完善医院药品收支两条线管理办法，逐步降低药品收入占业务收入的比重，积极稳妥推进医院门诊药房改为药品零售企业的试点工作等一系列弱化药品收益对医院的补偿作用的措施。2001 年 12 月 1 日，修订后的《药品管理法》施行，首次提出药品实施分类管理制度。

2003年开始的第二轮药监体制改革，严格来讲并不是药品监管的体制改革，而是在国家药品监督管理局（SDA）的基础上组建了国家食品药品监督管理局（SFDA），增加了对食品、保健品、化妆品安全管理的综合监督、组织协调和依法组织开展对重大事故查处的职责，并且划入了保健品市场准入的审批职责。

2008年3月，随着药品监管机构的重新设置，原有的监管主体、职能发生改变，再次修改《药品管理法》被列为全国人大立法工作议事日程。2009年，《基本药物制度实施方案》也相应出台，国家基本药物制度工作正式实施。同年4月6日，中共中央国务院关于深化医药卫生体制改革的意见出台。2014年3月1日，第一次修正后的《药品管理法》正式施行。

2013年，考虑到食品药品安全问题特别是食品安全监管，涉及面太广，正式成立了国家食品药品监管管理总局。同时，组建和加强了食品安全监管队伍，真正将食品安全监管职能全面纳入了国家总局。这一轮由食品监管而起的体制改革，其药品监管的突出成果，是按照国家"四个最严"精神为指导，开始了药品监管的一系列强劲改革，对存在多年的药品注册、药品监管的弊病开刀，逐步建立科学规范的监管环境和基础，向着保证药品安全、有效、质量可控、与国际接轨的目标迈进。

2015年4月24日，第二次修正后的《药品管理法》正式施行。原版《药品管理法》存在的四大问题：没有明确界定政府职能、市场机制；为执法带来障碍；中央与地方职权没有清晰划分；没有充分参照和借鉴国际经验；部分条款约束市场机制发挥作用等得以较好解决。2015年和2016年落实"'十二五'医改规划"和"'十三五'医改规划"，医药、医疗、保健三个行业并驾齐驱。①

2017年10月，国家食品药品监管总局发布《〈中华人民共和国药品管理法〉修正案（草案征求意见稿）》。本次《药品管理法》修改，旨在体现审评审批制度改革成果，鼓励以临床价值为导向的新药研究和

---

① 制药站，http：//www.zyzhan.com/news/Detail/58275.html。

创制，建立以审评机构为核心的上市许可审查制度，改革药品注册分类，建立药品上市许可持有人制度等。《药品管理法》全面修订开始抓紧进行。

2018 年国务院机构改革不再保留国家食品药品监管总局。单独组建国家药品监管局，由国家市场监管总局管理。其主要职责是：负责药品、化妆品、医疗器械的注册并实施监督管理。国家医疗保障局接手药品招标采购，体现了"谁付费、谁操盘"。随着全民医保体制的建立，医保支付成为医疗服务和药品及耗材的主要收入来源，医保支付方式成为医疗医药定价机制，是大势所趋。由新成立的医疗保障局统一这一事权，体现的正是这一趋势，符合"优化协同高效"的原则。统管"招标、医保、药价"的医保局，注定要在医改进程中发挥巨大作用，这将彻底影响所有药企，又一个大洗牌时代将来临。

第二节　医疗卫生服务体系建设

新中国成立之初，百废待兴，广大人民过着饥寒交迫的日子，很难讲究卫生、防治疾病，致使"国家的卫生状况极端恶劣，病媒虫兽严重为害，疾病丛生，疫病横行"[①]。各种烈性传染病、寄生虫病流行极广，大量劳动人民被夺去了生命，无数人丧失了劳动能力；严重的地区，甚至出现了人口急剧下降，田园荒芜的凄惨景象。特别是 20 世纪 50 年代初，抗美援朝战争，美帝国主义在我们一些局部地区进行细菌战。

在当时的背景下，卫生服务能力极其低下，医疗卫生从业人员少之又少，无力解决当时人民群众的健康问题；从事医疗服务的主体是传统中医和草药医生，无法迅速应对和处理流行疾病和疫情。据统计，1949 年"全国中西医药卫生专业技术人员共 505040 人。同年全国总人口 54167 万人，卫生技术人员在人口中的密度仅为 0.92‰。……全

---

① 　健康报编辑部：《十年来卫生事业辉煌成就》，人民卫生出版社 1960 年版。

国仅有医院 2600 所，病床 80000 张，占全国人口 85% 以上的农村仅有病床 20133 张"[1]。此外，药品存在严重不足的现象，甚至连简单的医疗器械都要依靠进口。全国人口的发病数累计每年 1400 万人，死亡率在 30‰以上。据统计，1949 年全国各级各类医疗卫生机构共计有 3670个，将近 80% 属于私有卫生机构，卫生人员总数为 54.44 万人，大小医院 2600 所，门诊部（所）769 个，其中疗养院、专科防治、妇幼保健、医学研究等单位只有几所或几十所。[2] 如何改变如此落后的卫生状况，是新中国成立初期卫生事业面临的最大问题。

（一）全民参与的爱国卫生运动（1949—1978）

针对社会现实情况，毛主席发布号召，要求广大人民群众"动员起来，讲究卫生，减少疾病，提高健康水平"。通过推动群众性的卫生防疫运动，开展爱国卫生运动，使广大城乡的卫生面貌发生了不同程度的改善。医疗卫生事业取得辉煌成果，人均寿命和婴儿死亡率等卫生指标有显著改善。卫生工作与群众运动相结合，也成为我国主要的卫生方针之一。

1. 公共卫生环境

新中国成立初期的公共卫生工作面临的是一个疫病丛生、瘟疫横行的困难局面。当时，威胁人民生命与健康的最主要的疫病是各种急慢性传染病、寄生虫病和地方病。鼠疫、霍乱、天花、结核病、疟疾、血吸虫病、克山病、大骨节病等急慢性传染病、寄生虫病和地方病，遍布全国各地，造成每年 30‰的人口死亡率，尤以婴儿的死亡率最高。鼠疫是传染性极强、死亡率极高，对社会造成的危害性极大的烈性传染病。当时东北、察蒙、福建和江西等地鼠疫时有发生。

根据新中国成立初的调查资料，"人间鼠疫在 20 个省、自治区的549 个县（市、旗）发生或流行，1900—1949 年的 50 年间，人间鼠疫连年不断，每年发病人数在 1 万—4 万以上，全国发病人数累计达1155884 人，死亡 1028808 人，即 89.0% 的病人死亡。古典型霍乱曾给

---

①　黄永昌：《中国卫生国情》，上海医科大学出版社 1994 年版。

②　王根贤：《中国公共医疗卫生保障制度研究》，西南财经大学 2007 年。

人民带来深重的灾难，1945—1948 年波及 15 个省，患病、死亡人数不计其数。"① 天花在新中国成立前年年发生，每隔几年就大流行一次，夺去了数以万人的生命。此外，"我国 12 个省、市、自治区的 34 个县（市）约 1 亿人口地区流行血吸虫危病人有 1000 多万人，其中 40% 有临床症状及不同程度的劳动力损失，3.15% 的晚期病人则完全丧失了劳动能力。"②

1949 年 7 月 13 日至 12 月 5 日，内蒙古察蒙租银地的 9 个村发病 68 人，死亡 60 人，鼠疫传至河北一带。1950 年 1 月至 3 月，福建华安县义昭乡鼠疫流行，发病 19 人，死亡 4 人。1950 年江西南昌发生散在鼠疫病例，1 人发病，1 人死亡。1950 年浙江温州市区、永嘉、文成、乐清等地仍有鼠疫发生，同年 10 月衢县区域且有鼠类鼠疫报告③。

鼠疫之外的另一烈性传染病便是天花。据统计，1950 年全国天花患者达 43286 人，1954 年尚有 13 个省发生病例，发病人数达 847 人。据 1950 年在湖南岳阳的调查，该市 13.6% 的人患过天花；新中国成立初期新疆的天花患者竟占全区人口的 70%—90%。1950 年 2 月，湖北枣阳一带脑脊髓膜炎、天花、麻疹等各种流行病蔓延 400 余公里，死亡 400 余人，沈阳、北京、天津、上海等大城市先后出现了白喉。同年 8 月，晋城二区来村、南沟等村发现麻疹、痢疾等恶性传染病，造成了大量死亡，河南省息县包信区也发现了恶性流行病……这些疫病的流行，是新中国成立前的长期贫困、愚昧与迷信造成的。

除了以上几种烈性传染病外，血吸虫病、疟疾、丝虫病、钩虫病和黑热病是旧中国遗留下来的在我国流行最广、危害性最大的五种寄生虫病。根据全国不完全的调查，新中国成立初期血吸虫病流行在我国南方的 12 个省、市的 324 个县、市，尤以浙江、江苏等省最为严重，估计患此病者近 1000 万人，有 1 亿多人口受到威胁；疟疾流行在我国 25 个省、市的 1829 个县、市；丝虫病流行在我国的 14 个省、市的 734 个县、市；钩虫病流行在我国的 18 个省、市的 1359 个县、市；

①　黄永昌:《中国卫生国情》，上海医科大学出版社 1994 年版。
②　陈海峰:《中国卫生保健史》，上海科学技术出版社 1993 年版。
③　李洪河:《新中国成立初期的卫生防疫事业探论》，《党的文献》2006 年第 4 期。

黑热病流行在我国长江以北 13 个省、市的 685 个县、市。[①]

新中国成立初期的疫病流行，除新中国成立前的大量疫病残留、疫病本身所具有的传染性之外，还主要有以下几个原因：一是新中国成立初期的医疗条件比较差，卫生工作队伍和机构以及药品、器械供应情况严重不足。二是广大民众生活环境和卫生状况较差，蚊蝇跳蚤滋生。三是各地群众迷信现象普遍存在。特别是在广大农村和山区，存在着各种对病害听天由命的思想，以及巫医神汉造谣生事的问题。

严重的疫病流行，引起了党和政府的高度重视。从 1949 年 10 月 1 日中华人民共和国的诞生，直到 1956 年，是新中国公共卫生工作管理体系与制度创立的基础阶段和现代意义上的公共卫生体系的形成阶段。1951 年 9 月 9 日，毛泽东在为中共中央起草的关于加强卫生防疫和医疗工作的指示中指出："今后必须把卫生、防疫和一般医疗工作看作一项重大的政治任务，极力发展这项工作。"其后，毛泽东对华北疫病防治情况，北京卫生防疫工作情况、反细菌战工作情况、防治血吸虫病工作情况以及除"四害"讲卫生工作情况等均作出过重要批示。

1951 年卫生部颁行《农村卫生基层组织工作具体实施办法（草案）》，具体指明了新中国成立初期的基本医疗卫生服务内容：以预防为主、注重改善环境卫生、致力于解决安全饮水、粪便处理问题，为妇女儿童提供基本保健服务、开展人群健康教育、实行广泛的社会动员、鼓励公私机构合作、收集和利用卫生信息、开展初级卫生人员训练等项改革内容。政府凭借所掌握的公共权力对医疗服务、医疗保障、食品药品、卫生防疫、卫生监督等实行统一管理，对承担预防保健任务的卫生机构实行全额拨款。

1954 年卫生部颁布了《卫生防疫站暂行办法》，明确规定卫生防疫站的任务是预防性和经常性卫生监督与传染病管理。到 1956 年底，全国 29 个省市的绝大部分省市及所属地、县都建立了卫生防疫站，铁路及较大的厂矿企业也相继建立了卫生防疫机构。与此同时，根据疫情的发生情况也相继建立了一批专业防治机构，形成了以行政业务管理为

主的全国卫生防疫体系，公共卫生监督内容也从工业卫生逐步拓宽到环境卫生、食品卫生、学校卫生、放射卫生以及传染病控制等公共卫生各个领域，对改善公众生产、劳动、工作、学习、生活环境、促进公众健康起到了很好作用。

直到 1960 年 3 月 16 日，毛泽东还在他为中共中央起草的关于卫生工作的指示中指出："把卫生工作看作一项孤立的工作是不对的。卫生工作之所以重要，是因为有利于生产，有利于工作，有利于学习，有利于改造我国人民低弱的体质，使身体康强，环境清洁，与生产大跃进、文化和技术大革命，相互结合起来。"这具有"移风易俗、改造世界的意义"。除了制定一系列卫生工作方针外，还出台了几项具体措施：建立中央防疫队和广泛的基层卫生组织；开展积极有效的卫生防疫宣传；实行新的现代防疫措施，包括建立疫情报告制度和快速疫区处理制度等。

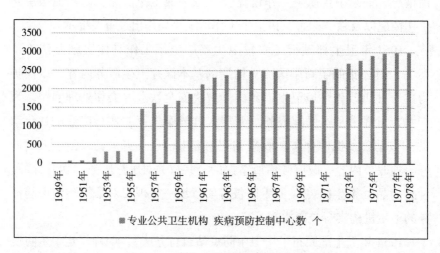

图 7.4　1949—1978 年疫病预防控制中心数

在建立公共卫生制度的同时，疫病预防控制服务机构规模迅速扩大，从 1949 年的 0 个增长至 1978 年的 2989 个（详见图 7.4[①]），为

----

① 《中国统计年鉴》，中国统计出版社 2018 年版。

全国范围内的疫病防治工作提供了基础医疗卫生条件。经过不懈的努力，全国的疫病防治取得了重大成就。以危害最大的鼠疫、天花、霍乱为例，1953 年发病数与 1950 年相比，鼠疫降低了 90%，天花降低了95%。1956 年底，鼠疫已经基本控制，内蒙古、吉林、福建、浙江、江西等几个鼠疫频发的地区也先后停止发生。天花在全国除少数边疆地区个别发生外，已近绝迹。此外其他一些传染病的发病率皆有显著下降。如斑疹伤寒发病率 1956 年比 1951 年下降了 89%，回归热下降了91%。从新中国成立以来到 1956 年止，全国已治疗血吸虫病患者 76 万人，黑热病患者 50 余万人，钩虫病患者 400 万人。其他因伤寒、疟疾等等疫病造成的死亡和损失也日趋减少，全国城乡人口在逐步上升。

1964 年，卫生部颁发了《卫生防疫站工作条例（试行草案）》，明确规定卫生防疫站是卫生事业单位，是卫生防疫工作的业务技术指导中心，它既是运用科学理论和技术进行卫生防疫监测、监督、科研和培训相结合的专业机构，又是依法实行卫生监督的执法机构。同年 12 月，国家编委、卫生部联合颁发《卫生防疫站机构和人员编制的规定》，规范了防疫站的建设和发展。[①]

我国在传染病和地方病的防治方面曾取得了举世公认的巨大成就。自 1970 年至 1976 年初，南方 13 省、市、自治区血吸虫病流行区，消灭钉螺的面积达到 50 亿平方米，等于 1966 年前 15 年消灭钉螺面积数的 15 倍以上，共治愈血吸虫病人 350 万人，超过 1966 年前 15 年治愈病人的总和。流行区域有 120 多个县市基本上消灭了血吸虫病，等于1966 年前的 4 倍多。到 1976 年底，北方 15 省、市、自治区基本控制甲状腺发病的县，由 1966 年前的 2 个发展到 106 个，克山病的防治取得突破性进展。苏、鲁、鄂、豫、皖 5 省对疟疾的联防，对降低疟疾的发病率起到了积极的作用。

---

① 夏媛媛：《从解放后我国公共卫生体系的发展看政府的责任》，《现代医药卫生》2006 年第 1 期。

治疗血吸虫病的新药口服盐酸奎宁锦剂临床试验成功

治疗血吸虫病的新药剂——口服盐酸奎宁锦剂，已经临床试验成功。经过化验证明：十五个初期血吸虫病人，从 2 月 25 日到 3 月 11 日止的十五天中，在口服了三十九克盐酸奎宁锦药剂后，已有十一个病人大便中的血吸虫卵全部死亡或消灭，另外四个病人大便中的血吸虫卵也已开始变形。

盐酸奎宁锦剂是由福建省药品检验所科学工作者经过多次研究试验制成的一种粉剂新药，经卫生部批准进行临床实验，按原订十五天疗程计划，每天给病人口服一定分量的盐酸奎宁锦粉剂以后，效果极为良好，病人的反应比用酒石酸锑锑针剂治疗来得轻微。病人服这种药后，心脏和肝脏机能在经过十五天的心电图描绘观察和最后检查，也没受到损害。

——新华社福州 1958 年 3 月 13 日。

通过宣传、教育、强制等手段，在城乡实施生育健康、儿童免疫、控制传染病和地方病等公共卫生和预防计划，比较有效地抑制了儿童死亡率的上升以及传染病、寄生虫病和地方病的流行。其中，儿童保育事业发展方面尤其体现了"预防为主"的思想理念。

新中国儿童保育事业进入正轨

在旧中国大多的儿童是不被重视的，广大劳动群众的孩子们，经常挣扎在饥寒病患的死亡线上。打胎溺婴和卖女儿在中国社会是很普遍的现象，许多贫苦儿童流浪在街头没人照管。据统计 1946 年北京市儿童死亡数有 16634 个。上海市在 1947 年 11 月，一个月里被丢弃的小孩死尸就有 1300 个。

新中国成立后，老百姓获得了解放。在新中国特别是老解放区，广大贫苦农民分得了土地，妇女也纺线、织布参加农业生产，大家有吃有穿，生活得到了改善，毛主席提出"人兴财旺"的口号，就是说人民不仅是要做到丰衣足食，而且要生了孩子都能养活。人民政府明令禁止溺婴堕胎，"私生子"被承认有合法地位，不许歧视虐杀；儿童享有土地权和财产权。据华北哈里逊医院的统计，来治妇科病的农村妇女，百分之百都是为了要生孩子。各解放区人民政府都订有保护妇女生育孩子的条例，规定了各机关孕妇产前产后假期，并鼓励开办托儿所。北京解放以前，原有公立托儿所3处，私立托儿所6处，寄托儿童443人，解放以后到9月为止新增加公立托儿所20处，私立托儿所12所，寄托儿童1240人，比解放前增加了3倍半；北京、天津、南京、上海四个城市原来一共有托儿所39处，现在已经增加到81所，寄托儿童总数是3649人。

——《人民日报》1949年11月9日。

1966—1976间是我国国卫生监督工作的停滞甚至倒退阶段。但此期间，农村逐步形成了以县级机构、乡镇卫生院和村卫生室组成的农村三级医疗预防网和农村合作医疗制度，这一网络的形成有效地促进了疾病预防控制工作在农村地区的开展。通过大力开展爱国卫生运动和卫生教育，采用低成本的医疗技术和推广中医药，建立最基本的医疗服务队伍和独具特色的合作医疗体系，使我国形成了比较完善的最初级的、低成本的公共卫生体系，创造了公共卫生保障方面的"中国革命"，使广大城乡居民尤其是农民无须支付高额费用就能享受到基本卫生保健服务。尽管政府当时在经费方面的投入并不是很高，但在卫生技术、设施建设、人员培训、宣传预防等方面的主导作用十分突出，提高了卫生保健服务的普及性和公平性，基本控制了大规模传染病、寄生虫病和地方病等严重危害人群健康疾病的流行，极大地改善了我国城乡居民的健康状况。[①]

新中国成立以后，80年代之前，尽管中国经济的底子薄弱，但中

---

① 夏媛媛:《从解放后我国公共卫生体系的发展看政府的责任》,《现代医药卫生》2006年第1期。

国是一个公共卫生领域非常成功的典范，我国实行的医疗卫生政策使得全国人民不同程度地享受到了基本的医疗卫生服务。1952—1982 年的30 年间，在总体卫生投入不高的情况下，我国人均预期寿命由 35 岁提高到 68 岁，婴儿死亡率由 250‰降低到 40‰，疟疾的发病率由 5.5%降低到 0.3%。[①] 到 20 世纪 70 年代末，中国 80%—85% 的人口享有基本医疗保健，已成为拥有最全面医疗保障体系的国家之一。按健康水平，中国的排名要比人均 GDP 高得多。

2. 卫生服务体系建设

新中国成立初期，全国的整体医疗水平比较落后，但普通百姓看病不算难，也不算太贵。政府推行"预防第一"的医疗卫生战略，遵守"预防为主"和"主要满足人民群众的基本医疗卫生需求"两条基本原则，将有限的国家医疗卫生资源使用在"预防和初级保健以及实施公共卫生计划"的紧迫的医疗任务上。大力发展国家、集体办医的公有制医疗卫生机构，在医疗卫生资源的分配上强调公平性和福利性的特征。医疗卫生资源的配置、医疗收费和药品价格、医疗卫生服务机构的发展规模和速度都是以政府的计划进行的。政府对医院实行全额预算管理，医院的基本建设投资，医院的设备购置、维修及医护人员的工资都由政府财政支出。

　　　　在共产党和人民政府的关怀下，西康省凉山彝族自治州的医疗条件日益改善。经过三年的时间，凉山彝族自治州共建立了七个卫生院、一个卫生所、四个保健站，还建立了一个防疫队。卫生工作人员开头时只有四个人，现在已经有一百七十二个人。三年共医治了四十二万二千零九十次病；给四百三十七人用新法接生；给一千八百人打了伤寒防疫针；给五万零九百九十人种了牛痘。去年全区只发现一个人得天花。

　　　　——新华社 1954 年 3 月 14 日。

---

① 董辅礽等：《中华人民共和国经济史（上、下册）》，经济科学出版社 1999 年版。

日喀则人民医院在十五日正式开幕。新建的日喀则人民医院设有内科、外科、产科、爱克斯光科、手术室等十三个科室和一个住院部，医院里有万能手术床、自动产床和电疗器，是日喀则地区第一个具有现代化设备的医院。班禅堪布会议厅委员会主任委员詹东·计晋美和其他来宾在讲话中，一致认为这所现代化医院成立后，日喀则地区人民的健康就有了进一步的保障。

——新华社 1954 年 10 月 20 日。

北京市十七个中医联合诊所同黄土岗乡、白盆窑乡、"五一"、"星火"等七十一个农业生产合作社订立了医疗合同。同农业生产合作社签订合同的中医联合诊所，大都减低了门诊和出诊费用。有些联合诊所并在农业生产合作社内开展预防保健工作和急救医疗。联合诊所为了使社员看病不耽误生产，东八间房联合诊所已在"五一"农业生产合作社附近设立了分诊所；岳各庄联合诊所也组成了两个巡回医疗组到各农业生产合作社附近去给社员看病；西红门、六里屯联合诊所还规定社员随到随看，不受门诊时间的限制。

——新华社 1954 年 11 月 12 日。

新中国成立后的 30 年中，政府统一规划、组织和大力投入，发展社会公共卫生事业，广泛建立了城乡基层卫生组织，卫生医疗服务体系得到了迅速的发展，从中央到地方形成包括医疗、预防、保健、康复、教学、科研等在内的较为完整的卫生医疗服务体系，医疗机构数量和专业人员数量不断提高，极大程度地改善了全国范围内的卫生状况。

在层次布局上注重基层医疗服务机构和农村医疗服务体系的建设。在城市地区，多层卫生组织有较大发展，工矿、机关、学校普遍建立医院或医务室，大中城市为方便居民就诊建立街道医院、门诊部和居民委员会的群防站、红十字卫生站等。大致形成了市、区两级医院和街道门诊部（所）组成的三级医疗服务及卫生防疫体系。各级、各类卫生医疗服务机构都是政府或集体直接创立并管理的国有机构，不以营利为目的，目标是提高人民群众的健康水平。医疗服务机构的资金投入由政府或集体负责，通过计划手段进行管理，工作人员是国家或集体的工作人员，领取国家规定的工资。卫生医疗服务收入与机构和从业人员个人经济利益之间没有联系。

一个完整的医疗网在上海市已经建成

上海解放后八年多来医院增加的床位，相当于解放前八十五年发展起来的原有床位的 70%，各种门诊机构增加了 4.5 倍。

解放以前，上海医院的分布很不平衡，几乎都集中在苏州河以南的市区范围内，工厂区和郊区很少有医院。而现在，新建在曹杨新村的上海市普陀医院也完工了，上海市十五个区和三个郊区都有了医院，构成了一个完整的医疗网。在工厂企业单位内，还设有六百六十二个保健机构。全市医院现在共有一万七千一百三十二张床位。而上海从 1864 年建立第一个医院到 1949 年为止，只有一万零三十三张床位。

根据上海市卫生局的统计，目前全市有八十多万工人和两百万个工人家属享受着劳动保险的医疗待遇；有四十多万工人享受着集体医疗合同的待遇；还有二十四万多国家机关工作人员享受着公费医疗待遇。他们都可以得到免费或部分免费医疗的优待。

——新华社上海 1957 年 8 月 11 日。

在医疗机构建设方面，1949 年以来，各类医疗卫生机构数量经过快速增长期、缩减期以及平稳增长期。经过 30 年的建设，全国的医疗卫生机构数量和基层医疗卫生门诊部（所）的数量，分别从 3670 个和 769 个增长至 169732 个和 94395 个（详见图 7.5[①]）；全国范围内的专业公共卫生机构，专科疾病防治院和妇幼保健院分别从 11 个和 9 个增长

---

① 《2018 中国统计年鉴》，中国统计出版社 2019 年版。

至 887 个和 2571 个（详见图 7.6①）。

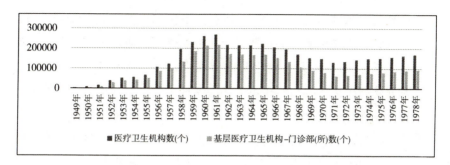

图 7.5　1949—1978 年医疗卫生机构数和基层门诊部数

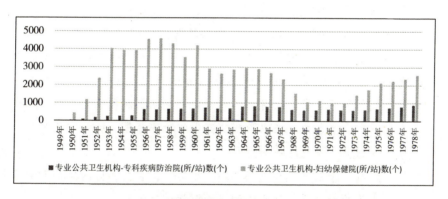

图 7.6　1949—1978 年专科疾病防治院和妇幼保健院数

小病不出社大病不出县，长白山区遍布医疗保健网

　　吉林省通化专区已经在全山区建立了医疗保健网，基本上达到县县有医院，社社有卫生所，队队有三员（保健员、接生员、保育员），使山区人民"大病不出县"，"小病不出社"，哪里有劳动大军，哪里就有医有药。

　　解放后，党和政府大力发展医疗卫生事业，各市、县普遍建立综合医院，市县妇幼保健站和防疫站较新中国成立初期增长了九倍，区乡卫生所也增长了四倍多，形成了一个上下统一的医疗保健网。这种医疗保健网愈接近基层就愈严密，所起作用也特别显著。如柳河县孤山子乡（公社）拥有两个医院，院中设了简易病床，可以收容住院患者。公社所属十六个管理区，都建立了卫生所，各生产队共有保健员、接生员一百九十二人。医疗保健网形成后，充分发挥了医疗机构的作用。在去年麻疹防治中，孤山子乡就完全控制了麻疹的流行。

运用这些广泛建立的医疗保健网，同时不断开展群众性的爱国卫生运动，已经使霍乱、天花、伤寒等传染病绝迹；克山病、疟疾等也被制服。各地对预防大骨节和甲状腺肿等地方病，采取了扩大蔬菜播种面积、增加生活营养、推广碘盐以及采取换粮换水等措施，大大减少了这些地方病的威胁。1957 年各市县又推广了河南治疗大骨节病的针、灸、药、理、体的综合性治疗方法已经使二万多名接受治疗的大骨节病患者中一万二千多人，恢复了健康，投入生产战线。同时，山村中由于建立了四百多处农村产院和三百五十处接生站，采取了新法接生和新法育儿，产妇的产褥热和新生儿的破伤风也已基本消灭。

经过"除四害"和大搞环境卫生运动，长白山区的群众生活习惯也大为改观。临江县六道沟一带解放前年年流行瘟疫，解放后不仅瘟病早已绝迹，而且家家窗明几净，户户有菜园花园，很多人家都人人用毛巾洗脸，天天刷牙。他们心情舒畅，身体健康，因此劳动生产出勤率很高。

——《人民日报》1958 年 12 月 13 日。

新中国成立初期，不仅医疗专业人员数量少，且专业分类不细致，主要包括卫生人员、卫生技术人员、执业（助理）医师和注册护士，经过各类医学专业技能不断的培训教育，卫生人员和卫生技术人员数量得到较大幅度的提高。其中，卫生人员数和卫生技术人员数分别从 54.1万人和 50.5 万人增长至 788.3 万人和 246.39 万人；执业（助理）医师数和注册护士数分别从 36.3 万人和 3.3 万人增长至 97.82 万人和 40.42

万人（详见图 7.7^①）。

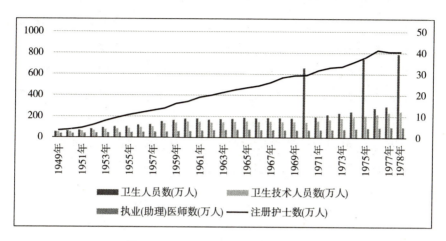

图 7.7　1949—1978 年各类医疗专业人员数

随着农业合作化运动的深入，农村地区的联合诊所被进一步组织起来，负责当地的医疗预防工作。1958 年后，随着人民公社的发展，农村基层卫生网逐步形成，培养发展了一支半农半医，被称为"赤脚医生"（现名乡村医生）的庞大农村卫生队伍。当时来源主要有三部分：一是医学世家；二是高中毕业且略懂医术病理；三是一些是上山下乡的知识青年。赤脚医生为解中国一些农村地区缺医少药的燃眉之急作出了积极的贡献合作医疗的鼎盛时期，全国农村拥有赤脚医生 180 多万，卫生员 350 万，接生员 70 万，远远超过当时卫生部的卫生人力总量（220 万卫生技术人员）^②。

海川沙县江镇公社赤脚医生发展到 69 名

1968 年 9 月，《红旗》杂志发表了《从"赤脚医生"的成长，看医学教育革命的方向》的调查报告，肯定了赤脚医生这一新生事

---

① 《中国统计年鉴》，中国统计出版社 2018 年版。

② 张开宁：《从赤脚医生到乡村医生》，云南人民出版社 2002 年版，第 16 页。

物。4 年多来，调查报告中报道的上海川沙县江镇公社的赤脚医生队伍，在毛主席革命路线指引下，在各级党组织的关怀和贫下中农的培育下，健康地发展，茁壮地成长起来。贫下中农看到他们的进步，打心眼里高兴，说他们没有辜负伟大领袖毛主席的期望。江镇公社共有 21 个大队，原有赤脚医生 27 名，现在发展到 69 名。经过三大革命运动的锻炼，其中有 14 名赤脚医生光荣地参加了中国共产党，30 名参加了共青团，10 名被选进市、县、社、大队的领导班子。他们背着药箱能看病，放下药箱能种田，来自于贫下中农，服务于贫下中农，这便是"赤脚"的革命意义。

　　——新华社 1973 年 8 月 21 日。

　　1965 年，随着中央对农村医疗卫生的进一步重视，医疗卫生资源的配置在农村也得到进一步加强。遵循毛泽东提出的"重点加强农村地区卫生工作"的方针各地将资金、设备和一批具有初中级水平的医务人员输送到农村。初步形成以集体经济为依托的，县医院公社卫生院、大队（村）设卫生室三级医疗机构分工合作的农村初级卫生医疗保健网。以山东省掖县为例，全县人口 83 万，设有县级卫生机构 7 个，公社卫生院 27 个，大队卫生所 1010 个，全县基本形成较为完整的县、社、队三级卫生医疗网络[①]。这种转变，极大地改善了农村的医疗条件。以全国医疗卫生机构病床的分布为例，1965 年农村只占总数的 40%，短短十年后，到 1975 年，这个比重已提高到 60%。

　　同时大批城市医疗专业人员组成巡回医疗队奔赴农村，为提高农村基层卫生组织防治疾病水平、培训赤脚医生发挥了很大的作用。使城乡居民的健康状况大大改善，被世界银行誉为发展中国家成功的"卫生革命"典范，并向全球推广。

　　1971 年，在中华人民共和国成立 22 周年前夕，北京、上海、天津、沈阳、武汉、广州、西安、成都等城市普遍开展了大规模的秋季

---

　　① 邓力群等：《当代中国的卫生事业》，中国社会科学出版社 1986 年版，第 43 页。

季爱国卫生运动。20 世纪 70 年代，农村合作医疗的覆盖率达到全国行政村（生产大队）的 90%，形成了集预防、医疗、保健功能于一身的三级（县、乡、村）卫生服务网络。据不完全统计，除了正规医生外，还拥有 146 万不脱产的生产大队赤脚医生、236 万生产队卫生员和 63 万多农村接生员，为中国农村居民的健康发展立下了汗马功劳。

河南省县县举办赤脚医生学校

河南省县县都办起了赤脚医生学校。这些学校所培养的第一批两万多名学员，已经重新返回各生产大队，正在为进一步巩固和发展农村合作医疗贡献力量。在这同时，又有两万多名赤脚医生进入了这些学校正在加紧学习，努力提高，准备毕业后重返工作岗位，为推动农村卫生革命深入发展作出新贡献。赤脚医生学校这一新生事物，最早出现于河南的潢川、信阳、遂平等县。这几个县所办的赤脚医生学校，只招赤脚医生入学。学生自带口粮，大队照记工分，学习一年毕业后重回原大队当赤脚医生。学校由县卫生局负责人当校长，由县、社医院的医生、有实践经验的赤脚医生和本县的药工、药农担任教师，贫下中农参加管理学校。学生在校既学政治、学军事、学医疗技术又不脱离劳动。几年来，从赤脚医生学校毕业的赤脚医生重返战斗岗位后以更大的革命干劲同脱产的医务人员协同作战，大大改变了这些县的农村医疗卫生状况。河南省领导机关及时总结了这几个县办赤脚医生学校的经验，肯定了赤脚医生学校对提高赤脚医生水平和进一步发展合作医疗的重要作用，并且召开全省农村卫生工作会议加以推广。目前，全省 127 个县（市）都已开办了赤脚医生学校。大批赤脚医生经过一年的刻苦学习，政治思想和医疗技术水平显著提高。他们回到农村以后更加满脸热情地为贫下中农服务，且大力开展预防为主、群防群治的活动，发动群众大搞中草药的种、采、制、用，促使合作医疗不断巩固发展，农村医疗卫生出现一派新气象。

——新华社 1975 年 6 月 19 日。

1978 年，世界卫生组织在阿拉木图召开会议并发表了《阿拉木图宣言》，此次会议认为中国是发展中国家推行初级卫生保健的典范。当时的世界卫生组织总干事哈夫丹·马勒博士多次向发展中国家推荐以"赤脚医生"制度为代表的"中国模式"，被世界卫生组织誉为中国农村卫生工作的三大法宝之一。20 世纪 80 年代，中国经济体制改革从农村起步，旧有的农村合作医疗失去依托，并逐渐解体，以"赤脚医生"闻名的中国模式，逐步淡出舞台。

（二）人人享有卫生保健（1979—1998）

1978 年后，政府在公共卫生领域的责任逐渐淡化，公共卫生费用逐渐减少。加上中央和地方财政分税制体制不完善，公共卫生经费监督管理不到位，公共卫生服务水平持续降低，城乡公共卫生风险增加，在贫困地区尤为明显。但在改革开放的政策指引下，中国的初级卫生保健工作有了进一步发展，在公共卫生保障方面的努力还是值得肯定的。

20 世纪 80 年代起，中国政府与世界卫生组织、联合国儿童基金会等国际组织合作，先后建立了山东掖县（今莱州）、上海嘉定区等初级卫生保健合作中心，还建立了一批农村卫生工作示范县，促进了中国农村初级卫生保健的发展。作为世界卫生组织的发起国和主要成员国之一，中国于 1986 年明确表示了对《人人享有卫生保健》目标的承诺。1988 年 10 月明确提出实现人人享有卫生保健是 2000 年中国社会经济发展总目标的组成部分。1989 年卫生部下发《关于加强健康教育工作的几点意见》，明确了健康教育的性质、工作内容、机构队伍建设等问题。从此中国大力推行初级卫生保健。

1. 公共卫生环境

我国儿童免疫规划事业起步于 20 世纪 50 年代的普种牛痘，逐渐过渡到 60 年代，又陆续研制成功一些常用的儿童疫苗，在全国开展卡介苗、脊髓灰质炎疫苗、麻疹疫苗和百白破混合制剂的接种工作；70 年代初，开始免费接种破伤风类毒素，并且每年冬春季在全国范围开展疫苗突击接种活动。

1978 年以后，我国正式实施计划免疫。在 1995 年底发展为"4 苗防 6 病"，即卡介苗、脊髓灰质炎、百白破、麻疹的疫苗接种率均在 80% 以上；又发展到"5 苗防 7 病"。

1979 年卫生部颁发了《全国卫生防疫站工作条例》，对卫生防疫站的任务、机构设置和职责范围、队伍建设、工作方法等作了原则性规定。1982 年在总结全国卫生防疫机构建设经验的同时，卫生部决定建立中国预防医学中心（后改称中国预防医学科学院），该中心的成立，标志着我国建立了从国家的预防医学中心到省、地、县及各部门的卫生防疫站，到乡镇卫生院和街道医院、村卫生室以及各类专科防治站（所、院）组成的疾病预防控制体系。

1983 年 7 月 1 日起实施的《中华人民共和国食品卫生法（试行）》，是我国卫生法制发展史上的一个重要转折。随着《传染病防治法》《国境卫生检疫法》等一系列公共卫生法律法规相继发布实施，公共卫生监督范围进一步扩展，标志着我国公共卫生监督工作进入了一个崭新的时期。到 1995 年底，全国各类卫生防疫机构 5895 个，卫生防疫人员总数达到 270041 人，分别比 1952 年的 481 个、20504 人增长了 11.26 倍、12.17 倍[1]。截至 1998 年底，我国专业公共卫生机构中的疫病预防控制中心数量已经达到 3746 个（详见图 7.8[2]）。

随着全国范围内的疾病防控体系的不断完善，公共传染疾病与地方病的发病率随之降低。具体来看，尽管疟疾对整个国家没有什么威胁，且 90 年代中疟疾也没有出现反弹，但中国仍然面临着挑战。[3] 云南的边疆地区和海南的山区地带依然是疟疾流行的地方，当地居民主要是少数民族，教育程度不高，对预防保健的了解非常有限。经过几十年坚持不懈的疟疾防治工作，截至 1990 年，中国只有海南省、云南省和其他少数地区还存在疟疾。到 90 年代初，全国疟疾死亡人数已降低到

① 夏媛媛：《从解放后我国公共卫生体系的发展看政府的责任》，《现代医药卫生》2006 年第 1 期。

② 《中国统计年鉴》，中国统计出版社 2018 年版。

③ 中国卫生部：《中国高发区的疟疾控制：对全球艾滋病、结核和疟疾基金会的提议》，北京，2002 年。

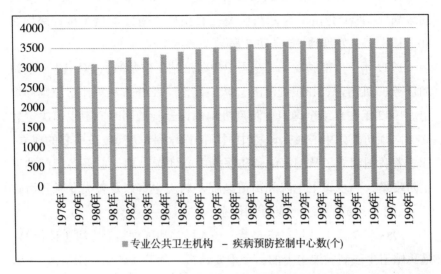

图 7.8　1979—1998 年疾病预防控制中心数

仅 50 人。90 年代期间，疟疾死亡率没有明显的变化，一直在每年死亡
30—40 人左右徘徊[①]。但 1992 年至 2002 年，中国报告的疟疾病例以每
年 13% 的速度减少[②]。

　　结核病的问题比疟疾要严重得多。与邻国相比，中国的肺结核死
亡率不算很高。但在降低结核病患病率和死亡率方面中国落后于几乎所
有邻国——1990 年至 2003 年间，中国的结核患病率和死亡率每年分别
仅下降了 1.9% 和 2.1%，远远低于西太平洋区所规定的实现千年发展目
标所需的 2.7% 的下降速度。[③] 六七十年代曾得到有效控制的血吸虫病，
80 年代后期又死灰复燃。1997 年的流行县市区数比 1995 年稍有增长，
从 291 个增长至 404 个；但好在这两个年度的年底实有病人数减少了近
13700 人（详见表 7-5[④]）。

---

① 资料来源：http://www.wpro.who.int/themes_focuses/theme1/focus2/t1f2china.asp#graph。
② 资料来源：http://www.wpro.who.int/themes_focuses/theme1/focus2/t1f2china.asp。
③ 联合国统计署千年发展目标指标数据库。
④ 《中国统计年鉴》，中国统计出版社 2018 年版。

表 7-5　1995 年和 1997 年血吸虫病的流行情况

年份	流行县市区数	流行区人口数(万人)	年底实有病人数	期内治疗病人数(个)	累计达到消灭标准县市区数
1995	391	6189.5	927514	339512	222
1997	404	6667.5	790851	294373	234

另外，根据国际标准看中国的艾滋病病毒感染 / 艾滋病患病率较低，但 1990 年以来艾滋病的蔓延速度是惊人的。在治疗方面，中国政府面临着医疗体制方面的严峻考验，逐渐有针对性地采取了一系列行动：政府发起的"四免一关怀"活动。该政策承诺：对农民和城镇经济困难人群中的艾滋病患者提供免费抗逆转录病毒药物；自愿接受艾滋病咨询和检测的人员可免费得到这种服务；对已感染艾滋病病毒的孕妇免费提供药物以阻断母婴传播，为新生婴儿进行艾滋病检测；为艾滋病遗孤提供免费义务教育；对艾滋病病毒感染者 / 艾滋病患者家属提供救治关怀和经济援助。

我国首次分离出艾滋病毒

我国医学研究人员首次分离成功艾滋病毒，这些艾滋病毒是从一位外国来华的艾滋病人血液中分离出来的。分离出的病毒经艾滋病人特异性血清证明为艾滋病毒，该病毒传代到对艾滋病敏感的白血病细胞后经艾滋病特异血清再次证明是艾滋病毒。这次分离对我国艾滋病的诊断防治具有重要意义。分离艾滋病毒的工作是由中国预防医学科学院病毒学研究所承担的。

——新华社北京 1987 年 11 月 7 日。

随着社会主义市场经济体制的逐步建立和社会主义法制建设的不断完善，现行的公共卫生监督体制与政事分开、依法行政的要求不相适应；同时，随着疾病谱和死亡谱的变化及人民群众生活质量的提高，现有防疫防病机构的功能尚需进一步拓宽，大量非传染性疾病的防治任务将由防疫防病机构来承担。因此，在计划经济体制下建立的我国公共卫生体系已逐步不适应社会发展的要求。

1996 年 2 月，卫生部为适应食品卫生法执法主体的正式转变，印发了卫办发〔1996〕6 号《关于进一步改革完善公共卫生监督执法体制的通知》文件①，旨在以食品卫生监督体制改革为龙头，建立过渡期的公共卫生监督执法体制，也全面揭开了卫生监督体制与预防保健体制改革的序幕。1997 年，上海市对各类专业防治站（所）进行合并重组，率先在全国成立了上海市疾病预防控制中心和上海市卫生监督所，这标志着我国公共卫生体系向纵深改革发展的开始。②

我国预防医学事业发展迅速

全国人大常委会副委员长布赫、国务委员彭珮云以及有关部门负责人，12 月 20 日在京与 500 余位预防医学界人士共庆中华预防医学会成立 10 周年。据该学会会长何界生介绍，学会 10 年来发展很快，现已拥有卫生防疫、妇幼保健、国境检疫等 34 个专业委员会或专科学会，会员达 8 万余人，发挥了我国政府在预防医学事业上的助手和纽带作用。1987—1997 年间，成功地组织了 500 余次学术活动，参加人数达 10 多万人，还出版了专业期刊 36 种。

——《人民日报》1997 年 12 月 23 日。

2. 卫生服务体系建设

1978 年，世界卫生组织在阿拉木图召开会议并发表了《阿拉木图宣言》，此次会议认为中国是发展中国家推行初级卫生保健的典范。当时的世界卫生组织总干事哈夫丹·马勒博士多次向发展中国家推荐以"赤脚医生"制度为代表的"中国模式"，被世界卫生组织誉为中国农村卫生工作的三大法宝之一。同年 12 月中共十一届三中全会召开将中

---

① 卫生部：《关于进一步改革完善公共卫生监督执法体制的通知》（卫办发〔1996〕第 6 号），《食品卫生监督》1996 年第 3 期。
② 夏媛媛：《从解放后我国公共卫生体系的发展看政府的责任》，《现代医药卫生》2006 年第 1 期。

国的改革开放推向高潮，中国的医疗卫生体制改革也随之起步。

1980 年，卫生部关于允许个体开业行医问题的请示报告也得到国务院批准，中国民营医院开始迈出第一步，打破公立医院独占中国医疗卫生领域的局面，标志着政策导向开始转向市场化改革上来。在此之前，医疗卫生政策的重点一直倾向于资源匮乏的农村，市场化改革之后建设重心逐渐向城市转移。

> 从 1982 年以后，我国医疗卫生工作的重点就开始转向城市。在 1982—2001 年间，我国医院床位从 205.4 万张增加到 297.6 万张，增幅为 44.9%。其中，城镇医院床位从 83.2 万张增加到 195.9 万张，增幅为 135.3%；而农村医院床位不但没有增加，反倒从 122.1 万张下降到 101.7 万张，降幅为 16.7%。结果是农村医院床位占床位总数的比重从 1982 年的 60% 跌至 2001 年的 34.2%。
>
> 不仅如此，在城市里，卫生资源又相对集中在大城市，在大城市里，卫生资源又相对集中在大型的医院。这些大医院贵族化现象日益明显。相形之下，农村医院的卫生资源匮乏，医疗设施落后，医护人员素质不高。20 年来，农村医疗条件的改善主要集中在县级卫生机构。到了县以下，乡镇卫生院和村卫生室面临着重重危机。例如，在山西省村一级医疗单位的从业人员中，本科学历者仅占 0.2%，大专学历者占 3%，中专学历者占 18.8%，无专业学历者高达 78%。即使乡镇一级 3.2 万名卫生人员中，无专业学历者也占到 40.9%；目前山西省 57% 的乡镇医院缺少心电图机，52% 缺少 X 光机，70% 的医院没有常规的检验设备。
>
> ——《山西日报》2004 年 2 月 19 日。

1985 年 1 月召开的全国卫生局厅长会议，贯彻中共十二届三中全会关于经济体制改革的决定精神，部署全面开展城市卫生改革工作。同年 4 月，国务院批转《关于卫生工作改革若干政策问题的报告》，指出："必须进行改革，放宽政策，简政放权，多方集资，开阔发展卫生事业的路子，把卫生工作搞好。"由此中国的医改正式启动。这一时期医改的基本思路是模仿国企改革，其核心内容是"放权让利，扩大医院自主权，放开搞活，提高医院的效率和效益"，而改革的基本做法是"只给政策不给钱"。旧有的农村合作医疗失去依托，并逐渐解体，以"赤脚医生"闻名的中国模式，逐步淡出舞台。

　　1989 年 8 月在天津蓟县由卫生部主持召开了第一次全国性初级卫生保健试点工作会议，总结了农村卫生工作经验和 80 年代初级卫生保健合作中心、农村卫生示范县工作的经验，会议提出了三个文件，即《关于我国农村实现"2000 年人人享有卫生保健"的规划目标》《初级卫生保健工作管理程序》《初级卫生保健工作评价指标》，这些文件的制定和实施，使中国农村初级卫生保健工作有了一套可遵循的规范与评价标准。1990 年 3 月国家计划委员会、农业部、国家环境保护局、全国爱国卫生运动委员会与卫生部联合下发《关于我国农村实现"2000 年人人享有卫生保健"的规划目标》，使中国农村初级卫生保健工作进入了科学化目标管理的阶段。

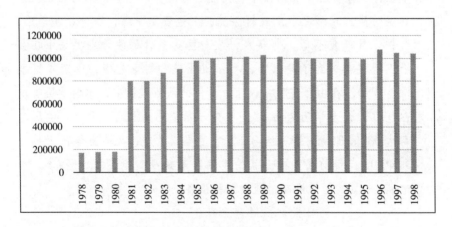

图 7.9　1978—1998 年全国医疗卫生机构数（个）

　　随着全国性初级卫生保健工作的文件要求陆续出台，各级医疗服务机构规模也逐渐扩大。1981 年，全国各类医疗卫生机构数骤增至800205 个，随后 17 年保持稳定扩张的趋势。1998 年，全国各类卫生机构数增长至 1042885 个（详见图 7.9[①]）。另外，各类医护人员数量经历大幅增长后，保持稳定水平，执业（助理）医师数达到 19995 万人、执业医师数达到 15140 万人、注册护士数达到 12188 万人、药师数达到 4236 万人（详见图 7.10[②]）。

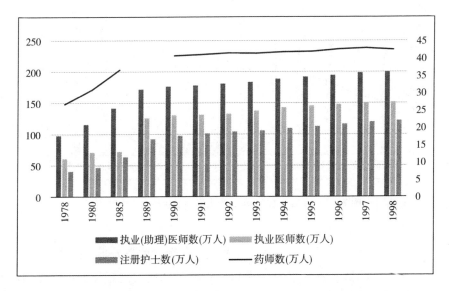

图 7.10　1979—1998 年各类医护人员数量（万人）

　　我国已有 20 个省市实现了"县县有中医院"的目标，全国中医床位已增至 20 万张，中医门诊医疗人次已占全国就诊总人次的 1/3，稳步发展的中医事业正使人民群众享有优质中医医疗服多成为可能。

　　　　——《人民日报》1992 年 1 月 16 日。

　　市场化改革的同时，医疗技术也经历了较大跨度的发展。不仅全国范围内扩大医疗机构和医护人员规模，还不断升级医院硬件和软件配置水平，提高医护人员临床技能。截至 1998 年，卫生人员数量和卫生

---

① 《中国统计年鉴》，中国统计出版社 2018 年版。

② 《中国统计年鉴》，中国统计出版社 2018 年版。

技术人员数量分别达到 68633 万人和 44237 万人（详见图 7.11[①]）。

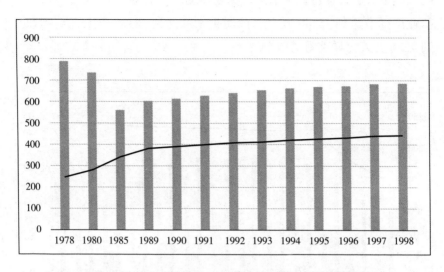

图 7.11　1978—1998 年卫生人员和卫生技术人员数（万人）

　　今年，我国第一例用冷冻精液人工受精的婴儿出生。这是人类精液冷冻贮存及其应用的成功，填补了我国在这领域的一项空白。给计划生育、生殖保险和优生开辟了广阔的前景。

　　——新华社 1983 年 11 月 22 日。

　　上海市目前已有 38 所市、区级医院和职工医院开设激光门诊，占这类医院总数的 1/3 左右。现在，激光已在一些医院的眼科、皮肤科、耳鼻喉科、内科、普通外科、针灸科、脑外科、神经科、房科和肿瘤科进入临床使用。

　　——新华社 1984 年 2 月 6 日。

　　人体器官"换零件"在我国已逾 3000 例，自 20 世纪 70 年代以来，我国医务界已陆续开展了胃、肝、心、肺等 10 多种器官

---

① 《中国统计年鉴》，中国统计出版社 2018 年版。

移植。

——《健康报》1989 年 4 月 9 日。

江苏省江都医用电子仪器厂在有关科研单位支持下，应用国内外尖端的超声电子技术，自行设计并研制成功了"神目"牌系列 B 超。该仪器为国内首创 240 线扫描的高清晰度诊断仪器，并领先于国内同类产品，可同进口同类小型 B 超相媲美。

——《人民日报》1991 年 6 月 18 日。

在这段时期，1989 年国务院批转了卫生部、财政部、人事部、国家物价局、国家税务局关于扩大医疗卫生服务有关问题的意见。虽然这项卫生政策刺激了医院创收，弥补收入不足，但同时也影响了医疗机构公益性的发挥，医疗卫生资源配置不合理问题越来越突出，百姓看病难看病贵问题日渐显现。

1992 年，国务院下发《关于深化卫生改革的几点意见》，要求公立医院在"以工助医""以副补主"等方面取得新成绩，公立医院进入市场化阶段。

另一方面，1997 年 1 月，《中共中央、国务院关于卫生改革与发展的决定》明确指出：健康教育是公民素质教育的重要内容，要十分重视健康教育，提高广大人民群众的健康意识和自我保健能力，积极推进九亿农民健康教育行动。根据《关于我国农村实现"2000 年人人享有卫生保健"的规划目标》来看，截至 2000 年底，有 95% 的农业县（市、区、旗）达到和基本达到了要求，基本实现了"2000 年人人享有卫生保健"的农村初保阶段性目标[1]。

杭州出现"BP 机医生"

在杭州，不必上医院，只需要每天 8—17 时拨打机号为

---

[1] 中华人民共和国卫生部：《2010 中国卫生统计年鉴》，中国协和医科大学出版社 2010 年版。

5171111-120 的传呼，就可得到免费医疗咨询等有关服务。据悉，"BP 机医生"是指公众寻呼后，医生就按收到寻呼的先后，依次回拨电话，向公众提供各种医药、保健服务，包括求医问药的咨询、医生护士上门服务、联系专家治疗、安排住院、手术等。

——新华社 1996 年 4 月 21 日。

首家电脑"流动医院"在沪诞生

上海有了国内首家电脑"流动医院"，专为计算机诊治各类毛病。上海铁路局开发电脑"流动医院"是一辆蓝色快车，车上装载着测试仪器，可以方便地行驶在各处，到现场为计算机排除各种故障。电脑"流动医院"得到了普遍好评。

——新华社 1996 年 12 月 20 日。

网友足不出户可投医问药

上药店买药不新鲜，不去药店就能买药少见。北京国网信息公司最近在网上开办了"互联堂药店"。网上的朋友只需在键盘上敲敲打打或打电话就可以把自己所需的药物买回家。网上的朋友还可以在"名册速查"中查到各种医疗机构的详细情况，在"专家预约"中发布自己的信息，做到足不出户，就可以投医问药。

——《北京晚报》1998 年 2 月 17 日。

（三）共建共享、全民健康（1999—2019）

进入 21 世纪，中国政府仍然把初级卫生保健作为农村卫生工作的中心任务，把人人享有初级卫生保健作为卫生改革与发展的目标，伴随着社会发展，初级卫生保健的内涵也得到进一步发展和提升。2005年，卫生部首次制定并下发了《全国健康教育与健康促进工作规划纲要（2005—2010 年）》，中央补助地方健康教育与烟草控制项目开始实施，我国健康教育专业机构开始使用国家拨付的健康教育业务专项经费。

人群健康与社会发展双向作用，医学模式与人群健康水平相互影响。社会参与，共建"大卫生"，现已成共识。国家加强对公共卫生的支持将是一个潮流和趋势。[①]

1. 公共卫生环境

近 20 年，中央与地方政府已为农村卫生医疗事业、城市社区卫生服务和低收入人群医疗保障网络投入了大量资金，卫生事业发展也取得了一定的成就，卫生资源不断扩大，卫生技术水平不断提高，疾病防治能力不断增强，医疗保障制度覆盖人口逐步扩大，人民健康状况持续改善。

但中国的卫生体制依然存在很多突出的矛盾和问题，主要体现在我国现阶段医药卫生事业发展水平与人民群众健康需求及经济社会协调发展不相适应的矛盾还比较突出，具体体现在医疗卫生资源配置不合理，保障水平较低，政府投入不足，医药费用上涨较快，个人负担较重等方面，而这些问题的存在对于经济社会的健康和谐发展构成潜在的威胁。另外，健康教育和妇幼保健项目虽然具有一定基础，但多种因素的制约导致项目实施存在一些困难和问题，有待进一步的规范和管理。

根据中发〔1997〕3 号《中共中央、国务院关于卫生改革与发展的决定》、国办发〔2000〕16 号《关于城镇医药卫生体制改革的指导意见》，卫生部先后出台了《关于卫生监督体制改革的意见》《关于疾病预防控制体制改革的指导意见》等一系列配套政策文件，全国各地相继对现行卫生监督体制、疾病预防控制体制进行了资源重组与改革，逐步形成新的公共卫生工作体系。2000 年在全国实现了无脊髓灰质炎目标，2002 年将乙型肝炎疫苗接种纳入国家免疫规划之后，儿童乙肝表面抗原携带率不断下降。

---

① 夏媛媛：《从解放后我国公共卫生体系的发展看政府的责任》，《现代医药卫生》2006 年第 1 期。

（1）抗击"非典"

2002 年底，突如其来的传染性非典型肺炎（以下简称"非典"）侵袭我国，波及我国内地 24 个省（自治区、直辖市）的 266 个县（区），累计报告"非典"病例 5327 例，死亡 349 人。2003 年初，疫情扩散到 4 大洲 32 个国家和地区，全球报告"非典"病例 8422 例，死亡 919 人[①]。"非典"的暴发给我国经济社会的发展带来巨大的影响，使上到党中央、国务院下到黎民百姓开始关注疾病预防控制，逐步意识到加强疾病预防控制体系建设的重大意义。[②] 同时，我国疾病防制体系的薄弱也暴露无遗，我国疾病预防控制体系有待于完善和加强。[③]

2003 年 5 月 7 日，国务院第七次常务会议通过《突发公共卫生事件应急条例》，5 月 12 日公布实施，还颁布实施了《传染性非典型肺炎防治管理办法》。中国政府如实公布疫情，完善疫情信息报告制度和预防控制措施。国家领导人多次深入疫区了解疫情，看望慰问病人和医护人员，动员全国人民抗击非典。2003 年 7 月召开的"全国防治非典工作会议"上，温家宝总理指出：公共卫生建设的目标是，争取用 3 年左右的时间，建立健全突发公共卫生事件应急机制、疾病预防控制体系和卫生执法监督体系；用更长一段时间，完善我国农村卫生体系、城市基本医疗服务体系、环境卫生体系和财政经费保障体系。吴仪副总理强调："确定我国公共卫生建设的内容和重点，必须从我国长期处于社会主义初级阶段的基本国情出发，从我国公共卫生面临的突出问题出发"，"疾病预防控制机构的主要职责是：疾病预防与控制、应急预警与处置、疫情收集与报告、监测检验与评价、健康教育与促进、应用研究与指导、技术管理与服务等，与上述职能无关的业务要逐步分离。要改革人事管理制度，加强专业队伍建设，规定准入标准和条件，实行定编定员和考试招聘上岗。当务之急是针对存在的问题和薄弱环节，通过明确职能、落实责任、深化改革、优化队伍、定编定员和保

---

① 王小万、邹书堂：《政府在疾病控制领域中的地位与作用》，《中国卫生经济》2000 年第 10 期。

② 吕筠、李立明：《疾病预防策略中若干观念的转变》，《疾病控制杂志》2003 年第 2 期。

③ 李立明：《切实加强我国公共卫生体系建设》，《求是》2003 年第 20 期。

障经费等措施，尽快提高各级疾病预防控制中心的能力"①。中国政府和地方政府拨款 100 多亿元资金，用于购置医疗设备药品、防护用品和医院改造，对农民和城镇生活困难居民中的非典患者实行免费医疗和救助，确保非典患者全部入院救治，使中国内地临床确诊病历的病死率降至 6.5%，低于世界平均临床确诊病死率 9% 的水平。至 8 月 16 日，卫生部副部长朱庆生在北京地坛医院宣布，地坛医院的最后一批非典患者康复出院，这也是全北京市和全国在院的最后一批非典患者。朱庆生称，最后一批非典康复患者出院标志着全国防治非典的医疗救治任务已经全面完成。

这场突如其来的疫病，严重威胁了人民健康和生命安全，也影响了我国经济发展、社会稳定和对外交往，给我国带来巨大的经济损失，据亚洲开发银行（ADB）统计，因受非典流行的影响，我国内地经济损失总额为 179 亿元人民币，占全国 GDP 的 1.3%；香港经济损失总额为 120 亿美元，占香港 GDP 的 7.6%。

疫情结束后，中央政府第一时间宣布大幅度增加卫生防疫经费投入，在全国建设各级疾病预防控制中心，特别是增加了对农村地区的经费投入。2004 年底，我国建成使用全国传染病疫情和突发公共卫生事件网络直报系统，信息平均报告时间从原来的 5 天缩短到 4 小时。

（2）防控艾滋病

国内首个艾滋病门诊在深圳设立

"皮肤性病艾滋病防治项目专家门诊" 5 月 29 日在深圳市慢性病防治院挂牌，我国首个艾滋病门诊诞生。据介绍，该门诊将为相关人群提供规范的性病艾滋病咨询、检测、诊疗、关怀、干预等服务。该门诊保留"皮肤"字样，是希望保护求诊患者的隐私，让求诊患者不会有受歧视的感觉。

——《新民晚报》2004 年 5 月 29 日。

---

① 中共中央国务院：《中共中央关于完善社会主义市场经济体制若干问题的决定》，2003 年。

与此同时，关于艾滋病防控的工作从未停止。2005 年我国艾滋病疫情仍呈现低流行态势，但在部分县、乡和特定人群中出现高流行趋势。截至 2005 年 11 月底，全国累计报告艾滋病病毒感染者 141241 例，其中艾滋病病人 32263 例，累计死亡 7977 例。疫情正在从高危人群向一般人群扩散。中央财政逐年加大艾滋病防治专项经费安排。2002 年安排 1 亿元，2003 年安排 3.9 亿元，2005 年增加到 8.01 亿元，其中 7.01 亿元为中央转移地方支付经费。不仅中央财政支持力度加大，地方财政的经费投入也逐年递增。据不完全统计，2003 年地方财政投入约 1.37 亿元，2004 年约为 2.58 亿元，2005 年约为 3.64 亿元。

经过十几年的努力，我国艾滋病防控工作取得显著成效。据中国疾控中心、联合国艾滋病规划署、世界卫生组织联合评估，截至 2018 年底，我国估计存活艾滋病感染者约 125 万。截至 2018 年 9 月底，全国报告存活感染者 85.0 万，死亡 26.2 万例。估计新发感染者每年 8 万例左右。全人群感染率约为 0.009%。2017 年报告感染者中经异性传播占比为 69.6%，男性同性传播为 25.5%。经过多年努力，我国艾滋病防控政策日益完善，"政府组织领导、部门各负其责、全社会共同参与"的工作机制已经建立，防治经费逐年增加，服务网络更加健全，科技支撑作用不断显现，防控工作取得显著成效。具体来说，基本阻断输血传播方式；有效控制注射吸毒传播途径；有效控制母婴传播途径；感染者监测发现力度不断加大；抗击艾滋病的社会环境不断完善，建立专项基金支持社会组织深入开展防艾工作，社会团体、公众人物、志愿者和企业等社会力量参与进一步提升，社会歧视不断减少。[①]

（3）公共卫生

由于广义的公共卫生涵盖了传染病、地方病等直接相关的公共卫生项目和饮水、空气和食品等间接的公共卫生项目。疫病的爆发，使得人们逐渐意识到我国间接的公共卫生安全不容乐观。

---

① 数据来源：http://www.sohu.com/a/277539606_441376。

在农村改水和改厕方面，截至 2005 年底，全国累计农村改水受益人口 88893.2 万人（其中：当年受益人口 861.9 万人），改水受益人口占农村总人口的 94.1%。农村自来水普及率为 61.3%。截至 2005 年底，农村累计使用卫生厕所 13740.1 万户，其中：当年新增卫生厕所 579.5 万户。农村卫生厕所普及率为 55.3%，粪便无害化处理率为 59.5%。

我国农村有 3 亿人饮水不安全，其中有 1.9 亿是水质问题。据调查，我国将近一半的湖泊处于严重的富营养化状态。主要是由于这些区域的农业面源污染和人畜粪尿排放而造成的，水体中氮磷污染物三分之一来自农业面源污染。由于我国绝大多数水源在山区和水土流失区，水土流失作为载体在输送大量泥沙的同时，也输送了大量化肥、农药和生活垃圾。我国积累在饮用水源特别是井水中的化肥氮磷和农药，已经对至少 13 个省份、数百万人的健康造成了威胁。

——新华网 2005 年 4 月 4 日

据调查，全国农村有 3 亿多人饮水不安全，其中约 6300 多万人饮用高氟水，200 万人饮用高砷水，3800 多万人饮用苦咸水，1.9 亿人饮用水有害物质含量超标，血吸虫病区约 1100 多万人饮水不安全。在城市，饮用水水源地的污染更广泛、更复杂。长江区的太湖水系、西北诸河、淮河区、黄河区和海河区有近一半的水源地水质不合格；松花江区和辽河区不合格水源地占三分之一。深圳 73% 的河流存在污染。

——《南方日报》2005 年 5 月 13 日。

在环境卫生方面。据不完全统计，2005 年 28 个省（自治区、直辖市）共有 75.2 万户接受公共场所卫生监督，监督覆盖率达 92.1%，监测合格率 90.1%。24 个省（区、市）共抽检生产企业和经营单位化妆品产品 40071 件，合格率为 91.8%，其中进口化妆品合格率 94.1%，国产化妆品合格率 91.7%。

在劳动卫生方面。据不完全统计，2005 年 25 个省（区、市）各类职业病发病 5247 例，其中：尘肺 3380 例，慢性职业中毒 565 例，急性职业中毒 494 例，职业性眼、耳鼻喉疾病 226 例。生产环境中有害因素测定点 43.4 万个，实测率为 51.2%。23 个省（区、市）共有 28941 个放射工作场所接受经常性卫生监督，放射工作人员就业后健康体检率达 77.7%。从以上卫生部网站的数据来看，公共卫生的各项指标的改善表现还不错。

在疫苗接种方面。2007 年国务院作出了进一步扩大国家免疫规划的决定。2008 年我国发布《扩大国家免疫规划实施方案》，该方案规定在原有乙肝、卡介苗、无细胞百白破疫苗、白破疫苗、脊灰疫苗以及麻疹疫苗的基础上，全国范围内加种麻腮风疫苗、流脑疫苗、乙脑疫苗以及甲肝疫苗等，各地区还可根据自身情况接种其他疫苗。通过免疫规划的推广，纳入国家免疫规划体系的疫苗由原来的 6 种增加到 14 种，可以预防的传染病从乙肝、结核病等 7 种增加到了 15 种。

中国疾病预防控制中心免疫规划首席专家王华庆在接受记者采访时曾表示："1978 年我国开始开展儿童计划免疫工作，至今已整整 40 年，覆盖了 12 种疫苗可预防疾病。从 4 苗防 6 病到 14 苗防 15 病，我国终结了天花，实现了无脊髓灰质炎状态，控制了乙肝、麻疹、白喉、百日咳、破伤风、乙脑等疾病。疫苗接种的普及直接或间接挽救了无数生命，极大地降低了传染病发病率和死亡率。"

截至 2018 年 9 月，传染病信息报告系统覆盖近 7.1 万家医疗机构，系统用户超过 16 万。建成国家、省、市、县四级疾控机构实验室检测网络，中国疾控中心流感、脊髓灰质炎、麻疹、乙脑等实验室成为世界卫生组织参比实验室。中国目前已经具备了 72 小时内检测 300 余种病原体的能力。以疫病预防控制中心数量为例，自 2002 年开始，规模数量趋于稳定，基本维持在 3400 个以上的水平（详见图 7.12①）。说明全国范围内的公共卫生服务体系已经基本建立，并使用稳定，成效显著。

---

① 《中国统计年鉴》，中国统计出版社 2018 年版。

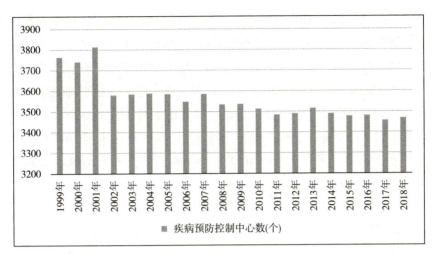

图 7.12　1999—2018 年疫病预防控制中心数

2. 卫生服务体系建设

2000 年 2 月 21 日，地方公立医院率先实行"完全市场化"医院改制，国务院公布《关于城镇医疗卫生体制改革的指导意见》（国办发〔2000〕16 号），鼓励"各类医疗卫生机构合作合并"，公立医院迎来改制高潮。此次医改的主要措施包括：将医疗机构分为非营利性和营利性两类进行管理，营利性医疗机构医疗服务价格放开；扩大基本医疗保险制度覆盖面；卫生行政部门转变职能，政事分开，实行医疗机构分类管理；公立医疗机构内部引入竞争机制放开管制，规范运营；改革药品流通体制，加强监管，实行医药分家等。

2005 年，医院管办分离模式开始在我国出现，同年 9 月，上海申康医院发展中心和江苏无锡市医院管理中心先后挂牌成立。2006 年《国务院关于发展城市社区卫生服务的指导意见》明确指出，城市社区卫生服务是政府的基本责任。[①]

同年 9 月，国务院成立了由十一个部委组成的医改协调小组着手制

---

① 刘继同：《卫生财政学概念的含义、范围领域、基本特征与地位作用（中）》，《中国卫生经济》2008 年第 2 期。

定新医改政策，由国家发改委主任和卫生部部长共同出任组长。这一时期，通过探索民主决策途径来提高决策质量是医疗卫生决策的新亮点。城乡初级卫生保健财政是中国卫生财政体制中的一部分，属于典型的公共服务与社会服务，政府应承担相应责任并提供财政支持。我国卫生资源总体不足，资源配置不合理，农村地区问题更加突出。我国的卫生资源城市占 80% 以上，农村仅占 20% 以下。2008 年，我国城市孕产妇产前检查率达到 88.1%，而农村不足 50%；城市孕产妇死亡率为 29.2/10 万，农村为 36.3/10 万；城市婴儿死亡率为 6.6‰，农村为 18.4‰，存在较大差距。

"网上求医"系统正式开通

　　杭州市第三人民医院"网上求医"系统正式开通。患者只要登录他们的网站，将病情发帖上网，就可得到专家们的免费网上诊断。该系统还开通了"网上挂号"、"网上急诊"、"上门就诊"等业务，为"空巢老人"带来方便。
　　——《人民日报》2006 年 1 月 21 日。

　　2008 年 10 月 14 日，《关于深化医药卫生体制改革的意见（征求意见稿）》开始在网络上征求意见。"新医改"于 2009 年正式拉开序幕，基本医疗保障制度得以加快推进，国家基本药物制度等一系列制度不断完善。卫生总费用结构也在不断优化，个人卫生支出比重呈下降趋势，从 2008 年的 40.4% 下降到 2018 年的 28.78%[1]，政府预算和社会卫生支出的比重不断上升。从人均卫生费用来看，从 1999 年以来，人均卫生费用、城市人均卫生费用和农村人均卫生费用呈现快速上涨趋势，分别从 32178 元、70198 元和 20322 元增长至 378383 元（2017 年）、355831 元（2014 年）和 141221 元（2014 年），详见图 7.13[2]。对比图

①《中国统计年鉴》，中国统计出版社 2018 年版。
②《中国统计年鉴》，中国统计出版社 2018 年版。

7.14，从卫生支出结构来看，随着医改力度的加大，政府和社会对于卫生费用支持部分逐渐加大，个人支出部分逐渐减少。

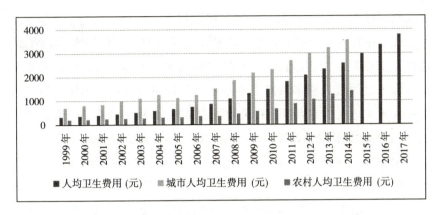

图7.13　1999—2017年人均卫生费用、城市人均卫生费用和农村人均卫生费用

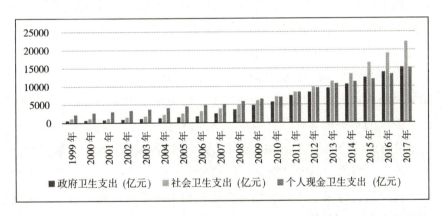

图7.14　1999—2017年全国卫生支出结构

2009年起列入医改的重点任务有：加强城乡基层医疗卫生服务能力、基本公共卫生服务均等化、建立健全基本医疗保障制度、建立基本药物制度等。在着力提升基层卫生服务能力和水平，方便群众就医方面，中央投资474.8亿元人民币，支持11万个县级医院和基层医疗卫生机构基础设施建设，不断完善基层医疗卫生服务体系。促进基本公共卫生服务逐步均等化规定的免费向农村居民提供的基本公共卫生服务项目由9类22项，扩展至当前的14类47项，政府对城乡居民提供基本公共卫生服务的经费由人均15元提高至50元。基本医疗保险参保人数超过13.5亿，参保率稳定在95%以上。中国居民的主要健康指标已优于中高收入国家的水平，用较小的投入取得了较好的健康绩效。世界卫生组织、世界银行等发布的报告认为，中国在实现全民健康覆盖方面迅速迈进，基本医疗卫生服务可及性更加均衡。同年，原卫生部颁发《关于医师多点执业有关问题的通知》，医生多点执业开始"合法化"，标志着被公立医院几乎垄断的医生资源开始流通。

2010年，国务院发文鼓励社会资本办医疗机构，但具体实施中，民营医院仍面临税收、土地审批、人才流动、区域规划等困难。2012年，国家发改委、卫生部、中医药管理局发布新版《全国医疗服务价格项目规范》，公布医疗服务价格项目。同年，北京、深圳等地公立医院率先进行医药分开试点，力争到2017年试点城市公立医院药占比总体降到30%左右，医药分开旨在倒逼公立医院停止"以药养医"。实行近60年的药品加成政策开始退出历史舞台。

在2015年，由于目前我国80%的医疗卫生资源集中在城市，其中80%又集中在大中型医院，而医疗卫生服务的需求大部分在基层。供给与需求的不平衡导致了看病难。为缓解这一现状，国务院发布《关于推进分级诊疗制度建设的指导意见》，全国各级公立医院开始推行分级诊疗，分级诊疗制度，就是要按照疾病的轻、重、缓、急及治疗的难易程度进行分级，不同级别的医疗机构承担不同疾病的治疗，实现基层首诊和双向转诊。

据资料显示，截至2017年，开展分级诊疗的三级医院占据全部行业调查对象的50%。可见，三级医院是分级诊疗实践的主导力量，为区域或集团内下级医院提供更好的医疗服务支持。二级医院作为"中转站"，做到既要向上可转诊，向下可分诊的重要职能。基层医疗机构作为医疗"神经"，全面覆盖区域居民的健康医疗服务。分级诊疗不仅有效地控制了小病大治的不良现象，还可以与医药分开等政策结合控制医保费用。此后，大医院门诊量开始下降，社区医院门诊量上升，二级医院开始转型。[1]

根据 2017 年国务院印发《"十三五"深化医药卫生体制改革规划》要求，分级诊疗制度、现代医院管理制度、公立医院综合改革、全民医疗保障制度、建立规范有序的药品供应保障制度等一系列改革也驶入快车道，我国医疗卫生服务体系不断健全，医疗卫生资源迅速增加，群众获得服务的可及性明显改善。特别是在推进分级诊疗制度中，强基层成为重要抓手，远程医疗、医联体等众多举措持续促进优质医疗资源共享，不断提升基层服务能力。同时，我国医疗卫生领域发展也有了质与量的飞跃。

从医疗卫生机构数量来看，1999 年全国医疗卫生机构总数为 101.7 万个；2008 年为 98.1 万个；2018 年达 100.4 万个（详见图 7.15[2]），其间出现过规模减小的情况，而后又逐渐增长。

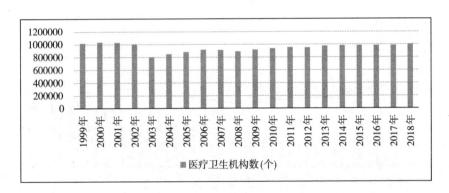

图 7.15　1999—2018 年医疗卫生机构数

从医院和综合医院数量来看，整体保持稳定增长趋势，分别从16678 个和 11868 个，建设至 32000 个（2018 年）和 18921 个（2017年），详见图 7.16[3]。

---

①　健康界：https://www.cn-healthcare.com/article/20180409/content-502150.html。

②　《中国统计年鉴》，中国统计出版社 2018 年版。

③　《中国统计年鉴》，中国统计出版社 2018 年版。

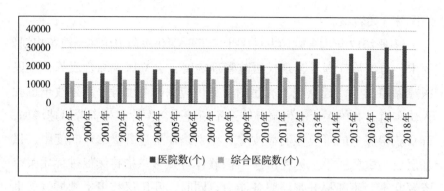

图 7.16　1999—2018 年医院和综合医院数

　　从国内医药护人员来看，1999 年后各类专业人员的数量经历了短暂的减少，此后保持稳定增长趋势，其中，注册护士数量增长的最快，2018 年达到 412 万人；执业（助理）药师数达到 358 万人（详见图 7.17[①]）。

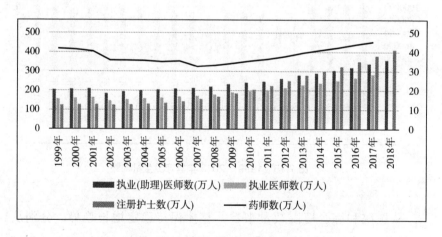

图 7.17　1999—2018 年各类医药护人员数

　　从卫生人员和卫生技术人员来看，1999 年后一直保持稳定或增长趋势，并在 2005 年后开始快速增长，其中卫生人员数在 2017 年达到

---

　　① 《中国统计年鉴》，中国统计出版社 2018 年版。

11749 万人、卫生技术人员数在 2018 年达到 950 万人（详见图 7.18①）。

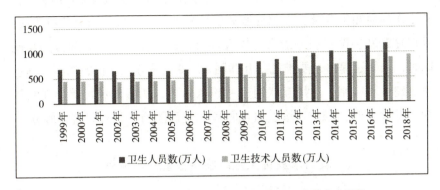

图 7.18 1999—2018 年卫生人员数和卫生技术人员数

2018 年末，全国医疗卫生机构床位 840.4 万张，其中：医院 652.0 万张（占 77.6%），基层医疗卫生机构 158.4 万张（占 18.8%）。2018 年底，全国 3.16 万个乡镇共设 3.6 万个乡镇卫生院，床位 133.4 万张，卫生人员 139.1 万人（其中卫生技术人员 118.1 万人）。与上年比较，乡镇卫生院减少 90 个（乡镇撤并后卫生院合并），床位增加 4.2 万张，人员增加 3.1 万人。2018 年，每千农村人口乡镇卫生院床位达 1.39 张，每千农村人口乡镇卫生院人员达 1.45 人。②

为完善基层医疗卫生服务体系建设，转变服务模式，强化服务网络功能，2016 年 6 月 6 日，由国务院医改办、国家卫生计生委、国家发展改革委、民政部、财政部、人力资源社会保障部和国家中医药管理局联合发布《关于推进家庭医生签约服务的指导意见》，在 200 个公立医院综合改革试点城市开展家庭医生签约服务，鼓励其他有条件的地区积极开展试点。重点在签约服务的方式、内容、收付费、考核、激励机制等方面实现突破，优先覆盖老年人、孕产妇、儿童、残疾人等人群，以及高血压、糖尿病、结核病等慢性疾病和严重精神障碍患者等。实行家庭医生签约服务，是深化医药卫生体制改革的重要任务，

---

① 《中国统计年鉴》，中国统计出版社 2018 年版。
② 国家卫生健康委员会：《2018 年我国卫生健康事业发展统计公报》。

也是新形势下更好维护人民群众健康的重要途径。

2019 年，国家卫健委发布了《关于做好 2019 年家庭医生签约服务工作的通知》要求：在保证服务质量基础上，扩大签约服务覆盖面。重点提升基层医疗服务能力，提升基层护理人员上门服务能力。与此同时，通知还提出，要推进"互联网+"签约服务，加快签约服务信息系统建设和应用，运用互联网、手机 App 等，为签约居民提供在线签约、健康咨询、预约就诊、健康管理、慢病随访、报告查询等服务。

我国家庭医生签约服务覆盖面不断提升

5 月 19 日是第九个"世界家庭医生日"。今年"世界家庭医生日"的主题是"携手家庭医生，共筑健康生活"。被称为居民健康"守门人"的家庭医生主要由社区全科医生、乡村医生、护士以及公共卫生人员组成，为民众提供基本医疗、公共卫生和健康管理等服务。我国自 2017 年开始推行家庭医生签约服务以来，重点人群签约率已达 60%。

——《人民日报》（海外版）2019 年 5 月 21 日。

随着计划生育工作由控制人口生育，到鼓励生育功能的转型，2013 年成立的国家卫生和计划生育委员会完成了历史使命，同时也标志着卫生与计生合并过渡完成。为推动实施健康中国战略，树立大卫生、大健康理念，把以治病为中心转变到以人民健康为中心，预防控制重大疾病，积极应对人口老龄化，加快老龄事业和产业发展，为人民群众提供全方位全周期健康服务。2018 年 3 月 13 日，根据国务院大部制改革，组建国家卫生健康委员会（简称国家卫健委），将国家卫计委、医改办、全国老龄化工作委员会办公室的职责，工业和信息化部牵头的《烟草控制框架公约》履约工作职责，国家安全生产监督管理总局的职业安全健康监督管理职责进行整合。其主要职责是，拟订国民健康政策，协调推进深化医药卫生体制改革，组织制定国家基本药物制度，监督管理公共卫生、医疗服务、卫生应急，负责计划生育管理和服务工作，拟订应对人口老龄化、医养结合政策措施等。

另外，国家基本药物制度更加健全，2018版国家基本药物目录，数量由原来的520种增加到685种，基本覆盖临床主要疾病病种，更好适应基本医疗卫生需求。此外，药品实行进口药零关税，推动下调抗癌药的采购价格，开展国家药品价格谈判，实现药价降低。新组建的国家卫健委，业内认为是凸显了"大健康"的理念，此前相关部门的有关养老、控烟、职业安全健康监督管理等职责都整合到国家卫健委职能上，贯穿了健康领域的从生到死，体现了健康中国全生命周期服务的理念，是将健康融入所有政策的重要理念体现。

国家卫健委：2018年人均住院药费较上年下降2.9%

22日，国家卫健委发布《2018年我国卫生健康事业发展统计公报》（以下简称"公报"）显示，2018年，我国医院人均住院药费（2621.6元）比上年下降2.9个百分点，居民人均预期寿命由2017年的76.7岁提高到2018年的77岁，孕产妇死亡率从19.6/10万下降至18.3/10万，婴儿死亡率从6.8‰下降至6.1‰。全国卫生人员总数1230.0万人，比上年增加55.1万人，增长4.7%。

公报显示，在医药费用方面，2018年，医院次均门诊费用274.1元，按当年价格比上年上涨6.7%，按可比价格上涨4.5%；人均住院费用9291.9元，按当年价格比上年上涨4.5%，按可比价格上涨2.4%。日均住院费用1002.8元。2018年，医院次均门诊药费（112.0元）占40.9%，比上年（42.7%）下降1.8个百分点；医院人均住院药费（2621.6元）占28.2%，比上年（31.1%）下降2.9个百分点。

在基层医疗卫生机构病人医药费用方面，2018年，社区卫生服务中心次均门诊费用132.3元，按当年价格比上年上涨13.1%，按可比价格上涨10.8%；人均住院费用3194.0元，按当年价格比上年上涨4.4%，按可比价格上涨2.3%。

2018年，社区卫生服务中心次均门诊药费（90.5元）占

68.4%，比上年（68.7%）下降 0.3 个百分点；人均住院药费（1169.6 元）占 36.6%，比上年（39.5%）下降 2.9 个百分点。

2018 年，乡镇卫生院次均门诊费用 71.5 元，按当年价格比上年上涨 7.5%，按可比价格上涨 5.3%；人均住院费用 1834.2 元，按当年价格比上年上涨 6.8%，按可比价格上涨 4.6%。日均住院费用 285.3 元。

2018 年，乡镇卫生院次均门诊药费（39.3 元）占 55.0%，比上年（54.4%）上升 0.6 个百分点；人均住院药费（730.7 元）占 39.8%，比上年（42.2%）下降 2.4 个百分点。

——人民网北京 2019 年 5 月 23 日电。

（四）结语

2018 年 12 月 18 日，习近平总书记在庆祝改革开放 40 周年大会所作的报告中指出，改革开放 40 年来，我国建成了包括养老、医疗、低保、住房在内的世界最大的社会保障体系，基本养老保险覆盖超过 9 亿人，医疗保险覆盖超过 13 亿人。居民预期寿命由 1981 年的 67.8 岁提高到 2017 年的 76.7 岁。在本次会议表彰的 100 名改革先锋中，医药科技创新的优秀代表屠呦呦、公共卫生事件应急体系建设的重要推动者钟南山、"一带一路"卫生领域合作推动者陈冯富珍被授予改革先锋称号，获得改革先锋奖章，助力我国医疗卫生事业发展和对外合作的开拓者阿兰·梅里埃，被颁授中国改革友谊奖章。

新中国成立七十年，卫生事业建设成就卓然。最初简陋的"听诊器、血压计、体温表"早已被"B 超、螺旋 CT、血气分析仪"颠覆；"赤脚医生"变身更多的"顶级专家"；"乡村诊所"也逐步发展为县、乡、村三级卫生诊疗机构，更有顶尖"超级医院"，"三医联动"也升级为"分级诊疗"等。医疗服务能力显著增强，人工智能、互联网等技术手段深入渗透医疗领域，以微创、个体化为特点的现代医疗技术也在临床广泛应用等等。据不完全统计，目前省域内就诊率平均达到 93%，县域内就诊率平均达到 82.7%。优质医疗资源上下贯通，基层医疗服务能力稳步提升。

总体来看，中国人均预期寿命已位于发展中国家的前列，部分地区达中等发达国家水平，健康指标总体上也优于中高收入国家平均水平。婴儿死亡率方面，1949 年中国婴儿死亡率为 200‰，到 2017 年，这一数据将为 8.0‰；孕妇死亡率也由 1949 年的 1500/10 万降为 2018 年的 18.3/10 万。该两项指标均提前实现中国"十二五"规划和联合国千年发展目标，并达到更低水平。随着医疗水平的提高、医疗服务体系的健全以及保障机制的完善等，原先"以治病为中心"的理念也逐步转向"以人民健康为中心"。我们从"能看上病"到"看得起病"，从"看得好病"到"不得病"，健康中国梦逐渐得以实现，正走在由医药大国到医药强国的路上。

第三节　大事回眸

本部分资料主要来自《人民日报》、新华社 / 网、《工人日报》、中国新闻网、中研网、《北京晚报》和《文汇报》。

1951 年

2 月，中央人民政府政务院颁布了《中华人民共和国劳动保险条例》及其实施细则，对劳保医疗经费筹集和享受的对象、待遇标准作了明确的规定。

同年，新兴的全国各地托儿事业得到迅速发展。据统计，全国 27 个省、市已有托儿所 1079 处，受托儿童 42312 人；比一年前的托儿所 541 处增加了一倍；比起各大城市解放前的托儿所数目来增加了 9 倍。

1952 年

6 月中央人民政府颁布了《关于全国各级人民政府、党派、团体及所属事业单位的国家工作人员实行公费医疗预防的批示》，随后又批转了卫生部制定的《国家工作人员公费医疗预防实施办法》，对享受公费医疗的对象、医疗服务范围、就医办法和经费来源渠道都作了明确的规定。

7 月，《卫生部关于公费医疗住院的规定》印发，规定享受公费医疗的对象以及中央直属机关单位在地方公费医疗预防经费拨发渠道等。同年 8 月，印发《财政卫生支出预算内容和计算标准》。

1953 年

5 月 10 日，中央人民政府卫生部为庆祝"六一"国际儿童节，5 月 9 日向全国各地医疗卫生机构发出关于加强儿童保健工作的指示，提出今后的四点工作：（1）各级卫生部门应联合当地各有关部门和人民团体，并尽量发动从业的医务人员，大力宣传新法接生，以减少初生儿的破伤风；普遍展开育儿知识、儿童卫生、家庭卫生及家庭护理等宣传教育，主要以预防儿童急性传染病和多发病为目的，可采取小型流动性的或大型的展览会、儿童会、家长或保育人员的座谈会及各种宣传方式进行宣传教育；结合爱国卫生运动，使保卫儿童健康的工作更具有广泛的群众性。（2）有重点地进行儿童健康检查。（3）必须将儿童保健工作从突击性的运动逐渐转变为有计划有步骤的经常性工作。（4）各地卫生部门对各地区的托儿组织，要定期给以儿童保健业务指导。

1955 年

印发《关于国家机关工作人员子女医疗问题》和《国务院国家机关工作人员病假期间生活待遇试行办法》。

1956 年

5 月 27 日，根据卫生部的规划，积极培养中医，壮大卫生工作队伍。除了由中医学院和中医学校培养一部分中医以外，还要用中医带徒弟的方式来大量培养中医。组织中医带徒弟成为卫生部门当时一项重要工作。此外，各地卫生部门应该根据当地的具体情况，把这项工作加以全面规划，并且把这项工作列入当前的工作日程。

1956 年，一届全国人大三次会议通过的《高级农业生产合作社示范章程》规定，合作社对于因公负伤或因公致病的社员负责医疗，并且酌量给以劳动日作为补助，首次赋予集体介入农村社会成员疾病医疗的责任。

《国务院人事局、卫生部、内务部为国家机关工作人员退休后仍应享受公费医疗待遇的通知》印发。

1957 年

上海市第一公费医疗医院 10 日用人工肾脏救治了一个已经昏迷的尿中毒病人。这是医院用自己设计的人工肾脏作了 14 次动物实验以后，第一次为病人治疗。这次治疗很成功。人工肾脏代替病人肾脏排泄毒物 4 小时 20 分钟，相当于把病人全身的血液清洗 10 次，洗去了血液中的毒物——尿素氮 24%。病人经过治疗后，已经脱离昏迷状态，心脏、呼吸、血液都正常。医生准备再为他穿刺肾脏内部的囊泡，解决他发生尿中毒的主要问题。

1960 年

中共中央转发卫生部《关于人民公社卫生工作几个问题的意见》的报告及其附件。从此，合作医疗成为政府在农村实施的医疗卫生制度。

1961 年

12 月 27 日，卫生部函发修订的《关于中央级机关司局长及行政十级以上干部公费医疗报销的规定》。

1962 年

9 月 10 日，为明确和完善实际执行情况，卫生部再次发布《关于中央国家机关司、局长及行政十级以上干部公费医疗报销规定的补充说明》。

新中国成立后，党和政府十分重视和关心阿胶生产的发展，1972 年 5 月就超额完成了阿胶生产计划，产品质量越来越好，深受广大民众和国外朋友的欢迎。

1974 年

7 月 20 日，卫生部、财政部发布《关于印发享受公费医疗人员自费药品范围（试行）的联合通知》。1977 年 10 月 18 日，卫生部、财政部和国家劳动总局联合发布《关于检发享受公费医疗、劳保医疗人员自费药品范围的规定的通知》，以取代 1974 年发布的《联合通知》。

10 月 6 日，中国医药工作者经过大量的科学实验和反复研究，应用中药进行全身麻醉获得成功。这是继创造成功针刺麻醉之后，对医学发展的又一新贡献。

1978 年

8 月 2 日，为解决公费医疗经费超支，地方财政的负担加重，卫生事业费和各部门经费受到挤占，卫生事业发展受限的问题，财政部、卫生部发布《关于整顿和加强公费医疗管理工作的通知》。

1979 年

4 月 28 日，为贯彻党的十一届三中全会精神，调动一切积极因素发展社会主义卫生事业，提高医疗技术和医疗质量，改进服务态度，改善医疗条件和职工生活条件，更好地为加速实现四个现代化服务，必须改进和提高医院的管理水平。卫生部、财政部、国家劳动总局联合发布《关于加强医院经济管理试点工作的意见》。

1980 年

2 月 12 日，国务院批转卫生部、国家计委、国家经委、化工部、农业部、商业部、总后勤部、国家医药管理总局《关于在全国开展整顿药厂工作的报告》。对所有的药厂和生产的品种进行有计划有步骤地全面整顿。

2 月 23 日，一种新型手术显微镜在上海医用光学仪器厂研制成功。这种显微镜可让两位医生同时在手术中缝接各种比火柴梗还细的微血管、神经束。这种新产品使用新型材料纤维光束冷光源照明，不散发热量，可以避免普通光源长时间照射、热度高、病人体液蒸发多的缺点。各项技术指标已接近国际 70 年代同类产品水平，价格却不到国外产品的一半。

10 月 23 日，为加强县医院管理，改进工作质量，发布《关于当前加强县医院工作的几点意见》。

1983 年

11 月 22 日，我国第一例用冷冻精液人工受精的婴儿出生。这是人类精液冷冻贮存及其应用的成功，填补了我国在这一领域的一项空白。给计划生育、生殖保险和优生开辟了广阔的前景。

1985 年

原卫生部 1984 年 8 月起草的《关于卫生工作改革若干政策问题的报告》经国务院批转，"放权让利，扩大医院自主权，放开搞活，提高医院的效和益"成为当时医改思路。"赤脚医生"名称被停用，经过考试、考核达到医生水平的成为乡村医生；达不到则都改称卫生员。

1987 年

9 月，我国第一个自主发明，具有全新化学结构的新药青蒿素及其衍生物问世。其后，我国科研人员又在青蒿素类衍生物和本芴醇的基础上，研制开发出更胜一筹的复方蒿甲醚。复方蒿甲醚为使用传统抗疟药物失效后束手无策的医务人员增添了新武器，被国际医学界誉为抗药性疟疾的"克星"。复方蒿甲醚是我国拥有自主知识产权、由中方与瑞士诺华公司合作开发，在全球复方类药物中拥有发明专利保护国别最多、专利覆盖面最大的药物之一。可以说，是我国真正走向世界的药品。

1989 年

8 月 9 日，为了加强公费医疗管理，进一步健全和完善公费医疗管理制度，根据国家有关规定，结合新的情况，制定了《公费医疗管理办法》。

1991 年

6 月 18 日，江苏省江都医用电子仪器厂在有关科研单位支持下，应用国内外尖端的超声电子技术，自行设计并研制成功了"神目"牌系列 B 超。该仪器为国内首创 240 线扫描的高清晰度诊断仪器，并领先于国内同类产品，可同进口同类小型 B 超相媲美。

1992 年

7 月 14 日，我国大陆首例赠卵试管婴儿于 6 月 12 日诞生。这名健康男婴体重 3525 克，身长 52 厘米，已于近日出院。1991 年 10 月，男孩的母亲在北京医科大学第三临床医学院妇产科用别人赠送的卵子和自己丈夫的精子，通过体外受精——胚胎移植的办法成功，这是在这所医院诞生的第 33 个试管婴儿。

1992 年

9 月，国务院下发《关于深化卫生改革的几点意见》，文件要求：改革卫生管理体制，拓宽卫生筹资渠道，完善补偿机制；转换运行机制，推进劳动人事及工资制度改革；进一步扩大医疗卫生单位的自主权，使单位真正拥有劳动人事安排权、业务建设决策权、经营开发管理权和工资奖金分配权。深圳率先进行了职工医院制度改革，开启我国医疗制度改革先河。

1993 年

3 月 3 日，由北京福科斯医疗仪器有限公司的科研人员与妇产科、针灸科专家通力合作研制成的 PCA-1 型无痛分娩仪，经北京协和医院、北京妇产医院、上海第一人民医院等十几家医院的 500 多例临床验证，镇痛总有效率达 90% 以上，且不影响产程，对新生儿无任何副作用。无痛分娩仪是传统的中医耳诊理论与现代电子技术结合的高科技产品。这种仪器可由医护人员随时控制，使不同的电流强度作用于产妇耳部，对有关穴位形成刺激，进而达到镇痛作用。

7 月 13 日，一位患脑瘤的天津女工在解放军 301 医院接受了一项不开刀、不流血、无疼痛的立体定向放射"手术"——X 刀"手术"，这是我国首次全套引进并成功用于临床的高技术治疗方法。X 刀是在对病变区进行高精度定位后进行一次性高剂量 X 线照射，而周围正常组织因照射剂量低而免受损伤。X 刀主要用于治疗直径小于 3 厘米的颅内病变。

1996 年

4 月 21 日，在杭州，只需要每天 8—17 时拨打机号为 5171111-120 的传呼，就可得到免费医疗咨询等有关服务。据悉，"BP 机医生"是指公众寻呼后，医生就按收到寻呼的先后，依次回拨电话，向公众提供各种医药、保健服务，包括求医问药的咨询、医生护士上门服务、联系专家治疗、安排住院、手术等。

1996 年

12 月 20 日，上海有了国内首家电脑"流动医院"，专为计算机诊治各类毛病。上海铁路局开发电脑"流动医院"是一辆蓝色快车，车上装载着测试仪器，可以方便地行驶在各处，到现场为计算机排除各种故障。电脑"流动医院"得到了普遍好评。

1997 年

双氢青蒿素被卫生部评为"新中国十大卫生成就"。

1998 年

2 月 17 日，北京国网信息公司在网上开办了"互联堂药店"。网上的朋友只需在键盘上敲敲打打或打电话就可以把自己所需的药物买回家。网上的朋友还可以在"名册速查"中查到各种医疗机构的详细情况，在"专家预约"中发布自己的信息，做到足不出户，就可以投医问药。

1998 年

12 月 14 日，国务院颁布《关于建立城镇职工基本医疗保险制度的决定》，要求在全国建立覆盖全体城镇职工，社会统筹和个人账户相结合的基本医疗保险制度。深圳率先进行了职工医院制度改革，标志着全国城镇职工医保改革的开始。

2001 年

3 月 21 日，我国第一颗"人工心"在京搏动。阜外医院的大夫经过 4 个多小时的手术，在一位 33 岁男性心脏病患者体内启动了我国第一颗"人工心脏"，患者术后状况良好。这是我国开展的第一例植入式左心辅助循环装置，主刀医生为阜外医院副院长吴清玉教授。

7 月 23 日，为贯彻落实《中华人民共和国国民经济和社会发展第十个五年计划纲要》，卫生部编制了《卫生事业第十个五年计划纲要》。

10 月，财政部等部委印发《关于完善城镇医疗机构补偿机制落实补偿政策的若干意见》，提出坚持和完善医院药品收支两条线管理办法，逐步降低药品收入占业务收入的比重，积极稳妥推进医院门诊药房改为药品零售企业的试点工作等一系列弱化药品收益对医院的补偿作用的措施。

2002 年

9 月 16 日，为进一步完善医疗保险政策，强化医疗保险管理，提高医疗保险服务水平。劳动和社会保障厅发布《关于妥善解决医疗保险制度改革有关问题的指导意见》。

10 月，《中共中央、国务院关于进一步加强农村卫生工作的决定》明确指出：要"逐步建立以大病统筹为主的新型农村合作医疗制度"。

2003 年

1 月 16 日，国务院办公厅转发卫生部、财政部和农业部联合发布的《关于建立新型农村合作医疗制度的意见》，建立新型农村合作医疗制度是新时期农村卫生工作的重要内容，是实践"三个代表"重要思想的具体体现，对提高农民健康水平，促进农村经济发展，维护社会稳定具有重大意义。

春夏之交，SARS 疫情突如其来。疫情结束，中央政府宣布大幅度增加卫生防疫经费投入，在全国建设各级疾病预防控制中心，特别是增加了对农村地区的经费投入。

2005 年

医院管办分离模式开始在我国出现，9 月，上海申康医院发展中心和江苏无锡市医院管理中心先后挂牌成立。

2006 年

1 月 10 日，卫生部、国家发展和改革委员会、民政部、财政部、农业部、国家食品药品监督管理局、国家中医药局等 7 部委局联合下发《关于加快推进新型农村合作医疗试点工作的通知》，对新型农村合作医疗制度作了充分肯定。

1 月 21 日，杭州市第三人民医院"网上求医"系统正式开通。患者只要登录他们的网站，将病情发帖上网，就可得到专家们的免费网上诊断。该系统还开通了"网上挂号""网上急诊""上门就诊"等业务，为"空巢老人"带来方便。

2008 年

7 月 31 日，卫生部规划财务司司长赵自林透露，2009 年中央将继续安排专项投资近 27 亿元，主要用于设备装备，在继续装备乡镇卫生院基本设备的基础上，开展县妇幼保健机构和县中医院的设备装备。截至 2007 年，中央已投入专项资金 94 亿元，改造和新建了一批农村卫生基础设施。2008 年中央又安排了 27 亿元专项投资用于县乡村医疗卫生机构的业务用房建设。

2009 年

4 月 6 日，《中共中央国务院关于深化医药卫生体制改革的意见》

（简称"新医改方案"）发布，指出 2009—2011 年重点抓好五项改革：加快推进基本医疗保障制度建设；初步建立国家基本药物制度；健全基层医疗卫生服务体系；促进基本公共卫生服务逐步均等化；推进公立医院改革试点。

作为医改"破冰"的开局之年，也是我国人民群众医疗保障建设快速推进的一年，迈出具有里程碑意义的"两大步"。一是经过近两年的摸索，我国决定将 2 亿多城镇非从业居民纳入基本医疗保险体系。4 月，城镇居民基本医疗保险工作已在全国范围内全面开展。二是城镇居民基本医疗保险门诊统筹 7 月在全国推开。按照要求，我国参保居民将不仅能报销住院、门诊大病费用，一般门诊费用也能统筹报销。此外，国家基本药物制度开始实施、6 项重大公共卫生服务项目推出、甲感疫苗国家储备免费接种、三级医院预约挂号……百姓在看病吃药方面感受到越来越多的改善。中央财政下达专项补助资金，为 20 万例贫困白内障患者进行复明手术，全国农村 200 万人接受了宫颈癌检查，2330 万人接种了乙肝疫苗，百姓健康水平正不断提高。

截至 2009 年 9 月底，我国城镇职工和居民医保参保人数超过 3.6 亿，新农合参保人数达 8.3 亿。到 2009 年底，全国所有的城市都将实行居民医疗保险制度，加上新农合的参保人数，整体上将有超过 12 亿中国人享有基本医疗保障。这意味着我国的医疗保障实现了广覆盖，人人都能看得起病。新农合制度实现全面覆盖，全国 8.3 亿农民受益，农村"看病难、吃药贵"逐步得到缓解。从 2009 年下半年起，新农合报销最高限额达到当地农民人均纯收入的 6 倍以上。这只是我国推进医疗保障建设的一个缩影。

2010 年

2 月 23 日，据国家卫生部网站消息，经国务院同意，卫生部、中央编办、国家发展改革委、财政部和人力资源社会保障部今天正式发布《关于公立医院改革试点的指导意见》（以下简称《指导意见》）。《指导意见》明确提出：从今年开始推进公立医院改革试点工作，改革须以公益性为核心，逐步取消药品加成，从九个方面切实缓解民众看病贵、看病难问题。

2011 年

3 月 9 日，十一届全国人大四次会议新闻中心就"深化医药卫生体制改革问题"举行记者会，财政部副部长王军在回答记者提问时表示："医疗卫生支出，占中央财政支出的比重从 2008 年的 2.28% 提高到 2011 年的 3.18%，提高了 0.9 个百分点，年均提高 0.3 个百分点，这个比重的提高比绝对额提高更难。""中央财政向农村和城市社区等基层倾斜，支持基层医疗卫生机构硬件、软件的建设，支持在基层医疗卫生机构实施基本药物制度、取消药品加成。中央财政一共投入三年将超过 1100 亿元，占 24%。支持缩小地区间的医疗卫生服务的差距，这三年中央财政整个补助地方的资金，对中西部的补助将占到补助总额的 80% 以上。"

9 月，青蒿素研究成果获拉斯克临床医学奖。

2014 年

9 月 2 日，召开的国务院常务会议提出加快建设综合医院、中医医院、康复医院等健康服务体系，支持商业保险机构新办医疗、社区养老、体检等机构。事实上，2013 年 9 月 28 日发布的《关于促进健康服务业发展的若干意见》就已指出，大力支持社会资本举办非营利性医疗机构，加大医疗服务领域开放力度，实行"非禁即入"，并对出资举办非营利性医疗机构的非公经济主体的上下游产业链项目给予政策扶持。2014 年以来，从年初的政府工作报告到如今的国务院常务会议都多番强调社会资本办医，医疗服务行业发展迎政策利好。

2015 年

2 月 27 日，上海医改工作要点正式公布。在总长超过 6000 字的文件中，做实"家庭医生"制度、提高一批医疗服务价格、研究归并"居保"和"新农合"、完善医保政策以解决"限期出院"问题、探索医保个人账户资金购买商业健康险等"亮点"频出，回应了千家万户对于医疗、医药、医保这"三医"联动改革的期待。

据悉，除了编制医改"十三五"规划之外，上海医改将重点推进 5 项改革：分级诊疗制度建设、医药分开改革、人事薪酬分配制度改革、社区卫生服务综合改革、老年医疗护理服务体系建设。其中最核心的是分级诊疗制度建设和医药分开改革，《工作要点》将其定义为改革的"关键"。

10月，屠呦呦"有关疟疾新疗法的发现"获得诺贝尔生理学或医学奖。这是中国科学家因为在中国本土进行的科学研究而首次获诺贝尔科学奖，是中国医学界迄今为止获得的最高奖项，也是中医药成果获得的最高奖项。以青蒿素为基础的复方药物已经成为疟疾的标准治疗药物，世界卫生组织将青蒿素和相关药剂列入其基本药品目录。全球数亿人因这种"中国药"而受益。

2016年

2月，屠呦呦获"感动中国"2015年度人物。同年4月，屠呦呦入选《时代周刊》2016年度"全球最具影响力人物"。

2017年

1月，屠呦呦被授予2016年度国家最高科学技术奖。

2018年

1月1日起，城镇居民医保和新农合医保合并，城市、农村参保人员不再一分为二，公平享有同一医保制度。截至2017年，我国基本医保参保人数超过13.5亿，参保率稳定在95%以上。

3月13日，国务院大部制改革方案出炉。根据方案，组建国家卫生健康委员会，不再保留国家卫生和计划生育委员会，不再设立国务院深化医疗卫生体制改革领导小组办公室；组建国家医疗保障局；组建国家市场监督管理总局，单独组建国家药品监督管理局，不再保留国家食品药品监督管理总局。

11月，国家卫生健康委员会体改司监察专员姚建红在重庆忠县召开的专题新闻发布会上，介绍我国医改总体情况时说："目前，分级诊疗制度正在形成，以'基层首诊、双向转诊、急慢分治、上下联动'为目标，以医联体建设、远程医疗、家庭医生签约服务等为抓手，促进优质医疗资源共享，提升基层服务能力，80%以上的居民15分钟内能够到达最近的医疗点。"

2019年

1月23日，财政部公布2018年财政收支情况，其中，医疗卫生与计划生育支出 1.5 万亿元，增长 8.5%。2018 年全年，全国一般公共预算收入超过 18 万亿元，同比增长 6.2%；全国一般公共预算支出超过 22 万亿元，同比增长 8.7%。2018 年主要支出项目分别为教育支出、科学技术支出、文化体育与传媒支出、社会保障与就业支出和医疗卫生与计划生育支出。其中，医疗卫生与计划生育支出 1.57 万亿元，增长 8.5%。财政部预算司副司长郝磊郝磊在 2018 年财政收支情况新闻发布会上表示，为改善社会民生，落实提高城镇退休人员基本养老金标准、城乡居民基本医疗保险财政补助标准等政策，全国财政对基本养老保险基金的补助支出增长 11.4%，对基本医疗保险基金的补助支出增长 9.4%。

　　5 月 23 日前，国务院常务会议确定，拓展社会办医空间。政府对社会办医区域总量和空间布局不作规划限制。今明两年在北京、上海、沈阳等 10 个城市开展诊所备案管理试点。会议提出，支持社会办医与公办医疗机构合作发展"互联网 + 医疗健康"，开展远程医疗协作，共享医学检验、影像等服务。

第八章　社会保障——走向丰富多样

更可靠的社保守护你我幸福

养老金又涨了：今年4月，国家宣布上调2017年养老金，1亿退休人员从中受益，这已是企业职工养老金"十三连调"。2012年以来，全国企业退休人员月人均基本养老金从1686元增至2016年的2362元，年均增长8.8%。居民养老金稳步提高，其中基础养老金部分在2016年月均达105元，5年翻一番。

到2016年，职工医疗保险和居民医疗保险基金最高支付限额分别达到当地职工年平均工资和当地居民年人均可支配收入的6倍。由机关事业单位基本养老保险、企业职工基本养老保险和居民基本养老保险共同构成的法定养老保险体系正式形成。

全国月平均失业保险金水平由2012年的707元提高到2016年的1051元，年均增长10.4%；

去年913.7万人次享受生育保险待遇，人均待遇水平达15385元，比2012年增加4098元……

全国月平均失业保险金水平由2012年的707元提高到2016年的1051元，年均增长10.4%；

去年913.7万人次享受生育保险待遇，人均待遇水平达15385元，比2012年增加4098元……

　　社区里设置社保自助一体机、微信平台开通在线社保缴费、支付宝与社保卡打通，一项项充分利用互联网的社保服务新模式，让参保者再不用到银行排队领养老金，再不用专程到社保所查询信息，只需轻点手机或移动鼠标，足不出户就能办好多项社保业务。

　　到今年 9 月，全国医保异地就医结算网基本建成，国家结算系统与所有省区市连通，开通 6616 家跨省异地就医定点医疗机构。社会保险转移接续更顺畅了，2016 年全国办理基本养老保险关系跨省转移接续 200 万人次，较 2012 年增长 74.4%。

　　——《人民日报》2017 年 9 月 20 日，第 4 版。

　　新中国成立 70 年以来，中国社会保障事业飞速发展，社会保障体系不断完善，各类社会保险范围不断扩大，筹资渠道逐步拓展，基金支撑能力显著增强。城市和农村的最低保障制度不断改善。目前，我国社会保障制度框架基本形成，受益人群不断增加。根据《人力资源和社会保障事业发展统计公报》可知，2017 年底，中国城镇养老、医疗、工伤、失业四大险种的参保人数分别为 91548 万、117681 万、18784 万、22724 万、19300 万。社保基金收入为 67154 亿元，社会基金支出为 57145 亿元。中国社会科学院世界社保研究中心主任郑秉文认为，改革开放以来，我国经济发展取得的巨大成功，社会保障很好地担当了市场经济的压舱石和稳定器的作用。2019 年"两会"政府工作报告中有一句话："老年人晚年幸福，年轻人才有可期的未来"，政府高度重视人民生命质量和尊严的提升，提高人们对生命质量稳定的预期，才会不断调动各要素充分创造财富，促进社会不断进步。

第一节　新中国成立 70 年来我国社会保障取得的成就

　　新中国成立 70 年前，中国几乎没有人听说过"社保"二字。我国社会保障制度，是在一无所有的荒原上起步，到如今，已经长成了覆盖城乡居民的多层次社会保障体系。

一、社会保险的成就

　　新中国成立 70 年后的今天，年轻的一代从高校毕业工作后，除了基本的工资待遇，大部分人在工作单位都会获得"五险一金"的待遇，即单位和个人共同按照规定的比例，每月会在社保局缴纳养老保险、医疗保险、失业保险、工伤保险、生育保险以及住房公积金。在这些人老年后，会获得相应的退休金，保障自己有一个体面、有尊严的晚年；生病时，有医疗保险保障职工的基本生活，保障了普通人民的经济生命，使得普通的劳动者不会因一次意外的疾病而无法翻身；女士生孩子，既有生产相关费用的保险，还会因为缴纳了生育保险，在产假期间，依然可以领到丰厚的生育津贴，使得大部分女性得到充分的保障。现代文明社会，和传统的农业文明最大的不同，是人可以不再依靠任何一个具体的个体来生活，而是借助社会保障系统，把自己努力工作时积累的财富放到社会保障这个仓库里，等到需要的时候，借助社会保障系统，随时再从仓库里提出来使用，平滑了自己一生的收入，稳定了生活质量和对于未来美好生活的预期。

　　社会保险是社会保障的核心组成部分，社会保险包含养老保险、失业保险、医疗保险、工伤保险以及生育保险五大部分，此外，住房公积金也是重要的组成部分。随着我国社会保障制度不断完善，各项社会保险覆盖范围继续扩大，参保人数和基金规模持续增长。根据 2017 年《中国劳动统计年鉴》，2016 年全年五项社会保险基金收入合计 53562.72 亿元，比 2015 年增长了 16.4%，五项社会保险基金支出合计 46888.4 亿元，比 2015 年增长了 20.3%。全国社会保险基金累计结余 66349.7 亿元，比 2015 年增长了 11.5%。全国养老保险参保人数达到 8.88 亿人，全国城镇基本医疗保险参保人数达到 7.44 亿人。

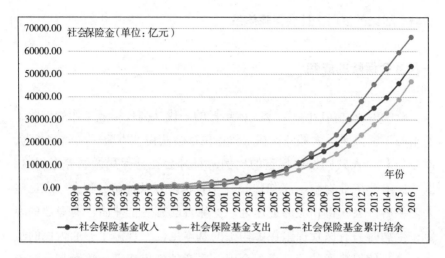

图 8-1 1989—2016 年全国社会保险基金收入、支出及累计结余

资料来源：《中国劳动统计年鉴》。

根据 2017 年《中国劳动统计年鉴》的记载，自 1989 年以来，我国社会保险基金收入、支出还是累计结余，都呈现出持续增长的态势，增长曲线有指数函数的特征。1989 年，全国保险基金收入只有 153.6 亿元，2016 年达到 53562.72 亿元，年均增长率高达 24.21%。1989 年，全国保险基金支出达到 120.90 亿元，2016 年，全国社会保险基金支出达到 46888.43 亿元，年均增长率高达 24.70%。1989 年，全国社会保险基金累计结余为 81.60 亿元，2016 年底高达 66349.70 亿元，年均增长率高达 28.17%。

（一）养老保险的成就

到目前为止，我国养老保险制度已经由 20 世纪 80 年代的完全由企业负担的养老保险模式，经过多次改革，已形成多层次、覆盖到城镇和农村的制度体系。正如前文的案例一样，处于不同社会地位的人，都享受到了养老金带来的美好人生。

退休的乡村教师，久病床前依然有孝子

白老师今年70岁，是山西交城县一个山区小学的退休乡村教师，国家对于转正的乡村教师，给予了比较丰厚的待遇，可以获得正规教师的养老保险金，而且贫困山区有额外的补贴，各种补贴加起来，白老师每月能领到5000元的退休金。本来是很幸福的晚年生活，但一次不期而遇的车祸让白老师半身不遂，走路只能靠拐杖。白老师老伴早早去世了。白老师的儿子、儿媳妇在交城县打临工，相对于一个月最多3000元还不稳定的收入，白老师的退休金是家庭一笔巨大的稳定收入，为此，儿子儿媳妇轮流着伺候白老师，有时宁可耽误打工，也要回去照顾他。对久病的白老师一直恭恭敬敬的，让白老师保持好心情，感受到幸福。当然，对生活在农村的白老师来说，并不需要花太多钱，但这5000元退休金给他挣来了尊严和舒心。

——源于作者对身边真实的故事描述。

1. 城镇养老保险的成就

城镇养老保险的基本养老金有基础养老金和个人账户两种来源。其中基础养老金主要由单位和个人共同缴纳，缴费标准为单位按平均工资的20%为员工缴纳养老金，个人需按照工资的8%来为自己缴纳，与此同时，国家参照城市居民生活费价格指数和职工工资增长情况，对基本养老金水平进行调整。所谓个人账户是一种记录和身份识别工具。用于记录参保人员缴纳的基本养老保险费和从单位缴费中划转计入的基本养老保险费，参保人员办理退休手续、跨统筹范围转移、死亡终结基本养老关系时，领取个人账户待遇的主要依据。

城镇养老保险金覆盖范围不断扩大。我国城镇养老保险从改革开放之初只为配套国企改革的养老保险，只覆盖到企业职工，目前已经扩展到城镇的个体工商户、灵活就业人员等各行各业，参保人数不断增加。自1997年，国务院发布文件对基本养老保险由企业缴费和个人缴费两部分组成，将养老保险和个人账户统筹落实改革以来，参保人数

逐渐增加。在 1999—2015 年间，年末参保人数几乎呈现线性增长趋势，2015—2016 年是个急速增加的跳跃阶段。1999 年末，全国城镇职工中只有 762.50 万人参加了养老保险，2015 年，参保的城镇职工总人数已达到 3666.19 万人，年均增长率 6.53%，2016 年，参保的城镇职工总人数进一步跳跃式增加到 3666.19 万人，比 2015 年增加了 63.82%，这可能与近年来，自由职业的人越来越多，以及城市化进程速度不多加快，被征地的农民人数增加，城镇养老保险的指标不断增多有关。城镇养老保险参保人数分为两类，一类为城镇职工，另一类为离退休人员。城镇职工参保人数和离退休人数两部分的增长趋势与总趋势一致。1999 年城镇职工参保人数为 642.60 万人，2015 年城镇职工参保人数增加至 2586.68 万人，年均增长率为 5.64%。2016 年城镇职工参保人数增加至 2586.68 万人，比 2015 年增加了 58.45%。1999 年离退休人员参保人数为 119.90 万人，2015 年城镇职工参保人数增加至 605.47 万人，年均增长率为 10.00%。2016 年城镇职工参保人数增加至 1079.51 万人，比 2015 年增加了 78.29%。

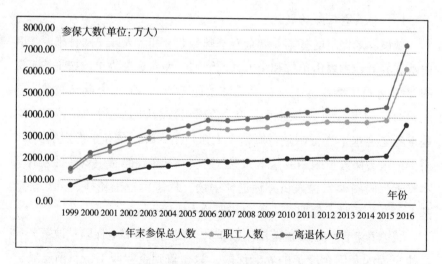

图 8-2　1999—2016 年历年末养老保险参保人数及组成部分

资料来源：《中国劳动统计年鉴》。

城镇养老保险收支规模不断增大。由图 8-3 可以看出，在 1999—2015 年间，养老保险收入、支持、累积结余几乎呈现线性增长趋势，2015—2016 年是个急速增加的跳跃阶段。1999 年末，养老保险金收入 93.23 亿元，2015 年，养老保险金收入已达到 2727.68 亿元，年均增长率 23.49%，2016 年，养老保险金收入进一步跳跃式增加到 6364.90 亿元，比 2015 年增加了 133.34%。1999 年末，养老保险金支出 61.75 亿元，2015 年，养老保险金支出已达到 2671.82 亿元，年均增长率 26.55%，2016 年，养老保险金收入进一步跳跃式增加到 5988.74 亿元，比 2015 年增加了 124.15%。1999 年末，养老保险金累积结余 89.34 亿元，2015 年，养老保险金积累结余已达到 1229.55 亿元，年均增长率 17.81%，2016 年，养老保险金积累结余进一步跳跃式增加到 1609.76 亿元，比 2015 年增加了 30.92%。

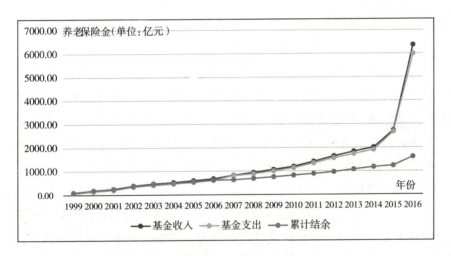

图 8-3　1999—2016 年养老保险收支状况

资料来源：《中国劳动统计年鉴》。

2. 农村养老保险

农村养老保险经历了"老农保""新农保""城乡居民养老保险"三个阶段。自新中国成立以来，农村养老大部分依靠土地和家庭。在新农保出现之前，农村尝试过依靠农民自己缴费储蓄来实现养老的"老农保"，由于缴费金额低、补偿金额低等问题不可持续。"新农保"即"新型农村养老保险"。2008 年 10 月，党的十七届三中全会指出要建立新型农村社会养老保险制度；2009 年国务院发布《国务院关于开展新型农村社会养老保险试点的指导意见》进行试点开始，规定 2020 年基本建立覆盖城乡居民社会保障体系的目标；《意见》以"保基本、广覆盖、有弹性、可持续"为基本原则，探索建立个人缴费、集体补助、政府补贴相结合的农保制度，实行社会统筹与个人账户相结合，与家庭养老、土地保障、社会救助等其他社会保障政策措施相配套，保障农村居民老年基本生活。在农村，凡是年满 16 周岁的非在校生，都可以交纳。个人缴费每人每年为 100 元、200 元、300 元、400 元、500 元 5 个档次。中央基础养老金标准为每人每月 55 元，地方政府需要每人每年补贴超过 30 元。若参保人死亡，个人账户里除了政府补贴的部分，自己缴纳的钱都可以继承。国务院总理李克强 2014 年 2 月 7 日主持召开国务院常务会议，听取关于 2013 年全国人大代表建议和全国政协委员提案办理工作汇报，决定合并新型农村社会养老保险和城镇居民社会养老保险，建立全国统一的城乡居民基本养老保险制度。2014 年，《国务院关于建立统一的城乡居民基本养老保险制度的意见》文件发布，自此，"新农保"进入了"城乡居民基本养老保险"阶段。缴费标准在"新农保"五档的基础上，又增加了"600 元、700 元、800 元、900 元、1000 元、1500 元、2000 元"，共 12 个档次。政府补贴不断增加，政府对符合领取城乡居民养老保险待遇条件的参保人全额支付基础养老金，其中，中央财政对中西部地区按中央确定的基础养老金标准给予全额补助，对东部地区给予 50% 的补助。地方人民政府对低于500 元档位的缴费，每人每年补贴不低于 30 元，对于 500 元以上的缴费档位，地方政府补贴不低于每人每年 60 元的标准。

9 省农民的"绿色通道"

作为国家卫生计生委指定的全国疑难重症诊疗指导中心，北京协和医院每年承接着大量来自全国各地的疑难危重患者的诊治工作。

2017 年 6 月 15 日，转诊自吉林的张胜（化名）享受了该院首例新农合跨省住院直接结算服务。按照就医地报销范围、参合地报销比例计算，新农合为他实时报销了近 8000 元的医疗费用，比例接近 50%。

"有了国家新农合跨省就医结算系统，我们的各项费用一次就能办完。"因为无需再为报销来回跑腿，张胜在办手续的时候格外高兴。

为让广大农民和非就业人口也可以享受国家基本医疗卫生服务，从而缓解因病致贫、因病返贫压力，2003 年和 2007 年国家针对农村人口与城镇非就业人口分别建立了由国家卫生计生委经办的新型农村合作医疗以及由人社部负责管理的城镇居民医保。

十余年来，两大医保覆盖范围不断扩大，保障水平稳步提高。以新农合为例，筹资水平已从最初的每人 30 元逐步提高到目前的 630 元左右，政策范围内住院费用报销比例也从过去的 35% 提高到 75% 左右。

目前全国很多省份已把新农合与城镇居民医保整合，并交由不同部门管理，形成了不同的管理模式。目前，辽宁、吉林、安徽、海南、四川、贵州、西藏、山西、甘肃等 9 省份总计 1.5 亿农民的新农合异地就医结算工作仍由卫生计生部门负责。

——《瞭望东方周刊》2017 年 12 月 21 日。

自农村养老保险正式实施以来，2010—2012 年，城乡居民养老保险参保人数急速增加，从 2010 年的 1.03 亿人，急速增加到 2012 年的 4.84 亿人，年均增长率达到 116.95%。自 2012 年之后，城乡居民养老保险参保人数逐渐稳定，2012—2016 年呈现出小幅增加的态势。2016 年城乡居民养老保险参保人数达到 5.08 亿人，2012—2016 年年均增长率为 1.21%。

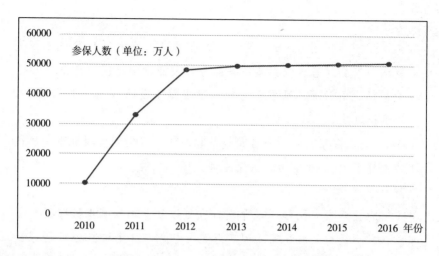

图 8-4　2010—2016 年城乡居民养老保险参保人数

资料来源：《中国劳动统计年鉴》。

　　由表 8-2 可以看出，城乡居民基本养老保险收入、支出、累计结余都呈现出不断增加的趋势。2010 年，城乡居民基本养老保险基金收入为 453.37 亿元，到 2016 年，收入高达 2933.29 亿元，年均增长率高达 36.51%。2010 年，城乡居民基本养老保险支出只有 200.40 亿元，而 2016 年，支出已经高达 2150.48 亿元，年均增长率高达 48.52%。城乡居民基本养老保险累计结余只有 422.50 亿元，而 2016 年，累计结余已经高达 5385.20 亿元，年均增长率高达 52.84%。

表 8-2　2010—2016 年城乡居民基本养老保险收支情况（单位：亿元）

	基金收入	基金支出	累计结余
2010 年	453.37	200.40	422.50
2011 年	1110.06	598.26	1231.20
2012 年	1829.24	1149.74	2302.18
2013 年	2052.27	1348.28	3005.66
2014 年	2310.22	1571.15	3844.57
2015 年	2854.62	2116.70	4592.31
2016 年	2933.29	2150.48	5385.20

资料来源：2017 年《中国劳动统计年鉴》。

（二）医疗保险

我国医疗保险体系有三种，一是城镇职工医疗保险，二是城乡居民医疗保险，三是新型农村合作医疗保险。近年来，为了降低制度运行成本，我国医保也进行了大力改革。

根据《人民日报》报道，2018 年 5 月 31 日上午，国家医保局正式挂牌。根据国务院改革方案，将人力资源和社会保障部的城镇职工和城镇居民基本医疗保险、生育保险职责，国家卫生和计划生育委员会的新型农村合作医疗职责，国家发展和改革委员会的药品和医疗服务价格管理职责，民政部的医疗救助职责整合，组建国家医疗保障局，作为国务院直属机构。

1. 城镇职工医疗保险

1988 年，政府开始对机关事业单位的公费医疗制度和国有企业的劳保医疗制度进行改革。1998 年，国务院颁布《关于建立城镇职工基本医疗保险制度的决定》文件，开始在全国建立城镇职工基本医疗保险制度。自此，医疗保险覆盖到了城镇所有机关、事业单位、各类企业、社会团体和退休人员。城镇职工养老保险通过社会统筹和个人账户相结合，其资金来源为单位和个人共同承担，单位缴费职工工资的 6%，个人缴费为本人工资的 2%，退休人员不用个人缴费。因此，投保的城镇职工的医药费由医疗保险基金和个人共同分担。

由图 8-5 可知，城镇职工医疗保险参保人数不断增加。1993 年，刚刚改革后的城镇职工基本医疗保险，参保人数只有 290.13 万人，之后持续快速增加，2016 年，参保人数达到 29531.54 万人，年均增长率高达 22.26%。城镇职工医疗保险的参保人有在职职工和退休人员两部分，由图 8-5 可以看出，职工人数和退休人员职工医疗保险持续增加。1993 年，在职职工参保人数 267.61 万人，退休人数为 22.52 万人，2016 年，在职职工参保人数 21719.97 万人，退休人数为 7811.57 万人，年均增长率分别为 21.06%、28.96%。

由图 8-6 可以看出，城镇基本医疗保险收入、支出、累积结余都

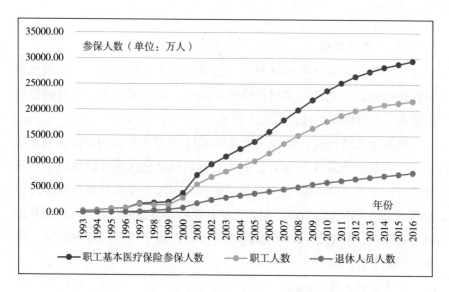

图 8-5　1993—2016 年城镇职工基本医疗保险参保人数

资料来源:《中国劳动统计年鉴》。

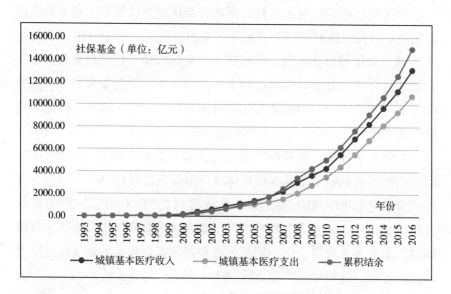

图 8-6　1993—2016 年城镇基本医疗收支概况

资料来源:《中国劳动统计年鉴》。

不断增加。1993 年，城镇基本医疗保险的收入、支出、累积结余分别是 1.44 亿、1.33 亿、0.43 亿元，2016 年，城镇基本医疗保险的收入、支出、累积结余分别是 13084.25 亿、10767.09 亿、14964.30 亿元，年均增长率分别为 48.65%、48.87%、57.50%。

2. 城乡居民医疗保险

为了适应经济快速发展和人们的就业结构不断变迁，城镇职工医疗保险逐渐由正规单位工作人员，扩展到全体就业人员。最先纳入医疗保险范围的是灵活就业人员。2003 年，劳动和社会保障部发布了《关于城镇职工灵活就业人员参加医疗保险的指导意见》，明确规定，积极纳入灵活就业人员的基本医疗保险，为了解决新增劳动力、下岗失业人员和农民工在混合所有制企业以及非公有制企业就业后的医疗保障问题，2004 年，原劳动保障部发布了《关于推进非公有制经济组织从业人员参加医疗保险的意见》，提高私营、民营企业工作人员医疗保险参保率。2007 年，我国推进全面医保制度，针对城镇居民长期被排除在医保之外，2007 年颁布《国务院关于开展城镇居民基本医疗保险试点的指导意见》，对部分城市进行试点，2008 年，试点不断扩大，2010 年，城市全面医保在全国推开，逐步覆盖了全体城镇非从业居民。重点是保障城镇非从业居民的大病医疗需求。城镇居民医疗保险的参保范围是除了城镇职工基本医疗保险制度覆盖的范围，例如中小学生、少年儿童和其他非就业城镇居民。以家庭缴费为主，政府给予适当补助。

如图 8-7 所示，自 2010 年全面推开以来，城乡居民医疗保险参保人数呈现先急速增加，接着缓慢增加的特征。2010 年，城乡居民医疗保险刚刚开始，有 1.03 亿人参保，2012 年急速增加到 4.84 亿人，是 2010 年的 4.71 倍。自 2012 年之后，增速逐渐放缓，2016 年，城乡居民医疗保险参保人数为 5.08 亿人，较 2012 年增加了 5.12%。

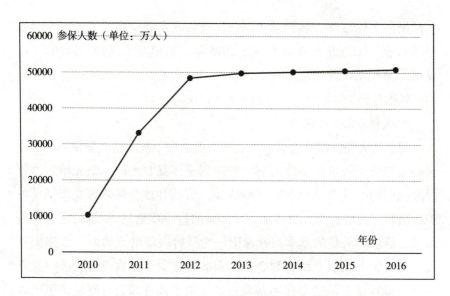

图 8-7　2010—2016 年城乡居民医疗保险参保人数

资料来源:《中国劳动统计年鉴》。

（3）新型农村合作医疗制度（简称"新农合"）

新型农村合作医疗制度是以大病统筹为主的农民互助共济制度，个人缴费、集体扶持和政府资助方式筹集资金。长期以来，农村因病致贫的案例屡屡发生，新农合最早起步于 2002 年，文件《中共中央、国务院关于进一步加强农村卫生工作的决定》中明确规定，要建立以统筹大病为主的新型农村合作医疗制度。2003 年起，中央对中西部地区参加新型合作医疗的农民每人补贴医疗补助 10 元，并要求地方财政每年人均补助不低于 10 元。2003 年，新农合在部分地区进行试点。2004 年底，全国有 310 个县参加了新农合，1945 户、6899 万农民参加了新农合，参保率高达 72.6%。2010 年，新农合覆盖面达到农村的 80% 以上。2011 年，政府对新农合补助标准从人均每年 120 元增加到 200 元，2012 年，各级财政对新农合补助标准从人均每年 200元提高到 240 元。2013 年发布的《关于做好 2013 年新型农村合作医疗工作的通知》中要求，各级政府对新农合补助标准继续提高到人均每年 280 元，政策范围内的住院费用报销比例提高到 75%，同时，对儿童白血病、先天性心脏病等 20 种重大疾病的保障进行试点工作。2014 年，政府对新农合的补助标准继续提高，人均每年 320 元。根据中国城乡居民基本医疗保险（新农合）信息平台提供的数据，2018 年，新农合参保人数为新型农村合作医疗参保人数 13038 万人。全年新型农村合作医疗保险基金收入 856.89 亿元，支出 818.22 亿元。年末累计结存 295.42 亿元[①]。此外，"新农合异地就医联网结算工作已经在 2017 年 8 月底顺利完成了国务院确定的年度任务目标，9 省份的新农合异地住院直接结算已经实现全覆盖。"国家卫生计生委提供的数据显示：2017 年 1—10 月，全国共实现新农合省内异地就医直接结算 239.3 万人次，报销 131.6 亿元；新农合跨省就医联网结算 4.27 万人次、报销 2.36 亿元。在新农合这个医保体系中，为最大限度方便百姓，参合农民在申请跨省就医时只需要提供身份证和转诊单。除此之外，新农合跨省就医结算系统还为他们设计了一个尤为便捷的结算方式——微信支付。下面是一则来自《瞭望东方周刊》的消息，摘自中国城乡居民基本医疗保险（新农合）信息平台[②]，较为详细地叙述了这一变化：

　　2017 年 8 月 1 日，北京协和医院，患有严重的先天性心脏病的央金（化名）出院了。

　　由于手术难度较大，根据西藏自治区第二人民医院的转诊建议，这位来自西藏那曲巴青县的女孩在 2017 年 7 月 13 日来到北京协和医院心外科接受治疗。

　　央金是西藏自治区首例跨省就医联网结算的患者。

　　因为有了新农合跨省就医联网结算服务，系统只用了短短几分钟便将她的住院费用结算完成。按照就医地报销范围与参合地报销比例计算，新农合共计为她实时报销医疗费用 5.4 万元，比例接近 65%。

---

① https://www.xnh.org.cn/gjxwdt/20190228/9210.html.
② 网址：http://www.lwdf.cn/article_3958_1.html.

"新农合异地就医联网结算工作已经在 2017 年 8 月底顺利完成了国务院确定的年度任务目标，9 省份的新农合异地住院直接结算已经实现全覆盖。"国家卫生和计划生育委员会基层卫生司监察专员聂春雷告诉《瞭望东方周刊》。

国家卫生计生委提供的数据显示：2017 年 1—10 月，全国共实现新农合省内异地就医直接结算 239.3 万人次，报销 131.6 亿元；新农合跨省就医联网结算 4.27 万人次、报销 2.36 亿元。

（三）工伤保险

工伤保险是指劳动者在工作中或者工作规定的特殊状况下，遭受意外伤害，或者长期从事某职业而导致了职业病，暂时或永久丧失劳动能力甚至死亡，劳动者本人或者家属从社会获得相应保障的一种制度。面对不可预期的职业危害，工伤保险是对劳动者生命权、健康权、生存权、劳动权的一种尊重。工伤保险缴费全部由劳动者所在的单位承担。

"老工伤"可享工伤保险待遇

无锡市委宣传部，马雪梅

全市"老工伤"人员有了新保障。昨从市人社局获悉，我市出台新政，"老工伤"均可纳入社保，享受工伤保险待遇。新政明确，用人单位向市社保中心一次性缴纳相关费用，从缴费到账次月起，"老工伤"职工新发生的工伤保险待遇将按规定由工伤保险基金和用人单位支付，新政既保障了职工工伤权益，又大大减轻了企业负担。

"老工伤"人员是 2004 年 1 月 1 日《工伤保险条例》实施前，因工伤事故或患职业病的工伤人员和工亡人员供养亲属。"老工伤"人员大多年龄大、身体伤残、家庭负担较重。经过多年的摸底排查，我市已有 4000 多名"老工伤"人员纳入工伤保险。但由于职业病发现、诊断的延后性，"老工伤"人员仍不断出现，个别用人单位经营困难，少量"老工伤"人员未纳入工伤保险统筹管理。截至目前，我市约有10%存量"老工伤"人员尚未纳入工伤保险，部分人员工伤待遇难以落实，给其家庭带来沉重负担。

与以往不同的是，此次"老工伤"人员的部分项目缴费标准下调。新政规定，认定或确认为工伤的"老工伤"人员，仍与用人单位保留工伤关系的，可由用人单位填报并提供相关原始资料向市人社部门申请纳入工伤管理，经确认后一次性向社会保险经办机构缴纳费用。以伤残津贴为例，以往企业要为55岁的伤残职工张某缴纳伤残津贴我市人均预期寿命82.4岁，这样需缴纳70多万元，而现在该企业仅需缴纳到张某60岁退休，费用约20万元。

更值得一提的是，企业为"老工伤"缴纳工伤保险，从缴费的次月起，一至四级人员工伤的终身医疗费由工伤保险基金按规定支付，五至十级"老工伤"人员除支付工伤治疗费外，退休前其与用人单位解除劳动关系时仍由工伤保险基金支付一次性工伤医疗补助金。低伤残等级"老工伤"伤情加重导致劳动能力鉴定升为一至四级的，其伤残津贴、工伤医疗费均由工伤保险基金按规定支付。

——东方网，2019年5月24日。

我国工伤保险的来历可以追溯到1951年，原劳动部颁布了《劳动保险条例》，2003年，国务院颁布《工伤保险条例》（2010年又对其进行修订），同时2005年，原劳动保障部与人事部、民政部、财政部发布了《关于事业单位、民间非营利组织工作人员工伤有关问题的通知》，自此，我国统一覆盖事业单位职工和个体工商户的工伤保险制度建立起来了。对工伤的认定，2003年，原劳动保障部发布了《工伤认定办法》《非法用工单位伤亡人员一次性赔偿办法》以及《因工伤死亡职工供养亲属范围规定》，以及诸如《职业病防治法》《职业病报告和统计处理办法》《工伤和职业病伤残等级认定办法》等，近年来，我国工伤保险参保人数不断增加，工伤待遇标准逐步完善。目前的待遇主要分为保留工资福利、生活护理费、商场补助金、伤残津贴、工伤医疗补助金和伤残就业补助金、丧葬补助金、公网补助金、供养亲属抚恤金等。

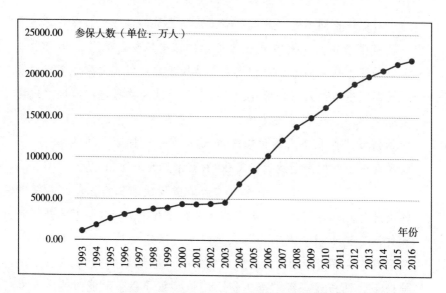

图 8-8　1993—2016 年全国工伤保险参保人数

资料来源:《中国劳动统计年鉴》。

由图 8-8 可以看出，全国工伤保险参保人数在 1993—2003 年之间平稳增长，2003 年后，因为《工伤保险条例》的颁布，对劳动者保障程度增大，参保人数飞速增加。1993 年，全国工伤保险参保人数只有 1103.46 万人，2003 年，增加到 4574.80 万人，年均增长率为 15.28%。但 2016 年，全国工伤保险快速增加到 21889.30 万人，相对于 2003 年，年均增长率为 12.79%。由图 8-9 可知，自 2001 年开始，对全年享受工伤保险的人数有了详细记录，2001 年，全国有 18.71 万人全年享受了工伤保险待遇。自此，随着工伤保险不断完善，全国能够全年享受工伤保险的人数不断增加，2016 年，达到了 196 万人，年均增长率达到 16.95%。

由图 8-10 可知，全国工伤保险基金收入、支出、累积结余都快速增加。1993 年，全国工伤保险基金收入、支出、累积结余分别为 2.39

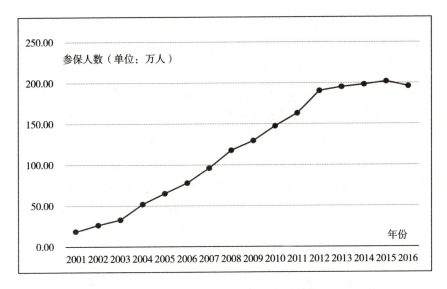

图 8-9 2001—2016 年全年享受工伤保险待遇人数

资料来源:《中国劳动统计年鉴》。

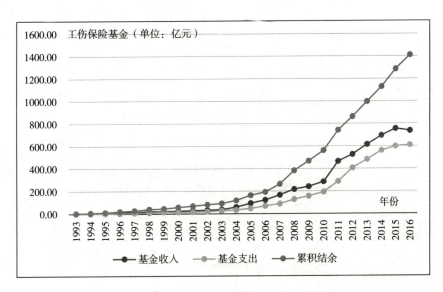

图 8-10 1993—2016 年全国工伤保险基金收支及结余状况

资料来源:《中国劳动统计年鉴》。

亿、0.41 亿、3.10 亿元，2016 年，分别增加到 736.85 亿、610.29 亿、1410.88 亿元。年均增长率分别为 28.29%、37.32%、30.48%。

工伤保险有一个必要的程序是工伤认定，表 8-3 为 2016 年全国工伤认定情况。可以看出，认定工伤中，数量最多的是"在工作时间和工作场所因工作原因受到事故伤害"，达到 860945 件，居于第二的是"在上下班途中受到机动车事故伤害"，为 78792 件，另外，值得注意的是，全国有 20812 件被认为是患了职业病。视同工伤件数中数量最多的是"在工作时间和工作岗位突发疾病死亡或者 48 小时之内经抢救无效死亡"，达到 8387 件，可以看出，由于有工伤保险，一些不幸的人们，虽然在身体上受到了伤害，也不至于因意外的伤害而致贫，对生活无望。

表 8-3　2016 年全国工伤认定情况

	工伤认定情况	数量(件)
认定工伤	在工作时间和工作场所因工作原因受到事故伤害	860945
	工作时间前后在工作场所充实与工作有关的预备性或者收尾性工作受到事故伤害	10915
	在工作时间和工作场所因履行工作职责受到悬力等意外伤害	10639
	患职业病	20812
	因工作外出期间由于工作原因受到伤害或者发生事故下落不明	44029
	在上下班途中受到机动车事故伤害	78792
	其他应当认定为工伤的情形	1289
视同工伤件数	在工作时间和工作岗位突发疾病死亡或者 48 小时之内经抢救无效死亡	8387
	在抢险救灾等维护国家利益、公共利益活动中受到伤害	188
	因战、因公负伤致残到用人单位后旧伤复发	143

资料来源：2017 年《中国劳动统计年鉴》。

（四）失业保险

在我国，失业保险是利用社会集中建立的基金，对因非本人意愿而暂时中断生活来源的劳动者提供物质帮助，保障他们失业期间的基本生活，帮他们度过艰难的一段时光，促进其再就业的一种制度。具有强制性、普遍性和互济性的特征。一些符合领取条件的失业人士，可以在失业期间，领取失业保险金、医疗补助等。失业保险缴费标准为单位工资总额的 2% 和职工本人工资的 1%，失业者可享受 12—24 个月的失业保险金。

1986 年，我国首次立法将待业职工拖过失业保险制度纳入社会保障范围，1993 年，国务院颁布《国有企业职工待业保险规定》继续补充完善失业保险，1994 年，国家正式实施再就业工程，1999 年的《失业保险条例》出台，对于 1998 年以后实施的下岗职工生活保障政策以及保障过期转轨有重要贡献。该条例突出了对失业人员基本生活的保障作用，同时将失业期间生活保障和再就业工作紧密结合，同时与城市居民最低生活保障相互衔接、相互支持，相互补充。该条例是目前运行的失业保险的基本框架。

由表 8-4 可知，自社会保险改革以来，失业保险就被纳入其中。失业保险参保人数、领取失业保险的人数、全年发放失业金的金额都呈现不断增加的趋势。1992 年，失业保险参保人数为 7443 万人，2016 年，失业保险参保人数达到了 18088.84 万人，年均增长率为 3.77%。失业保险金在 1998 年后才开始领取，1998 年，领取失业保险的人数达 109 万，2016 年，覆盖到 230.37 万人，年均增长率为 4.50%。1992 年，全年发放失业保险金 8959 万元，而到 2016 年失业全年发放失业保险金达到 3093670 万元，年均增长率为 27.57%。

表 8-4　全国失业保险基本情况

	年末参保人数 （万人）	年末领取失业保险金人数 （万人）	全年发放失业保险金 （万元）
1992	7443		8959
1993	7924		27847

续表

	年末参保人数 （万人）	年末领取失业保险金人数 （万人）	全年发放失业保险金 （万元）
1994	7967.8		50755
1995	8237.7		79199
1996	8333.057		133394
1997	7961.372		179319
1998	7927.9		203907
1999	9851.997	109	318722
2000	10408	190	561984
2001	10354.6	312	832563
2002	10181.6	440	1167736
2003	10372.9	415	1334448
2004	10583.85	419	1374983
2005	10647.7	362	1366801
2006	11186.6	326.5	1253873
2007	11644.56	286.08	1294405
2008	12399.85	261.22	1395349
2009	12715	235	1457592
2010	13375.6	209.10	1404485
2011	14317.07	196.98	1598544
2012	15224.71	204.03	1812934
2013	16416.83	197.05	2032389
2014	17042.57	207.16	2332794
2015	17325.99	226.75	2698012
2016	18088.84	230.37	3093670

资料来源：2017 年《中国劳动统计年鉴》。

（五）生育保险

生育保险是为女职工怀孕、分娩而设立的一种法定保险，女职工在怀孕、分娩后，按照规定享受生育津贴、医疗服务和产假，以帮助他们恢复劳动能力，重返工作岗位。在我国，生育一直是由普通民众自行负担和安排，1988 年，部分地区才开始实行生育保险制度。1994 年，原劳动部发布《城镇职工生育保险试行办法》，要求参保单位为职工缴纳生育保险，生育保险费的缴费比例由当地人民政府根据实际情况决定，最高不超过工资的 1%。生育津贴用来补充女职工在产假期间的工资；生育医疗费包括女职工生育或流产的检查费、接生费、手术费、住院费和药费（超出规定的医疗服务费和药费由个人负担），以及女职工生育出院后，因生育引起的疾病医疗费。

人社部：让更多职业妇女享受生育保险

新华社合肥 2 月 24 日电（记者徐博）人力资源和社会保障部副部长游钧 24 日表示，将生育保险和基本医疗保险合并实施可以让更多职业妇女享受到生育保险待遇，进一步解决部分育龄女"不敢生"的问题，有利于全面实施两孩政策。

——新华网，2017 年 2 月 24 日。

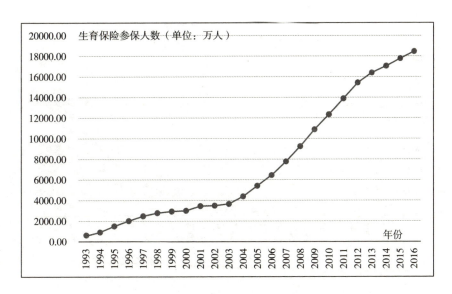

图 8-11　1993—2016 年生育保险参保人数

资料来源：《中国劳动统计年鉴》。

　　由图 8-11 可知，自 1993 年以来，生育保险参保人数持续增加。其中 1993—2003 年，生育保险参保人数增速较慢，而 2003—2016 年期间，生育保险参保人数增速较快。1992 年，生育保险参保人数为 557.17 万人，2003 年，生育保险参保人数达到 3655.40 万人，较 1992 年增长了 6.5 倍，2016 年，生育保险参保人数为 18450.98 万人，较 2003 年增加了 5.05 倍，整个年均增长率为 16.44%。

　　由图 8-12 所示，全国生育保险的收入、支出持续增加，在 2016 年时，支出稍微超过收入，因此导致生育保险基金稍微下降。1993 年，全国生育保险为收入、支出、累积结余金额为 0.85 亿、0.50 亿、0.76 亿元，2015 年，这些数值达到峰值 521.91 亿、530.64 亿、675.95 亿元。年均增长率分别为 33.66%、36.64%、36.22%。2016 年，三者的金额为 521.91 亿、530.64 亿、675.95 亿元，其中，生育保险支出金额超过收入金额 8.73 亿元，使得生育基金积累结余较 2015 年减少了 8.43 亿元。由于"全面二孩"等鼓励生育的政策，使得生育保险基金近两年支出超过收入。

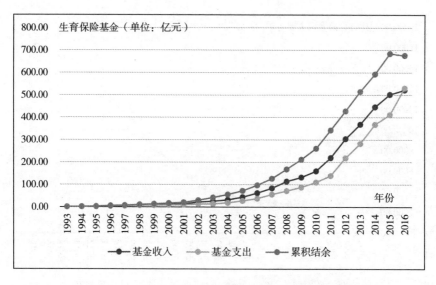

图 8-12　1993—2016 年全国生育基金收支及结余状况

资料来源：《中国劳动统计年鉴》。

（六）住房公积金

住房公积金是为保障职工住房而设立的一种具有保障性的基金，一般都和以上五种保险统称"五险一金"。一般情况下，国家机关、国有企业、城镇集体企业、外伤投资企业、城镇私营企业和其他城镇企业、事业单位、民办非企业单位、社会团体单位以及在职职工为保障住房而积累的一种基金。住房公积金中，一部分是由单位为职工缴纳，一部分由职工工资中扣除一部分缴纳。在存储期间，住房公积金只能用于购、建、大修自住住房或者交房租，不可以挪作他用。住房公积金不属于工资总额属性。

改革住房公积金贷款规定

福建改革住房公积金贷款规定。贷款的范围也从以往单一的购买商品房和经济适用房扩大到现有的购买商品房、经济适用房、二手房、公有住房以及拆迁安置房和集资建房。

——《人民日报》2002 年 10 月 25 日，第 2 版。

住房公积金应"雪中送炭"

住房公积金应"雪中送炭"。据统计，部分高收入行业为员工缴存的住房公积金一直偏高。住房公积金制度是国家法律规定的重要的住房社会保障制度。就此看来，住房公积金日常管理有待规范、制度设计有待完善，背后隐匿的行业收入差距和社会分配不公问题更须正视。

——来自《人民日报》2013 年 6 月 5 日，第 5 版。

长沙合肥南昌武汉四地住房公积金可异地互认

长沙合肥南昌武汉四地住房公积金可异地互认。（记者付文）

记者今天从武汉住房公积金管理中心获悉：日前，长沙、合肥、南昌、武汉四地住房公积金管理中心主任会议在武汉召开。

　　——来自《人民日报》2013 年 6 月 5 日，第 5 版。

住房公积金可交学费治大病

　　海南省出新规住房公积金可交学费治大病。本报记者陈伟光 11 月 8 日，海南省新修订的《海南住房公积金提取操作规程》正式出台。海南住房公积金管理中心有关负责人说。公积金交学费是否违反了国家有关规定？用公积金付学费、治大病并非海南首创。

　　——来自《人民日报》2010 年 11 月 10 日，第 9 版。

　　住房公积金出现比较晚，2002 年，国务院公布并开始实行修改后的《住房公积金管理条例》，初步对公积金的使用范围、缴存、提取、监督、罚则等作出了相关规定。2011 年，《中国人民银行关于上调金融机构人民币存贷款基准利率的通知》规定，5 年以上的个人住房公积金开款利率由原来的 4.5% 上调为 4.7%，5 年以下的住房公积金由 4.0% 提高到 4.2%。2015 年，相关文件规定本人及配偶在缴存城市无自有住房且租房住，可提取夫妻双方那个公积金支付房租。住房和城乡建设部、财政部、人民银行联合发布《全国住房公积金 2017 年年度报告》实现了"账随人走，钱随账走"，2017 年年末，全国 366 个住房公积金管理中心及分中心完成住房公积金基础数据标准贯彻和住房公积金结算应用系统接入工作。

　　根据《光明日报》[①] 的报道，2012—2017 年，住房公积金缴存额连续五年保持两位数以上增幅。2017 年，住房公积金实缴单位 262.33 万个，实缴职工 13737.22 万人，分别比上年增长 10.11% 和 5.11%。全国净增住房公积金缴存单位 24.08 万个，净增实缴职工 672.72 万人，住房

---

① 以下数据描述引用《光明日报》原文，报道记者：邱玥，网站：http：//www.gov.cn/xinwen/2018-06/01/content_5295208.htm。

公积金实缴单位数、实缴职工数保持连年增长。2017 年，住房公积金缴存额 18726.74 亿元，比上年增长 13.06%，截至 2017 年末，住房公积金缴存总额 124845.12 亿元，缴存余额 51620.74 亿元，分别比上年末增长 17.68% 和 13.13%。全国住房公积金人均缴存额 1.36 万元，同比增长 7.53%。

住房公积金有力支持职工基本住房消费，切实减轻职工住房消费负担。2017 年，住房公积金提取额 12729.80 亿元，其中住房消费类提取 10118.95 亿元，占当年提取额的 79.49%；住房租赁提取 444.76 亿元，同比增长 22.21%，住房租赁提取人数 495.52 万人，人均提取金额 0.9 万元，住房公积金帮助职工通过租赁解决住房问题的力度加大。2017 年，发放住房公积金个人住房贷款 254.76 万笔，计 9534.85 亿元。截至 2017 年年末，累计发放个人住房贷款 3082.57 万笔、75602.83 亿元，个人住房贷款余额 45049.78 亿元，个人住房贷款率 87.27%。

2017 年住房公积金个人住房贷款利率比同期商业性个人住房贷款基准利率低 1.65—2 个百分点，全年发放的住房公积金贷款可为贷款职工节约利息支出 1944.70 亿元，平均每笔贷款可节约 7.63 万元。2017 年发放的个人住房贷款中，中、低收入群体占 96.05%，首套住房贷款占 86.24%，144（含）平方米以下普通住房占 89.20%，住房公积金贷款以支持中低收入职工购买首套普通住房为主。2017 年，发放公转商贴息贷款 13.48 万笔、604.35 亿元，当年贴息 20.86 亿元，通过贴息扩大了住房公积金制度的受益群体，使更多的缴存职工享受到低息住房公积金贷款。

二、社会救助的成就

中国最低生活保障制度是一种以保障全体公民基本生存权利为目标的社会救济制度。它的通常做法是，根据维持最起码的生活需求的标准设立一条最低生活保障线，每个公民，当其收入水平低于最低生活保障线而生活发生困难时，就有权利得到国家和社会按照法定的程序和标准提供的现金和实物救助。

（一）城市最低保障制度的成就

城市最低生活保障制度是市政两级财政负担，为城镇户口的一些低于当地最低生活保障线的人们给予物质资助，以保障城市低收入人群的基本生活的一种社会保障制度。

城市最低生活保障制度最早在上海试点，1993 年，上海市民政局发布《关于本市城镇居民最低生活保障线的通知》，上海市当时有 7680 位城镇居民通过这一制度得到了基本生活保障。1994 年，青岛、厦门、大连、广州、无锡、海口等沿海城市也开始按照当地最低生活保障线对低收入人群进行救济的制度。1996 年，城市最低生活保障制度扩展到全国 101 个城市。1997 年，国务院发布《关于在全国建立城市居民最低生活保障制度的通知》，完善全国城市社会保障制度。1999 年，国务院出台《城市居民最低生活保障条例》，促使城市最低生活保障规范化，法制化。自 2002 年国务院发布《关于进一步加强城市居民最低生活保障工作的通知》要求增加投入以来，城市最低生活保障制度成熟稳步推进。

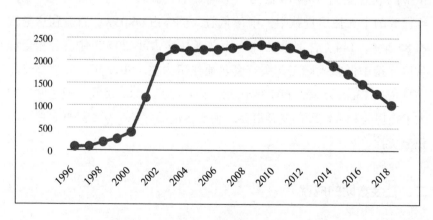

图 8-13　1996—2018 年城市居民最低生活保障人数（单位：万人）

资料来源：国家统计局。

由图 8-13 可知，随着全国城市最低生活保障制度不断完善，城市低保人数不断增加，随着城市不断快速发展，城市低保人数又呈现出下降趋势。1996 年，城市居民最低生活保障制度刚刚推行，有 84.9 万人获得了城市低保。随着投入力度加大，城市一些弱势群体能够享受城市低保的人数不断增加，2003 年达到峰值 2246.8 万人。2003—2011年期间，能够享受城市低保的人数稳定在 2200 万人左右。自 2011 年开始，能够享受城市低保的人数开始下降，2008 年下降到 1008 万人。

（二）农村最低保障制度的成就

农村最低保障制度指由地方政府为家庭人均纯收入低于当地最低生活保障标准的农村贫困群众，按最低生活保障标准，提供维持其基本生活的物质帮助。近年来，结合精准扶贫，农村最低生活保障制度不断推进，对于农村特困群众生活救助力度不断加大。农村低保制度，是政府直接对贫困人口给予"兜底"式的定期救助，对于缓解贫困比较有效。

低保成了定心丸

由于父母早亡，齐文都苏这位 90 后蒙古族女孩由姥姥姥爷抚养长大。回忆过去，她有些哽咽："全家生计来源只有老人的退休工资，没有田姨帮忙撑不到现在。"她口中的"田姨"，是青海省西宁市城北区小桥大街街道新海桥社区党委书记田小红代表。"得知我的情况后，田姨第一时间带低保专干上门了解，让我及时享受到低保政策，到现在整整 8 年时间。我考上大学后，还帮我申请到金秋助学项目，学费全免。"齐文都苏由衷地说："我是共产党养大的娃。""我们不过做了些分内事，全靠党的好政策，娃也争气。"田小红说。去年，齐文都苏考上了事业单位，她主动要求退出低保，希望更多有需要的人享受到好政策。齐文都苏的经历，是新海桥社区社会保障造福群众的一个缩影。57 岁的张俊成也很感激社区。单身独居、经济困难的他，在社区协调下，办了低保，住进了崭新的保障房，"一直犯愁老了怎么办，现在吃了'定心丸'。"他请人在房门口贴了副对联："时逢金秋喜迁新居家和欢 感谢党恩安居工程民安乐"，横批是："共产党好"。田小红满怀期待地说："十九大召开了，我们党会出台更多更好的惠民政策，把社会保障网越织越密。"

——《人民日报》2017 年 10 月 18 日，第 7 版。

农村最低保障制度在 20 世纪 90 年代开始探索，首先从上海、广东、浙江、福建等沿海地区起步。1997 年，广东省 142 个县初步尝试建立农村低保制度。从沿海地区，农村低保制度逐渐向中西部地区延伸。截至 2006 年底，全国共有 25 个省（区、市）的 2133 个县（市、区、旗）实行农村最低生活保障制度。2007 年，全国范围内的农村低保制度开始建立，从此逐渐成熟起来。

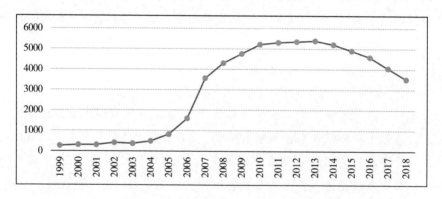

图 8-14　1999—2018 年农村居民最低生活保障人数（单位：万人）

资料来源：国家统计局。

由图 8-14 可知，从农村最低保障起步开始，由于财政支付能力有限，享受农村低保的人数在 1999—2001 年，保持在 300 万左右。自 2004 年开始，能够享受农村低保的人数快速增加，2013 年，有 5288 万人可以获得财政支付的农村最低生活保障。之后人数开始不断下降，到 2018 年，有 3520 万农村户籍的人士能够享受到农村低保。

（三）其他救助制度的成就

其他救助制度还包括农村集中供养五保户、农村分散供养五保户、农村传统救济、医疗救助。农村的五保供养制度是指对农村民居中无劳动能力、无依靠、无生活来源的"三无"老年人、残疾人和未成年的孤儿，实行保吃、保穿、保医、保葬，对适龄儿童保其教育。该制度从 20 世纪 50 年代的人民公社时期就开始了，后来一直沿用。五保户有集中供养和散养。此外，还有农村传统救济，靠民间自发的传统救济。当然目前，由于微信上"水滴筹"APP 等项目，民间相互救济帮助的不断增多。

表 8-4　其他救济制度中的历年受益人数统计

	农村集中供养五保人数 （万人）	农村分散供养五保人数 （万人）	农村传统救济人数 （万人）
2006			115.6
2007	138	393.3	75
2008	155.6	393	72.2
2009	171.8	381.6	62.2
2010	177.4	378.9	59.5
2011	184.5	366.5	68.7
2012	185.3	360.3	79.6
2013	183.5	353.8	73
2014	174.3	354.8	
2015	162.3	354.4	
2016	139.7	357.2	
2017	99.6	367.2	

资料来源：国家统计局。

如表 8-4 可以看出，农村集中供养五保人数呈现出的规律为：先不断增加，后来逐渐下降。2007 年，农村集中供养的五保户为 138 万人，持续增加，2012 年，达到 185.3 万人，此后，不断下降，2017 年，集中供养五保户下降为 99.6 万人。自 2006 年以来，农村分散供养五保人数呈现小幅下降的趋势。2007 年，农村分散供养的五保人数为 393.3 万人，小幅下降，2015 年为 354.4 万人，2016 年稍微有所回升，为 357.2 万人，2016 年 367.2 万人。农村传统救济人数稍微有所下降，由于农村人口流动，统计数据只到 2013 年，从数据可以看出，大部分年份，全国农村传统救济人数小于 100 万人。

由表 8-5 可知，不论是城市还是农村，医疗救助的支出呈现不断增加的趋势。2005 年，城市医疗救助支出 3.2 亿元，农村医疗救助支出 5.7 亿元，而 2012 年，城市医疗救助支出达到 70.88 亿元，农村医疗支出达到 132.91 亿元，年均增长率分别是 55.67%、56.81%。2008—2012 年，城市医疗救助由 443.6 万人次增加到 689.9 万人次，年均增长率为 11.67%。农村医疗救助由 2005 年的 199.6 万次增加到 2012 年的 1483.8 万次，年均增长率为 33.19%。

表 8-5　医疗救助相关情况

	城市医疗救助人次（万人次）	农村医疗救助（万人次）	城市医疗救助支出（万元）	农村医疗救助支出（万元）
2005		199.6	32000	57000
2006		201.3	81241	114198
2007		377.1	144379	280508
2008	443.6	759.5	297000	383000
2009	410.37	729.98	412043	646246
2010	460.08	1019.24	495203	834810
2011	672.15	1471.83	676408	1199610
2012	689.9	1483.8	708802	1329105
2013				
2014				
2015				

资料来源：国家统计局。

三、社会福利的成就

社会福利是指对生活能力较弱的儿童、老人、母子家庭、残疾人、慢性精神病人等的社会照顾和社会服务。社会福利也是一种职责，是在社会保障的基础上保护和延续有机体生命力的一种社会功能。

我国社会福利制度从党领导的革命战争年代就开始了，社会福利工作的主要目的是为战争服务，优待革命军人家属、烈属、残废军人。

新中国成立初期，社会福利事业的主要目的是医治战争创伤，国家接管类似"救济院"等慈善团体，设立教养机构，改造游民、乞丐，收养无依无靠、丧失劳动能力、无法维持生活的孤老残幼，开展贫民和残疾人生产自救。20世纪50年代开始，国家和社会兴办各种福利工厂，为残疾人提供广泛的就业机会。通过兴办各类福利设施，为孤老残幼提供社会救济和广泛的就业机会。1979年，改革开放后，我国社会福利制度进一步发展完善。目前中国社会福利工作的主要内容包括老年人福利事业、妇幼保护、文化、教育、娱乐等公共福利事业、儿童福利事业、残疾人福利事业等。社会福利事业，从消极防治到积极预防，不断由部分人的社会责任转变成全社会的责任。为稳定社会秩序、调解人际关系、缓解社会矛盾起了重要作用。

　　由图8-15可以看出，自1985年以来，我国社会福利企业机构数变化的规律是先持续上升，然后转而持续下降。1985年，我国社会福利企业机构有14872个，持续增加到1994年达到峰值60237个。随着改革开放不断推进，社会福利企业机构数开始下降，到国家统计局记录的2015年，降低到14585个。

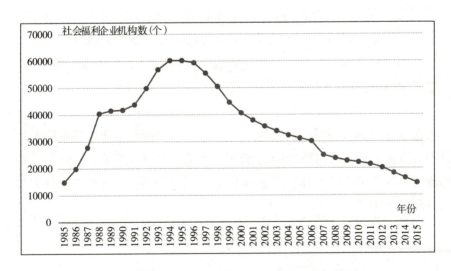

图8-15　1985—2015年社会福利企业机构数

资料来源：国家统计局。

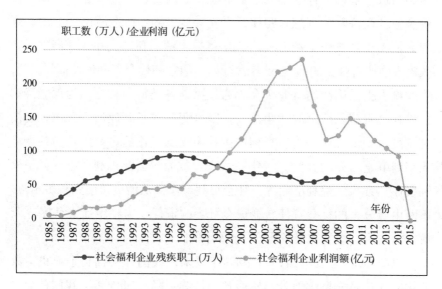

图 8-16　1985—2015 年社会福利企业残疾职工和利润额

资料来源：国家统计局。

如图 8-16 可以看出，1985—2015 年，社会福利企业利润、社会福利企业残疾职工人数都呈现先增加后减少的态势。1985 年，全国社会福利企业利润额为 5.11 亿元，之后以较小的速度持续增加，从 2000 年开始，快速增加，2006 年达到峰值 237.8 亿元，之后开始快速下降，经过 2008—2010 年期间短暂的回升后，全国社会福利企业利润持续快速下降，2015 年几乎不盈利了。而社会福利企业的残疾职工人数也呈现缓慢增加到缓慢减少的趋势。1985 年，社会福利企业的残疾职工为 23.2 万人，持续增加到 1995 年的 93.6 万人，达到了峰值，自此，残疾职工人数逐渐缓慢下降，到 2016 年，在社会福利企业残疾职工的人数下降到 42.9 万。

表 8-6　社会福利中残疾人事业部分基本服务项目

	盲人定向行走训练人数(人)	肢体残疾儿童康复训练人数(人)	白内障复明手术数(万例)	残疾人实用技术培训(万人次)	农村贫困残疾人危房改造户数(万户)	农村贫困残疾人危房改造受益残疾人数(万人)	残疾人工作者数(万人)
1996			25.7				5.8
1997			34.8				6.6
1998			36.3				6.5
1999			41.7				8.2
2000			48.1				8
2001			49.1				7.3
2002			51.3				7.5
2003			57.4				7.8
2004			56.9				8
2005			57.2	71.6	2.1	2.7	8.1
2006	6815	13674	70.6	80.8	5.3	8.9	9.1
2007	12224	12239	80	77	12.2	16.7	9.4
2008	12936	15690	88.8	87	9.8	14	9.4
2009	15034	15058	104.3	84	10.2	14	9.5
2010	16157	21375	79.9	85.5	11.8	14.5	9.9
2011	24871	17558	75.8	92.3	9.4	11.5	10.9
2012	119800	24000	79.6	86.1	13.2	15.7	
2013	120000	30000	74.6	85.6	12.2	14.4	
2014	122724	32000	74.6	72.6	9	10.3	
2015	120115	33095	73.9	72.7	6.9	9.1	
2016			75.6				
2017			70.6				

资料来源：国家统计局。

　　残疾人福利事业是社会福利的重要组成部分。新中国成立 70 年以来，残疾人虽然由于身体原因，很难完全靠个体生存下去，但为残疾提供各种条件来帮助他们的事业涉及方方面面。表 8-6 列出了国家统计局记录数据的部分项目。可以看出，盲人定向行走训练人数不断增加。
2006 年，全国盲人定向行走训练人数为 6815 人，之后不断增加，2015
年，达到 120115 人，增长了 16.63 倍。肢体残疾儿童康复训练人数不
断增加，由 2006 年的 13674 万人，增加到 2015 年的 33095 人，增加
了 1.42 倍。白内障复明手术人数由 1996 年的 25.7 万例增加到 2015 年
的 73.9 万例。残疾人实用技术培训次数保持在 70 万人次以上。农村贫
困残疾人危房改造户数由 2005 年的 2.1 万户增加到 2012 年的 13.2 万户、
2.7 万户，之后稍微有所下降，2015 年，仍然还有 6.9 万户、9.1 万人
享受该待遇。残疾人工作者数不断增加，由 1996 年的 5.8 万人增加到
2011 年的 10.9 万人。总之，残疾人福利事业不断发展，让一些出生不
幸的人依然可以有尊严地活下去。

四、优抚安置的成就

　　所谓优抚安置，实际是优待、抚恤、安置的简称，从政治上、经
济上优待那些为国家做过贡献的人，抚恤在战争中伤残、牺牲、病故
的家属，给予物质帮助和精神奖励；安置那些复原退伍军人、军队离
退休干部及其随军家属，无军籍退休退职职工以及生产、生活中有困
难的人，例如灾民、流入城市的乞讨人员等，帮助他们安排就业等。
新中国成立初期，国家比较重视那些为新中国成立抛头颅洒热血的功勋
人士的优抚安置。

　　新中国成立以来，我国非常重视优抚安置立法和相关制度建设。
1950 年政务院内部公布了《革命烈士家属、革命军人家属优待暂行条
例》《革命残废军人优待抚恤暂行条例》《革命军人牺牲、病故褒恤暂
行条例》《民兵民工伤亡抚恤暂行条例》。这些条例比较详细地规定了
优抚对象应该享有的实物、劳务、现金待遇，以及民事权益和社会权
益中享受优先权利。《革命烈士家属、革命军人家属优待暂行条例》规
定，分配、出租、出借、出卖共有土地、房屋、场地等，烈军属有优
先分得、承租、借用、购买权；企业、机关、学校等雇佣员工，应优
先雇佣列均属；政府举办社会救济、贷款、贷粮，烈属军属有领取与

借贷的优先权。这些规定一直沿用到 1988 年 7 月 18 日国务院重新发布了《军人抚恤优待条例》后才废止。1981 年，国务院、中央军委发布了《关于军队干部退休的暂行规定》，对退休条件、退休后的生活费待遇、住房、家属安置作了详细的规定。1982 年，又对军队干部离休问题作了规定。同时，1987 年，国务院通过发布《退伍义务兵安置条例》，对义务兵安置范围、原则、具体安置办法都作了规定。优抚安置对国家经济和政治生活中起了较大作用，激励军人保卫祖国、建设祖国，为祖国献身的精神，让军人无后顾之忧，为祖国全力作贡献。

表 8-7　新中国成立以来国家优抚安置人数

	国家重点优抚对象(万人)	国家重点优抚对象定期抚恤人数(万人)	国家重点优抚对象定期补助人数(万人)	国家重点优抚对象伤残人员(万人)	安置义务兵、士官、复员干部人数(万人)	接收军队离退休人员人数(万人)
2005 年						1.9
2006 年						3.2
2007 年	622.4	48.9	487.1	86.5	37.3	2.8
2008 年	633.2	47.9	498.2	87.2	39.7	2.1
2009 年	630.7	45.9	497.7	87.2	39.1	1.9
2010 年	625	44.8	493.5	86.7	38.7	1.3
2011 年	852.5	42.2	724.4	85.9	39.1	1.5
2012 年	944.4	41.2	818.4	84.9	39.3	1.9
2013 年	950.5	36.6	832.6	81.2		3.9
2014 年	917.3	31.1	809.6	76.6		2.8
2015 年	897	26.5	796.8	73.7		1.9

资料来源：国家统计局。

　　国家重点优抚对象是指：残疾军人；"三属"人员，包括烈士家属、因公牺牲军人家属、病故军人家属；"三红"人员，包括在乡退伍红军老战士、在乡西路军红军老战士、红军失散人员；在乡老复员军人；带病回乡退伍军人；参战参核退伍军人。具体的优抚待遇为伤残抚恤、定期抚恤、抚恤生活补助费、定期补助等。另外还包括义务兵家庭优待、抚恤优待、医疗优待、交通优待、通信优待、参观游览优待、教育优待、安置优待、承租购房优待、税费优待等。

根据国家统计局可以记载的数据显示，自 2007 年以来，国家重点优抚对象人数呈现先大幅上升后小幅下降的特征。2007—2010 年间，国家重点优抚对象保持在 620 万—635 万之间，2011 年，突然增加到 852.5 万人，较 2011 年增加了 36.40%，2012 年又快速增加到 944.4 万人，又增加了 10.78%。2013 年增加到 950.5 万人，2014—2015 年，人数稍微有下降趋势，2015 年保持在 897 万人。即将近 900 万人享受了国家重点优抚对象待遇。

国家重点优抚对象定期抚恤标准：根据新华社报道，2018 年 8 月 1 日后，退役军人事务部、财政部日前发出通知，再次提高部分退役军人和其他优抚对象等人员抚恤和生活补助标准。从 8 月 1 日起，伤残人员（残疾军人、伤残人民警察、伤残国家机关工作人员、伤残民兵民工）残疾抚恤金标准、“三属”（烈士遗属、因公牺牲军人遗属、病故军人遗属）定期抚恤金标准、“三红”（在乡退伍红军老战士、在乡西路军红军老战士、红军失散人员）生活补助标准，在现行基础上提高 10%，在乡老复员军人生活补助标准在现行基础上每人每年提高 1200 元，烈士老年子女生活补助标准由现行每人每月 390 元提高至 440 元，以上提标经费由中央财政承担。带病回乡退伍军人生活补助标准由现行每人每月 500 元提高至 550 元、参战参试退役军人生活补助标准由现行每人每月 550 元提高至 600 元，农村籍老义务兵每服一年义务兵役每月增加补助 5 元，达到每月 35 元。以上提标经费由中央财政和地方财政按比例承担。因战、因公、因病残疾军人抚恤金标准分别为每人每年 80140 元、75060 元，比 2017 年提高了 7290 元、7060 元、6820 元。烈属、因公牺牲军人遗属、病故军人遗属定期抚恤金标准分别提高到每人每年 25440 元、21850 元和 20550 元。在乡退伍红军老战士、在乡西路军红军老战士和红军失散人员生活补助标准，分别提高到每人每年 55570 元、55570 元和 25070 元。2018 年是自改革开放以来，国家第 25 次提高残疾军人残疾抚恤金标准，第 28 次提高“三属”定期抚恤金标准和"三红"生活补助标准。[①]

国家重点优抚对象定期抚恤人数逐年下降。由表8-7可以看出，国家统计局可以查到的数据中，2007年，国家重点优抚对象定期抚恤人数为48.9万人，逐年下降，2015年重点优抚对象定期抚恤人数减少到26.5万人，减少了84.53%。相反，国家重点优抚对象定期补助人数却是不断增加，在2014—2015年时，稍有下降。2007年，国家重点优抚对象定期补助人数为487.1万人，2013年，增加到832.6万人，增长了70.93%，2014年稍有下降，2015年，仍然有796.8万人。国家重点优抚对象伤残人员人数呈现小幅下降趋势，2007年是86.5万人，2015年下降到73.7万人，下降了14.80%。2007—2012年，安置义务兵、士官、复员干部人数保持在40万人左右。2005—2015年，接收军队离退休人员人数呈现波动状态，最高为2013年的3.9万人，最少的为1.3万人，即每年总有1.3万以上的离退休人员能够接受专业安置的优抚待遇。

五、补充保险的成就

补充保险是根据国家相关法规、政策，在政府规定的基本养老保险基础上，企业和用人单位之间建立的一种补充性保障制度，其实质是职业的福利。其目的是吸引人才、保留人才、培养人才、激励人才，从而增强用人单位的竞争力，最大化单位的收益。世界银行提出三支柱养老保障体系，政府主导并且负责管理的基本养老保险为第一支柱，政府倡导但有企业自主发展的补充保险为第二支柱，团体或个人自愿购买的商业保险为第三支柱，即多层次社会保障体系。我国的补充保险更偏向于说第二支柱。补充保险主要体现在为养老保险做补充的企业年金制度，以及为医疗保险做补充的企业补充医疗保险。

1. 构建起了企业年金制度

企业年金是单位在保证在职职工在参加基本养老保险的基础上，根据企业的具体情况和经济实力，为调动职工劳动积极性，吸引高素质

---

① 新华网：http://www.xinhuanet.com/politics/2018-07/27/c_1123184766.htm。

人才，稳定职工队伍，增强单位竞争力而自愿为员工提供的一种高水平养老保障基金。企业年金能够相当程度上提高职工退休后的养老金待遇水平，弥补基本养老金的不足，稳定职工退休后稳定生活质量的预期，发挥其补充和保障作用。若企业为员工购买年金保险，可以免除企业所得税，同时由于采用复利计算，或获得更多的收益。

我国从 1991 年开始建立企业年金制度，2000 年国务院决定企业年金实行市场化管理运营。2004 年劳动和社会保障部相继出台了《企业年金试行办法》和《企业年金基金管理试行办法》，企业年金制度逐渐进入了规范化运作阶段。

根据人力资源社会保障部社会保险基金监管局 2019 年 3 月发布的报告[①]，2018 年底，全国企业年金企业账户数为 87368 个，职工账户数为 2388 万人，资金金额为 14770 亿元。由图 8-17 可以看出，自 2007 年以来，全国企业年金累积资金持续快速增长，2007 年共 1519 亿元，

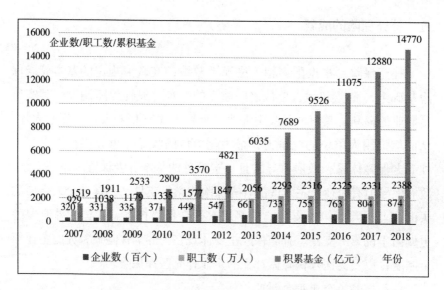

图 8-17　2007—2018 年历年全国企业年金基本情况表

资料来源：人力资源社会保障部社会保险基金监管局。

---

①　人力资源和社会保障部：http://www.mohrss.gov.cn/shbxjjjds/SHBXJDSgongzuodongtai/201904/t20190402_313705.html。

2018 年的累积资金是 2007 年的 9.72 倍，全国企业年金的年均增长速度高达 22.97%。此外，相对于 2007 年的全国企业年金账户 3.2 万个、职工账户数 929 万个，2018 年分别是 2007 年的 2.73 倍、2.57 倍。此外，企业年金的投资管理收益也在合理区间内，由表 8-8 可以看出，企业年金的投资管理收益有时非常高，可以达到年化 9.88%，只有两年出现过亏损的情况，但亏损幅度非常小。从以上三个数据不断增加可以看出，随着社会不断进步，我国企业年金制度不断完善，采用企业年金制度对养老保险进行补充的员工越来越多。

表 8-8　全国企业年金基金投资管理收益

	2007	2008	2009	2010	2011	2012	2013	2014	2015	2016	2017	2018	年平均
企业年金投资管理情况	41	-1.83	7.78	3.41	-0.78	5.68	3.67	9.3	9.88	3.03	5	3.01	6.97

资料来源：人力资源和社会保障部社会保险基金监管局。

2. 构建起了企业补充医疗保险

本书前面所说的基本医疗保险具有"广覆盖、低保障"的特征，并不能对不同人群实现差别对待，对于超过统筹基金最高支付（封顶线）的医疗费用，一些不幸得了重病的人依然无法负担起。因此，出现了企业补充医疗保险产生的空间。企业补充医疗保险主要是指在基本医疗保险的基础上，根据单位经济承受力，本着自愿的原则，对本单位职工支付超出基本医疗保险基金以外的保险费用，从而使得职工能够享受更高水平的医疗保障的一种补充社会保险。企业补充医疗保险有单位缴纳，一般在工资的 4% 以内。企业补充医疗保险和基本医疗保险分别列账管理，主要用于超过基本医疗保险最高支付限额以上的费用并且个人自付较重的医疗费。补充医疗保险可以在有实力的大集体、大企业自办，但与经营性资金分离，确保保险资金安全。补充保险可以与商业保险机构合作，根据实际情况设计补充医疗保险方案，并有商业机构来决定费用。补充医疗保险本质是给不幸的人们"雪中送炭"，对于部分不幸的人们，其基本医疗无法承担起"超大病"时，能够及时得到救助，防止因病致贫。

根据人力资源和社会保障部的报道，"随着员工自我保护意识和保险意识的逐步增强，目前职工基本医疗保险作为企业'标配'已经失去了吸引力，员工期待企业能够提供更进一步的医疗和健康保障，并将此作为企业人才竞争力的衡量标准之一。""对于企业而言，购买商业健康险等补充医疗保险已经成为员工福利的首选。企业为员工购买补充医疗保险产品，除了能够满足员工日益增长的健康保障需求之外，也是对企业用工风险的一个重要防范措施。今后，补充医疗保险甚至有望渐成企业的刚需。"①

第二节　新中国社会保障相关政策的演变

什么是社会保障？

社会保障，是依据一定的法律和规定，为保证社会成员的基本生活权利而提供的救助和补贴。从广义来说，社会保障包括社会救助、社会保险、社会福利和社会优抚。有人将社会保障解释为广义的社会福利。例如，有的报刊文章将教育、住房、社区服务项目甚至环保归入社会保障，还有的将亲属保障以及商业保险中的人身安全、医疗、养老等项保障都归入社会保障。

关于社会保障的涵义，联合国国际劳工局社会保障司作了这样的概括：社会采取一系列保护性措施，以帮助人们渡过由于失业、年老、疾病、生育、工伤和死亡而造成工资或收入损失的难关。这一概括，比较科学地表述了社会保障的功能和范围。

——《人民日报》1996 年 1 月 12 日，第 9 版。

---

① 　网　址：http：//www.mohrss.gov.cn/shbxjjjds/SHBXJDSgongzuodongtai/201507/t20150702_213451. html。

70 年来，新中国社会保障制度不断前进，日趋完善，迈上了现代文明的舞台。我国社会保障制度的改革和发展历程可以分为以下几个阶段：第一个阶段是 1949—1978 年，是计划经济条件下构筑的中国社会保障体系；第二个阶段是 1978—1991 年的恢复性改革阶段，第三个阶段是 1992—2004 年的制度框架初步形成时期，第四个阶段是 2005 年至今"扩面提待"及深度改革阶段。70 年来，特别是改革开放以来，我国社会保障在探索和改革中不断取得新突破，优抚安置、社会福利、社会救助稳步发展，社会保险覆盖面不断扩大，农村社会保险取得重大进展，城镇医疗保险受惠群体增加，社会保险服务水平不断提高，社会保险规模不断扩大，逐步改变以往主要是非缴费型社保的较单一局面，确立了社会保险在社会保障体系中的核心地位。社会保障是现代国家最重要的社会经济制度之一，对于稳定人们生命历程预期，促进社会稳定发展，国家长治久安有重要意义。

一、计划经济条件下构筑的中国社会保障体系（1949—1978 年）

计划经济条件下的社会保障分为国家保障、单位保障和农村集体保障三个独立的运行板块。其中国家保障和单位保障（尤其以单位保障为主）主要用于城市工作人员，农村集体保障主要用于农村人员。

城市社会保障制度中优抚安置最先出现，紧接着出现养老保障制度。新中国成立之初，最早是对战争中牺牲、伤残等人士进行优抚安置。1950 年政务院内部公布了《革命烈士家属、革命军人家属优待暂行条例》《革命残废军人优待抚恤暂行条例》《革命军人牺牲、病故褒恤暂行条例》《民兵民工伤亡抚恤暂行条例》。这些条例比较详细地规定了优抚对象应该享有的实物、劳务、现金待遇，以及民事权益和社会权益中享受优先权利。城市养老保障建立于 1951 年，城市企业职工可以享受。根据当时的《中华人民共和国劳动保险条例》，社会保险经办机构按职工工资总额的 3% 提取劳动保险基金，并在全国范围内调剂使用。1955 年，国家建立了机关、事业单位工作人员的养老保险制度。1958 年，国家根据当时的实际情况，将企业和机关事业单位的两个养老保险制度在适当放宽养老条件和提高待遇标准的基础上作了统一规定，并一直沿用到 1978 年。

农村尚未尝试建立社会保障制度，农村社会保障主要建立在小农个体经济基础之上，以非制度化保障的家庭保障为主。新中国成立之初，根据《中国土地法大纲》，农民分得了土地，获得了主要的生产资料并掌握了使用和收益的权利，小农户在分得的土地上勤劳耕耘，获得农产品，以保障家人的基本生活。在人民公社成立之后，农村地区普遍建立了集体保障为主体的养老保障制度，但疾病照料、精神慰藉等需要依然依靠家庭解决。与此同时，人民公社时期，大部分农村社区建立了五保供养制度。《1956 年到 1967 年全国农业发展纲要（草案）》规定："农业合作社对于社内缺乏劳动力、生活没有依靠的鳏寡孤独的社员，应当统一筹划，指定生产队或者生产小组在生产上给以适当的安排，使他们能够参加力能胜任的劳动；在生活上给以适当的照顾，做到保吃、保穿、保烧（燃料）、保教（儿童和少年）、保葬，使他们的生养死葬都有指靠。"这个五保制度比较成形，其理念一直沿用至今。

二、恢复性改革探索阶段（1978—1991 年）

改革开放以后，我国经济体制发生了巨大改变。经济体制改革的核心是改变企业的经营体制，增强企业的活力，因此，承包为主的多种形式经营责任制也都被用在其中。相关的社会保障制度也围绕经济制度来配套，社会保障制度改革以单项保障制度为突破口。1978 年前，即使城市的社会保障制度，所有的个人福利和生老病死开支都由企业单独负担，个人和国家都不承担。自 1978 年中国进行经济体制改革以后，针对养老保险金单一来源的问题进行深度改革，对养老保险金进行社会统筹，建立劳动合同制工人养老保险制度，养老保险基金实行国家、企业和个人三方负担，引入个人缴纳养老保险费机制，探索建立国家基本养老保险、企业补充养老保险和个人储蓄性养老保险多层次的养老保险体系。1991 年，国务院发布了《关于企业职工养老保险制度改革的决定》，实行基本养老保险、企业补充养老保险和职工个人储蓄性养老保险相结合的养老保险制度，费用由国家、企业和个人共同负担，并明确规定养老保险费实行社会统筹，先由市、县级统筹再逐步过渡到省级统筹，至此我国养老保险个人缴费制度正式确立，开辟了养老保险基金筹集的新渠道。1986年，首次出现了失业保险。国务院颁布了《国营企业职工待业保险暂行规定》，以配合国营企业实行劳动合同制，因此提出了企业职工待业保险制度，从而为企业实行劳动用工制度改革，稳定劳动合同制工人队伍创造了条件。

上海形成多层次社会保障网络

上海形成多层次社会保障网络收养1600多名孤寡老人收养寄托1000余名残疾儿童。上海市近年来大力发展社会福利保障事业，已形成了市、区（县）、街道（乡镇）、居委会（村委会）四个层次的服务网络，给各类民政工作服务对象的生活带来了方便。

——《人民日报》1987年8月17日，第4版。

武汉城区形成社区服务网络

探索社会保障工作新路子，武汉城区形成社区服务网络。本报讯，城市经济体制改革，给武汉市城区社会保障工作带来新气象，已形成的网络型社区服务工作，受到国务院有关部门的赞赏。对孤寡老人的包护活动，这是武汉市社区服务工作的一大特点。

——《人民日报》1987年9月17日，第2版。

三、制度框架初步形成时期（1992—2004年）

我国经济体制改革的目标是建立社会主义市场经济体制，作为社会主义市场经济基本框架五个组成部分之一的社会保障制度，其内容明确在十四届三中全会通过的《中共中央关于建立社会主义市场经济体制若干问题的决定》文件中被规定出来。

养老保险方面，1995 年，国务院发布了《关于深化企业职工养老保险制度改革的通知》，决定建立社会统筹与个人账户相结合的制度模式，明确基本养老保险费用由企业和个人共同负担，并决定在全国进行社会统筹与个人账户相结合制度模式的试点。1997 年，根据十六大和十七大的要求，为解决养老保险制度多种方案并存的破碎局面，国务院发布了《关于建立统一的企业职工基本养老保险制度的决定》，统一了我国企业基本养老保险制度。

医疗保险方面，1995 年，在江苏省镇江市、江西省九江市进行试点，开始探索建立社会统筹与个人账户相结合的医疗保险制度；1996 年，国务院办公厅转发了《关于职工医疗保障制度改革扩大试点的意见》，医疗保险制度改革试点扩大到 38 个城市，即医疗保险也开始走社会统筹和个人账户结合的道路。1998 年国务院发布了《关于建立城镇职工基本医疗保险制度的决定》，明确规定："要确定统筹基金的起付标准和最高支付限额，起付标准原则上控制在当地职工年平均工资的 10％ 左右，最高支付限额原则上控制在当地职工年平均工资的 4 倍左右。起付标准以下的医疗费用，从个人账户中支付或由个人自付。起付标准以上、最高支付限额以下的医疗费用，主要从统筹基金中支付，个人也要负担一定比例。超过最高支付限额的医疗费用，可以通过商业医疗保险等途径解决。统筹基金的具体起付标准、最高支付限额以及在起付标准以上和最高支付限额以下医疗费用的个人负担比例，由统筹地区根据以收定支、收支平衡的原则确定。"明确了我国城镇职工基本医疗保险制度的模式和改革方向。

工伤保险方面，1996 年，原劳动部发布了《企业职工工伤保险试行办法》，规范了工伤保险的认定条件、待遇标准和管理程序，开始建立工伤保险基金。2004 年颁布了《工伤保险条例》，进一步明确了覆盖范围、筹资办法、缴费比例、享受条件和保障水平。

失业保险方面，自 1986 年首次提出失业保险后，1993 年，为了配合《全民所有制工业企业转换经营机制条例》的实施，落实国有大中型企业在劳动、人事、分配方面的自主权，国务院发布了《国有企业职工待业保险规定》，进一步扩大了待业保险的覆盖范围，提出由企业缴费建立待业保险基金，用于保障待业职工的基本生活。1999 年发布了《失业保险条例》，进一步明确了覆盖范围、筹资办法、缴费比例、享受条件和保障水平。

黄石用改革办法安置失业职工

发挥失业保险作用，强化社会保障功能，黄石用改革办法安置失业职工。湖北省黄石市劳动就业管理局，充分发挥失业保险社会保障功能，用改革的办法妥善安置显性和隐性失业职工。采取临时救济措施，帮助失业职工渡过暂时困难。

——《人民日报》1994 年 2 月 9 日，第 2 版。

生育保险方面：1994 年，劳动部颁布了《企业职工生育保险试行办法》，对生育保险的实施范围、统筹层次、基金筹集和待遇支付等进行规范，推动了生育保险制度改革。

最低生活保障方面：城镇最低生活保障框架在此阶段也逐渐形成，农村最低生活保障开始起步。结合经济体制改革带来的下岗职工问题，为配合国企改革，妥善安置分流下岗人员和保障城镇贫困人员基本生活，1998 年后逐步建立"一个中心、两个确保、三条保障线"的政策体系。"一个中心"主要是以经济建设为中心，"两个确保"是指实行以"确保国有企业下岗职工基本生活和确保企业离退休人员养老金按时足额发放"两个确保为主要内容，"三条保障线"是指建立了"下岗职工基本生活保障、失业保险和城市居民最低生活保障"三条保障线。自此，城市最低保障框架基本形成。这一期间，我国也进行了农村社会养老保险制度、新型农村合作医疗制度的探索，部分地区还开展了农村最低生活保障工作。

社会保障制度综合试点改革。2000 年，国务院提出，一个完善而规范的社会保障体系，一个独立于企业、事业单位之外的社会保障体系是真正实现国有企业根本改革的前提。为了这个目标，2000 年《国务院关于印发完善城镇社会保障体系试点方案的通知》出台，并陆续在东北三省开始试点。试点的核心内容是将"空账"个人账户"做实"、完善城镇企业职工的基本养老保险；解决下岗职工的安置、结束旧的劳动关系，完成再就业中心向失业保险并轨工作的历史使命；实施城镇居民最低生活保障；推进城镇企业职工的基本医疗保险；探索社会保障筹资的途径和管理方法；推进社会保险的社会化管理。2005年在辽宁试点基础上，《国务院关于完善企业职工基本养老保险制度的决定》颁布，自此，以养老保险、医疗保险、失业保险和城市居民最低生活保障制度为主要内容的、适应社会主义市场经济基本要求的社会保障体系框架初步形成。由此，一个政府主导、责任分担、社会化、多层次的新型社会保障体系框架已基本形成。

四、2005 年至今"扩面提待"及深度改革阶段

所谓"扩面提待"是指扩大社会保障覆盖面，提高社会保障待遇。2006 年中共十六届六中全会明确提出，到 2020 年建立覆盖全民的社会保障体系，即社会保障范围需要不断扩大。2007 年召开的中共十七大报告再次提出加快建立覆盖城乡居民的社会保障体系，2007 年底，《中华人民共和国社会保险法（草案）》提交全国人大常委会审议，草案确定了"广覆盖、保基本、多层次、可持续的方针"，明确了我国社会保险制度的基本框架，对社会保险的覆盖范围、社会保险费征收、社会保险待遇的享受、社会保险基金的管理和运营、社会保险经办机构的职责、社会保险监督以及法律责任等方面作了规定，推动中国社会保障事业的法制化，增强社会保障制度的权威性和稳定性。

养老保险方面，2005 年，城镇各类企业职工、个体工商户和灵活就业人员纳入职工养老保险制度；2006 年开始研究建立农民工养老保险制度；2009 年建立了农村养老保险制度；2011 年建立城镇居民养老保险制度，2012 年将集体企业、家属工、五七工等人群纳入社会养老保险制度范围，可以看出，从城镇职工，到城镇居民，再到农村居民，养老保险都逐渐覆盖到。在医疗保险方面，2002 年 10 月，我国明确提

出，各级政府要积极引导农民建立以大病统筹为主的新型农村合作医疗制度。2009 年，国务院作出深化医药卫生体制改革的重要战略部署，确立了新农合作为农村基本医疗保障制度的地位。党的十八大以来，基本医疗保险覆盖人数已经超过 13.5 亿人，基本实现全民参保。与此同时，失业、工伤、生育保险的参保人数均已达到 2 亿人左右，已覆盖了绝大多数职业群体。

在扩大覆盖面的同时，退休金、医疗保险保障待遇不断提高。企业退休金每年以 10% 的幅度连续提高。企业退休人员基本养老金在 2005—2018 年中连续提高了 14 次，城乡居民养老保险基础养老金虽然基数比较低，但标准也持续提高。同时，职工医保和居民医疗保险的最高支付额也不断上升，职工医保最高支付额为当地平均工资的 6 倍，住院报销比例达到 80%，居民医疗保险为当地居民人均可支配收入的 6 倍，住院报销比例达到 70%。与此同时，居民医保财政补助标准，2012—2018 年之间，从 40 元增长到 490 元。2018 年，全国人均失业保险金水平已达 1228 元，生育待遇水平提高到人均 1.81 万元。即社会保障部分中，各类保险待遇幅度不断提高。

在社会保障体系里的各类改革过程中，养老保险的改革难度相对来说更大，2014 年进入了攻坚克难的改革深水区。2014 年文件《国务院关于建立统一的城乡居民基本养老保险制度的意见》出台后，农村养老保险和城镇居民养老保险被整合成了城乡居民基本养老保险制度。2015 年，国务院发布了《关于机关事业单位工作人员养老保险制度改革的决定》的文件，进行了机关事业单位养老保险并轨改革，同时，建立机关事业单位职业年金。党的十八届三中全会以来，我国社会保障改革全面深化，呈现出全局式、框架式、结构式的顶层设计模式。为了调剂地方之间的差异，从 2018 年 7 月 1 日起，按照各省份养老保险基金的 3% 建立中央调剂金。以上这些举措都使得社会保障制度的公平性、社会性体现得更加充分。

总之，新中国成立 70 年以来，我国已经形成以社会保险、社会救助、社会福利为基础，以补充保险、慈善事业、商业保险为补充的多层次的社会保障体系。这个多层次社会保障体系不断满足人民群众的社会保障需求。

第三节　大事回眸

新中国成立 70 年来，我国社会保障制度出现了许多值得回顾的大事。本部分资料主要来自《人民日报》和新华网。

1950 年

12 月 11 日，政务院公布了《革命烈士家属、革命军人家属优待暂行条例》《革命军人牺牲、病故褒恤暂行条例》《民兵民工伤亡抚恤暂行条例》。这些条例比较详细地规定了优抚对象应该享有的实物、劳务、现金待遇，以及民事权益和社会权益中享受优先权利。

1951 年

2 月 26 日，中央人民政府政务院发布《中华人民共和国劳动保险条例》。实施范围为：（1）有工人职员一百人以上的国营、公私合营、私营及合作社经营的工厂、矿场及其附属单位；（2）铁路、航运、邮电的各企业单位与附属单位；（3）工、矿、交通事业的基本建设单位；（4）国营建筑公司。该条例对劳动保险金的征集与保管、各项劳动保险待遇的规定、劳动保险金的支配、劳动保险事业的执行与监督等做了详细的规定。

1954 年

9 月 20 日通过的《中华人民共和国宪法》第 93 条规定："中华人民共和国劳动者在年老、疾病或者丧失劳动能力的时候，有获得物质帮助的权利。国家举办社会保险、社会救济和群众卫生事业，并且逐步扩大这些设施，以保证劳动者享受这种权利。"

1955 年

12 月 29 日，国务院颁布《关于国家机关工作人员退休暂行办法》《国家机关工作人员退职处理暂行办法》，自 1956 年 1 月 1 日起执行。使得国家机关事业单位人员的养老保险从职工养老保险制度中分离出来。

1957 年

10 月 26 日,《人民日报》公布经过修改后的《1956 年到 1967 年全国农业发展纲要（修正草案）》,规定:"农业合作社对于社内缺乏劳动力、生活没有依靠的鳏寡孤独的社员,应当统一筹划,指定生产队或者生产小组在生产上给以适当的安排,使他们能够参加力能胜任的劳动;在生活上给以适当的照顾,做到保吃、保穿、保烧（燃料）、保教（儿童和少年）、保葬,使他们的生养死葬都有指靠。"这个五保制度比较成形,其理念一直沿用至今。

1958 年

2 月 9 日和 3 月 7 日,国务院分别颁布了《关于工人、职员退休处理的暂行规定》《关于工人、职员退职处理的暂行规定》。从此,养老保险从劳动保险条例中脱离出来,成为独立、统一的企业、机关的养老保险制度。

1969 年

2 月,财政部发布的《关于国营企业财务工作中几项制度的改革意见方案》,使得原来养老保险失去了社会统筹功能,职工的退休养老成了其所在单位内部的事情,即使得社会保险又变成了企业保险。

1978 年

6 月 2 日,国务院颁布了《关于安置老弱病残干部的暂行办法》和《关于工人退休、退职的暂行办法》。标志着养老保险制度开始进入恢复期。

1980 年

10 月,国务院颁布了《关于老干部离职休养的暂行规定》,是改革开放离休干部这个特殊群体保障的首个文件。

1982 年

4 月,颁布的《关于老干部离职休养的几项规定》,确立了干部退休制度。

1985 年

9 月 26 日,"社会保障号码"制度开始在《人民日报》里被提及。实行社会保障号码制度,是指国家相关部门给每个公民颁发唯一的、终身不变的识别号码，根据这个号码建立该人的社会保障等有关方面的档案，以利于采用计算机等现代化手段管理社会保障工作。

1986 年

7 月 12 日国务院发布《国营企业职工待业保险暂行规定》，是我国失业保险最早的文件，配合国企改革的失业保险开始登上了历史的舞台。

1986 年

7 月 12 日，国务院颁布了《国营企业实行劳动合同制度暂行规定》，标志着传统养老保险体制进行改革。

1987 年

4 月 19 日，国务院批准以民政部为主进行农村社会保障试点。

1991 年

6 月 26 日，国务院发布《关于企业职工养老保险制度改革的决定》，实行基本养老保险、企业补充养老保险和职工个人储蓄性养老保险相结合的养老保险制度，费用由国家、企业和个人共同负担，并明确规定养老保险费实行社会统筹，先由市、县级统筹再逐步过渡到省级统筹，至此我国养老保险个人缴费制度正式确立，开辟了养老保险基金筹集的新渠道。

1992 年

2 月 21 日，广州推行住房公积金办法。住房公积金主要用于建造向公积金存款人出售或出租的住房。

1993 年

10 月 15 日，国务院颁布了《关于企业职工养老保险统筹问题的批复》，从此开始实行社会统筹和个人账户相结合的原则。

1995 年

3 月 1 日，国务院颁布《关于深化企业职工养老保险制度改革的通知》，进一步确立了企业职工养老保险实行社会统筹与个人账户相结合的原则。

1997 年

7 月 16 日，国务院根据两年来各地方的实践，办法了《关于建立统筹企业职工基本养老保险制度的决定》，提出了"七统一"。

9月2日，国务院发布《关于在全国建立城市居民最低生活保障制度的通知》，完善全国城市社会保障制度。

1998 年

3月，成立了劳动和社会保障部，对全国的社会保险体制进行统一管理。

12月14日，国务院发布《国务院关于建立城镇职工基本医疗保险制度的决定》。规定城镇所有用人单位及其职工都要参加基本医疗保险，实行属地管理；基本医疗保险费用由用人单位和职工双方共同负担；基本医疗保险基金实行社会统筹和个人账户相结合。

1999 年

9月28日，国务院颁布《城市居民最低生活保障条例》，促使城市最低生活保障规范化、法制化，城镇职工医疗保险制度自此建立起来了。

2000 年

12月25日，国务院发布《关于印发完善城镇社会保障体系试点方案的通知》，决定对基本养老保险的社会统筹基金与个人账务基金进行分账管理，做实个人账户。

2002 年

10月，文件《中共中央、国务院关于进一步加强农村卫生工作的决定》明确指出：要"逐步建立以大病统筹为主的新型农村合作医疗制度"。

2003 年

5月26日，劳动和社会保障部发布了《关于城镇职工灵活就业人员参加医疗保险的指导意见》中明确规定，积极纳入灵活就业人员的基本医疗保险，为了解决新增劳动力、下岗失业人员和农民工在混合所有制企业以及非公有制企业就业后的医疗保障问题。

2004 年

5月1日，劳动和社会保障部相继出台了《企业年金试行办法》和《企业年金基金管理试行办法》，企业年金制度逐渐进入了规范化运作阶段。

5 月 28 日，劳动和社会保障部办公厅发布了《关于推进非公有制经济组织从业人员参加医疗保险的意见》，进一步扩大医疗保险覆盖面，完善医疗保险制度。以私营、民营等非公有制企业为重点，提高中小企业参保率。以与城镇用人单位建立了劳动关系的农村进城务工人员为重点，积极探索他们参加医疗保险的有效途径和办法。提高私营、民营企业工作人员医疗保险参保率。

2007 年

7 月 10 日，国务院颁布《国务院关于开展城镇居民基本医疗保险试点的指导意见》。指出 1998 年我国开始建立城镇职工基本医疗保险制度，之后又启动了新型农村合作医疗制度试点，建立了城乡医疗救助制度。目前没有医疗保障制度安排的主要是城镇非从业居民。为实现基本建立覆盖城乡全体居民的医疗保障体系的目标，国务院决定，从 2007 年起开展城镇居民基本医疗保险试点。提出的试点目标为：2007 年在有条件的省份选择 2 至 3 个城市启动试点，2008 年扩大试点，争取 2009 年试点城市达到 80% 以上，2010 年在全国全面推开，逐步覆盖全体城镇非从业居民。要通过试点，探索和完善城镇居民基本医疗保险的政策体系，形成合理的筹资机制、健全的管理体制和规范的运行机制，逐步建立以大病统筹为主的城镇居民基本医疗保险制度。

2008 年

10 月，党的十七届三中全会指出要建立新型农村社会养老保险制度。

2009 年

9 月，国务院发布《关于开展新型农村社会养老保险试点的指导意见》此类养老保险制度一直使用到现在。

2011 年

2 月 17 日，中国政府网发布了《医药卫生体制五项重点改革 2011 年度主要工作安排》。这份文件明确，2011 年政府对新农合和城镇居民医保补助标准均由上一年每人每年 120 元提高到 200 元；城镇居民医保、新农合政策范围内住院费用支付比例力争达到 70% 左右。

2013 年

9 月 11 日，国家卫生和计划生育委员会下发《关于做好 2013 年新型农村合作医疗工作的通知》：自 2013 年起，各级财政对新农合的补助标准从每人每年 240 元提高到每人每年 280 元。政策范围内住院费用报销比例提高到 75% 左右，并全面推开儿童白血病、先天性心脏病、结肠癌、直肠癌等 20 个病种的重大疾病保障试点工作。

2014 年

2 月 7 日，国务院总理李克强主持召开了国务院常务会议，决定合并新型农村社会养老保险和城镇居民社会养老保险，建立全国统一的城乡居民基本养老保险制度。

4 月 25 日，财政部、国家卫生计生委、人力资源社会保障部发布《关于提高 2014 年新型农村合作医疗和城镇居民基本医疗保险筹资标准的通知》，2014 年新型农村合作医疗和城镇居民基本医疗保险筹资方法为：各级财政对新农合和居民医保人均补助标准在 2013 年的基础上提高 40 元，达到 320 元。其中：中央财政对原有 120 元的补助标准不变，对 200 元部分按照西部地区 80% 和中部地区 60% 的比例安排补助，对东部地区各省份分别按一定比例补助。农民和城镇居民个人缴费标准在 2013 年的基础上提高 20 元，全国平均个人缴费标准达到每人每年 90 元左右。个人缴费应在参保（合）时按年度一次性缴清。

2017 年

10 月 18 日，习近平总书记在十九大报告中指出，按照兜底线、织密网、建机制的要求，全面建成覆盖全民、城乡统筹、权责清晰、保障适度、可持续的多层次社会保障体系。全面实施全民参保计划。完善城镇职工基本养老保险和城乡居民基本养老保险制度，尽快实现养老保险全国统筹。完善统一的城乡居民基本医疗保险制度和大病保险制度。完善失业、工伤保险制度。建立全国统一的社会保险公共服务平台。统筹城乡社会救助体系，完善最低生活保障制度。

第九章　文化习俗——追求正能量

春节假期国内旅游市场将达 3.85 亿人次

新春佳节将至，国家旅游局数据中心 8 日发布调查数据显示：2018 年春节假日期间，全国假日国内旅游市场将达 3.85 亿人次，预计实现旅游收入 4760 亿元，分别同比增长 12% 和 12.5%。

春节期间具有出游意愿的居民中，有 65.9% 选择了国内中长线旅游，比例最高。南下避寒、北上玩雪仍是广大游客春节出行的重要动机。选择近郊旅游的居民比例达 34.5%，表明春节期间探亲团聚、家庭短途游将升温。

调查显示，休闲游将超过观光游，旅游体验受到关注。选择度假、休闲排解工作压力的游客占到有出游意愿居民的 50.5%，选择观光、增长世面的游客占 48.9%，温泉游、养生游等康养休闲游最受游客关注。此外，选择发现和探索的游客占到有出游意愿居民的 36%，表明广大游客对旅游品质的要求进一步提升。

随着职工带薪年休假制度的持续落实，居民更偏向于选择错峰休假。调查显示，提前出游和延迟返程的比例越来越高，春节旅游市场有突破假期，向节后拓展的趋势。

各级旅游部门针对春节市场特点，以全域旅游理念为指导，着力丰富旅游产品供给，积极组织推出喜庆热烈、群众参与性强、

"年味儿"十足的旅游节庆活动以及民俗游、冰雪游、温泉游、康体健身等假日旅游产品，努力满足不同层次大众旅游消费需求。

——《光明日报》2018 年 2 月 9 日。

1949 年中华人民共和国成立，标志着中国从半封建半殖民地社会走上了社会主义道路，在马克思主义理论指导下，扫除一切封建残余思想和不合理的制度，对其进行社会主义改造，在 1956 年，完成了社会主义改造，标志着我国社会主义制度初步完成。在 1956 年到 1976 年期间，开始了曲折的社会主义发展探索之路，其间即经历了全面进行经济建设的时期，也经历了"大跃进"和"文化大革命"，1978 年之后，中国进入了改革开放的新时期，经济得到迅速发展。伴随着中国经济的发展，我国居民的文化习俗也发生了很大变化，从最初的崇尚集体生活到后来的崇尚个人自由，从最初的欢天喜地过春节到革命化春节再到春节形式的多样化。从"公民有宗教信仰的自由"到"坚持我国宗教的中国化方向，积极引导宗教和社会主义社会相适应"。同时，随着中国人民生活的富裕，人们享有更多的自由和权利，国家的风俗文化政策也越来越完善，中国传统文化也越来越得到重视。

第一节　文化品投入

一、图书期刊报纸投入

新中国成立之后，国家重视图书期刊报纸的发展，特别是改革开放之后，图书期刊报纸迎来了发展的新高潮。具体如图 9.1 至图 9.6 所示。从图 9.1 可以看出，图书种数在 1950—1978 年间，图书种类增长比较缓慢，但是，1978 年之后，图书种类呈快速发展，2017 年图书种类是 1978 年的 34.2 倍。从图 9.2 可以看出，图书的总印数在 1950 年到 2017 年间呈现不断增长趋势，其中，2017 年图书总印数是 1978 年的 2.44 倍。从图 9.3 可以看出，1950 年到 1978 年的期刊种类数增长缓慢，但是 1978 年到 2017 年期刊种类数呈现快速增长趋势，2017 年期刊种类是 1978 年的 10.9 倍。从图 9.4 可以看出，期刊总印数在 1978 年之前增幅较小，之后呈现快速增长，1988 年达到第一个峰值，2012 年达到顶峰，之后开始回落，主要原因是互联网的发展越来越多地取代了期刊。从图 9.5 可以看出，报纸种类在 1978 年之前发展缓慢，甚至出现减少的趋势，但是 1978 年之后迎来了快速发展时期，在 1995 年达到最高点，之后开始缓慢回落。从图 9.6 可以看出，报纸总印数在 1978 年前增长较为缓慢，之后快速增长，在 2013 年达到峰值，之后开始逐渐回落，主要原因是互联网的发展逐渐替代了报纸等传统媒介。

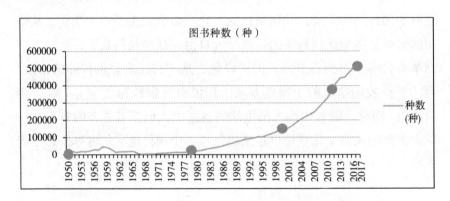

图 9.1　1950 年到 2017 年间图书种类的投入种类数

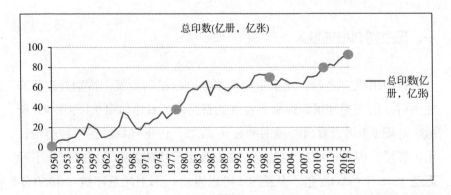

图 9.2　1950 年到 2017 年间图书总印数

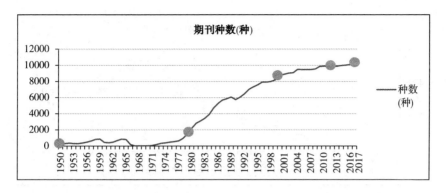

图 9.3 1950 年到 2017 年间期刊种类的投入种类数

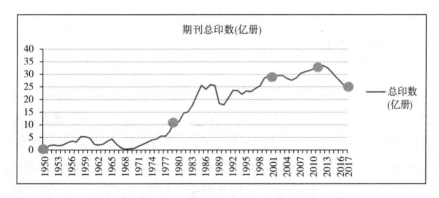

图 9.4 1950 年到 2017 年间期刊总印数

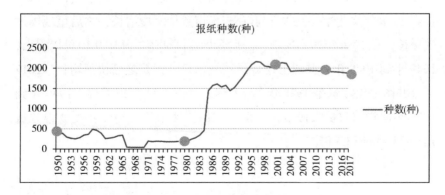

图 9.5 1950 年到 2017 年间报纸种类的投入种类数

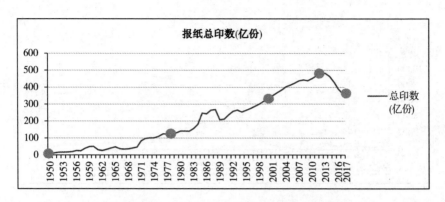

图 9.6   1950 年到 2017 年间报纸总印数

二、文化机构投入

为满足人民群众的精神文化需求，新中国成立之后，国家重视文化机构的建设，特别是改革开放之后，文化机构数量呈现快速增长阶段，具体如图 9.7 至图 9.11 所示。从图 9.7 可以看出，1949 年到 2006 年文艺表演团体数量增长较为缓慢，但是之后呈现爆发式增长，2017 年文艺表演团体个数是 2006 年的 5.5 倍。从图 9.8 可以看出，新中国成立之后文艺表演馆在 1964 年达到顶峰，之后由于政治原因开始回落，1978 年之后，文艺表演馆又开始快速增加。从图 9.9 中可以看出，1949 年到 1978 年文化馆（站）和群众艺术馆数量缓慢增长，之后呈现爆发式增长，在 1986 年达到顶峰，之后开始逐渐回落。从图 9.10 可以看出，1949 年到 1978 年公共图书馆数量缓慢增长，但是之后快速增长，2017 年公共图书馆数量是 1978 年的 2.6 倍。从图 9.11 可以看出，1949 年到 1978 年博物馆数量缓慢增长，但是之后快速增长，2017 年博物馆数量是 1978 年的 13.5 倍。

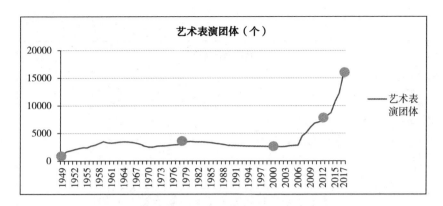

图 9.7　1949 年到 2017 年艺术表演团体个数

图 9.8　1949 年到 2017 年艺术表演馆个数

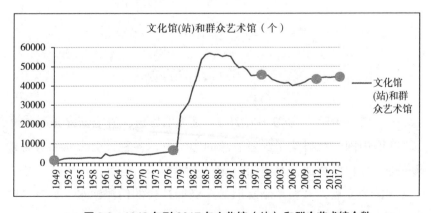

图 9.9　1949 年到 2017 年文化馆（站）和群众艺术馆个数

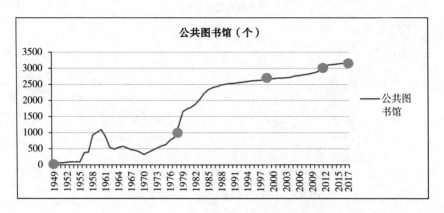

图 9.10　1949 年到 2017 年公共图书馆个数

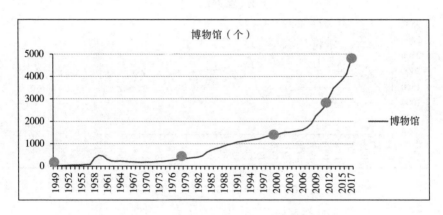

图 9.11　1949 年到 2017 年博物馆个数

第二节　节日习俗的变迁

一、第一阶段（1949—1978）：荡涤旧思想、开启新社会

在旧中国，在封建半封建思想的影响下，各种社会毒瘤和丑恶现象丛生，如包办婚姻、会道门、聚众赌博等等。但是，1949 年中华人民共和国成立后，开始革新除旧，荡涤旧社会的污泥浊水，如查禁赌博、打击反动会道门等。这标志着中国社会发展进入了新的历史时期。

1949 年 12 月，政务院发布了《全国年节及纪念日放假办法》，规定："为统一全国之年节及纪念日放假之起见，规定下列各项办法：属于全体者，新年，放假一日。春节，放假三日。劳动节，放假一日。国庆纪念日，放假两日"。这是新中国成立后第一次从国家层面来规定法定节假日：一方面促进了全国人民的团结意识和集体观念，另一方面也丰富了广大人民群众的精神文化生活。与新中国成立前的节假日相比更加科学和合理，既表达了对春节等中国传统节日的尊敬，也加入了国庆节、劳动节，表达了新中国新的精神风貌。同时，经过社会主义改造、"四清"运动等活动，传统节日休闲中封建落后、影响居民身心健康的部分被破除。对于过年期间大肆烧香拜佛、中元节花钱超度鬼魂等行为，各地都予以了制止与取缔。广大人民群众也自觉地参与到节日的改造中，自觉地选择积极健康的休闲方式，这对于当时社会风貌具有很大的改变。由于当时新中国刚刚成立，百废待兴，各项生产急需大量的人力、物力和财力，元宵节、端午节、中秋节等传统节日在新中国成立初期未被定为国家法定假日，但是，对于这些传统节日各级政府都给予了一定的支持，如在端午节期间，政府按照户籍人数配给糯米、红豆、白糖等物资，方便民众制作粽子这一传统食物，中秋节也会有月饼供应到市场上。

国庆节是中华人民共和国的节日。1949 年 12 月，中央人民政府委员会一致通过《关于中华人民共和国国庆日的决议》，正式确立了每年的 10 月 1 日为我国的国庆节。自此，十一国庆成为我国的重要节日，一直延续至今。国庆节在当时具有很强的政治色彩，在国庆节当天，全国天南海北的群众都以各种形式来庆祝，如人们游行庆祝，在街头举起"庆祝国庆""毛主席万岁""中华人民共和国万岁""艰苦奋斗、勤俭建国"等标语，整齐有序地展示团结友爱、爱国奋进的精神面貌。中共中央宣传部在 1959 年专门发布通知，指出"文化部门应当适当地组织各种群众文化娱乐活动，让群众热烈地、欣欣鼓舞地度过国庆节"。为了新中国成立和国庆节，当时许多名字取名为"建国""国庆"等等，这既是为了纪念新中国和国庆日，也反映了当时人民群众对新中国未来美好生活的向往。

　　1956 年，中国提前完成了第一个五年计划。人民的生活水平有了很大提高，全国人的精神面貌也发生了深刻的变化，中国共产党在人民群众心中有极高的威望。1958 年 8 月，中共中央在北戴河召开政治局扩大会，提出为迎接即将到来的建国十周年，决定在北京兴建一批公共建筑作为国庆献礼，以展示年轻共和国所取得的成就。

　　"国庆十大工程"，又称"十大建筑"，分别是：人民大会堂、中国革命博物馆和历史博物馆、军事博物馆、农业展览馆、民族文化宫、北京工人体育场、北京火车站、民族饭店、华侨大厦、钓鱼台国宾馆。

　　春节，作为中国古老而又传统的节日，也是四个法定节日中最长的节日。新中国成立之后，许多新年陋习都消失了，比如城隍庙烧头香的人少了，马路上掷炮的少了，扮财神、乌龟、蚌壳精的职业乞丐绝迹了，街头也看不到掷骰子、打牌九的赌摊。取而代之的是文艺演出、游园大会，踩高跷，扭秧歌，唱《解放区的天是明朗的天》等革命歌曲。春节期间，从腊月开始大江南北的中国人就开始为过年做准备，尤其受到重视的是年夜饭。政府采取多渠道安排春节市场的物资调配，为民众的年货采办提供春节特供。人们走亲访友、置办年货、阖家团圆，其中，庙会是人们春节期间重要的休闲娱乐活动，许多人携家带口去观看庙会，庙会上有各式各样的食品，也有各具特色的表演节目，如锣鼓、高跷、扎花灯、舞龙、耍狮子等。1956 年春节，中央新闻纪录电影制片厂制作影片《春节大联欢》，包含京剧、相声、杂技等各种表演节目，而且各个地方也安排了形式多样的庆祝节目。

　　1952 年的春节，上海开展"三反"运动，许多店员被动员起来揭发奸商，醒目的标语漫画大字报贴满了每一个店家的排门。年初一店员们高举着巨型的检举信，配合着腰鼓队或锣鼓队敲敲打打到工会拜年，拜年礼物就是揭发资本家的检举信。商家们这个年过得心惊胆战，春节市场不仅没有人敢随意涨价，多数店家还实行了九五折的优惠。抗美援朝时期，每逢过春节祖国各地人民纷纷写信慰问人民志愿军，而志愿军战士也纷纷写信给祖国人民祝贺新春。1953年，一级战斗英雄王海在他的信中写道："正当春节就要到来的时候，请接受我——一个战斗在朝鲜天空的中国人民志愿军空军战士，向你们——我们伟大祖国人民致以最热烈的祝贺，祝贺你们开始实施国家建设的第一个五年计划，预祝你们完成和超额完成今年建设计划，把我们的祖国建设得繁荣富强，使我们人民过着更加美好的生活。"

　　三十晚上，我到一户熟朋友家去串门，还没进屋，就听见大人、小孩们的一片笑声。原来是主妇鄂老太太两个出嫁的女儿带着外孙回娘家来了。两个儿子、一个儿媳、两个孙儿也都在家。一家团圆，怪不得这么热闹。

　　我问鄂老太太过节吃什么，她说："我们买了几斤肉、一只鸡、一条鱼，加上点青菜、豆腐，够我们一家子快快活活地吃几天的了。"

　　饭桌上面悬了两个红纸灯笼，把整个屋子映得通红。桌子上放了瓜子、花生、桔子，还有花花绿绿的水果糖。

　　厨房小，老人的儿媳正准备包饺子，面和了两大盆……

　　这时鄂老太太的大儿子插进来说话。他和我十多年前同在一个小学里上学，我们很自然地谈到了儿时的故事。这一来引起了鄂老太太的话头。她感慨地说："咱们现在热热闹闹过年不容易。解放前，学校一开学，我就得典卖东西给孩子们交学费。"

　　按照北京的风俗，年三十夜是不便在别人家里久留的，我便告辞出来。这时候，胡同里劈劈啪啪的爆竹响得更欢了。

　　——节选自《一户普通人家的大年夜》，《北京日报》1957年2月3日。

1958年，随着"人民公社化"的全面铺开，全国普遍建起了以村为单位的集体食堂。

随着政治运动的影响，出现了革命化的春节，1967 年 1 月 25 日，全国各地的报纸纷纷刊登"读者来信"和"倡议书"，发表春节不回家的倡议。《人民日报》也刊登了"五十七个革命组织联合发出破除旧风俗，春节不休假，开展群众性夺权斗争"的倡议书。1 月 29 日，中央便顺应"广大革命群众的要求"，发布了春节不放假的通知，通知全文如下：

> 我国无产阶级"文化大革命"开始了新阶段。当前正处在无产阶级革命派大联合，以排山倒海之势，向党内一小撮走资本主义道路的当权派展开全面夺权斗争的关键时刻。根据广大革命群众的要求，为了坚决执行我们伟大领袖毛主席提出的抓革命、促生产的方针，夺取革命、生产双胜利，将无产阶级"文化大革命"推向新的高潮，国务院决定：一九六七年春节不放假；职工探亲假在"文化大革命"期间暂停执行，以后再补。

本来是法定的节日，由于受政治运动的影响而"不放假"，北京火车站，宣传车开始反复广播该通知。许多准备回家探亲的人，立刻到车站售票处退票。从包头去杭州的一个干部在北京转车时听到广播，立刻换了回包头的车票。在"以阶级斗争为纲"的年代，"不破不立，不塞不流，不止不行"，改造几千年来封建主义、资本主义的旧风气、旧习惯，树立无产阶级新风俗、新习惯，过春节唱歌要唱毛主席语录歌，看戏要看革命样板戏，跳舞要跳"忠"字舞。领导们倡议"要讲科学，不要封建迷信。要勤俭持家，不要铺张浪费。要参加正当文娱活动，不要到处游荡。要坚持生产工作，不要班前喝酒"的春节"四要四不要"。春节洋溢着革命化的色彩，即"不破不立"。从当时的宣传标语可以看出春节的情景，"移风易俗过春节，大年三十不歇脚""干到腊月二十九，吃完饺子初一早晨就动手"。人民群众被发动起来了，不准放鞭炮 、不准烧香拜佛、不准滚龙舞狮。过年不说"恭喜发财"，说"祝您今年见到毛主席"。

那个年代农村过春节典型的景象是：各生产队的大街小巷都被打扫

得干干净净，家家户户贴上新春联，挂起毛主席像，大街上悬挂着五颜六色的标语，除夕夜各生产队集体食堂准备了丰盛的晚餐，大家放开肚皮，拼命地吃，想将一年来亏空的油水，都一下子吃回来，会餐之后，社员们还领了羊肉馅回家包饺子。

城市过春节的典型情景：一家人坐在毛主席像下吃年夜饭，大家在一起交流学习毛主席著作的心得体会，在饭前要开一场批评与自我批评的斗私批修的家庭会，最后全家人把思想统一在"一切革命队伍的人都要互相关心、互相爱护、互相帮助"的光辉教导上。

从1967年第一个春节开始，革命化的春节一直持续到1979年，不仅消减了人们合家欢的气氛，也在一定程度上冲击了中国传统文化和伦理道德。

二、第二阶段（1979—2000）：改革开放后的新思潮

1978年，随着改革开放的春风吹来，中国大地到处一片生机勃勃的气息，一切百废待兴，随着政治的改革和经济的发展，文化风俗也在改革开放的浪潮中呈现新的思潮。

1979年1月17日，《人民日报》以题为《为什么春节不放假》《让农民过个"安定年"》的两篇读者来信为信号，表明了政府对春节休假制度的回归态度。来信的读者一位是工人，一位是农民，信中朴实地表达了他们对"革命化、战斗化春节"的疲倦，其中有一部分内容如下：

> "林区第一线的工人不休星期日，一年中仅有这么几天假日，应该让他们好好地度过这个节日。""既然是'法定假日'，除了像医院、铁路等确实不能休假的部门需要轮休外，都应该依法休假，不要任意去改变。""农民一年到头，春节是放假休息的时候。说实在的，春节不放假，搞疲劳战术，群众过不好年，心里不痛快，干活也干不上劲。"

　　随后，部分省份开始宣布恢复春节休假。到 1980 年，中国全面恢复了春节休假制度。随着经济的发展，为了丰富人民群众的精神文化生活，中央电视台在 1983 年策划推出了影响深远的春节联欢晚会，不仅标志着思想的解放，也代表着时代的巨大进步。从此春节联欢晚会成为大年夜全国人民共享的"年夜饭"，每年春节期间一家人都会团聚在一起看春晚，春节晚会也成为中国人过春节标志事象之一。改革开放之后，市场经济带来了消费观念的巨大转变，人们开始到饭店吃年夜饭，春节期间出门度假，开展各种娱乐休闲活动。

　　20 世纪 80 年代，随着生活条件的改善，压岁钱和放鞭炮又重新兴盛起来，手头较为松动的家庭大方地给孩子压岁钱，一些迅速富起来的家庭开始燃放长达数千响的鞭炮炫耀财富。除夕夜，一家人团聚在一起，一边包饺子吃年夜饭，一边看中央电视台现场直播的春节联欢晚会，成了春节的新习俗，当时的 14 寸电视供不应求。羽绒服、裘皮帽开始走俏，人们从黑灰蓝统一化的服装中走出，西服、夹克、牛仔裤、羊绒衫、防寒服、皮大衣成为春节的流行。当时，人们拜年的礼物从自己制作的食品改成商店购买的精美礼品，如精制的饼干、点心、糖果等。明信片、贺年片、挂历流行起来。市场上开始出现印制的对联，歌颂改革开放、党的政策和美好生活："新长征起步春光明媚，现代化开端金鼓欢腾""富国安邦人欢财旺，移风易俗送旧迎新"。初一亲朋好友一见面，先递上一声"您过年好"，接着便聊上几句"今年的油比去年强，没什么油烟子"。年轻人这年春节刚刚相互询问"买没买邓丽君、刘文正新出的带子？"转过年来，偶像已是崔健："初三都去我家，昨儿我刚置了一个架子鼓。"①

　　20 世纪 90 年代，百姓过年时开始不拘泥于在家吃饭，去餐馆吃年夜饭逐渐成为时尚。1994 年，春节期间酒楼最常见的大红纸"春节休息"见不到了。1997 年，年夜饭也要预订，订晚了就剩回家煮冻饺子了。旅游过年成为新时尚。1992 年的年三十，五个结伴前往哈尔滨看冰灯的年轻人是新闻人物。1996 年的春节迎来最长的公休假，从初一

①《新中国成立以来春节时尚大盘点——八十年代》。

到初七整整一周，机票价格开始上浮。春节，从旅游的淡季变为"黄金季节"到1997年旅游过年有钱也难，还在1996年12月，东南亚以及海南、昆明、西双版纳、厦门、武夷山等国内路线已经爆满。据统计，1997年北京春节旅游过年的人数在10万人上下。拜年，不再是两盒点心跑一天。先是贺年卡贺年的方式流行起来，贺年卡不是学生专利，已经被全社会接受了，1992年春节前分拣量达到250万件。尽管邮件量比平日高了近1/4，但增长速度还是放慢了，主要是因为电信发展太快。人们开始用传呼机、电话来拜年。进入1999年，随着中国互联网的发展，电子贺卡开始出现，轻轻一点，祝福可以传出万里之外。

随着市场经济的发展，20世纪90年代中后期我国进入了休闲社会，人们的休闲愿望更加强烈，为了进一步适应改革开放的需求，国家调整了休假制度。1995年《人民日报（海外版）》刊登了一则400字的报道《大陆将逐步实现每周五天工作制》：劳动部的官员透露，将缩短工时至五天，但具体实施日期未定。数日之后即3月25日，时任国务院总理的李鹏签署了国务院第174号令，发布《国务院关于修改〈国务院关于职工工作时间的规定〉的决定》，决定自1995年5月1日起实行双休日，即"国家机关、事业单位实行统一的工作时间，星期六和星期日为周休息日"。从这时开始，双休日改变了千家万户的生活方式。周末出游、购物不仅拉动内需促进消费，也很好地让人们身心得到放松。此后，黄金周、弹性工作制等的实施，让人们的工作生活有更加多元化的选择。双休日这一重大休假制度改革出台的原因，在1995年修改实施的《国务院关于职工工作时间的规定》第一条解释说是"为了合理安排职工的工作和休息时间，维护职工的休息权利，调动职工的积极性，促进社会主义现代化建设事业的发展"。当时有人曾形容，每周有两日不用上班上学，简直是比天上掉馅饼还美好的事，"美好到以至于当年开始要实行这个规定的时候，大家还以为是谣言，怎么都不肯相信。"1995年5月6日，上班族迎来了第一个双休日。5月7日《青岛日报》作了如是报道："昨天是第一个双休日，全市有几十个单位的工作人员忘了'今天我休息'，照常一大早赶到单位。"据当时媒体报道，在中国的大江南北，出现诸多类似的场景。

山东:"双休日"20 年 你过得幸福吗?

（梁赓）

济南铁路系统工作人员吕先生现已退休,有大把时间去做自己喜欢的事情,但他时常能想起 1995 年双休刚开始实行时的时光。"夸张地说,中国的老百姓从来没有这么幸福过",吕先生对本报记者表示,直至首个周六前一天,他还将信将疑地询问同事,"不上班,不会算旷工吧?"同事说,"不行你就去单位看看"。

还真有一些人去单位了。第一个双休日,青岛市就有几十个单位的工作人员忘记"今天我休息",照常一大早赶到单位,当时在青岛市教育局工作的黎严就是其中之一。

1995 年 5 月 7 日《青岛日报》作了如是报道:黎严回忆说,当天忘了休息日的在教育局中不止他一个,"后来领导还专门表扬了这几名'勤奋'职工。"

现在,黎严再回忆起那段时光时,感觉和济南的吕先生有几分相似,"当传言中的双休日成为现实时,我身边的人都处在一种亢奋的情绪中。男职工开始相约一起喝酒、打牌,女同事则约着一起逛街购物。"

——鲁网,2015 年 5 月 3 日。

改革开放的影响,缩小了中国与世界许多国家在公众假期上的差距;经济发展迅猛,人们手中余钱增多,对假期及旅游的意愿更为强烈;国家开始意识到休闲度假创造的不仅仅是消费,同样还有社会效益和经济价值。1999 年,国务院公布的《全国年节及纪念日放假办法》,将春节、五一劳动节和十一国庆节的休息时间与前后的双休日拼接,从而形成了三个连 7 天的长假,我国的黄金周制度由此开始。我国春节长假从正月初一到初七的 7 天长假,给数千万离乡离土的游子提供了回归故里、享受家人团圆幸福的时间,大年前后城乡之间来回流动的人潮构成了当时春节的一道风景。同时,在五一、十一黄金周期间，人们开启旅游模式，有力地促进了消费的增长，推动了经济的发展。数据显示，1999 年国庆第一个黄金周，全国出游的人数就多达 2800 万，旅游综合收入为 141 亿元。

　　休假可以休息、享受，也可以拉动内需。1998 年亚洲金融危机爆发。为了刺激消费，拉动国内经济，法定节假制度在新中国成立后迎来了又一次重大调整。

　　1998 年夏天，我国长江流域发生了特大洪灾。1999 年春节期间，时任国务院总理的朱镕基到湖北灾区看望慰问灾民。吃年夜饭时，国家能源委专家咨询委员会主任、国家能源局原局长张国宝向朱总理提出了关于增加节假日的建议。

　　"我对总理说，现在这个形势恐怕涨工资不现实，是否可以增加节假日，让人民群众有更多的休息机会，这也是提高福利的一种方式。"张国宝说。

　　春节假期结束后，朱镕基回到北京就把是否增加节假日的事交代给时任国务院秘书长的王忠禹研究。

　　到了当年 9 月 18 日，国务院颁布了《全国年节及纪念日放假办法》，决定将春节、五一、十一的休息时间与前后的双休日拼接，形成 7 天长假，从当年国庆起开始执行。2000 年 6 月正式确立"黄金周"假日制度。

　　幸福来得有点突然，1999 年，新中国成立 50 周年国庆，全国放假 7 天时，有些人还没准备好。到了第二年，国内的旅游景点人头攒动，熙熙攘攘。

　　出境游也同样火爆，中国人开始"包围"全世界的著名景点。近到东南亚，远到欧美，都有中国人的身影。"哪里都有中国人！"是人们"黄金周"出境游的普遍感受。

　　——节选自王一：《新中国节假日变迁史　六七十年代春节不放假》，凤凰网，2012 年 12 月 17 日。

自 1978 年以来，中秋节的风俗被赋予新的时代内涵，每年中秋节，中央电视台均举办专题晚会，共庆中华民族大团结。"十五的月亮，照在家乡，照在边关。宁静的夜晚，你也思念，我也思念。"这首深情婉转的《十五的月亮》在1984年的中秋晚会唱响，从此风靡全中国，成为那个年代的人心中永远难忘的记忆。

三、2001—2012年：新世纪下的新气象新特征

进入新世纪以来，中国加入世贸组织、成功取得2008年奥运会举办权，在经济发展的同时，中国的文化习俗也展现了新气象新特征。

"黄金周"带动经济、释放人们出游需求的同时，也存在着许多不可忽视的问题，路上堵、景点闹、吃饭难……有人还把"黄金周"戏称为"黄金粥"。

"黄金周"需要全面理性地盘点（节选）

（艾君）

作为放松精神、取悦自然的一个行为，旅游最能给人们带来愉悦。但是，黄金周的旅游给人们带来的有不少的遗憾。有人把黄金周旅游戏称为"被逼离家出走"———如果不在长假期间出行，人们将很难再觅假期，所以黄金周出行成了没有选择的选择。于是，交通紧张，车票紧俏，还没有离家就要考虑归途的安排。在旅游景点，人满为患，看景变成了看人。在河南云台山风景区，因为游人太多，当地政府不得不在进入景区的道路上设置"劝阻站"，希望人们不要进入景区。而在河南的另一个景区，因为旅馆陡满，政府只好组织游客住到干部家里。

而超负荷运行给景区带来的环境破坏也是可想而知的。在北京，从10月1日起，故宫连续6天游客数量超过最佳日接待量，其中10月2日达到9万人次。像故宫这样超负荷接待游客的现象几乎是每个景区的通病。我们不能只看到景区的门票收入多么喜人，对景区是否受到了伤害也应该有清醒的认识。

　　黄金周对社会诚信的杀伤力也不能低估。新华社昨日报道，在涌动的消费大潮里，一个个温柔、热情的陷阱令顾客感到头痛。一位来自湖南的游客在北京西站前，被一个又一个拉客住宿的"托儿"们折腾纠缠了40分钟没能脱身。类似的现象在首都国际机场也屡见不鲜。

　　——《新京报》2004年10月8日。

　　与此同时，民间要求重视中国传统节庆的呼声越来越高。伴随着经济的发展，传统文化习俗也越来越得到重视。2007年12月，国务院公布了《关于修改全国年节及纪念日放假办法的决定》，并自2008年元旦开始施行。三大长假被调整为"两长五小"的新模式。具体是取消了五一长假，恢复到原来休息一天的做法，加上双休日，实际为三天；增加端午节、中秋节和清明节各一天的公共假期加上与一次"双休日"相衔接，形成三次三天的"小长假"。春节放假3天，加前后双休日，依旧为7天的"黄金周"。由原有的三个黄金周，节假日调整为五个"小长假"和两个黄金周：原有的三个黄金周：春节、劳动节、国庆节，现有的两个黄金周：春节、国庆节，五个小长假：元旦、清明、劳动节、端午节、中秋节。这次国家法定假日调整，将几个重要传统节日纳入国家假日体系，不仅对于传承和弘扬包括传统节日在内的优秀传统文化，而且对整个社会生活产生深远影响。"上车睡觉下车拍照"那种传统的黄金周出行模式也正在被人们抛弃，泡吧、泡咖啡馆、看碟、网购、撮饭、K歌、健身，甚至就是单纯地睡懒觉……人们休闲的方式越来越多元化。休闲多元化的背后，是近年来"慢生活"的理念渐渐深入人心，更多的人开始把追求工作与生活的平衡当作人生理念。

　　2002年清明节来自20多个国家和地区的10万人士共祭黄帝陵。2004年4月4日全国人大常委会副委员长成思危代表国家对黄帝陵进行国祭，这是新中国成立以来的第一次国家领导人出面祭祀人文先祖，其象征意义极为深远。2004年3月27日至29日，北京通州区统计已有9万人上墓祭扫。同时随着改革开放政策的实施，港澳台同胞、海外华人清明定期入境祭拜黄帝陵的认祖归宗举动，对中国清明祭祖活动的复兴有着直接的推动（萧放，2007）[1]。

此外，国外节日也开始逐步融入中国社会，如每年 2 月 14 日的情人节在中国越来越普遍，万圣节、复活节、圣诞节等等也越来越受到中国人的欢迎。这说明中国也越来越多地融入世界文化，以自信开放的姿态来迎接世界。

随着时代的发展，电话、手机和电脑越来越普及，传统的习俗在信息时代的中国有了变化，随着通信设备的普及以及人们交往地域的扩大，电话、短信、E-mail 拜年、电子贺卡拜年势不可挡地成为春节里的重要活动——拜年的主要形式。2003 年春节期间，各移动通信公司的短信量突破 70 亿条，创下历史纪录。为了营造传统节日气氛，包括北京、上海在内的 200 多个城市在 2006 年前后相继解除了年节禁放鞭炮的禁令，由过去的一律禁放，改为有限禁放，市民在过了十多个无声无息的春节后，又迎来了喜庆的鞭炮声，人们重新享受着热闹欢乐的春节。2006 年 5 月 20 日，"春节"民俗经国务院批准列入第一批国家级非物质文化遗产名录。

春节想去周边自驾游听老拉风说哪儿好玩

春节自驾游经历：2007 年广东珠三角自驾游；2008 年广西桂林自驾游；2009 年安徽皖南自驾游；2010 年江苏苏北游。

那年春节没跑长线，只花三天时间去了皖南，主要是为了去天柱山，到了之后发现，天柱山附近可以玩的地方还不少，比如传说中的七仙女，三国时的佳人大乔、小乔，孔雀东南飞的故事都出自那里，可谓"古代美女盛产地"。

我们是年初三一早从杭州出发，五个半小时就到了天柱山脚下的潜山县。全程都是高速，但一路要经过好几个枢纽容易走错方向，具体路线是：先走杭徽高速，到黄山转往合肥方向，到铜陵转往安庆方向，到怀宁转往潜山方向，在潜山出口下高速。

初三当晚我们住潜山县城，那里开到天柱山景区大约半小时。第二天一早上山，天柱山的风景和黄山很像，大概属于同一山系的，黄山上的奇松、怪石、飞瀑、云海等天柱山都有，所以被外界称为"小黄山"，比较特别的是天柱山的山峰石柱，令人惊叹！像很多国内名山一样，天柱山也有很多佛教、道教及古代圣贤的遗迹。

天柱山的主峰有近 1500 米，游天柱山可以坐缆车上下山，精力旺体力足的，可以"潇洒走一回"。山顶上住的地方很有限，所以一般游客都是当天上下山往返的。过年期间，天柱山下的宾馆旅社比较紧张，我们在年前最后几天预订了山下住宿，否则当晚就要开回潜山县城住了。

距潜山县城不到 5 公里有个焦家畈，据说那就是长诗《孔雀东南飞》男主角焦仲卿的故乡，现在那里有了孔雀东南飞文化园。潜山还是三国乔老爷的故乡，看过《赤壁》的都知道他的两个女儿大乔、小乔吧，现在那里可以看到一口"胭脂井"。

顺路景点：去天柱山属于短线自驾，一般三天就能打来回。去天柱山的路上会经过黄山、九华山等名山，但过年期间游客多东西贵，相对来说，天柱山比较自在。如果有更长的假期，可以从天柱山再往北开约两个小时，就到大别山了。或者从天柱山向南开几个小时，可以到江西鄱阳湖去转转。

——凤凰网，2011 年 1 月 28 日。

同时也开始出现一些新的民间节日，如双十一。淘宝商城（天猫）2009 年 11 月 11 日举办的促销活动，于是 11 月 11 日成为天猫举办大规模促销活动的固定日期。此后在每年的双十一时期，都成为消费者网购狂欢节，据统计，2009 年双十一销售额 0.5 亿元，2010 年双十一销售额 9.36 亿元，2011 年天猫双十一销售额 33.6 亿元，2012 年双十一，天猫和淘宝总销售额达到 191 亿元。

四、2013—2018 年：新形势下的新变化

随着改革开放的深入，经济发展日新月异，信息化越来越普遍，

使人与人之间的物理距离越来越短，中国文化习俗出现了新特征新变化。

古语就有"爆竹声声辞旧岁"，然而，随着经济的发展，环境问题越来越引起人们的关注，特别是近年来全国多个城市频繁爆发雾霾天气，引起了社会各界对于环境污染治理的极大关注。烟花爆竹绚丽多彩，为节日增色不少，然而我们在享受烟花爆竹之乐的同时，它带来的环境污染也不容忽视，满地碎屑，烟尘弥漫。所以不少城市包括三、四线城市及部分县城都出台禁止燃放烟花爆竹的规定。据统计，全国共有 444 个城市禁止燃放烟花爆竹，其中省会市 10 个、地级市 91 个、县（市）343 个；764 个城市限制燃放烟花爆竹，其中直辖市 4 个、省会市 15 个、地级市 174 个、县（市）571 个。[①]

虽然城市禁止燃放烟花爆竹，缺少了许多年味，但是，近几年春节出现了许多新的特征：第一，人们在春节期间选择外出旅游的数量逐年增加。随着现在工作压力的不断加大，自己的空闲时间越来越少，所以在每年只有春节比较多的假期的时候，很多人会选择在春节的时候出门旅游。因为现在很多人认为过年不需要拘泥于一种形式，只要家人能够团聚，能够陪伴在自己的身边，在自己有时间的时候，带着自己的父母和家人出门旅游也是一种很好的过年方式。而且旅游时候也能够很好地促进家人间的情感，并且带着自己不经常出门的父母出去过年，对于父母来说也是一种不错的机会，可以看到更多的自己没有去过的地方，有一种不同的体验。第二，拜年方式变化。随着微信等通信工具的发展中，沟通方式变得更加方便，许多人选择用微信等通信工具拜年，而且，选择用微信、支付宝等方式发拜年红包。根据微信官方发布 2019 年春节数据报告，除夕至初五期间，共有 8.23 亿人次收发微信红包，同比增长 7.12%。大家更愿意在微信群里抢好友发的钱包，拼手速和手气。第三，年轻人不敢回家过年。目前攀比之风盛行，如果在外没有挣到钱会很没有面子。而且，当前人情消费非常高，

---

① 公安部：《444 个城市禁止燃放烟花爆竹》，http://finance.sina.com.cn/roll/2017-01-26/doc-ifxzyxxk0678672.shtml。

回家一趟需要支出不堪重负。华中师范大学中国农村研究院对全国 31 个省份 273 个村庄 3829 家农户家庭进行调查和研究发现，农村人情消费支出近年来剧增，农村地区铺张浪费、炫耀攀比等人情消费现象屡见不鲜，农民仍面临着种类繁多的人情消费，陷入"人情怪圈"。调查显示，人情支出在家庭总支出中占比较高，仅次于饮食支出。农户饮食的平均支出为 6462.33 元，占家庭总支出的 19.72%；人情的平均支出为 5297.47 元，占家庭总支出的 16.16%。安徽省阜阳市一农户反映，"现在农村过年办喜事特别多，要是一年没挣到什么钱，都不敢回家过年。"第四，反向过年。近几年出现许多过年不回家，把父母接到城市过春节。一方面，这是基于对春节期间交通压力和经济压力的考量；另一方面，人们的观念不在固守于家乡，从"在家守岁"到"一家人在哪里、哪里就是家"，只要是一家人团圆，在哪里都是家。甚至异地团聚、走出家门旅行过年同样也是一种团圆。

过年不回乡　51.4% 一线城市受访者希望父母"反向过年"（节选）
（孙山）

中国青年报社社会调查中心联合问卷网，对 1975 名离开家中父母、常年在外的受访者进行的一项调查显示，65% 的受访者认为父母"反向过年"现象变多了。61.2% 的受访者认为"反向过年"可以给父母提供出门旅行的机会，让他们体验更精彩的生活，63% 的受访者担心父母旅途劳顿，身体吃不消。42.5% 的受访者希望父母到自己所在地"反向过年"，常住北上广深等一线城市的受访者希望父母"反向过年"的意愿最高（51.4%）。某事业单位职员李阳（化名）是个北方人，去年嫁到了武汉。去年春节，她和丈夫要回两边老家走亲戚，感觉很辛苦。"今年过年我们不想再回老家了。但我是独生女，如果不在父母身边过年，他们会孤单。"李阳说，现在交通方便，她打算让自己母亲今年春节到武汉住几天。26 岁的曹亚萌在天津某国企工作，每年春节都会回老家佳木斯过年。曹亚萌发现，近两年把父母接到自己工作城市过年的年轻人越来越多了。"我身边有两个同事，一个去年结了婚，一个去年生了孩子，今年春节他们都把父母接到天津过年"。

——中国青年报中青在线，2018 年 2 月 13 日。

"各回各家"式过年需用智慧化解（节选）
（郭元鹏）

一份调查显示，80、90 后夫妻或者情侣最为纠结"回谁家过年"的问题。其中，近半夫妻选择回婆家；28.1% 的夫妻选择回娘家；还有 22.4% 的夫妻选择在工作所在地或其他地方过年。

陈雨（化名）夫妇北漂十年，一到年尾就开始为买广西还是云南的返乡火车票闹矛盾，"刚生孩子那年春节回的娘家，次年就回了婆家，去年是公婆过来，今年俩人谁都不愿妥协，直接哪都不去了。"

即便事先说好，可到了该抢票的日子，陈雨老公还会侥幸地问一句要不要订回自己老家的火车票。

在陈雨看来，春运订票、奔波都是其次，由于两家相聚甚远，不可能为照顾对方感受，七天折腾三次；再者，孩子刚四岁确实经不起长途奔波。

"早就花大价钱订了北京一家温泉酒店的两晚住宿，过年就安心泡温泉、逛庙会了，"话虽如此，但当儿子问她"什么是过年"时，她也遗憾没能让孩子感受下家乡新春的浓浓年味。

——中国青年网，2018 年 2 月 20 日。

此外，双十一狂欢购物节、京东 618 购物节等等越来越成为人们的重要节日之一，不仅仅是大众熟悉的人造节日，也是电商的一个重要商机，成为一种文化潮流和文化符号。而且，随着中国与世界交流的增多，越来越多的西方节日传入中国，而中国传统节日日渐式微，现在越来越多的年轻人选择过西方节日，却对中国的传统节日逐渐冷落，这不得不引起国人的重视。为此，2017 年中共中央办公厅、国务院办公厅印发了《关于实施中华优秀传统文化传承发展工程的意见》，并发出通知，要求各地区各部门结合实际认真贯彻落实。文件要求，"实施中国传统节日振兴工程，丰富春节、元宵节、清明、端午、七夕、中秋、重阳等传统节日文化内涵"。2014 年 2 月 27 日下午，十二届全国人大常委会第七次会议经表决通过，将 9 月 3 日确定为中国人民抗日战争胜利纪念日。自 2018 年起，中国将每年农历秋分设立为"中国农民丰收节"。这是第一个在国家层面专门为农民设立的节日。充分体现了党中央对"三农"工作的高度重视，对广大农民的深切关怀，是一件具有历史意义的大事，是一件蕴含人民情怀的好事。

外媒都惊了：什么中国经济放缓？双十一创纪录了都！
（李勇、李珍、青木、魏辉、张静）

"这个星球上最大的购物节火爆开局"，昨天天猫"双 11"开始没多久，美国有线电视新闻网就发出报道称，中国电商巨头阿里巴巴 11 日表示，"光棍节"网上零售活动开始仅 1 分 25 秒，其销售额便已突破 10 亿美元。文章称，其他电商平台和普通实体店也参与其中，但到目前为止，阿里在中国的"双 11"活动中是最具吸引力的。国际企业纷纷涌向阿里旗下各种平台，销售从白酒到跑车的一切产品，进口商品占了很大一部分销售额。

11 日 15 时 49 分 39 秒，"天猫双 11 全球狂欢节"成交额超 1682 亿元，正式超越 2017 年"双 11"全天成交额纪录。截至 11 日 24 时，全天成交额达 2135 亿元。

"11 月 11 日是一切购物纪录被打破的日子。"美国互联网媒体 CNET 网站以"2018 年黑色星期五与中国光棍节相比微不足道"为题称，"黑色星期五"和"网络星期一"是伟大的发明，因为我们可以以更低价格疯狂购物。但你知道什么更胜一筹吗？那就是中国的"双 11"购物狂潮。文章称，中国"双 11"比美国"黑色星期五"和"网络星期一"的销售总和大得多，今年有 18 万个中国和国际品牌参加第 10 次"双 11"购物狂欢。美国《时代》周刊网站称，去年"双 11"阿里巴巴的销售额为 253 亿美元，相比之下，美国"黑色星期五"和"网络星期一"的总在线收入为 116.2 亿美元，而且阿里巴巴并不是唯一的玩家。

——《环球时报》2018 年 11 月 12 日。

第三节　丧葬礼俗

在中国五千年的悠久历史中，丧葬礼俗一直在延续和发展，既表现为繁复多样的形式，又有丰富深邃的历史文化内涵。同时，丧葬礼俗也与不同历史时期的伦理观念、民族意识、生活方式以及社会结构等都有着广泛而密切的联系。

一、第一阶段（1949—1978）：由土葬向火葬转变

新中国成立之前，普遍实行土葬，既浪费了土地，也不利于移风易俗。新中国成立后，殡葬风俗由土葬开始向火葬改革。丧葬仪式有两点变化是显著的：首先，传统上漫长与烦琐的祭祀得到了明显的简化；其次，仪式的参与人数减少、参与时间缩短。

1956 年 4 月 27 日，在中南海召开中央工作会议期间，毛泽东倡议人死后实行火葬。倡议书写道：人们由生到死，这是自然规律。人死以后，应当给以妥善安置，并且采取适当的形式进行悼念，寄托哀思，这是人之常情。但是土葬占用耕地，浪费木材。实行火葬，不占用耕地，不需要棺木，可以节省装殓和埋葬的费用，这是安置死者的一种最合理办法。倡议提出首先在国家机关的领导人员中实行。毛泽东首先在倡议书上签名。接着朱德、彭德怀、刘少奇、周恩来、邓小平等共 11 人相继签了名字。事后，没有参加会议的部分同志，纷纷向中央有关部门表示死后愿意实行火葬。

随后，在北京西郊的八宝山革命公墓旁，兴建了电气化火化场。1958 年 2 月 10 日，第一机械工业部部长、国家技术委员会主任黄敬病

逝，他成为八宝山火化场第一位接受遗体火化的人。从 1958 年以后，城市里相继建立了火化炉和火化场，实行火化，反对土葬之风在城市率先开展起来。

1959 年城市率先反对土葬，农村依旧实行土葬，全国一些大中城市相继建立了火化炉和火化场，实行火化，反对土葬之风在城市率先开展起来。而在农村中却还是实行土葬。主要原因一是观念陈旧，认为人死后入土为安，再由于农村中的经济落后，一个县只有一个火葬场，交通不便，信息不灵，村里死了人找个地方埋了，大队领导也不追究。城里人死后要土葬几乎是不可能的，有些城里老人在临死之前，都哭着喊着让家里人将自己送回农村老家，死在农村，还可以土葬。当然，也有个别城里人死了，家里不报丧、举丧，也不戴孝，不大声哭，不让居委会和有关部门知道，然后请人做口棺材，将死者偷偷埋葬。

1957 年夜里，W 老人的床前围满了子女，他们已经连续三天轮流守候在老人身旁，老人因为身患多种疾病不断在床上呻吟。几个小时之后，从房间里传来的哭嚷声打破了村里的宁静。事先联系好的主丧人匆忙赶到死者家中，并哈附如是如是，一场丧礼就此展开。

大儿子留守在家主持大局，二儿子和三儿子连夜赶路向各方亲戚去报丧，两个女儿事先与儿媳一道为死者沐浴并穿好寿衣，按照老规矩在嘴里放入一小撮米，之后将尸体停放在堂屋。

翌日，算是丧礼的第一天，一大清早屋前便聚集了很多人，村里人一起帮忙搭起了灵棚奏起了哀乐。大儿子天一亮便来到了村书记家中通知父亲去世，待书记知晓后便赶回来。几个和尚在约莫中午时分赶到，稍作歇息之后便开始诵经，直到傍晚方才结束。

主丧人给了死者的儿子一张采购清单，吩咐其与村里的两个男人一道去县城购买丧事要用的东西。等傍晚回来时每人肩上挑了一担，鞭炮、纸钱、蔬菜等，每一样都数量巨大。从中拿出一些请当天帮忙的村民与和尚吃两顿简单的便饭。晚上，由死者的儿子和孙子轮流在堂屋守灵直到天亮。

丧礼第二天，由死者的三个儿子与儿媳轮流跪在灵前接待前来吊丧的亲朋。来宾多会在屋外放一封鞭炮并带来少许礼物，主人跪谢。不过，来的客人基本上送完东西、作个揖就走了。因为要赶着出工，所以白天基本上没多少客人会做停留。帮忙的人还是继续留在那里，大队规定帮忙做丧事可以加工分。如，抬棺材的、搭灵棚的。其间大队书记牵头，带着团书记、大队长、治保主任、妇联主任、科技员等干部也来了，他们带来了一个花圈，左书"沉痛哀悼 W 同志"，右书"灵官村党支部"。

傍晚时分，散了工的人纷纷聚集到灵堂前参加一场盛大的丧宴。因为老人生前人缘好，总共摆了五六十桌吃流水席。之后还是按照老规矩——大绘、盖棺。第三天，吃完早饭便抬着棺材出殡了，与之前不同的是送葬队伍并不如之前庞大，很多人都忙着去赚工分。

不过，之后的祭把和以前很不一样，很多礼节都省掉了。以前，一年之内要注意的事情很多。比如，不准举办喜事、不准出远门、不准穿新衣，家里面不得张灯结彩，还要"做七""百日"，在那时候都被省去了。W 死后，其一个孙子没多久便举办了婚礼结婚了，其父亲认为屋里刚死了人刚好可以冲喜。祭祀仅限于百日之内每天早晚烧纸钱以及饭前先敬死者，之后便只在逢年过节受到子孙祭拜。

——节选自吴鹤群：《国家和社会关系视域下的丧葬仪式变迁——以湘南灵官殿村为个案》，浙江师范大学 2014 年博士学位论文，第 30 页。

然而，随着"文化大革命"的开始，丧葬制度也出现了"革命化"，许多民间仪式在社会运动的冲击下被迫隐秘化或者中断。当时，丧事被禁止并以追悼会形式替代，人死之后要立马放进棺材，追悼会按照规定只准举行一天，来者臂缠黑纱，不准穿红戴绿，不准嬉笑。追悼会期间所有人低着头站在灵堂里听念悼文，悼文大多是讲死者生前的苦难和功德，还要歌颂毛主席。其间不准举行烧纸钱、祭拜、吹号等祭祀仪式。传统的丧葬礼在这一时期被当作封建迷信遭到明令禁止。在中国延续了数千年的传统丧葬仪式在"文化大革命"中遭到了前所未有的重创。

二、第二阶段（1979—2000）：传统丧葬习俗复兴

改革开放之后，国家各项政策逐步放宽，人们的思想也逐步解放。1981 年 12 月，民政部确定了之后的镇葬改革政策和方向，为之后的镇葬改革的法制化奠定了初步基础。此后先后颁布了《关于殡葬管理的暂行规定》《关于提请审议中华人民共和国娱葬管理条例（草案）》《娱葬管理条例》等多部政策性法规，经过 20 多年的改革基本建成了从中央到地方相配套的丧葬管理政策法规体系。

这一时期，丧葬期间有人开始烧纸钱，后来大家就在屋里把灵牌立起来了。甚至又有人开始请和尚来超度，丧事还是像以前一样办。此时，丧葬行业呈现两个明显特征：第一，丧葬礼仪服务的专业化。专业丧葬服务团体承包了从死者初死到下葬的诸事，提供专业化的服务。此类社会组织兴起于 20 世纪 90 年代之初，几乎都没有履行正规的注册手续，亦没有固定的经营场所。他们是专业的丧事承办者，不仅熟悉丧礼举办的诸多流程，亦可以满足家属的各种特殊的需求，包括为死者化妆、承办酒席、哭丧、抬棺、烧纸扎等。第二，丧葬礼仪服务的商业化。以承办丧事牟利是孩葬服务团体最根本的目的。据了解，如今举办一场丧事少则两三万元，多则十来万元。包括租用酒席用具、香烟酒水、雇用劳力、邀请歌舞团体、丧宴、纸扎等诸多花费，尤以邀请歌舞团体和丧宴花费最大。一场三小时的表演少则三四千元，多则上万元。只要家属出得起价钱，服务组织会提供各种令人眼花缭乱的商品和表演。

1966 年之后，乡里就再也没组织过批斗，乡里没开村里自然也就不开了，也没什么新的指示。刚开始大家也不敢作出格的事

情，过了几个月时间，我听说有的村已经开始办丧事了。我们村里也有人开始烧纸钱，村上干部也没去管，后来大家就在屋里把灵牌立起来了。

再后来吴光明（化名）的老娘死了，他跑到我家里来问我准不准办丧事。我拿不准，只能说不知道，但还是告诉他有的乡在搞，估计他自己也听说了所以来问我。他回去之后就按老规矩办起了丧事，只是没请和尚。那一场丧事相当热闹，停了十几年都没搞过丧事，好几个队的人都去参加了，摆了七八十桌。村里干部都没去，花圈也没送，怕万一出事情要担责。

邓小平 1977 年上台之后形势就发生了很大变化，宗教信仰在之后就恢复了，我们也接到了乡里的指示。后来就开始有人请和尚来办丧事了。有些之前死的人，家里人又重新帮他请和尚来超度，丧事还是像以前一样办。

——节选自吴鹤群：《国家和社会关系视域下的丧葬仪式变迁——以湘南灵官殿村为个案》，浙江师范大学 2014 年博士学位论文，第 35 页。

与此同时，随着人们观念的更新，遗嘱观念也发生了很大变化。在中国几千年的历史中，财产继承基本沿袭着这样的文化习惯。父母往往只是把自己看作家产的管理者而非占有者。所以，中国老人去世前很少立纸质的遗嘱，常见的场景是老人会把儿子女儿叫到床前，一一嘱咐，兄弟之间要如何和睦，如何把这个家延续下去等。随着经济的发展，为了防止子女因争夺财产产生矛盾，遗嘱也越来越多。

京城老人时兴遗嘱公证（节选）
（陈红梅）

如今，越来越多的老人在生前立下财产遗嘱公证，以避免日后子女为分配遗产伤了和气。据悉，全市每年约有千余老人办此公证，是七年前数量的三倍。立遗嘱可以确保老人的意愿得到最终的法律支持，因此越来越多的老人对这一做法表示接受。中国政法大学民法教授李显冬认为，在有着几千年封建文化底蕴的中国，老人们能够在生前通过法律手段分家产，这本身就是社会文明进步的体现。他说，老人从讳言"死"到坦然安排身后事，既维护了个人对于财产的处置权，又维护了家庭乃至社会的稳定。希望这种文明的时尚能在全国普及。

——《北京日报》2000 年 7 月 21 日。

三、第三阶段（2001—2018）：拥抱互联网

进入新世纪以来，随着家庭经济条件的改善，丧葬不同于以往有了较大发展，国家对于殡葬改革一事是稳步推进的。然而，这一时期在丧葬过程中也出现了许多新问题、新现象。

当前，人们盲目攀比、重殓厚葬等问题也屡见不鲜。为了在别人眼中获得好的声誉，在丧礼过程中盲目的大操大办，不仅浪费了金钱和社会资源，也带来了不良的社会风气。这些祭祀风俗与文明祭祀背道而驰，大操大办的丧葬礼仪其实是一种追求面子的炫耀性消费。农村社会是一个熟人社会，婚丧嫁娶的仪式彰显的是一个家庭甚至一个家族的实力。这样很容易造成攀比心理，一些家庭为了顾及脸面，甚至不得不超过自身的经济承受能力。

在福建沿海采访，一些村庄附近的山林坡地上，随处可见私自修建的坟墓群，其中不乏豪华墓、"活人墓"。这些巨墓工程浩大、用料讲究、雕梁画栋、造价昂贵。

在福建福清市城头镇一座面海的山坡上，远远就能看见一座座半圆形水泥坟墓密布在山林之间。沿着盘山水泥路，两旁私建坟墓鳞次栉比，一些在建的墓穴附近被砍伐的山木还未来得及清理，有些墓穴的墙体上写满了马队运石沙建墓广告。

在接近山顶处，记者看到一座在建的豪华大墓，周围林木被砍伐殆尽，裸露出黄色的山体，7 位工人正在砌墙琢石，加紧施工。

据工人介绍，这座翻建的大墓已经修建了一年多，花费 100 多万元，目前已进入收尾阶段。

在长乐市江田镇，记者看到，一座在建的豪华大墓隐蔽在群山绿水间，已经建好的墓体上覆盖着树枝和绿色遮阴网，如果不是工人施工的敲打声很难被发现。这座占地约 3 亩、修建时间 2 年的豪华大墓不仅有石象石狮把门，而且每件石料都经过精雕细琢，精美绝伦。据工人讲，这座墓耗资 400 多万元。

不仅修坟造墓舍得花钱，丧事操办规模也越来越大，档次越来越高。受此影响，一些农村贫困家庭举债也要把丧事办得风光有面子，一场丧事办下来，少则二三十万元，多则上百万元。

4 月 5 日清晨 6 点多，长乐市湖南镇东卓村一卓姓人家举行出殡仪式。数十个蓝色充气拱门占据着村里的两条主要村道，受邀而来的 10 多支乐队在拱门下轮番演奏，一旁的 4 辆卡车载着穿着暴露的舞蹈演员在劲歌热舞。如果不是周围的花圈与祭奠悼文，外人还以为这里在进行什么庆祝典礼。

记者现场看到，上午 9 点多，隆重的出葬仪式正式开始，仪仗队、鼓乐队、花车队、艳舞车队依次排开，后面紧随着送葬的亲友，绵延两公里的送葬队伍行进在乡间村道上，一路上锣鼓喧天，鞭炮齐鸣，引得不少村民前来观看。

一旁的村民介绍，这样的送葬仪式至少花费 100 万元，而这种现象在这里并不罕见。

不少群众在接受记者采访时无奈地表示，厚葬已经成了一种风俗，如果不厚葬，就很没面子，"说是祭祀死者，实际上是给活人看的。"

——节选自沈汝发、姜克红：《福建沿海丧葬陋习：百万造豪华墓 劲歌热舞出殡》，中国新闻网，2014 年 4 月 9 日。

新世纪以来，国家出台多项关于丧葬事业政策和措施。2009 年 12 月 3 日，《民政部关于进一步深化殡葬改革促进殡葬事业科学发展的指导意见》发布，意见明确指出：我国殡葬改革不断深入，殡葬事业取得了长足进步。实行火葬、改革土葬、节约殡葬用地、文明节俭办丧事已成为社会共识。但随着改革开放和经济社会快速发展，我国殡葬事业总体水平与科学发展观要求不相适应的矛盾日益突出，在殡葬资源配置、殡葬服务质量、殡葬救助保障、殡葬管理体制和运行机制等方面，尚不能完全满足人民群众的丧葬需求。为进一步深化殡葬改革，不断满足人民群众在殡葬服务方面的需求，促进殡葬事业科学发展。2018年12月7日，民政部有关负责人在相关会议上表示，各地党委政府要坚持民生优先、坚持服务为先、坚持城乡统筹，加强城乡公益性公墓建设管理，补齐殡葬公共服务短板。

　　为推进殡葬事业科学发展，各地也出台各项政策措施。如2014年4月，北京市出台《关于党员干部带头推动殡葬改革的贯彻落实意见》，要求北京市党员干部在殡葬改革中自觉做到"四禁止""五提倡"，其中明确要求单人或双人骨灰墓穴占地面积不得超过1平方米。2014年11月，云南进行殡葬改革，明确要求干部墓穴不超1平方米。2018年4月起，江西省上饶市正式推开殡葬改革，提出到2018年年底每个村都有公益性墓地；2020年年底之前全市火化率达到100%。

　　与此同时，随着互联网的发展，出现了"互联网＋殡葬"模式，比较典型的是殡葬行业O2O平台一空网，一空网针对传统殡葬行业的问题"对症下药"，平台的主要线上功能包括网上族谱库、捐献器官、网上祭祀、殡葬用品销售、全国墓地在线销售、资源搜索，线下则有入殓师服务、临终关怀与人才培训等。线下则是对接用户和商品及服务供应商，通过信息对接或者合作来服务行业内的商家。一方面，一空网通过让供求信息更有效流动帮助商家优化结构成本。另一方面，一空网也会为商家提供宣传策划、推广的服务。

年轻人丧葬观发生变化　互联网赋能　生态葬逐渐被接受　新观念
为殡葬业带来新机遇
（杨利伟）

　　"互联网＋殡葬与其他的互联网行业最明显的区别，是发展慢半拍。这个是行业的限制，但并不是说互联网＋殡葬是一个不可行的路，它是一个不可逆的大趋势。"殡葬行业 O2O 平台—空网创始人马雷接受中国青年报·中青在线记者采访时说。

马雷认为，年轻人的丧葬观念与父辈相比已经发生了很大的变化。"可能父辈（50 后、60 后）、祖辈（30 后）很难接受火化，但是现在一线城市大部分人都已经接受了，不再需要做过多宣导。还有，在上海有一个殡葬项目叫骨灰宝石，也就是去世后把骨灰做成宝石，有些人选择花葬或者海葬，不留坟墓，这些人就会保留一颗骨灰宝石作为纪念的载体。这个变化是巨大的，这两年特别明显。"

在 4 月 5 日清明节来临之际，针对年轻人的殡葬观，中国青年报·中青在线记者对年龄段为 95 后的群体进行了随机采访。

90 后女孩杨乐这样说："我不希望有'遗体'或者'葬礼'这样的仪式化东西加在我的死亡上面。生命本来就应该是简简单单的，也可能'客死异乡'，是因为这样对于所有人都没有负担，我不想亲友在为生活奔波的时候，还要抽空来参加我的葬礼，我希望我的死不会为大家带来任何麻烦。没什么好伤心的，我们终究还会在另一个世界再相聚。"

其中，有多名 95 后提到"海葬"。"听说现在还有海葬，能补贴的。""捐了器官，剩下的不要占用公共空间，最好烧成一把灰扔海里。""火葬后撒入大海，不会办葬礼。怕亲人老友伤心。红白事只要办就没法免俗。"

——《中国青年报》2018 年 4 月 10 日。

同时，民政部门将积极推广"居家祭奠""网上祭奠"和"代理祭奠"等新形式，大力倡导骨灰撒海、骨灰深埋和其他不占或少占地的方式处理骨灰，依法治理骨灰装棺土葬和借机修墓立碑等行为。

第四节　宗教信仰的变迁

一、第一阶段（1949—1978）：获得信仰自由

新中国成立后，新政府对宗教问题相当重视，纠正了一些愚昧、落后、封建的旧思想，积极引导宗教与社会主义制度相适应，从而改变了中国宗教的政治面貌。

1949年9月21日，中国人民政治协商会议在北平举行，会议制定了具有临时宪法性质的包括有宗教政策内容的《共同纲领》。《共同纲领》第五条规定，"中华人民共和国人民有思想、言论、出版、集会、结社、通讯、人身、居住、迁徙、宗教信仰及示威游行的自由权。"第五十三条规定，"各少数民族均有发展其语言文字、保持或改革其风俗习惯及宗教信仰的自由。"1954年9月，第一届全国人民代表大会第一次全体会议在北京召开。大会通过了新中国第一部宪法《中华人民共和国宪法》，宪法第三条规定："各民族都有使用和发展自己的语言文字的自由，都有保持或者改革自己的风俗习惯的自由。"第八十六条规定："中华人民共和国年满十八周岁的公民，不分民族、种族、性别、职业、社会出身、宗教信仰、教育程度、财产状况、居住期限，都有选举权和被选举权，但是有精神病的人和依照法律被剥夺选举权和被选举权的人除外。"第八十七条规定："中华人民共和国公民有言论、出版、集会、结社、游行、示威的自由。"第八十八条规定："中华人民共和国公民有宗教信仰的自由。"可以看出，宗教信仰自由作为基本的宗教政策被写入《共同纲领》和《宪法》，体现了新中国对宗教自由的高度重视。从1950年开始，各级政府开始建立宗教事务管理局，严厉查处违反宗教政策的事件，支持和帮助寺院修缮、宗教刊物出版、办学等宗教活动。在马克思主义宗教观的指导下，党和政府结合中国的实际情况对新中国的宗教进行了探索，提出了具有长期指导意义的"五性论"。1953年，中共中央政治局讨论通过了报告《关于过去几年党在少数民族中进行工作的主要经验总结》：就是在这个报告中提出了宗教的五性：即群众性、民族性、长期性、国际性和复杂性。这是马

克思主义宗教观的中国化，是认识和处理社会主义时期宗教问题的出发点，也成为后来国家制定宗教方针政策的重要依据。中国共产党和政府通过一系列政策措施来指导中国宗教事业的发展，引导宗教人士爱国、爱党和爱教，宗教人士不仅翻身做了国家主人，而且作为统一战线中的重要力量，政治地位有了很大提高。在第一届全国政治协商会议中宗教界代表有 7 人，第一届全国人民代表大会上有 14 位代表参加。

　　1952 年 9 月 22 日，吴宗耀等人在周恩来总理讲话的启发下，发表了《中国基督教在新中国建设中努力的途径》的宣言，明确提出，"中国基督教会及团体彻底拥护共同纲领，在政府的领导下，反对帝国主义、封建主义及官僚资本主义，为建立一个独立、民主、和平和富强的新中国而奋斗"。第二天，《人民日报》在第一版全文刊登了宣言和第一批用户宣言的签名名单，高度评价了宣言和"三自"运动的重大意义。9 月 23 日也成为"三自"爱国运动纪念日。1952 年中国基督教抗美援朝"三自"革新运动委员会成立，一方面，教徒们抗议美国冻结中国在美公私财产的行径，自动断绝一切外国津贴；另一方面，开展爱国主义学习，积极为志愿军捐款表达爱国主义情怀。截至 1952 年 6 月，共捐款人民币 27 亿余元（旧币），这些爱国行动极大地提升了宗教人士的爱国热情，也推动了"三自"爱国运动的开展。与此同时，外国传教士开始纷纷离开中国，外国驻华传教机构也逐渐撤离。

　　然而，随着"以阶级斗争为纲"的政治运动的开展，宗教领域也开始受到波及，1962 年 12 月 17 日至 1963 年 2 月 11 日，第七次全国宗教工作会议在北京召开，会议对宗教形势作了错误估计。《会议纪要》上说："1962 年以来，越来越清楚地看出，宗教方面的阶级斗争是很激烈的，一部分披着宗教外衣的反动分子明目张胆地向党进攻，地主、富农分子也利用宗教进行复辟，相当多的宗教界人士千方百计地扩大宗教的势力和影响。在西藏、甘、青藏区的喇嘛教中和一些地方的伊斯兰教中，一部分反动的民族上层和宗教上层表现更为嚣张，他们恶意攻击平叛、改革党的民族、宗教政策，妄图实现复辟。……宗教方面的阶级斗争是长期的，促进宗教逐渐削弱以至消亡的斗争更是长期的。"1966 年 6 月 1 日，人民日报发表了由陈伯达授意撰写并亲自拟定标题的《横扫一切牛鬼蛇神》的社论，把宗教界同文化知识界、爱国民主人士等都列入了走资派的社会基础"牛鬼蛇神"的行列。把马克思主义宗教观的丰富内容几乎仅仅归结为"宗教是人民的鸦片"这一句话，号召群众同宗教这一落后意识形态作斗争，并且不适当地提出"共产党的任务就是消灭一切宗教"的口号，使党的宗教工作中的"左"的错误几乎发展到了极端。在"文革"运动大规模开展的情况下，宪法和党规定的宗教信仰自由政策不再起作用，各级宗教工作部门几乎被撤销，一些从事宗教工作的领导受到批判和迫害，一切与宗教有关的组织活动被严格禁止[2]。

二、第二阶段（1979—2000）：信仰自由下的天空

党的十一届三中全会之后，在以邓小平为核心的党中央领导下，纠正了党的极左路线，继承和发展了马克思主义宗教观以及毛泽东、周恩来等中共第一代领导人提出的正确的宗教理论和宗教工作方针，重新恢复了宗教信仰自由政策。

20世纪80年代以来，中国基督教每年恢复、新建教堂约600所；到1996年底，累计印刷发行《圣经》达1800多万册，并受到多种免税优惠；中国基督教协会自1983年起编辑出版的《赞美诗》累计发行达800多万册。从1958年至1995年，中国天主教已先后自选自圣主教126位。近十余年中国天主教培养、祝圣的年轻神父有900多人。北京基督教崇文门堂每周的主日礼拜有3000多人参加。天主教北京南堂每周日有4台弥撒，有2000多人参加，其中一台是专为在北京的外国人举行的英文弥撒①。

进入90年代，我国宗教领域呈现出一片新的局面。90年代以来的宗教政策，是对80年代宗教政策的进一步深化。重法治、重管理、重引导是这个时期宗教政策和宗教工作的显著特征。我国的宗教政策日渐成熟，对宗教事务的管理也日趋法制化、科学化、民主化。

---

① 《中国的宗教信仰自由状况》白皮书，1997年。

　　1991 年 2 月 5 日,《中共中央、国务院关于进一步做好宗教工作若干问题的通知》中第一次明确提出:"尊重和保护宗教信仰自由,是党和国家对待宗教问题的一项长期的基本政策。"该时期中国共产党越来越强调要依法加强对宗教事务的管理。同时,政府部门密切配合,加紧制定与起草了一些宗教单行法规。绝大部分省市自治区也都通过了地方性宗教管理条例。1993 年 11 月 7 日,江泽民在全国统战工作会议上又提出"民族、宗教无小事"的论断,以通俗的语言再次要求全党对民族、宗教问题切不可掉以轻心,必须高度重视。

　　1997 年中华人民共和国国务院新闻办公室发布了《中国的宗教信仰自由状况》白皮书,指出,中国是个多宗教的国家。中国宗教徒信奉的主要有佛教、道教、伊斯兰教、天主教和基督教。中国公民可以自由地选择、表达自己的信仰和表明宗教身份。据不完全统计,中国现有各种宗教信徒一亿多人,宗教活动场所 8.5 万余处,宗教教职人员约 30 万人,宗教团体 3000 多个。宗教团体还办有培养宗教教职人员的宗教院校 74 所。现在中国有佛教寺院 1.3 万余座,出家僧尼约 20 万人,其中藏语系佛教的喇嘛、尼姑约 12 万人,活佛 1700 余人,寺院 3000 余座;巴利语系佛教的比丘、长老近万人,寺院 1600 余座。中国现有道教宫观 1500 余座,乾道、坤道 2.5 万余人。伊斯兰教为中国回、维吾尔等 10 个少数民族中的群众信仰。这些少数民族总人口约 1800 万,现有清真寺 3 万余座,伊玛目、阿訇 4 万余人。中国现有天主教徒约 400 万人,教职人员约 4000 人,教堂、会所 4600 余座。中国现有基督徒约 1000 万人,教牧传道人员 1.8 万余人,教堂 1.2 万余座,简易活动场所(聚会点)2.5 万余处。

　　——节选自宫哲兵、周冶陶:《90 年代湖北省宗教现状及其分析》,《社会主义研究》1999 年第 3 期,第 73—76 页。

三、2001—2012 年：新世纪下的信仰自由

中国共产党的十六大提出了"全面做好党的宗教工作"的新要求，作出了"贯彻党的宗教信仰自由政策，依法管理宗教事务，坚持独立自主自办的原则，积极引导宗教与社会主义社会相适应"的新表述。

2004 年召开的全国宗教工作座谈会上，对"全面做好党的宗教工作"作出了新要求，"贯彻党的宗教信仰自由政策，依法管理宗教事务，坚持独立自主自办的原则，积极引导宗教与社会主义社会相适应"被党中央明确为宗教工作的基本方针。党的宗教工作基本方针写入了党的全国代表大会的报告和新修改的《党章》中。党的十七大报告中在涉及宗教工作的部分第一次使用了"全面贯彻党的宗教工作基本方针"的表述。这说明中国共产党对宗教问题的认识达到了一个新的高度，宗教工作又进入了新阶段。

由国务院法制办和国家宗教事务局牵头，在向五大宗教团体负责人以及信教群众代表，宗教、法律、人权方面的有关专家学者，中央有关部委和部分省级人民政府广泛征求意见以及考察研究国外宗教立法有关情况的基础上，形成了《条例》的修改稿和草案。《条例》于 2004 年 11 月 30 日正式颁布，自 2005 年 3 月 1 日起施行。《条例》的颁布和施行，是我国在宗教领域内法制建设的新进展，标志着中国共产党又开启了宗教工作的新阶段，宗教工作法制化、规范化和制度化步伐大大加快，随后制定实施了《宗教活动场所设立审批和登记办法》等 9 个配套部门规章，指导全国性宗教团体制定和完善了 32 项规章制度，各省、自治区、直辖市也结合各地的实际情况出台了 60 多个宗教事务方面的地方法规和政府章程。

在新的宗教政策指导下，中国宗教事业也迎来了新的发展时期。宗教工作逐步树立起"保护、管理、引导、服务"的新理念，着力调动发挥宗教的积极作用。中央积极推动宗教公益慈善事业的发展，各界宗教人士积极参与东南亚海啸、四川汶川地震等重大自然灾害的赈灾救助和灾后重建。

2005 年元旦，北京市西郊八大处灵光寺钟鼓齐鸣，梵音缭绕，"海峡两岸百寺千僧捐款千万救苦救难"消灾祈福万人大法会，拉开了我国宗教界为海啸灾区募集善款的序幕。时任国家宗教局局长叶小文、副局长齐晓飞，中国红十字会副会长苏菊香，中华慈善总会会长范宝俊以及来自北京、上海、江苏、浙江、福建、广东、陕西、江西、河北、天津、河南、四川、海南、安徽、湖南、湖北、台湾等地的高僧大德和佛教信众共同为东南亚海啸受灾地区的民众祈福消灾。

圣辉法师在致辞中讲道："今天我们海峡两岸佛教界再次以佛教'不为自己求安乐，但愿众生得离苦'、人溺己溺的思想，在新年的第一天举行消灾祈福法会，表达中国亿万佛教徒与受灾国人民共渡难关的心愿……中国佛教界有着维护和平的传统，视天下众生如父母兄弟，在多元文化交流不断深入的今天，我们要不断加强与世界各国人民和各大宗教的交流，为人类幸福、世界和平携手作出更大的贡献，使人类在享受物质文明的同时亦能保持心灵的清净纯洁……为世界的和平、人类的幸福作出奉献，是我们海峡两岸佛教徒共同的责任。"

现场的每一位信徒都感受到了爱心的涌动、慈悲的关怀。中国佛协首先向受灾地区民众捐款 50 万元人民币，各地佛教界代表纷纷慷慨解囊，在短短一个多小时里，共募集善款近千万元，当场委托中国红十字会转送受灾国家，这是当时中国红十字会收到的最大一笔捐款。

全国各地佛教界继续举行各种募捐活动，广东、山西、江苏、浙江、青海、湖北等地的佛教协会、佛教寺院和佛教界人士以不同方式表达了对受灾国家和民众的关切之情。1 月 11 日，在开封大相国寺，96 岁的释心印法师亲手将 1 万元捐款交到开封红十字会工作人员的手中，这是开封红十字会接受捐助印度洋海啸受灾国的最大一笔个人捐款，释心印法师也是开封捐款者中年纪最大的一位。据中国佛教协会统计，截至 2005 年 1 月 18 日，共收到捐款 11559178.61 元 [1]。

---

[1]　王蕾，2005 年。

发挥宗教在危机救助中的独特功能
——汶川、玉树地震引发的思考
（肖虹）

汶川大地震发生后，天主教进德公益迅速组织了有几百人参加的3批志愿者梯队和6批慰问团分赴灾区一线开展救灾工作，而这仅是整个宗教界救援灾区的一个缩影。在四川什邡罗汉寺禅床出生的108个婴儿更成为抗震救灾中世人瞩目的一道亮丽风景。

玉树地震后，由于当地的特殊地理环境，救援工作十分困难。玉树县20多座藏传佛教寺院的2000余名僧人组成抢险救援队，抢救被困人员。更有僧人不远千里徒步赶到玉树救灾，协助有关部门开展搜救受困人员、抢救伤病群众、寻找遇难者、搬运遗体等工作。在灾区参加社会救助的众多人员当中，有三种颜色特别显眼。穿绿色军装的是解放军战士，穿白色大褂的是医生和护士，穿绛红僧袍的是出家的僧人。救援僧众被媒体亲切地称为"让人泪流满面的那抹绛红"。党和国家领导人在看望慰问灾区群众时充分肯定了广大僧侣在抢救人员、安抚群众、维护社会正常秩序方面作出的积极贡献。2010年8月19日，中共中央、国务院、中央军委联合对全国参加玉树抗震救灾的英雄集体和模范个人进行表彰，宗教界人士首次被纳入受表彰者行列。

——《中国宗教》2011年第2期，第64—67页。

为迎接奥运，办好奥运，各宗教团体纷纷行动起来。中国基督教全国"两会"出版了10万册"北京2008奥运会纪念圣经"，在北京奥运会主办和协办城市免费发送，以满足来华基督徒的需要。中国伊斯兰教界也准备了充足的《古兰经》，其中包括专门请沙特阿拉伯方面印刷的中阿文对照的《古兰经》。在奥运村宗教中心，有69名宗教志愿者为各国运动员、教练员和官员提供相关的宗教服务。北京奥运会期间，中国宗教界以最大的热情投身奥运，用实际行动参与和支持家门口举办的奥运会^①。

　　据粗略估算，2010 年前后约占全国总人口的 10%。从信教人数的增长来看，1997 年到 2009 年，伊斯兰教由 1800 万人增加到 2100 万人，主要是随穆斯林人口的增加而增加。天主教由 400 万人增加到 530 万人，增长较为缓和；基督教由 1000 万人增加到 1600 万人，增长较为突出。佛教寺院从 1.3 万座增加到 2 万余座、出家僧尼约 20 万人，道教乾道、坤道由 2.5 余万人增加到 5 万人。可以看出，不管是信教人数还是庙宇数量都在呈现不断增长的趋势。与此同时，随着市场经济的发展、思想的解放，大学生的思想观念在不断更新变化。近年来，据多项大学生群体的调查显示，大学生信教比例呈上升化趋势。比如，谈宗凡曾在 2005 年与 2006 年分别进行调查，从相距一年多的调查数据来看，两年中大学生宗教信仰的比例呈上升趋势，2006 年比 2005 年上升了 3.7%^②，虽然上升幅度不是很大，但值得我们注意。王康于 2007 年对杭州四所高校的调查显示（不包括中立者），自称有宗教信仰的占 32.1%^③。浙江高校大学生的信教比例是 19%，而西部地区大学生的信教比例远远高于其他地区，其中信教者占了 20.3%，半信半疑者占 23.2%，有困难时信的占 6.2%。综合各地调查资料，对大学生宗教信徒所占比例的估计，最高在 20% 左右^④。

四、第四阶段（2013—2018）：十八大以来的信仰自由

　　党的十八大以来，以习近平同志为核心的党中央高度重视宗教工作，强调宗教问题始终是我们党治国理政必须处理好的重大问题。党中央、国务院召开全国宗教工作会议，习近平总书记发表重要讲话，就宗教工作提出了一系列新思想新观点新要求，对宗教工作作出了一系列重大决策部署，推动宗教工作取得显著成效，开启了宗教工作新阶

---

① 毛国庆，2008 年。
② 谈宗凡，2007 年。
③ 王康，2007 年。
④ 杨海波，2007 年。

段。党的十八大报告指出，全面贯彻党的宗教工作基本方针，发挥宗教界人士和信教群众在促进经济社会发展中的积极作用。

2014年习近平总书记在第二次中央新疆工作座谈会上强调，要精心做好宗教工作，积极引导宗教与社会主义社会相适应，发挥好宗教界人士和信教群众在促进经济社会发展中的积极作用。处理宗教问题的基本原则，就是保护合法、制止非法、遏制极端、抵御渗透、打击犯罪。要依法保障信教群众正常宗教需求，尊重信教群众的习俗，稳步拓宽信教群众正确掌握宗教常识的合法渠道。要重视培养爱国宗教教职人员队伍，采取有力措施提高宗教界人士素质，确保宗教组织领导权牢牢掌握在爱国爱教人士手中。

2015年习近平总书记在中央统战工作会议上，针对敌对势力想用民族、宗教问题做文章问题，强调我们要让各族群众像石榴籽一样紧紧抱在一起，把信教群众紧紧团结在党的周围。我国宗教工作总体形势是好的，宗教界人士和信教群众在经济社会发展中发挥了积极作用。同时要看到，当前境内外敌对势力利用宗教对我国进行渗透破坏活动，呈组织化、系统化、精细化趋势。宗教工作本质上是群众工作。我国宪法法律保障公民信仰宗教的权利，但必须警惕宗教渗透的危险，警惕带有政治意图的宗教诉求。要全面贯彻党的宗教信仰自由政策，依法管理宗教事务，坚持独立自主自办原则，积极引导宗教与社会主义社会相适应，做到"四个必须"：必须坚持中国化方向，必须提高宗教工作法治化水平，必须辩证看待宗教的社会作用，必须重视发挥宗教界人士作用。

2016年4月，全国宗教工作会议指出，宗教问题始终是我们党治国理政必须处理好的重大问题，宗教工作在党和国家工作全局中具有特殊重要性，关系中国特色社会主义事业发展，关系党同人民群众的血肉联系，关系社会和谐、民族团结，关系国家安全和祖国统一。实行宗教信仰自由政策，出发点和落脚点是要最大限度把广大信教和不信教群众团结起来。积极引导宗教与社会主义社会相适应，是要引导信教群众热爱祖国、热爱人民，维护祖国统一，维护中华民族大团结，服从服务于国家最高利益和中华民族整体利益；拥护中国共产党领导、拥护社会主义制度，坚持走中国特色社会主义道路；积极践行社会主义核心价值观，弘扬中华文化，努力把宗教教义同中华文化相融合；遵守国家法律法规，自觉接受国家依法管理；投身改革开放和社会主义现代化建设，为实现中华民族伟大复兴的中国梦贡献力量。

2017 年 8 月 26 日，国务院总理李克强签署国务院令，公布新修订的《宗教事务条例》。9 月 9 日，全国性宗教团体联席会议就学习贯彻新修订《宗教事务条例》进行座谈。与会人士一致认为，《宗教事务条例》修订坚持科学立法、民主立法，注意倾听宗教界的呼声，回应宗教界的关切，标志着宗教法治建设取得了新进展，为进一步提高宗教工作法治化水平奠定了良好基础。2017 年党的十九大报告指出，全面贯彻党的宗教工作基本方针，坚持我国宗教的中国化方向，积极引导宗教和社会主义社会相适应。

国务院就中国宗教问题于 2018 年正式发表《中国保障宗教信仰自由的政策与实践》白皮书，指出中国主要有佛教、道教、伊斯兰教、天主教和基督教等宗教，信教公民近 2 亿，宗教教职人员 38 万余人。佛教和道教信徒众多，但普通信徒没有严格的入教程序，人数难以精确统计。佛教教职人员约 22.2 万人。道教教职人员 4 万余人。10 个多数人信仰伊斯兰教的少数民族总人口 2000 多万人，伊斯兰教教职人员 5.7 万余人。天主教信徒约 600 万人，宗教教职人员约 0.8 万人。基督教信徒 3800 多万人，宗教教职人员约 5.7 万人。中国还存在多种民间信仰，与当地传统文化和风俗习惯结合在一起，参与民间信仰活动的群众较多。中国的宗教团体约 5500 个，其中全国性宗教团体 7 个，分别为中国佛教协会、中国道教协会、中国伊斯兰教协会、中国天主教爱国会、中国天主教主教团、中国基督教三自爱国运动委员会、中国基督教协会。公民在宗教活动场所内以及按照宗教习惯在自己家里进行的一切正常的宗教活动，如礼拜、封斋、拜佛、祈祷、讲经、讲道、诵经、烧香、弥撒、受洗、受戒、终傅、追思、过宗教节日等，受法律保护，任何组织和个人不得加以干涉。藏传佛教寺庙学经、辩经、受戒、灌顶、修行等传统宗教活动和寺庙学经考核晋升学位活动正常进行，每逢重大宗教节日都循例举行各种宗教活动。穆斯林在饮食、衣饰、年节、婚姻、丧葬等方面的风俗习惯得到充分尊重。中国伊斯兰教协会每年组织穆斯林赴沙特参加朝觐活动，从 2007 年起，每年人数均在 1 万人以上。

中国人民大学发布《中国宗教调查报告（2015）》（以下简称《报告》），对中国大陆地区佛教、道教、伊斯兰教、天主教、基督教五大主要宗教的活动场所现状与变迁作了全景式介绍。《报告》数据表明，今天各大宗教的活动场所中，基督教有一半以上的宗教活动场所，道教、伊斯兰教、天主教 1/3 以上的宗教活动场所，佛教超过 27% 的宗教活动场所，都是在"文革"结束后建立起来的。2013 年，将近 1/3 的宗教活动场所通过出钱、出物、派人或冠名等形式，参与或支持妇联、红十字会、环保组织等社会团体的活动。超过 56% 的宗教活动场所有慈善公益支出，从开展社会服务的情况来看，超过 40% 的宗教活动场所平均提供 2.6 个项目，最多的达 120 个。常见的社会服务包括扶贫助困、敬老、助学、问疾、救灾、参与公共设施建设等。超过 10% 的宗教活动场所设立有慈善基金会，组织的义工人数最多的 10 个宗教活动场所人数在 1000 人以上，最多的达到 6 万人。此外，有超过 11% 的宗教活动场所开设过提升婚姻课程和青少年夏令营。可以说，宗教活动场所在为社会提供服务方面，有着相当的积极作用。宗教教职人员在年龄与受教育程度等方面则有积极的呈现。大多数教职人员的年龄在 30 至 60 岁之间，11% 拥有大学及以上文化程度。在接受调查的 4382 名宗教活动场所负责人中，平均年龄为 55 岁，女性为 21%，大学以上文化程度为 15%。可以说，20 世纪 80 年代以来，中国宗教教职人员青黄不接的局面已经得到根本性改变，中国的宗教教职人员已经实现了代际转换。这为中国宗教的健康发展奠定了坚实的基础。

第四节　大事回眸

1949 年

12 月，政务院发布了《全国年节及纪念日放假办法》，规定："为统一全国之年节及纪念日放假之起见，规定下列各项办法：属于全体者，新年，放假一日。春节，放假三日。劳动节，放假一日。国庆纪念日，放假两日。"

1952 年

9 月 22 日，吴宗耀等人在周恩来总理讲话的启发下，发表了《中国基督教在新中国减少中努力的途径》的宣言，明确提出，"中国基督教会及团体彻底拥护共同纲领，在政府的领导下，反对帝国主义、封建主义及官僚资本主义，为建立一个独立、民主、和平和富强的新中国而奋斗"。

1952 年春节，随着"三反"运动的开展，许多店员揭发奸商，拜年礼物就是揭发资本家的检举信。

1954 年

9 月，第一届全国人民代表大会第一次全体会议在北京召开。大会通过了新中国第一部宪法《中华人民共和国宪法》，宪法第三条规定："各民族都有使用和发展自己的语言文字的自由，都有保持或者改革自己的风俗习惯的自由。"

1956 年

4 月 27 日，在中南海召开中央工作会议期间，毛泽东倡议人死后实行火葬。

1959 年

城市率先反对土葬，农村依旧实行土葬，全国一些大中城市相继建立了火化炉和火化场，实行火化。

1967 年

1 月 29 日，国务院向全国各地发出了关于春节不放假的通知，提出要抓革命、促生产的方针，夺取革命、生产双胜利。

1969 年

1969 年春节，在革命委员会的号召下，"不回城市过春节"成为上山下乡知识青年"春节革命化"的重要举措。

1979 年

1 月 17 日，《人民日报》以题为《为什么春节不放假》《让农民过个"安定年"》，春节出现了新的变化，人情味越来越浓厚，春联也由最初的豪言壮语变得越来越具有生活色彩。

1980 年

中国全面恢复了春节休假制度。

1983 年

中央电视台策划推出了影响深远的春节联欢晚会，此后每年除夕夜成为中国人的精神晚餐。

1991 年

2 月 5 日，《中共中央、国务院关于进一步做好宗教工作若干问题的通知》中第一次明确提出："尊重和保护宗教信仰自由，是党和国家对待宗教问题的一项长期的基本政策。"

1996 年

春节迎来最长的公休假，从初一到初七整整一周。

1999 年

随着中国互联网的发展，电子贺卡开始出现，轻轻一点，祝福可以传出万里之外。

1995 年

3 月 25 日，时任国务院总理的李鹏签署了国务院第 174 号令，发布《国务院关于修改〈国务院关于职工工作时间的规定〉的决定》，决定自 1995 年 5 月 1 日起实行双休日，即"国家机关、事业单位实行统一的工作时间，星期六和星期日为周休息日"。双休日的出现丰富了人们的业余生活。

1999 年

国务院公布的《全国年节及纪念日放假办法》，将春节、五一劳动节和十一国庆节的休息时间与前后的双休日拼接，从而形成了三个连 7 天的长假，我国的黄金周制度由此开始。

2004 年

召开的全国宗教工作座谈会提出了"全面做好党的宗教工作"的新要求，把"贯彻党的宗教信仰自由政策，依法管理宗教事务，坚持独立自主自办的原则，积极引导宗教与社会主义社会相适应"明确为宗教工作的基本方针。党的宗教工作基本方针写入了党的全国代表大会的报告和新修改的《党章》中。党的十七大报告中在涉及宗教工作的部分第一次使用了"全面贯彻党的宗教工作基本方针"的表述。

2007 年

12 月，国务院公布了《关于修改全国年节及纪念日放假办法的决定》，并自 2008 年元旦开始施行。取消了五一长假，增加端午节、中秋节和清明节各一天的公共假期，形成三次三天的"小长假"。

2008 年

3 月 25 日，民政部今天下发《关于做好二〇〇八年清明节期间有关工作通知》，提出大力倡导社会新风，引导文明祭奠，推广"居家祭奠""网上祭奠""错峰祭奠""代理祭奠""社区公祭"和"集体公祭"等新形式祭扫活动。

2009 年

11 月 11 日淘宝商城（天猫）举办促销活动，于是 11 月 11 日成为天猫举办大规模促销活动的固定日期。

12 月 3 日，《民政部关于进一步深化殡葬改革促进殡葬事业科学发展的指导意见》发布，意见明确指出：我国殡葬改革不断深入，殡葬事业取得了长足进步。实行火葬、改革土葬、节约殡葬用地、文明节俭办丧事已成为社会共识。

2014 年

2 月 27 日下午，十二届全国人大常委会第七次会议经表决通过，将 9 月 3 日确定为中国人民抗日战争胜利纪念日。

2017 年

中共中央办公厅、国务院办公厅印发了《关于实施中华优秀传统文化传承发展工程的意见》，要求，"实施中国传统节日振兴工程，丰富春节、元宵节、清明、端午、七夕、中秋、重阳等传统节日文化内涵"。

8 月 26 日，国务院总理李克强签署国务院令，公布新修订的《宗教事务条例》。

2017 年

党的十九大报告指出，全面贯彻党的宗教工作基本方针，坚持我国宗教的中国化方向，积极引导宗教和社会主义社会相适应。

2018 年

2018 年起，中国将每年农历秋分设立为"中国农民丰收节"。

2019 年

2019 年春节数据报告，除夕至初五期间，共有 8.23 亿人次收发微信红包，同比增长 7.12%。

参考文献：

[1] 萧放：《全球化语境下的民族节日走向——以当代中国节日为例》，《民俗研究》2007 年第 4 期。

[2] 中共中央文献研究室：《新时期宗教工作文献选编》，1995 年。

[3] 王蕾：《中国宗教界：爱心大行动——宗教界积极筹集善款援助印度洋海啸灾区纪实》，《中国宗教》2005 年第 1 期。

[4] 毛国庆：《为了同一个梦想——关于宗教与奥运关系的几点思考》，《中国宗教》2008 年增刊。

[5] 谈宗凡：《在校大学生宗教信仰现状及对策分析》，《新西部（理论版）》2007 年第 8 期。

[6] 王康：《在杭大学生宗教信仰问题调查与思考》，《思想教育研究》2007 年第 7 期。

[7] 杨海波：《当代大学生信仰宗教现象探析》，《中国电力教育》2009 年第 16 期。

第十章　婚姻生育——计划生育到放开二胎

人民日报新论："全面二孩"不能止于放
（何绍辉）

伴随国民经济和社会发展的突飞猛进，尤其是物质文化生活水平的大幅度提升，进入新世纪以来，中国人口形势正在发生着巨变。最为突出的体现就是：群众生育意愿普遍下降，男女性别比失衡，现代计划生育观念生成，以及低生育率的长期稳定。基于此，十八届三中全会启动"单独二孩"政策，迈出了我国人口政策调整的积极一步。此次"全面二孩"政策的提出，则是应对人口形势变化进一步的战略举措。我们在四川、河南、辽宁等地的实地调研中发现，与都市生育观念"深刻变革"相一致的是，广大农村地区的生育观念也正在静悄悄地转变。一方面，诸如"生男生女一样好""女儿也是传后人""多子未必多福"等观念日渐流行于乡野；另一方面，不少农村家庭，即使符合生育二孩政策，也自愿放弃生育，个别地方甚至还出现了"生两个儿子哭一场"的现象。总的来看，当前大部分群众在生育行为上早已开始"自我计划"，并普遍正在经历从"要我计划"到"我要计划"的生育观念与文化转型。因此，为确保"全面二孩"政策的有效实施，与之相关的配套政策或许应该成为各级政府下一步行动的焦点。当务之急，是加快制定落实"全面二孩"政策的时间表。……其次，应该积极完善计划生育家庭的帮扶政策。……最后，应该努力搞好生育二孩的公共服务供给。

　　　　——《人民日报》2015年11月5日。

　　我国自古就是人口大国，婚姻生育政策是政府工作的重要内容，自新中国成立以来，我国婚姻生育发生了巨大变迁，主要表现在婚育成本、婚姻习俗、婚育政策等方面。新中国成立70年以来，我国婚姻成本经历了从20世纪50年代的"四个一工程"到60年代的"三十六条腿儿"，再到70年代的"三转一响"、80年代的"四大件儿"、90年代的"新四大件儿"，2000—2009年的"穿金""一动不动""三斤三两""万紫千红一点绿"以及2010—2018年的天价彩礼。结婚成本也由50年代的14元、60年代的177元、70年代的500元、80年代的2300元，持续上升到90年代的15000元，进而剧增至如今的15万元。当代青年婚姻成本畸高，城乡差异显著，男性是婚姻成本的主要承担方，且婚姻成本有激增趋势。

　　新中国成立后，实行计划生育是基于我国人口众多、资源相对不足的基本国情作出的一项重大战略决策。它使人口对资源、环境的压力得到初步缓解，创造了较长的人口红利期，有力促进了经济发展、社会进步和人民生活水平的提高。进入新世纪以后，人口过快增长的势头得到有效控制，人口增长与经济短缺的矛盾淡化了，但新的问题浮出水面：人口惯性增长趋势明显减弱，人口老龄化程度不断加深，人口流动迁移非常活跃，出生人口性别比长期偏高，家庭的抚幼养老能力和功能有所弱化，等等。随着我国经济的高速发展，人们的生育行为也发生了变化。改革开放以前，妇女受教育水平较低，生育孩子的直接成本和机会成本也很低，改革开放后，随着人们收入的不断增长，生育成本持续上涨。生育水平的变动在不同历史时期受到不同因素的影响，经过30年的计划生育，我国已经进入以成本约束驱动为主导的低生育率阶段。

　　我国婚姻习俗也不断变化，女性择偶标准从新中国成立初期的

"英模崇拜","文革"时期的"政治出身",发展到看文凭、看经济实力,进入新世纪后,女性的择偶标准已经呈现多元化的发展趋势。关于择偶方式,也从媒人介绍相亲发展到报纸征婚、电视相亲,随着互联网技术的发展,网恋、网络红娘都进入当代中国人的生活,出现了许多婚恋网站和电视相亲节目。随着人们收入水平的提高,年轻人的婚礼也越办越豪华。

新中国成立以来,我国婚育政策不断变迁,总体上可以分为四个阶段:1949—1978 年为政策萌芽起步阶段,1979—1999 年为政策迅速发展阶段,2000—2009 年为政策稳步推行阶段,2010—2019 年为政策加速调整阶段。婚育政策的贡献为:提升女性社会地位,提高我国人口质量,促进经济高速发展,缓解市场供需矛盾。

第一节 婚姻与生育成本变化

养娃成本太高,七成不愿再要
(李红梅)

根据卫计委 2015 年生育意愿调查的结果,因为经济负担、太费精力和无人看护而不愿生育第二个子女的分别占到 74.5%、61.1%、60.5%。照料压力、养育成本、女性职业发展,以及追求生活质量等因素,对生育意愿和生育行为的约束增强了。调查显示,育儿成本已经占到我国家庭平均收入接近 50%,教育支出是最主要的一个负担。托育服务短缺非常严重,0—3 岁婴幼儿在我国各类托幼机构入托率仅为 4%,远低于一些发达国家 50% 的比例。80% 的婴幼儿由祖辈参与看护。近年来,大中城市房价攀升,影响一些家庭的生育决策。一些用人单位担心女性生育两孩提高用人成本,一些地方女性产假、哺乳假等权益落实不到位。母婴设施缺乏,女性在兼顾家庭和事业发展方面,存在着很多的顾虑。

——《人民日报》2017 年 1 月 23 日。

一、婚姻成本变化

结婚对于每个人来说都是人生一件大事，正所谓男大当婚女大当嫁，婚姻不仅是两个人的事情，还事关两个家族及家族的延续。自古以来，百姓嫁娶都会置办相应的彩礼，婚礼当天要宴请宾朋共同庆祝，这些都需要一定的经济支持。通常所说的婚姻成本是指狭义的婚姻成本，指完成婚姻形式过程中所付出的经济成本总和。新中国成立70年，尤其是改革开放以来，我国经济实现了跨越式发展，社会产生了巨大变化，人们的收入逐渐增加，彩礼内容也不断变迁，婚姻成本不断上升。

（一）"四个一工程"（1949—1960）

新中国成立之后，旧中国存在的一些畸形婚姻形式被清除，为保障妇女儿童的合法权益，实现男女平等原则下的婚姻自由，建立民族和睦团结劳动的家庭，创造幸福美满的生活，中央政府于1950年5月1日颁布了我国第一部单行法规《中华人民共和国婚姻法》，废除了包办强迫、男尊女卑的封建婚姻家庭制度，实行婚姻自主、一夫一妻、男女平等，广大百姓在婚姻问题上获得了解放。

20世纪50年代，全国上下一片新面貌，尽管经济发展落后，但人们在婚姻问题上响应国家号召，婚礼以朴素为荣，物质要求较低。结婚彩礼只要"一张床、一个脸盆、一个痰盂、一把热水壶"等日常用品，被人们称为"四个一工程"，总共花费为14元。如果加上办酒席等费用，大概只需要百十元就可以了，当时工人工资每月约为30—50元，也就是说结婚成本只有2—3个月工资。这些花费对于当时的百姓来说是完全没有问题的，1949年农村居民年人均纯收入为44元，至1957年增长到73元，1952年城镇居民家庭人均可支配收入为156元，1957年增长到235元。此时广大百姓还有少量储蓄，至1959年，农户人均储蓄存款为3.8元，城乡居民人均储蓄存款为10.2元。

1959—1962年，我国处于三年困难时期，由于"大跃进"运动和发展重工业，我国出现了粮食极度短缺，物资严重匮乏，百姓生活十分艰难，因此婚姻支出很低，基本上与 20 世纪 50 年代一样。由于当时全国购粮购物实行粮票制，于是彩礼中相应地多出了些全国粮票、省市粮票、布票等，然而也是数量有限。一些条件稍微好点的家庭，新房里还会挂一口大钟在墙上，在当时还是很奢侈的事。1959 年职工平均工资为 512 元，1960 年为 511 元，1961 年为 510 元，对于工人来说，负担彩礼是没有压力的。

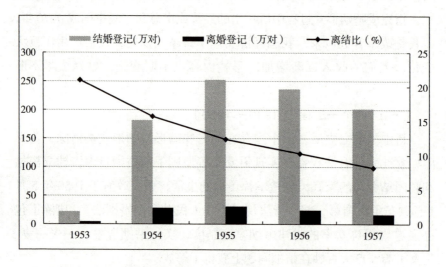

图 10.1　1953—1957 年我国结婚离婚情况 [①]

资料来源：《中国民政统计年鉴》。

注：主坐标轴为结婚登记和离婚登记对数，副坐标轴为离结比。

　　这一时期，结婚登记数量多，离婚登记较少。据统计，1953 年我国结婚登记有 22.19 万对，离婚登记有 4.66 万对，离结比为 21.01%。1954 年结婚登记对数猛增至 181.68 万对，离婚登记有 28.57 万对，离

---

① 注：结婚离婚比，一定时期内（通常为一年）离婚对数与结婚对数之比，或简称离结比，通常以百分数表示。这一指标说明某一时期内与结婚相对而言离婚的多少。它把离婚数与结婚数直接相比，只考虑二者关系，而不考虑人口总数多少。同时分子中的离婚者与分母中的结婚者并不一定是同一些人，而且基本上是无关的。

结比为 15.72%，较上年降低 5.29 个百分点，说明结婚人数比离婚人数增加更快。1955—1957 年，结婚登记、离婚登记与离结比持续下降。1955 年结婚登记人数达到五年内最高点，为 252.49 万对，离婚登记为 31.27 万对，离结比进一步降低。1956 年结婚登记人数有所下降，为 236.44 万对，离婚登记也随之降为 24.34 万对，离结比继续下降为 10.3%。1957 年结婚登记为 201.7 万对，离婚登记为 16.56 万对，离结比下降至 8.21%。

（二）三十六条腿儿（1961—1970）

1966 年"文化大革命"爆发，严重影响了青年男女的婚恋选择。男女青年择偶更注重政治面貌与家庭出身，根正苗红的工人和贫下中农具有更为可靠的政治背景，地主、资本家等的后代在择偶时较为困难，只能找出身相同的。当时城市居民结婚要经过单位的审查，农村百姓要听从公社的安排，婚礼被赋予了更多的革命色彩。新人戴红花、穿军装，婚礼开始时新婚夫妇先恭恭敬敬地对毛主席像鞠躬行礼，到场祝贺的亲朋好友会先念上一段毛泽东语录，诸如："青年应该把坚定正确的政治方向放在第一位，时代不同了，男女都一样"。最后，新婚夫妇和来宾们一起鞠躬："敬祝毛主席万寿无疆。"

当时城市百姓多在晚上举行婚礼，白天用来干革命工作，基本流程为：新郎新娘共唱《东方红》或《大海航行靠舵手》，学两段毛主席的"最高指示"，向毛主席像三鞠躬，向家长三鞠躬，新郎新娘互相鞠躬，向来宾敬礼，分发喜糖。婚宴基本上是没有的，多是请帮忙的人吃碗面条，面条里放上两个鸡蛋。农村的情况略有不同，农村讲究做席，当时的席也很简单，买点猪头、猪下水，用白菜萝卜一炖，再打上两斤散装白酒。[①]

因革命需要，这一时期国家反对高价彩礼，提倡不收彩礼。百姓的婚姻成本都是家具等生活用品，为三十六条腿儿：一个衣橱、一个柜子、一张桌子、4 把椅子、一张床，总共花费 177 元。1964 年，农村居民年人均纯收入为 102.3 元，1965 年为 107.2 元，对于农村百姓来

---

① 陈煜:《中国生活记忆:建国 65 周年民生往事》，中国轻工业出版社 2014 年版，第 83 页。

说，彩礼成本约为两年收入。对于城市居民来说，20 世纪 60 年代工资约为 30—40 元，与 50 年代工资水平基本一致，然而结婚成本却比 50 年代上涨了十多倍，彩礼要花费半年的工资。据统计，1961 年职工年平均工资为 510 元，此后四年不断上涨，1965 年为 590 元，之后开始下降，至 1970 年降为 561 元，详见图 10.2。

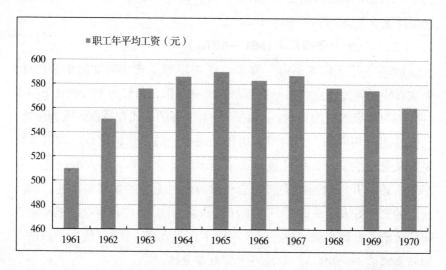

图 10.2 1961—1970 年我国职工年平均工资

资料来源：《中国统计年鉴》。

（三）"三转一响"（1971—1978）

进入 20 世纪 70 年代，"文化大革命"的尚未结束，青年人婚礼仍然以红色为主题。随着生活的变化，彩礼也有了新的变化，随着电器的逐渐出现，"三转一响"成为新的彩礼标准，即自行车、缝纫机、手表和收音机，当时如果结婚能有"三转一响"是非常体面的事情。这既是为新人开始婚后新生活准备的生活用品，也是家庭生活水平的体现。70 年代末期，彩礼高配标准上升为三十六条腿儿加"三转一响"，这在当时十分流行，总共花费约为 800 元。当时的物价上涨较多，"三转一响"在市面很紧俏。按照当时的生活条件，结婚时能备齐自行车、缝纫机、手表等"老三件"已经非常不错了，家庭条件好的会选择品牌，那时的手表品牌有上海、钻石等品牌，缝纫机品牌有五羊牌，自行车主要有凤凰、永久、飞鸽和金鹿等牌子，拥有一辆自行车是一件令人羡慕的事情。统计显示，1978年我国农村居民家庭平均每百户自行车拥有量为30.8辆，仅有不到1/3的农村家庭拥有自行车。

1978年12月20日结婚的一对夫妻（新郎俞志民和新娘孔绥红）彩礼如下：

30年间的婚礼变化（节选）

　　订婚的时候，还有100元订婚聘金，媒人再把结婚的日期定下，结婚聘金也是100元。接新娘子的前一天，男方根据女方的要求准备好"三杠"，即一杠酒（一坛老酒）、一杠粽子（按女方亲戚的户数）、一杠猪肉（基本上是半头猪），先期送到女方家里，以便在第二天的喜宴中用。舅妈送了一幅被面，表姐送了一个暖水瓶……绥红一一记下，以备将来还礼。在当时，上了10元可都是重礼，是自家至亲好友才舍得送的。娘家嫁妆的多少，不完全取决于男方聘礼的多少。依当时的"行价"，男方出的聘礼是100元的现金，外加几十斤的被棉、十几丈的布票，或几坛老酒。可娘家至少得嫁上一套圆件（木制的脚盆、马桶等）、床、八仙桌、椅子、凳子、面盆架、丁香柜、平面柜、箱子等木器，六条以上的新被，还有一些瓷器、锡器、新衣服等。为了在场面上好看些，女方的父母会千方百计地为出嫁的女儿挣面子，于是就有了一句戏谑的话："养囡养强盗"。嫁妆除了床是用手拉车装的，其他的都是壮汉用肩膀挑的挑、扛的扛。新娘子坐的是自行车（路近的就走路，当时用自行车接新娘子是最时尚了），"驾驶员"就是自行车车主。当时的农村，一个村子要借6辆自行车都很困难，俞志民向外村借了3辆自行车。接新娘子的自行车最好是名牌的"永久"、"凤凰"，就像现在要用"宝马"和"奔驰"一样。

　　——《诸暨日报》2008年12月8日。

再来看一下史先生和郑先生的口述：

口述三十年结婚成本变化

20 世纪 70 年代：结婚几乎不花钱（讲述人：史先生）。

"那个时候许多人结婚几乎不用花钱，新人面对毛主席像，由证婚人完成证婚就可以了。"中国社会工作协会婚庆行业委员会总干事史康宁先生介绍上个世纪 70 年代的结婚成本。到了 70 年代末期，随着改革开放，结婚时逐渐对大、小衣柜，桌椅等家具进行要求，慢慢过渡到"几大件"的要求。

20 世纪 70 年代末：三大件几百元（讲述人：郑先生）。

"当时我们结婚特别简单。"今年 54 岁的郑先生是 1980 年结婚的，当时家境不错的人家结婚时开始需要"三大件"（手表、自行车、缝纫机）做条件了。郑先生还记得当时"三大件"的价格：上海全钢手表 121 元，永久牌自行车 150 元左右，上海牌缝纫机 100 余元。郑先生结婚时请亲友吃了一顿饭，然后和爱人前往北戴河玩了一次，"加上衣服、家具，总共花费六七百元吧。"据介绍，当时三门大衣柜、酒柜和五屉柜，还需要凭票购买，扶手沙发都得靠自己请人来做。

——《中国商界》2008 年第 11 期，第 116 页。

"文化大革命"期间，我国经济增长缓慢，1971—1978 年，我国人均国内生产总值自 292 元增长到 385 元，增长了 31.85%。1971—1977 年，我国职工年平均工资基本维持在 560—580 元之间，至 1978 年有了一定增长，为 615 元。1978 年城镇居民家庭人均可支配收入为 343 元，较 1957 年增长了 459.96%，农村居民年人均纯收入为 133.6 元，较 1965 年增长了 24.63%。同时，我国居民人均储蓄存款也不断增加，农户人均储蓄存款由 1971 年的 2.4 元增长到 1978 年的 7.1 元，增长了 1.96 倍，城乡居民人均储蓄存款自 1971 年的 10.6 元增长至 1978 年的 22 元，增长了 1.08 倍，详见图 10.3。这一时期，结婚人数不断增加，离婚人数增长较慢，1978 年结婚登记对数为 597.8 万对，较 1957 年增长了 1.96 倍，离婚登记对数为 28.5 万对，较 1957 年增长了 72.15%，结婚人数增长速度远远超过离婚人数，受传统观念与政治运动的影响，此时人们的思想并没有十分开放，对于离婚行为较为谨慎。

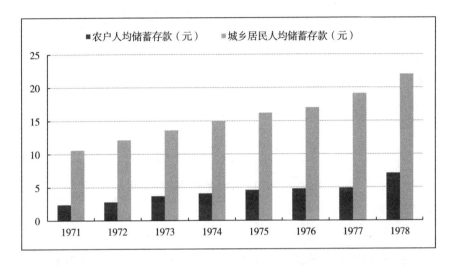

图 10.3　1971—1978 年我国人均储蓄存款

资料来源：《中国统计年鉴》。

（四）"四大件儿"（1979—1989）

自 20 世纪 80 年代开始，随着我国改革开放政策的实施，百姓生活水平有了巨大的提高。许多青年选择外出打工和下海经商，出现了许多"万元户"和"个体户"。据统计，1979—1989 年，我国居民收入大幅提高，城镇居民家庭人均可支配收入自 405 元增加到 1373.9 元，十年间增加了 2.39 倍，年均增速为 12.99%；农村居民年人均纯收入从 160.2 元增加到 601.5 元，增加了 2.75 倍，年均增速为 14.15%，详见图 10.4。职工年平均工资也由 1979 年的 668 元增加到 1989 年的 1935 元，增加了 1.9 倍，年均增速为 11.22%。

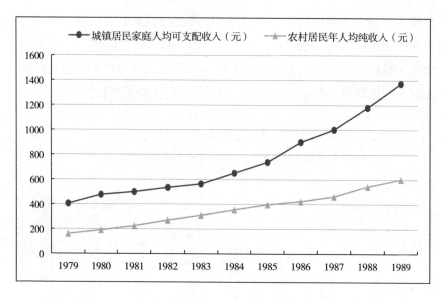

图 10.4　1979—1989 年我国居民人均收入

资料来源:《中国统计年鉴》。

　　随着我国百姓不断富裕，在解决了温饱问题之后，人们开始追求生活质量，结婚成本也随之上涨。"三转一响"已经逐渐普及，对百姓来说已经不再稀奇，此时开始流行"四大件儿"，包括电视机、冰箱、洗衣机和录音机，总共需要花费 2000—3000 元，大约花费职工两年的工资。这一时期的收入水平逐渐拉开，工人一月工资约为 40—70 元，个体户每月收入能达到百元以上，当然，不同收入水平的结婚成本也不尽相同，毕竟结婚是人生大事，收入较高的往往在婚礼上的花费更大。

　　这一时期，家用电器逐渐进入寻常百姓家，1981 年，城镇居民家庭平均每百户洗衣机拥有量仅为 6.3 台，电冰箱拥有量为 0.2 台，彩色电视机为 0.6 台，至 1989 年，城镇居民家庭平均每百户洗衣机拥有量仅为 76.2 台，增加了 11.1 倍，电冰箱为 36.5 台，增加了 181.5 倍，彩色电视机为 51.5 台，增加了 84.83 倍。此时自行车已逐渐成为人们的日常交通工具，农村居民家庭平均每百户自行车拥有量自 1981 年的 44.4 辆增加到 1989 年的 113.4 辆。相比而言，农村耐用品拥有量较城镇少，1989 年，农村居民家庭平均每百户洗衣机拥有量为 8.2 台，仅为城镇水平的

10.76%，冰箱拥有量为 0.9 台，仅为城镇水平的 2.47%，彩色电视机为 3.6 台，仅为城镇水平的 6.99%，不过黑白电视机拥有量已经达到 33.9 台。

表 10.1　1981—1989 年我国城镇和农村居民家庭平均每百户耐用品拥有量

年份	城镇洗衣机（台）	城镇电冰箱（台）	城镇彩色电视机（台）	农村洗衣机（台）	农村电冰箱（台）	农村自行车（辆）	农村黑白电视机（台）	农村彩色电视机（台）
1981 年	6.3	0.2	0.6			44.4	0.9	
1982 年	16.1	0.7	1.1			51.5	1.7	
1983 年	29.1	1.7	2.6	0.4		63.4	4	
1984 年	40.1	3.2	5.4	1		74.5	7.2	
1985 年	48.3	6.6	17.2	1.9	0.1	80.6	10.9	0.8
1986 年	59.7	12.7	27.4	3.2	0.2	90.3	15.8	1.5
1987 年	66.8	19.9	34.6	4.8	0.3	98.5	22	2.3
1988 年	73.4	28.1	43.3	6.8		107.5	28.6	2.8
1989 年	76.2	36.5	51.5	8.2	0.9	113.4	33.9	3.6

资料来源：《中国统计年鉴》。

从 20 世纪 80 年代开始，距离较近的男女双方结婚，一般都是步行，但是距离较远的就得用车了。出租车迎亲悄然出现在婚礼上，小车迎亲渐渐成为彩礼的一部分。租两辆婚车大约不到 100 元，婚宴几十元一桌，加上相机、电视、收录机和其他琐碎的婚礼花费，3000 元就可以置办一个像样的婚礼。这一时期，随着人们思想的进一步开放，男女青年"谈恋爱"已逐渐为人们所接受，经济条件好的新婚夫妇还会选择度蜜月和旅行结婚。

首先看一个城市居民婚礼消费的案例：

20 世纪 80 年代：全部花销 2820 元（讲述人：贺先生）。

今年 52 岁的贺先生至今还记得 1982 年结婚时婚宴的举办地点，一个名为致美楼的上海馆子。"印象最深的就是租车太贵了，当时租到车特别难，因为车少，到出租车公司又点烟又哈腰的，这才租到两辆新车，跑了两圈，60 块钱，我当时一个月才挣 41.95 元！"贺先生还记得当时一共花费 2820 元：喜筵：60 元 ×8 桌＝ 480 元；喜糖：200 元；婚礼租车：60 元（两辆苏联的拉达车，杏黄色，当时算好车了，很难租到）；照相：50 元；家具：500 元（自己做了一部分）；电视机：420 元（东芝 12 英寸黑白电视）；录音机：610 元（夏普，现在还能用）；衣物、被褥：500 元；另外还有单位分房的房租：1 元多 / 月。

　　——节选自国际：《口述三十年结婚成本变化》，《中国商界》2008 年第 11 期，第 116 页。

再看一个农村的案例：

　　现年 62 岁的刘巧玲 1982 年嫁到离北京 100 多公里的小农村后，就几乎没有出过远门。在婚礼的头天她的丈夫骑一辆飞鸽自行车带她过来，她的礼服是早就买好的两件带毛领的毛呢短大衣，婚礼宴席就摆在她现在居住的院子里，"那时候都是在自家，还没有流行去饭店。"她说。她的婚礼酒席摆了 6 桌，菜色都很单调，猪肉、鸡肉或鸭肉就是最好的菜了，喝的是"土八路"杂粮酒，一共花费 60 元。她唯一奢侈的一件事就是去北京的一家照相馆照了一张穿婚纱的黑白结婚照，该项的支付金额为 3 元。上世纪 80 年代，婚纱摄影开始流行，照相馆生意火爆，人们往往需要排队拍照。但当时的姿势、背景、婚纱都基本一样，没有什么特色。照相馆里的婚纱只有少数两三件，颜色只有红白两种。"当时特别流行女的烫卷发、头戴白纱、手捧塑料花，男的穿身黑色燕尾服。"陈巧玲认为那次的照相之旅可以算做他们的蜜月旅行（虽然是当天往返），这在当时的中国农村也并不常见。80 年代以前的中国家庭一般都拥有庞大的人口，父母一般需要为 4—6 个孩子准备婚礼，显然也需要精打细算。

　　——节选自赵宁宁：《中国式婚礼花费大变迁》，《中外文摘》2015 年第 15 期，第 6—7 页。

这一时期，我国百姓的婚礼已经开始出现铺张浪费的现象。据浙江永嘉县农调队吉禾金的调研显示：从 10 个乡 100 户农民的抽样调查看，1984 年人均随礼 10.92 元，户均随礼 57.88 元；1988 年人均随礼达 40.59 元，户均随礼达 218.51 元。5 年时间，农民人均随礼增长 2.86 倍，户均随礼增长 2.72 倍，而农民人均纯收入只增长 1.65 倍。随礼支出的增长速度，大大超过人均纯收入的增长速度。现在农村中，亲戚朋友、宗族之间，请客随礼名目繁多，"人情"越送越重，少则 20 元，多则数百元。农民们对此都非常气愤，但谁也无法抵制，正是"人情"重于债。首先，受礼者欠下还不完的人情债。来而不往非礼也，如果你今年操办喜事，摆酒 20 桌，那欠下 200 人的"人情债"，一笔一笔都要还，一代还不了，子孙接着还。送礼者，日子也不好过。溪垟乡有一户农民上年送礼支出现金 2500 元，而他全年纯收入只有 3128 元，结果只好借款 700 元。其次，阻碍农业生产发展。百户农民调查，上年生产总支出 7.7 万多元，而送礼总支出 2.1 万多元。有的农户为了送礼而克扣了生产资金，结果使农业减了产。第三，影响家庭生活改善。为随礼，舍不得给孩子做衣服，添置必要的生活用品。第四，增加了社会不安定因素。目前农村青年订婚送彩礼，结婚办喜事费用惊人，我们从一些乡镇了解到，一般青年从订婚到结婚共需 3 万多元，这样的排场，对多数农民来说，难以办到，有的男青年拿不出那么多钱，又怕和心爱的姑娘告吹，于是就寻找歪门邪道，获取不义之财，结果，今日进洞房，明日进牢房，危害社会，危害家庭。[①]

1979—1989 年，我国婚姻登记数量不断增加，自 637.11 万对增加到 937.20 万对，增加了 47.10%，离婚登记人数增加的速度更快，至 31.93 万对增加到 75.29 万对，增加了 1.36 倍，离结比也在 1989 年提升到 8.03%，详见表 10.2。这一时期，结婚率处于较高水平，1979 年我国结婚率为 6.7‰，至 1981 年增加到 10.4‰，之后一直维持在 5‰左右；离婚率总体上呈现逐渐上升的趋势，1979 年仅为 0.65‰，至 1989 年增

---

① 吉禾金：《请客送礼越盛行 农民负担越沉重》，《人民日报》1989 年 12 月 9 日。

长到 1.3‰，详见图 10.5。改革开放以来，伴随人们逐渐摆脱传统思想的束缚，离婚率逐年递增，但总体来说，此时的离婚率并不是很高。

表 10.2　1979—1989 年我国结婚离婚情况

年份	结婚登记(万对)	离婚登记(万对)	离结比(%)
1979	637.11	31.93	5.01
1980	720.92	34.13	4.73
1981	1040.46	38.92	3.74
1982	835.63	42.77	5.12
1983	764.31	41.82	5.47
1984	784.80	43.45	5.54
1985	831.30	45.80	5.51
1986	884.00	50.59	5.72
1987	926.70	58.17	6.28
1988	899.20	65.54	7.29
1989	937.20	75.29	8.03

资料来源：《中国民政统计年鉴》。

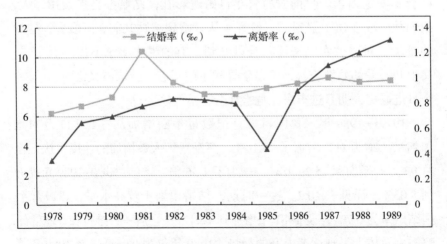

图 10.5　1978—1989 年我国居民结婚率与离婚率

资料来源：《中国民政统计年鉴》。

（五）"新四大件儿"（1990—1999）

进入20世纪90年代，随着改革开放进程的不断深入，社会经济高速发展，尤其是1992年，中共十四大正式确立"我国经济体制改革的目标是建立社会主义市场经济体制"，我国经济发展进入新的阶段，人们的生活水平也进一步提高。1990—1999年，我国居民收入大幅度提升，城镇居民家庭人均可支配收入从1510.2元增长到5854元，增长了2.88倍，年均增长率为16.25%；农村居民年人均纯收入自686元增长到2210元，增长了2.22倍，年均增长率为13.88%。职工年平均工资自2140元增长至8319元，增长了2.89倍，年均增长率为16.28%。城乡居民人均储蓄存款增长速度较快，从623元增长至4735.6元，增长了5.6倍，年均增长率为25.28%；农户人均储蓄存款自322.5元增长到1289元，增长了3倍，年均增长率为16.64%；城乡人均储蓄水平呈现逐渐增大的趋势，两者之比自1990年的1.93增加到1999年的3.67。

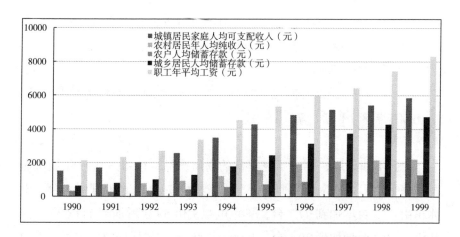

图10.6　1990—1999年我国居民收入与储蓄情况

资料来源：《中国统计年鉴》。

随着人们收入水平的提高，以及思想观念不断开放，对幸福的追求成了这个时代结婚的中心主题，婚姻成本也不断上涨。此时较为流

行的标准变为"新四大件儿",一台彩电、一台冰箱、一台洗衣机、
一台空调,共计花费 15000 元。如果加上婚纱照(按 500 元计),衣服
首饰(按 2000 元计),婚车(租 4 辆桑塔纳,按 400 元计),婚宴(20
桌,按 8000 元计),房屋装修(按单位分房仅付装修费 15000 元计),
总计花费 40000 多元,如果减去礼金也得花费 30000 多元。如果按照
职工工资计算,1994 年之前需要花费十年的工资,1995 年之后至少也
要花费 5 年的工资,对于收入较高的个体户来说,也并非一年两年能
做到。

这一时期,商品房大潮开始兴起,许多职工是单位分房,仅需花
费装修费,没有分房的需要自己购买,但当时结婚买房子的较少,经
济压力较大,农村的年轻人多是自建房屋。单位分房的仅需花费装修
费,当时的装修费用约为 1.5 万元,比如李先生的例子:

20 世纪 90 年代:装修花了 1.5 万(讲述人:李先生)。

1999 年李先生结婚时没有为房子发愁,因为房子是家里给的,
装修不贵,仅花 1.5 万,家具电器 1.5 万,婚礼共 14 桌,花费
1.5 万(其中雇车:红旗 4 辆,老爷车 1 辆);婚纱照相:3000 元;
衣服和首饰:5000 元。

——节选自国际:《口述三十年结婚成本变化》,《中国商界》
2008 年第 11 期,第 116 页。

社会不断发展,创造了更丰富的物质产品。1990—1999 年城镇居
民家庭平均每百户耐用品拥有量,洗衣机由 78.4 台增加到 91.4 台,电
冰箱由 42.3 台增加到 77.7 台,彩色电视机由 59 台增加到 111.6 台,照
相机从 19.2 台增加到 38.1 台;1990—1999 年农村居民家庭平均每百户
耐用品拥有量,洗衣机由 9.1 台增加到 24.3 台,电冰箱由 1.2 台增加到
10.6 台,彩色电视机由 4.7 台增加到 38.2 台,黑白电视机由 39.7 台增
加到 62.4 台,自行车由 118.3 辆增加到 136.9 辆。此时的人们在彩礼上
也更为注重生活享受,比如空调在 90 年代较少,城镇居民家庭每百户
拥有量自 1990 年的 0.3 台增加到 1999 年的 24.5 台,农村居民家庭每百

户拥有量自 1993 年的 0.1 台增加到 1999 年的 0.7 台。当时摩托车也是非常流行的交通工具，结婚彩礼中能有一辆摩托车是非常体面的，农村居民家庭每百户拥有量自 1990 年的 0.9 台增加到 1999 年的 16.5 台，

表 10.3　1990—1999 年我国居民家庭平均每百户耐用品拥有量

城镇居民家庭平均每百户耐用品拥有量							
年份	摩托车（辆）	空调(台)	洗衣机（台）	电冰箱（台）	彩色电视机(台)	照相机（台）	组合音响（套）
1990	1.9	0.3	78.4	42.3	59.0	19.2	
1991	2.3	0.7	80.6	48.7	68.4	21.3	
1992	2.8	1.2	83.4	52.6	74.9	24.3	4.0
1993	3.5	2.3	86.4	56.7	79.5	26.5	5.7
1994	5.3	5.0	87.3	62.1	86.2	29.8	8.7
1995	6.3	8.1	89.0	66.2	89.8	30.6	10.5
1996	7.9	11.6	90.1	69.7	93.5	32.1	12.2
1997	11.6	16.3	89.1	73.0	100.5	33.6	15.3
1998	13.2	20.0	90.6	76.1	105.4	36.3	17.5
1999	15.1	24.5	91.4	77.7	111.6	38.1	19.7
农村居民家庭平均每百户耐用品拥有量							
年份	摩托车（辆）	空调机（台）	洗衣机（台）	电冰箱（台）	彩色电视机(台)	黑白电视机(台)	自行车（辆）
1990	0.9		9.1	1.2	4.7	39.7	118.3
1991	1.1		11.0	1.6	6.4	47.5	121.6
1992	1.4		12.2	2.2	8.1	52.4	125.7
1993	2.1	0.1	13.8	3.1	10.9	58.3	133.4
1994	3.2	0.1	15.3	4.0	13.5	61.8	136.5
1995	4.9	0.2	16.9	5.2	16.9	63.8	147.0
1996	8.4	0.3	20.5	7.3	22.9	65.1	139.1
1997	10.9	0.4	21.9	8.5	27.3	65.1	142.0
1998	13.5	0.6	22.8	9.3	32.6	63.6	137.2
1999	16.5	0.7	24.3	10.6	38.2	62.4	136.9

资料来源：《中国统计年鉴》。

城镇居民家庭每百户拥有量自 1990 年的 1.9 台增加到 1999 年的 15.1 台，至 1999 年，城镇居民家庭每百户家用汽车拥有量为 0.3 辆。此外，组合音响、摄像机成了城镇居民家庭享受生活的代表电器，组合音响每百户拥有量自 1992 年的 4 套增加到 1999 年的 19.7 套，至 1999 年，城镇居民家庭每百户摄像机拥有量为 1.1 架。随着科学技术的不断发展，移动电话与计算机也逐渐进入城镇居民家庭，1999 年每百户移动电话拥有量为 7.1 部，每百户计算机拥有量为 5.9 台。

20 世纪 80 年代，婚纱照开始兴起，但 80 年代的婚纱照千篇一律，新娘身穿白婚纱，手拿塑料花，画了不自然的妆，嘴唇鲜红，新郎身着西服打领带，两人的表情和姿势拘谨。进入 20 世纪 90 年代，婚纱照逐渐开始流行，成为青年男女的结婚时尚，此时的婚纱照会装订成册，新娘要穿各式各样的衣服，摆出千姿百媚的姿态，一拍就是很多张。当时的化妆技术还不够成熟，照片如果不仔细分辨会认不出是谁。当时的新人不像现在的年轻人，在镜头前表现出的拘谨和害羞，使婚纱照显得过于呆板紧绷。总体来说，婚纱照已经逐渐成为结婚必备，并且逐渐向好发展。①

20 世纪 90 年代，婚宴花费开始上涨，上万元婚礼已屡见不鲜，给百姓生活带来了巨大压力，尤其在农村，比如河南辉县市农村：

辉县市农村婚姻状况令人担忧（节选）
（李杰）

彩礼越要越多。前几年，订婚时男方要付给女方 500 到 1000元，结婚时再付 1000 元，结婚总费用在 3000 至 4000 元之间。去年，订婚时女方要价已上升到 2000 至 3000 元，结婚时女方要价在 3000 至 4000 元左右，加上婚前逢年过节送礼，结婚时的吃喝，婚姻总费用已上升到 5000 至 8000 元。一般农民家庭难以承受。

——《人民日报》1993 年 4 月 3 日。

---

① 陈煜：《中国生活记忆：建国 65 周年民生往事》，中国轻工业出版社 2014 年版，第 252 页。

又如新疆哈密巴里坤哈萨克自治县的边远牧区，借婚姻索要彩礼的现象较为普遍，牧民娶一个媳妇，要过"十大关"，彩礼钱需上万元，致使一些家庭出现因婚返贫的现象。

嫁姑娘成万元户，娶新娘成贫困户
（任奎、巴棒）

　　我县石仁子乡牧业村哈萨克族一牧工的儿子，从订婚到结婚用了 5 年时间，凑够了 2 万多元送给女方。其中为过"送花头巾"这一关就给女方及其亲属共 9 家送各种布料 1000 多米，价值约 7800 元。按照哈萨克族的传统习惯，本来只给姑娘送一撮鹰毛和 1 米花布即可。此外，还送了 5190 元现金、7 匹马、一峰骆驼、17 只羊、3 条花毯。由于借债送彩礼，他家成为村里的贫困户。结婚仅一年的儿子儿媳由于经济拮据，也于去年 10 月离婚。双方家长为此愁上加愁。我们在调查中发现，这种情况在我县 11 个乡镇不同程度地存在着。一些嫁姑娘的人家互相攀比，明取暗索，层层加码，使男方苦不堪言。农牧民对这种嫁姑娘的成了万元户、娶媳妇的成了贫困户的状况极为不满，普遍要求刹住索要彩礼风。
　　——《人民日报》1991 年 3 月 23 日。

也有人对这种现象进行了调查，并进行原因总结。

价码日涨，喜事成愁，农家难过娶亲关（节选）
（康振江）

　　在河北省一些贫困农村，青年男女订亲、结婚女方索要彩礼之风愈演愈烈，彩礼价码越来越高。现在，一名男青年从订亲到结婚一般需花费万元以上（不包括盖房、买家具及床上用品等）。据调查，农村青年婚事费用高的直接原因在于：
　　彩礼要价数目逐年增加。儿子娶亲本是件喜事，如今却成了许多农家的愁事，有的甚至成了灾难。女方往往大要彩礼，少则几千元，多则上万元，且相当普遍。

对住房、家具、家用电器等求新求全求高档。现在，女青年已不像过去那样购置一些一般日用品、能住上三间新房就满足了，电视机、录音机、洗衣机、组合家具等已被姑娘们列为过门的必需品。

喜事操办规模越来越大。近年来农村办喜事摆酒席已由过去十几桌增加到几十桌，酒席用款也从原来的一二千元增加到三四千元。据对一些乡村结婚青年的调查，他们订亲、结婚所需费用，百分之六十要向亲朋好友借，有的困难户不得不贷款。

我省贫困地区人均年收入大都在五百元以下，所以盖房子、娶亲已成为困扰贫困地区农民的一大问题。不少父母在经济上和精神上压力沉重。调查中，一位农民说：为了给儿子攒钱娶媳妇，过年只买了几斤肉，平时就更不用说了。沉重的婚姻债务，不仅造成新婚家庭经济长期拮据，还会使夫妻感情出现裂痕，甚至影响到婆媳、兄弟、妯娌之间关系。

造成农村青年结婚费用过高的深层原因是：封建买卖婚姻的流毒在作祟。在贫困落后、半封闭的农村，绝大多数姑娘习惯把自身价值用婚姻价码来显示，在婚姻上竞相攀比，近些年又形成了一种趁结婚实现家庭现代化的风气。

——《人民日报》1995 年 5 月 24 日。

一些地方婚姻中出现了不正常现象，城市主要是涉外婚姻中的骗婚事，农村主要是换亲、早婚、近亲结婚、非法同居等违反婚姻法的事，如陕西延安某农村：

走出"婚姻"怪圈
（白长安）

当地目前"彩礼"的计算法是：从女子的出生之日起至结婚出

嫁年龄（即1岁至20岁），一日一元，有的甚至更高，并且婚姻程序繁多，关关口口都要用钱打点。一个媳妇娶到家，足足得掏两万元。这对年人均收入不足300元的吴旗县农民来说，不亚于天文数字。由此，有些庄户人家早早地就将媳妇订下来，或乘人之危，将小女孩"过继"过来，实际上是"童养媳"，因为这些做法省钱。

　　——《人民日报》1993年4月3日。

　　早在1992年，民政部、司法部、共青团中央、全国妇联等部门就已联合向全国广大青年发出倡议，开展破除婚姻陋俗，树立文明新风活动。《倡议书》说：一、严格执行《中华人民共和国婚姻法》，依法缔结婚姻关系，反对包办、买卖婚姻和转亲、换亲等干涉他人婚姻自由的行为，杜绝早婚和不登记结婚。二、大力提倡婚事俭办，婚事新办，自觉抵制旧婚俗、旧习惯，反对结婚索要高额彩礼和讲排场、比阔气、盲目攀比、铺张浪费等不良风气。三、积极响应党和国家号召，自觉实行晚婚晚育和计划生育。破除男尊女卑、重男轻女的封建思想，鼓励男到女家落户。

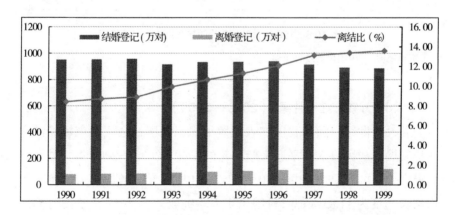

图 10.7　1990—1999 年我国结婚离婚情况

资料来源：《中国民政统计年鉴》。

　　1990—1999 年，结婚人数总体上有所下降，1990—1992 年连续两年增长，从 951.1 万对增加到 957.5 万对，1993 年有 4.4% 的降幅，降为 915.4 万对，1994—1996 年结婚登记人数维持在 930 万对以上，1997—1999 年连续三年下降，1999 年结婚登记人数为 885.3 万对。这一阶段人们的思想更为开放，离婚登记人数不断增加，自 1990 年的 80 万对增加到 1999 年的 120.15 万对，增长了 50.19%，年均增长率为 4.62%，离结比也从 8.41% 增加到 13.57%，详见图 10.7。1990—1999 年，我国结婚率从 8.2‰ 下降至 7.1‰，离婚率除 1990 年与 1995 年外，其余年份均高于 1.5‰，1999 年达到 1.91‰，详见图 10.8。

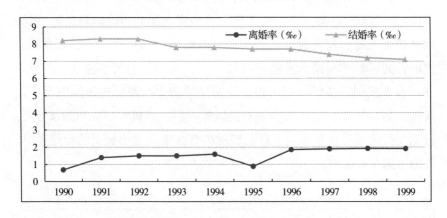

图 10.8　1990—1999 年我国居民结婚率与离婚率

资料来源：《中国民政统计年鉴》。

（六）"万紫千红一片绿"（2000—2009）

　　进入新世纪，随着我国加入世贸组织，我国社会主义市场经济进一步发展，居民收入水平迎来新一轮的提高。2000—2009 年，城镇居民家庭人均可支配收入由 6280 元增长至 17175 元，增长了 1.73 倍，年均增长速度为 11.83%；农村居民年人均纯收入自 2253 元增长到 5153 元，增长了 1.29 倍，年均增长率为 9.63%，尽管增长速度较快，但相比城镇居民收入，农村居民收入水平增长略慢，且两者之间差距逐渐扩大，2000 年两者之比为 2.79，至 2009 年上升至 3.33。职工年平均工

资增长更快，自 9333 元增长至 32244 元，增长了 2.45 倍，年均增长率
为 14.77%，较 1990—1999 年的 16.28% 略低。此时我国百姓储蓄也不
断增长，其中城乡居民人均储蓄存款由 5057 元增加到 19548.1 元，增
长了 2.85 倍，年均增长率为 16.16%，相较前十年的 25.28%，速度明显
降低；农户人均储蓄存款从 1530.3 元增加到 6911.31 元，增长了 3.52 倍，
年均增长率为 18.24%，较 1990—1999 年的 16.64% 有所增长；此时我
国居民储蓄水平差距逐渐缩小，城乡居民与农户储蓄存款之比由 3.32
下降至 2.83。

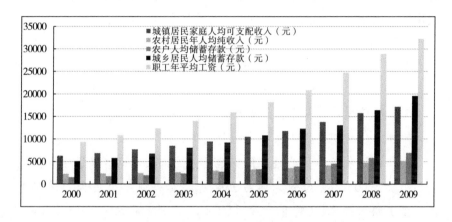

图 10.9　2000—2009 年我国居民收入与储蓄情况

资料来源：《中国统计年鉴》。

　　结婚成本延续了上一时期的一路上涨趋势，新世纪后处于更高的水
平。此时的标准变为"三金""一动不动""万紫千红一片绿"等，"三
金"是指金戒指、金耳环、金项链（按 2 万元计），"一动"是指汽
车（按 10 万元计），不动是指房产（按 20 万元计），"万紫千红一片
绿"是指一万张 5 元、一千张 100 元、一百张 50 元（共计 20 万元）。
加上家具（按 2 万元计）、家电（按 3 万元计）、婚纱照（按 3000 元
计）、服饰（按 5000 元计）婚庆婚车（按 2 万元计）、蜜月旅行（按 1
万元计）等，共计要花费 60 余万元。这是一个惊人的数字，按照职工
工资水平，一个人需要工作 20 年才能攒够"老婆本"，当然，很多百

姓的结婚成本要低于这个水平。据商务部调查显示，2007 年有结婚消费的家庭户均相关消费为 219623.4 元，比 2003 年高出 26508.8 元，增长 13.7%。农村彩礼讲求谐音的吉利，比如八千八百元，谐音是连着发；九千九，是天长地久；一万零一，是万里挑一；一万八，是我要发……但过于注重面子推高了彩礼水平，导致许多农民苦不堪言。[①]

　　随着社会经济的不断发展，物价飞速上涨，数十万的花费是年轻人结婚必须面对的成本，已经超出普通家庭的承受范围，攀比心态导致婚礼越来越奢华，花费越来越高，一些乍富阶层、新兴中产不惜抛掷百万、数百万元之巨操办婚礼。进入新世纪，福利分房逐渐取消，出现货币化分房，导致房子成为年轻人最沉重的结婚负担。

口述三十年结婚成本变化

　　2000 年：最大开支是房子（讲述人：张先生）。

　　家住朝阳区 29 岁的张先生和未婚妻 2001 年 5 月确定关系，计划今年 1 月结婚。他把结婚开支细细给记者算了一番：见面费 35000 元（恋爱期间男方租房，女孩住学生宿舍，每周见面 1 次，吃饭、娱乐大约 150 元，每月 600 元。共相处 4 年，$4 \times 12 \times 600 = 28800$ 元，宽松地算，大概 35000 元），电话费 4000 元（每月 100 元，共 $4 \times 12 \times 100 = 4800$ 元），过年带女友回家 5000 元（回家 2 次），住房房价 46 万（首付 9 万，每月还贷 1800 元），装修和家具 7 万元，电器 2 万元，车 10 万元，婚纱照 3000 元，现在每月生活费 3000 元。

　　——《中国商界》2008 年第 11 期，第 116 页。

　　据昆明一家知名婚庆公司负责人介绍，如果说 70 年代婚礼成本基本与一对新人年收入持平的话，那么 1980 年中后期至 1990 年则开始出现两三倍的成本压力，2000 年开始至 2008 年，成本压力已经达到 5—

---

① 刘成友：《别叫虚荣遮住眼（话说新农村）》，《人民日报》2006 年 11 月 12 日。

10 倍。2003 年之前，新人自己赶个大早去影楼化妆，花费不过一两千元，加上蜜月旅游也没有现在流行，新娘礼服又是以租为主，可以少花费 1 万多元。但这 5 年来变化太大，婚礼的相关项目越来越细、花费越来越高。①

根据 2007 年全国 12 座城市在职青年的一项问卷调查②，结果显示，在 617 名被访者中，结婚总花费在 1 万元以下的有 9.7%，1 万—3 万元的占比 31%，3 万—5 万元占比 24.1%，5 万—7 万元占比 8.8%，7 万—10 万元占比 16.9%，花费在 10 万元以上的占比 9.6%。85.2% 的被访者月平均收入在 3000 元及以下，而结婚总花费在 30000 元以上的约占平均收入在 3000 元及以下被访者的 58.6%，大多数青年单靠自身收入根本无力承担起如此高昂的婚姻花费。随着经济社会的快速发展，农村居民收入和生活水平虽有较大提高，但城乡之间仍存在着较大差异。不同地区间的经济发展程度、现代化水平和文化习俗造成了婚姻支付的差异性。在农村，传统的婚姻习俗和高额婚姻支付近年来呈现出愈演愈烈的态势，农村青年为结婚所需要付出的成本和代价越来越高。与此同时，在城市，婚姻成本增长的趋势也表现得甚为剧烈，买房、买车、度蜜月、办婚宴等费用均快速大幅攀升。如果说目前农村青年的婚姻成本在 2 万—10 万元，那么城市青年的婚姻成本与农村青年婚姻成本的最低值相差 10 倍。③

如今农村的不合理消费愈演愈烈，农民不堪重负。操办婚事盲目攀比，嫁娶讲排场、比阔气之风日盛，人们往往以彩礼的厚薄和办喜事的排场来衡量新娘的身价、评判新郎家庭的贫富，攀比之风使婚事大操大办越来越"高档"。如苏北某个贫困村，农民年人均纯收入不过八九百元，而小青年娶媳妇平均要花去万余元，至于一些经济条件好的乡村，婚事开支就更惊人了，一般家庭要达到两三万元。④ 又比如，

---

① 《中国婚礼 30 年变迁》，《松州学刊》2008 年第 Z2 期，第 4—7 页。

② 风笑天：《家安何处：当代城市青年的居住理想与居住现实》，《南京大学学报（哲学·人文科学·社会科学版）》2011 年第 1 期，第 73–81+159 页。

③ 朱考金、杨春莉：《当代青年的婚姻成本研究》，《中国青年研究》2007 年第 4 期，第 18—20 页。

④ 陈齐放、余怀明：《农村愚昧型消费现状堪忧》，《人民日报》2003 年 1 月 9 日。

河南省新蔡县农村越来越重的"彩礼",已经把当地小伙子压得喘不过气来。当地小伙子娶媳妇花费至少要两三万元。有的十几岁就外出打工攒钱,20 多岁还娶不上媳妇。据当地一位回家乡养老的干部讲,因为风气不好,娶媳妇花销大,有男孩的家庭,往往从孩子十四五岁就开始准备盖房子。也有些家庭,为了给孩子攒钱娶媳妇,干脆让孩子早早辍学,外出打工挣钱。不仅影响了当地群众文化素质的提高,而且造成当地换亲、转亲、买卖婚姻现象增多。①

研究表明,在西北农村地区,青年结婚费用高昂,因婚致贫、因婚负债现象比较普遍。② 为了还债脱贫,严重影响了新婚夫妻的生活水平,比如如下案例:

一位农家女泣诉农村陋习(节选)
(秦凤鸣)

我是一名居住在偏僻山区的农家女子,现年 26 岁。我不想说出自己的真实姓名和住址,但很想借贵报一角倾吐一桩因农村攀比索要彩礼风盛行,我的父母贪要彩礼过多过重,使我婚后生活的步履艰难、陷入困境的事儿。但愿更多的父母能理解女儿婚后的难处,再也别攀比索要那逼人的彩礼了。

5 年前,父母就给我订了亲,订亲后父母便把我当成"摇钱树",动不动就让我向男方要这要那,每次少则一二百元,多则四五百元,三年下来,要了男方 8000 多元。准备结婚的时候,父母和不少家庭嫁女一样,向男方索要各种彩礼二三万元。出嫁那天,什么"离母钱""梳妆钱""开锁钱""上马钱""过河、过桥钱"等又要了人家 2000 多元。加上男方买家具、电器、摩托车及操办婚事费用等全部算下来,男方因办喜事花了 5 万多元。婚后我才知道,男方为娶我欠下了外债 3 万多元!

---

① 李钧德:《"彩礼钱"压垮农村小伙》,《人民日报》2004 年 2 月 1 日。

② 冯乐安、马克林:《西北农村地区的婚姻挤压现状——基于青海省 HY 县 S 乡婚姻市场的实证研究》,《中国青年研究》2010 年第 4 期,第 48—52 页。

　　这笔外债一直压得俺俩喘不过气来，尽管丈夫在外长年累月拼死拼活地挣钱，我在家里种地、喂猪鸡，省吃俭用、精打细算，可总是窟窿大补钉小，至今还有外债1.5万多元。说实话，结婚三年来，我俩没穿过一件像样的衣服，没敢花一分不该花的钱，可钱还没挣到手就有债主逼上门。春耕下种时，别人家抢着买化肥、地膜、种子等，我们没钱急得团团转。平日里，别人家东奔西跑做买卖，经商开店挣钱，可我们没本钱只能苦在心头！记得有一次，我俩因钱生气后，我赌气跑回娘家想诉苦，可父母不理解，还说什么，当今社会女儿出嫁，彩礼要少了，人家还笑话哩！年纪轻轻，顶个饥荒怕什么？无奈，我只好满腹委屈跑回家。唉！想想也是，如今婚后债台高筑者又何止我一家。可有谁晓得那害人的彩礼实在让人难以承受啊！什么时候才能无债一身轻，舒舒坦坦地过上幸福的日子呢？！

　　——《人民日报》2003年1月23日。

　　这一时期，对于城镇居民来说，冰箱、洗衣机、彩电等家用电器几乎家家户户都有，2009年城镇居民家庭平均每百户冰箱拥有量为95.4台，洗衣机为96台，彩电为135.7台。空调拥有量增加较快，从2000年的30.8台增加到2009年的106.8台，也是几乎每家都有。随着通信技术与互联网的发展，2000—2009年城镇居民的移动电话与计算机越来越多，城镇居民家庭平均每百户移动电话拥有量自19.5部增加到181部，计算机也从9.7台增加到65.7台，移动电话与计算机已然成为城镇家庭的必备品。这一时期，汽车拥有量也从0.5辆增加到10.9辆。对于农村来说，2000—2009年彩色电视机已经普及各家各户，平均每百户拥有量从48.7台增长到108.9台，黑白电视机也随之逐渐退出历史舞台。与城镇相比，农村的洗衣机、电冰箱拥有量较少，洗衣机从28.6台增加到53.1台，电冰箱从12.3台增加到37.1台，尤其是空调，拥有量更少，自1.3台增加到12.2台。移动电话的增长较快，至2009年达到115.2部，与城镇相比，计算机的普及率不高，至2009年仅为7.5台。

表 10.4　2000—2009 年我国居民家庭平均每百户耐用品拥有量

	城镇居民家庭平均每百户耐用品拥有量										
	洗衣机（台）	电冰箱（台）	空调（台）	彩色电视机（台）	摩托车（辆）	固定电话（部）	移动电话（部）	计算机（台）	汽车（辆）	组合音响（套）	摄像机（架）
2000	90.5	80.1	30.8	116.6	18.8		19.5	9.7	0.5	22.2	1.3
2001	92.2	81.9	35.8	120.5	20.4		34	13.3	0.6	23.8	1.6
2002	92.9	87.4	51.1	126.4	22.2	93.7	62.9	20.6	0.9	25.2	1.9
2003	94.4	88.7	61.8	130.5	24	95.4	90.1	27.8	1.4	26.9	2.5
2004	95.9	90.2	69.8	133.4	24.8	96.4	111.4	33.1	2.2	28.3	3.2
2005	95.5	90.7	80.7	134.8	25	94.4	137	41.5	3.4	28.8	4.3
2006	96.8	91.8	87.8	137.4	25.3	93.3	152.9	47.2	4.3	29.1	5.1
2007	96.8	95	95.1	137.8	24.8	90.5	165.2	53.8	6.1	30.2	6.2
2008	94.7	93.6	100.3	132.9	21.4	82	172	59.3	8.8	27.4	7.1
2009	96	95.4	106.8	135.7	22.4	81.9	181	65.7	10.9	28.2	7.8

	农村居民家庭平均每百户耐用品拥有量										
	洗衣机（台）	电冰箱（台）	空调机（台）	彩色电视机（台）	摩托车（辆）	固定电话（部）	移动电话（部）	计算机（台）	自行车（辆）	黑白电视机（台）	
2000	28.6	12.3	1.3	48.7	21.9	26.4	4.3	0.5	120.5	53	
2001	29.9	13.6	1.7	54.4	24.7	34.1	8.1	0.7	120.8	50.7	
2002	31.8	14.8	2.3	60.5	28.1	40.8	13.7	1.1	121.3	48.1	
2003	34.3	15.9	3.5	67.8	31.8	49.1	23.7	1.4	118.5	42.8	
2004	37.3	17.8	4.7	75.1	36.2	54.5	34.7	1.9	118.2	37.9	
2005	40.2	20.1	6.4	84.1	40.7	58.4	50.2	2.1	98.4	21.8	
2006	43	22.5	7.3	89.4	44.6	64.1	62.1	2.7	98.7	17.4	
2007	45.9	26.1	8.5	94.4	48.5	68.4	77.8	3.7	97.7	12.1	
2008	49.1	30.2	9.8	99.2	52.5	67	96.1	5.4	97.6	9.9	
2009	53.1	37.1	12.2	108.9	56.6	62.7	115.2	7.5	96.5	7.7	

资料来源：《中国统计年鉴》。

　　与 1990—1999 年不同，这一时期的结婚登记人数总体上逐渐增加，2000 年结婚登记对数为 848.5 万对，2001—2002 年两年下降，2002 年降至 786 万对，2003—2004 年两年上涨，2005 年略有下降，之后一路增加，至 2009 年增加至 1212.4 万对，较 2000 年增加了 42.89%。这一时期离婚登记人数直线上升，自 2000 年的 121.3 万对增加到 2009 年的 246.8 万对，增长了 1.03 倍，年均增长率为 8.21%，较 1990—1999 年 4.62% 的年增长率更为快速。离结比也逐渐提高，已有一半时间高于 20%。

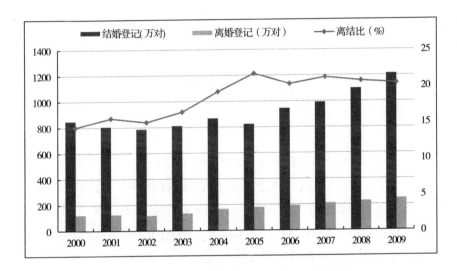

图 10.10　2000—2009 年我国结婚离婚情况

资料来源：《中国民政统计年鉴》。

注：主坐标轴为结婚登记和离婚登记对数，副坐标轴为离结比。

　　2000—2005 年，我国居民结婚率维持在 6.1‰—6.7‰，自 2006 年逐渐上升，2009 年为 9.1‰。而我国居民离婚率则是一路上升，自 2000 年的 0.96‰增长至 2009 年的 1.85‰，此时人们的思想更为开放，离婚已不再是难以启齿的事情，离婚人数逐渐增加，因此离婚率也大幅上升。

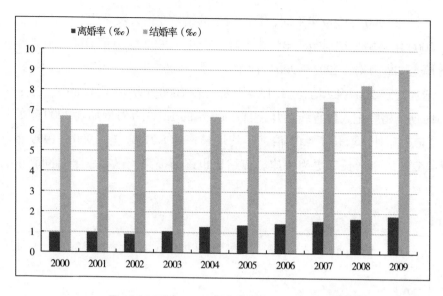

图 10.11　2000—2009 年我国居民结婚率与离婚率

资料来源：《中国民政统计年鉴》。

（七）畸形增长的天价彩礼（2010—2019）

2010 年以后，我国经济进入提质增效的新阶段，为调整经济结构，实现要素的最优配置，2015 年开始实行了供给侧结构性改革，经济朝着高质量增长迈进。2000—2018 年，我国居民收入继续增长，城镇居民家庭人均可支配收入从 19109 元增长至 39251 元，增长了 1.05 倍，年均增长率为 9.41%，较 2000—2009 年增长放缓。农村居民年人均可支配收入自 5919 元增长至 14617 元，增长了 1.47 倍，年均增长率为 11.96%，较 2000—2009 年增长速度有所提高。城镇单位就业人员平均工资自 36539 元增长至 82461 元，增长了 1.26 倍，年均增长率为 10.71%，较 2000—2009 年增长速度有所降低。与 2000—2009 年不同，这一时期的城乡收入差距呈现逐渐缩小的态势，城镇居民家庭人均可支配收入与农村居民年人均可支配收入之比由 2010 年的 3.23 降低到 2018 年的 2.69。

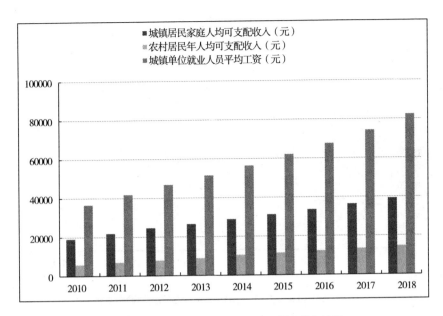

图 10.12　2010—2018 年我国居民收入情况

资料来源:《中国统计年鉴》。

　　伴随人们收入的增加,我国居民消费水平也不断提高。城镇居民人均消费支出自 2013 年的 18488 元增加到 2018 年的 26112 元,增加了 41.24%,年均增长率为 7.15%。农村居民人均消费支出自 2013 年的 7485 元增加至 2018 年的 12124 元,增长了 61.98%,年均增长率为 10.13%。农村居民消费增长较快,与城市居民的差距越来越小。

　　这一时期的结婚成本已经到了没有办法控制的地步,动辄十几、几十万,尤其在农村,天价彩礼频频出现。近年来受奢侈攀比之风的影响,农村结婚彩礼习俗日渐变味,不管家庭是否承受得起,都要大操大办,彩礼更是水涨船高,金银首饰只是起步,新房、新车缺一不可。从全国来看,天价彩礼已经很普遍了,比如甘肃平凉,彩礼钱从 5 万到 20 万元不等;山东、湖南要 10 万元左右;河南淅川,部分农村订婚起步价 30 万元。"辛辛苦苦几十年,一婚回到贫困线"。许多家庭一人结婚、全家负债,农村的一场婚礼让更多的家庭"望而兴叹"。"天价彩礼"已成为农村男女婚姻的拦路虎。

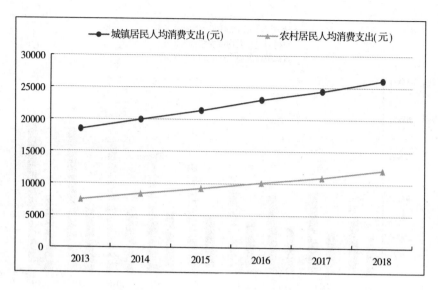

图 10.13　2013—2018 年我国居民人均消费支出

资料来源：《中国统计年鉴》。

　　根据对江苏南京和河北保定 418 名城市在职青年的问卷调查显示，结婚总花费在 3 万元以下的占到 25.4%，3 万—5 万元的占到 18.4%，5 万—7 万元的占到 4.8%，7 万—10 万元的占到 26.3%，10 万元以上的占到 25.1%。调查中有 183 人表示结婚时索要或支付了彩礼，最少的是 1000 元，最高的高达 30 万元，可见青年结婚时彩礼索要或支付现象仍十分明显，且数额较大。[①] 通过表 10.5，我们发现，全国各地彩礼价格不断上涨，房子、车子已经成为青年男女结婚的必备品，给结婚家庭造成了巨大的经济压力。

　　贾志科等（2018）通过研究发现，青年婚姻支付压力急剧增加，主要表现为：婚姻支付数额高，彩礼索取现象明显；婚姻支付畸形增长，青年自身无力承担；婚姻支付的承担主体以男青年及家庭为主，且城乡差异较大。在婚姻支付的巨大压力下衍生出一系列的社会问题，

[①] 贾志科、风笑天：《城市"单独夫妇"的二胎生育意愿——基于南京、保定五类行业 558 名青年的调查分析》，《人口学刊》2015 年第 3 期，第 5—15 页；贾志科、沙迪、风笑天：《性别失衡背景下当代青年婚姻支付问题研究》，《青年探索》2018 年第 1 期，第 92—100 页。

表 10.5　2013—2018 年全国各地彩礼价格

省份	2013 年	2017 年	2018 年
北京	10001 起	20 万 + 房子	30 万 + 房 + 车子
上海	10 万 + 房子	20 万 + 房子	20 万 + 房 + 车子
广东	1 万起 + 三金	10 万 + 三金	20 万 + 房 + 车子
广西	28888 起	5 万 + 房	15 万 + 房
江苏	2 万	2 万起	23 万 + 房子, 首饰另算
黑龙江	7 万—8 万 + 房子	10 万	15 万 + 房
吉林	7 万—8 万 + 房子	11 万	10 万 + 首付
辽宁	7 万—8 万 + 房子	6 万 + 三金	21 万左右 + 车子
山东	13 万	4 万—5 万	5 万—20 万 + 首付
浙江	10 万—15 万	10 万起	15 万起, 房子, 车子
福建	3.3 万	3 万—20 万	8 万起, 房子, 车子
安徽	1.6 万	10 万起	3 万—15 万, 房子
河南	6 万	6 万 + 三金	3 万—20 万, 房子
河北	1 万 + 三金	5 万—15 万	5 万—30 万, 车, 首饰
湖南	5 万 + 车	3 万—10 万	3 万—25 万, 房子
湖北	8 万	5 万—10 万	1 万—30 万, 房子
江西	3 万起	15 万—20 万	3 万—20 万, 首付, 首饰

资料来源：公开资料整理。

可能会导致婚姻市场中恶性竞争，诱发婚姻致贫和未来养老困境，促成姻亲关系与代际关系变化。通过深入分析发现，传统观念制约、物价上涨和消费水平提高、从众攀比以及婚姻挤压等多重因素是青年婚姻支付压力剧增的原因。[①] 比如下面的例子：

---

① 贾志科、沙迪、风笑天：《性别失衡背景下当代青年婚姻支付问题研究》，《青年探索》2018 年第 1 期，第 92—100 页。

一个小镇彩礼的潮起潮落
（马跃峰）

　　田艳，张桥镇岭子朱村人，说媒十多年。对"押帖"的规矩，十里八乡没比她熟的。"七八年前，'押帖'只要七八千，最多'万里挑一'，也就是一万零一。3 年前，彩礼像长了翅膀，变着花样儿飞涨。"田艳嘴快，细数历史，头头是道：2014 年两万一千八（两家一起发），2015 年六万八（既顺又发），2016 年十万零一（十万里挑一）、十五万八（要我发）。礼金之外，还要买 10 万元以上的小轿车，新盖二层楼，不少还得在县城或市里买 100 平方米以上的房子。彩礼为啥一路走高？主因是男多女少。"在农村，整条街看不到几个女孩，村村如此。"张桥村一位农民担忧地说。到村委会，翻开张桥村的统计簿：全村适龄未婚青年 80 人，男青年有 60 名。女青年外出打工，不少嫁到了外地，加剧了男女失衡。
　　——《人民日报》2017 年 8 月 4 日。

　　为整治天价彩礼问题，政府多次发文强调推进移风易俗。2018 年 9 月，中共中央国务院印发《乡村振兴战略规划（2018—2022 年）》中指出：提升乡村德治水平，深入推进移风易俗，开展专项文明行动，遏制大操大办、相互攀比、"天价彩礼"、厚葬薄养等陈规陋习。2019 年 2 月 19 日，《中共中央国务院关于坚持农业农村优先发展做好"三农"工作的若干意见》发布，文件指出：持续推进农村移风易俗工作，引导和鼓励农村基层群众性自治组织采取约束性强的措施，对婚丧陋习、天价彩礼、孝道式微、老无所养等不良社会风气进行治理。
　　彩礼广泛存在于中国的婚姻缔结过程中，是对明媒正娶、结两姓之好的礼仪性表达，是具有浓烈传统意味的乡村民俗文化。然而，如果脱离文化的仪式属性，而变成了婚姻的要价手段，则与彩礼的初衷背道而驰。这些年来，农村彩礼水涨船高，从几千元到后来的几万元、十几万元，甚至开始突破 20 万元。包括彩礼在内的高额婚姻成本，使得一些农民家庭"望婚兴叹"，让一些农村的男青年结不起婚，还有可能让农民家庭致贫返贫。不可否认，"天价彩礼"的背后，也有农村地区适婚男女性别比失衡的结构性问题。但当彩礼变成了婚姻的明码标价，它不仅会侵蚀农村社会风气、破坏农村民俗文化，导致农村婚姻关系的货币化、情感关系的物质化、代际关系的功利化倾向，还会压缩农民家庭脱贫致富的空间、增加致贫返贫的风险，加大两代人之间的财富转移，埋下农村家庭的养老风险。这说明，推进脱贫攻坚、实现乡村振兴，不仅要重视看得见的因素，也要重视看不见的因素，通过移风易俗、净化风气，解决"天价彩礼"、人情泛滥、大操大办等问题，使得农村家庭人情支出回归到合理水平。①

送彩礼是体现两家交好、缔结婚约的一种仪式。小两口刚刚独立，双方父母给点支持也挺好。但两方关系是否深厚，并不宜与彩礼的多少挂钩。给彩礼要量力而行，如果强行赋予其彰显身价的作用，任其发展成天价，就是对原本美好希冀的销蚀。古人说："嫁女择佳婿，毋索重聘。"男婚女嫁，最该考虑的是人好不好、合不合适，不能让物质条件成为幸福婚姻的绊脚石。婚姻货币化、感情物质化，不可取。彩礼为什么一路飙涨？男多女少的现实是一方面。另外，也有攀比心理在作祟。其实很多人内心也没想铺张浪费，但是不这么弄的话，怕别人议论，只得硬着头皮把彩礼加码推高。扭转乡风民俗，需各方聚力。各地已有很多好做法：红白理事会加强管理、村规民约主动宣传、乡贤带头树立榜样。还有一些地方探索由村妇联和计生人员组成红娘协会，义务给适龄青年介绍对象，断绝职业媒人对彩礼的助推加码。移风易俗不可能一蹴而就，但只要下定治理的决心，办法总比困难多。今年中央一号文件点名"天价彩礼"，将其列入需要治理的范畴。而在各方努力下，新人举办"零彩礼"集体婚礼、新娘父母主动放弃彩礼……河南、河北、山西等地近来也陆续出现了婚礼新风尚。这说明对天价彩礼说不，让爱情和婚姻少些杂质、回归本真，是可以实现的。②

2019年6月5日，农业农村部公布首批20个全国乡村治理典型案

---

① 杨华：《为乡村振兴注入"文明力量"（新论）》，《人民日报》2019年2月27日。
② 周珊珊：《莫让天价彩礼压弯了腰（民生观）》，《人民日报》2019年3月21日。

例，其中河北省邯郸市肥乡区作为红白喜事规范管理的典型案例。

天价彩礼怎么治？首批 20 个全国乡村治理典型案例来了（节选）
（黄哲程）

　　区长李书平介绍了当地治理天价彩礼、婚丧事大操大办等不良风气的经验。肥乡区成立了区、乡、村三级移风易俗工作领导小组，由三级书记任组长，层层签订责任状。全区 9 个乡镇、265 个行政村的 9.88 万户家庭共签订承诺书 14.5 万份，实现了全覆盖。265 个行政村全部成立了村民事务理事会，制定了红白事操办标准，对红白事的席面规模、用车数量、办理天数等都作出了具体规定。区、乡、村三级妇联组织建立了义务红娘队 380 支，每个村都有3—5 名义务红娘，吸纳了 1000 多名妇女参与志愿服务。此外，肥乡区出台了"移风易俗好家庭"成员免费体检等六个方面的优惠政策，并对违反村规民约的村民采取取消评选星级文明户资格等五项约束措施。肥乡区 5 个部门组成巡查组，开展常态巡查，发现违规办理的公开处置、全区曝光。经过治理，肥乡区红白事大操大办和天价彩礼现象得到遏制，村民红白事操办支出大幅度下降，平均办理红事支出 2 万—3 万元，降幅达 76%—84%；白事支出少于5000 元，占此前支出不到六分之一。

　　——《新京报》2019 年 6 月 5 日。

　　2010—2013 年，我国结婚登记人数自 1241 万对增长到 1346.93 万对，随后开始下降，至 2018 年降到 1010.8 万对。除 2018 年有 13.1%的降幅外，2010—2017 年我国离婚人数不断增加，自 267.8 万对增长到 437.4 万对，增长了 63.33%，年均增长率为 7.26%。离结比一直维持在 20% 以上，最高为 2017 年的 41.14%。与结婚离婚登记人数对应，结婚率自 2010 年的 9.3‰增加至 2013 年的 9.92‰，之后开始下降，至2018 年降至 7.2‰。此时的离婚率已经居高不下，一直在 2‰以上，最高为 2017 年的 3.15‰。

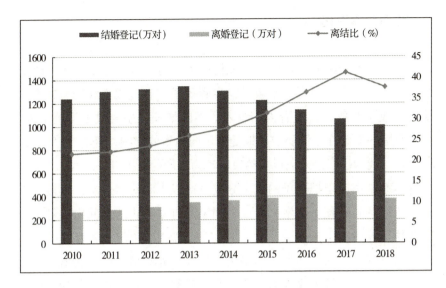

图 10.14　2010—2018 年我国结婚离婚情况

资料来源：《中国民政统计年鉴》。

注：主坐标轴为结婚登记和离婚登记对数，副坐标轴为离结比。

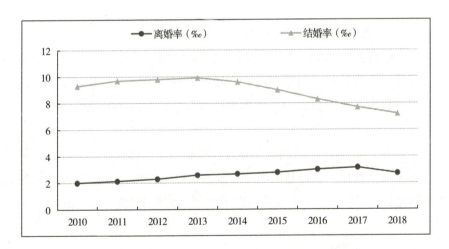

图 10.15　2010—2018 年我国居民结婚率与离婚率

资料来源：《中国民政统计年鉴》。

二、生育成本变化

随着我国经济的高速发展，人们的生育行为也发生了变化。改革开放以前，妇女受教育水平较低，生育孩子的直接成本和机会成本也很低，改革开放后，随着人们收入的不断增长，生育成本持续上涨。生育水平的变动在不同历史时期受到不同因素的影响，经过 30 年的计划生育，我国已经进入以成本约束驱动为主导的低生育率阶段。[①] 美国经济学家莱宾斯坦把孩子的成本分成直接成本和间接成本，直接成本是指从怀孕起到孩子出生，并成长到生活自立止的期间内父母花费的种种抚养费用（包括衣、食、住、行的费用支出）、教育费用、医疗费用及其他支出。间接成本是指父母为抚养和培育一个新增孩子所损失的受教育和带来收入的机会，所以又称为机会成本，包括：父母直接损失的工作时间而减少的工资收入；父母因照料孩子失去受教育和工作的时间；母亲妊娠期间和哺乳期间父母流动性的减少而损失的收入；由于照料和抚育新增孩子，父母及家庭成员失去的闲暇和花费的时间。[②]

（一）改革开放前的生育成本（1949—1978 年）

中国是世界上人口最多的国家，自 20 世纪 70 年代以来，我国开始实行计划生育政策，对于抑制人口增长、促进经济发展起到了巨大的作用。但在改革开放以前，我国出现过两次较大的生育高峰，一次是50 年代"大跃进"时期，一次是 1962 至 1972 年之间。1949 年我国人口总数为 5.42 亿人，如此庞大的人口基数，加上两次生育高峰，使得我国人口呈现出无法扭转的增长趋势。1949—1978 年，我国人口在 30 年间增长了 77.7%，年均增长率为 2%，至 1978 年我国人口已经达到了9.63 亿人。

---

① 李建民:《中国的生育革命》,《人口研究》2009 年第 1 期, 第 1—9 页。

② Leibenstein, Harvey . "Book Reviews : Economic Backwardness and Economic Growth. Studies in the Theory of Economic Development." *Population French Edition* 126.1（1957）: 1349—1350. Leibenstein, Harvey . "Allocative efficiency vs. X-Efficiency." *American Economic Review* 56.3（1966）: 392—415.

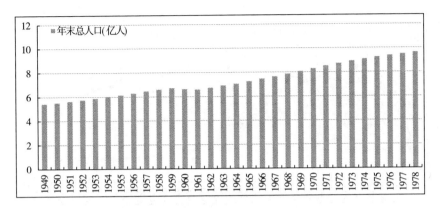

图 10.16　1949—1978 年我国人口数量

资料来源：《中国统计年鉴》。

　　1949—1978 年，我国城镇人口增速较快，从 5765 万人增长至 1.72 亿人，增长了近两倍之多，年均增长率为 3.85%；乡村人口由 4.84 亿人增长至 7.90 亿人，增长了 63.25%，年均增长率为 1.70%。其中男性自 2.81 亿人增长至 4.96 亿人，女性人口自 2.60 亿人增长至 4.67 亿人。1949—1957 年，我国人口出生率在 30‰ 以上，最高为 1954 年的 37.97‰，1958—1961 年下降较快，至 1961 年降为 18.13‰，1962—1971 年又维持在 30‰ 以上，最高为 1963 年的 43.6‰，1972 年开始下降，1978 年降为 18.25‰。1949—1957 年，我国人口死亡率不断降低，自 20‰ 降至 10.8‰，受三年困难时期的影响，1958—1961 年人口死亡率较高，1960 年高达 25.43‰，1962 年以后，我国人口死亡率总体上逐渐下降，至 1978 年降为 6.25‰。

　　从我国妇女的总和生育率来看，改革开放以前一直处于高位，均高于 2.1‰ 更替水平。具体来说，1950—1957 年一直高于 5.7‰，1952 年最高为 6.47‰，1958—1961 年持续下降至 3.29‰，1962 年又突增至 6.02‰，1963 年更是增长到 7.5‰，1964—1971 年又处于一个新的高位运行时期，均高于 5‰，之后开始逐渐下降，趋势较为明显，1978 年降至 2.72‰，详见图 10.18。

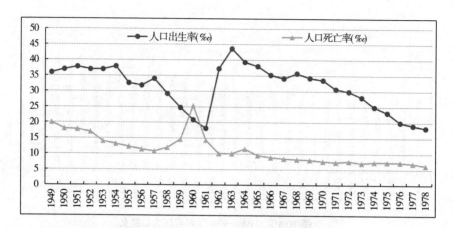

图 10.17　1949—1978 年我国人口出生率和死亡率

资料来源:《中国统计年鉴》。

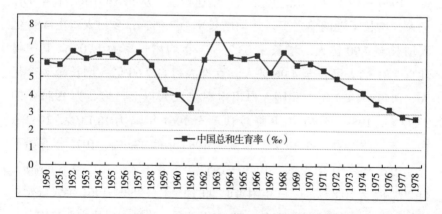

图 10.18　1950—1978 年我国总和生育率 [①]

资料来源:《中国人口统计年鉴》。

改革开放之前,我国经历了土地改革和国有化、城乡社会主义改

[①]　注: 总和生育率 (英文中称: total fertility rate, 简称 TFR), 也称总生育率, 是指该国家或地区的妇女在育龄期间, 每个妇女平均的生育子女数。目前发达国家普遍认为, 总和生育率为 2.1 即达到了生育更替水平。如果总和生育率小于 2.1, 新生人口是不足以弥补生育妇女和其伴侣数量的。

造、三年经济困难、国民经济恢复、"文化大革命"等多个阶段，此时的生育权始终掌握在家庭个人手中，放任的家庭分散决策和自由生育的体制导致了人口的过快增长。农村自然经济比重较高，妇女受教育水平很低，生育孩子的直接成本和机会成本都很低，而且在当时农村，生育更多的孩子意味着更多的劳动力和更高的收益。对于城镇妇女来说，机会成本对生育子女数量开始起微弱的约束作用。当时城市妇女文盲较多，许多进入识字班进行扫盲学习，选择工作和获得收入的机会增多，城市中的妇女，一少部分已经初中或者高中毕业，生育过多的子女，自己照料孩子，则会失去工作岗位和工资等收入。由于户籍管理，特别是1958年实行的户籍管理规定，限制了人口的迁移和流动，农村人口比重长期高于80%以上，人口流动和城市化水平对人口增长的抑制作用也未能发挥。而市场经济中微观家庭的直接成本、机会成本等机制，形成制约生育意愿的作用，更是非常微弱。

1958年到1961年，从农户自给自足的私有经济到完全由集体分配粮食等资源的经济，很大程度上转变了农户家庭养育子女的生活资料来源渠道，使农户生育模式发生较大的变化。1962—1972年，自给自足的家庭经济一定程度上得到恢复，农村生育闲暇时间增多和机会成本降低，农村家庭人口多，可多分生活资料和生产资料。对于城镇居民来说，虽然低物价，城镇实际工资水平比50年代最高时有所下降，家庭用于养育子女的支付可能线降低，这限制了生育子女的个数。城镇居民的受教育水平要比农村高，成人文化扫盲普及率提高，妇女就业率比50年代上升，生育子女的机会成本上升，妇女生育的数量意愿下降。[1]

1973—1978年，我国人口从高生育率、高出生率和高增长率转向低生育率、低出生率和中高增长率，这与生育成本息息相关。根据贝克尔的家庭经济学模型，妇女的受教育程度越高，其生育孩子的机会成本就会越高，因此其生育意愿就会越低。[2] 此时我国城镇妇女的

---

① 张弥、周天勇:《自主到计划：人口生育和增长变迁——1950—2014年中国人口论纲要》,《经济研究参考》2015年第32期，第3—31页。

② Becker, Gary S., "An Economic Analysis of Fertility." *NBER Chapters* 135.1（1960）: 94—111.

受教育水平不断提高，降低了其生育意愿。对于农村妇女来说，随着农村劳动力进入非农领域，闲暇时间减少，加大了其生育孩子的机会成本。

1949—1978 年，我国的生育成本不断上涨，至 1978 年已经达到相对较高的水平。据统计，1978 年我国城镇家庭的孩子抚养费用为 21916元，农村家庭的孩子抚养费用为 7619 元。[①] 城镇抚养费用是城镇居民家庭人均可支配收入（343 元）的 63.90 倍，是城镇职工平均工资（615元）的 35.64 倍，农村抚养费用是农村居民年人均纯收入（133.6 元）的 57.03 倍。国家统计局与中国人民大学人口研究所的合作研究显示，1978 年培养一个婴儿到 16 岁，其费用的总额农村为 4117 元，城镇为7772 元，城市为 9583 元。[②] 假设一个家庭拥有两个孩子，培养费用总额就会变成农村为 8234 元，城镇为 15544 元，城市为 19166 元，农村培养费用是农村居民年人均纯收入（133.6 元）的 61.63 倍，城镇培养费用是城镇居民家庭人均可支配收入（343 元）的 45.32 倍，是城镇职工平均工资（615 元）的 25.27 倍，城市培养费用是城镇居民家庭人均可支配收入（343 元）的 55.88 倍，是城镇职工平均工资（615 元）的31.16 倍。

抚养费包含了个人需要承担的家庭抚养费以及国家承担的社会抚养费，国家每年都会为抚养孩子承担巨额的教育、医疗等费用，并且这些费用正在逐年递增。1971 年 7 月，国务院批转《关于做好计划生育工作的报告》，把控制人口增长的指标首次纳入国民经济发展计划。自计划生育实施以来，节省了大量的家庭抚养费。据吴忠观等（1994）的估计，1971 年节省的家庭抚养费为 67.13 亿元，每个孩子节省抚养费为 3019 元，至 1978 年节省的家庭抚养费为 887.68 亿元，每个孩子节省抚养费为 6295 元。按照杨魁孚等（2000）的估计，1971 年实行计划生育节约抚养费 55.62 亿元，至 1978 年，这一数字上升至 2686.99亿元。

---

① 杨魁孚、陈胜利、魏津生：《中国计划生育效益与投入》，人民出版社 2000 年版，第 77 页。

② 刘铮、邬沧萍、查瑞传：《人口统计学》，中国人民大学出版社 1981 年版，第 363—370 页。

表 10.6　1971—1978 年我国实行计划生育所节省的家庭抚养费

	吴忠观等（1994）		杨魁孚等（2000）
	每个孩子抚养费(元)	节约抚养费(亿元)	节约抚养费(亿元)
1971	3019	67.13	55.62
1972	3293	98.26	383.36
1973	3656	188.22	760.19
1974	4053	320.28	969.27
1975	4464	413.13	1621.18
1976	4938	606.26	1864.34
1977	5482	724.63	2476.87
1978	6295	887.68	2686.99

资料来源：吴忠观、肖立见：《中国 1971～1990 年计划生育投入产出效益评估研究》，《人口与计划生育》1994 年第 3 期，第 10—16 页；杨魁孚、陈胜利、石海龙等：《我国计划生育效益研究》，《人口与计划生育》2000 年第 5 期，第 15—25 页。

（二）改革开放二十年的生育成本（1979—1999 年）

改革开放后，我国计划生育政策逐步实施，1982 年 9 月，党的十二大把计划生育确定为基本国策，同年 12 月写入《宪法》。与改革开放前相比，这一时期的人口增长速度明显下降，1979 年我国总人口为 9.75 亿人，其中男性人口为 5.02 亿人，女性人口为 4.73 亿人，1999 年增长为 12.58 亿人，其中男性人口为 6.47 亿人，女性人口为 6.11 亿人。1979—1999 年，我国人口增长了 29.96%，年均增长率为 1.28%，与改革开放前三十年 2% 的年增长率相比，有了较大幅度下降。1949—1978 年城镇人口年均增长率高达 3.85%，这一时期的城镇人口增长速度更快，年均增长率达到 4.4%，从 1979 年的 1.85 亿人增加到 1999 年的 4.37 亿人，增幅高达 136.54%。乡村人口从 7.90 亿人增长到 8.20 亿人，增长幅度较小，二十年仅增长了 3.78%。

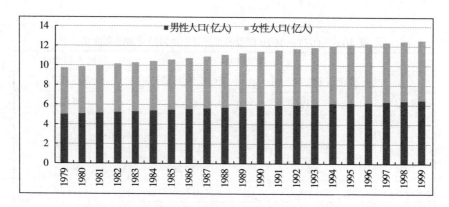

图 10.19　1979—1999 年我国人口数量

资料来源:《中国统计年鉴》。

　　相比改革开放前三十年，1979—1999 年，我国人口出生率与死亡率均有较大程度的下降。人口出生率有九年超过 20‰，1987 年达到最高为 23.33‰，1999 年最低为 14.64‰。人口死亡率一直维持在 6.2‰—6.9‰之间，1979 年最低为 6.21‰，1983 年最高为 6.9‰，1983—1987年维持在 6.8‰左右，之后开始波动式下降，1988—1993 年维持在 6.6‰左右，1994—1999 年维持在 6.5‰左右。

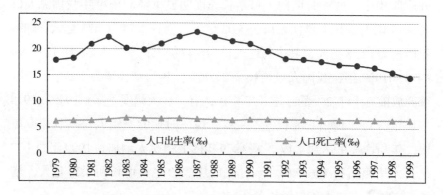

图 10.20　1979—1999 年我国人口出生率和死亡率

资料来源:《中国统计年鉴》。

　　从我国妇女的总和生育率来看，1979—1990年总体上呈下降趋势，1982年最高为2.86‰，1990年最低为2.14‰，尽管比改革开放前总和生育率有很大程度的下降，但均高于2.1‰的更替水平。1991年开始逐渐下降，1999年降为1.43‰，1991—1999年均低于更替水平。随着计划生育政策的深入，以及人们思想的不断开放，妇女生育意愿也随之降低，总和生育率的因此不断走低。

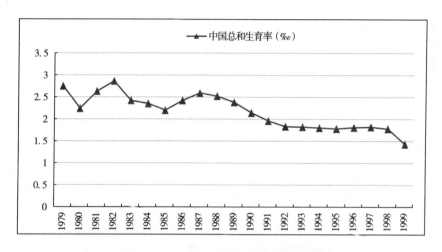

图10.21　1979—1999年我国总和生育率

资料来源：《中国人口统计年鉴》。

　　国内许多学者对生育成本做了研究，但所用的概念有所不同，比如人口培育费用、抚养成本、新生劳动力培养成本、抚养费用、儿童发展的家庭投入费用等，这些概念所包含的内容基本相似，即生育抚养孩子的直接投入和机会成本。研究表明，20世纪80年代，我国家庭抚养费用占整个劳动力培养费用的80%以上，是我国人力资本投资最主要的来源。[1] 随着人们收入水平的增加，生育成本也呈现快速增长的态势。

----

① 冯立天、王树新、孟浩涵：《新生劳动力培养费用调查研究》，《中国人口科学》1987年第1期，第47—55页。

表 10.7　1987—1999 年人均儿童发展的家庭投入费用（万元）

年份	当年价格	2007 年价格
1987	1.4	4.7
1988	1.8	5.1
1989	2.1	5
1990	2.2	5.1
1991	2.5	5.5
1992	3	6.2
1993	3.7	6.6
1994	4.9	7.1
1995	6.1	7.5
1996	7.2	8.3
1997	7.9	8.8
1998	8.1	9.1
1999	8.5	9.8

资料来源：韩优莉、黄成礼、邱月等：《中国儿童发展的家庭投入费用变化趋势分析》，《人口与经济》2010 年第 6 期，第 7—12 页。

注：按照联合国儿童权利公约，将儿童的年龄范围界定为 0—17 岁。儿童发展的家庭投入费用包含家庭用于儿童的消费支出、母亲怀孕时费用和母亲因照料儿童而丧失的收入。

　　据韩优莉等人的估算，按照当年的价格，1987—1999 年不同年龄儿童发展的家庭投入，从 1.4 万元增长至 8.5 万元，增长了 5 倍多，年均增长率为 16.22%；如果按照 2007 年的价格，儿童发展的家庭投入从 4.7 万元增长至 9.8 万元，增长了 108.51%，年均增长率为 6.31%，这一速度也是非常快的。[1]1987—1999 年，按照当年的价格，儿童发展的家庭投入是城镇居民家庭人均可支配收入的 15 倍左右，是农村居民年人均纯收入的 30—40 倍，是职工平均工资的 10 倍左右。

[1]　韩优莉、黄成礼、邱月等：《中国儿童发展的家庭投入费用变化趋势分析》，《人口与经济》2010 年第 6 期，第 7—12 页。

　　1998 年，杨魁孚等采用抽样调查的数据，估算 1998 年家庭抚养
0—16 岁儿童总抚养费最低为 5.8 万元，最高为 6.7 万元，其中城镇家
庭孩子抚养费用为 94328 元，是城镇居民家庭人均可支配收入（5425.1
元）的 17.39 倍，是职工平均工资（7446 元）的 12.67 倍，农村家庭
孩子抚养费用为 36109 元，是农村居民年人均纯收入（2162 元）的
16.7 倍。[①] 相比他估算的 1978 年抚养费用，城镇抚养费用增加了 3.3
倍，年均增长率为 7.57%，农村抚养费用增加了 3.74 倍，年均增长率
为 8.09%。另据国家计生委的调查，1998 年全国平均养育一个孩子至
16 周岁的家庭抚养费为 50632 元，平均每年支出 2978 元。

　　我国计划生育政策自实施以来，大大降低了出生人口数量，为家
庭和社会节省了大量的抚养费用，显著缓解了人口对社会生产和生活
领域的沉重压力。据统计，1979—1998 年，我国因实行计划生育而
节省的家庭抚养费为 53134.33 亿元。这里未包括同期累计节省的社会
抚养费，如按社会和家庭抚养费分别占 14% 和 86% 计算，节省的社
会抚养费为 8649.78 亿元。因此 1979—1998 年节省的总抚养费用高达
61784.10 亿元，比 1995 年的国内生产总值（61339.9 亿元）还要多。

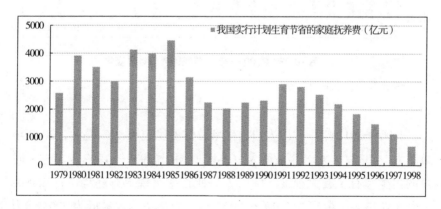

图 10.22　1979—1998 年我国实行计划生育所节省的家庭抚养费

　　资料来源：杨魁孚、陈胜利、石海龙等：《我国计划生育效益研究》，《人口与计划
生育》2000 年第 5 期，第 15—25 页。

　　[①]　杨魁孚、陈胜利、魏津生：《中国计划生育效益与投入》，人民出版社 2000 年版，第 77 页。

（三）新世纪后的生育成本（2000—2019 年）

进入新世纪以后，我国人口增长速度更加缓慢。2000 年我国总人口为 12.67 亿人，至 2018 年为 13.95 亿人，19 年增长了 10.1%，年均增长速度为 0.54%。男性人口较女性人口多，但其增长速度略慢，2000—2018 年我国男性人口年增长率为 0.48%，女性人口年增长率为 0.59%。随着我国城镇化进程的加快，城镇人口增长速度较快，2000—2018 年，我国城镇人口从 4.59 亿人增长到 8.31 亿人，增长了 81.1%，年均增长率为 3.35%，相应地，农村人口逐渐减少，自 8.08 亿人降低到 5.64 亿人，较低了 30.23%，年均降幅为 1.98%。

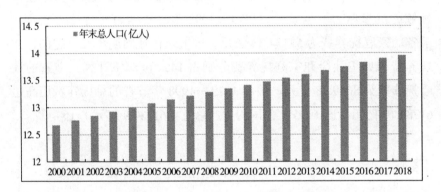

图 10.23　2000—2018 年我国人口数量变化

资料来源：《中国统计年鉴》。

2000—2018 年，我国人口出生率总体上稳定在 12‰左右，2000 年最高为 14.03‰，2018 年最低为 10.94‰，相比 1979—1999 年，这一时段的出生率有了较大程度下降。人口死亡率呈现上升趋势，自 6.45‰上升至 7.13‰，最高为 2013 和 2014 年，为 7.16‰，最低为 2003 年为 6.4‰，相比 1979—1999 年，此时的死亡率有了一定程度的上升。

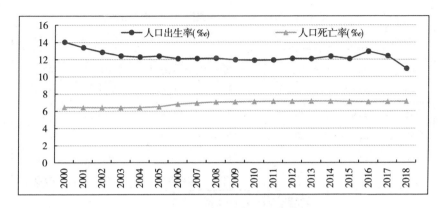

图 10.24　2000—2018 年我国人口出生率和死亡率

资料来源：《中国统计年鉴》。

　　这一时段的人口结构也发生了巨大变化，少儿比重不断降低，人口老龄化程度加剧。据统计，我国 0—14 岁人口比重自 2000 年的22.9% 下降至 2018 年的 10.94%，65 岁及以上人口比重自 2000 年的 7.0% 增长至 2018 年的 11.9%。相应地，少儿抚养比自 32.6% 下降至 23.7%，老年抚养比自 10% 增加到 16.8%。

　　据国家卫计委发布的《中国家庭发展报告 2015》显示，我国家庭平均规模为 3.35 人。家庭人口数量以 2 人或 3 人为主，2—3 人的小型家庭（户）已经成为主流家庭，4—6 人的家庭（户）所占比例已经低于小型家庭。家庭代数的构成以 2 代人为主，占 50.6%；1 代人居其次，占 24.5%。

　　进入新世纪后，人们的思想更为开放，传统的生育思想与习俗，已逐渐被年轻人摒弃。因此，2000—2016 年我国妇女的总和生育率一直在低位徘徊，均低于 1.5‰，2008 年达到最高，为 1.478‰，2011 年最低为 1.04‰，与 1979—1999 年相比有了明显的下降，我国妇女的生育意愿进一步降低。为此国家也实施了一系列的政策鼓励生育，应对人口老龄化，2011 年 11 月，各地全面实施双独二孩政策；2013 年 12 月，实施单独二孩政策；2015 年 10 月，实施全面二孩政策。

表 10.8　2000—2018 年我国人口结构与抚养比

年份	0—14 岁人口比重（%）	15—64 岁人口比重（%）	65 岁及以上比重（%）	少儿抚养比（%）	老年抚养比（%）	总抚养比（%）
2000	22.9	70.1	7.0	32.6	10.0	42.7
2001	22.5	70.4	7.1	32.0	10.1	42.0
2002	22.4	70.3	7.3	31.9	10.4	42.2
2003	22.1	70.4	7.5	31.4	10.7	42.0
2004	21.5	70.9	7.6	30.3	10.7	41.0
2005	20.3	72.0	7.7	28.1	10.7	38.9
2006	19.8	72.3	7.9	27.3	11.0	38.3
2007	19.4	72.5	8.1	26.8	11.1	37.9
2008	19.0	72.7	8.3	26.0	11.3	37.4
2009	18.5	73.0	8.5	25.3	11.6	36.9
2010	16.6	74.5	8.9	22.3	11.9	34.2
2011	16.5	74.4	9.1	22.1	12.3	34.4
2012	16.5	74.1	9.4	22.2	12.7	34.9
2013	16.4	73.9	9.7	22.2	13.1	35.3
2014	16.5	73.4	10.1	22.5	13.7	36.1
2015	16.5	73.0	10.5	22.6	14.3	37.0
2016	16.7	72.5	10.8	22.9	15.0	37.9
2017	16.8	71.8	11.4	23.4	15.9	39.2
2018	16.9	71.2	11.9	23.7	16.8	40.4

资料来源：《中国统计年鉴》。

　　2018 年我国城镇居民家庭人均可支配收入为 39251 元，农村居民年人均可支配收入为 14617 元，分别较 2000 年增长了 5.25 倍和 5.49 倍。随着我国居民收入水平的不断提高，人们在孩子培养上的花费直线上升，尤其是对孩子的智力投资上升更快。据中国社科院在 2005 年的调查显示，中国父母把孩子带大到 16 岁的抚养总成本平均高达 25 万元，如果加上大学的支出，抚养成本高达 49 万元。据韩优莉等的估算显示，按照 2007 年的价格，2000—2007 年不同年龄儿童发展的家庭投入从人均 10.4 万元上升到 16.8 万元，七年内增长了 61.54%，年均增长率高达

7.09%。[1]

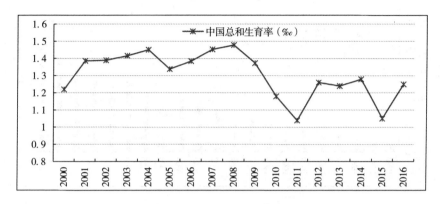

图 10.25　2000—2016 年我国总和生育率

资料来源:《中国人口统计年鉴》。

1992—2012 年,我国城镇和农村居民家庭人均文教娱乐服务消费支出高速增长。1992 年我国城镇居民家庭人均文教娱乐服务消费支出为 147.5 元,至 2012 年增长到 2033.5 元,增长了 12.79 倍,年均增长率高达 14.02%;农村居民家庭人均文教娱乐服务消费支出从 43.8 元增长到 445.5 元,增长了 9.17 倍,年均增长率高达 12.3%,说明我国居民在子女教育上的支出越来越多。

马春华利用 2014 年中国家庭发展追踪研究数据,估算了 0—17 岁儿童所需的直接经济成本为 19.10 万元,城市儿童需要 27.32 万元,农村儿童需要 14.34 万元,收入越低的家庭儿童成本占家庭支出的比重越大。[2] 按照 2014 年城镇居民家庭人均可支配收入 28844 元和农村居民家庭人均可支配收入 10489 元计算,一个城镇居民需要工作 9.47 年,一个农村居民需要工作 13.67 年,才能支付抚养一个孩子需要的直接经济成本。如今,生育成本越来越高,成为大城市中青年男女生育率较低

① 韩优莉、黄成礼、邱月等:《中国儿童发展的家庭投入费用变化趋势分析》,《人口与经济》2010 年第 6 期,第 7—12 页。

② 马春华:《中国家庭儿童养育成本及其政策意涵》,《妇女研究论丛》2018 年第 5 期,第 70—84 页。

的主要原因之一。《人民日报》对此做了讨论，如下：

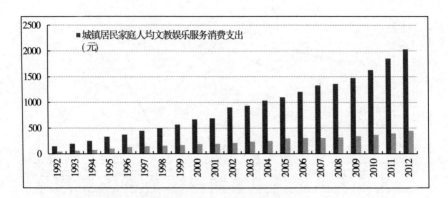

图 10.26   1992—2012 年我国城镇和农村居民家庭人均文教娱乐服务消费支出

资料来源：《中国统计年鉴》。

在北京生养孩子的成本 276 万元？

生育和养育成本的下限容易算出来，上限则无止境，难做科学的比较。

"原来生孩子才是最昂贵的奢侈品！"近日，一则名为"中国十大城市生育成本排行榜"的消息引起关注。此排行榜显示，北京市的生育成本是 276 万元，全国排名第一。按家庭年收入 12 万元计算，需要夫妻二人不吃不喝工作 20 年以上。不只是北京，上海、深圳、广州三大城市的生育成本也均在 200 万元以上。有网友在庞大的数字面前感叹："我和小伙伴们都惊呆了。"

高达 276 万元的生育成本是怎么计算出来的呢？榜单上详细列出了每个城市生育成本具体的计算方法，包含怀孕时的营养成本、产前产后及月子费用、学前日常用品成本、学前教育成本、学前其他成本、教育费用、其他教育经费、补习家教费用及特长爱好花费、人情送礼花费及生活费 9 项内容。

乍看起来这一生育成本计算得相当精准，实际生活中，养个孩子真要如此花钱吗？

在北京一家广告公司工作的裴女士，孩子月底就满两周岁了。她觉得养孩子的成本确实不小，但也还没到近300万元的程度。她细细算了从生孩子以来的账单——

怀孕时期的营养成本：主要是正常吃饭，怀胎十月花了不到1万；产检及生产费用：5000元；月子费用：请了月嫂，1个月6000元；孩子学前日常成本（尿布、奶粉、玩具等）：一个月大概2000元，两年近5万；学前教育成本：游泳班从孩子6个月开始，上课72次，不到1万元；早教班从孩子一周岁开始，每节课200元，已上70节课，大约1.5万元。把怀孕开始到现在孩子近两周岁的账单相加，孩子这两年里共花费9.6万元。

对于孩子今后上学的费用，裴女士也有预算：她打听了一下，附近公立幼儿园每个月只需2000元左右。除去寒暑假，幼儿园4年里教育成本共需花费8万元。孩子上学的花费也不会太多，一年吃住学基本花销2万元足矣。考虑到可能会给孩子报兴趣班，每年外出旅游1—2次，估计每年再加1万元也差不多了。等孩子上了大学，费用可能高一些，按现在的水平算，一年3万左右应该够了。

"就算加上孩子的吃穿用度，把孩子从小养到大的成本肯定能控制在80万元以内。"裴女士认为，自己这样带孩子算不上"抠门"，即便如此，也与排行榜里的276万元相去甚远。

中央财经大学经济学院副院长张苏是一个5岁孩子的爸爸。在他看来，孩子的生育成本高低完全是个人选择的问题。"都说养孩子难，其实是很多人爱攀比，什么都要最好的。"

张苏说，他见过一些家长从孩子还在肚子里就搞胎教，孩子出生后让孩子去早教，再大一点上贵族幼儿园。这些教育成本动辄几万元，累计起来达到200多万不是没有可能，甚至可以算出500万元的账，比如有人称孩子学英文一定要请外教一对一教学、每年至少要出国旅行一次等等，这些都不是必需的花费。

"生育成本的下限是比较容易算出来的，就是考虑一些基本的需要，而生育成本的上限是无止境的，可以无穷大，不宜做此类比较。"张苏认为，较之我国其他地区，北京生育成本确实偏高。这是因为北京人口密度大、优质教育资源集中。优质教育资源需要较高的教育成本来支撑，而人口密度大导致对优质资源需求大，相应提高了价格。但即使这样，276 万元的成本仍有些夸张。

　　——节选自郭璐、李薇：《大城市生活真这么"贵"吗？》，《人民日报》2013 年 8 月 16 日。

第二节　婚姻习俗的演变

　　"父母之命，媒妁之言"是我们经常听到的传统婚俗，婚俗作为一种社会习俗，在百姓是生活中十分重要，它是不仅能直接反映一个时代的社会风尚，也体现了一个民族的价值观、道德观和审美观，是民族文化的一部分。传统思想观念中，婚姻关系着两个家族，我国历朝历代都会对婚姻的规定，因此婚俗也随着时间不断演化。我国古代婚俗特点主要包括：封建的包办强迫婚姻、剥削阶级的一夫多妻制、男尊女卑和夫权统治、家长专制、以"出妻"为主要方式的男子专权离婚、婚姻法详于礼而略于法，这是中国封建社会的必然产物。自新中国成立以来，我国颁布了《婚姻法》，废除了封建的婚俗，随着经济的不断发展和人们思想的开放，我国的婚俗也发生了巨大的变化，主要体现在择偶标准和方式、择偶范围与结婚礼仪等方面。一些民谣形象地反映了我国婚俗的变化，比如："五十年代嫁英雄，六十年代嫁贫农，七十年代嫁军营，八十年代嫁文凭，九十年代嫁'孔方兄'"，"50 年代爱英雄，60 年代爱干部，70 年代爱工农，80 年代爱学者，90 年代爱大款"。[①]

---

① 白国琴：《从旧婚丧嫁娶到新礼仪风俗》，四川人民出版社 2002 年版，第 217 页；邓伟志、胡申生：《上海婚俗》，文汇出版社 2007 年版，第 121 页。

一、新中国成立初期的"英模崇拜"（1949—1965）

1950 年 5 月，新中国第一部《婚姻法》颁布，从法律层面保障了青年男女的婚姻自由，彻底废除了封建的包办、买卖婚姻，许多女性通过申请离婚摆脱了封建婚姻。据不完全统计，从 1950 年 5 月到 1951 年 4 月，中南区 6 省受理婚姻案件达 90425 件，其中妇女主动提出的有 7 万件以上。[①] 当时的人们价值观念较为单一，军人、模范、英雄等成为人们择偶的主要标准，找对象时最重要的是看对方政治上是否上进、工作上是不是模范。这一时段处于计划经济时期，人们的社会活动范围较为狭窄、自由度较低，存在单位、户籍等方面的限制，人们在生活中对家庭、单位的依赖程度较大，这就使得青年男女的择偶范围受限，择偶方式主要为亲朋好友介绍相亲，自由恋爱极少见。新中国成立初期，父母在儿女的婚姻方面仍处于主导地位。

此时的相亲程序比较传统，首先是媒人向双方长辈及本人介绍对方的基本情况，并且还有合生辰八字的要求，两方长辈同意后，选定一个黄道吉日，由男方到女方去提亲和相亲。如果女方与长辈同意，然后再选定一个好日子，女方长辈去男方家认亲，并商定婚礼日期。[②] 这一时期的婚俗，注重政治因素和政治成分，政治化倾向严重；彩礼简单，即使注重传统婚礼的农村，由于经济条件有限，也仅限在简单的衣物上。婚礼仪式简单，婚宴被舞会或唱歌、吃水果所取代。迎亲上，改为骑自行车或者徒步走到婆家去的方式。总之，新社会的建立，在婚俗上也进行了相应的改革和变化，逐渐取消了传统婚礼的繁文缛节。[③]

---

① 中南民主妇女联合会筹备委员会:《一年来执行婚姻法的初步检查和今后进一步贯彻执行的意见》,《新华月报》1951 年 10 月。
② 吴雪莹、陈如:《众里寻他千百度——从征婚启事看当代人的择偶标准》,《青年研究》1996年第 6 期，第 16—20+1 页。
③ 张春艳、李凤英:《关于中国当代婚俗变迁的思考》,《辽宁大学学报（哲学社会科学版）》2009 年第 6 期，第 53—57 页。

二、"文革"时期看重"政治出身"（1966—1978）

　　"文革"期间，一切"以阶级斗争为纲"，人们的生活更多地被政治运动支配，对人们的婚姻观念产生了巨大的影响，婚俗也体现出红色革命特征。在择偶标准上，首先考虑的是家庭出身和政治面貌。在极左思想的影响下，即使一般平民百姓在选择对象时也非常注重政治条件。在大中城市，男方的出身必须是"红五类"，最好是工人阶级中的一员；而在农村，男方最好是贫下中农，当时人们都以出身于贫下中农的身份感到自豪。那时女性不太考虑文化和经济条件，因为当时知识分子都是"臭老九"。而且当时除一些高级干部的收入略高一点之外，同一年龄层的男性在经济收入上几乎相差无几，农村里吃的是"大锅饭"。到"十年动乱"后期，由于大规模的政治动乱基本结束，党和政府采取了一系列重视经济发展和文化教育的措施，女性的择偶标准也相应地发生了变化。择偶标准为政治因素第一，文化、经济因素第二。特别是 1972 年恢复高考后，"工农兵大学生"在女性中比较受欢迎，因为这类男性符合女性当时追求的理想类型，既有良好的政治出身又具备一定经济条件和文化素养。这种择偶标准的变化是一种进步，它客观上形成了尊重知识的社会氛围。①

　　进入 20 世纪 60 年代后，相亲程序更为简单，首先媒人将对象方的相片交两方阅览并介绍对方的基本情况，如果男女两方同意接触，就由媒介人与两方磋商见面的日期、时间、地点和方式，男方就先到女方家去相亲面谈，或者女方到男方家先是暗访再转为明访相亲。"文革"期间，迎亲仪式上仍沿用新中国成立初期的自行车，婚礼带有浓重的政治色彩，向毛主席鞠躬、唱革命歌曲是必有的仪式。60 年代，两只凤凰携着红旗在中间，结婚证就像现在的两张奖状，结婚证上都刻有一句简洁的口号。70 年代，结婚证统一没照片，半边写的是"备战，备荒，为人民"的毛主席语录，印章是"革命委员会"，极具时代

---

① 许小玲：《从择偶观的变迁看择偶标准的时代性——论中国女性建国至今 50 多年的配偶选择》，《武汉理工大学学报（社会科学版）》2004 年第 5 期，第 631—635 页。

气息。

三、改革开放的"文化经济标准"（1966—1978）

改革开放以来，我国经济迅速发展，人们的思想也更加开放，婚姻风俗也发生了前所未有的变化。在择偶标准方面，政治因素逐渐开始被忽略，文化、经济、教育等因素成为女性择偶的首要条件，此时人们择偶更为注重对方的人品个性、情趣爱好。20 世纪 80 年代，知识分子的地位提高，开始受到女性的欢迎，文化因素成为择偶最为重要的标准。"特别是那些文学青年，他们在外表上往往是挺廓的白衬衣，蓝色的喇叭裤，以及总不离手的一卷书，这一切对于那些对生活憧憬干涸了十几年的青年来说，意味着有知识，有文化，懂生活。"[①]1984 年后，女性择偶中的"文凭热"开始降温。品德、才干、学历、职业、相貌等个人素养成为城市女性择偶中首先考虑的因素，农村女性也把有技术、有手艺、有文化、会致富的男青年作为选择的目标。20 世纪 90 年代以后，随着我国居民收入水平的不断增长，经济实力成为女性择偶的主要标准，"干得好不如嫁得好"成为一部分女性的共识。

改革开放后，人们的择偶方式也悄然发生着变化，除了传统的媒人介绍，青年男女开始通过媒介宣传自己的结婚要求，公开在报纸杂志上寻找符合自己条件的结婚对象，最早的报纸征婚于 1981 年 1 月 8 日刊登在《市场报》上。此时的婚介所也逐渐兴起，比如"年过花甲的蔡妈妈，名叫蔡琦，是武汉水利电力学院周鸿印教授的老伴，退休后被群众选为居委会妇女主任。她在走门串户中，发现一些大男大女为找不到合适的伴侣而苦恼，便建议居委会在今年 5 月成立了婚姻介绍所，并热心地当起了红娘。"[②]《市场》报刊登征婚广告三年，就已刊登 931 例，随后《工人日报》《中国妇女》《中国青年报》等报刊也都开辟了《征婚启事》专栏。此外，电视媒体也逐渐加入，20 世纪 90 年

[①]　朱新秤：《男女择偶标准的进化观》，《社会》1999 年第 12 期，第 32—33 页。
[②]　《大龄青年的"红娘"》，《人民日报》1984 年 11 月 25 日。

代初，北京电视一台推出一档极受观众欢迎的节目，名为《今晚我们相识》，成为中国第一个专为征婚而设计的电视节目。此类节目相继出现，继凤凰卫视的《非常男女》之后，1998 年，上海东方台又推出了相亲真人秀节目《相约星期六》。

20 世纪 90 年代，举行婚礼需要婚庆、婚纱照和婚车，红旗、桑塔纳、尼桑等车型成为首批婚庆轿车。结婚证也不断发生变化，进入 80 年代，少数新人已经在结婚证上贴了照片，80 年代后期照片终于普及，也越来越规范。1994 年，我国民政部规定了统一使用的婚姻登记证，这一规定一直延续到 2003 年，结婚证外表变得较小，大约为原来的一半，表面有我国国徽，比之前更规范而且容易携带。

四、新世纪的多元化（1966—1978 年）

当代中国婚俗保留了传统风俗六礼的大致程序，仍沿袭提亲、订婚、迎娶、婚礼、回门。在整个婚礼过程中仍沿用传统的象征喜庆吉祥的红色，婚礼仪式上要有司仪（现在称作主持人）、证婚人、主婚人等。传统中国人的婚礼喜热闹、重隆重喜庆，仍被今天的中国人继承，仍把这种仪式作为正式结婚的标志。今人贴红囍字，吃长寿面等都是传统风俗中的独特内容。新中国成立以来，特别是改革开放至今的社会变革，人们有意识地移风易俗，西方婚俗、西方婚姻观念的传入，使得中国婚姻风俗多元并包，愈加自由奔放、个性鲜明，体现了鲜明的变革性。婚恋自由成为新中国婚姻风俗变革的一大特点，无论从择偶、恋爱、订婚、结婚，还是离婚上都有所体现。当代婚俗在扬弃中发展，具有进步性。新中国成立，政府提倡婚姻自主、男女平等，妇女成为国家的主人和社会的"半边天"，取得了独立人格和权利。[1]

进入 21 世纪，人们的择偶标准变得更为多元化。中国婚俗择偶盛行自由恋爱，择偶方式逐渐向"自主性"转变，人们不再"谈离婚

---

[1] 张春艳、李凤英：《关于中国当代婚俗变迁的思考》，《辽宁大学学报（哲学社会科学版）》2009 年第 6 期，第 53—57 页。

色变"，已泰然处之，离婚自由、协议离婚已被人们所接受。联谊会、茶话会、夏令营、相亲会，为男女青年提供了更为广泛的相识与选择机会。传统相亲和自由恋爱方式渐渐失去其主流地位，随着电脑的普及，网恋、网络红娘都进入当代中国人的生活，交友网站如"百合网""珍爱网""世纪佳缘"等受到欢迎，婚恋节目再度火爆，比如《非诚勿扰》《我们约会吧》《爱情来敲门》《中国新相亲》等。此时婚礼迎亲仪式越来越豪华与现代，婚礼移入高级酒店举行，婚宴越来越高档，婚礼越来越现代，婚车越来豪华。于是在各大中小城市出现了铺张办婚礼的现象，租用几十辆的婚车，婚宴设在四五星级酒店，酒宴的费用多在几千元一桌以上，造成大量资源和经济浪费。同时，一些婚姻怪俗又纷纷出现，具体表现在独身、丁克家庭、"闪婚"、"闪离"、婚外恋、未婚同居等现象。

第三节　婚育政策变迁

新中国成立以来，我国婚育政策不断变迁，总体上可以分为四个阶段：1949—1978 年为政策萌芽起步阶段，1979—1999 年为政策迅速发展阶段，2000—2009 年为政策稳步推行阶段，2010—2019 年为政策加速调整阶段。

一、政策萌芽起步阶段（1949—1978 年）

为了清除封建主义在婚姻家庭中的流毒，保障妇女儿童的合法权益，实现男女平等原则下的婚姻自由，建立和睦团结劳动的家庭，在新中国成立之初，我国于 1950 年 5 月 1 日便颁布第一部单行法规《中华人民共和国婚姻法》，该法阐明了结婚离婚自由、一夫一妻、夫妻平等、禁止买卖婚姻等基本原则。然而，由于当时政策环境差、医疗设施不完善引起死亡率下降等因素的影响，我国并未出台相应的生育政策，反而在实践中呈现出鼓励人口积极增长的特点。直到 1971 年 7 月，国务院发布了《关于做好计划生育工作的报告》，报告首次将控制人口增长的指标纳入国民经济发展计划，计划生育才被提上国家议程。在"文革"时期（1966—1976 年），我国的人口普查长期停滞，此时的计划生育已经初具雏形，但是没有正式形成相应的制度性政策，伴随着司法机关受冲击陷于瘫痪、半瘫痪，《婚姻法》的修订工作也被搁置起来。总体来说，我国青年婚育政策在此阶段虽有起步，但新政策的制定与旧政策的修订较为缓慢。①

二、政策迅速发展阶段（1979—1999 年）

改革开放以后，我国青年婚姻政策的出台与修订进入了飞速发展期。1980 年 9 月 10 日，经过修订，第二部《中华人民共和国婚姻法》在五届全国人大三次会议上通过，自 1981 年 1 月 1 日起施行。与 1950 年的婚姻法相比，主要修改有五点：一是增加了保护老人合法权益和实行计划生育的规定；二是对结婚条件的修改，在最初男女结婚法定年龄的基础上分别各提升 2 岁，鼓励青年晚婚晚育；三是扩大了家庭关系的法律调整，增加男女可按登记约定互为对方家庭成员的规定；四是对离婚条款的增补；五是增加了对违反婚姻法的行为人依法制裁和强制执行的条款和有关婚姻家庭案件执行的规定。为充分保障妇女的合法权益，1992 年 4 月，全国人民代表大会通过了《中华人民共和国妇女权益保障法》，明确而详细地规定了妇女在政治、经济、文化、社会和家庭生活等方面享有与男子平等的权利。

为应对我国快速增长的人口压力，1980—1984 年，政府连续出台了多项政策，对我国的人口控制目标作出相应规定，增强了广大群众的人均意识和计划生育的紧迫感。1980 年 9 月，中共中央发表《关于控制我国人口增长问题致全体共产党员共青团员的公开信》，提倡一对夫妇只生一个孩子，强调晚婚晚育。1982 年 9 月，党的十二大将计划

---

① 贾志科、沙迪、赵英杰：《新中国成立后我国青年婚育政策的演变历程——兼述政策效果及未来方向》，《中国青年研究》2018 年第 10 期，第 19—25 页。

生育确定为一项基本国策并于同年写入新修订的《宪法》，生育政策特征由 70 年代的"晚、稀、少"转变为"晚婚、晚育、少生、优生"，在生育数量上由准许生二孩压缩为城镇职工只准生一个孩子，而农村严格限制生二孩。1982 年 12 月 10 日，五届全国人大五次会议批准的《中华人民共和国国民经济和社会发展第六个五年计划（1981—1985）》和《中华人民共和国 1983 年国民经济社会发展计划》中指出："为了争取在本世纪末把我国大陆人口总数控制在 12 亿以内，计划要求，1985 年大陆人口总数控制在 10.6 亿人，出生率控制在 19‰左右，自然增长率控制在 13‰以内。"①

一对夫妇只生一个孩子政策出台以后，在城市基本做到了只生一个，而在农村的贯彻遇到了重重阻力。1984 年 4 月党中央、国务院重新调整，核心在于农村生育的数量，规定在农村仍坚持提倡一对夫妇生一个孩子，但也要适当放宽生二孩的门槛。这次历史性的调整之后逐步形成了具有相对稳定、长期持续特征的计划生育政策。②1985 年以后，中央针对一些地方在贯彻"一孩化"政策过程中出现的偏差，进一步进行政策调适。在坚定不移地实行计划生育基本国策、严格控制人口增长的大前提下，从中央 7 号文件出发，据各地的不同情况，分类指导，在实践中不断完善生育政策。1998 年 9 月，国家计划生育委员会发布《流动人口计划生育工作管理办法》，旨在强化流动人口计划生育管理、维护流动人口合法接受生育服务的权益以及有效控制流动人口增长。这一阶段生育政策的试点调整，也为渐进推动"二孩"生育政策的全面放开提供了丰富的实践经验。

三、政策稳步推行阶段（2000—2009 年）

2000—2009 年，我国婚育政策稳步推行，但其局限性也开始显露。2001 年 4 月 28 日，第九届全国人大常委会第 21 次会议通过了《关于

---

① 杨发祥：《当代中国计划生育史研究》，浙江大学 2003 年博士学位论文。
② 杜本峰、戚晶晶：《中国计划生育政策的回顾与展望——基于公共政策周期理论视角分析》，《西北人口》2011 年第 3 期，第 1—10 页。

修改〈中华人民共和国婚姻法〉的决定》，这次修正历时 5 年多，主要有五方面内容：第一，增加了禁止有配偶者与他人同居、禁止家庭暴力的规定，增加了婚姻双方和家庭成员的共同责任的规定。第二，增设了关于无效婚姻和可撤销婚姻的规定。第三，修改了原有的法定夫妻财产制和有关亲子、祖孙、兄弟姐妹权利义务的规定。第四，对准予离婚的法定理由增设了若干列举性、例示性的规定，在离婚后子女的扶养教育和财产处理问题上，增设了探望权和经济补偿、损害赔偿等规定。第五，以专章形式规定了救助措施和法律责任。2001 年底，《人口与计划生育法》通过，计划生育进入了法制化和规范化的新时期，2002 年施行，各地根据该法制定"双独二胎"政策，陆续在全国推开。2005 年 8 月，第十届全国人大常委会第十七次会议审议修订了《妇女权益保障法》，将男女平等写入总则，明确了执法主体和妇联在法律实施中的地位，完善并保护了妇女的政治权利、受教育权、人身权利、婚姻家庭权利、劳动和社会保障权益。青年婚恋和生育政策领域先后有多部重磅的法律颁布和修订，极大地保障了政策的稳步推行。

其次，各种相关条例和解释性法规也相继发布。2001 年 6 月，国务院公布《计划生育技术服务管理条例》，该条例对计划生育技术服务的具体内容、各级部门及人员的责任、监督管理与处罚规定作出了明确说明。2001 年 12 月，最高人民法院审议通过《关于使用〈中华人民共和国婚姻法〉若干问题的解释（一）》，进一步解释了《婚姻法》中的"家庭暴力""已婚者与他人同居"等情形以及民政部《婚姻登记管理条例》中有关婚姻登记等内容。2003 年 8 月，国务院发布《婚姻登记条例》，对结婚与离婚登记、婚姻登记建档以及登记证的使用进行了详细说明。2003 年 12 月，最高人民法院审议通过《关于使用〈中华人民共和国婚姻法〉若干问题的解释（二）》，主要涉及同居关系、无效婚姻、利害关系人、婚前婚后财产认定等内容。2009 年 4 月，国务院常务会议通过并发布《流动人口计划生育工作条例》，在全国建立流动人口计划生育信息管理系统，要求各级公安、民政、卫生等部门做好辖区流动人口生育政策宣传与避孕节育工作。尽管计划生育政策为我国经济社会发展作出了巨大贡献，但在实施过程中也产生了一些负面作用，比如降低了我国总和生育率，加速了老龄化进程，导致人口性别失衡，造成失独家庭问题等，对青年择偶造成影响，这也从侧面反映了我国婚育政策的局限性。

四、政策加速调整阶段（2010—2019 年）

鉴于几十年来的青年婚育政策实践，一些政策引发的社会问题在这一阶段充分暴露，并且有些政策因不能适应该阶段的人口社会发展而需要进行大幅调整。在青年婚恋政策方面，2011 年 7 月，最高人民法院发布《关于使用〈中华人民共和国婚姻法〉若干问题的解释（三）》，主要解释了结婚登记诉讼、亲子关系确认、财产分割、婚前财产公示、房屋权属等特定情形。2015 年 12 月，第十二届全国人大常委会第十八次会议通过颁布了《反家庭暴力法》，该法明确并强调了单位、群团组织、公安机关、人民法院、法律援助机构、新闻媒体和学校在处置和预防家庭暴力中的角色。2017 年 2 月，最高人民法院审议通过《关于使用〈中华人民共和国婚姻法〉若干问题的解释（二）的补充规定》，旨在对 2003 年司法解释的第二十四条进行两款补充。共青团中央、民政部和国家卫生计生委三部委于 2017 年 9 月出台了《关于进一步做好青年婚恋工作的指导意见》，创新性地提出"弘扬文明婚恋风尚""培育公益性婚恋服务项目"等七大内容。在青年生育政策领域，周期短、鼓励倡导等特征在这一阶段凸显。2011 年 11 月，伴随着《河南省人口与计划生育条例》的修订，"双独二孩"政策在全国范围内全面放开。2013 年 12 月，第十二届全国人大常委会第六次会议通过了在全国实施"单独二孩"政策的议案，夫妻一方为独生子女即可生育两个孩子。2015 年 12 月，第十二届全国人大常委会第十八次会议通过并修正了《人口与计划生育法》，国家提倡一对夫妻生育两个子女，进一步放开了对生育数量的控制。[①]

---

① 贾志科、沙迪、赵英杰：《新中国成立后我国青年婚育政策的演变历程——兼述政策效果及未来方向》，《中国青年研究》2018 年第 10 期，第 19—25 页。

第四节　我国婚育政策的历史贡献

一、女性地位不断提升

大量研究发现，生育率下降对女性家庭和社会地位具有明显的提升效应。计划生育政策对女性教育产生了显著的正面影响，表现在 1979—1984 年出生的女性在教育获得上具有明显优势，与男性受教育水平差距缩小。以农村地区为参照组，一胎化政策使在计生政策之后出生的城镇女性平均多接受了 0.71 年教育；以少数民族为参照组，生育政策使受干预队列中女性受教育年限提高了 1.45 年。[①]

我国的《婚姻法》充分保障了妇女的合法权益，使妇女享有与男性同等的地位，计划生育政策实施也使得妇女可以将更多的时间和精力用于劳动。更少的孩子意味着更少的直接成本和机会成本，妇女可以花时间接受更好的教育，提升自身文化素养，实现经济上的独立，不必依附于丈夫或家人。当前社会中，更多的女性摆脱了家庭的束缚，在事业上闯出了自己的一片天地，赢得了社会的尊重，其社会地位也不断提高。

我国第一部《婚姻法》大大提高了女性地位，是女性摆脱了封建婚姻的流毒，例如：

山西省怎样发动农村妇女走上生产战线（节选）
（王丕绪、李德生）

一年来，由于广大妇女政治觉悟的提高和婚姻法的贯彻，她们已开始摆脱了旧婚姻制度的封建枷锁，走入了生产建设的大道，提高了自己的社会地位。如长治专区在贯彻婚姻政策的同时，大力发动妇女参加生产，把妇女从各种生产中所赚的钱，又组织到合作社

---

① 陆万军、张彬斌：《中国生育政策对女性地位的影响》，《人口研究》2016 年第 4 期。

方面去；共计全专区入社妇女已有三十四万多名，占全专区妇女总数的百分之二十七。劳动模范石牛弟去年除农业增产外，副业收入达二百一十四万元，合作社帮助她的互助组推销农、副业产品，总值达二百万元，供给她组的生产资料和生活资料总值达一百三十万元。妇女们在经济上有了办法以后，确立了自己在社会上的地位。许多男人们说："现在妇女可和从前不一样啦，再不敢小看啦！"

——《人民日报》1952 年 3 月 7 日。

二、人口质量持续提高

人口质量是经济社会发展的重要问题，如果没有高质量的人口，一个国家就无法在激烈的竞争中立于不败之地。对于人口质量的测量，主要的指标为平均预期寿命和受教育程度。据统计，1981—2015 年，我国平均预期寿命不断增长，从 1981 年的 67.77 岁增加到 2015 年的 76.34 岁，增长了 8.57 岁，其中男性从 66.28 岁增长到 73.64 岁，增长了 7.36 岁，女性从 69.27 岁增长到 79.43 岁，增长了 10.16 岁，详见图 10.27。1978—2017 年，我国 15 岁及以上人口平均受教育年限自 5.3 年提高到 9.6 年，劳动年龄人口平均受教育年限从 1985 年的 6.38 年增加到 10.5 年。

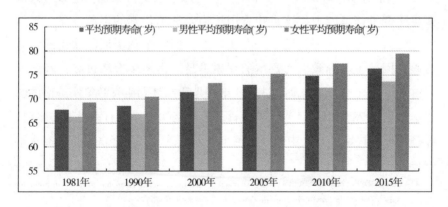

图 10.27　1981—2015 年我国平均预期寿命

资料来源：《中国统计年鉴》。

减少出生缺陷和促进生殖健康是计划生育的重要工作，也是中国人口质量的重要问题。2012 年卫生部数据显示，中国的出生缺陷发生率为 5.6%，每年有 80 万—120 万左右的出生缺陷患儿出生，每 30 秒就有一个出生缺陷患儿出生，这给社会和家庭带来沉重负担。计划生育所提倡的优生优育，正是为了解决这一问题。

三、国民经济高速发展

在一个有大量少儿的发展中国家中，生育率的下降不仅会减缓人口增长，同时也会减少总的负担比例和提高工作人口的比例，人均收入水平会因为负担率的下降而上升，从而产生"人口红利"。[①] 与人口结构变化相连的是工作年龄人口比重的上升会使他们可支配收入中用于储蓄的比重上升，这种储蓄效应成为其在供给方面影响经济增长的一条重要渠道。在发展中国家，随着生育率的下降，储蓄率倾向于上升，投资需求也随之上升，人口红利被进一步强化。[②]

研究表明，计划生育政策的严格执行很可能是中国人均收入不断提高，经济高速增长的一个重要原因。1970 年，中国的总和生育率为 5.81‰，意味着一个妇女一生平均生育约六个孩子，家庭"吃饭"人口多也降低了储蓄能力，这意味着用于物质资本积累的资源不足，虽然家庭收入的绝大部分是用于子女抚养上，但每个孩子所能获得的资源有限，因此也会导致人力资本的积累不足，由于生育率过高，经济增长常常掉入马尔萨斯均衡陷阱，这正好是我国计划生育政策实施前的图景。而当 1978 年以后，当计划生育政策严格执行，生育率迅速下降时，经济增长率快速上升，中国开始逐步进入高储蓄和高经济增长的高水平

① Bloom, D. E. , and J. G. Williamson . "Demographic Transitions and Economic Miracles in Emerging Asia." *The World Bank Economic Review12.3*（1998）：419–455.

② Lee, Andrew Masonronald . "Reform and support systems for the elderly in developing countries : capturing the second demographic dividend." Genus62.2（2006）：11–35. ; Williamson, Higgins Jeffrey G. . "Age Structure Dynamics in Asia and Dependence on Foreign Capital." *Population and Development Review23.2*（1997）：261–293.

均衡路径。但我们也应当清醒地看到，在当前，生育率的下降空间已经非常有限，随着经济的发展，生育政策对储蓄和经济增长的边际贡献也越来越小，因此计划生育继续严格执行的理由可能会受到挑战。①

四、供需矛盾得到缓和

新中国成立初期，我国经济发展落后，各项物资都十分短缺，由于社会总供给小于总需求，商品供应不充足，人口过多会加剧这种情况，使得供需矛盾尖锐。而总需求中的投资需求因为直接影响扩大再生产，因此不能减少。为了平衡社会总供给与社会总需求的矛盾，只能减少消费需求，而减少消费需求最有效的办法就是控制人口数量。1953 年，第一次人口普查结果显示，中国总人口为 6 亿人。当时，城市住房紧张，教育、服务跟不上，这些供需问题就已经显现出来。改革开放初期，中国人口规模已达 10 亿，供需矛盾进一步扩大化。中国政府计划生育政策的实施，有效地控制了人口数量，大大减少了总需求，在生产力水平较低的时期，中国住房、教育、公共服务、资源、交通、就业等多方面的供需矛盾得到较大程度的缓解。改革开放初期，中国处于短缺经济时代，粮食、商品供应不足，有的甚至要限额限量供应。而实行计划生育政策，缩减家庭规模，让家庭中的每个成员可以享有更多的粮食和物品，这无疑提高了中国家庭的生活水平。同时，因为只需要照顾一个或者两个孩子，已婚女性会有更多的时间出去工作，也会有更多的精力来陪伴孩子。出去工作会得到更多的物质报酬用来改善家庭的生活条件，而多陪伴孩子会让孩子和父母在精神上享受到无法替代的快乐，这些都是中国家庭生活水平提高的表现。②

---

① 汪伟：《计划生育政策的储蓄与增长效应：理论与中国的经验分析》，《经济研究》2010 年第 10 期，第 63—77 页。

② 迟明：《中国人口生育政策调整的经济学研究》，吉林大学 2015 年博士学位论文。

第五节　大事回眸

1950 年

4 月 30 日，中共中央发出《关于保证执行婚姻法给全党的通知》，要求全党同志应认真学习婚姻法，保证予以正确执行。

5 月 1 日，《中华人民共和国婚姻法》公布施行。这是新中国的第一部法律。《婚姻法》规定，废除包办强迫、男尊女卑、漠视子女利益的封建主义婚姻制度；实行男女婚姻自由、一夫一妻、男女权利平等、保护妇女和子女合法利益的新婚姻制度。

从 1950 年到 1952 年，政务院和最高人民法院等有关部门都曾多次发出贯彻婚姻法、检查婚姻法执行情况的通知。

1953 年

3 月被中共中央和政务院确定为贯彻婚姻法运动月。

1955 年

6 月，《婚姻登记办法》公布，确立了以婚姻登记为中心的婚姻管理制度。

1957 年

7 月 5 日，《人民日报》曾整版刊发著名经济学家、人口学家、北京大学校长马寅初的《新人口论》，引起极大关注。文章分析了人口增长过快同经济社会发展的矛盾，主张控制人口数量、提高人口质量。

1971 年，国务院批转《关于做好计划生育工作的报告》，强调"要有计划生育"。在当年制定"四五"计划中，提出"一个不少，两个正好，三个多了"。

1973 年

第一次全国计划生育汇报会提出"晚、稀、少"的政策。"晚"指男 25 周岁、女 23 周岁以后结婚，女 24 周岁以后生育；"稀"指生育间隔为 3 年以上；"少"指一对夫妇生育不超过两个孩子。

1978 年

3 月，第五届全国人民代表大会第一次会议通过的《中华人民共和国宪法》第五十三条规定"国家提倡和推行计划生育"。计划生育第一次以法律形式载入我国宪法。为完成在 20 世纪末把人口总量控制在 12 亿以内的目标，1978 年，中央下发《关于国务院计划生育领导小组第一次会议的报告》，明确提出"提倡一对夫妇生育子女数最好一个，最多两个"。

1979 年

1 月，《人民日报》第一版对全国计划生育办公室主任会议进行报道，会议"提倡每对夫妇生育子女数最好一个，最多两个，间隔三年以上"。同时提出，对于只生一胎、不再生第二胎的育龄夫妇，要给予表扬；对于生第二胎和二胎以上的，应从经济上加以必要的限制。

1980 年

9 月 10 日，经过修订，第二部《中华人民共和国婚姻法》在五届全国人大三次会议上通过，自 1981 年 1 月 1 日起施行。1980 年通过的第二部婚姻法，与 1950 年的婚姻法相比较，主要修改之处为：1. 对基本原则的补充，即在重申原《婚姻法》各项原则的同时，增加了保护老人合法权益和实行计划生育的规定；2. 对结婚条件的修改；3. 扩大了家庭关系的法律调整；4. 对离婚条款的增补；5. 增加了对违反婚姻法的行为人依法制裁和强制执行的条款和有关婚姻家庭案件执行的规定。

1980 年 9 月，五届全国人大三次会议强调"国务院经过认真研究，认为在今后三四十年内，必须在人口问题上采取一个坚决的措施，就是除了在人口稀少的少数民族地区以外，要普遍大力提倡一对夫妇只生育一个孩子，以便把人口增长率尽快控制住"。

1980 年 9 月 9 日、15 日《人民日报》头版刊发华国锋在五届人大第三次会议的讲话摘要及全文，讲话中强调"普遍大力提倡一对夫妇只生育一个孩子"。

9 月 25 日，党中央发表《关于控制我国人口增长问题致全体共产党员、共青团员的公开信》，提倡"一对夫妇只生育一个孩子"，这标志我国一孩政策正式出台并全面实施。

11 月，民政部经国务院批准颁布了新的婚姻登记办法。

新婚姻法颁布后，国务院于 1980 年 12 月发出《关于认真贯彻执行新婚姻法》的通知，又于 1981 年 12 月发出《关于进一步宣传贯彻婚姻法的通知》。

1981 年

成立国家计划生育委员会。

1982 年

《中共中央、国务院关于进一步做好计划生育工作的指示》，提出照顾农村独女户生育二胎。1982 年 9 月 8 日，《人民日报》刊登《全面开创社会主义现代化建设的新局面——在中国共产党第十二次全国代表大会上的报告》，确定计划生育为基本国策。

1983 年

3 月和 8 月，民政部相继颁布了《华侨同国内公民、港澳同胞同内地公民之间办理婚姻登记的几项规定》和《中国公民同外国人办理婚姻登记的几项规定》。

1984 年

《关于计划生育工作情况的汇报》提出"对农村继续有控制地把口子开得稍大一些，按照规定的条件，经过批准，可以生二胎；坚决制止大口子，即严禁生育超计划的二胎和多胎"，即"开小口、堵大口"。

1986 年

3 月，民政部又重新修正颁布了《婚姻登记办法》，明确了婚姻登记机关的执法地位，确定了婚姻登记档案管理和出证制度等。

1988 年

中央提出，"农村某些群众确有实际困难，包括独生女，要求生二胎的，经过批准可以间隔几年后生第二个孩子"。

1992 年

4 月，全国人民代表大会通过了《中华人民共和国妇女权益保障法》，明确而详细地规定了妇女在政治、经济、文化、社会和家庭生活等方面享有与男子平等的权利。

1993 年

出台了《关于人民法院审理离婚案件处理财产分割问题的若干具体意见》和《关于人民法院审理离婚案件处理子女抚养问题的若干具体

意见》，对离婚后的若干问题作出了明确规定。

1994 年

1 月，经国务院批准，民政部发布了《婚姻登记管理条例》，具体规定了婚姻登记管理机关的职责等。1994 年，人大常委会通过《中华人民共和国母婴保健法》，规定各级人民政府各部门应当采取措施，加强母婴保健工作，提高医疗保健服务水平。

1995 年

颁布《中国妇女发展纲要（1995—2000）》。

10 月 30 日，婚姻法的修改工作被列入第八届全国人大的立法规划。

2001 年

4 月 28 日，第九届全国人大常委会第 21 次会议通过了《关于修改〈中华人民共和国婚姻法〉的决定》。这次修正历时 5 年多，增加了一章和 14 条，修改补充近 30 处，主要有以下几个方面：第一，在总则中，增加了保障婚姻法诸原则实施的禁止性条款，增加了禁止有配偶者与他人同居、禁止家庭暴力的规定，增加了婚姻双方和家庭成员的共同责任的规定。第二，在婚姻制度中，增设了关于无效婚姻和可撤销婚姻的规定。第三，在家庭关系中，修改了原有的法定夫妻财产制和有关亲子、祖孙、兄弟姐妹权利义务的规定。第四，在离婚制度中，对准予离婚的法定理由增设了若干列举性、例示性的规定，在离婚后子女的扶养教育和财产处理问题上，增设了探望权和经济补偿、损害赔偿等规定。第五，以专章形式规定了救助措施和法律责任。

2001 年，政府制定并发布《中国妇女发展纲要（2001—2010年）》。

2001 年底，《人口与计划生育法》通过，计划生育进入了法制化和规范化的新时期，2002 年施行。各地根据该法制定"双独二胎"政策，陆续在全国推开。

2002 年

9 月施行的《中华人民共和国人口与计划生育法》明确规定，国家稳定现行生育政策，鼓励公民晚婚晚育，提倡一对夫妻生育一个子女；符合法律、法规规定条件的，可以要求安排生育第二个子女。"双独二胎"政策由此在全国推开。具体办法由省、自治区、直辖市人民代表大会或者其常务委员会规定。山东、四川等 27 个省份在上世纪末已实行"双独二胎"政策，湖北、甘肃、内蒙古在 2002 年实行，河南省在 2011 年实行，成为最后实行的省份。

2003 年

7 月，国务院通过并颁布了《婚姻登记条例》。这次颁布的条例，"管理"二字从名称上正式引退。新条例颁布后，民政部在总结几十年婚姻登记工作实践经验的基础上，又及时出台了《婚姻登记工作暂行规范》，将条例的各项规定细化，使婚姻登记中的各项制度落到实处，登记工作更为规范和完善。

2012 年

2012 年末，我国大陆 15 至 59 岁劳动年龄人口比上年末减少 345 万人，这是改革开放以来我国劳动力人口首次下降。

2013 年

11 月，党的十八届三中全会审议通过《中共中央关于全面深化改革若干重大问题的决定》。决定提出，坚持计划生育的基本国策，启动实施一方是独生子女的夫妇可生育两个孩子的政策，逐步调整完善生育政策，促进人口长期均衡发展。同年 12 月，中共中央、国务院印发《关于调整完善生育政策的意见》，明确了生育政策调整的重要意义和总体思路。"单独两孩"政策逐渐落地实施。

2015 年

7 月，国家卫计委回应"全面放开二孩"问题表示，积极做好进一步调整完善生育政策的研究论证工作。10 月 29 日，党的十八届五中全会公报提出，促进人口均衡发展，坚持计划生育的基本国策，完善人口发展战略，全面实施一对夫妇可生育两个孩子政策，积极开展应对人口老龄化行动。

写在后面的话

我们恰逢盛世！想必这是每一个生活在这个时代的人的共同心声。是的，此时的我们无时无刻不在为新中国成立 70 年来取得的光辉成就感到骄傲，感到自豪！70 年，在历史长河中光阴一瞬，但却足以带来沧桑巨变。70 年，我们在中国共产党的领导下，成功地实现了从封闭落后迈向开放进步，从温饱不足迈向全面小康，从积贫积弱迈向繁荣富强的伟大转变，我们在实现中华民族伟大复兴的道路上阔步前行。

生逢盛世的我们能为祖国的发展做些什么？自然，做好本职工作是最基本的要求。但结合本职工作，开展一些力所能及的事情，让更多人收益，更是足感自豪的事情。2019 年，新中国成立 70 周年，举国同庆，我们也在思考，擅长于科研写作的我们能为祖国的发展留下些什么？总结新中国发展的光辉成就、经验教训，自然是一项具有非凡意义的工作。但这项工作如何着手？选择哪个角度？却一时颇为踟蹰。

幸运的是，我们迎来了"命题作文"。人民出版社约我们编写一本反映新中国 70 年百姓生活变迁的书，从衣食住行等等角度，全面反映"天翻地覆慨而慷"的历史全貌。接到任务时可谓是"喜忧参半"。一是喜于终于有角度了，不用徘徊于思考圈里了！更喜于这可是人民出版社啊，全国最权威的出版机构，能在这里出版著作，机遇难得啊！当然，更喜的是，这可是具有重要意义的工作，党的十九大报告一开篇，就号召全党要"把人民对美好生活的向往作为奋斗目标"。报告从战略高度作出历史性重大判断，"中国特色社会主义进入新时代，我国社会主要矛盾已经转化为人民日益增长的美好生活需要和不平衡不充分的发展之间的矛盾"。这本书反映的不就是这样的一个变迁过程吗？可谓意义重大！

但我们也不乏一些担忧。我们擅长于农业问题的研究，能驾驭得了方方面面的挑战吗？我们的水平能达到人民出版社的要求吗？

为此，我们诚惶诚恐。特别感谢人民出版社的邵永忠编辑，毕业于北京师范大学历史学博士的他具有宏观的视野，对本书的构思框架提出了宝贵的意见，保证了本书的顺利完成。特别要感谢我们的团队，他们是常年在一起工作的同事好友，如家人般的感情，弥足珍贵！特别感谢刚踏入科研领域的年轻的学子们，他们饱含对祖国的深情，用自己手中的笔记载下了祖国翻天覆地的变化，反映了新时代青年人奋发向上的精神面貌。在这个过程中，我想对他们自身而言，也是一种爱国情的升华吧。

他们每一个人的贡献如下：衣着篇和婚姻生育篇由黄玉玺完成；饮食篇由王凤婷完成；居住篇由刘子涵完成；出行篇由丁志超完成；教育篇由万凌霄完成；文艺体育篇由江渊博完成；卫生医疗篇由邢璐瑶完成；社会保障篇由汪武静完成；文化习俗篇由郑阳阳完成。同样感谢他们不厌其烦地忍受我们不断提出的修改要求和半夜时常响起的微信声。

我们为我们恰逢盛世而自豪！我们为我们参与了盛世的发展而自豪！我们为我们用自己的笔记载下了新中国的发展而自豪！

祝新中国 70 周年生辰快乐！永铸辉煌！

编者
2019 年 7 月 1 日

责任编辑：邵永忠

封面设计：源　源

责任校对：吕　飞

图书在版编目（CIP）数据

奔向新时代：新中国70年百姓生活变迁录／李军，吕之望，辛贤 主编
．—北京：人民出版社，2019.9

ISBN 978 - 7 - 01 - 021337 - 8

Ⅰ．①奔… Ⅱ．①李… ②吕… ③辛… Ⅲ．①社会生活 - 概况 - 中国 -
1949 - 2019　Ⅳ．①D669

中国版本图书馆 CIP 数据核字（2019）第 204110 号

奔向新时代

BENXIANG XINSHIDAI

——新中国70年百姓生活变迁录

李　军　吕之望　辛　贤　主 编

马　铃　肖亦天　蔡海龙　副主编

人 民 出 版 社 出版发行

（100706　北京市东城区隆福寺街 99 号）

北京久佳印刷有限公司印刷　新华书店经销

2019 年 9 月第 1 版　2019 年 9 月北京第 1 次印刷

开本：710 毫米 × 1000 毫米 1/16　印张：38

字数：610 千字

ISBN 978 - 7 - 01 - 021337 - 8　定价：100.00 元

邮购地址　100706　北京市东城区隆福寺街 99 号

人民东方图书销售中心　电话（010）65250042　65289539